Rainer Lachmann
Gottfried Adam
Christine Reents
(Hg.)

ELEMENTARE
BIBELTEXTE

Exegetisch – systematisch – didaktisch

5. Auflage

Vandenhoeck & Ruprecht

Theologie für Lehrerinnen und Lehrer (TLL)

Herausgegeben von
Rainer Lachmann und Gottfried Adam

Band 2

Bibliografische Information der Deutschen Nationalbibliothek

Die Deutsche Nationalbibliothek verzeichnet diese Publikation in der
Deutschen Nationalbibliografie; detaillierte bibliografische Daten sind
im Internet über http://dnb.d-nb.de abrufbar.

ISBN 978-3-525-61421-1
ISBN 978-3-647-61421-2 (E-Book)

Satz: Dörlemann Satz, Lemförde
Druck und Bindung: ⊕ Hubert & Co, Göttingen

Gedruckt auf alterungsbeständigem Papier.

Inhalt

NEUES TESTAMENT

Vorwort

Nach der erfreulichen Resonanz, welche die neue Reihe »Theologie für Lehrerinnen und Lehrer« (TLL) mit ihrem ersten Band »Theologische Schlüsselbegriffe« (1999) gefunden hat, folgt nun unter dem Titel »Elementare Bibeltexte« der *zweite* Band. Er bezieht sich besonders in seinen systematisch-theologischen Überlegungen auf den ersten Band und wendet sich wie dieser vor allem an Lehrer und Lehrerinnen, Religionspädagogen und Religionspädagoginnen der Grundschule und Sekundarstufe I. Dabei ist nicht zuletzt auch an Lehramtsstudierende, Referendare und Referendarinnen und Religionslehrkräfte in den ersten besonders vorbereitungsintensiven Dienstjahren gedacht.

Die *religionspädagogischen Prinzipien* teilt dieser zweite Band mit dem ersten. Er vertritt in ökumenischer Aufgeschlossenheit einen offenen und gleichwohl deutlich christlichen RU, der sich im Blick auf die biblische Erschließungsarbeit maßgeblich vom Kriterium der Lebensförderlichkeit leiten lässt. Auch dieser Band versteht sich als wissenschaftlich fundierte religionsdidaktische Hilfe für einen RU, der sich sowohl pädagogisch wie theologisch verantwortet weiß.

Abgesehen von der Berücksichtigung der neuen Rechtschreibung haben wir uns auch *in formaler und struktureller Hinsicht* an die Vorgaben des ersten Bandes gehalten. Das gilt ebenfalls für die Reihenfolge »exegetisch-systematisch-didaktisch«. Dabei war freilich den Bearbeitern und Bearbeiterinnen der jeweiligen Artikel diesmal mehr Freiheit zu gewähren, um in der je möglichen und sinnvollen Doppelbewegung »vom Text zur Schülerin« und »von der Schülerin zum Text« den Dreischritt variabel zu handhaben und eventuell mit didaktischen Vorerwägungen im Hinblick auf Lehrplanvorgaben, Schülervoraussetzungen sowie traditionelle oder aktuelle Assoziationen beginnen zu können. Bei einem Band, der sich mit elementaren Bibeltexten befasst, hat naturgemäß die exegetisch-hermeneutische Arbeit besonderes Gewicht. Dabei ist in der Regel die historisch-kritische Bearbeitung und Kontrolle unverzichtbar, was aber die Autorinnen und Autoren nicht daran hindern sollte, auch andere Auslegungsmethoden und synchrone Zugänge anzuwenden. Dies verstärkte die kreative Vielfalt, die ohnehin mit der Unterschiedlichkeit und Eigenart der behandelten Einzeltexte, Textgruppen und Bibelbücher gegeben ist und entsprechend inszeniert werden will.

Bei einem solchen Band stellt sich die *Auswahl der Texte* als dringliche Aufgabe dar. Zunächst orientiert sich diese am »Kanon« biblischer Texte und Schriften, wie er sich in den derzeit gültigen Lehrplänen vorfindet. Hinsichtlich der einschlägigen biblischen Themeneinheiten lässt sich übrigens eine länderübergreifende Übereinstimmung und Kontinuität ausmachen, die bemerkenswert ist. Darüber hinaus wurden auch Bibeltexte einbezogen, die in den Lehrplänen nicht enthalten sind, die aber als biblischer Bezug oder Horizont häufiger in erfahrungs- oder problemorientierten Unterrichtseinheiten vorkommen. Dem verdanken z. B. die Psalmen oder Hiob ihre Aufnahme in den Band. Aus eher zeichenhaft anregenden und anstößigen Gründen wurden etwa das Buch Rut oder die schwierigen »Skandalgeschichten« von der (Nicht-)Opferung Isaaks und von Tamar aufgenommen. Im Einzelnen lassen sich *verschiedene Motive* finden, die zur Aufnahme gerade dieses Textes und jener biblischen Schrift geführt haben. Es ist eine didaktische Aufgabe für die Bearbeiter und Bearbeiterinnen je für ihre Texte und Textgruppen diesen Gründen und Begründungen nachzuspüren und sie religionsdidaktisch angemessen zu beachten. Wo es sich um curricular vorgegebene Bibeltexte handelt, ist festzustellen, dass es dafür in der Regel keine ausdrückliche Begründung gibt, vielmehr wird das Vorkommen der Texte meist stillschweigend und wie selbstverständlich vorausgesetzt und steht von daher ständig in der Gefahr, grundlos zu erscheinen.

Wenn wir im Titel des Bandes von »*Elementaren Bibeltexten*« sprechen, ist damit im Hinblick auf die Auswahl der Texte ein leitendes Anliegen bzw. ein grundlegender Anspruch verbunden, das bzw. der sich der Elementarisierungsdebatte in der Religionsdidaktik verdankt. Diese geht davon aus, dass sich an, in und mit dem Elementaren das einfach Wesentliche eines Inhalts erfassen und begreifen lässt, das didaktisch als »Bildungsgehalt« fungiert und den Schülerinnen und Schülern vermittelt und verständlich gemacht werden kann. Elementare Bibeltexte wollen danach auf die wesentlichen Strukturen, Sinnzusammenhänge und Wahrheitsgehalte der Bibel befragt werden und müssen unter diesem vorgängig unterstellten elementaren Anspruch ihre didaktische Tauglichkeit im und für den Vermittlungs- und Aneignungsprozess der Elementaria christlichen

Glaubens erweisen. Der einführende Beitrag setzt sich mit der Aufgabe des Umgangs mit überlieferungswürdigen Bibeltexten auseinander. Die Autoren und Autorinnen der Einzelartikel sind bemüht, an den Texten jeweils herauszuarbeiten, was diese an lebensförderlichem Gehalt enthalten und anzubieten haben.

Wie der erste Band will auch dieser zweite Band der »Theologie für Lehrerinnen und Lehrer« solide und verständliche Basisinformation bieten, die im Bedarfsfalle rasch abgerufen werden kann. Dabei wird keine Lektüre in der vorgegebenen Reihenfolge der Einzelartikel erwartet oder vorausgesetzt, vielmehr ist jeder Beitrag in sich verständlich. Die »Literaturhinweise« am Artikelende zielen nicht auf Vollständigkeit und umfassende wissenschaftliche Repräsentanz, sondern verweisen in ihrer bewusst knappen Auswahl auf Möglichkeiten zu vertiefender Weiterarbeit.

Aufs Ganze gesehen wünschen sich Herausgeberin und Herausgeber, dass das vorliegende »Bibel-Werk« so wie die »Theologischen Schlüsselbegriffe« zu einer brauchbaren Hilfe für all jene werden möge, denen ein elementarer Bibelunterricht am Herzen liegt. Dafür haben die Autorinnen und Autoren mit ihrer Arbeit an den Artikeln gute Voraussetzungen geschaffen; deshalb sei ihnen an dieser Stelle noch einmal ausdrücklich für die Mitarbeit gedankt. In diesen Dank schließen wir all diejenigen ein, die durch ihren Einsatz am Schreibcomputer, beim Korrekturlesen und im Verlag zum Erscheinen und Gelingen des Buches beigetragen haben.

Bamberg/Wien/Varel, im September 2001

Rainer Lachmann/Gottfried Adam/Christine Reents

I. Einführung: Umgang mit der Bibel

Rainer Lachmann/Gottfried Adam/Christine Reents

Warum heute noch Bibel? Seit langem ist diese Frage nicht nur in der Schule zu hören. Auf viele heutige Menschen wirken Bibeltexte alt, verstaubt, und diese Menschen sagen laut oder leise: »Bibel weg – hat kein' Zweck!« Weil das so ist, kann eine vertiefte Kenntnis der Bibel heute im Unterricht nicht mehr als selbstverständlich vorausgesetzt werden.

1. Die historisch-kritische Methode und ihre Arbeitsschritte

Zwischen den zuvor mitgeteilten Beobachtungen und der Tatsache, dass die Kenntnis der *historisch-kritischen Bibelauslegung* zum selbstverständlichen Pflichtpensum des Studiums der Theologie und Religionspädagogik evangelischer und katholischer Prägung zählt, besteht eine gewisse Spannung. Die historisch-kritische Methode soll das Instrumentarium zur Bibelauslegung bereitstellen. Sie wird als *historisch* bezeichnet, weil sie Bibeltexte als Dokumente der Geschichte versteht; sie heißt *kritisch*, weil sie die biblischen Texte kritisch untersucht. Sie arbeitet dabei mit den gleichen Methoden, die andere Wissenschaften bei der Untersuchung geschichtlicher Texte auch verwenden. Die Beiträge des vorgelegten Bandes sind der historisch-kritischen Methode mehr oder minder verpflichtet.

Die historisch-kritische Bibelwissenschaft entspricht der Rationalität mündigen Denkens. Sie will die Bibel ohne Emotionen, ohne Tabus und dogmatisches Vorverständnis zunächst in ihrem ursprünglichen Sinn und danach in den späteren Stufen ihrer Rezeption bis zur Entstehung des Kanons in der Synagoge (AT: ca 1. Jh. n. Chr.) und in der Alten Kirche (NT: 4. Jh. n. Chr.) erfassen. Um dieses Ziel zu realisieren, entstand eine Fülle von Hypothesen, die – wie in der Wissenschaft üblich – ständig modifiziert und ersetzt wurden und werden.

Die Bibelwissenschaftler entwickelten im Laufe der letzten fünfhundert Jahre ein *System von Arbeitsschritten,* bei denen es um Prozesse des Vergleichens geht. Schließlich heißt das griechische Verb *krinein* (lat. *cernere*) in der Grundbedeutung scheiden, im weiteren Sinne unterscheiden, trennen, sichten und ordnen. Das Vergleichen, Prüfen und Beurteilen des Für und Wider im Blick auf einen Sachverhalt gehören zum ursprünglichen Sinn des Begriffes: kritisch. Prozesse des Vergleichens sind nur möglich, wenn mindestens zwei Größen zueinander in Beziehung gesetzt werden können.

(1) Bei der *Textkritik* sind es mindestens zwei oder mehrere Handschriften, die miteinander verglichen werden, um die ursprüngliche Lesart zu ermitteln. Mit der Parole »ad fontes!« (zu den Quellen!) begann der Humanismus vor etwa 500 Jahren mit der Textkritik. Dem schlossen sich die Reformatoren an, als sie sich von der Lehrautorität der spätmittelalterlichen Kirche lösten.

(2) Die *Literarkritik* befragt die vorliegende Textgestalt auf Einheitlichkeit und Stimmigkeit. Meist sind es eine oder mehrere Quellen zu einem Thema, die miteinander verglichen werden, um die Spezifika jeder Quelle herauszustellen. Die ältere und jüngere Schöpfungsgeschichte (→ Kapitel II,3) sind ein klassisches Beispiel. Diese Forschungen begannen in der Aufklärung (18. Jh.) mit der Kritik am Inspirationsdogma (4 Esra 14,37 ff.). Nun verstanden die Bibelwissenschaftler die Bibel nicht mehr als ein vom Heiligen Geist diktiertes Buch, sondern als Werk unterschiedlicher, oft anonymer Autoren.

(3) Bei der *Formgeschichte oder Gattungsforschung* geht es um das Vergleichen formal ähnlicher Texte, z.B. um Hymnen in den Psalmen, prophetische Berufungsgeschichten, Wunder, Streitgespräche oder Gleichnisse. Die Romantik (Ende 18. Jh.) fing mit einem psychologisch-ästhetischen Einfühlen in die hebräische Poesie und Prosa an. Seit Anfang des 20. Jh. wurde diese Arbeit durch die soziologische Frage nach dem »Sitz im Leben« weitergeführt.

(4) Der Historismus brachte das *Objektivitätsideal* zur Geltung. Der Ausleger soll sich auf seine Quellen konzentrieren, jedoch zu seiner Person Distanz halten. Folgende Grundsätze der Kritik sind zu beachten: *Analogie und Korrelation*. Danach wird die Bibel in den Kontext des geschichtlichen, gesellschaftlichen, geistigen und religiösen Lebens ihrer Zeit eingeordnet. Gleichzeitig werden alle Erscheinungen zueinander in Beziehung gesetzt, so dass sich aus dem Vergleich die Originalität einer Aussage oder ihre Abhängigkeit von anderen Aussagen ermitteln lässt. Diese Methode will objektiv sein. Sie versteht sich *nicht anwendungsbezogen*, denn der Exeget gilt nur als Anwalt des Textes.

Außerdem entstehen in der zweiten Hälfte des 19. Jh. neue Forschungsrichtungen. Die *Überlieferungsgeschichte* sucht nach Spuren mündlicher Traditionen in schriftlichen Quellen und die *Redaktionsgeschichte* setzt Elemente von Texten so zusammen, dass in sich kohärente Kompositionen rekonstruiert werden, z.B. die einheitliche Bearbeitung aller Stoffe vom Deuteronomium bis zur ersten Zerstörung Jerusalems im Jahre 587 v.Chr. (= Dtn bis 2 Kön) unter der Leitfrage: Wie konnte es zu dieser Katastrophe kommen? War sie eine Strafe Gottes? Die Redaktionsgeschichte fragt auch, mit welchen Grundgedanken größere literarische Einheiten zustande kamen, d.h. wie die Verfasser die ihnen vorliegenden mündlichen und schriftlichen Traditionen akzentuiert und verarbeitet haben. Dieses lässt sich exemplarisch anhand der synoptischen Evangelien studieren. Schließlich sucht die *Traditionskritik* nach Vergleichen zwischen Bibeltexten und religiösen Traditionen der antiken Welt. Damit sind wir

(5) bei der *Religionsgeschichte,* die seit Mitte des 19. Jh. vor allem durch Textfunde in Ägypten, in Kanaan und im Zweistromland an Bedeutung gewonnen hat. Ihr geht es um Vergleiche zwischen biblischen und außerbiblischen Quellen.

(6) Gleichzeitig setzte die archäologische Arbeit ein. Zudem begannen englische Forscher mit der Kartografie Palästinas, so dass die Erforschung der Umwelt der Bibel zu präziseren Vergleichen mit biblischen Angaben führte. Die *Umwelt der Bibel* wurde ein Forschungsgegenstand.

(7) Seit rund hundert Jahren geht es um *soziologische Fragestellungen* z.B. nach dem »Sitz im Leben«, d.h. nach den realen Lebensverhältnissen, die sich aus dem Text ermitteln lassen. Hier stellt sich die Frage: »Wer redet?« und »Wer ist angeredet?« So wird die Ursprungssituation von Texten rekonstruiert.

(8) Der *Begriffsexegese* geht es um die spezifische Bedeutung biblischer Begriffe, die aus dem Vergleich mit Synonymen und mit verwandten Sprachen aus der biblischen Umwelt ermittelt wird. Der Begriff der Gerechtigkeit ist ein klassisches Beispiel. Im Deutschen geht es um eine Tugend, die jedem das zuteilt, was ihm oder ihr zusteht; folglich ist die Durchsetzung von Rechtsansprüchen impliziert. Dagegen meint Gerechtigkeit im Hebräischen ein gemeinschaftsgerechtes Verhalten, das wir als Solidarität oder Hilfsbereitschaft bezeichnen.

Wer diese Arbeitsschritte differenziert nachvollzieht und am Schluss zusammenführt, sollte in der Lage sein, Einzeltexte oder ein biblisches Buch mit den Augen seiner Verfasser und seiner ersten Gesprächspartner zu lesen. Es geht um kritisches Erfassen fremder Texte in ihrem Entstehungszusammenhang und nach ihrem ursprünglichen Sinn: applikationsfern, distanziert und nach einem wiederholbaren Regelsystem. Schließlich sollen die Ergebnisse der historisch-kritischen Forschung überprüfbar sein.

Die Vorzüge der historisch-kritischen Exegese liegen auf der Hand:

– Sie schützt vor subjektiv willkürlicher Auslegung und vor dogmatischer Bevormundung
– Sie nimmt ernst, dass die Bibel von Menschen in jeweils ihrer Zeit verfasst wurde
– Sie bemüht sich um größtmögliche Allgemeinzugänglichkeit zu den Aussagen der Texte
– Sie wahrt die Fremdheit vieler biblischer Aussagen.

2. Weitere Methoden der Bibelauslegung

Wer mit Kindern und Jugendlichen arbeitet, fragt sich, warum denn überhaupt die Fremdheit unbekannter Texte gewahrt werden soll. Schließlich ist fast jeder Bibeltext unbekannt und neu. Nähe ist gefragt, nicht Distanz und Kritik. Kinder und Jugendliche brauchen nicht nur distanzierte, sondern auch engagierte Formen des Bibelgebrauchs.

Deshalb entstand neben der historisch-kritischen Exegese in den letzten Jahrzehnten eine Reihe von Auslegungsmethoden, die an den Leserinnen und Lesern orientiert sind. Ihnen geht es nicht primär um den Text damals, sondern um den Text heute. Es geht folglich nicht um das Jesusbild des Lk oder um das Gottesbild des Jahwisten, sondern um das eigene Bibelverständnis heute und in Zukunft.

(1) Hier ist zuerst die *existenziale Interpretation* des Marburger Neutestamentlers *Rudolf Bultmann* (1884–1976) zu nennen. Sie will die biblische Überlieferung den Menschen von heute so erschließen, dass sie in ihrer Existenz betroffen werden. Um das zu erreichen, sucht sie die sog. Existenzialien in einem Text auf, d.h. sie sucht nach Grunderfahrungen menschlicher Existenz wie Vertrauen, Glück, Leid, Liebe, Angst, Hoffnung u.a.m. Es ist die Grundannahme dieser Methode, dass die Menschen der Bibel diese Grunderfahrungen genauso gemacht haben wie die Menschen unserer Zeit, nur dass wir es nicht merken, weil die Grunderfahrungen in einer uns fremd gewordenen religiösen, mythologischen und symbo-

lischen Sprache der Antike verschlüsselt sind. Die existenziale Interpretation stellt sich die Aufgabe, die fremd gewordene Sprache der Bibel zu entschlüsseln oder – wie Bultmann sagt – zu entmythologisieren. Dadurch will er die alten Texte neu lebendig werden lassen bzw. revitalisieren. Bultmann ist dem individuellen Denken der Neuzeit verpflichtet; die Menschen der Bibel dagegen waren weithin in größere Sozialzusammenhänge eingebunden. Hier liegen Grenzen des Entmythologisierungsprogramms, denn es beachtet die sozialen Unterschiede zu wenig. Dazu gehört es auch, das spezifische Verstehen von Kindern und Jugendlichen in je ihrem Milieu in den Blick zu nehmen. Trotz dieses Mangels sind die Beiträge dieses Bandes weithin der existenzialen Interpretation verpflichtet.

(2) Andere Methoden[1] kommen in den Auslegungen dieses Bandes weniger zum Tragen, z. B. die tiefenpsychologische oder die linguistische Methode. Nur die *feministische Auslegung*, die Texte aus der Sicht von Frauen liest, spielt eine Rolle bei der Auslegung der Urgeschichte (→ Kapitel II), der Königsgeschichten (→ Kapitel V) und des Buches Rut (→ Kapitel VI). Diese Protestexegese verfährt grundsätzlich nach den Regeln der historischen Kritik, berücksichtigt jedoch, dass der Ausleger oder die Auslegerin nie von seiner oder ihrer subjektiven Sicht absehen kann. Wer die Subjektivität ernst nimmt, kann neue Einsichten gewinnen, z. B. Befreiungserfahrungen von Frauen wahrnehmen.

3. Anspruch und Auswahl der Bibeltexte

Die Auslegungswege der Bibel bedürfen eines verbindenden Anliegens und Anspruchs, der im Lebens- und Gottesbezug jedweder Bibel-Arbeit gesehen werden sollte[2]. Als Glaubenszeugnisse, die im Bereich der Sinn- und Existenzfragen, der Werte und Normen und der Wahrheit Orientierung anbieten, *handeln alle Bibeltexte von Leben, das mit Gott rechnet,* in dem Gott mit im Spiel ist.

– An diesem *Lebensbezug* der biblischen Überlieferung muss aller Auslegung zentral gelegen sein; ihn zu entdecken und zu erschlie-

1 Vgl. die 13 Zugänge bei *H. K. Berg*, Ein Wort wie Feuer. Wege lebendiger Bibelauslegung, München/Stuttgart 1991.
2 Das Folgende unter Bezug auf *R. Lachmann*, Wege religionsdidaktischer Erschließung biblischer Texte, in: *D. Bell u. a. (Hg.)*, Menschen suchen – Zugänge finden. FS Christine Reents, Wuppertal 1999, 205–217, bes. 213 u. 215 f.

ßen, ist die entscheidende Aufgabe rechten Umgangs mit der Bibel, an der die verschiedenen Auslegungswege sich je für ihren Teil beteiligen müssen. Mit ihm lässt sich der »garstige Graben« zwischen damals und heute überbrücken, können Lesetexte wieder zu Lebenstexten werden und wird theologisch Gott die Ehre zuteil, die ihm als »Liebhaber des Lebens« (Weish 11,26) gebührt und für uns lebenswichtig ist

– Lebensbezogene Auslegung erinnert daran, dass der jeweilige Bibeltext aus dem wirklichen Leben entstanden ist und auf Erneuerung des Lebens zielt: Historisch-kritische Interpretation nimmt sich in diesem Sinn der historischen Ursprungssituation an, fragt nach den realen Lebensverhältnissen, unter denen der Text entstanden ist, nach den Problemen, Konflikten, Zweifeln, den Sinn- und Glückserfahrungen, den Ängsten und Hoffnungen, durch welche die Produktion des Textes angeregt worden ist. Damit das »lebenstextlich« gelingt, bedarf es der »Erklärungen« der historisch-kritischen Methode, die den alltäglichen Kontext der damaligen politischen, sozialen und religiösen Verhältnisse im Lebensraum Palästina vor unseren Augen wieder lebendig werden lässt

– Daran anknüpfend deckt die existenziale Interpretation die in einem Text eingeschlossenen Lebensfragen so auf, dass sie nach den Grunderfahrungen »fahndet«, die bei der Entstehung des Textes mit im Spiel waren und in unserem Leben heute noch genauso im Spiel sind. Die tiefenpsychologische Auslegung bemüht sich, heilsame Tiefen- und Urerfahrungen aus den biblischen Texten zu erschließen, und die feministische Auslegung macht aus der Frauenperspektive sensibel für unterdrücktes und verletztes Leben

– Der geforderte Lebensbezug aller Zugangsweisen zur Bibel verliert allerdings sein anstößiges »Proprium« und wird belang- und profillos, wenn ihm der *Gottesbezug* fehlt. Erst der lässt auch angesichts von Tod und Sterben noch von Leben sprechen, macht die Bibeltexte zu Protest- und Kontrasttexten gegen alles Lebensfeindliche, zu Modellen geheilten, gelungenen Lebens und verhindert so, dass die Ausleger – die Historiker, Existenzialisten, Psychologen und Feministinnen – bei sich selbst bleiben, nur um sich selbst kreisen und so das Leben verfehlen und verlieren. Insofern ist die geforderte lebensbezogene Auslegung der biblischen Überlieferung nur dann wirklich lebensförderlich, wenn sie die Gotteserfahrungen im biblischen Zeugnis wahr- und ernstnimmt, wenn sie als Lebens-bezogene immer zugleich Gott-bezogene Auslegung ist, theologische Auslegung!

Wer im Blick auf die Bibel nach der »*Mitte der Schrift*« fragt, fragt nach dem Maßstab, dem Kriterium bzw. der Richtschnur, dem Kanon, an dem gemessen wird, was aus der Fülle der Schrift ausgewählt wird, als besonders wichtig ausgewählt wird. Wer einmal seine Bibel ganz durchliest, wird nämlich schnell feststellen, dass nicht alles, was in ihr geschrieben steht, gleich wichtig und gleich gültig ist. Deshalb muss ausgewählt werden, und wer meint, er wähle nicht aus, der betrügt sich selbst, denn insgeheim tut er es doch. Er kann gar nicht anders und deshalb gehört es zu einem redlichen Umgang mit der Bibel, dass man über sein Auswahlkriterium verantwortliche Rechenschaft ablegt. Das gilt natürlich in besonderem Maße für Religionslehrer und -lehrerinnen, zu deren zentraler didaktischer Aufgabe die *begründete Auswahl* der Unterrichtsinhalte gehört!

Welches ist aber nun diese »Mitte der Schrift«, der »Kanon im Kanon« der Schrift, wonach die Auswahl erfolgen soll? Besonders für Protestanten ist das eine relevante Frage, denn im Unterschied zur römisch-katholischen Kirche, die ein oberstes Lehramt besitzt, sind diese orientiert am reformatorischen Grundprinzip des »sola scriptura«. Das heißt, dass das Auswahlprinzip nur aus der Schrift selbst kommen kann und nicht von außen gesetzt werden darf! Eine der bekanntesten Beschreibungen der Schriftmitte stammt von *Martin Luther*; er bezeichnet als »Mitte der Schrift« und »rechten prufesteyn alle(r) bucher« »ob sie Christum treyben«, und stellt fest: »Was Christum nicht leret« und predigt, »das ist nicht Apostolisch«[3]. Luther konnte auch von seiner reformatorischen Entdeckung der paulinischen Rechtfertigungslehre her sagen: »Was Christum treibet« ist die Predigt der Rechtfertigung des Sünders allein durch Gottes Tat in Jesus Christus. Dabei lässt sich die weite Formel als »gemeinsame Aussageabsicht« der biblischen Schriften verstehen, während der Bezug der Formel auf die Rechtfertigungslehre interpretierend »zur Geltung bringt, daß diese Formel auslegungsbedürftig und -fähig ist«[4].

Didaktisch gewendet geht es bei der theologischen Frage nach der »Mitte der Schrift« um das wirklich Wesentliche, das fundamental Wichtige, die tragende Wahrheit, kurz: um die biblischen Elementaria christlichen Glaubens! An ihnen sollte sich die Auswahl der Bibelinhalte orientieren, auf sie sich die didaktische Auswahlarbeit

---

3 WA 7, 384.
4 *W. Härle*, Dogmatik, Berlin 1995, 138.

konzentrieren. *Horst Klaus Berg* spricht in diesem Zusammenhang von »Grundbescheiden« als Verdichtungen elementarer biblischer Erfahrungen, die als hermeneutischer Schlüssel dazu dienen sollen, die Einzeltexte in einen sinnvollen biblischen Gesamtzusammenhang zu bringen, um dadurch Beliebigkeit und Willkür bei der Auslegung zu begrenzen. Als Konzentrat des alt- und neutestamentlichen Kerygmas formuliert er in kurzen Sätzen sechs Grundbescheide: »Gott schenkt Leben« / »Gott stiftet Gemeinschaft« / »Gott leidet mit und an seinem Volk« / »Gott befreit die Unterdrückten« / »Gott gibt seinen Geist« / »Gott herrscht in Ewigkeit«[5]. Diese Bescheide ermöglichen eine Vermittlung von biblischen Erinnerungen und gegenwärtigen Erfahrungen. Sie sind offen für eine lebensbezogene Auslegung und einen lebensförderlichen Umgang mit der Bibel. Was dabei im Blick auf die didaktisch perspektivierte *Frage nach der »Mitte der Schrift«* herauskommt, sei *in acht Thesen* zusammengefasst:

- Die *lebensbezogene theo*logische Auslegung der biblischen Überlieferung geht von der Grundannahme aus, dass Bibeltexte ihrem Kerngehalt nach dem Leben im umfassendsten Sinn dienen wollen. Daraufhin sind sie auszulegen und daran – am Kriterium der Lebensförderlichkeit – sind sie zu messen
- Gottgewolltes und -geliebtes Leben schließt den natürlichen Lebensraum ebenso ein wie die geschichtlich und gesellschaftlich bedingten Lebensverhältnisse. Das verbietet es, die Kategorie der Lebensförderlichkeit individualistisch zu verengen, und fordert zum Überleben, Erleben und Leben stets auch Verantwortung für Umwelt und Gesellschaft
- Die zentral am gottgeliebten Leben des Evangeliums orientierten biblischen »Grundbescheide« *(H. K. Berg)* eröffnen der Auslegung ein weites Feld an Glaubenserfahrungen und -deutungen, die gott- und lebensbezogen verstanden werden wollen. Inhaltlich richten sich diese Grundbescheide aus an den *»Grundsymbolen christlichen Glaubens«* – Schöpfung, Fall, Erlösung und Vollendung –, in denen sich bewährte symbolische Verdichtungen christlicher Glaubens- und Lebenserfahrung niedergeschlagen haben[6]
- Diese »Verdichtungen«, die ständig in der Gefahr stehen, zu dogmatischen Verkrustungen, Verhärtungen und Verfälschungen zu werden, bedürfen der »Revitalisierung«, der Verflüssigung zum

---

5 *H. K. Berg*, Bibeldidaktik, München/Stuttgart 1993, 78 ff.
6 Vgl. *R. Lachmann*, Grundsymbole christlichen Glaubens. Eine Annäherung (Biblisch-theologische Schwerpunkte 7), Göttingen 1992.

»Wasser des Lebens«, der Bewahrheitung durch erfahrungsbezogene Auslegung. Ein erster Schritt auf diesem Weg ist der Versuch, die Grundsymbole im Sinne der Bergschen Grundbescheide
umzusprechen in kurze Sätze, die den personalen Charakter und
die geschichtliche Dynamik der biblischen Überlieferung theologisch einfangen und nicht mit lebloser Lehre verwechselt werden
können

– Dem Grundsymbol »Schöpfung« entspricht der Grundbescheid
  »Gott schenkt Leben« und sorgt für den nötigen Lebensraum und
  die erforderlichen Lebensmittel. Daraus erwächst als ethischer
  Grundbescheid: Gott fordert ein der Schöpfung gemäßes Leben,
  das mit den guten Schöpfungsgaben verantwortlich umgeht
– Das Grundsymbol »Fall« macht auf den unübersehbaren Tat-
  bestand aufmerksam, dass der Mensch mit dem ihm anvertrauten
  Leben und Lebensraum unverantwortlich umgeht, sich von Gott
  entfremdet und seine Lebensbestimmung als Geschöpf verfehlt.
  Dem korrespondiert der erstaunliche biblische Grundbescheid:
  Gott leidet am verfehlten Leben seiner Geschöpfe
– In Jesus Christus, seinem Leben, Sterben und Auferstehen, hat
  sich Gott als Vater der Verlorenen »verborgen offenbart«. Im
  Grundsymbol »Erlösung« sind die Glaubens- und Lebenserfahrungen mit diesem Jesus verdichtet, die als Grundbescheid lauten:
  Gott ermöglicht durch Vergebung, Anerkennung und Befreiung
  neues Leben
– Mit dem neuen Leben sind die im Grundsymbol »Vollendung« an-
  gesprochenen hoffnungsvollen Lebensaussichten vorgegeben und
  lassen sich, als Grundbescheid formuliert, folgendermaßen ausdrücken: Gott verheißt ewiges Leben als ewige Liebe!

4. Bibelauslegung und Bibeldidaktik

Es bleibt festzuhalten, dass die Kenntnis der bibelwissenschaftlichen
Methoden zu den Voraussetzungen der Bibeldidaktik zählt. Nur
bedingt ist sie ihr eigentlicher Gegenstand. Wer mit Kindern und
Jugendlichen Bibeltexte erschließt, sollte selbst die Grundregeln
der historischen Kritik beherrschen. Daraus folgt jedoch nicht, dass
auch die Kinder und Jugendlichen diese Grundregeln differenziert
beherrschen müssen. Der Grund liegt darin, dass es nicht sinnvoll ist, einen unbekannten Text kritisch zu untersuchen, wenn die
Chance zum Vergleichen fehlt. Wer kritisch arbeiten möchte, muss

selbst Vergleiche schaffen. Allerdings lässt sich die rund fünfhun-
dertjährige Geschichte der Bibelwissenschaften nicht in kurzer Zeit
bei häufig wechselnden Fachlehrkräften nachvollziehen. Wo jedoch
Fragen zu spüren sind, gilt es, auf der Basis wissenschaftlicher Bibelauslegung sachgerecht darauf einzugehen. Außerdem sind die Ergebnisse der historisch-kritischen Forschung für die Auswahl der
Texte, ihre Abgrenzung und ihre Zusammenstellung unentbehrlich.
Deshalb müssen Lehrerinnen und Lehrer Grundkenntnisse der kritischen Exegese gleichsam im Hinterkopf haben.

Die Regeln der Kritik zielen auf Distanz und Spezialistentum; der
Bibeldidaktik muss es jedoch um Nähe und um das Interesse vieler
gehen. Wer allzu differenziert mit Kindern an Bibeltexten arbeitet,
kann die Frage hören: »Warum machen wir das? Ich will doch nicht
Pastor werden!« Deshalb ist es eine Aufgabe der Bibeldidaktik, sich
um eine leserorientierte Rezeption zu bemühen. Im Bilde gesprochen: Es geht nicht nur um Musikhören, sondern um Musizieren,
nicht nur um Bildbetrachtung, sondern um Bildgestaltung.

Diese Tendenz verfolgt eine Reihe *engagierter Gestaltungsformen* wie
das unmittelbare *Gespräch* über kurze Aussagen der Bibel z.B. aus
den Psalmen (→ Kapitel VIII), *nonverbale Methoden* wie Pantomime
und alle Formen der visuellen Gestaltung und das *Weiterschreiben und
Neuschreiben* alter Texte, das Begleiten durch *musikalische Elemente* oder
das *Bibliodrama*. Das methodische Spektrum des Bibelgebrauchs
muss breit sein, um Kinder und Jugendliche zu befähigen, kurze Bibeltexte aus ihrer Perspektive auszulegen. Hier gilt es, das Experte-
Sein zurückzustellen zugunsten der Subjektivität vieler. Dieses ist
nicht am Schreibtisch möglich und sprengt den Rahmen des vorliegenden Bandes. Ihm geht es um eine Hilfe bei der Vorbereitung eines möglichst eigenständigen, vielfältigen Umgangs mit der Bibel.

LITERATURHINWEISE

H. K. Berg, Ein Wort wie Feuer. Wege lebendiger Bibelauslegung, München/
    Stuttgart 1991.
M. Oeming, Biblische Hermeneutik, Darmstadt 1998.

ALTES
TESTAMENT

II. Urgeschichte

Risse in Gottes Schöpfung und ein Funke Hoffnung

Christine Reents

1. Schwierigkeiten aus didaktischer Sicht

1.1 »Schöpfung« – für Kinder kein Alltagsbegriff. Der religiöse Begriff der Schöpfung (→ TLL 1, Schöpfung/Leben, 320–336) kommt im Alltagssprachgebrauch nicht vor. Stattdessen sprechen wir von der Natur und denken an natürliche Ursachen der Weltentstehung. Im Unterschied dazu erzählt das erste Kapitel der Bibel von dem feierlichen Akt der Erschaffung des Himmels und der Erde durch Gott. Diese religiöse Vorstellung mit dem Glauben an Gott, den Schöpfer des Himmels und der Erde, ist nicht mehr selbstverständlich, auch wenn wir sonntags im Gottesdienst das Apostolikum bekennen.

1.2 Fehlendes Staunen über die Natur. Das Staunen über die Wunder der Natur, über Fruchtbarkeit, Saat und Ernte, Geburt und Tod, gehört zum Wesen der Religionen. Diese erzählen viele Mythen von der Entstehung der Welt und der Menschen. Damit verbinden sie Fragen nach dem Sinn des Lebens. Wer vor allem in Großstädten kaum noch mit der Natur lebt, wer kaum noch gegen Naturgewalten zu kämpfen hat und nur selten in der Natur Lebensfreude erlebt, weiß sich nur noch wenig mit den Wundern der Natur verbunden. Dieses Lebensgefühl kann den Zugang zum Gedanken der Schöpfung mit der Abhängigkeit des Menschen von Gott erschweren.

1.3 Der Mensch als Teil der Natur. Wer die Natur zerstört, zerstört seine eigenen Lebensgrundlagen. Diese Einsicht hat durch die ökologische Bewegung zugenommen. Kann das Wissen um den unauflöslichen Zusammenhang von Mensch und Natur zu einem besseren Verständnis biblischer Schöpfungstheologie beitragen?

1.4 Schöpfung und Evolution: ein unauflöslicher Widerspruch? »Schöpfung« ist ein Begriff, der religiös deutet; »Evolution« dagegen ist ein Begriff der beschreibenden Naturbeobachtung. Schüler und Schülerinnen lernen die Evolutionstheorie im Unterricht. Die Geschichte des Weltalls und der Erde sowie die Abstammung des Menschen sind in Jugendbüchern anschaulich dargestellt. Wer danach die biblischen Schöpfungserzählungen hört oder liest, fragt sich, wie naturwissenschaftliche Hypothesen mit biblischen Überzeugungen zusammenpassen. Leider bemüht sich der Unterricht zu wenig darum, Synthesen zwischen scheinbar widersprüchlichen Aussagen zu suchen. Ein Beispiel soll das verdeutlichen: Schüler und Schülerinnen wissen, wie ein Kind gezeugt wird und wie es im Mutterleib neun Monate bis zur Geburt heranwächst. Können sie trotz dieses biologischen Wissens sagen, dass Kinder ein Geschenk Gottes sind (Ps 127,3)? Dieses können unterschiedliche Geburtsanzeigen verdeutlichen, z.B.: »Gott hat uns ein Kind geschenkt. Die dankbaren Eltern.« Und: »Am … wurde XY geboren«. In beiden Anzeigen geht es um ein und dasselbe Kind.

1.5 Lebensfreude oder Unheilsgeschichten? Spaß und Lebensfreude gelten in unserer Gesellschaft viel. Die Gefährdung von Menschen durch Menschen und die dunklen Seiten des Lebens werden gern verdrängt. Im Unterschied dazu verschweigt die biblische Urgeschichte das Unheil nicht; sie erzählt vielmehr in fast beklemmender Weise vom Verlust des Gottesgartens, vom Brudermord, von der Vernichtung der Menschheit und der Rettung Noahs mit seiner Familie und schließlich davon, dass die Menschen einander nicht mehr verstehen. Wer mag solche dunklen Geschichten hören?

1.6 Das spannungsreiche Gottesbild. Bei der Vertreibung aus dem Gottesgarten ist Gott auf die Menschen neidisch (Gen 3,5). Gott straft und vernichtet; doch gleichzeitig macht er Röcke von Fell für Adam und Eva (Gen 3,21). Er lässt Kain unstet und flüchtig werden und gleichzeitig schützt er ihn (Gen 4,14f.). Er vernichtet die Menschheit durch eine Flut und bewahrt Noah mit den Seinen und mit den Tieren. Alles Unheil wird auf Gott zurückgeführt. Wie passt dieses Gottesbild zu dem Bild Jesu vom liebenden, vergebenden Vater (Lk 15,11–31)?

1.7 Unbeliebte Textanalyse. Die Fragen historisch-kritisch arbeitender Bibelwissenschaftler lauten anders als die Interessen Jugendlicher. In der Schule ist gründliche Arbeit an alten Texten zumeist unbeliebt. Trotzdem muss sich der RU dieser Aufgabe stellen und Schwierigkeiten einbeziehen, wenn er nicht unglaubwürdig werden will. Vor allem gilt es, ansprechende Methoden der Gestaltung biblischer Texte in gegenwärtiger Sicht zu finden. Für die Schüler können literarische Probleme der Quellenscheidung zurücktreten. Hier werden sie nur deshalb knapp angesprochen, um Brüche und Widersprüche im Bibeltext zu klären.

2. Gen 1–11: Urgeschichte

2.1 Zum historischen Ort der Urgeschichte. Die israelitischen Sklaven in Ägypten und die wandernden Kleinviehnomaden erzählen keine Schöpfungsmythen. Aus den Bibeltexten lässt sich schließen, dass Schöpfungserzählungen in Israel erst nach der langsamen Sesshaftwerdung entstanden. Sie antworten auf die Gabe des Kulturlandes und sind im Kontext kanaanäischer Naturreligion zu sehen.

Es sind ärmliche Schichten, die etwa ab 1200 v. Chr. mit ihren Schafen und Ziegen in Kanaan einwandern. Vermutlich verehren sie den Gott der Väter, den Gott Abrahams, Isaaks und Jakobs, der sie auf ihren Wanderungen begleitet. Wahrscheinlich ist ihr Kult bildlos, denn das Bilderverbot ist die älteste Fassung des ersten Gebots (Dtn 27,15). Die Immigranten finden in Kanaan besiedeltes Kulturland vor: große und schöne Städte, die sie nicht gebaut haben, Häuser und Zisternen, die sie nicht ausgehauen haben, Weinberge und Olivengärten, die sie nicht gepflanzt haben (Dtn 6,10ff.). Die Bewohner der kanaanäischen Stadtstaaten, die an verkehrstechnisch günstigen Handelswegen liegen, verehren Fruchtbarkeitsgötter: Baal als Besitzer des Landes und seine vollbusige Partnerin Aschera. Ihnen verdanken sie die Gaben der Natur. Die Israeliten müssen mit trockenen, steinigen, gebirgigen Landstrichen vorlieb nehmen. Der Konflikt Jahwe oder Baal[1], der die hebräische Bibel[2] bis zum Untergang Judas durchzieht, zeugt vom Ringen zweier Gesellschaftssysteme und zweier Religionen: Naturreligion oder Befreiungsreligion?

Mit der Eroberung der alten Jebusiterstadt Jerusalem macht David eine typische kanaanäische Stadt zu seinem Regierungssitz. Da

---

1 *W. Dietrich*, Israel und Kanaan (Stuttgarter Bibelstudien 94), Stuttgart 1979.
2 Alternative Bezeichnung für das Alte Testament, u.a. aus Respekt vor dem Judentum, dessen heilige Schrift nicht als »alt« abgewertet werden soll.

er außerdem viele kanaanäische Stadtstaaten erobert, beginnt im
Großreich Davids und Salomos eine Kooperation und Integration
der beiden Religionen und Kulturen.

So erklärt sich die These, dass die älteste Schöpfungserzählung
der hebräischen Bibel (Gen 2,4b-25) ihre Wurzeln wahrscheinlich in
der frühen Königszeit hat. Der Urzustand ist als Steppe geschildert,
die durch einen Wasserschwall getränkt wird. Im Unterschied dazu
stellt sich die spätere priesterliche Schöpfungserzählung den Urzustand als Urflut (Gen 1,2) vor, was ein Indiz für die Herkunft aus einem wasserreichen Schwemmland sein könnte.

2.2 Die beiden Erzählungen der Urgeschichte [3]

Gen 2,4b-11,9: Die ältere Erzählung. Da die älteren Erzählungen die
Gottesbezeichnung »Jahwe« verwenden, hat sich in der alttestamentlichen Wissenschaft die Hypothese einer jahwistischen Quellenschrift (J) eingebürgert[4]. Diese erzählt Sagen in anschaulicher Weise
und sammelt sie. Vielleicht stammen die ältesten Teile dieser Quel-

---

3 Vgl. *O. Kaiser*, Grundriß der Einleitung in die kanonischen und deuterokanoni-
schen Schriften des Alten Testaments, Bd. I: Die erzählenden Werke, Gütersloh
1992.

4 Zur Problematik der *Pentateuchquellen* eine kurze Einführung von *Gisela Kittel*:
Wer die ersten Bücher der Bibel, die man früher die fünf Bücher Mose nannte,
aufmerksam liest, bemerkt es rasch: Diese Bücher sind alles andere als aus
einem Guss; da waren mehrere Hände am Werk. Verschiedene Versionen derselben Ereignisse haben einander überlagert, Erzählungen sind nachträglich
kommentiert, Überlieferungseinheiten sehr locker miteinander verbunden worden. Bis heute ist es der alttestamentlichen Wissenschaft nicht überzeugend gelungen, das komplexe Textgefüge durchsichtig zu machen und seine Überlieferungsgeschichte zweifelsfrei aufzuklären. Seit dem Ende des 18. Jh. setzte sich
in der alttestamentlichen Wissenschaft die so genannte Urkundenhypothese
durch. Man ging – so der Forschungsstand noch vor wenigen Jahrzehnten – von
mehreren Quellenschriften aus, welche sukzessive miteinander verbunden worden seien. Dabei sollte die älteste Quelle, die so genannte jahwistische Schrift,
bis in die Zeit Davids und Salomos zurückreichen, während die jüngste Schrift,
die Priesterschrift, erst im Exil oder kurz danach entstanden sei. Doch diese
Thesen, die lange Zeit unangefochten die Diskussion beherrschten, sind in den
letzten Jahren immer mehr in die Kritik geraten. Zum einen wurde die Annahme
durchlaufender Erzählfäden zunehmend in Frage gestellt, zum anderen das Alter
der Überlieferungen und vor allem der erzählerischen Gesamtkonzeption immer
weiter herabdatiert. Gegenwärtig gehen viele Alttestamentler von Erzählkrän-
zen und Einzelüberlieferungen aus, die überdies viel später, als es die Quellen-
theorie für die alten Erzählerquellen vermutete, in einen Gesamtzusammenhang
gestellt worden seien. Lediglich in der Annahme einer priesterlich geprägten
Textschicht geht die Forschung auch heute noch mit der früheren ungefähr kon-
form. Wie gesagt: Die Diskussion ist noch keineswegs abgeschlossen; ein Kon-

lenschicht aus der frühen Königszeit. Wegen ihres narrativen Charakters werden aus der Urgeschichte folgende fünf Texte dieser frühen Quellenschicht zugeordnet:
– Die Geschichte vom Gottesgarten (Gen 2,4b-25)
– Vom Verlust des Gottesgartens (Gen 3)
– Zwei Brüder – ein Mord (Gen 4,1–16)
– Die Sintflut: eine Straf- oder Rettungsgeschichte? (Gen 6–9 als Geflecht von J und P)
– Warnung vor Maßlosigkeit (Gen 11,1–9).
Da diese Texte Grundprobleme des Menschen thematisieren, sind sie didaktisch wichtig.

Gen 1–11: Die jüngere Fassung der Urgeschichte. Für die jüngere Quellenschicht sind genealogische und chronologische Notizen ebenso charakteristisch wie die Vorliebe für Zahlen, der feierliche Stil und die Stiftung des Kultus. Deshalb wird angenommen, dass die Verfasser in priesterlichen Kreisen beheimatet sind. Die Datierung dieser Schicht schwankt zwischen dem Exil und dem Persischen Großreich (spätes 6. bis spätes 5. Jh. v.Chr.). Die aus dem Babylonischen Exil (6. Jh.) resultierenden theologischen Bemühungen um die innere Gemeinsamkeit der zerstreuten Juden sind wichtig, z.B. der Sabbat als Unterscheidungsmerkmal der Juden in der Diaspora, der prinzipielle Monotheismus im Sinne der Entmachtung der Fremdgötter und der Verlässlichkeit Gottes.
Folgende Textpassagen werden der priesterlichen Quellenschrift hypothetisch zugeschrieben:
– Das Lehrgedicht von der Schöpfung (Gen 1–2,4a)
– Die Genealogie von Adam bis Noah (Gen 5)
  (Die Vorstellung von der abnehmenden Zahl der Lebensjahre tritt an die Stelle des Sündenfalls.)
– Noah und die Flut (Teile von Gen 6–9, s.o.)
– Völkertafel (Gen 10).
Mit Ausnahme der Schöpfungsgeschichte kommen die priesterlichen Texte der Urgeschichte kaum in Lehrplänen vor.

sens ist derzeit nicht in Sicht. Die einen sprechen nach wie vor von dem »Jahwisten« und von der »Priesterschrift« und wollen so lange dabei bleiben, bis einmal diese Konstrukte stichhaltig der Fehleinschätzung überführt sein sollten, andere jedoch erproben unterschiedlichste neue Hypothesen. Auf das Ende wird man gespannt sein dürfen …

3. Schöpfungstexte im Vergleich

Beide Schöpfungstexte (→ TLL 1, Schöpfung/Leben, 320 ff.) lassen sich als Dichtung charakterisieren: Der älteste Text ist eine poetische Erzählung, der jüngere ein Lehrgedicht. Beide stammen aus Zeiten des Umbruchs, der älteste Text vermutlich aus der frühen Königszeit und der jüngere aus der Zeit nach dem Untergang Judas. In Zeiten des Umbruchs stellt sich die Frage nach dem Ursprung im Sinne einer Selbstvergewisserung. In beiden Texten geht es schließlich um Menschheitsprobleme jenseits des historisch Nachweisbaren.

3.1 Exegetisch. Gen 2,4b-25: Die Geschichte vom Gottesgarten

V.4b-7: Der Erzähler stellt sich den Urzustand auf dem Weg der dreifachen Subtraktion (»als noch nicht«) vor: noch keine Sträucher, noch keine grünen Pflanzen, noch kein Mensch. Hier steht ein Land vor Augen, das erst durch Regen lebt. Es ist das trockene Palästina mit dem Gegensatz: Wüste – Kulturland.

Als der Urquell aus der Steppe emporquillt, sprosst Leben. Jahwe – hier kommt der Jahwename zum ersten Mal vor – formte den Menschen (= Adam) aus Erde (= adama); dieses Wortspiel erinnert an die Vergänglichkeit des Menschen (Ps 49,11–21 und Ps 90). Adam ist kein individueller Eigenname; der Mensch ist das erste Geschöpf Jahwes. Dass Gott ihm Lebensatem einhaucht, soll zeigen, dass der Atem eine Gabe Gottes ist; zieht Gott seinen Odem zurück, wird der Mensch toter Stoff (Ps 104,29 f.; Hiob 34,14).

V.8-17: Der Erzähler stellt sich Gott anthropomorph vor: Er pflanzte einen Garten im Osten, eine Oase in der Wüste, denn dort suchte das alte Israel den Ursprung der Menschheit. Das Paradies ist nichts Transzendentes. Der »Baum der Erkenntnis« (V.9) wird nur beiläufig erwähnt. Es geht nicht um eine auf Vollständigkeit zielende Schöpfungserzählung. Der Absatz V.10–14 schildert eine alte Erdkarte mit den vier Paradiesströmen, wobei die Zahl vier für Vollständigkeit der Erdbewässerung steht. Ein Stromsystem umspannt die Erde. Der Garten Eden (= Wonne) ist wegen seines Wasserreichtums leicht zu bearbeiten. Wasser wird nicht als Gefahr gesehen, sondern als Ermöglichung des Lebens. Euphrat und Tigris sind lokalisierbar, Gichon und Pischon kaum. Der Garten Eden ist kein Schlaraffenland des Nichtstuns wie im Koran (Sure 17,92 f.). Aufgabe des Menschen ist die Arbeit; er hat den Garten zu bebauen und zu bewahren (V.15). Gott bleibt der Eigentümer des Gartens; er verpachtet ihn gratis an den Menschen. Alles ist erlaubt; nur ein Verbot ist zu beachten: Der Mensch darf die Früchte vom Baum der Erkenntnis nicht essen, bei Übertretung muss er sterben. Mit diesem Gebot spricht Gott zum ersten Mal mit dem Menschen (V.16f.). Der Erkenntnisbaum, dessen Früchte Allwissenheit verleihen sollen, kommt im AT nur hier vor. Heute wirkt es fast emanzipatorisch, dass es die Frau ist, die dieses Verbot übertritt.

V.18–25: Die Erschaffung der Frau (V.18) knüpft an die Erzählung von der Erschaffung des Mannes (V.7) an. Dieser ist bislang allein. Jahwe will, dass der Mensch ein geselliges Wesen ist; deshalb experimentiert er, um dem Menschen ein Gegenüber zu schaffen, das zu ihm passt. So formt er aus Erde »alle Tiere des Feldes und alle Vögel des Himmels«. Gott bringt die Tiere zum Menschen, der sie benennt und dadurch eine Beziehung zu ihnen findet und gleichzeitig ein Hoheitsrecht über die Tiere ausübt. Zwar sind Mensch und Tier einander nahe, denn beide sind aus Erde geformt, doch ebenbürtig sind sie nicht. Da der Schöpfer keinen Zuschauer duldet, lässt er den Mann in einen Tiefschlaf fallen, um die Frau aus seiner Rippe zu formen. Dies mag eine archaische Erklärung für die Frage sein, weshalb nur der Oberkörper von Rippen umschlossen ist. Anders als in der priesterlichen Lehre von der Schöpfung durch das Wort braucht Gott hier einen Stoff zum Formen seiner Geschöpfe. So entsteht die Frau (ischa von isch, sprachlich wie woman von man). Wie ein Brautvater führt Gott die Frau dem Manne entgegen; dieser erkennt das neue Geschöpf sofort als ebenbürtiges Gegenüber an. Fraglich ist, ob der Erzähler an eine Unterordnung der Frau unter den Mann denkt; der hebräische Begriff meint einen qualifizierten Beistand (V.18) und kann auch für Gottes Beistand gebraucht werden[5].
Während der älteste Schöpfungstext von der überschaubaren Welt im Gottesgarten erzählt, lehren die Priester eine umfassende Kosmogonie.

3.2 Exegetisch. Gen 1–2,4a: Das Lehrgedicht von der Schöpfung
Wegen seiner poetischen und rhythmischen Durchformung wird der Text als »Lehrgedicht« bezeichnet. Es ist das Credo der Priester, ihre Kosmologie von acht Schöpfungswerken in sechs plus einen Tag zu gliedern. Wie das Frühjudentum den Sabbat als Unterschei-

---

5 *H. Schüngel-Straumann,* Genesis 1–11. Die Urgeschichte, in: *L. Schottroff/M .T. Wacker,* Kompendium Feministische Bibelauslegung, Gütersloh ²1998, 1–11, bes. 4.

dungsmerkmal feiert, so feiert Gott, der Herr, den Sabbat und ruht von seinen Werken. Dass Gott den Himmel und die Erde aus der Öde schuf, liegt jenseits des menschlichen Vorstellungsvermögens. »bara« meint die Herstellung von Neuem ohne Angabe des Stoffes, woraus etwas gemacht ist.

V.1 ist als Hauptsatz die Überschrift. In *V.2* ist der chaotische Urzustand als Urflut, als wässriges Urelement vorgestellt; »tohuwabohu« bedeutet: das Gestaltlose, die Öde. Dieses feuchte Urelement wird durch einen Gottessturm erregt. Fast spekulativ denken sich die Priester den Zustand vor der Schöpfung: Vor allem Geschaffenen liegt das gestaltlose Chaos, dem die geordnete Schöpfung gegenübergestellt wird. In und nach dem Exil ist das eine Trostbotschaft.

V.3–5: In monumentaler Sprache – Gott spricht, und es ward (Ps 33,9) – wird das Einströmen des Lichts in das Chaos ausgerufen. Nach der so genannten Billigungsformel: »Gott sah, dass das Licht gut war«, beginnt der Tagesrhythmus mit der Scheidung von Licht und Finsternis: »Gott nannte das Licht Tag und die Finsternis nannte er Nacht«. Dem Licht wird keine göttliche Qualität zugesprochen; jeglicher Dualismus fehlt, denn das Chaos hat keine Macht. Der Schwerpunkt liegt eindeutig auf dem Rhythmus von Tag und Nacht. Mit jedem neuen Morgenlicht wiederholt sich Gottes erster Schöpfungstag.

V.6–8: Das zweite Schöpfungswerk wird als Wort- und Tatbericht erzählt. Die »Feste« ist als Himmelskuppel vorgestellt, die oberhalb und unterhalb vom Himmelsozean umspült wird (Ps 148,4; Jes 24,18; Gen 7,11 und 8,2). Die »Feste« gilt nicht als Wohnort Gottes. Unklar ist, warum – bei sonst gleichem Aufbau – die Billigungsformel fehlt.

V.9–13: Am dritten Tag werden zwei Schöpfungswerke zusammengefasst. In V.9 f. geht es um die Trennung von Erde und Meer, die Gott beide benennt und billigt. Die Vorstellung, dass die Erde auf Wasser gegründet ist, findet sich auch in Ps 24,2; 136,6 und Ex 20,4; sie besagt, dass die trockene Erde rundum von Chaosfluten bedroht ist. Hier wird die Schwemmlanderfahrung aus Babylonien zugrunde liegen.

Als zweites Werk dieses dritten Tages ruft Gott die Pflanzen zum Dasein. Er redet die Erde an: »Die Erde lasse frisches Grün sprossen ...« (V.11); viele Ausleger vermuten, dass in dieser Personifizierung uralte Vorstellungen von der Mutter Erde anklingen. Die Priester unterscheiden zwischen »Kraut« und »Fruchtbäumen«. Die Billi-

gungsformel »Gott sah, dass es gut war« und die Einordnung in den
Zeitrhythmus schließen den dritten Tag ab.

V.14–19: Der Abschnitt von der Erschaffung der Gestirne lässt sich
als antimythisch charakterisieren, denn die Priester sprechen von
den *Gestirnen* als Leuchtkörpern, die bestimmte Aufgaben haben: um
zwischen Tag und Nacht zu scheiden, um Tage und Jahre zu bestimmen und um die Erde zu erleuchten. Dass Sonne und Mond den
Festkalender bestimmen, ist in vielen Religionen geläufig und wird
den Priestern wichtig gewesen sein. Dass beide herrschen (V.16, vgl.
Ps 136,7–9), mag ein Anklang an mythisches Denken sein[6]. Sonne
und Mond sind für die Priester Geschöpfe mit begrenzter, dienen-
der Funktion. Sie sind keine Götter. Stilistisch ist dieser Abschnitt
sorgfältig gestaltet: V.14: Und Gott sprach … Es seien Lichter, zu …
V.17: Und Gott setzte … V.18b: Und Gott sah, dass es gut war.
V.19: Und es ward Abend … Wort- und Tatbericht sind deutlich unterschieden; die Billigungsformel schließt den vierten Schöpfungstag ab.
   Der erste bis vierte Schöpfungstag gelten der Erschaffung des Le-
bensraumes, der fünfte und sechste Tag der Erschaffung der Lebewesen.

V.20–23: Zum Schaffen Gottes tritt etwas Neues hinzu: das Segnen
des Lebendigen, der Wassertiere und der Vögel. Die Aufzählung beginnt mit mythischen Seeungeheuern (Seedrache, Schlange, Kroko-
dil, vgl. auch Ps 104,25–26) und kommt dann zu den Fischen und
zum Geflügel (so wörtlich für »Vögel«). Gottes Segen besteht darin,
dass er spricht: »Seid fruchtbar und mehret euch …« (V.22); mit
dem Segen schließt der Schöpfungsakt die Fähigkeit zur Fortpflan-
zung ein. Segen ist die Kraft der Fruchtbarkeit und Lebensfülle.
Diese Grundbedeutung wurde später spiritualisiert, wie der aaroni-
tische Segen belegt (Num 6,24–26).

V.24–31: Der sechste Schöpfungstag fasst erneut zwei Schöpfungswerke zusammen, die Erschaffung der Landtiere und des Menschen. Wieder heißt es: »Die Erde bringe hervor …« (V.24), d.h. wie
in V.11 ist das Motiv der Mutter Erde angesprochen. Nach der Erschaffung der Landtiere fehlt der Segen; ein älterer Ausleger deutet
diese Beobachtung so: »Wie Fische und Vögel als Geschöpfe dessel-
ben Tages nur einen Segen bekommen, so am sechsten Tag Mensch

---

6 C. *Westermann*, Genesis. Kapitel 1–11 (BK AT I/1), Neukirchen-Vluyn 1974, 176.

und Tier.«[7] – Trotz der hierarchischen Ordnung der Geschöpfe wird der Mensch als zweites Werk Gottes am sechsten Tag geschaffen. Der Text beginnt mit einer feierlichen Selbstentschließung Gottes: »Lasset uns Menschen machen ...«(V.26). Die Deutung des Plurals »uns« ist umstritten: Während die alte Kirche an die Trinität dachte, denkt die religionsgeschichtlich-vergleichende Exegese an einen himmlischen Hofstaat (1 Kön 22,19; Hiob 1,6 ff.; 2,1 ff.; 38,7; Jes 6,8; Ps 29,1; 82,6.8). Doch kennt die Priesterschrift sonst nirgends Engel oder Zwischenwesen. M. E. ist unklar, warum sich Gott im Plural mit sich selbst berät. In demselben Vers wird dreimal das Verb »bara« benutzt für das analogielose göttliche Schaffen. Das hebräische »adam« (= Menschheit) ist ein Kollektivbegriff. Die Aussage von der Gottebenbildlichkeit des Menschen wird durch zwei ähnliche Ausdrücke umschrieben: zäläm (= Skulptur, Statue) und demut (= Modell, Abbild). Das Motiv von der Gottebenbildlichkeit des Menschen findet sich nur in der Priesterschrift, zuletzt in Gen 9,6 und indirekt in Ps 8,5 ff. Sicherlich ist der ganze Mensch gemeint, denn das AT kennt keinen Dualismus.

Wenn Verfassungen die Unantastbarkeit der Menschenwürde für alle schützen, können sie sich auf die Gottebenbildlichkeit des Menschen (Gen 1,27) berufen. Diese schließt Ausbeutung und Herrschaft von Menschen über Menschen aus.

Mann und Frau sind gleichermaßen Gottes Ebenbild und gemeinsam beauftragt: »Seid fruchtbar, mehrt euch, füllt die Erde, unterwerft (= hebr. rdh) sie euch und herrscht über die Meeresfische, über die Flugtiere des Himmels und jedes Lebewesen ...« (V.28). Angesichts der auf Profit bedachten grenzenlosen Ausbeutung der Erde ist dieser Herrschaftsauftrag (= dominium terrae) heute umstritten. *Jean Améry*[8] behauptet, die ökologische Krise lasse sich ideologisch begründen durch die jüdisch-christliche Lehre vom dominium terrae. Die Gegenthese lautet, es handele sich beim Herrschaftsauftrag der Menschen um die Vision einer fürsorglichen Herrschaft im idealtypischen Sinne des orientalischen Hirten-Königs. Der Mensch sei »Mandatar Gottes« (*v. Rad*). Die Grenze seiner Herrschaft sei durch die Nahrungszuweisung gezogen: Mensch und Tier sollen ohne Blutvergießen vegetarisch leben. Es fällt auf, dass das dominium terrae allen übertragen ist, nicht nur dem König. Im Unterschied zum babyloni-

---

7 *C. Westermann,* aaO., 196.
8 Vgl. *J. Améry*, Das Ende der Vorsehung. Die gnadenlosen Folgen des Christentums, Reinbek bei Hamburg 1972.

schen Schöpfungsepos sind die Menschen nicht geschaffen, um den Göttern durch den Kult zu dienen, sondern um selbstständig weltliche Verantwortung auszuüben[9]. – Mit einer dritten Deutung will ich eine Synthese zwischen den o.g. Positionen vorschlagen: Konkret bedeutet das hebräische Verb »rdh«: niedertreten, die Kelter treten, trampeln, unterwerfen. Das ist kein fürsorglicher Akt! Angesichts der Notwendigkeit, in einem Schwemmland das Kulturland gegen die Gewalt des Wassers zu sichern, ist die Aufgabenzuweisung an den Menschen: »Trampelt die Erde nieder!« verständlich. Ohne technische Maschinen handelt es sich nicht um Ausbeutung oder gar Zerstörung. Das ist heute anders, z.B. beim Abholzen der Regenwälder. Erst durch die industrielle Revolution ist der Schöpfungsauftrag brisant und problematisch geworden, wie Améry zu Recht feststellt. Pointiert lässt sich die Differenz zwischen der Entstehung des Auftrages: »Macht euch die Erde untertan …« (V.28) so formulieren: Während es damals um die Bedrohung des Lebens durch die Naturgewalten ging, geht es heute um die Bedrohung der Natur durch den Menschen. Wer den durch die Industrialisierung veränderten Kontext berücksichtigt, wird *Améry* Recht geben. Die Verantwortung des Menschen für die Natur muss sich ändern: von der Naturbeherrschung zur Bewahrung der Natur!

2,1–4a: Im Schlussakt zielt die Erschaffung des Kosmos und aller Lebewesen auf den Schöpfungssabbat, auf die Ruhe Gottes unabhängig vom Menschen. Die Aussage kommt ohne die Formeln »Gott sprach«, »Gott sah«, »es ward Abend und Morgen« aus, was ihre Besonderheit unterstreicht. Hier wird kein Tagewerk beschrieben, vielmehr segnet Gott die Ruhe, denn aus ihr erwächst lebensfördernde Kraft.

V.4a: »Dies ist die Entstehung des Himmels und der Erde, als sie geschaffen wurden«, ist eine zusammenfassende Unterschrift.

3.3 Didaktisch[10]. Bei der didaktischen Erarbeitung des Textes hat es sich bewährt, den Text Abschnitt für Abschnitt zu lesen und skizzie-

9 *C. Westermann,* aaO., 219.
10 Didaktische Literatur zum Thema Schöpfung: *H. Wandschneider u.a.,* Schöpfung. Arbeitsmaterial für das 4.–6. Schuljahr (rp-modelle 17), Frankfurt/München 1977. *A. K. Szagun,* Bedrohte Umwelt und biblischer Schöpfungsglaube (Loccumer Reihe H.2), Loccum 1983. *B. Burg,* Die Schöpfung. Dia-Reihe mit 20 Bildern, Junker Verlag 77 866 Rheinau [o.J.]. Zum Thema Schöpfung – Evolution: *E. von Dincklage/E. Herweth,* Die Schöpfung – Gottes Geschenk an uns (Calwer Materialien), Stuttgart 1997. (Das schülernahe Heft enthält Impulse, die zum Staunen über die Wunder der Schöpfung anregen.)

ren zu lassen. Anschließend ist ein Vergleich mit den letzten sieben Tagen der Schöpfung von *Jörg Zink*[11] denkbar, wenn die Bedrohung der Schöpfung durch den Menschen im Gespräch durchdacht werden soll.

4. Gen 3: Vom Verlust des Gottesgartens

4.1 Exegetisch-systematisch. Die Bearbeiter vieler Bibelübersetzungen haben der Geschichte die Überschrift gegeben: »Der Sündenfall«. Dogmatisch wird hier oft von der Erbsünde gesprochen (→ TLL 1, Sünde, 355–364). Diese Interpretation ist nicht textgemäß, da der Begriff der Sünde im hebräischen Urtext fehlt. Dem Erzähler (J) geht es um den Verlust der guten Lebensbedingungen im Garten Eden.

V.1–7: In der Logik der Erzählung ist die Schlange nicht der Teufel, sondern ein Geschöpf Gottes (→ TLL 1, Teufel). Leise taucht sie auf. Die Frage nach der Herkunft des Bösen wird weder gestellt noch beantwortet. Der Abschnitt erzählt von der Verführung (V.1–5), dem Vergehen (V.6) und der Veränderung (V.7). Mit der Verdrehung des Verbotes: »Ihr dürft von keinem Baum essen!« (vgl. 2,17) zieht die Schlange die Frau ins Gespräch. Diese stellt zwar die Verdrehung richtig, geht jedoch einen Schritt weiter, indem sie behauptet, die Menschen dürften die Frucht nicht anrühren. Übrigens geht es nicht um einen Apfel; diese Konkretion stammt aus der bildenden Kunst. Als Verführerin klärt die Schlange die Frau auf: »Mitnichten werdet ihr sterben …«. Vielmehr werde das Essen der Frucht die Menschen verändern; sie würden wie Gott allwissend sein. Das Leitwort »wissend Gutes und Böses« (2,9. 17; 3,5. 22) kommt viermal vor und ist umfassend zu deuten. Das anthropomorphe Gottesbild fällt auf; die Frage stellt sich, ob Gottes Missgunst zu dem Verbot geführt hat. Oder ist es die theologische Überzeugung, dass der Mensch nicht Gott spielen darf? Außerdem ist zu fragen, warum der Erzähler die Frau allein mit der Schlange diskutieren lässt. Übrigens kann die Schlange wie im Märchen sprechen; sie gilt als magisches Lebens- und Weisheitstier. Unmerklich ist sie verschwunden; nun muss sich die Frau entscheiden. Um klug zu werden, übertritt sie das Verbot

---

11 *J. Zink*, Die Welt hat noch eine Zukunft, Stuttgart 1973; zum Schöpfungsauftrag vgl. Arbeitsblatt u. auf Seite 39!

Arbeitsblatt zum Thema: Schöpfungsauftrag (36 ff.)

Der älteste Erzähler schreibt:	Priester schreiben:	Ein Dichter dankt mit einem Lied:
»Und Gott der Herr nahm den Mann und setzte ihn in den Garten Eden, dass er ihn bebaue und bewahre.«	»Gott schuf Menschen nach seinem Bilde, nach dem Bilde Gottes schuf er sie, als Mann und als Frau.« »Und Gott segnete sie und sprach zu ihnen: Seid fruchtbar und mehret euch. Füllet die Erde und machet sie euch untertan. Herrschet über die Fische im Meer, über das Vieh und alle Tiere, die sich auf der Erde regen. Und Gott sah alles an, was er gemacht hatte, und es war sehr gut.«	»Wenn ich den Himmel ansehe, das Werk deiner Finger, den Mond und die Sterne, die du hingesetzt hast: Was ist denn der Mensch, dass du an ihn denkst und des Menschen Kind, dass du dich seiner annimmst? Du krönest ihn mit Ehre. Du setzt ihn zum Herrscher über das Werk deiner Hände, alles hast du seiner Hand anvertraut: die Vögel des Himmels, die Tiere des Feldes und die Fische im Meer. Herr, unser Herrscher, wie herrlich ist dein Name in allen Ländern.«
1 Mose 2,15	1 Mose 1,27–31 in Auswahl	Ps 8 in Auswahl

1. Unterstreiche wichtige Unterschiede zwischen den drei Texten (mit Bleistift) und suche sie zu erklären.
2. Unterstreiche das Gemeinsame (rot)
3. Findest du eine Überschrift für alle drei Texte?

(vgl. Hiob 15, 7–8; Ez 28, 11–19). Danach wird die Verführte zur Verführerin. Die Szene schließt mit drei Vorgängen ab: dem Geöffnetwerden der Augen, dem Erkennen des Nacktseins und dem Bedecken (V.7). Nach dem Essen der Frucht haben beide die Unbefangenheit voreinander und vor Gott verloren. Von einem seelischen Schuldgefühl ist nicht die Rede.

V.8–19: Der zweite Teil erzählt vom Verstecken und von der Entdeckung (V.8–10), vom Verhör und der Verteidigung (V.11–13) sowie von drei Strafen (V.14–19). Gott wohnt noch mitten unter den Menschen; deshalb hören sie seine Schritte. Er ruft sie. Nackt vor Gott zu treten, d.h. Entblößung im Kult, galt als unmöglich in Israel (vgl. 2 Sam 6,20). Erst Gottes Anruf führt zum Dialog über den Ungehorsam. Der Mann weist die Tat von sich, bezeichnenderweise in Richtung auf die Frau und letztlich auf Gott: »Das Weib, das du mir gegeben hast …« (V.12). Die Frau schiebt ihre Gebotsübertretung auf die Schlange als Verführerin. Gottes Antwort (V.14–20) erfolgt in umgekehrter Abfolge wie das Verhör. Mit den Strafsätzen beschreibt der Erzähler das, was er aus seiner Gegenwart kennt: die Feindschaft zwischen Mensch und Schlange (V.15)[12], die schwere und oft vergebliche Arbeit auf dem Acker, die Mühsal der Frau bei Schwangerschaft und Geburt sowie die Herrschaft des Mannes über die Frau. Ursprünglich sind diese Zustände nicht gottgewollt. Nun ist das in Gen 2,21–25 beschriebene Verhältnis von Mann und Frau pervertiert. Der Erzähler erinnert an die Symbolik: der Mann (= adam) ist von Erde (= adama) genommen (vgl. 2,7); er arbeitet auf der Erde und wird nach seinem Tod wieder zur Erde zurückkehren (vgl. 2,19). Dass der Tod Strafe sein soll (Röm 6,23), ist hier ebenso wenig gesagt wie der Verlust einer ursprünglichen Unsterblichkeit der Menschen.

V.20–24: In V.20 hinkt die Benennung der Frau, Eva (= »Mutter aller Lebenden«, Urmutter), eigentümlich hinterher; der Ehrenname passt wenig zu den düsteren ätiologischen Zustandsbeschreibungen in den vorhergehenden Versen. In V.21 wird erzählt, dass Gottes Fürsorge die Menschen begleitet, indem er ihnen Röcke aus Fell als Ausstattung fürs Überleben anfertigt. Eine Schwierigkeit liegt in

---

12 In der Kunst und in einigen Weihnachtsliedern (z.B. »Jakobs Stern ist aufgegangen …, bricht den Kopf der alten Schlangen« EG 39,5) klingt die altkirchliche messianische Deutung von Gen 3,15 als Protevangelium an. Es ist die Hoffnung auf den Sieg des Messias gegen das Böse (vgl. *C. Westermann,* aaO., 354f.).

V.22: Während die Geschichte vom Ungehorsam nur von einem Baum handelt (vgl. 3,3–7), wird hier das Motiv von dem zweiten Baum, dem Baum des Lebens (Gen 2,9), aufgenommen: Gott will die Menschen daran hindern, auch noch von den Früchten des Lebensbaumes zu nehmen. Deshalb vertreibt er sie aus dem Garten Eden und lässt den Weg zum Baum des Lebens bewachen. Wieder klingt das Motiv vom Neid Gottes an: »dass der Mensch nicht werde wie einer von uns und lebe für immer«. V.23 rundet die Erzählung ab: Gott schickt die Menschen aus dem Garten, damit sie die Erde bearbeiten so wie vorher den Gottesgarten.

Die jahwistische Erzählung (Gen 2–3) ist weithin bekannt. In ihr spiegeln sich Traditionen alter Religionen aus Israels Umwelt. Diese alten Menschheitstraditionen sollen die Frage beantworten: Warum sind die von Gott geschaffenen Menschen von Leid und Tod, von Mühe und Schmerzen gezeichnet? Gleichzeitig bezeugt der Erzähler, dass die Menschen auch außerhalb des Gartens als Gottes Geschöpfe mit ihm verbunden bleiben. Hervorzuheben ist die nüchterne Weltbetrachtung des Jahwisten, der ohne Beschönigung psychologisch einfühlsam erzählt.

4.2 Didaktisch. Die Geschichte vom Verlust des Gottesgartens ist didaktisch kaum thematisiert. Früher wurde die Geschichte häufig mit Begriffen wie Sünde oder Sündenfall verbunden. Wir haben gesehen, dass diese Begriffe im Text fehlen. Da die gegenwärtige Didaktik Themen wie Sünde, Schuld und Strafe vermeidet, empfiehlt es sich nicht, sie anhand von Gen 3 zu erarbeiten.
Vier didaktische Ansätze bieten sich an:
- Eine vergleichende Untersuchung von Gen 1–2,4a und Gen 2,4b-3,24 mit der Frage nach dem Verhältnis von Mann und Frau. Ist Eva eine abhängige Gehilfin? Eine Verführerin?
- Gestaltungsaufgaben zum Thema »Paradise lost« – Sehnsucht nach dem verlorenen Paradies, z.B. eine fotografische Entdeckungsreise
- Pantomimisches Darstellen oder abstrahierendes Zeichnen des Verhörs und der Schuldzuweisungen in Gen 3,8–12
- In einem Gespräch über die Behauptung: »Der Mensch darf nicht Gott spielen!« ließe sich die Aktualität von Gen 3 herausarbeiten. Ein ähnlicher Impuls wäre: »Der Mensch darf nicht über alles verfügen!« (z.B. nicht über die Zeit, nicht über Mitmenschen).

5. Gen 4, 1–16: Kain und Abel
Oder: Die Folgen der Benachteiligung

5.1 Exegetisch-systematisch. Die Geschichte lässt sich unterschiedlich lesen. Ist es eine Episode vom Anfang der Menschheit? Dann wäre die alte Frage berechtigt: »Woher nahm Kain seine Frau?« Oder ist es ein typischer Geschwisterkonflikt, wo einer benachteiligt wird und die Wut dann eskaliert? Handelt es sich um ein moralisches Exempel, in dem der fromme Abel dem neidischen, bösen Kain vorgezogen wird? Ist die Sage vielleicht kulturgeschichtlich zu deuten als Konflikt zwischen Viehhirten und Bauern? Oder handelt es sich um eine Ätiologie (= eine ursach- und herkunftsdeutende Geschichte) über die Keniter, die als Wandernomaden lebten (vgl. Gen 4,14; Ri 4,17; 5,24). Die Vielfalt der Auslegungen belegt, dass die Kainssage nicht nur als Individualkonflikt zu verstehen ist. Da die Sage häufig wiederholt wurde, vereinigt sie viele Perspektiven in sich: individuelle und urgeschichtlich-kollektive. – Im Rahmen der Urgeschichte geht es zunächst um die Urbeziehung von Mann und Frau, danach um die Urbeziehung zwischen zwei rivalisierenden Brüdern: »Jeder Mord, will J sagen, ist eigentlich ein Brudermord.«[13]

Die Sage berichtet zügig und folgerichtig vom Konflikt (V.1–5a), von der Tat (V.5b–8), dem Verhör (V.9f.), dem Fluch (V.11f.) und dem Einspruch mit der Milderung der Strafe (V.13–16).

V.1–5a: Die Liebe zwischen Mann und Frau gehört zu den paradiesischen Schöpfungsordnungen, doch Zeugung, Schwangerschaft und die erste Geburt verlegt der Erzähler in die Zeit nach dem Verlust des Gottesgartens. Die Rolle der Frau wird hervorgehoben. Schon die Exposition (V.1f.) verweist auf den Kontrast zwischen den beiden ungleichen Brüdern. In der Erzählung spielt Abel nur eine passive Rolle. Die Brüder vertreten die beiden Grundberufe der Menschheit: Wanderhirt und Ackerbauer. Beide opfern (V.3–5a): der Hirte von seiner Herde, der Bauer von seiner Ernte. Der Erzähler vertritt keine kultischen Interessen, z.B. im Blick auf die Einsetzung des Opfers. Es ist befremdlich, dass Jahwe das Opfer Abels ansieht, und nicht das Opfer Kains. Wie lässt sich das verstehen? Will der Erzähler die Erfahrung des grundlosen Benachteiligtseins ausdrücken? Oft ist das unabänderlich. Unklar bleibt, woran Kain erkennt, dass Jahwe sein Opfer nicht annimmt. Er ist der grundlos Zu-

---

13 *C. Westermann,* aaO., 390.

rückgesetzte. Diese Frage wurde von vielen Künstlern so beantwortet, dass der Rauch von Kains Opfer am Boden kriecht (z.B. *Matthäus Merian* oder *Julius Schnorr von Carolsfeld*).

V.5b-8: Das Gewicht liegt auf den Redeteilen vor und nach der Tat. In V.7 taucht zum ersten Mal in der Urgeschichte ein Wort für »Sünde« auf; in Gen 3 fehlt es. »Sünde ist hier etwas Dämonisches, das auf den Menschen lauert, und Kain ist aufgefordert, dagegen anzugehen, was er … nicht versucht. Sünde wird hier gleichgesetzt mit Gewalttat gegen den Bruder.«[14] Die väterliche Warnung Gottes, der noch in archaischer Weise direkt zu dem Menschen spricht, vergleicht die Sünde mit einem vor der (Herzens-?) Tür lauernden Raubtier.

V.9–10: Am Anfang von V.8 ist das, was Kain zu seinem Bruder Abel sagte, weggelassen; es ist mit einem Schreibfehler zu rechnen, der schon in den alten Übersetzungen ergänzt wird durch: »Lasst uns aufs Feld gehen!« Der Bericht von der Tat ist knapp ohne Schilderung der näheren Umstände und Gefühle. Abel schreit nicht um Hilfe; nach dem Mord schreit nur sein Blut (V.10). Die folgenden Verse sind ähnlich wie Gen 3,9 aufgebaut: Verhör, Strafe, Milderung der Strafe und Entfernung. Gott zieht den Verbrecher zur Rechenschaft, doch der Verbrecher bleibt unter Gottes Schutz. Gott fragt: »Wo ist dein Bruder Abel?«, und Kain antwortet: »Soll ich meines Bruders Hüter sein?« Kain weist die Verantwortung für seinen Bruder von sich. Wo ein Mord geschieht, kommen meist Lügen hinzu. Für den Täter gibt es kein Ausweichen: Das Blut des Erschlagenen schreit zu Gott. Eine ähnliche Verantwortung von Brüdern füreinander klingt in der Josephsnovelle an.

V.11–16: Das Strafurteil formuliert die Folge der Tat: Der Ackerbauer muss den Acker verlassen! Hier wird zum ersten Mal ein Mensch verflucht. Kain klagt über die Härte der Strafe, über den Verlust seiner Lebensgrundlage. Daraufhin wird ihm die Last der Strafe erleichtert. Der durch den Fluch Isolierte ist gleichzeitig tabu; das ist der Sinn des Kainszeichens. Der aus dem Kulturland Ausgestoßene soll nicht vogelfrei sein, sondern wird durch das Gesetz der Rache geschützt.

---

14 *H. Schüngel-Straumann,* aaO., 6.

5.2 Didaktisch[15]. Die innere Dramatik des Textes lässt sich durch das Zeichnen einer Spannungskurve nachempfinden, auf der die einzelnen Stationen der Handlung eingetragen werden:

1. Die Brüder opfern.
2. Einer fühlt sich benachteiligt.
3. Er wird sauer.
4. Der Unterlegene ermordet den Erfolgreichen.
5. Der Mörder belügt Gott (oder evtl.: Der Mörder belügt sein Gewissen).
6. Der Mörder wird bestraft und zugleich beschützt:

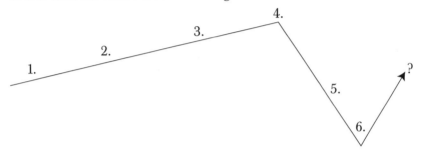

Wenn die Struktur der Sage geklärt ist, kann sie neu geschrieben werden. Außerdem bietet es sich an, sich in die Personen genauer hineinzudenken durch folgende Aufgaben: Evas Klage um ihren Sohn – Abels Hilfeschrei – Kains Verteidigungsrede u. a.

6. Gen 6–9: Strafgericht oder Rettungsgeschichte?

6.1 Exegetisch-systematisch. »Als aber Jahwe sah, wie groß der Menschen Bosheit auf Erden war, … da reute es Jahwe, dass er den Menschen auf Erden gemacht hatte … Und Jahwe sprach: Ich will den Menschen, den ich geschaffen habe, vom Erdboden wegtilgen, vom Menschen bis zum Vieh, bis zum Gewürm und bis zu den Vögeln des Himmels, denn es reut mich, dass ich sie gemacht habe.« (Gen 6,5–8 J) So beginnt die Geschichte von der großen Flut und der Rettung Noahs.

---

15 Didaktische Literatur: *H. K. Berg*, Ein Wort wie Feuer. Wege lebendiger Bibelauslegung, München/Stuttgart 1991, 374–379. *Ders.*, Altes Testament unterrichten. 29 Unterrichtsentwürfe, München/Stuttgart 1999, 67 f. *E. Stallmann*, Die Kainsgeschichte in biblischer und literarischer Perspektive, in: Religion heute 40, 12/1999.

Wer etwas gemacht hat, der darf es auch wieder vernichten. Wenn das für Menschen logisch ist, dann wird es nach der Vorstellung des Erzählers auch für Gott gelten. Das ist ein anstößiges Gottesbild[16]. Er lässt Menschen, Tiere und Pflanzen, Schuldige und Unschuldige, ins Chaos sinken; er schickt die große Flut, er gilt als der Verursacher von Katastrophen. Angesichts dieser theologisch ungeheuerlichen Behauptung erscheinen mir die beliebten Bilder von den paarweise in die Arche ziehenden Tiere wie eine niedliche Verharmlosung. Am Schluss der jahwistischen Urgeschichte findet sich ein ähnlich anstößiges Selbstgespräch Gottes, als er Noahs Dankopfer riecht: »Ich will die Erde nicht noch einmal um des Menschen willen verfluchen, denn die Gebilde des menschlichen Herzens sind böse von Jugend an ... Solange die Erde steht, soll nicht aufhören Saat und Ernte, Frost und Hitze, Sommer und Winter, Tag und Nacht« (Gen 8, 21–22 J). Trotz der Bosheit der Menschen will Gott die Dauer der natürlichen Ordnungen garantieren. Vernichtung und Zukunftsgarantie werden mit einem fast gleich lautenden Selbstgespräch Gottes begründet. Ist das nicht Willkür? Oder genügt die literarische Erklärung, die Erzählung sei kreisförmig aufgebaut? Folgende Erklärung des Widerspruchs ist denkbar: Einerseits rechnen viele biblische Zeugen damit, dass böse wie gute Taten nicht ohne Folgen bleiben (Ex 20,5 f. par Dtn 5,9 f.). Deshalb gelten Katastrophen als Strafe Gottes. Andererseits weiß der Erzähler, dass Strafgerichte nicht zur Besserung der Menschen führen. Aus dieser Spannung zwischen Alltagserfahrung und theologischer Überzeugung lässt sich der Widerspruch zwischen dem Anfang und dem Ende der jahwistischen Flutgeschichte deuten. Vielleicht handelt es sich um eine Projektion der menschlichen Erfahrung des Zwiespaltes auf das Gottesbild.

Flutgeschichten sind weltweit verbreitet[17]. Die biblische Flutgeschichte gilt als Geflecht aus den beiden Quellen J und P[18]. *Die jahwistische Erzählung* ist nur fragmentarisch erhalten. Nach *Wester-*

---

16 Weitere religionskritische Reflexionen finden sich bei *L. Kolakowski*, Der Himmelsschlüssel, München 1965, 17–20. – S. u. *H. K. Berg (Hg.)*, Und siehe, es war gut. Schöpfung und Weltverantwortung (Biblische Texte verfremdet, Bd. 9), München/Stuttgart 1988, 61–80.

17 *C. Westermann*, aaO., 534 f.

18 Im Detail unterscheiden sich die Vorschläge zur Quellenscheidung bei den einzelnen Kommentatoren; deshalb gebe ich nur die Tendenz grob an.
Hauptbegründung für die Quellenscheidung: J verwendet den Gottesnamen Jahwe, P die Gottesbezeichnung Elohim; im Text finden sich eine Reihe von Doubletten und schließlich Unterschiede, die sich widersprechen. Vgl. die Auflistung bei *C. Westermann*, aaO., 534 f.

mann[19] werden ihr folgende Abschnitte zugerechnet: Gottes Entschluss zur Vernichtung der Menschheit und zur Bewahrung Noahs (6,5–8); Befehl Gottes an Noah, in die Arche zu gehen (7,1–5), Beginn des vierzigtägigen Regens (7,10.12.17), Gott schließt die Arche selbst zu (7,16b), Massensterben als Auswirkung des Dauerregens (7,22 und evtl. 23), dreimaliges Aussenden eines Vogels zur Erkundung des Endes der Flut (8,6–12), Verlassen der Arche (8,13b), Noahs Opfer und Gottes Entschluss zur Bewahrung der Menschheit (8,20ff.). Der Text gilt als Fragment, weil Gottes Befehl an Noah zum Bau der Arche fehlt. Vermutlich wurde er durch den entsprechenden Abschnitt von P (Gen 6,14–16) ersetzt. Noah hört nur Gottes Befehl, in die Arche zu gehen, mit der Begründung: »… denn ich habe dich vor mir gerecht befunden in diesem Geschlecht.« (7,1). Gerechtigkeit meint gerechtes Verhalten in der Gemeinschaft. Von den reinen Tieren soll Noah sieben, von den unreinen je ein Paar in die Arche mitnehmen.

Die priesterliche Fluterzählung folgt dem gleichen Grundgerüst, wird jedoch als Gebot und Ausführung gestaltet (vgl. Gen 1). Die Erzählung beginnt mit der Genealogie des gerechten Noah (6,9–22) und endet mit einer Genealogie (Gen 9,28f.). Die Verderbnis wird inhaltlich als »Gewalttat« qualifiziert. Nach den präzisen Angaben zum Bau der Arche denkt P an ein dreistöckiges Hausboot; dieser Vorstellung folgen viele Bibelillustrationen. In V.17 wird die »Urflut«[20] als Himmelsozean erklärt; P stellt sich Fenster in der »Feste« (vgl. zu Gen 1,6–8) vor, durch die die Flut auf die Erdscheibe herabströmt und sich mit dem Urmeer vereinigt. Die Katastrophe dauert ein Jahr und zehn Tage. Die damit verbundenen Schrecken bleiben unerwähnt, denn das Wort Gottes ist das Wesentliche. Mit Noah sollen seine aus zwei Generationen bestehende Familie und jeweils ein Tierpärchen in die Arche gehen, um den Bestand der Menschheit und der Tierwelt zu sichern. In 8,1–5 schildert P das Ende der Flut und die Landung der Arche »auf den Bergen von Ararat« (V.3); damals war das vielleicht ein Begriff für das heutige Armenien. Nachdem die Erde trocken ist, fordert Gott Noah auf, die Arche mit allen Bewohnern zu verlassen. Der Schöpfungssegen wird durch die Aufforderung zur Fruchtbarkeit erneuert (Gen 8,17 u. 9,1

---

19 *C. Westermann*, aaO., 532f.
20 Sintflut bedeutet »umfassende Überschwemmung«, »große Flut«. Seitdem die althochdeutsche Vorsilbe »sin = immer, überall« nicht mehr verstanden wurde, lag eine Umdeutung in »Sündflut« seit der 2. Hälfte des 16. Jh. nahe. Vgl. *J. u. W. Grimm*, Deutsches Wörterbuch, Bd. 20, Leipzig 1942, Sp. 1168–1174.

u. 7). Mit dem Noahbund (9,1–17) gelten Ordnungen, die für die Erzähler konstitutiv sind: der Regenbogen als Symbol stabiler Lebensbedingungen, der Übergang zur Fleischnahrung (9,3) und das Verbot des Mordes.

6.2 Didaktisch. Wegen des problematischen Gottesbildes konnte ich bislang den Text nicht im RU thematisieren. Wahrscheinlich würde ich ihn heute so erzählen, dass ich den Standpunkt des allwissenden Erzählers verlasse, um die Geschichte aus der Sicht von Geretteten zu sehen. Auch die priesterlichen Erzähler in und nach dem Exil wissen sich ja als Gerettete. Diese Perspektive lässt sich auf verschiedene Kontexte übertragen. Ein betroffener Ich-Erzähler oder eine Erzählerin könnte beginnen: »Wenn ich den Regenbogen ansehe, …« Von Menschen verursachte Katastrophen dürfen nicht einem allmächtigen Gott zugeschrieben werden. Gerettete sind selbst verantwortlich und hoffen auf Gnade. Außerdem bieten sich Gestaltungsaufgaben zum Symbol »Arche« an.

7. Gen 11,1–9: Die Sage vom großen Turm
Oder: Warnung vor Maßlosigkeit

7.1 Exegetisch-systematisch. Wer Türme baut, will hoch hinaus. Türme sind Symbole der Macht und des Reichtums. Sie verbinden Himmel und Erde. Turmbauer machen sich einen Namen. Im Land zwischen Euphrat und Tigris fanden Archäologen Reste von über 35 Stufentürmen (= Zikkurat). Bereits im 2. Jh. v. Chr. wurde die Zikkurat von Babel geplant; sie blieb unvollendet. Von dem ungefähr 90 m hoch geplanten Turm ist heute nur noch ein flacher Lehmhügel in einem Sumpfgebiet zu sehen[21]. Im Altertum war die Ruine der Zikkurat von Babel weithin sichtbar und gab zur Sagenbildung Anlass. Die Menschen fragten sich: Wie kommt es, dass dieser gewaltige Turm zerstört ist? Wie kommt es, dass die ursprünglich als Einheit gedachte Menschheit an so vielen Orten zerstreut lebt? Wie kommt es, dass die Menschen viele verschiedene Sprachen sprechen und einander nicht verstehen? Und da der Name »Babel« wie »Verwirrung« klingt, entstand die ätiologische (= begründende) Sage von der Stadt Babel und ihrem zerstörten Tempelturm.

---

21 Dia in: *J. Zink*, Bildwerk zur Bibel. Geschichte und Umwelt I, Gelnhausen/Freiburg 1980.

Die Erzählung ist kunstvoll gestaltet; Anfang und Schluss entspre-
chen sich. V.1 beschreibt die fiktive Ausgangslage: Alle Welt hat eine
Sprache. Dies wird in V.9 wieder aufgenommen: Gott verwirrte die
Sprachen. Dieser Aufbau erzeugt einen Spannungsbogen mit der
Frage: Was mag das für ein Ereignis gewesen sein, das zur Sprach-
verwirrung und Zerstreuung führte?

Im ersten Teil (V.2–4) reden und handeln die Menschen; im zweiten (V.5–8) handelt und redet Gott. Zwischen Gott und den Menschen findet kein *Dialog* statt. Im Schwemmland zwischen Euphrat
und Tigris erfinden die Menschen wetterfeste künstliche Steine,
d.h. gebrannte Ziegel. Das ist für den Erzähler in Palästina erstaunlich. Der Beschluss »Auf, lasst uns ...« (V.3) klingt auffallend demo-
kratisch. Wenn die Menschen beschließen, einen Turm zu bauen,
»dessen Spitze bis in den Himmel reicht« (V.4), so verurteilt der Erzähler damit das maßlose Vorhaben und die Selbstüberschätzung
der Erbauer.

Im zweiten Teil (V.5–8) wird dieses theologische Urteil im Handeln Gottes *sichtbar* gemacht. Wieder wirkt das Gottesbild archaisch-
fremd: Jahwe fährt herab (V.5 und 7); er hat Sorge vor dem Können
der Menschheit (V.6). Deshalb verwirrt er die noch als gemeinsam
vorgestellte Sprache der Menschen und zerstreut sie über die Erde.
Stadt und Turm bleiben unvollendet.

7.2 Didaktisch[22]. Wenn sich Zehn- bis Zwölfjährige spielerisch in die
Situation hineinversetzen und um einen Turmbaurekord kämpfen,
können sie anschließend über die Risiken des Strebens nach einem
Rekord nachdenken. Wie fühlt sich eine Gruppe, die den höchsten
Turm baute? Was wird aus einer Gruppe, die sich nicht einigen
konnte? Werden sie zerstritten auseinandergehen? Oder können sie
aus dem Scheitern lernen? Denkbar sind auch Gestaltungsaufgaben
zum Thema: Höher und immer höher hinaus!

Folgender Impuls könnte eine Pro – Kontra – Diskussion auslösen:

Gott ist für Katastrophen→←Die Menschen sind für Katastrophen verantwortlich!   selbst verantwortlich!

---

22 *C. Reents/G. Gilhaus*, Religionsunterricht im 9. Schuljahr, Stuttgart 1993, 126–147.
    Themenheft »Großer Turm und Goldener Stier, Biblische Symbole«, in: ru 21/
    1991, H.1. Einen Erzählvorschlag bietet *W. Neidhart*, Erzählbuch zur Bibel, Bd.2,
    Lahr u.a. 1989, 14–20.

Warum reflektieren wir trotz aller Schwierigkeiten Texte und Themen der Urgeschichte im RU?
Ich sehe drei Gründe:
- Die Urgeschichte hat eine starke Aussagekraft für uns. Das gilt
  für ihre dunklen Seiten und für die Hoffnungsfunken, die sich in
  jeder Geschichte finden. Ohne dieses Fünkchen Hoffnung lassen
  sich die dunklen Seiten unserer Gegenwart schwer durchhalten
- Die Urgeschichte gehört zu den klassischen Texten der jüdisch-
  christlichen Tradition. Deshalb plädiere ich für eine ehrliche und
  kritische biblische Alphabetisierung im Kontext unserer Zeit
- Die Urgeschichte eignet sich exemplarisch für eine Einführung in
  das Verstehen religiöser Texte, in ihren Symbolgehalt und in die
  Bildung von Synthesen zwischen naturwissenschaftlichem und re-
  ligiösem Denken und Fühlen.

LITERATURHINWEISE

F. Johannsen, Alttestamentliches Arbeitsbuch für Religionspädagogen, Stutt-
  gart u.a. ²1998.
G. von Rad, Das erste Buch Mose (Genesis) (ATD 2/4), Göttingen 1953.
H. Schüngel-Straumann, Genesis 1–11. Die Urgeschichte, in: *L. Schottroff/
  M.-T. Wacker (Hg.)*, Kompendium Feministische Bibelauslegung, Güters-
  loh 1998, 1–11.
C. Westermann, Genesis. Kap. 1–11 (BK AT I/1), Neukirchen-Vluyn ²1976.

III. VÄTERGESCHICHTEN

HORST KLAUS BERG

1. Kurzinformation

Die Überlieferung von den Vätern füllt den größten Teil des Buches Genesis aus, sie reicht von Gen 12,1 bis Gen 50,26. Das Schicksal von vier Generationen wird vor dem Leser ausgebreitet:

Erste Generation: Abraham
Zweite Generation: Isaak (Abraham/Isaak-Stoff: Gen 12,1–25,18)
Dritte Generation: Jakob/Esau (Gen 25,19–36,43)
Vierte Generation: Jakobs zwölf Söhne; Josef und seine Brüder (Gen 37,1–50,26)

Was hier im großen Zusammenhang einer durchgehenden Familien-Geschichte erscheint, ist allerdings das Ergebnis einer intensiven Sammlungs- und Kompositionsarbeit, in der ursprünglich ganz verschiedene Überlieferungen zu einem Ganzen gefügt wurden.

Am Anfang der mündlichen Textgeschichte gab es Sagen; die Sage ist die Ur-Form der Vätererzählungen. Es lassen sich mehrere Typen unterscheiden:

- *Familiensagen:* Sie bilden das Grundgerüst der Vätergeschichten
- *Ätiologische Sagen:* Sie erklären merkwürdige Erscheinungen der Gegenwart des Erzählers aus Ereignissen der Vergangenheit, zum Beispiel: Warum gibt es am Toten Meer so eigenartig geformte Gesteinsformationen? Die Antwort der Sage lautet: Weil Lots Frau beim Untergang Sodoms so neugierig war (Gen 19,26)
- *Ortssagen:* Sie sind eine spezielle Form der ätiologischen Sage. Sie haben meist die Funktion, die Entstehung und Bedeutung eines Heiligtums zu klären.

Welches Gewicht hat nun die alttestamentliche Sage für Geschichte und Glauben? Ihr Hauptinteresse gilt nicht der historisch genauen Dokumentation der Vergangenheit, sondern sie ist darauf aus, denen Orientierung zu ermöglichen, die in der Gegenwart des Erzählers leben, indem sie Vergewisserung über ihre Herkunft und Bestimmung anbietet. Dies Verständnis der biblischen Gattung »Sage« als Textsorte, die in der Form einer volkstümlichen Erzählung grundlegende Erfahrungen über Gott und Mensch zur Sprache bringt, hat nun auch Konsequenzen für das heutige Verständnis: Erst wenn die Sage auf dieser Ebene befragt und gehört wird, kann sie ihre spezifische Art von Wahrheit freisetzen.

Die Sagen der Vätererzählungen beziehen sich ursprünglich sicher auf verschiedene Familien und unterschiedliche Gebiete. Das Zusammenwachsen dieser Sippen zum »Volk Israel« wird dann die Verflechtung dieser Traditionsstränge zu einer gemeinsamen Geschichte motiviert haben – aus dem Nebeneinander verschiedener Stammväter wurde das Nacheinander der Väter Israels.

Als historische Gestalten lässt sich über Abraham und Isaak, Jakob und Josef nichts mehr ausmachen. Man wird sie ganz allgemein in die Wanderungsbewegungen von Nomaden einordnen, die sich zwischen dem 18. und 14. Jh. an den Rändern des Kulturlandes wahrnehmen lassen. Aber ihr soziales Leben tritt doch recht deutlich hervor. Es ist das Leben friedlicher Kleinviehzüchter, die als Sippen mit ihren Herden umherzogen. In der Regenperiode (ca. November bis März) konnten sie in der Steppe weiden, in der trockenen Jahreszeit mussten sie mit den Bewohnern des Kulturlandes kooperieren, um Futter für ihre Herden zu finden.

Eine ganz andere Atmosphäre ist in den Erzählungen von Josef und seinen Brüdern zu spüren. Hier gibt es eine durchgehende Handlung, ein in sich stimmiges Erzählkonzept. Man hat darum in der alttestamentlichen Wissenschaft diesen Überlieferungszusammenhang als »Novelle« bezeichnet. Sie schildert die Entwicklung eines unbedachten jungen Mannes zur reifen Persönlichkeit.

Was hält nun diesen bunten Strauß von Überlieferungselementen so unterschiedlicher Herkunft und Prägung zusammen? Gleich am Eingang der Vätergeschichten findet sich in Gen 12,1–3 ein Text, der oft als »Programm des Jahwisten«[1] bezeichnet wird. Er gilt als eigene Schöpfung dieses »Schriftstellers« aus der frühen Königszeit, in der er seine theologischen Leitlinien für die Gestaltung der Väterüberlieferungen formuliert. Die Verheißung des *Segens* ist sein zentrales Thema. Er schlägt es nicht nur zum Eingang der Vätergeschichten an, sondern zeigt, wie sich die Verheißung Schritt um Schritt entfaltet.

---

1 Trotz der intensiven Diskussion über die literarischen Probleme des Pentateuch, insbesondere im Blick auf die Quellen, scheint es immer noch plausibel, an der eingeführten Vier-Quellen-Theorie festzuhalten. (Vgl. dazu oben Seite 30 Anm. 4!)

Die Segenszusage schließt das Versprechen des Landbesitzes und der zahlreichen Nachkommenschaft ein; zuerst bezieht sie sich unmittelbar auf den Träger der Verheißung, greift dann aber durch die Komposition der Vätergeschichte immer weiter aus – über die zwölf Söhne Jakobs auf die Stämme Israels. Die Erzählungen wollen zeigen, wie Jahwe seinen Heilsplan trotz menschlicher Schwäche und Gemeinheit, trotz Zweifel und Versagen der Väter ans Ziel bringt.

Zur Anlage der systematisch-theologischen Reflexionen. In so stark handlungs- und erfahrungsgesättigten Texten wie den Vätererzählungen ist es schwierig, sich ihnen mit den Instrumenten einer vorgegebenen theologisch-systematischen Begrifflichkeit zu nähern. Es legt sich eher nahe, die erzählten Geschehnisse, das Verhalten der Menschen, die erspürten Gefühle daraufhin abzuhorchen, welche Grunderfahrungen in ihnen aufleuchten, welche Deutungen im Glauben die Theologie der Bibel ihnen zuordnet. Sodann wäre zu erwägen, wie wohl Kinder und Jugendliche mit solchen Grunderfahrungen umgehen, ob und auf welche Weise sie sich ihnen erschließen. – Dies wären dann auch Ausgangspunkte für didaktische Überlegungen.

Zum didaktischen Ansatz. Die religionspädagogische Rezeptionsgeschichte der Vätergeschichten ist nicht besonders überzeugend. In älteren Lehrplänen und Religionsbüchern überwog deutlich der Ansatz einer Vorbild-Pädagogik: Die Schüler sollten so gehorsam im Glauben sein wie Abraham, so gern zur Vergebung bereit wie Josef. Aber vermutlich hat jedes Kind, jeder Jugendliche genau gespürt, dass diese Gestalten aus der Vergangenheit so einschüchternd fremd, so übermächtig groß sind, dass eine Identifikation mit ihnen nicht gelingen kann, erfahrungsbezogenes Lernen kommt nicht zustande. Wo dies versucht wird, kommt es gelegentlich zu peinlichen Trivialisierungen. Besonders bedenklich ist der in Religionsbüchern immer wieder vertretene Vorschlag, Gen 12 mit einer Geschichte zu kombinieren, in der ein Zweitklässler umzieht – mit Möbelwagen-Bild! Ergiebiger ist der Versuch, das beträchtliche Erfahrungs- und Lernpotential der Vätergeschichten auszuschöpfen. Mindestens *vier solcher Erfahrungschancen* zeigen sich[2]:

– Die Vätergeschichten erzählen von *elementaren Erfahrungen des Menschseins*: Nach Sicherheit Suchen – Aufbrechen – auf dem Weg Sein – Angst Haben – Hoffen … Kinder und Jugendliche können ihre eigenen Gefühle und Erlebnisse wiederentdecken und den Erfahrungen anderer nachspüren

---

2 Vgl. *G. Hilger*, Die Vätergeschichten und wir, in: ru 16/1986, 1 ff.

– Die Vätergeschichten erzählen von *elementaren Beziehungen* in
überschaubaren Gemeinschaften. Liebe und Hass, Vertrauen und
Abwehr, Geborgenheit und Ausgrenzung – das sind Beziehungs-
erfahrungen, die auch Kinder und Jugendliche haben. Die Vätergeschichten bieten die Möglichkeit, solche Beziehungserfahrun-
gen in überschaubaren Zusammenhängen nach-zuerleben und zu
erkennen, wie Menschen versuchen, ihre Erfahrungen im Horizont des Glaubens zu klären
– Die Vätergeschichten erzählen von *persönlichen Gottesbeziehungen* im
Zusammenhang von Alltagserfahrungen. Gerade die weithin fehlende Abgrenzung kultischer Orte und rituellen Tuns vom Alltag
kann die Lernenden einladen, ihre Lebenswelt in Bezug auf den
Glauben zu bedenken
– In den Vätergeschichten kommen *elementare Symbole* erzählend zur
Sprache. Die elementaren Erfahrungen der Vätergeschichten verbinden sich mit elementaren Symbolen: Wasser und Wüste, Weg
und Einöde, Baum und Stein sind nicht einfach Sachen, sondern
gewinnen in der Dichte des Erzählens Symbolqualität. So können
sie den Symbolsinn Heranwachsender anregen und bereichern.

2. Die Erzählungen von Abraham

2.1 Gen 12,1–3: Aufbruch und Segen

Exegetisch. Oft wird der Text als Beginn der Abraham-Erzählungen
aufgefasst; es ist aber zu beachten, dass sie bereits in 11,27 einsetzen.
12,1 wird darum auch nicht besonders ausgebaut, etwa durch eine Offenbarungsszene. Abraham wird aus seiner »Heimat« heraus gerufen.
Heimat ist hier dreifach umschrieben: Land, Verwandtschaft, Haus
deines Vaters. Der zweite Vers enthält die mit dem Gebot verbundene
Segenszusage. »Ich will dich segnen«, ist die zentrale Aussage; sie entfaltet sich in die Zusagen: »Ich will dich zu einem großen Volk machen, ich will deinen Namen groß machen«. Und zweifellos gehört
auch die Zusage des Landes zum Segen – zumal für einen Nomaden!
Ganz allgemein hat Segen mit Lebenskraft und Gedeihen zu tun.
Auffällig ist die Weiterführung: »Und du sollst ein Segen sein!«
Dass ein Mensch für andere ein Segen ist, kommt in der Bibel selten
vor; diese Aussage ist sonst mit dem König[3] verbunden (z. B. Ps 21,

---

3 Vgl. den Exkurs bei *C. Westermann*, Segen in der Bibel und im Handeln der Kirche, München 1968, 34 ff.

4.7). In der Ausgestaltung der Abrahamerzählungen wird dann exemplarisch gezeigt, wie der »Erzvater« die Segensexistenz auslebt, etwa in der Geschichte des Streits um die Weidegründe, in der er den Frieden über den eigenen Vorteil stellt (Gen 13,1–13); oder in der Erzählung, in der Abraham mit Gott um die Rettung der Gerechten in Sodom feilscht (Gen 18,20–33).

Der Segensspruch weist weit über die geschilderte Anfangssituation hinaus. Er wird Abraham begleiten, aber auch dem »Volk« gelten, das aus ihm hervorgehen wird. Am Ende werden sich »alle Geschlechter des Erdbodens in ihm segnen« – es kommt zu einer universalen Ausweitung.

Es zeigt sich immer wieder, dass eine ursprungsgeschichtliche Auslegung[4] das Profil eines Textes noch deutlicher konturiert. Es geht dabei um den Versuch, biblische Texte als Stellungnahme zu Fragen, Konflikten und Problemen ihrer Produktionszeit zu verstehen. Was zeigt eine solche ursprungsgeschichtliche Sicht im Blick auf Gen 12,1–3?

Der *Jahwist* deutete das Geschehen aus der Situation seiner Zeit heraus, in der Israel längst sesshaft geworden war. Er gestaltete den Passus als Introitus zur Vätergeschichte und darüber hinaus zur Geschichte Israels. Offenbar geht es ihm darum, seinem Volk im Spiegel der Abraham-Erzählung vier Gedanken vorzulegen
– Am Anfang seiner Geschichte wurde ihm der Segen gegeben
– Dieser Segen wurde mit der Zumutung des Aufbruchs verbunden
– Das gute Land ist Abraham/Israel von Gott gegeben
– Der Segen soll allen zugute kommen.

Es gibt gute Gründe für die Annahme, dass speziell der Jahwist nicht nur diese heilsgeschichtliche Spur zog, sondern auch eine kritische Sicht verfolgte. Der Alttestamentler *Hans-Walter Wolff*[5] vertritt die These, dass Gen 12,1–3 die kritische These des Jahwisten in seiner Zeit formuliere: Ein Segen soll Israel für die Völker sein. – Wie erfahren aber seine Nachbarn in davidisch-salomonischer Zeit die neue Großmacht?

In ursprungsgeschichtlicher Lesart gewinnt der Abraham-Segen eine prophetisch anklagende Stoßrichtung: Der Segen für alle rückt

---

4 Vgl. *H. K. Berg*, Ein Wort wie Feuer (Handbuch des biblischen Unterrichts 1), München/Stuttgart ⁴2000, 196 ff.
5 *H. W. Wolff*, Das Kerygma des Jahwisten, in: *ders.*, Gesammelte Studien zum Alten Testament (Theologische Bücherei 22), München 1964, 345–373.

die Eroberungspolitik Davids und Salomos grell ins Licht der Kritik; die Zeichnung Abrahams als Mensch des Friedens, der anderen zum Segen wird, stellt die machtbewussten, aggressiven Könige Israels (vgl. 1 Sam 18,7; 29,5!) radikal in Frage. Die Aussage, dass es Gott ist, der Abraham/Israel das gute Land gibt, problematisiert die aufkommende Praxis, Grundbesitz anzuhäufen und damit die Spaltung der Gesellschaft in Reiche und Arme zu beginnen. Die Unverfügbarkeit des Landes wird wohl auch noch durch das Aufbruch-Motiv unterstrichen.

In der weiteren Geschichte der Väter zeichnet der Jahwist dann – so Wolff – Gegenbilder zum tatsächlichen Leben seiner Zeitgenossen: Frieden statt Krieg – Versöhnung statt Rache.

Systematisch. Im Text zeigen sich deutlich zwei existenzielle Grunderfahrungen: Segen empfangen und Segen sein (→ TLL 1, Segen, 348–354), aufbrechen und auf dem Weg sein.

(1) Segen empfangen und Segen sein. Inhaltlich hat der Segen im biblischen Kontext ganz elementar mit Fruchtbarkeit, mit Wachsen und Gelingen zu tun, darum kommt er oft in Zusammenhang mit den Genealogien (Geschlechterfolgen) der Hebräischen Bibel vor. Segen bezeichnet einen kontinuierlich das Leben begleitenden heilvollen Prozess; wenn einmalige punktuelle Heilsereignisse gemeint sind, verwendet die Bibel eher Begriffe wie »retten«, »befreien«, »erlösen« usw. In der Überlieferung von den Vätern wird der Segen von Generation zu Generation weiter gegeben; ursprünglich eher dinghaft, vielleicht magisch verstanden, wird er dann zur Gabe Gottes, die den heilsgeschichtlichen Plan vorantreibt. In vorexilisch-exilischer Zeit kommt es schließlich zur Ausweitung auf das ganze Volk, vor allem im Deuteronomium (z.B. Dtn 28,3ff.). Nachexilisch ist eine deutliche Konzentration auf den Kult zu beobachten (z.B. Num 6,24ff.).

Das NT nimmt die Segenstradition als selbstverständliches Element von Leben und Glauben auf. Ein besonderes Gewicht findet der Segen in Gal 3,6–4,7: Paulus greift auf die Segensverheißung an Abraham zurück und weist ihre Erfüllung in Christus auf. Auch der in Gen 12,1–3 genannte Aspekt, dass ein gesegneter Mensch anderen zum Segen wird, kommt im NT vor (2 Kor 9; Röm 15,25ff.).

Im Kontext des heutigen Lebens wirkt der Begriff Segen ein wenig altmodisch; er kommt fast ausschließlich in kultisch-rituellen Zusammenhängen vor, bei kirchlichen Handlungen in Lebenswenden wie der Taufe oder als feierliche Weihe von Sachen wie einem neuen Auto der Feuerwehr. Diese Beobachtungen spiegeln augenscheinlich grundlegende Bedürfnisse nach Geborgenheit, Sicherheit, Gedeihen, die sich immer wieder in der Alltagswelt melden, etwa in »Glücksbringern«, in Ritualen, Gesten ... Unter theologisch-systematischem Aspekt seien drei Gesichtspunkte aus dem Artikel »Segen« in TLL 1 hervorgehoben:

– Segen ist als lebensbegleitende, förderliche Zuwendung Gottes zu verstehen
– Er gilt dem ganzen Menschen
– Er umfasst Begriffe wie Glück, Gelingen, Gedeihen, geht aber nicht in ihnen auf, sondern spiegelt das Vollkommene.

Die Besinnung auf den Abraham-Segen regt zwei weitere Gedanken an: *Einmal* ist die Aussage »Du sollst ein Segen sein« zu bedenken. Man kann sie als »ethisch-diakonische Komponente« des Segens verstehen (→ TLL 1, Segen, 349), als Aufforderung also, den empfangenen Segen anderen weiter zu geben. Vielleicht ist es passender, die Aussage als Auftrag wahrzunehmen, den Segen stimmig auszuleben. »Du sollst ein Segen sein« würde dann zunächst einmal bedeuten: Lebe deinem Segen gemäß, so dass, was dir zugedacht ist, sich für dich dienlich und gedeihlich auswirken kann. Es kommt dann die Erkenntnis hinzu, dass der empfangene Segen unteilbar ist, er schließt ein, dass andere an meinem Segens-Leben teilhaben.

Weiter ist zu reflektieren, dass sich in der Abrahamerzählung der Segen mit dem Aufbruch und dem Gehen verbindet. Der Gedanke des Segens hat ja die Tendenz, das einmal Empfangene festzuhalten, auf dem, was man als Segen erkannt hat, zu beharren – und sich damit gegen neue Erfahrungen zu verschließen. Der Aspekt des Aufbruchs könnte für die Chance sensibilisieren, offen und kreativ nach jetzt möglichen und für diese Situation stimmigen Segenserfahrungen zu fragen. Zugespitzt: Der Segen wird nicht als Besitz zum alleinigen Verbrauch gegeben, sondern als Ermächtigung zum gelingenden Leben.

(2) Aufbrechen und auf dem Weg sein. Gen 12,1–3 steht am Anfang einer ausgebreiteten biblischen Tradition von Aufbruchs- und Weggeschichten. Meist handelt es sich darum, dass ein Mensch, eine Gruppe, ein ganzes Volk zum Aufbruch aufgefordert wird, weil Bleiben Gefahr bedeutet, Unterdrückung oder Untergang. Einige Beispiele: Der ängstliche und zögerliche Lot wird mit Nachdruck aus der dem Untergang geweihten Stadt heraus geleitet (Gen 19,15 ff.); Israel wird aus der Sklaverei in Ägypten heraus geführt; das Gottesvolk macht sich auf den Heimweg aus der babylonischen Gefangen-

schaft. Auch das Neue Testament erzählt von Aufbruchserfahrungen: Die Jünger werden aus den gewohnten Lebensverhältnissen heraus gerufen; in der Überlieferung von der Auferstehung sollen sie aufbrechen und dem Auferweckten nach Galiläa folgen (Mt 28,9 f.); Paulus wird auf einen neuen Weg gestellt. Aufbrechen bedeutet: Die bisherigen Lebensverhältnisse zurücklassen, damit auch Sicherheiten, schützende Gewohnheiten hinter sich lassen. – Gerade die neutestamentlichen Stellen zeigen deutlich, dass Aufbrechen mit Nachfolge zu tun hat und auch mit Umkehr.

Die Beobachtung, dass sich in der Abrahamgeschichte der Segen mit dem Aufbruch verbindet, hat auch diesen Aspekt: Wer aufbricht, geht nicht in eine ungewisse Zukunft, sondern hat das Segensversprechen bei sich, die Zusage des Schutzes und der Entdeckung neuer Lebensmöglichkeiten.

Die Vorstellung, im Glauben auf dem Weg zu sein, hat im AT und NT zunehmend an Bedeutung gewonnen. So wird in Israel das Laubhüttenfest gefeiert, das an den Weg aus der Sklaverei und an die Rettung erinnert und wohl Selbstsicherheit und Überheblichkeit dämpfen soll; ebenso versteht das NT die Kirche als das wandernde Gottesvolk (Hebr). Unter dem Aspekt der persönlichen Auseinandersetzung ist die Beobachtung interessant, dass in der Psychotherapie das Aufbruchs- und Wegmotiv wichtig ist, um Notwendigkeit und Chancen auszuloten, die sich mit grundlegenden Lebensveränderungen verbinden[6].

Didaktisch. Die im Text anklingenden Motive legen drei thematische Ansätze nahe*:*

(1) Abraham. Da der Text die Abrahamüberlieferung erzählerisch eröffnet, bietet sich an, in einem ersten Ansatz die Person des Abraham zu beleuchten. Zur Vermeidung der herkömmlichen Darstellung Abrahams als idealisiertem »Vater des Glaubens«, die lange Zeit ebenso beliebt bei Pädagogen wie beklemmend für die Schüler war, sollte ein eher sachlich-informativer Zugang gewählt werden.

Für die *GS* wird vorgeschlagen, eine »Akte Abraham« zu erstellen. Selbstverständlich wird den Kindern gesagt, dass wir historisch keine verlässlichen Informationen besitzen, aber doch interessante Informationen zusammentragen können. Eine Forschergruppe könnte Informationen zum Nomadenleben sammeln. Eine zweite

---

6 Vgl. z.B. *H. Fischedick*, Aufbrechen. Schuld als Chance, München 1988; *ders.*, Der Weg des Helden. Selbstwerdung im Spiegel biblischer Bilder, München 1992.

könnte anhand von Lexikonartikeln[7] etwas zur Person Abrahams ermitteln. Eine dritte Gruppe kann sich anhand vorgegebener Stellen über die »Nachgeschichte« Abrahams in der Bibel kundig machen[8]. Eine Redaktionsgruppe könnte die gesammelten Informationen sichten, zusammenstellen, Bildmaterial beschaffen und eine Dokumentation erstellen.

In der *Sek I* wäre ein interreligiöses Projekt interessant: Abraham/Ibrahim als Ahnherr der »abrahamitischen Religionen« Judentum, Christentum, Islam[9]. Die Lernenden können untersuchen, wo die Religionen von gleichen Traditionsansätzen ausgehen, wo sie auswählen, wie sie gewichten und deuten.

(2) Segen. Mit jüngeren Kindern der *GS* kann ein erfahrungsbezogener Weg zu der Zusage »Gesegnet sein – ein Segen sein« gesucht werden. Als Hinführung kann der Kanon »Ich will dich segnen und du sollst ein Segen sein« gesungen werden[10]. Die Weiterführung ist am besten als Gestaltungsaufgabe durchzuführen: Jedes Kind gestaltet je ein Blatt zu der Überschrift »Ich bin gesegnet – Ich kann ein Segen sein« (Text, Bild; evtl. auch Bildvorgaben …). Die Blätter werden als zwei »Segenswege« ausgelegt. Die Kinder betrachten die einzelnen Blätter und tauschen sich aus (keine Bewertung durch den Unterrichtenden!).

Mit Schülerinnen und Schülern der 3. oder 4. Klasse kann eine ursprungsgeschichtliche Arbeit einen kreativ-entdeckenden Zugang öffnen[11]. Zunächst wird die ursprungsgeschichtliche Situation als »Sprechzeit« des Jahwisten identifiziert, vielleicht in Form einer Szene (Streit zwischen begeisterten Befürwortern und Kritikern der Politik der ersten Könige); ein Prophet (»Jahu«/Jahwist) tritt auf und konfrontiert die Israeliten mit Gen 12,1–3 als »Antworttext«.

In der *Sek I* kann sich ein Gespräch über Fähigkeiten und Chancen ergeben. Mögliche Aspekte: Welche Talente habe ich? Wie gehe ich mit ihnen um? Wird dadurch mein Leben gefördert, entwickelt,

---

7 Z.B. *P. Calvocoressi*, Who's who in der Bibel, Stuttgart 1993 (auch als Taschenbuch: dtv 11313); *C. Dohmen (Hg.)*, Bibel-Bilder-Lexikon, Stuttgart 1995.
8 S. o. unter Gen 12,1–3, »Systematisch«.
9 Gute Informationen zu Themen aus dem Judentum sind im Internet zu finden; beste Quelle: Hagalil.com. – Zur islamischen Ibrahim-Tradition: *K.-W. Tröger*, Abraham und Ibrahim, in: *R. Kirsten u.a. (Hg.)*, Hoffnungszeichen globaler Gemeinschaft, Balve 2000, 249–259.
10 *H. K. Berg*, Altes Testament unterrichten. Neunundzwanzig Unterrichtsentwürfe (Handbuch des biblischen Unterrichts 3), München/Stuttgart 1999, 219.
11 *H. K. Berg*, aaO., 214–221.

bereichert? Welche Auswirkungen auf andere nehme ich selbst wahr? Welche Wirkungen bemerken andere? Abschließend kann das Gespräch noch einmal im Kontext der Zusage von Gen 12 reflektiert werden.

(3) *Aufbrechen und auf dem Weg sein.* Für Schülerinnen und Schüler der 4. – 6. Klassen bietet sich – im Kontext von Gen 12,1–3 – eine Meditation lebensgeschichtlicher Erfahrungen an. Sie könnten mit Wollfäden ihren Lebensweg auslegen und für sich Höhen und Tiefen finden. Sie können markieren, wo sie in Situationen gerieten, in denen sie etwas loslassen mussten, einen Menschen, der wichtig ist, ein geliebtes Hobby … Dieser Rückblick kann die Überlegung anregen, ob jemand/etwas anderes an die Stelle des Verlorenen kam (»Segen«).

Ab der 10. Klasse kann in die Dynamik von Krisen und Neuorientierungen eingeführt werden. Unter tiefenpsychologischem Aspekt signalisieren Lebenskrisen die Gefahr, dass die eingegebenen Chancen der Person (*C. G. Jung*: Das Selbst) verdeckt oder verfehlt werden. Die notwendige Neuorientierung der Lebensrichtung nennt Jung Wandlung; die archetypischen Bilder, in die die Wandlung gefasst wird, sind: Aufbruch – Wanderung – Geburt – Tod – Wiedergeburt … Die genannten Arbeiten von *Fischedick* können diese Reflexionen anregen und vertiefen. Der biblische Zusammenhang von Aufbruch (Wandlung) und Segen (Entdeckung neuer Lebenschancen) kann einbezogen werden.

2.2 Gen 16,1–16 und 21,8–21: Abraham, Sara und Hagar

Exegetisch. Die beiden Texte stehen durch ähnliche Inhalte in Beziehung: Es zeigt sich im Grunde eine klassische »Dreierbeziehung« zwischen Abraham, Sara und Hagar – und deren Folgen, vor allem für Hagar und ihren Sohn Ismael. In Kapitel 16 geht es im ersten Teil um die Unfruchtbarkeit Saras, ihre Magd Hagar wird bestimmt, Abraham einen Sohn zu gebären. Sie wird schwanger. Als die eifersüchtige Sara sie hart behandelt, flieht sie in die Wüste. Im zweiten Teil des Kapitels wird die Engelerscheinung erzählt, die Verheißung der Nachkommen, die geforderte Rückkehr und die Geburt. – In Kapitel 21 wird wieder ein Konflikt Sara-Hagar erzählt, diesmal ausgelöst durch den erstgeborenen Ismael. Auf Verlangen Saras vertreibt Abraham Hagar mir dem Kind. Sie wird in der Wüste gerettet.

Doch die scheinbar einheitliche Erzählung weist viele Unebenheiten und Brüche auf, so dass die exegetische Forschung davon aus-

geht, dass hier alte Überlieferungseinheiten zusammengewachsen
sind bzw. zusammengefügt wurden.

(1) Gen 16,1–6. Der Text wird im Ganzen der Quelle J zugeschrieben. In der Geschichte der Auslegung kann man drei unterschiedliche Ansätze erkennen:

- In der älteren Forschung wurde der Charakter des Textes als ätiologische Sage unterstrichen, die Herkunft und Eigenart der Ismaeliten erklären soll
- Ein zweiter Typ unterstreicht den Streit zwischen den Frauen und
  geht dem Streit-Motiv auch in anderen Zusammenhängen nach
- Andere Ausleger richten die Aufmerksamkeit auf die Bedeutung
  des Textes innerhalb der ganzen Abrahamgeschichte und deuten
  den Text betont theologisch im Kontext der Heilsgeschichte.

Es scheint nicht besonders sinnvoll, diese drei Ansätze als Alternativen zu betrachten. Das Wachstum des Textes kann so verstanden
werden, dass eine alte stammesätiologische Überlieferung sich mit
dem Streitmotiv verband; der Einbau in die Abrahamerzählungen
führte dann zu einer heilsgeschichtlichen Akzentuierung.

Die Situation wird in den beiden ersten Versen erzählt: Sara
ist kinderlos. Sie schlägt Abraham vor, dass die ägyptische Magd
Hagar ihnen ein Kind austrägt. Diese lapidaren, fast kargen Sätze
verdichten ein Lebensschicksal. Das Unglück fügt sich zunächst einmal auf der personalen Ebene: Die Frau im Alten Orient findet ihre
Identität und Würde darin, dass sie Kinder gebiert. Und: Eine kin-
derlose Ehe gilt als unglücklich, unter diesem Maßstab ist die Verbindung Abrahams mit seiner Frau gescheitert. In der Erzählung
tritt nun eine weitere Dimension hinzu: Die Unfruchtbarkeit Saras
setzt ja die Verheißung Gottes an Abraham außer Kraft – der Segen
der Nachkommenschaft bleibt aus. Die Notlösung, die Sara findet,
ist im Alten Orient nicht ungewöhnlich. Der Plan gelingt – und
misslingt zugleich; denn Hagar kommt mit der zugeteilten Rolle als
Leihmutter nicht zurecht und »sieht auf Sara herab«. Abraham, als
Familienoberhaupt zur Entscheidung des Konflikts aufgerufen,
schiebt Sara die Verantwortung zu. Dem Druck, den sie nun auf die
Magd ausübt, entflieht Hagar, wobei sie ihr eigenes Leben und das
des ungeborenen Kindes aufs Spiel setzt. Ob es sich hier, wie manche Exegetinnen meinen, um den Ursprung der Emanzipation handelt, muss offen bleiben.

Es kommt nun im zweiten Teil zur Begegnung Hagars mit dem
»Boten«. Es ereignet sich keine überwältigende Offenbarungsszene,
keine machtvolle Vision. Für Hagar ist es eine Begegnung mit einem

Fremden in der Wüste; das zeigt vor allem die Begrüßung[12]. Die Rede des Boten enthält sehr unterschiedliche Elemente. Da ist einmal die Aufforderung: Geh zurück zu deiner Herrin, beuge dich unter ihre Gewalt. Und dann die Verheißung: Die Geburt des Sohnes, die Zusage reicher Nachkommenschaft. Manche Ausleger erkennen in dieser Zusage eine Art Trost, der die harte Forderung versüßen solle. Das bleibt jedoch zu vordergründig. Vielmehr findet hier die Verknüpfung mit der Abraham-Verheißung statt: Hagar nimmt an der Einlösung des Segens teil. *Westermann* macht im Übrigen auf die frappierende Parallelität der Rede an Hagar mit der Engelbotschaft an Maria aufmerksam (Lk 1,28–32).

Der Name Ismael bedeutet: »Gott hört«, der Spruch in V. 12 bezieht sich offensichtlich auf die Existenz eines Stammes wilder Beduinen, den man in der Zeit der Sesshaftwerdung kannte. V. 13 ist nicht leicht zu verstehen: Er ist wohl so zu deuten, dass Hagar den Gott, der ihr begegnet ist, nun benennt; es ist »der Gott, der mich sieht«.

(2) Gen 21,8–21. Diese zweite Erzählung vom Schicksal Hagars weist einige Züge auf, die auf ein relatives hohes Alter hindeuten, vor allem das direkte Eingreifen Gottes in die menschliche Geschichte, zuerst in der Weisung V. 12 f., dann im rettenden Handeln in der Todesgefahr für Hagar und ihr Kind. Es wird darum eine lange mündliche Überlieferung angenommen, die dann in einem Stadium der Verschriftlichung (Quelle E?) in die Abrahamerzählungen eingefügt wurde.

Am Anfang wird erzählt, dass man die Entwöhnung Ismaels (Kinder wurden meist mit drei Jahren entwöhnt) mit einem Festmahl feiert. Wieder mischt sich Sara destruktiv in den Gang der Dinge ein. Sie fürchtet, dass ihr Sohn Isaak in seinen Rechten gefährdet ist. Weil sie als altorientalische Frau ihre Zukunft nur durch ihren Sohn sichern kann, tritt sie rücksichtslos für dessen Anspruch ein und will den künftigen Rivalen weg haben. In dieser Situation ergeht ein Weisungsspruch Gottes; er nimmt Partei für (Sara und ihren Sohn) Isaak, verbindet aber das harte Urteil mit einer Verheißung für (Hagar und ihren Sohn) Ismael. Die beiden Zusagen für Isaak und Ismael reichen über die geschilderte Situation hinaus und blicken weit in die Zukunft. So kommt es zur Vertreibung und zur tödlichen Gefährdung in der Wüste. Sie führt auf eine Gottesbegegnung zu

---

12 Vgl. auch die Hinweise zu »Engel« in den unten folgenden Überlegungen zur Systematik.

(V. 17–19). Hier ist eine eigenartige Vermischung zu beobachten:
Auf der einen Seite ist ein Engel beteiligt – im Gegensatz zu der Erzählung in Gen 16 vom Himmel aus agierend –, auf der anderen
Seite spricht und handelt Gott selbst … Möglicherweise handelt es
sich um Spuren verschiedener Bearbeitungsstufen. Die Rettung besteht darin, dass Hagar einen Brunnen entdeckt, der das Überleben
sichert.

Ismael wird zum Stammvater der Ismaeliten, der späteren »Nachbarn« Israels; auch auf ihm ruht der Segen Gottes. Diese Sichtweise
verwehrt ein Freund-Feind-Denken im Verhältnis zu den Nachbar-
völkern.

Systematisch. Die Geschichten um Hagar bieten viele Anlässe, unter theologisch-systematischen Aspekten zu reflektieren: Über das
Gottesbild wäre beispielsweise zu handeln, über Gerechtigkeit und
Glauben. Aus den vielen möglichen Themen sollen zwei ausgewählt
werden, die sich vom Duktus der Erzählungen besonders deutlich
nahe legen.

(1) Frauen. Frauen werden in der Bibel selten ausdrücklich thematisiert. Jedoch lässt sich vieles indirekt aus Berichten und Erzählungen erschließen. Obwohl die jeweilige Situation stark von wechselnden Faktoren beeinflusst war, zeigen sich einige Grundzüge.

Im *AT* ist die Frau, wie im ganzen Alten Orient, kaum als eben-
bürtige Partnerin des Mannes anerkannt. Das wird schon durch die
herrschende Polygamie verhindert, außerdem bestand nur für den
Mann die Möglichkeit, seine Frau zu »entlassen«, oft aus nichtigen
Gründen (z.B. Dtn 24,1). Zwar finden sich grundlegende Aussagen
über die Einheit und Gleichheit von Mann und Frau in den Augen
Gottes. (Gen 1,26–28 und 2,18–25; die in Gen 2 festgehaltene Bestimmung der Frau als »Hilfe« des Mannes ist lange unter dem
Einfluss der missverständlichen Übersetzung »Gehilfin« diskrimi-
nierend unterbewertet worden. Gemeint ist, dass die Frau für den
Mann eine so lebenswichtige »Hilfe« bedeutet, wie Gott es für den
Menschen ist, vgl. z.B. Ps 121,1). Ebenso finden sich viele Aussagen
über den Wert einer Frau (z.B. Spr 31,10–31). Aber letztlich wird die
Alltagspraxis wohl doch von der Überzeugung bestimmt sein, dass
die Frau – zusammen mit Sklave, Ochs und Esel – zum beweglichen
Eigentum des Mannes gehört (Ex 20,17).

Im *NT* sind die Aussagen uneinheitlich – ähnlich wie in der Heb-
räischen Bibel. Bei Jesus lässt sich beobachten, dass er mit großer
Souveränität die geltenden Konventionen übersieht und Frauen wie
Männer zu seinen Jüngern zählt; feministische Theologinnen erken-

nen darin die Chancen für die Frauen, »ein eigener Mensch zu werden«, so der programmatische Titel eines Buches von *E. Moltmann-Wendel*[13]. Auch der bekannte Satz des Paulus, »in Christus« gäbe es keine Unterschiede mehr, auch nicht zwischen Mann und Frau (Gal 3,28), deutet auf einen tief greifenden Wandel hin. Aber man sieht, dass die urchristlichen Gemeinden mit einer gewissen wenig reflektierten Selbstverständlichkeit die soziale Praxis ihrer Umwelt übernehmen; ein charakteristisches Beispiel ist das »Schweigegebot« (1 Kor 11,5).

Auch in der *Geschichte* zeigt sich, dass die traditionelle patriarchale Ordnung nicht überwunden wird; gewisse Chancen zur Bildung ihrer Person haben allenfalls die Ordensfrauen. Erst in der Neuzeit kommt es zu einer Neubewertung der Frau als Person und soziales Wesen – wenn auch bis heute Diskriminierungen nicht beseitigt sind. Vor allem in der katholischen Kirche beklagen Frauen, dass sie vom geistlichen Amt ausgeschlossen sind.

Wie fügen sich nun die Hagar-Erzählungen in diese Zusammenhänge ein?

Lapidar notiert *E. Beck*: »Hagar und ihr Sohn Ismael sind allenfalls eine Episode, eine Komplikation, die man bewältigt, um den kurzfristig gestörten Alltag des Familienlebens wieder herzustellen. Ein Mann und zwei Frauen: eine Dreierbeziehung, die damit enden muss, dass eine der beiden Frauen *geht,* das *bürgerlich* etablierte Paar sein Gleichgewicht wiederfindet.«[14]

Aber aus der Sicht Hagars liest sich die Geschichte als eine »Übung in Freiheit« (Beck). Und eine andere Autorin ordnet Hagar gemeinsam mit Rebekka, den aufsässigen Hebammen Schifra und Pua, der selbstbewussten Rut in die Reihe der starken Frauen Israels, der »Gottesstreiterinnen«, ein[15]. In der Tat weisen die Erzählungen überraschende Züge von Befreiungsprozessen auf: Die ägyptische Sklavin wird zunächst ganz und gar ihrer Personwürde beraubt; niemand fragt sie, ob sie als Konkubine dem Patriarchen zu Diensten sein will – und als Leihmutter seiner unfruchtbaren Frau;

---

13 *E. Moltmann-Wendel*, Ein eigener Mensch werden. Frauen um Jesus, Gütersloh 1980.

14 *E. Beck*, Stamm-Mutter Hagar: Übungen in Freiheit, in: *G. Miller/F. W. Niehl (Hg.),* Von Babel bis Emmaus. Biblische Texte spannend ausgelegt, München 1993, 177–195; bes. 180.

15 *I. Fischer*, Gottesstreiterinnen. Biblische Erzählungen über die Anfänge Israels, Stuttgart 1995. – Vgl. auch: *M.-T. Wacker*, Hagar – die Befreite, in: *R. Schmidt u. a. (Hg.),* Feministisch gelesen, Bd. 1, Stuttgart 1988, 25–32.

sie ist Objekt der Familienplanung. Dann gerät sie »unter die Hand«
der eifersüchtigen Sara. Doch da erwacht ihre Selbstbehauptungs-
kraft. – Sie entzieht sich der Unterdrückung durch Flucht. Die
Stimme des Boten hält eine niederschmetternde Botschaft bereit:
Zurück unter die Hand der Herrin. Aber: Sie wird – als Frau! – Trä-
gerin der Verheißung und Mutter des Stammes. Und: Auch dieser
Stamm lässt sich nicht beherrschen (der Wildesel: Gen 16,12)! Sie
wird zur Gründerin eines heiligen Ortes, dem sie den Namen gibt. –
So lassen sich in der Hagar-Überlieferung Spuren der Befreiung ent-
decken, vielleicht sogar, »dass sie, die ägyptische Frau, mit Gottes
Hilfe ein eigener Mensch geworden ist«[16]. Paulus führt übrigens
in seiner Diskussion über die Geltung des Gesetzes die Gestalt der
Hagar als Typos des Alten Bundes an, der Knechtschaft bedeutet
(Gal 4, 21–31).

(2) Der Engel (→ TLL 1, Engel, 58–62). In der *biblischen Überlieferung* lassen sich zwei Typen von Engeln unterscheiden: Aus der Religionsgeschichte bekannt sind die geflügelten Mittlerwesen, die
zum himmlischen Hofstaat gehören; ein bekanntes Beispiel ist die
Vision Jesajas (Jes 6). – Vor allem aber werden immer wieder die Boten Gottes genannt, die – meist in Menschengestalt – den Willen
Gottes verkünden. Ein solcher Engel tritt auch in Gen 16 auf. Unter
systematischem Aspekt ist zu erwähnen, dass in den letzten Jahren ein
wahrer Engel-Boom stattfindet. Ein starker esoterischer Einschlag
ist nicht zu verkennen. Gegenüber den Tendenzen, die Engel als real
existierende Wesen aufzufassen, ist mit *Westermann* festzuhalten, dass
die biblischen Boten ganz hinter der Botschaft zurücktreten und
nicht ohne sie existieren. Engel sind wirkmächtige Symbole für Gottes helfende, orientierende, heilende Nähe.

Didaktisch. Im Bereich der *GS* bietet sich an, den Hagargeschichten erzählend nachzuspüren. Dabei ist wichtig, dass Gottes leitendes
und rettendes Handeln nicht bis ins Letzte ausgemalt, sondern möglichst offen erzählt wird, damit Raum bleibt für die Fantasie und den
Glauben der Kinder. Als Beispiele für eine offene Erzählweise seien
die erfahrungsbezogenen, einfühlsamen Vorschläge von *W. Laubi,
K. Eykman* und *B. Bouman* genannt[17].

---

16 *M.-T. Wacker*, aaO., 28.
17 *W. Laubi*, Geschichten zur Bibel, Bd. 3, Lahr/Köln 1985, 39 ff. mit einer guten
    Sacheinführung; *K. Eykman/B. Bouman*, Die Bibel erzählt, Freiburg/Gütersloh
    1976.

Die Engelthematik kann sich auf differenzierte Materialsammlungen stützen[18]; hier wird man vor allem Vorschläge aufgreifen, die Erfahrungen mit »Engeln« thematisieren; vor allem sollte herausgearbeitet werden, dass unter biblischem Aspekt die Gestalt der Boten meist offen bleibt.

Im Bereich der *Sek* können sehr unterschiedliche Zugänge zu den Hagargeschichten gesucht werden. Die spannungs- und konfliktgesättigten Erzählungen haben häufig Schriftsteller und Maler zu Gestaltungen inspiriert. Eine kommentierte Zusammenstellung literarischer Texte hat *Magda Motté* vorgelegt[19]. Die zitierten Texte sind durchweg inhaltlich und sprachlich sehr anspruchsvoll, die Hinweise der Editorin bahnen aber einleuchtende Wege. – Auch in der bildenden Kunst sind viele Darstellungen zu finden. Oft kann ein Vergleich mehrerer Kunstwerke die aufmerksame, differenzierte Betrachtung anregen; als Beispiel sei eine vergleichende Auseinandersetzung mit *Rembrandt* und *Chagall* genannt[20]. Rembrandt greift in seinen Handzeichnungen zwei Szenen aus Gen 21 auf: Die »Entlassung« Hagars und den Hinweis des Engels auf den Brunnen. Der Maler gestaltet das Vertreibungs-Geschehen als intime Familienszene, in der die Gefühle der Beteiligten sehr fein gezeichnet sind. Exakt die gleichen Szenen hat *Marc Chagall* gewählt. Interessanterweise ist es bei ihm Sara, die Hagar fortschickt. Die beiden Bilder zum Thema »Hagar und Ismael in der Wüste« konzentrieren sich stark auf die beschützende Zuwendung der Mutter.

Ein zweiter Vorschlag zielt auf die Erfassung der unterschiedlichen Emotionen der Beteiligten und der unterschiedlichen Aspekte ihrer Beziehungen. Als Methode bietet sich an, die Ereignisse jeweils aus der Sicht der handelnden Personen zu schildern: Abraham verfasst ein Tagebuch, Sara schreibt Briefe, Hagar entwirft ihre Biografie …

---

18 Z. B. *E. Jürgensen*, Feste und Gestalten im Jahreslauf. Unterrichtsmodelle mit Texten, Liedern, Bildern für den Religionsunterricht 3.–6. Schuljahr, 1996; *S. Lieber*, Das kann ein Engel gewesen sein, Heinsberg 1997.

19 *M. Motté*, »Dass ihre Zeichen bleiben«. Frauen des Alten Testaments, in: *H. Schmidinger u. a. (Hg.)*, Die Bibel in der deutschsprachigen Literatur des 20. Jahrhunderts, Bd. 2, Mainz 1999, 204–258.

20 *H. Rembrandts* Handzeichnungen und Radierungen zur Bibel, Lahr/Stuttgart 1963. – *M. Chagall*, Die Bibel, Mainz 1990.

Aber auch die Beschäftigung mit den Engeln ist in der Sek I eine
reizvolle Aufgabe; hier wird man den Weg über Literatur und Kunst
suchen[21].

2.3 Gen 22,1–19: Isaaks (Nicht-)Opferung

Exegetisch. Seit eh und je galt (gilt?) Gehorsam als eine christliche
Grund-Tugend. Die wichtigste Belegstelle dafür ist die Erzählung
von der Opfer-Forderung Jahwes an Abraham in Gen 22,1–19.
Schon in der Bibel selbst wird Abraham als Held des Glaubens-
gehorsams gepriesen (z. B. Hebr 11,17 ff.). Kann sich aber die Auffassung, strikter Gehorsam sei eine besonders schätzenswerte christliche Tugend, auf Gen 22 berufen? Diese Frage lässt sich nur
aufgrund einer genaueren Analyse des Textes beantworten, deren
Ergebnisse hier knapp skizziert werden sollen:
Auf den ersten Blick fällt auf, dass die Forderung, den Sohn dar-
zubringen, dem ganzen AT widerspricht. Das Menschenopfer war
zwar im Alten Orient durchaus geläufig, speziell die Darbringung
des ersten Sohnes als Brandopfer. Aber diese Praxis galt in Israel als
zutiefst abscheulich (z. B. 2 Kön 3,24–27) und war dem jahwetreuen
Israeliten als Dienst am »Moloch« oder »Baal« verboten (z. B. Lev
18,21; Dtn 18,10).
Das deutet darauf hin, dass gerade nicht die Forderung des Men-
schenopfers im Vordergrund steht; vielmehr ist daran zu denken,
dass in Gen 22 ein ätiologisches Motiv vorliegt, genauer gesagt, die
Kultlegende eines Ortes, an dem das Menschenopfer durch Tierop-
fer ersetzt wurde. Hier könnte sich durchaus eine frühe Auseinandersetzung der einwandernden israelitischen Nomaden mit dem altorientalischen Kult niedergeschlagen haben. Erst bei einer späteren
Bearbeitung kam es dann wohl zur Deutung des alten Stoffs als
beispielhafte Glaubenstat Abrahams, der auch das Liebste nicht für
sich behalten will.
So ist diese Erzählung in sich spannungsvoll – es spiegeln sich
darin wohl die Widersprüche, die Israel selbst erfahren hat: Brüche
im Bild, das es sich von seinem Gott gemacht hat, aber auch Widersprüche in seiner eigenen Glaubenspraxis, die oft genug hin- und
hergerissen war zwischen dem Dienst am menschenfreundlichen
Jahwe und dem menschenfressenden Moloch.

---

21 Beispiele: *P. Willenberg,* Engel, Hamburg [2]1996 und *S. Berg,* Mit Engeln durchs
   Jahr, Stuttgart/München [2]2000.

Letztlich bietet sich keine eindeutige Interpretation an. Das zeigen auch die unterschiedlichen Ansätze der Exegeten[22]. *G. von Rad* möchte zeigen, dass erfahrene Brüche in der Gotteserfahrung nicht zum Zerbrechen führen müssen, sondern als Aufgabe angenommen werden können. *C. Westermann* sucht einen erfahrungsbezogenen Ansatz: Drohender Verlust und Rettung des Kindes können eigenen Erfahrungen Sprache geben und zur Verarbeitung anleiten.

Die eigene Auslegung muss die Dunkelheit und innere Spannung des Textes aushalten und wird solche Interpretationen wählen, die möglicherweise eigene rätselhafte, rational nicht fassbare Erfahrungen klären. Auf keinen Fall aber erlaubt der exegetische Befund, den Text als normative Aussage über die Notwendigkeit blinden Gehorsams zu verstehen, der das Menschenleben nicht achtet. Letztlich entscheidet sich die Deutung des Textes am biblischen Gottesbild – und dies ist eben nicht das Bild des Diktators, der bedingungslosen Gehorsam fordert und belohnt.

Schon die innerbiblische Wirkungsgeschichte hat mit der einseitigen Inanspruchnahme des »glaubensstarken« Stammvaters begonnen. Es ist interessant, dass einige Texte diese Sichtweise verstärken, um bei den Hörern/Lesern bestimmte Verhaltensweisen zu stimulieren. Das zeigt sich besonders deutlich an Abschnitten aus Judit und 1 Makk: Die in Bedrängnis geratenen und mutlosen Israeliten sollen wie Abraham die verzweifelte Situation als »Prüfung« verstehen, deren Bestehen ihnen »Ruhm und einen ewigen Namen« eintragen werde (Jdt 8,25–27; 1 Makk 2,52).

Diese starke Betonung und Wertung des Gehorchens schreibt sich deutlich in der Benutzungsgeschichte außerhalb der Bibel fort[23]; hier hat sich dann ganz eindeutig das Motiv des Gehorsams durchgesetzt, der nicht fragt oder zweifelt. Auch hier ist das leitende Interesse klar zu erkennen: Ein Unterwerfung fordernder Gott ist gut für Obrigkeitskirchen und Obrigkeitsstaaten, die auf absoluten Gehorsam der von ihnen Abhängigen aus sind.

Systematisch. Für die systematische Reflexion drängt sich das Stichwort »Gehorsam« auf, auch für Jugendliche ein erfahrungsbezogenes Reizwort! Bis in die Gegenwart hinein galt Gehorsam als Schlüsselwort christlichen Selbstverständnisses. Das belegt exemplarisch der entsprechende Artikel einer älteren Auflage eines renommierten

---

22 Vgl. die Zusammenstellung der unterschiedlichen Auslegungen bei *F. Johannsen*, Alttestamentliches Arbeitsbuch, Stuttgart ²1998, 124.
23 Beispiele in *H. K. Berg*, Altes Testament unterrichten, 99 ff.

Lexikons protestantischer Theologie, der RGG[24]. Zunächst bedauert der Autor das Schwinden des christlichen Gehorsamsgedankens, bedingt durch »den Autonomiegedanken«. An zentralen biblischen Themen versucht der Autor, die »Mittelpunktsbedeutung« des Gehorsams zu erweisen: Der Mensch sei dem Wort Gottes gegenüber zum Gehorsam verpflichtet; und auch der von Christus eröffnete »Weg des Heils ist von Anfang an auf Gehorsam gegründet«. Schließlich ist auch das (eschatologische) Loben nichts anderes als »die Haltung des vollkommenen Gehorsams«.

Hier ist zu differenzieren! Zweifellos gehören die Bejahung der Tora, die Ausrichtung des Lebens auf Gott usw. ins Zentrum des Glaubens; es ist richtig, dass die Bibel dies oft mit dem Begriff des Gehorsams ausdrückt. Dieser hat nichts von seiner Wahrheit eingebüßt, wohl aber von seiner Fähigkeit, die Wahrheit auszudrücken. Das hängt, wie gesagt, mit seiner Gebrauchsgeschichte zusammen, die eher eine Missbrauchsgeschichte ist.

Schon in der Reformation kam es zur Differenzierung: Wenn der von der staatlichen Obrigkeit geforderte Gehorsam dem Evangelium widerspricht, hat der Gehorsam gegenüber Gott absolute Priorität. Klärend ist das von *Karl Barth* formulierte Verständnis: Gehorsam ist Ausdruck »der Bereitschaft zur Entgegennahme des von Gott gesprochenen Wortes«[25]. Erst in unserer Zeit hat eine entschiedene ideologiekritische Auseinandersetzung mit der »christlichen Tugend« des Gehorsams eingesetzt – vor allem angestoßen durch die Arbeit »Phantasie und Gehorsam« von *Dorothee Sölle*[26]. Der Schrift ist deutlich abzuspüren, dass sie unter dem Eindruck der schrecklichen Folgen absoluten Gehorsams steht. Sie setzt mit einem Auszug aus den Memoiren des Auschwitz-Kommandanten *Höß* ein, der seine mörderische Tätigkeit mit dem erlernten Gehorsam gegenüber den Herrschenden begründete.

Ein neuer Zugang zu der Richtschnur des Christseins, die die Bibel mit »Gehorsam« meint, kann auf zwei Wegen gelingen: *Erstens* sollte konsequente ideologiekritische Arbeit geleistet werden; dies bezieht sich nicht nur auf die Geschichte des Christentums, sondern auch auf gegenwärtige Äußerungen und Verhaltensweisen der Kirchen, z. B. das Liedgut. *Zweitens* sollte überlegt versucht werden,

24 RGG, Bd.II, ³1958, Sp. 1263ff.
25 *K. Barth*, Kirchliche Dogmatik, Bd. II/2, Zürich 1942, 265f.
26 *D. Sölle*, Phantasie und Gehorsam. Überlegungen zu einer künftigen christlichen Ethik, Stuttgart 1968.

ob es nicht der Klarheit dienen könnte, so oft wie möglich die Gehorsams-Terminologie zu vermeiden und andere Begriffe zu wählen, wie: Zustimmung, Einklang, Bindung.

Didaktisch. In den Hinweisen zur Exegese hatte sich gezeigt: Ein so komplexer, in sich widerspruchsvoller Text kann nicht in einem Verstehenszugriff geöffnet werden, man wird eine Annäherung auf verschiedenen Wegen suchen. Das gilt auch für die didaktische Erschließung. Generell wird eine unterrichtliche Arbeit mit diesem Text in der *GS* nicht möglich sein; die Kinder werden durch das Gewicht und die Komplexität überfordert.

Mit älteren Schülerinnen und Schülern bietet sich vor allem eine wirkungsgeschichtliche Arbeit an. Sie können an diesem Beispiel erkennen, dass die Wirkungsgeschichte biblischer Texte immer die Geschichte ihrer Benutzer ist, die die Überlieferung zur Legitimation bestimmter Interessen in Dienst nahmen. Die Schüler können sich darüber informieren, dass die biblische Quelle selbst sich solchen Beanspruchungen verweigert; sie sollen lernen, sich selbstständig mit Forderungen nach unkritischem Gehorsam und unbefragter Anpassung auseinander zu setzen. Reiches Material findet sich in älteren Religionsbüchern, die meistens zur Verfügung stehen.

Ein weiterer Ansatz könnte eine kritische Analyse heutiger Verhaltensmuster versuchen. Ausgangspunkt könnte der Film »Abraham« sein:

Das Max-Planck-Institut für Bildungsforschung lud Männer im Alter zwischen 19 und 49 aus allen Bevölkerungsschichten ein, an einem wissenschaftlichen Experiment teilzunehmen: Es ging darum, die Wirkung körperlicher Strafen auf das Lernen festzustellen. Die Teilnehmer wurden aufgefordert, sich nacheinander als »Tester« (Person A) zur Verfügung zu stellen. Sie fanden einen Prüfling (Person B) vor, der im Nebenraum auf einem Stuhl festgeschnallt und durch Kabel mit einem elektrischen Schockgerät verbunden war. Person A nahm in einem Nebenraum vor einem Schaltpult Platz, ohne dass er Person B sehen konnte; es bestand aber eine akustische Verbindung. Person B sollte bestimmte Wortgruppen fehlerfrei voneinander unterscheiden; konnte sie es nicht, sollte sie mit einem Stromstoß bestraft werden. Die Skala begann bei 15 Volt und steigerte sich bei jedem Fehler von Person B. Bei 200 Volt waren Schreie des Prüflings zu hören, bei 300 wimmerte er um Erbarmen; bei 375 Volt war ein rotes Signal zu sehen »Vorsicht! Lebensgefahr!«, bei 400 Volt: »Gefahr! Schwerste Schocks!«. Zögerte eine Person A, die nächste Stufe der Bestrafung zu wählen, wurde er vom Versuchsleiter ermahnt und auf die Wichtigkeit des Experiments hingewiesen, das man nicht einfach abbrechen könne. Allerdings wurde allen »Prüfern« gesagt, dass ihnen auch bei Abbruch keine persön-

lichen Nachteile entstehen würden. 85 % der »Prüfer« benutzten die ganze
Skala, bis der »Prüfling« keinen Laut mehr von sich gab. Anschließend
wurde ihnen mitgeteilt, dass keine Person an das Schockgerät angeschlossen
war, die Schreie erzeugte ein Tonbandgerät.

Es sollte darauf geachtet werden, dass die Schülerinnen und Schüler
es nicht bei emotionaler Betroffenheit oder moralischer Entrüstung
bewenden lassen, sondern versuchen, die Mechanismen herauszu-
finden, die die unbeschreibliche Prozedur in Gang hielten; vor allem
geht es um die unkritische Anerkennung von Autoritäten (»die Wissenschaft«, der Versuchsleiter), die bei den Versuchspersonen alle
moralischen Barrieren beseitigten. Die Schüler übertragen diese Beobachtungen auf andere Erfahrungen; mögliche Leitfragen: Wem
»gehorche« ich/an wem orientiere ich mich? Welche Gründe gelten
für mich? Gibt es Grenzen des »Gehorsams«? Abschließend wird geklärt, dass der Filmtitel »Abraham« auf die Erzählung von Isaaks
Opferung (Gen 22,1–19) zurückgeht.

Interessante Einblicke bietet die Beschäftigung mit der jüdischen
Auslegung von Gen 22. Ein erster Zugang kann sich aus der Liturgie des Neujahrsfestes (Rosch Ha-Schana) ergeben: Das Schofarblasen
erinnert an Gen 22, an den Widder, der an die Stelle des Sohnes
tritt. Der Kommentar des *Raschi* gibt einen guten Einblick in die geschichtliche Auslegungsarbeit der Juden. An der leidenschaftlichen
Auseinandersetzung von *Elie Wiesel*[27] fasziniert, dass er viele Stellen
aus der Tradition in einen theologisch-philosophischen Gedankengang einbettet.

Schließlich können tiefenpsychologisch ausgerichtete Auslegungen ältere, ein wenig geübte Schülerinnen und Schüler zu einer
deutlich auf die eigene Erfahrung bezogenen Auseinandersetzung
anregen; dazu bietet die Literatur Anregungen und Vorschläge[28].
Einige kurze Hinweise: In intrapsychischer Sichtweise wird das
Gegenüber einzelner Personen zu einer Spannung unterschiedlicher
Strebungen innerhalb der Psyche. Abraham nimmt den heranwach-

27 *J. Magonet (Hg.),* Das jüdische Gebetbuch II. Gebete für die Hohen Feiertage,
    Gütersloh 1997, bes. 262 ff. – *Raschi,* Pentateuchkommentar. Vollständig ins
    Deutsche übertragen und mit einer Einleitung versehen von *Selig Bamberger,*
    Basel ²1928 (Nachdruck: 1975), 57–60; *E. Wiesel,* Adam oder das Geheimnis des
    Anfangs. Brüderliche Urgestalten, Freiburg 1980, 75–106.
28 *M. Kassel,* Biblische Urbilder. Tiefenpsychologische Auslegung nach C.G. Jung,
    München 1980, 234–257; *E. Drewermann,* Ich lasse dich nicht, du segnest mich
    denn. Predigten zum 1. Buch Mose, Düsseldorf 1994, 198 ff. – Eine knappe
    Skizze hat *F. Johannsen* vorgelegt: Arbeitsbuch, 124–126.

senden Sohn dann als Bild für die nicht abgegoltenen Möglichkeiten der eigenen Person. So macht er sich auf den Weg, um sein Selbst neu zu entdecken. Abraham will den »Sohn«-Aspekt durch Abspalten los werden (das Opfer-Motiv). Doch er erkennt, dass dies keine Wandlung ermöglicht; sie kann nur durch ein anderes »Opfer« eingeleitet werden, die Aufgabe eines anderen Aspekts der Person, vielleicht illusionistischer Hoffnungen. Gott erscheint als der, der Abraham auf den Weg schickt und mit ihm auf dem Weg (zur Personwerdung) ist.

2.4 Gen 37–50: Die Erzählungen von Josef

Exegetisch. Schon früh hat man in der alttestamentlichen Wissenschaft beobachtet, dass die Josef-Erzählung (Gen 37; 39–47) einen ganz anderen literarischen Charakter hat als die übrigen Überlieferungen von den »Vätern« Israels Abraham, Isaak und Jakob: Während die älteren Textkomplexe durchweg aus einzelnen Erzählungen bestehen, die im Nachhinein zu »Sagenkränzen« zusammengefügt wurden, handelt es sich ganz augenscheinlich bei der Josef-Überlieferung um einen durchkomponierten Erzählzusammenhang; man bezeichnet ihn daher auch als »Josefs-Novelle«. Sie wird unterbrochen durch das eingeschobene Kapitel 38, das die Geschichte von Juda und Tamar erzählt. – Der *Textbestand* ist folgender:

Gen 37 handelt vom Hochmut Josefs und der Rache der Brüder.

Gen 39–41 erzählt von Josefs Aufstieg: Zuerst geht es um die Begegnung mit Potifars Frau und die Gefängniszeit; dann um die Verleihung des Ministeramts aufgrund der Fähigkeit der Traumdeutung.

Gen 42–47 schildert die Konflikte Josefs mit seinen Brüdern und die Lösung des Konflikts: Besonders interessant ist ein Einblick in das Gottes- und Menschenbild, das sich in der Josef-Erzählung zeigt. Vor allem *Gerhard von Rad* hat darauf aufmerksam gemacht, dass der geistige Wurzelboden, auf dem die Novelle von Josef wuchs, eine Epoche war, die er als »salomonische Aufklärung« bezeichnet[29]. Der »neue Geist«, der in dieser Epoche aufkommt, rechnet mit einer weltlichen Welt: Nicht mehr die Vorstellung ist lebendig, dass Gott immer und überall unmittelbar in das menschliche Leben und das Weltgeschehen eingreift; sondern die Menschen erfahren, »dass

---

29 Knapp zusammengefasst in: *G. von Rad*, Theologie des Alten Testaments, Bd. 1, München ⁹1998, 62 ff.

Jahwe sich zur Lenkung der Geschichte ihrer, ihrer Herzen und ihrer Entschlüsse, bedient«[30].

Diesen Geist atmet auch die Josef-Erzählung: Der Fortgang der Handlung, die Entfaltung der Gedanken und Einsichten scheint weithin ganz weltimmanent, nach den Gesetzen der Entwicklung und des Denkens abzulaufen. Nur an wenigen Stellen deutet Josef das Geschehen: Gen 45, 5–8; 50, 20. Hier erkennt man, dass sich in dieser Geschichte die heimliche Führung Gottes zur Rettung vieler Menschen verbirgt; dies kann man als »religiöse oder existenzielle Zentrierung« der Erzählung bezeichnen.

Gleichzeitig haben wir es in der Josef-Novelle mit der Schilderung eines Menschen zu tun, der vom jugendlichen, töricht-überheblichen Wichtigtuer zum weisen, souveränen Mann heranreift, der mit Weitsicht und Großzügigkeit sein Leben im Griff hat und das Geschick anderer zum Wohl lenkt; man hat die Josef-Erzählung sogar als »antiken Bildungsroman« bezeichnet. Jedenfalls ist diese Erzählung gesättigt mit Erfahrungen und Einsichten, die aufgenommen, gelernt und gelebt werden wollen. Das ist heute nicht anders als zur Zeit ihrer Entstehung. – Im Blick auf den Charakter des Textes als durchgehend komponierter Erzählzusammenhang ist es nicht besonders sinnvoll, einzelne Kapitel oder Episoden zu besprechen, sondern dem Duktus, der Gedankenführung des Ganzen nachzugehen.

Systematisch. Unter systematischem Aspekt erscheint es lohnend, den Gedanken der *Weisheit*[31] zu thematisieren: Was verstand man in Israel darunter? Lassen sich Linien ins NT verfolgen? Gibt es bei Kindern und Jugendlichen so etwas wie die Frage nach »Weisheit«?

Wie in allen Völkern lässt sich im alten Israel gut der Versuch beobachten, in der chaotischen Fülle der Welt Ordnungen zu finden, die Orientierung ermöglichen, Sicherheit im Verhalten versprechen. »Die Weisheit tastet die Erfahrungswelt auf ihre Ordnungen hin ab, lässt dann aber die jeweilige Erfahrung durchaus in ihrer Besonderheit stehen.«[32] »Weisheit« meint zunächst einmal nichts anderes als »Sachkunde«: Die Menschen versuchten, immer wiederkehrende Erfahrungen in Sprache zu fassen, z.B. in Sprichwörter oder in Rätsel (Beispiele: Spr 25,14; Ri 14,18). Am Anfang stand wohl die Wei-

---

30 *G. v. Rad*, aaO., 67.
31 Für das AT vgl. außer dem genannten Werk von *G. v. Rad* auch: *M. Sæbø*, Art. »Weise sein«, in: *E. Jenni/C. Westermann (Hg.)*, Theologisches Handwörterbuch zum Alten Testament, Bd. I, München/Zürich 1984, Sp. 557–567.
32 *G. v. Rad*, aaO., 343 f.

tergabe dieser »Sippenweisheit«. Ein aufschlussreiches Beispiel findet sich in Spr 1,8. Mit dem Aufkommen einer Schreibkultur am Hof der ersten Könige wurden die mündlich überlieferten Weisheitstexte dann verschriftlicht.

In der Zeit der Salomonischen Aufklärung kamen andere Aspekte hinzu: die Beobachtung der Natur und dann die am Hof angesiedelte Schulung des Beamtennachwuchses. Hier ging es aber nicht allein um Vermittlung methodischer Fähigkeiten, sondern ein spezifisches Menschenbild – das des »Weisen« eben, der das Leben kennt, der bereit ist, sich an den Ordnungen zu orientieren, der andere Menschen und seine eigenen Grenzen respektiert. Letztlich ging es um das Wissen, »dass auf dem Grund der Dinge eine Ordnung waltet, die still und oft kaum merklich auf einen Ausgleich hin wirkt«[33]. Dieses Wissen entfaltet sich in vier Aspekte:

- Auch wenn die Weisheitssprüche keineswegs immer Bezug auf Gott nehmen, war sich der biblische Mensch ganz sicher, dass *Jahwe hinter allen Lebensordnungen* stand. Gelegentlich wurde dies auch ausdrücklich betont (z.B. Spr 16,9; 19,21). In diesem Zusammenhang ist auch der – oft missverstandene – Spruch zu verstehen, dass die Furcht Gottes der Anfang der Weisheit sei (Spr 1,7 u.ö.). Hier geht es nicht um die Angst vor dem strafenden Gott, sondern um die Ehrfurcht vor dem, der das Gute will und fördert
- Zur Weisheit gehört, die *eigenen Grenzen zu erkennen* und anzuerkennen und damit offen zu bleiben für neue Erfahrungen. Nur der »Tor« kennt weder Maß noch Grenzen, er handelt selbstsicher und überheblich (z.B. Spr 26,12)
- Der biblische Mensch ist überzeugt, dass das, was ein Mensch tut, die Welt und ihn selbst verändert, dass *seine Taten ihn immer wieder einholen,* im Bösen (z.B. Spr 26,27) und im Guten (z.B. Spr 11,17). Dieser so genannte Tun-Ergehen-Zusammenhang darf jedoch nicht im Sinne einer automatisch wirkenden Gesetzmäßigkeit missverstanden werden
- Ziel der Weisheit ist letztlich, *Leben zu erhalten* und zu fördern. Darum werden auch immer wieder diejenigen in die Mitte gestellt, deren Leben geschmälert oder gefährdet ist, die Armen (z.B. Spr 14, 31) oder die unschuldig Verurteilten (z.B. Spr 24,11).

In der Zeit nach dem babylonischen Exil kam die Weisheitslehre in eine tiefe Krise. Der Zusammenbruch aller Ordnungen löste viel

---

33 *G. v. Rad*, aaO., 441.

Skepsis aus. Ein beeindruckendes Dokument des Zusammenbruchs weisheitlichen Denkens im Sinne des Tun-Ergehen-Zusammenhangs ist das Buch Hiob (→ VII. Hiob). Die tiefste Skepsis spricht sich wohl im Buch Kohelet aus (z. B. Koh 9,11 f. → IX. Weisheit).

Aus dem *NT* seien nur zwei Bodenproben genommen. Einmal lässt sich beobachten, dass Elemente des alttestamentlichen Weisheitsdenkens weiter wirken. Ein bekanntes Beispiel ist das Gleichnis vom reichen Bauern, der in maßloser Gier alles zusammenrafft und darüber das Leben verspielt; er ist der Tor. Am Ende schließt der Text dann mit einer zusammenfassenden Sentenz (Lk 12, 16–21). – Als Gegenpol kann die Auseinandersetzung des Paulus mit der »Weisheit der Welt« (1 Kor 1, 20–29) gesehen werden. Diese ist auf eigene Erkenntnis des Menschen als Weg zum Glauben aus und verkennt die »Weisheit Gottes«, die den Weg der Ohnmacht gewählt hat, um das Befreiungsgeschehen ins Werk zu setzen.

Ob *Kinder und Jugendliche* heute nach »Weisheit« fragen? Oft wird geäußert, sie lebten fun- und konsumgesteuert in den Tag hinein, ohne tiefere Interessen und Bindungen. Doch neuere Studien entlarven dies als oberflächliches Vorurteil. *Lothar Kuld* konstatiert: »Die Rede von einer Orientierungskrise erweist sich als falsch.«[34] Allerdings: »An die Stelle moralischer, familiärer und religiöser Traditionen und ihrer jeweils eindeutigen Maßstäbe für gelungenes Leben ist … die Selbstbefragung des einzelnen getreten, der im Wissen um die eigene Begrenztheit Raum für andere (eigene) Leben gibt.«[35]

Didaktisch. Die Beschäftigung mit der Josefsgeschichte wird oft als typisches Grundschulthema eingestuft. Die exegetischen und systematischen Beobachtungen haben jedoch gezeigt, welche ergiebigen Lernchancen für alle Schulstufen von diesen Texten ausgehen können[36].

In der *GS* begnügt man sich meistens mit einer erlebnisnahen, methodisch abwechslungsreichen Nacherzählung der alttestamentlichen Vorlage. Damit aber bleibt ihr theologischer und existenzieller Gehalt noch unausgeschöpft. Es empfiehlt sich, Glaubenserkenntnisse und Grunderfahrungen erzählend in die Geschichten einzubauen (existenzielle Zentrierung). Wird beispielsweise als Grund-Satz gewählt »Gott

---

34 *L. Kuld*, Die Suche nach eigenem Leben, in: ru 27/1997, 49–54.
35 *L. Kuld*, aaO., 53.
36 Vgl. dazu das Themaheft »Joseph. Ein Träumer von Gottes Gnaden«: ru 28/1998, Heft 2.

gibt das Leben«, können immer wieder kleine Monologe und Gebete einbezogen werden, in denen Josefs wachsende Erkenntnis deutlich wird[37].

Ein zweiter Vorschlag für die GS ist als Wiederholung unter der spezifischen Frage nach den Beziehungen zwischen Josef und seinen Brüdern gedacht. Er stützt sich auf Methoden der linguistischen Textinterpretation. Die Beobachtung der Beziehungen zwischen den Akteuren der Josefserzählung kann sich besonders aufschlussreich gestalten, wenn sie dem Charakter der Novelle als »Lerngeschichte« Rechnung trägt; die Schüler können dann wahrnehmen, wie sich die Beziehungen zwischen Josef und seinen Brüdern in der Erzählung verändern, sie können über die Ursachen nachdenken und Josefs Deutung als eine von Gott geleitete Geschichte kennen lernen. Die Erzählung wird in einzelne Szenen aufgeteilt, deren Beziehungskonstellation durch Pfeile und Symbole visualisiert werden[38] (Zeichen für: Zuneigung – Abneigung – Angst – Hilfe – Bedrohung – unklare Gefühle).

Vorschlag für die erste Anordnung (Ausgangslage):

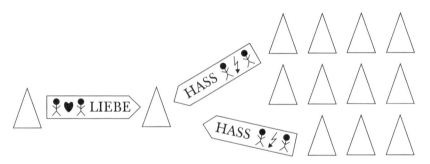

Der erwartete Lernerfolg bleibt nicht auf die biblische Überlieferung begrenzt: Die Schülerinnen und Schüler könnten lernen, Gefühle und Beziehungen sprachlich zu fassen und Grundkonstellationen zu erkennen. So eröffnet sich ihnen die Chance, ähnliche Situationen in ihrem eigenen Erfahrungsbereich nicht einfach unreflektiert und ohnmächtig zu erleben, sondern sich bewusst zu verhalten. Vermutlich wird es in diesem Unterricht zum Austausch ei-

---

37 Vorschläge dazu in: *H. K. Berg*, Josef entdeckt das Leben, in: ru 28/1998, 71.
38 Ausgeführt in: *H. K. Berg*, Altes Testament unterrichten, 87–94.

gener Erfahrungen kommen; das sollte der Lehrer nicht verhindern, sondern fördern!

Mit Schülern und Schülerinnen des *4.–6. Schuljahrs* könnte der Versuch unternommen werden, im Zusammenhang mit der Josef-erzählung das ganze Buch der Sprüche zu lesen. Ziel wäre, dass die Lernenden sich überlegen, welche dieser Ratschläge heute noch interessant und wichtig sein könnten. Vielleicht haben sie Lust, daraus ein eigenes »Buch der guten Ratschläge aus alter Zeit« zusammenzustellen – für sich selbst, für Eltern, für Lehrer.

Im Bereich der *Sek I* ergeben sich mehrere Möglichkeiten:
- Ein interreligiöses Projekt zu Josef kann sich auf Texte aus Judentum und Islam stützen (Material im genannten Heft von ru)
- Interessant ist auch eine vergleichende Analyse verschiedener Josef-Filme[39]
- Auch für ein Kunstvorhaben steht reichlich Material zur Verfügung. Das sind einmal wieder Radierungen von *Rembrandt*[40]. Hier lässt sich gut sehen, wie der Künstler das Geschehen in der Welt der bürgerlichen Familie seiner Zeit verortet. Eine Bild-Reihe mit Holzschnitten von *HAP Grieshaber* bietet die DiaBücherei Christliche Kunst[41]. Der Künstler hat 36 Linolschnitte zu einer Bilderwand in einer Kirche zusammengefügt. In die Darstellung der Geschichte hat er viele Bezüge zu Problemen der Gegenwart wie Nahostkonflikt, Hunger, Generationenproblem hinein verschlüsselt.

Schließlich könnte in ein Unterrichtsvorhaben zur Lebensorientierung und zu Wertvorstellungen Jugendlicher[42] die Joseferzählung einbezogen werden, um die dort gezeichneten Züge des durch Lernen gereiften Weisen mit den eigenen Ideen zu vergleichen.

2.5 Gen 38, 1–30: Die Geschichte von Tamar

Exegetisch. Gen 38 ist eine in sich geschlossene Erzählung. Sie ist in den Anfang der Josefsgeschichte eingeschoben worden. Es handelt sich um eine Familienerzählung, es geht um einen Fall des Familienrechts. Die eigentliche Erzählung beginnt in V.12 und endet in V.27. Sie wird von zwei Berichten gerahmt, die über die Vorgeschichte und die Folgen des Geschehens informieren.

39 *M. Tiemann*, Joseph lernt das Laufen. Filme zum Thema, in: ru 28/1998, Heft 2, 59–64.
40 Vgl. den Literaturhinweis in Anm. 20.
41 *J. Zink (Hg.)*, DiaBücherei Christliche Kunst, Bd. 15, Eschbach 1988 (Mit einer ausführlichen Einführung und Kommentaren zu den Bildern).
42 Vgl. den Beitrag von *L.Kuld*, aaO. (Anm. 35).

Im einleitenden Bericht (V.1–11) erfährt der Leser, dass Juda, einer der Söhne Jakobs, mit einer Kanaanäerin verheiratet ist. Der Ehe entstammen drei Söhne. Juda verheiratet seinen erstgeborenen Sohn Er mit Tamar. Die Ehe ist noch kinderlos, als der Mann stirbt. Damit verliert die Frau im Grunde alle Rechte und hat auch keine Altersversorgung. Juda verpflichtet seinen zweitgeborenen Sohn Onan zum »Levirat« (oder auch: Leviratsehe, Schwagerehe). Diese Einrichtung bedeutet keine Heirat, sondern ist dafür gedacht, dass die Witwe eines kinderlos gebliebenen Mannes in der Familie bleiben kann, wenn der Bruder des Verstorbenen mit ihr einen Sohn zeugt, um den Namen des Mannes zu erhalten (vgl. Dtn 25,5–10). Onan ist offensichtlich nicht bereit, ein Kind zu zeugen, das nicht das Seine ist – und als Sohn des Erstgeborenen der Erbe wäre. Er vollzieht den Beischlaf mit Tamar, aber verhütet, dass sie schwanger wird. Auch Onan stirbt. Juda fordert Tamar auf, in ihr Elternhaus zurückzukehren und sagt zu, dass der dritte Sohn die Leviratsehe vollziehen werde, wenn er das Alter dazu hat. – Offenbar will Juda die Schwiegertochter aus dem Haus haben, da er befürchtet, dass sie Unheil bringt. Damit aber tut er ihr Unrecht; denn einerseits verweigert er die Versorgung in seiner Familie, verhindert aber gleichzeitig, dass sie als Witwe erneut heiraten kann, weil er am Levirat festhält.

Nun beginnt die eigentliche Erzählung. »Viele Jahre« sind vergangen, Juda, der inzwischen Witwer geworden ist, hat sein Versprechen nicht eingehalten. Als Tamar hört, dass er durch ihren Ort kommt, verkleidet sie sich als Prostituierte und bietet sich ihm an. Geschickt verhandelt sie mit ihm die Bezahlung so aus, dass er ihr ein Pfand geben muss. Es sind die persönlichsten Dinge für einen altorientalischen Mann: Das Siegel, so etwas wie ein Personalausweis, es wird an einer Schnur um den Hals getragen, und seinen Stab, ein Symbol seiner Würde. Es kommt zum Beischlaf, Tamar wird schwanger und verwandelt sich wieder in die Witwe im Haus ihres Vaters. So verhindert sie mit List, dass Juda ihr den Lohn zustellen und damit sein Pfand zurück erhalten kann.

Als Juda erfährt, dass seine Schwiegertochter schwanger ist, »weil sie Unzucht getrieben hat«, wird er aktiv. Er verweigert ihr zwar die Leviratsehe mit seinem Sohn, beansprucht aber das Recht des auch für sie zuständigen Familienoberhaupts. Ohne ein Gerichtsverfahren verurteilt er sie zum Tod. Es kommt zu der dramatischen Enthüllungsszene, in der Juda zur Einsicht kommt: »Sie ist gerechter als ich.« Denn sie hat für ihr Recht gekämpft, das ihr vorenthalten wurde: Einen Sohn aus der Familie ihres Mannes zu bekommen. Damit setzt sie die Linie ihres verstorbenen Mannes fort und verbessert gleichzeitig ihre soziale Stellung im Familienverband.

Der Schlussteil (V. 27–30) berichtet, dass Tamar Zwillinge, sogar Söhne, zur Welt bringt, für einen antiken Menschen gewiss ein Zeichen dafür, dass sie von Gott gesegnet ist. Bemerkenswerterweise ist die Geschichte ganz profan erzählt, dennoch ist sie getragen von der Erkenntnis, dass Gott im Alltag gegenwärtig ist, etwa als Urheber aller Gerechtigkeit oder als der, der den Segen gibt.

Die Tamargeschichte lässt sich unter verschiedenen Sichtweisen lesen: In der alttestamentlichen Wissenschaft gilt sie als einer der interessantesten Belege für das Verständnis von Gerechtigkeit. – Sie reiht sich aber auch ein in eine Folge von Geschichten, in denen der vermeintlich Kleine, Schwache, Unbedeutende gegen die Mächtigen sich durchsetzt (z. B. David gegen Goliath). In Gen 38 zeigt sich besonders schön, dass Klugheit, List und entlarvender Witz die Waffen der Schwachen sind! – Schließlich ist sie auch im Zusammenhang der Erzählungen zu verstehen, in denen Frauen sich erfolgreich gegen unterdrückende Verhältnisse und ungerechtes Verhalten auflehnen.

Systematisch. Es bietet sich an, sich auf den Aspekt der *Gerechtigkeit* zu konzentrieren. Er steht ja im Zentrum der Erzählung und gehört gewiss auch zu den Fragen, die Kinder und Jugendliche besonders stark beschäftigen. Dabei scheint es sinnvoll, sich auf den Befund in der Hebräischen Bibel zu beschränken, die kirchengeschichtlichen und theologisch-systematischen Linien lassen sich eher aus dem Kontext der paulinischen Theologie entwickeln.

Die hebräische Wortwurzel *sdq*[43] kommt 523-mal im AT vor. Das Verb tritt verhältnismäßig selten auf und meint: gerecht, gemeinschaftstreu sein; der Begriff *sedeq* bedeutet einen Zustand geordneter, lebensfördernder Verhältnisse zwischen Mensch und Mitmensch sowie zwischen Mensch und Gott; ein entsprechendes Verhalten ist die *s͏edaqah*; einer, der sich gemäß der Gerechtigkeit verhält, ist *saddiq*, gerecht.

Lange wurde das Wortfeld in der Übersetzungstradition der Hebräischen Bibel eher in dem Sinne verstanden, dass bestimmte kodifizierte Normen eingehalten werden oder man sich an einem abstrakten Gerechtigkeitsbegriff ausrichtet. Erst in neuerer Zeit wurde

---

43 Vgl. vor allem *K. Koch*, Art. *sdq*, gemeinschaftstreu/heilvoll sein, in: *E. Jenni/ C. Westermann (Hg.)*, Theologisches Handwörterbuch zum Alten Testament, Bd. II, München/Zürich 1984, Sp. 507–530.

der lebens- und gemeinschaftsbezogene Charakter des biblischen Verständnisses von Gerechtigkeit aufgedeckt. *Gottes Gerechtigkeit* meint oft sein rettendes, bewahrendes Handeln (und kann darum auch im Plural vorkommen (z. B. Ri 5,11). Treffend wird daher auch »Gerechtigkeit« mit »bundestreues, gemeinschaftsförderliches heilvolles Tun« wiedergegeben. Dieser Charakter der Gerechtigkeit Gottes lässt sich besonders gut in Ps 85,10–14 beobachten; hier stehen Gerechtigkeit, Treue, Gnade, Friede (Schalom), Segen und Heil synonym.

Der göttlichen entspricht die *menschliche Gerechtigkeit*. Das ganze Volk soll ehrlich, menschlich und solidarisch leben (z. B. Ps 15); das ist das entscheidende Merkmal der Bundestreue gegenüber Gott. Die Propheten können diesen Gedanken so scharf pointieren, dass sie (fehlende) Gerechtigkeit gegen den (nur äußerlich ausgeübten) Kult ausspielen: Am 5,21 ff.; Mi 6,6 ff.; Jes 1,1 ff.

Aus der gegenwärtigen Diskussion ist interessant, dass der traditionelle Begriff der Barmherzigkeit gegenüber Hilfsbedürftigen weithin durch das Paradigma der Gerechtigkeit ersetzt wurde, z. B. im Blick auf die Beziehung zu Ländern der sog. Dritten Welt. Als Beispiel sei das ökumenische Programm »Gerechtigkeit, Frieden, Bewahrung der Schöpfung« genannt.

Bei Kindern und Jugendlichen spielt der Gedanke der Gerechtigkeit eine große Rolle; dabei ist vermutlich häufig gerade der gemeinschaftsbezogene, lebensfördernde Aspekt im Spiel, wenn sie Gerechtigkeit für sich und andere einfordern.

Didaktisch. Die Tamar-Geschichte im RU zu bearbeiten, ist sicher ein schwieriges Vorhaben. Nicht, weil sie zu den Erzählungen gehört, die man früher als »heikel« bezeichnete, sondern weil viel kultur- und religionsgeschichtlicher Hintergrund vermittelt werden muss, bevor eine inhaltliche, erfahrungsbezogene Auseinandersetzung beginnen kann.

Unter dieser Rücksicht erscheint eine Bearbeitung in der *GS* kaum möglich. – In der *Sek* sind zwei Ansätze denkbar:
– *Die rebellischen Frauen.* Ausgangspunkt ist hier der bewusste Verstoß gegen Konventionen, den Tamar in Kauf nimmt, um zu ihrem Recht zu kommen. *Westermann* merkt dazu an: »Tamar tritt in die Reihe der Frauen in den Vätergeschichten, die, zu Unrecht benachteiligt, selbst die Initiative ergreifen, auch gegen bestehende Sitte und Ordnung, gegen deren Zwang sie sich auflehnen wie Hagar, Rebekka, Lea und Rahel, auch die Töchter Lots … Es ist eigenartig, dass in den Vätergeschichten Auflehnung gegen die

bestehende gesellschaftliche Ordnung, wo sie zum Unrecht wird, immer nur von Frauen ausgeht. Und in jedem Fall wird solchem Sich-Wehren Recht gegeben.«[44] Eine solche Reihe könnte gut unterstützt werden durch feministisch orientierte Erzähltexte[45]. Die Reihe ließe sich dann erweitern bis hin zu den »Stamm-Müttern« Jesu[46]

– *Gerechtigkeit – biblisch.* Zu diesem Thema ließe sich ein »Textatelier« bearbeiten; dabei handelt es sich um eine Zusammenstellung interessanter Bibelstellen, die das Thema von verschiedenen Aspekten her ausleuchten. Ein Vorschlag: Gen 15,6; Gen 38; Ri 5,11; Ps 21,2; Ps 85,10–14; Spr 29,6; Am 5,21 ff.; Mi 6,6 ff.; Jes 1,1 ff.; Jes 11,4 f; Mt 5,17 ff.; Mt 6,31–33; Röm 3,21 f.; Röm 6,4.11–13. – Ob und in welcher Weise ein an diesen oder anderen Stellen gewonnenes biblisches Gerechtigkeitsverständnis mit heute diskutierten Problemen verknüpft wird (z. B. »Dritte Welt« – Leistungsgesellschaft – Leistungsbewertung in der Schule ...) muss von Fall zu Fall in der jeweiligen Lernsituation entschieden werden.

Literaturhinweise

H. K. Berg, Handbuch des biblischen Unterrichts:
Bd. 1: Ein Wort wie Feuer. Wege lebendiger Bibelauslegung, München/ Stuttgart [4]2000.
Bd. 2: Grundriss der Bibeldidaktik, München/Stuttgart [2]2000.
Bd. 3: Altes Testament unterrichten. Neunundzwanzig Unterrichtsentwürfe, München/Stuttgart 1999.
F. Johannsen, Alttestamentliches Arbeitsbuch für Religionspädagogen, Stuttgart [2]1998.
C. Westermann, Genesis (BK AT 1/2 u. 1/3), Neukirchen-Vluyn 1989/[2]1992.

---

44 *C. Westermann*, Genesis (BK AT 1/3), Neukirchen-Vluyn [2]1992, z. St.
45 *E. Schirmer*, Müttergeschichten. Frauen aus dem Alten Testament erzählen von ihrem Leben, Offenbach 1986; *I. Kruse*, Unter dem Schleier ein Lachen. Neue Frauengeschichten aus dem Alten Testament, Stuttgart 1986.
46 *I. Kruse*, aaO., 149 ff.

IV. Exodus

Gisela Kittel

1. Kurzinformation

Das zweite Buch Mose (Exodus) erzählt die dramatische Geschichte von der Befreiung und dem Auszug eines geknechteten Volkes aus dem Land seiner Unterdrücker und verbindet diese Geschichte mit der Offenbarung des Gottes der Bibel. Das Buch erzählt das Geschehen freilich aus dem Rückblick, so wie Israel nach vielen Jahrhunderten sich selbst und seine Ursprungsgeschichte sah.

Wer das Buch Exodus genauer liest, merkt, dass in ihm keine einheitliche Darstellung zu finden ist. Verschiedene Versionen derselben Ereignisse haben einander überlagert, Erzählungen sind nachträglich kommentiert, Überlieferungseinheiten sehr locker miteinander verbunden worden. Bis heute ist es der alttestamentlichen Wissenschaft nicht überzeugend gelungen, das komplexe Textgefüge gerade dieses biblischen Buches durchsichtig zu machen und seine Überlieferungsgeschichte aufzuklären[1].

Vermutlich war es nur eine kleine Gruppe des späteren Israel, die einst in Ägypten Fronarbeit leistete und dann unter Mose den Auszug wagte. Wie noch die Notiz in Ex 1,11 erkennen lässt, wurden Israeliten zum Bau der Vorratsstädte Pithom und Ramses mit herangezogen, zweier Magazinstädte, die Pharao *Ramses II.* beim Ausbau seiner Deltaresidenz im 13. Jh. v.Chr. errichten ließ. Doch es gelang dieser Gruppe aus dem ägyptischen Arbeitsdienst zu fliehen (Ex 14,5), und zwar unter Moses, einem Mann, der, wie sein ägyptischer Name zeigt[2], vermutlich eine besondere Beziehung zu Ägypten hatte. Die geglückte Flucht und dann die wunderbare Errettung am Meer haben die Flüchtenden mit JHWH[3] verbunden, dem Gott, in dessen Namen Mose auftrat und dem dann die ganze Gruppe am

---

1 Vgl. *E. Zenger u.a.*, Einleitung in das Alte Testament, Stuttgart ³1998, 46–75 u. 108–119. Zur Frage der Pentateuchquellen vgl. *Kittels* Darstellung in Kapitel II, Anm. 4!

2 Vgl. andere ägyptische Namen wie Tutmosis, Ramses u.ä.

3 Die Umschrift des Tetragramms JHWH zu Jahwe wird von manchen Autor*innen* aus Respekt vor dem Judentum, das den Namen heilig hält, unterlassen.

Gottesberg in der Wüste begegnete. Erst später haben die JHWH-Leute ihre Geschichte und ihren Gottesglauben in das Land Kanaan mitgebracht und den dort schon vor ihnen ansässig gewordenen Bevölkerungsteilen mitgeteilt. Noch ein verhältnismäßig später Text wie Jos 24 geht in seiner Grundschicht davon aus, dass zunächst nicht alle Stämme JHWH verehrten. Josua, Sprecher und Anführer der Josefgruppe, stellt das ganze Volk vor die Entscheidung, wem es in Zukunft dienen will: den Göttern der Väter in Mesopotamien oder den Göttern Kanaans oder aber JHWH, dessen Macht Josua und seine Leute beim Auszug aus Ägypten erfahren haben. Das ganze Volk verpflichtet sich daraufhin, dass der Gott Josuas auch sein Gott sein soll.

Viele Menschen unterschiedlicher Herkunft haben sich die Exodus-Traditionen angeeignet und diese dann als die ihrigen weiter überliefert. Dabei wurden nicht nur die Erlebnisse der Ägyptengeneration weitergegeben, auch die Erfahrungen späterer Generationen sind in das Überlieferte mit eingegangen. In den vorliegenden Exoduserzählungen können wir bei genauerer Betrachtung Anklänge an Ereignisse entdecken, die erst in viel späterer Zeit stattgefunden haben, die nun aber, eingezeichnet in die Ursprungsgeschichte Israels, ihre theologische Deutung finden: der Frondienst der Nordstämme unter Salomo (1 Kön 5,27–32; 12,1–19), der Aufstandsversuch Jerobeams (1 Kön 11,26–31.40), der Stierkult im Nordreich (1 Kön 12,25–33), die Botschaft der Propheten (Hosea und das Deuteronomium) und schließlich das Ende Israels und die Frage, ob Gott sein Volk für immer verstößt (2 Kön 17,7–23) oder ob ein Neuanfang, eine Bundeserneuerung (Jer 31,31–34), möglich ist. All dies ist in die vorliegenden Erzählungen eingeflossen und hat ihnen ihre Dichte, das Exemplarische und Typische gegeben, – hat sie aber auch dafür geöffnet, dass immer wieder neue Generationen ihre Erfahrungen in sie eintragen konnten[4], ja, dass auch wir uns in ihnen wieder finden können.

---

4 Ein solches Sich-Wieder-Finden geschieht im Judentum bei jeder Passa-Feier. Wenn bei dieser Feier das jüngste Kind die berühmten Fragen stellt, warum diese Nacht so anders ist als alle anderen Nächte, so soll die ganze Tischgemeinschaft von dem erzählen, was Gott »für mich« getan hat, als »ich« aus Ägypten zog (vgl. Ex 13,8). Alle an diesem Fest Teilnehmenden identifizieren sich mit der Generation des Auszugs; sie stellen sich ihren Vorfahren an die Seite und lassen im »Gedenken« das vergangene Geschehen auch ihre eigene gegenwärtige Geschichte sein. (Vgl. *A. Greve*, Erinnern lernen. Didaktische Entdeckungen in der jüdischen Kultur des Erinnerns [WdL 11], Neukirchen-Vluyn 1999.)

So wird also der »garstig breite Graben der Geschichte« *(G. E. Lessing)*, den wir mit so viel Anstrengung im Unterricht zu überbrücken suchen, von diesen Erzählungen selber überwunden, sofern wir sie angemessen lesen und auslegen. Denn sie berichten keine abgeschlossene vergangene Historie, die man erst mühsam ins Heute übersetzen muss, sondern zeigen in ihrer »Urbildlichkeit« Situationen und Wege, die auch unsere Situationen und Wege sind.

2. Exegetisch

Nach dem Herauslösen der priesterschriftlichen Textblöcke (Ex 25–31; 35–40) stellt sich das Buch Exodus als eine übergreifende erzählerische und theologische Gesamtkomposition dar, in deren Zusammenhang alle einzelnen Überlieferungen erst ihren spezifischen Sinn bekommen. Daher soll in diesem Abschnitt vor allem der Zusammenhang zur Sprache kommen, während – aus Platzgründen – die Einzelauslegungen sehr knapp gehalten werden müssen[5].

2.1 Ex 1,1–2,22: Die Israeliten in Ägypten/Geburt und Flucht des Mose

Dieser Textabschnitt ist der Beginn einer Mosegeschichte, in der Herkunft, Geburt und Heranreifen des jungen Mose geschildert werden, bevor er als Führer Israels hervortritt. Hier wird die Typik menschlicher Verhaltensweisen treffend herausgestellt. Da die ethnische Minderheit der »Hebräer« dem ägyptischen König »zu stark« wird und er die Überfremdung seines Volkes fürchtet, beschließt er, »klug« vorzugehen, indem er sie durch Entrechtung und Versklavung niederhält und – als dies nichts nützt – durch einen geheimen Mordplan dezimieren will, den die Opfer selber, nämlich die hebräischen Hebammen, ausführen sollen. Aber die Hebammen sind »gottesfürchtig«; sie fürchten Gott mehr als den Druck des Königs. So muss der Pharao offen seinen eigenen Leuten den Befehl geben, die neugeborenen Knaben der Hebräer zu ermorden. In dieser Situation wird Mose geboren.

Dass ein späterer Held und König in einem Schilfkästchen verborgen in einen Fluss gesetzt und so gerettet wird, ist ein im Alten Orient bekanntes Motiv, das aber hier eine besondere Bedeutung

---

5 Ausführlichere Auslegungen sind in *G. Kittel*, Der Name über alle Namen I. Biblische Theologie/AT (Biblisch-theologische Schwerpunkte 2), Göttingen ²1993, 24–58 u. 110–121, nachzulesen.

gewinnt. Die hebräische Namensetymologie des eigentlich ägyptischen Namens soll Mose vorstellen als den »Aus-dem-Wasser-Gezo-
genen« (1,10), an dem sich im Voraus abbildet, was Israel dann als
Volk widerfahren wird: dass es nämlich aus dem Wasser, den Todes-
fluten des Meeres, herausgezogen wird. Doch der so vom Tod Gerettete handelt zunächst auf eigene Faust. Er tötet einen ägyptischen
Aufseher, der einen seiner Volksgenossen schlägt. Diejenigen indes,
für die er in dieser Weise eintritt, wollen seine Hilfe nicht. So flieht
er in die Wüste zu den Midianitern.

2.2 Ex 2,23b-4,18: Moses Berufung

Die alte Mosegeschichte hatte vermutlich in 2,23a; 4,19ff. ihre Fort-
setzung. Doch nun ist in diesen erzählerischen Zusammenhang ein
wichtiger theologischer Textabschnitt eingefügt, der die Geschichte
unterbricht. Dieser Abschnitt verdeutlicht, dass hier und im Folgenden nicht nur die Lebensgeschichte des Mose erzählt wird, sondern
dass alles Erzählte zugleich als Offenbarungsgeschichte JHWHs, des
Gottes Israels, zu verstehen ist. Drei wichtige theologische Motive
sind in diesem dichten Textabschnitt miteinander verflochten:

(1) In *3,1ff.* geht es um die *Entdeckung des heiligen Ortes*, des Sinai,
auf den der Dornstrauch (senä), der brennt, aber vom Feuer nicht
verzehrt wird, in seinem hebräischen Lautbestand hinweist. Hier,
wo später das ganze Volk mit dem heiligen Gott konfrontiert wird,
begegnet Mose schon jetzt dem rettenden Gott, der das Elend seines
Volkes sieht, sein Schreien hört und sich der Leidenden annimmt.

(2) Doch es geht in diesem Abschnitt auch um die *Berufung des
Mose*. Er bekommt den Auftrag, zum Pharao zu gehen und Israel aus
Ägypten zu führen. Aber Mose widersetzt sich. In immer neuen
Einwänden bringt er vor, warum er diesen Auftrag nicht ausführen
kann. In dieser Reaktion spiegelt sich weniger der Ungehorsam des
Mose. Wie in anderen Berufungen im Alten Testament (Ri 6,15;
1 Sam 9,21; Jer 1,6) kommt zum Ausdruck, wie übermenschlich
schwer die Last seines Amtes sein wird, und dass Mose – im Unterschied zu seinem früheren Verhalten – nicht aus eigenem Antrieb
ans Werk geht, sondern Gott hinter ihm steht.

(3) Der Abschnitt handelt drittens von der *Offenbarung des Gottesnamens*. Die nomadischen Gruppen in Ägypten kannten bis zu diesem Zeitpunkt JHWH, den Sinai-Gott, noch nicht. Darin stimmt
die Erzählung (vgl. auch Ex 6,2ff. P) mit den historischen Gegebenheiten überein. Vom Hörensagen wussten sie von einem »Gott der
Väter«, doch in einer eigenen Beziehung zu ihm standen sie nicht.

So ist die Frage des Mose nach dem Namen Gottes sehr verständlich. Namen waren in der alten Welt nicht »Schall und Rauch«, auch nicht lediglich durch Übereinkunft festgesetzte Zeichen. Im Namen eines Dinges oder einer Person trat für die Alten ihr geheimes Wesen ans Licht. Im Namen wurde eine Gottheit kontaktfähig, aber auch verfügbar. Auf dieses Zugänglich- und Verfügbar-Werden zielt letztlich Moses Frage. Doch die Antwort verwehrt jede Zudringlichkeit.

In 3,14 liegt ein Wortspiel vor, in dem der Jawä-Name von dem hebräischen Verb »Sein« (haja) abgeleitet und in die erste Person Singular übersetzt wird. »Ich werde sein, der ich sein werde«. Da das hebräische Denken den Begriff »Sein« anders versteht als wir abendländisch geprägten Menschen, nicht als immer währendes Vorhandensein, sondern dynamisch als ein Sich-wirksam-Erweisen und Da-Sein für andere, ist dieser Satz allerdings kaum angemessen zu übersetzen. In jedem Fall enthält er eine Verheißung. JHWH spricht sich selbst, seine Nähe und Gegenwart, dem in Ägypten unterdrückten Volk verheißend zu. Doch er gibt sich ihm mit der Offenbarung seines Namens nicht in die Hand. Er bleibt unverfügbar. *Wie* JHWH mit seinem Volk mitgehen und *wie* es ihn in der Zukunft erfahren wird, bleibt in seiner Freiheit. JHWH wird da sein, *als der* er da sein wird. Das ist sein Name in Ewigkeit (3,15).

2.3 Ex 4,21–12,51: Die ägyptischen Plagen und Israels Aufbruch

Die Geschichten von den ägyptischen Plagen und Israels Aufbruch in der Passanacht stellen das Ringen zwischen JHWH, dem Gott Israels, und dem Pharao und Gottkönig von Ägypten dar. Wer ist der Stärkere? Wer hat die Macht – Pharao, der keine göttliche Autorität über sich anerkennt (5,2), oder JHWH, der ihm befiehlt, sein Volk in die Freiheit zu entlassen? Wem kann und soll Israel am Ende »dienen«? Um dieses Ringen in seiner gesellschaftspolitischen und theologischen Dimension zu verstehen, muss man sich die Kolossalstatuen *Ramses II.* in Abu Simbel vor Augen halten oder die seine göttliche Majestät preisenden Hymnen lesen[6]. Die Herrschaft des Pharao über seine Untertanen war absolut. »In letzter Konsequenz bedeutete diese Staatsideologie sogar den Anspruch, dass auch das individuelle Heil des Ägypters nur durch den Einsatz für Staat und König erreichbar sei, ja letztlich nicht im eigenen Glück,

---

6 Vgl. *E. Zenger*, Der Gott der Bibel. Sachbuch zu den Anfängen des alttestamentlichen Gottesglaubens, Stuttgart ²1981, 87–92.

sondern im Wohlergehen des Pharao bestehe.«[7] JHWH verlangt
von dem menschlichen »Gottkönig« hingegen, dass er Israel, seinen
erstgeborenen Sohn, aus dem pharaonischen Arbeitsdienst entlässt,
damit er dem wahren Gott in der Wüste diene (4,22 f.). Das aber
kann der Potentat nicht zugestehen. Er muss erst an die Grenzen seiner Macht gelangen, er muss seinen eigenen erstgeborenen Sohn
verlieren und merken, dass er nicht Herr über Leben und Tod ist,
bis er bereit ist, Israel ziehen zu lassen.

2.4 Ex 13,17–15,21: Der Durchzug durchs Schilfmeer

Die Errettung am Meer ist der Höhepunkt der alten Auszugsgeschichte, der erste Höhepunkt auch in der kanonisch vorliegenden Gesamtkomposition. Mindestens zwei unterschiedliche Darstellungen wurden in diesem Textabschnitt miteinander nachträglich
verwoben, allerdings so, dass kein einziges Detail verloren ging.
Die vermutlich ältere Version stellt JHWH als den nahen Gott vor,
der seinem Volk in der Wolken- und Feuersäule vorauszieht und
in der höchsten Gefahr, als die verfolgenden Ägypter schon nahe
herangekommen sind, zwischen die beiden Heerhaufen tritt, um Israel vor den Feinden zu schützen. In der ersten Morgenfrühe blickt
er dann aus der Wolke die Ägypter an und versetzt sie in einen pa-
nischen Schrecken, so dass sie dem Meer, das ein starker Ostwind
während der Nacht hatte zurückweichen lassen, entgegenfliehen
und ertrinken. Wie in den Geschichten über die JHWH-Kriege aus
der Richterzeit (Ri 7; 1 Sam 14) JHWH die Feinde durch einen Got-
tesschrecken vertreibt, so geschieht es auch in dieser Erzählfassung.
Die Ägypter werden durch Gott selbst in die Flucht geschlagen,
während von Israel nur verlangt wird, stillzuhalten und zu vertrauen.

Die jüngere, der priesterlichen Schicht zuzuordnende Version
zeigt Gott als den majestätischen und fernen Gott. Er führt willent-
lich die Notsituation herbei, damit die Ägypter erkennen, dass er
JHWH ist. Alles geschieht in dieser Erzählung durch den Mittler
Mose. Auf JHWHs Befehl hin reckt er seine Hand aus über das
Meer, so dass es sich spaltet und die Israeliten mitten zwischen den
Wassermauern hindurch auf dem Trockenen gehen können. Dann
aber, als die Israeliten bereits durchgezogen sind und die Ägypter
nachsetzen, gibt Gott Mose noch einmal den Befehl, die Hand aus-

7 *P. Weimar/E. Zenger*, Exodus. Geschichten und Geschichte der Befreiung Israels
(SBS 75), Stuttgart 1975, 108 f.

zustrecken, so dass die Wasser zurückfluten und die Ägypter darin untergehen. Das alles erinnert an die priesterschriftliche Schöpfungsgeschichte (Gen 1). Gott spricht, und es geschieht. Er befiehlt, und Mose, der Mittler, führt es aus. Und wie Gott am Anfang die Wasser des Urmeeres geteilt hat und so Himmel und Erde erschuf (1,6–8), so spaltet er nun das Meer und lässt sein Volk durch die Todesflut hindurch in das Leben ziehen.

2.5 Ex 16,1–17,16: *Israels Bewahrung auf dem Weg zum Sinai*

Der Auszug Israels aus dem Machtbereich des Pharao führt nicht direkt in das gelobte Land, sondern zuerst in die Wüste, wo Wasser und Brot, wo alle Lebensmittel fehlen und das Volk zusätzlich den Überfällen räuberischer Stämme ausgesetzt ist. Die Rettung aus Ägypten bringt nicht das Leben, sondern führt scheinbar in den Tod. Von hier aus ist das fast alle Wüstenerzählungen durchziehende Motiv des Murrens (Ex 16,2 ff.; 17,3 ff. u. ö.) zu verstehen. Warum ist Israel ausgezogen? War das Leben »bei den Fleischtöpfen« in Ägypten nicht doch besser als der Weg, den Gott führt? Doch das Volk wird immer wieder wunderbar bewahrt. Das eindrucksvollste Symbol für diese Bewahrung ist das Manna, das Israel täglich in der Wüste findet, das man nicht auf Vorrat sammeln kann und von dem jeder so viel bekommt, dass er »heute« satt wird.

2.6 Ex 19,1–24,11: *Das Geschehen am Sinai*

Die Ankunft und das Geschehen am Sinai sind der zweite große Höhepunkt der Exodus-Geschichten. Hier wird das Volk dem begegnen, der es aus Ägypten geführt, durch das Meer hindurch sicher geleitet, in der Wüste immer wieder bewahrt hat. Allerdings ist infolge eines langen und komplizierten Überlieferungsprozesses gerade dieser Textkomplex schwer durchschaubar. Der »rote Faden« dürfte folgender sein:

(1) *19,1–19:* Israel kommt zum Sinai und erlebt eine überwältigende Theophanie;

(2) *20,18–21:* Das erschrockene Volk bittet Mose, stellvertretend auf den Berg zu steigen und mit Gott zu reden;

(3) *24,3–11:* Mose kommt vom Berg wieder herab und verkündet dem Volk die Gebote Gottes. Ein feierlicher Bundesschluss und ein anschließendes Festmahl auf dem Berg mit den Ältesten des Volkes schließen das Erzählte ab.

2.7 Ex 24,12–15a; 32–34: Israels Bundesbruch

Doch auch die Erfahrung, dass das Volk den Bund mit Gott nicht gehalten hat, ist bereits in die Sinaiüberlieferung mit eingezeichnet. Während Mose erneut auf den Berg steigt, um die Gesetzestafeln zu empfangen, ist das Volk am Fuß des Sinai schon dabei, diesen Bund zu brechen, indem es für JHWH ein Stierbild aufstellt, wie es tatsächlich die Könige des Nordreichs seit *Jerobeam I.* (vgl. 1 Kön 12,28–30) bis zum Untergang dieses Staates taten. Der Stier aber ist das Symbol Baals, des Gottes Kanaans; er vergegenwärtigt die Kraft der Fruchtbarkeit und kriegerische Macht. JHWH dagegen lässt sich nicht auf ein Bild festlegen, schon gar nicht auf das Kultbild Baals. Daher wirft Mose beim Anblick dieses Götzenbildes[8] die Tafeln aus der Hand und zerschmettert sie im Zorn. Der Bund mit Gott, der soeben am Sinai geschlossen wurde, ist bereits zerbrochen.

Ist die Geschichte Gottes mit seinem Volk nun für immer zu Ende oder sind Vergebung und Bundeserneuerung möglich? Die Texte schildern das Ringen Moses mit Gott. Zwar muss das Volk den in Wasser aufgelösten goldenen Stier trinken. Es muss die Folgen seines Bundesbruches tragen. Trotzdem wird Mose noch einmal auf den Berg gerufen, wo JHWH in seiner Barmherzigkeit und Treue (34,6f.) den Bund mit Mose und Israel noch einmal schließt (34,27f.).

2.8 Ex 20,1–17: Die Zehn Gebote

Weil der Sinai der Ort des Bundesschlusses und der Willensoffenbarung JHWHs wurde, sind im Verlauf der Überlieferung alle wesentlichen Gesetzesbestimmungen mit ihm verbunden worden: das Bundesbuch (Ex 20,22–23,33), der sog. Kultische Dekalog (34,11–26), das Heiligkeitsgesetz (Lev 17–26), die Priestergesetze und schließlich auch der uns bekannte Dekalog. Vermutlich sind die Zehn Gebote, die auch im Zusammenhang des Deuteronomiums (Dtn 5,1–21) stehen, erst sehr spät in das Buch Exodus übernommen worden; sie haben hier allerdings einen herausragenden Platz erhalten. An ihrem jetzigen Ort, an dem sie den Erzählfaden zwischen Ex 19,19 und 20,18ff. merkwürdig unterbrechen, stehen sie *vor* allen anderen Gebotstexten und werden so vom *ganzen* Volk gehört. Nach Dtn 5,22 sind *sie* es, und nicht die kultischen Gebote in Ex 34,11–26, die Mose auf die steinernen Tafeln geschrieben hat.

---

8 Die biblischen Erzähler sprechen statt vom Stier bewusst ironisierend vom »Kalb«.

Die Vorordnung des Dekalogs vor alle anderen Rechtsüberliefe-rungen ist gut begründet. Hier werden Gebote, die sich auf das Gott-Sein JHWHs beziehen, mit jenen, die das Leben, die Freiheit und die Würde des anderen Menschen in den Blick fassen, zusammengefügt. Außerdem werden sie in einer, in anderen Gebotsreihen nicht zu findenden Grundsätzlichkeit und Prägnanz formuliert. Vor allem aber gilt: Der Dekalog ist durch seine Einleitung mit der Befreiungsgeschichte Israels ausdrücklich verbunden. JHWH, der Israel aus Ägypten geführt hat, der befreiende und rettende Gott, hat diese Gebote gegeben, damit sein Volk das Leben in der geschenkten Freiheit bestehen kann.

2.9 Dtn 34,1–8: Der Tod Moses

Von der Berufungsgeschichte des Mose an ist als Ziel des Exodus die Einwanderung Israels in das Land Kanaan, »wo Milch und Honig fließt« (Ex 3,8.17), genannt, doch die Auszugsgeschichte endet nicht mit diesem Ereignis. Der jetzt vorliegende kanonische Bibeltext[9] schließt mit dem Tod des Mose die sich über den gesamten Pentateuch erstreckende Erzählkomposition ab. Mose, der Israel aus Ägypten führte und mit ihm vierzig Jahre lang durch die Wüste wanderte, kann das verheißene Land selber nicht mehr betreten, wie auch die gesamte Generation des Auszugs dort nicht hineinkommt. Aber Gott lässt ihn vor seinem Tod vom Berg Nebo aus das ganze Land schauen, das er den Nachkommen geben will. Das Land Kanaan, seit dem politischen Ende des alten Israel von fremden Mächten beherrscht, bleibt ein Hoffnungsgut; es bleibt das »Land der Verheißung« und liegt noch immer *vor* dem aus der Knechtschaft gerufenen und durch die Wüste wandernden Volk.

---

9 Mit welchen Ereignissen die Auszugsgeschichte nach den älteren Überlieferungen geendet hat, ist schwer zu sagen. *E. Zenger* (Einleitung, 117) vermutet, dass die Darstellung eines älteren Geschichtswerks bis in das vierte Mosebuch reicht und mit der Erzählung von der Verteilung des Ostjordanlandes (Num 32) abschloss, während die priesterliche Grundschrift in dem Bericht von der Errichtung des Heiligtums am Sinai und seiner »Inbesitznahme« durch JHWH (Lev 9,24) ihren »Höhe- und Zielpunkt« hatte (aaO., 95). Es ist aber auch überlegt worden, ob nicht ältere Kompositionen die Auszugsgeschichte bis in das Josuabuch durchzogen und am Ende doch noch die Einnahme des Landes Kanaan unter Josua berichtet haben.

3. Systematisch

Ich bin doch JHWH, dein Gott, von Ägypten her!
Einen Gott außer mir kennst du nicht,
einen Helfer außer mir gibt es nicht.
Ich habe dich erwählt in der Wüste,
dich geweidet in dem Lande der Glut.
Als sie Weide hatten, wurden sie satt,
und da sie satt wurden, überhob sich ihr Herz;
darum vergaßen sie meiner. (Hos 13,4–6)

Die Erzählungen vom Exodus sind die grundlegenden Überlieferungen Israels. In ihnen wird nicht nur dargestellt, was sich einst in Israels Vergangenheit abgespielt hat, sie wollen vielmehr vor Augen halten, wer der Gott ist, mit dem dieses Volk in Vergangenheit, Gegenwart und auch in seiner Zukunft unterwegs ist. Gleich am Anfang der Erzählungen steht deshalb der Bericht von der Offenbarung des Gottesnamens. Dieser geheimnisvolle Name, der zugleich Anrede, Verheißung, aber auch Hinweis auf Gottes Verborgenheit und Unverfügbarkeit ist, wird in der nun anhebenden Befreiungsgeschichte Zug um Zug ausgelegt und mit den großen Heilserfahrungen des Anfangs verbunden. JHWH ist der Gott »vom Lande Ägypten her« (Hos 12,10; 13,4); von ihm kann nur geredet werden, indem seine Heilstaten verkündigt, die Erfahrungen wunderbarer Hilfe erzählt und bezeugt werden. Was die systematische Reflexion als »notae«, als Kennzeichen eines angemessenen Redens von Gott feststellt (→ TLL 1, Gott, bes. 113 f.), dass es nämlich existenziell und konfessorisch zu sein habe, ist in der alttestamentlichen Rede von JHWH von Anfang an erfüllt.

Doch es geht in der Exodusüberlieferung nicht nur um den befreienden Gott. Der Auszug führt Israel nicht direkt in das gelobte Land, sondern für viele Jahre in die Wüste und hier zunächst an den Sinai vor den Gott, der es mit seinem gebietenden Willen konfrontiert. Mögen auch die Auszugs- und Sinaitradition – überlieferungsgeschichtlich gesehen – erst sehr spät miteinander verbunden worden sein, theologisch gehört die Rettung Israels aus Ägypten und seine ausschließliche Bindung an den befreienden Gott und dessen Gebote unmittelbar zusammen. JHWH, der sich den elend Unterdrückten erbarmend zugewandt hat, will nun auch der einzige Helfer und Gott für diese Menschen sein. Das aber hat zur Konsequenz, dass Israel sein Gott-Sein respektiert, ihn nicht auf Bilder festlegt, die es sich selber macht, ihn nicht verwechselt mit den Projektionen seiner eigenen Wünsche, sondern seinen Namen heiligt und seine

Gebote auch da respektiert, wo es um Leben und Freiheit des Nächsten, um Recht und Gerechtigkeit geht.

Diese Gottesbeziehung hat Israel einsam gemacht unter den Völkern. Denn JHWH war anders als die Götter der altorientalischen Religionen, und er ist auch anders als die Idole unserer modernen Welt[10]:

– JHWH ist ein *persönlich begegnender* Gott, der Menschen bei ihrem Namen anruft und sie in eine persönliche Beziehung zu sich stellt
– JHWH ist ein *befreiender* Gott, der sein Volk aus Unfreiheit und Götzendienerei herausruft in ein befreites Leben
– JHWH ist ein *verpflichtender* Gott, der nicht beschwichtigt werden will durch Opfer und heilige Handlungen, sondern als Antwort auf sein Tun Glaube und Gerechtigkeit verlangt, den Mut, aus lebensfeindlichen Verhältnissen aufzubrechen und einen neuen Weg zu wagen, – mag dieser auch zunächst in die Wüste, fern von den Genüssen und Annehmlichkeiten einer götzendienerischen Welt, führen
– JHWH ist ein *unbegreiflicher* Gott, der sich nicht in ein Bild fassen oder begrifflich definieren, sondern nur Schritt für Schritt erfahren lässt. Er bleibt mit seiner Verheißung, dass er da sein wird, als der er da sein wird, den seinem Ruf Folgenden immer voraus.

Die Gotteserfahrungen des Alten Bundes sind im NT nicht aufgehoben, sie werden hier durchgehend vorausgesetzt. Doch kommt im NT in und mit der Geschichte Jesu eine neue Heilserfahrung hinzu, die, alle vergangenen Rettungserlebnisse zusammenfassend und zugleich überbietend, den Namen Gottes noch einmal neu auslegt. War und ist JHWH im alten Bund derjenige, der Israel aus Ägypten geführt hat, so wird er nun als der Gott verkündigt, der Jesus von den Toten auferweckt hat (Röm 4,24; 8,11; 10,9; 1 Petr 1,21 u.ö.). Der Gott *von Ägypten her* wird zu *Jesu* Gott und Vater, der im Leben, Sterben und Auferstehen seines Sohnes seinen JHWH-Namen für alle Welt offenbart. Damit wird die vergangene Heilsgeschichte nicht abgeschrieben. Aber sie bekommt für christliche Leser einen über sich hinausweisenden, schon die neue Rettungserfahrung in Christus andeutenden Sinn[11].

10 Vgl. die Beschreibung des modernen Götzendienstes bei *E. Fromm*, Ihr werdet sein wie Gott, Reinbek 1980, 36–42.
11 Vgl. z.B. Mk 14,24; 1 Kor 5,7; 10,1 ff. und die vielen Anklänge in den Rettungswundergeschichten der Evangelien. Schon die Propheten haben die alten Auszugstraditionen in typologischer Weise verwendet und das von ihnen angesagte Handeln Gottes als neuen Exodus, wiederholte Wüstenwanderung und neuen Bundesschluss beschrieben (z.B. Hos 2,21 f.; 11,10 f.; Jer 16,14 f.; 31,31–34; Jes 43,16–19; 48,20 f.; 51,10 f.; 52,11 f. u.ö.).

»Der Exodus geht weiter.«[12] Die Grundbewegung des Exodus bestimmt auch das in der Taufe beginnende neue Leben der Christen. Doch diese Bewegung führt nun nicht mehr geografisch aus einem Land in ein anderes, sondern ist der Auszug aus der Gefangenschaft der Sünde in die Gemeinschaft und unter die Herrschaft Jesu Christi. »Wie Israel aus Ägypten, dem Land der Knechtschaft und der Unfreiheit, ausgezogen war und am Sinai in der Tora eine neue Gesellschaftsordnung erhalten hatte, die Freiheit und Gleichheit ermöglichte, so feierte die Kirche in der Osternacht ihren Exodus aus dem Machtbereich der Sünde und des Todes und ihre Errettung in das neue Leben in Christus.«[13] Auch dieser Exodus führt zunächst durch die Wüste, auf einen Weg, der von Anfechtungen, Zweifeln und Entbehrungen gekennzeichnet ist und im Vertrauen auf den auch in der Wüste am Leben erhaltenden Gott zurückgelegt werden muss. Sein Ziel ist das die irdische Geschichte transzendierende, aber dennoch in diese Welt hereinbrechende Reich Gottes, das in unscheinbaren Anfängen schon jetzt beginnt. Dass der Weg wirklich auf dieses Ziel zugeht, dass Exodus und Wüstenwanderung nicht individualistisch verengt und nur als geistliche Wanderung aufgefasst werden, sondern auch konkret gesellschaftliche Auswirkungen haben, daran kann und soll die alttestamentliche Exodus-Überlieferung immer wieder erinnern.

4. Didaktisch

4.1 In den Exodus-Erzählungen haben sich in einem über Jahrhunderte reichenden Überlieferungsprozess grundlegende Gotteserfahrungen Israels in *eindrucksvollen Bildern und Szenen* verdichtet. Diese Bilder sind so gestaltet, dass sich auch spätere Generationen mit ihren je eigenen Lebens- und Gotteserfahrungen in ihnen wiederfinden können und sollen. Aufgabe der Didaktik ist daher primär, diese Geschichten so weiter zu vermitteln, dass sie transparent bleiben auf die elementaren Erfahrungen hin, die in ihnen zur Sprache kommen. Der Frondienst in Ägypten, König Pharao auf seinem Thron, der eilige Aufbruch und der Weg mitten durch das Meer, das Manna in der Wüste und der von einer Wolke und Feuer-

---

12 *G. Lohfink*, Braucht Gott die Kirche? Zur Theologie des Volkes Gottes, Freiburg i.Br. [4]1999, 256–269.
13 *G. Lohfink*, aaO., 262 f.

flammen umhüllte Sinai, der Tanz um das goldene Kalb und schließlich der sterbende *Mose*, der vom Berg Nebo aus in das verheißene Land hinüberblickt, – das alles sind tiefe Bilder, in denen sich die geschichtlichen Erfahrungen Israels und sein Glaube verdichtet haben. Allerdings sind durch einen langen und komplizierten Überlieferungsprozess, durch Doppelüberlieferungen und motivliche Überfüllung, der erzählerische Zusammenhang und die klaren Konturen der Erzählungen nachträglich überlagert und verdunkelt worden. Eine textliche Reduktion, die die einfachen Linien heraushebt, ist daher nötig.

Lehrende müssen sich, auch wenn sie die Mosegeschichten nur erzählen wollen, die Freiheit zu Vereinfachungen nehmen. Welche Version des Meerwunders z. B. wollen sie Kindern vermitteln? Spaltet Mose mit seinem Stab das Meer, so dass es wie Mauern zur Rechten und Linken des auf dem Trockenen durch das Meer hindurchwandernden Israel steht, oder ist es der Ostwind, der allmählich das Meer zurückweichen lässt? Stellt sich Gott selber, verborgen in der Wolken- und Feuersäule, schützend zwischen Israel und seine Verfolger und treibt diese durch sein Anblicken in panische Flucht, oder bleibt er fern und handelt durch Mose? Der Erzähler und die Erzählerin müssen sich entscheiden, welche Akzente sie jeweils setzen. Denn jede Version impliziert ein bestimmtes Gottesbild. Soll die Erzählung auch für Kinder daraufhin durchsichtig werden, muss sie ihnen in klaren Bildern vor Augen stehen.

In der *GS* wird es in erster Linie darum gehen, die biblischen Bilder als solche einzuprägen. Kinder sollten noch vor dem Betrachten großer Kunstwerke wie z. B. der Bilder *M. Chagalls* die Gelegenheit haben, ihre eigenen Imaginationen, die sie beim Hören und Lesen der Geschichten entwickeln, zu Papier zu bringen, damit diese – mit ihren eigenen inneren Bildern und Gefühlen verbunden – in den Schatz ihrer Erinnerungen eingehen können. Zu der Einsicht, dass es sich um symbolhafte Geschichten handelt, werden erst ältere Schülerinnen und Schüler gelangen können, auch wenn man Grundschulkinder nicht unterschätzen darf. Die entwicklungspsychologisch argumentierende Überzeugung, dass Kinder auf einer bestimmten Entwicklungsstufe symbolhafte Sprache nur wörtlich verstehen können, ist zu differenzieren. *Ingo Baldermanns* wie auch *Rainer Oberthürs* Unterrichtserfahrungen mit den Psalmen zeigen, wie Kinder, die eigentlich noch auf der Stufe des mythisch-wörtlichen Glaubens stehen, zwischen dem wörtlichen und übertragenen Verständnis von Metaphern hin und her gleiten[14]. Wenn Bilder wie etwa die der Psalmen zu ihren eigenen existenziellen Erfahrungen Bezug haben, können sie sie nahezu mühelos übersetzen, was nicht ausschließt, dass dieselben Kinder gleich im nächsten Augenblick wieder von der ganz wörtlichen Bedeutung des Gesagten ausgehen.

Gleichwohl wird erst in der *Sek* die Bedeutung der einzelnen Erzählungen bewusst reflektiert werden können. Aber auch hier kann und wird dies nicht in abstrakter Übersetzungsarbeit geschehen. Biblische Erzählungen und vornehmlich die Exodusgeschichten erschließen sich in dem Maß, wie es gelingt, die Erfahrungen zu vergegenwärtigen, die sich in diesen Geschichten versammeln. Erzählungen, Gedichte und Lieder von persönlicher und politischer Befreiung, von Wüstensituationen im Leben, von undurchdringlichem Dunkel und der Hoffnung auf einen Weg durch das Chaos sind den biblischen Erzählungen an die Seite zu stellen. Noch leichter aber wird der metaphorische Sinn der Erzählungen aufgehen, wenn der Unterricht auf Zeugnisse zurückgreifen kann, in denen die Sehnsüchte und Hoffnungen von Menschen bereits in den Bildern der Bibel beschrieben werden, wie dies z. B. in modernen geistlichen Liedern (»Wenn das rote Meer grüne Welle hat«) oder in Negro-Spirituals (»Let my people go«) geschieht.

4.2 Die Mosegeschichten sind nicht nur Urbilder für menschliche Erfahrungen, sondern *Entfaltungen des Gottesnamens* und somit elementare Gotteslehre. Er aber, von dem sie erzählen, lässt sich in kein Gottesbild, auch nicht in ein anthropomorphes, pressen. Statt eine Vorstellung oder einen Begriff von sich zu geben, ruft der sich am Dornbusch offenbarende Gott Mose bei seinem Namen an und schickt ihn auf einen Weg, auf dem er sich von ihm je und je erfahren lassen will. Das Einzige, was Mose von diesem Gott wissen darf, ist die Zusage, dass er bei ihm sein wird, ihn nicht verlässt, ihn und das Volk zu einem guten Ziel führen wird.

Kindern, die ein massiv anthropomorphes Gottesbild in den Unterricht mitbringen, muss dieses nicht genommen werden (Zum behutsamen Umgang mit den anthropomorphen Gottesvorstellungen der Kinder → TLL 1, Gott, 119). Es genügt, ihren Äußerungen die

14 *I. Baldermann*, Wie Kinder sich selbst in den Psalmen finden, in: *F. Schweitzer/ G. Faust-Siehl (Hg.)*, Religion in der Grundschule. Religiöse und moralische Erziehung, Frankfurt a.M. 1994, 187–195, bes. 189 f.; *R. Oberthür*, Kinder und die großen Fragen. Ein Praxisbuch für den Religionsunterricht, München ²1997, 88–91.

biblischen Erzählungen an die Seite zu stellen und gemeinsam darüber nachzudenken, wie denn wohl Mose Gott erfährt. Was möchte Mose erkennen, wenn er nach Gottes Namen fragt? Möchte er vielleicht – ebenso wie wir – einmal ganz genau wissen, wo und wie Gott ist und ob es ihn überhaupt gibt? Doch wie antwortet Gott? Was bedeutet sein merkwürdiger Name? Kinder sind nicht nur mit spannenden Geschichten zu gewinnen. Sie sind auch kleine Philosophen, die abgründige Gedanken über Gott und die Welt äußern können. Aber dazu muss man sie fordern; dazu wollen sie herausgefordert werden! Ein Satz wie Ex 3,14 ist eine solche Herausforderung und auch die Frage, ob Mose wohl mit dieser Antwort zufrieden sein kann.

Am Ende, nach der Erarbeitung einer Reihe von Mosegeschichten, wird im Unterricht auch darüber nachgedacht werden müssen, wie denn Gott während dieser ganzen Auszugsgeschichte für Mose und das Volk Israel gegenwärtig war. In der Perspektive dieser Frage können und sollen die einzelnen Exodus-Erzählungen in ihrer theologischen Bedeutung, als Enthüllung und Konkretisierung des Gottesnamens, noch einmal in den Blick treten. Die Kinder könnten ähnlich den Psalmisten, die den Gott Israels verkünden, indem sie seine Rettungstaten aufzählen (z.B. Ps 136), am Ende einen Psalm dichten, in dem erzählt wird, was Gott getan hat und tut.

4.3 Die Mosegeschichten enthalten aber auch *Probleme*. Bekanntlich sind die Plagen, die sich auf das ganze Land Ägypten auswirken, der Tod der erstgeborenen Söhne sowie die Vernichtung der gesamten ägyptischen Streitwagenabteilung Kindern, aber auch Erwachsenen, befremdlich. Werden hier nicht Schuldige und Unschuldige gleichermaßen getroffen? Und: Hat Gott es nötig, derart gewalttätig seine überlegene Macht an den Ägyptern zu beweisen? Nun wird man zunächst darauf hinweisen können, dass der Pharao mit seinen Leuten nur die Folgen seines eigenen Tuns zu spüren bekommt, wie es im AT auch sonst erzählt wird. Die göttliche Strafe besteht darin, dass sich das böse Tun unheilvoll am Täter selbst auswirkt, die Tat mit ihrer zerstörerischen Kraft auf ihn zurückfällt, wenn und solange Gott nicht eingreift und die Schuld wegnimmt. So ist es auch in unserer Geschichte. Der Weg durch das Meer war als ein wunderbarer Weg der Rettung für das fliehende Volk geöffnet worden. Die Ägypter aber benutzen ihn, um Israel zu verderben. Darum müssen sie hier untergehen. Der Pharao wollte Israel, den erstgeborenen Sohn Gottes (vgl. Ex 4,22f.), nicht freigeben, sondern vernichten. So wird er nun seinen eigenen erstgeborenen Sohn verlieren, und mit ihm wird sein ganzes Volk, jede ägyptische Familie, dieses Schicksal erleiden.

Das ist grausam, und man sollte im Unterricht diese Grausamkeit nicht herunterspielen, spiegelt sich doch hier ein Stück Welterfahrung, dass nämlich – im Lauf der Geschichte und auch heute – ganze Völker haften müssen für die Bosheit ihrer Diktatoren, dass Schuldige und Unschuldige gleichermaßen in das von Einzelnen oder einer mächtigen Clique heraufbeschworene Unheil mit hineingerissen werden. Es zeigt sich in diesen erzählerischen Zügen aber auch die andere, uns fremde und unbegreifliche Seite Gottes. Er ist nicht der »liebe«, mildherzige Gott, dessen Tun nach unserer Logik und unseren Maßstäben immer aufgeht. Wer ernsthaft versucht, Gott mit den Realitäten unseres Lebens und unserer Welt zusammenzudenken, wird immer wieder auch vor den dunklen Seiten Gottes stehen, die er nicht begreifen, sondern nur aushalten kann in der Hoffnung, dass Schmerz, Leid und Geschrei einmal vergangen sein werden, weil Gott in Jesus Christus bereits damit begonnen hat, den Mächten des Bösen und des Todes ein Ende zu bereiten.

Wie sich hier zeigt, können wir, wenn das Gespräch zu diesen Fragen führt, die Gottesoffenbarung des NT nicht ausklammern. Jesus hat nicht gegen böse Menschen gekämpft, sondern gegen die Macht des Bösen, die Menschen gefangen nimmt. Wo im AT von den irdischen Feinden die Rede ist, spricht daher das NT von den Feindmächten, der Sünde und dem Tod, die über die Menschen Gewalt haben. So können wir differenzieren zwischen der Macht der Sünde und der Person, die von dieser Macht beherrscht wird, zwischen dem ägyptischen Pharao als Menschen und dem Machtwahn, dem er anheim gefallen ist. Denn Jesus hat die Feindmächte mit in seinen Tod hineingenommen und im Ostersieg überwunden. In ihm, d. h. in der Preisgabe der eigenen vermeintlichen Macht und Stärke, ist für jeden Sünder Heilung und neues Leben zu finden. Das würde auch für den Pharao und die Ägypter gelten. In der Plagen- und Auszugserzählung ist diese Sichtweise allerdings noch nicht zu finden. Sie stellt in ihrer urbildlichen Typik vor Augen, dass Gott über alle menschliche Verbohrtheit und Selbstherrlichkeit siegt. Das sollte auch im Unterricht betont werden. »Ross und Reiter warf er ins Meer« (Ex 15,1.21). Die kriegerische Gewalt und der Hochmut, all das, was den Ohnmächtigen und Hilflosen Angst macht, wird in den Wassern des Todes versenkt.

4.4 Die *Zehn Gebote* sind Gebote des rettenden Gottes. Sie wenden sich an das Volk, das aus der Sklaverei befreit wurde, und zielen darauf, dass es seine Freiheit auch wirklich bewahrt. Das ist in vielen Auslegungen und Unterrichtshilfen der vergangenen Jahrzehnte mit Recht betont worden. *Ernst Lange* schrieb die Gebote zu den »Zehn großen Freiheiten«[15] um, andere sprachen von den »zehn Angeboten« oder »Chancen für das Leben«[16]. Diese Akzentsetzung war und ist verständlich. In einer Zeit, in der alle Autoritäten hinterfragt wurden, sollte gezeigt werden, dass die biblische Religion kein autoritäres Zwangssystem darstellt, sondern dass es auch da, wo Gebote in ihr zur Sprache kommen, um Freiheit, um Angebote zum Leben, geht. Auch hier soll diese Akzentsetzung nicht zurückgenommen werden. Dennoch möchte ich fragen, ob es heute nicht an der Zeit ist, auch die andere Seite, nämlich den apodiktisch gebietenden Charakter des Dekalogs, zu betonen. Wohl sind die Zehn Gebote den Befreiten gesagt und wollen sie in der Freiheit bewahren, doch sind sie darum nicht in menschliches Belieben gestellt. Sie verlangen unbedingte Geltung, wenn die Geretteten am Leben bleiben wollen. Dies unterstreicht auch ihre Verortung am Sinai. Die Zehn Gebote, so betont die Überlieferung, stammen weder aus Ägypten noch aus Kanaan, sondern kommen von außen, einem fremden Ort; sie sind *von Gott* in das Leben Israels hineingesprochen. Es handelt sich also nicht um Regeln, die von Menschen erdacht wurden, um ihr Zusammenleben vernünftig zu gestalten. Solche Regeln, im Unterricht gern zusammengestellt, um verständlich zu machen, dass menschliches Leben der Ordnungen und Regeln bedarf, können auch wieder verändert, den Situationen angepasst oder ganz außer Kraft gesetzt werden, wenn veränderte Zeitumstände dies verlangen. Die Zehn Gebote aber sind solche Regeln nicht. Sie formulieren Grundgebote, grundlegende Maßstäbe der Menschlichkeit, die Gott selber setzt. Daher beginnen sie mit dem apodiktischen »du sollst/du sollst nicht«, einer Sprachform, die nicht einen Wunsch zum Ausdruck bringt, sondern aussagt, was unbedingt gelten muss.

Die Zehn Gebote gliedern sich in zwei Reihen, die von Auslegern gern auf die zwei Tafeln verteilt werden: Gebote, die das Gottsein Gottes, und Gebote, die die Würde und das Lebensrecht eines jeden

15 *E. Lange*, Die zehn großen Freiheiten, Gelnhausen/Berlin 1965.
16 *R. Stuhlmann u. a.,* Zehn Angebote für mein Leben, in: ku praxis 1986, H. 22, 31–78. *W. Dietrich*, Gebote? Chancen für das Leben! Bericht über den Weg einer Auslegung, in: DtPfrBl 93/1993, 128–131.

Menschen schützen. Nach biblischem Verständnis gehören beide
Ausrichtungen unbedingt zusammen. Erst durch die Anerkennung
Gottes (und damit zugleich der eigenen menschlichen Grenzen)
wird auch die Würde des anderen Menschen unverletzt bleiben können. Und umgekehrt wird nur dort, wo sich die Ehrfurcht vor Gott
in der Achtung vor dem Leben und der Freiheit des anderen Menschen auswirkt, auch Gott in seiner Einzigkeit geehrt.

Die unterrichtliche Erarbeitung wird sich auf einzelne ausgewählte Gebote beschränken müssen, wie es viele Unterrichtshilfen
vorschlagen. Didaktisch legt sich dabei der Weg der »bibelorientierten Problemerschließung«[17] nahe. Kam es bisher darauf an, die Exodus-Erzählungen selbst sprechen zu lassen und auf dem Hintergrund
gegenwärtiger Erfahrungen zu erschließen, wird es nun darum gehen, von den einzelnen Geboten her heutige Lebenssituationen auszuloten, gängige Verhaltensweisen zu hinterfragen, zu entdecken,
was nach Gottes Geboten heute geschützt werden muss.

Fazit

Über alle Einzeltexte hinaus ist der Exodus als eine Grundbewegung zu verstehen, die sich in unterschiedlichen Aufbrüchen in der
Geschichte Israels und der christlichen Kirche vielfach vollzogen
hat. Immer wieder musste Gottes Volk die Fleischtöpfe Ägyptens
hinter sich lassen und einen neuen, ungewissen Weg beginnen,
wollte es dem Ruf und Auftrag Gottes gehorsam sein. Immer wieder
haben auch einzelne Menschen das Sichere und Gewohnte aufgegeben, um der Stimme zu folgen, die sie in den Dienst Gottes und der
Menschen rief. Wo – etwa in älteren Schuljahren – die Exodus-
geschichten längst bekannt sind, wo daher einmal der Exodus als
Grundvorgang verstanden werden soll, können die Lebensgeschichten einzelner Christen oder herausragende Momente der Kirchen-
geschichte nach diesem Grundvorgang befragt und von ihm her interpretiert werden.

17 *H. K. Berg*, Grundriß der Bibeldidaktik. Konzepte-Modelle-Methoden, Mün-
   chen/Stuttgart 1993, 140.

LITERATURHINWEISE

F. Crüsemann, Bewahrung der Freiheit. Das Thema des Dekalogs in sozial-geschichtlicher Perspektive (Kaiser Traktate 128), München ²1998.

G. Kittel, Der Name über alle Namen I. Biblische Theologie/AT (Biblisch-theologische Schwerpunkte 2), Göttingen ²1993.

E. Zenger, Das Buch Exodus (Geistliche Schriftlesung 7), Düsseldorf ³1987.

Ders., Der Gott der Bibel. Sachbuch zu den Anfängen des alttestamentlichen Gottesglaubens, Stuttgart ²1981.

V. Königsgeschichten

Schuldige Helden

Christine Reents

1. Didaktische Anfragen

Die Erzählungen über Saul, David und Salomo weichen erheblich
von den Wertvorstellungen der westlichen Welt des beginnenden
21. Jh. ab; deshalb wurden sie in den letzten Jahrzehnten kaum didaktisch bearbeitet. Folgende Schwierigkeiten sind zu bedenken:

1.1 Demokratie versus Monarchie? Warum sollen Kinder und Jugendliche, die in einer westlichen Demokratie aufwachsen, Königsgeschichten der hebräischen Bibel kennen lernen? Warum sollen sie
sich mit dem Milieu der frühen Eisenzeit vor rund 3000 Jahren in
Israel befassen, mit den politischen Machtverhältnissen in Palästina
und mit der Frage, ob Israel einen König braucht?

1.2 Eigene Kultur und Religion versus antike Kultur und Religion? Warum
sollen sich Schülerinnen und Schüler mit der Kultur und Religion
des alten Israel befassen, wo sie doch an ihre eigene Zukunft denken
müssen? Warum kommen im RU Themen aus der Antike vor, die
z.B. im Geschichtsunterricht kaum noch thematisiert werden?
Warum lernen sie die Anfänge des Judentums kennen, obwohl sie
wenig über das Christentum wissen?

1.3 Frauen in Kleinfamilien versus alttestamentliche Familienstrukturen?
Warum sollen sich Kinder und Jugendliche Probleme der Mehrehe,
der Sexualität und Vergewaltigung vorstellen, wo sie doch in ihren
eigenen Kleinfamilien genügend Probleme miterleben? Warum sollen sie sich mit Frauengestalten der alten Zeit vertraut machen, obwohl sich das Frauenbild durch die Gleichberechtigung (1957) veränderte?

1.4 Vorbilder versus schuldige Helden? Was gehen Acht- bis Vierzehnjährige die »dynastischen Bildzeitungsstories«[1] aus Israels Vergangenheit an? Warum sollen sie sich mit der Gestalt Davids befassen als einem in Kriegen starken Helden, der jedoch schwach im eigenen Hause ist?

1.5 Kirche versus Tempel? Warum sollen sie sich den Tempel Salomos vorstellen können, wo sie doch kaum christliche Kirchen von innen kennen, geschweige denn christliche Gottesdienste?

1.6 Erziehung zur Friedensfähigkeit versus »Heiliger Krieg«? Warum sollen sie ausgerechnet aus der Bibel Geschichten von Totschlag, Mord und Krieg kennen lernen, wo doch eine Erziehung zu gewaltloser Konfliktlösung angesagt ist? Warum werden Sieg und Niederlage auf Gott zurückgeführt?

Es ist Aufgabe des RU, kompetent in exemplarisch ausgewählte alttestamentliche Texte einzuführen. Schließlich ist die Gegenwart auch von der Vergangenheit mitbestimmt. Wer z. B. die Geschichte Jerusalems als heilige Stadt dreier Weltreligionen begreift, wird heutige Konflikte um Jerusalem sachgerecht einordnen. Wer die Entstehung des Großreichs Davids kennt, wird territoriale Ansprüche des heutigen Israel historisch verstehen und relativieren. Wer vom König David hörte, wird nachvollziehen, wie messianische Hoffnungen im Judentum und Christentum entstanden. Daraus darf nicht gefolgert werden, dass die Erzählungen nur vergangenheitsorientiert zu erarbeiten sind. Vielmehr muss das Allgemein-Menschliche stets im Blick sein mit Fragen wie: Dürfen Mächtige alles? Sind Tapferkeit und kriegerische Stärke noch Werte im 21. Jh.? Gewalt oder Feindesliebe?

In einem gewaltbereiten Milieu ist es schwerlich zu verantworten, Kriegsgeschichten der Bibel zu unterrichten.

Ausgewählte Texte der frühen Königszeit sollten in der Vorpubertät (5./6. Schuljahr) erarbeitet werden, d. h. in einer Zeit, wo Jugendliche noch nicht zu stark mit sich selbst befasst sind und zu kritischer Reflexion über Bibeltexte bereit sind.

Fachübergreifend sollte so geplant werden, dass die Geschichte alter Kulturstaaten (z. B. Ägypten, Zweistromland) im gleichen Quartal thematisiert wird. Doch klaffen Ideal und Schulrealität oft auseinander.

---

1 Vgl. *N. Page*, Bibelblatt, Würzburg [2]1999 mit Überschriften wie: »Wahnsinnskarriere eines Eseltreibers«, »Der Sturz der Giganten«, »David verknallt sich in Bade-Schönheit«, »Abschalom auf- und abgehängt«, »Der König der Herzen«.

2. Exegetisch

2.1 Zur politischen Situation. Gegen Ende des 2. Jh. v. Chr. im Übergang von der Bronze- zur Eisenzeit wurde die lose israelitische Stammesgemeinschaft in eine Monarchie umgebildet. Dies ist historisch durch die Gefahr von Zweifrontenkriegen zu erklären: Im Osten drängen Nomadengruppen von der Wüste ins Kulturland, um sich sesshaft zu machen; im Westen sind die Philister (= unbeschnittene Seevölker) vom Mittelmeer her in die palästinensische Küstenebene eingewandert und vermischen sich mit den Kanaanäern. Weil sie die Eisenbearbeitung als Monopol (1 Sam 13,19–22) beherrschen, sind sie mit ihrer gut organisierten Militärhierarchie den Israeliten überlegen. Von der unterschiedlichen Rüstung der beiden Völker ist in der Geschichte von David und dem Philister Goliath erzählt; da kämpft der Riese mit eisernem Helm und Schuppenpanzer gegen David mit Hirtenschleuder, Kieselsteinen und Gottvertrauen (1 Sam 17). Angesichts der militärischen Bedrohungen ist es verständlich, wenn die Ältesten einen König mit einem straff durchorganisierten Berufsheer (Streitwagen mit Pferden) nach dem Vorbild der kanaanäischen Stadtstaaten fordern.

2.2 Zur literarischen Gestalt und theologischen Tendenz der Texte. Nach dem Untergang des Nordreiches Israel (722 v. Chr.) wurden voneinander unabhängige Einzelsagen sowie die Erzählungen von Davids Aufstieg (1 Sam 16,14 bis 2 Sam 5,12) und Thronnachfolge (2 Sam 7 bis 1 Kön 2) zusammengefasst und theologisch gedeutet. Dieser sog. deuteronomistische Bearbeiter suchte vom Standpunkt der josianischen Reform (2 Kön 22 u. 23) nach religiösen Gründen für den Untergang Israels. In dieser ca. zwei bis drei Jh. nach den Ereignissen zusammengefassten Gesamterzählung finden heutige Leser Spannungen und Widersprüche, die sich nicht auflösen lassen. Diese komplizierten Überlieferungsprozesse sind kaum von didaktischem Interesse. Dagegen ist es theologisch signifikant, dass weitgehend auf Idealisierung verzichtet wird. Israels Helden kennen Schuld, Versagen und Vergebung; sie kennen die Höhen und Tiefen menschlichen Zusammenlebens. Anhand alttestamentlicher Geschichten lässt sich das Leben ehrlich durchdenken und erspielen.

2.3 1 Sam 9–13: Saul, der erste König Israels. Der Aufstieg des jungen, stattlichen Bauern Saul aus Gibea (11,4) zum König wird dreimal unterschiedlich erzählt. Ist es denkbar, dass Saul in drei Anläufen als König anerkannt wurde?

(1) *1 Sam 9 u. 10: Sauls Salbung zum König in Rama.* Der Bauer Saul aus dem Stamm Benjamin sucht vergeblich eine entlaufene Herde von Eselinnen, die seinem Vater gehören. Als er einen »Gottesmann« fragt, wird er unerwartet zum »Fürsten über das Erbe Gottes« designiert; der Begriff »König« kommt nicht vor.

(2) *1 Sam 10, 17–27: Sauls Königswahl durch Los in Mizpa.* Als sei die Salbung in Rama nicht geschehen, wird neu erzählt, wie der erste König durch Los bestimmt wird. Zwar hält sich Saul versteckt, doch ist er der Zustimmung des Volkes gewiss. Als der körperlich Größte gilt er als geborener Führer.

(3) *1 Sam 11: Saul als Retter vor den Ammonitern.* Die dritte Sage berichtet historisch wohl zutreffend von der Königswahl Sauls nach seinem Sieg über die Ammoniter. Sauls Regierungszeit wird von *Dothan* auf 1020–1004 v. Chr. datiert. Dieser König unterscheidet sich nicht von anderen Bauern: Er reitet auf einem Esel und wohnt in einem Haus aus Feldsteinen ohne Hofhaltung und Verwaltung. Als König hat er viele Schwierigkeiten. Er wird als der von Gott Verlassene geschildert, als Wahnsinniger und als Eifersüchtiger auf den eigenen Sohn Jonathan und auf den erfolgreichen jungen David, den alle lieben und der dem Ideal der Zeit entspricht (1 Sam 16,18).

(4) *1 Sam 15: Sauls Missgriff.* Nach einem Sieg über räuberische Nomaden aus dem Süden müsste Saul die Kriegsbeute vernichten. Dieser Brauch des Bannens entstand, um Plünderung abzuwehren. Der Sieger darf sich nicht bereichern. Saul versucht, den Bann zum eigenen Vorteil und dem seiner Krieger zu umgehen (V.9); der traditionsstrenge Samuel bestraft dies (V.28–33). – Dem archaischen Gebot, Besiegte zu vernichten, steht das Gebot Jesu zur Feindesliebe entgegen. Was soll gelten?

(5) *1 Sam 28: Der ratlose König bei der namenlosen weisen Frau in En-Dor.* Mit Samuels Tod (28,3) stirbt Sauls Zugang zu Gott (28,6). Angesichts einer erneuten Bedrohung durch die Philister will der König mit Hilfe einer weisen Frau den Geist des toten Samuel heraufbeschwören lassen. Dadurch bringt er sich selbst und die Frau in Konflikt mit dem Gesetz gegen Totenbeschwörung, das er selbst als König erließ (Lev 19,31; 1 Sam 28,3). Der Angst der Frau vor Strafe begegnet der König mit dem Versprechen, ihr solle nichts geschehen. Anschließend bestätigt der Dialog mit Samuels Totengeist dem König, dass er verloren ist, ja sogar, dass er am kommenden Tag mit seinen Söhnen im Kampf fallen wird. Nach dieser niederschmetternden Nachricht zeigt sich die Totenbeschwörerin als fürsorgliche Gastgeberin.

(6) *1 Sam 31: Der Tod Sauls und Jonathans.* Im Kampf gegen die Philister wird Saul auf dem Gilboa-Gebirge vernichtend geschlagen. Schwer verwundet stürzt er sich ins eigene Schwert. Vorher waren drei seiner Söhne im Kampf gefallen. David dichtet ein Trauerlied (2 Sam 1,17–27).

(7) *2 Sam 2–4: Sauls Thronnachfolge.* Nach dem tragischen Ende des Hauses Saul bleibt nur noch ein behinderter Sohn am Leben: Eschbaal, der von dem Feldherrn Sauls zum König über die Nordstämme eingesetzt und nach zweijähriger Regierungszeit ermordet wird.

2.4 1 Sam 16–2 Sam 5,12: Davids Aufstieg. Der Aufstieg des jungen Judäers David ist eng mit Sauls Scheitern verquickt. Saul ist der alte, gefährliche König am Rande des Wahnsinns, David (= der Geliebte, Liebling) der junge, strahlende Held, der mit Gottes Hilfe Erfolgreiche. Zuerst wird erzählt, wie Samuel gegen seinen eigenen Willen im Auftrag Gottes den jungen David heimlich zum König salbt. Innerlich folgerichtig wird David als Musikant und Waffenträger an den Hof Sauls geholt (1 Sam 16).

1 Sam 17: Die ursprünglich unabhängige Sage von dem Zweikampf des Hirtenjungen David mit dem Riesen Goliath begründet Davids Ruhm als Sieger über die Philister. Diese Berufssoldaten sind körperlich größer als die Israeliten und ihnen zudem wegen ihrer Eisenwaffen überlegen. Die didaktische Erzählung gehört zu den bekanntesten der Bibel und besagt, dass der geschickte Hirte mit seiner Schleuder im Namen des Herrn siegt über den, der modernste Waffen trägt. Als Kernaussage ist gelegentlich zu lesen: Nicht die Waffen entscheiden, sondern Davids Vertrauen auf Gott (1 Sam 17,45). Diese Tendenz will David zum friedliebenden Krieger machen. Doch: Auch ein Kieselstein ist eine Waffe!

Weiter wird von Davids Freundschaft mit Jonathan erzählt, von seiner Ehe mit Sauls Tochter Michal und seiner listenreichen Flucht vor Sauls Eifersucht mit Hilfe seiner Frau (1 Sam 18–20). David taucht ausgerechnet bei dem Erzfeind Israels unter, bei dem Philisterkönig Achis in Gath, und stellt sich verrückt (1 Sam 21,11–16 u. Kap. 27). Den im Süden gelegenen Ort Ziklag erhält er als Lehen (27,6) und führt als eine Art Guerillaführer grausame Feldzüge (21,8), verschont jedoch Saul als Gesalbten des Herrn (26,9–12). Bei der Entscheidungsschlacht gegen Saul schließen die Philister ihren Vasallen David vom Kampf aus; so bleibt es ihm erspart, gegen Israel kämpfen zu müssen (1 Sam 29).

Nach Sauls Tod wählt ihn der Stamm Juda in Hebron zum König
(2 Sam 2), wo er sieben Jahre und sechs Monate regiert. David tole-
riert sogar kriegerische Plänkeleien zwischen seinen Söldnern und
der Truppe Eschbaals und gerät in Verdacht, das Erbe Sauls an sich
reißen zu wollen. Sauls ehemaliger Feldherr Abner läuft von Eschbaal zu David über und wird von ihm gastlich aufgenommen. Der
Konflikt zwischen der schwächer werdenden Dynastie Sauls und der
erstarkenden Dynastie Davids schwelt weiter, als zwei Mörder das
Haupt Eschbaals zu David nach Hebron bringen. Obwohl dieser
Mord dem David gelegen kommt, lässt der König die Mörder des
letzten Saul-Sohnes umbringen. Dadurch weist David jeden Mord-
verdacht von sich (2 Sam 4).
Die Geschichte von Davids Aufstieg zielt auf seine Wahl zum
König über die Nordstämme und die Eroberung der alten Jebusiterstadt Jerusalem. In diese hoch gelegene kanaanäische Festung gelangen David und seine Leute durch einen Schacht, der der Wasserver-
sorgung diente und der bis heute erhalten ist (2 Sam 5). Es ist
Davids taktisch geschickte Entscheidung, seine neue Residenz zwischen Israel und Juda auf einem königseigenen Territorium zu errichten, denn Davids Großreich ist ein heterogenes Gebilde, nur
durch Personalunion geeint.
Im Unterschied zur üblichen Verherrlichung altorientalischer Könige handelt es sich um sachliche Berichterstattung.

2.5 Davids Großreich. Während die Großmächte am Nil und im Zweistromland um die Jahrtausendwende in einer Krise sind, erobert
David ein territorial abgerundetes Großreich in Palästina dadurch,
dass er die noch selbstständigen kanaanäischen Stadtstaaten eingie-
dert und die Nachbarstaaten unterwirft (2 Sam 8.10.12). Sein heterogenes Reich zerfällt nach Salomos Tod.
Innenpolitisch sorgt David erstmals für eine Residenz und für Beamte (z. B. Kanzler, Schreiber, Heerführer, Priester: 2 Sam 8,16–18
u. 20,23–26). Außerdem holt er in einer Festprozession das längst
vergessene alte Heiligtum der Nomadenstämme von Silo in seine
neue Hauptstadt, um es dem Jerusalemer Kult einzugliedern (2 Sam
6). So sollen die mittel- und nordpalästinensischen Stämme politisch
und kultisch nach Jerusalem orientiert werden. David baut noch
keinen Jahwetempel. Nach der Nathansweissagung (2 Sam 7) soll
David nach Gottes Willen nicht »das Haus Gottes« bauen, doch will
Gott das »Haus Davids« für ewig bauen (Wortspiel!). An Davids
Königtum knüpfen sich messianische Hoffnungen.

2.6 2 Sam 11 u. 12: Davids Mord aus Liebe sowie Nathans Bußrede. Das
Zustandekommen der Ehe zwischen der Frau des Uria und dem König ist für die Gesamterzählung unentbehrlich, denn aus dieser Beziehung stammt der Thronfolger Salomo. David sieht, begehrt und
nimmt Batseba und beseitigt ihren Ehemann durch ein Himmel-
fahrtskommando. Das alles wird nicht vertuscht; vielmehr bringt
der Prophet Nathan mit Hilfe einer Parabel den König zur Selbstkritik, zur Buße. Erstaunlich ist, dass dieser Skandal die Bedeutung Davids für die Nachwelt nicht mindert.

2.7 2 Sam 5–1 Kön 2: Davids Familie und die Thronnachfolge. Davids
Heiraten sind Teil seines politischen Erfolgs. In seinem Jerusalemer
Harem leben viele Frauen (2 Sam 5,13–16; 15,16; 16,21; 20,3); über
einige wird Genaueres erzählt:

(1) *Michal.* Schon am Hofe Sauls wurde David der Schwiegersohn
des Königs; erstaunlicherweise heißt es: »Michal hatte David lieb«
(1 Sam 18,20); als Brautpreis tötet er nicht nur die geforderten hundert Philister, sondern zweihundert. Mutig rettet Michal ihren
Mann vor Saul (1 Sam 19,8–24) und wird von ihrem Vater einem
anderen Manne gegeben (1 Sam 25,44; 2 Sam 3,13). David fordert
sie zurück. Nach ihrer Rückkehr wagt sie es, den bei der Lade-Pro-
zession tanzenden König zu kritisieren (2 Sam 6, 20–23). Sie bleibt
kinderlos.

(2) *Ahinoam* aus Jesreel (1 Sam 25,43 f.), die Mutter von Davids äl-
testem Sohn Amnon (2 Sam 3,2).

(3) Die kluge, rhetorisch gewandte Retterin *Abigail* (1 Sam 25),
Mutter des zweiten Sohnes Kilab.

(4) *Bathseba*, die Frau des Uria und Mutter Salomos (vgl. o. 2.6).

In Jerusalem werden dem König zehn Söhne geboren; von Mädchen wird kaum etwas erzählt bis auf eine Ausnahme: *Tamar.* Direkt
auf die Erzählung von Davids Schuld folgt die Geschichte Amnons,
der seine Halbschwester Tamar vergewaltigt. Sie wehrt sich zwar
vergeblich und versucht, sich nach dem Verbrechen an die Öffentlichkeit zu wenden, doch ihr Bruder *Absalom* befiehlt zu schweigen.
Der gegenüber seinen Söhnen schwache König zieht seinen Ältesten
nicht zur Rechenschaft. Nach zwei Jahren lässt Absalom seinen
Halbbruder *Amnon* aus Rache ermorden und taucht für drei Jahre unter (2 Sam 13), bis der König ihn durch Intervention einer weisen
Frau begnadigt (2 Sam 14). Dadurch schadet sich der alternde König.

Zu lange wartet David mit der Regelung seiner Thronnachfolge –
jedenfalls nach Meinung Absaloms. Dieser arbeitet jahrelang gegen

David und bereitet in Hebron seine Wahl zum König vor (2 Sam 15).
David muss ins Ostjordanland fliehen. Es kommt zum Gefecht zwischen den Aufständischen und den Davidtreuen. Auf der Flucht
bleibt Absalom mit seinen langen Haaren in den Ästen eines Baumes hängen; Davids Feldherr Joab bringt ihn um (2 Sam 18,14).
Für den alten König ist die Siegesbotschaft eine Trauerbotschaft
(2 Sam 19). David kehrt nach Jerusalem zurück; die Frage seiner
Nachfolge wird immer dringender, immer schwieriger. *Adonia* ist der
nächstälteste Davidssohn, der den Thron beansprucht; einige Verantwortliche sind auf seiner Seite, andere gegen ihn. Heerwesen und
Priestertum sind gespalten. Während der Kronprinz Adonia ein
Opfermahl außerhalb Jerusalems veranstaltet, wird der alte König
von Nathan und Bathseba bedrängt, den Bathseba-Sohn *Salomo* zu
Lebzeiten des hochbetagten Vaters zum König zu salben (1 Kön 1).
Aus Angst vor Salomo sucht der heimkehrende Adonia Asyl an den
Hörnern des Altars; später lässt der König Salomo seinen Rivalen
töten (1 Kön 2,13–25).

So erweist sich David als außenpolitisch starker König, jedoch
als schwacher Vater im eigenen Hause. Als Siebzigjähriger stirbt er
und wird nach vierzigjähriger Regierungszeit in Jerusalem begraben
(1 Kön 1,10 f.). Er regierte von 1004 bis 965 v. Chr. (*Dothan*).

Insgesamt handelt es sich um frühe Geschichtsschreibung; der Stil
ist lebendig und wirklichkeitsnah. David und seine Söhne werden
außerordentlich menschlich dargestellt mit ihrer Größe und ihrer
Schuld. Der Zusammenhang von Sexualität und Macht wird nicht
verschleiert. Der Verlauf der Ereignisse wird als eine Folge menschlicher Entscheidungen ohne direktes Eingreifen Gottes geschildert.
Der Mensch ist für sein Handeln verantwortlich und wird bei Fehlverhalten zur Rechenschaft gezogen. Gott bleibt für den Erzähler im
Verborgenen. Hier unterscheidet sich Israel vom alten Orient, wo es
vom Ursprung des Königtums heißt, dass es vom Himmel herabstieg.

2.8 1 Kön 1–11: Salomos Königtum. Israel hat nun alle verheißenen Gaben Gottes erhalten: Land, Königtum, Frieden und zuletzt den Tempel durch Salomo (1 Kön 6–8). Die Konflikte der vergangenen Jahrzehnte sind beendet; der Bestand des Großreiches und der Dynastie
erscheint garantiert durch die Morde an Joab und an dem älteren
Halbbruder Adonia. Festungen (1 Kön 9,15–19) sichern das Reich;
Handelsbeziehungen und Ehen aus politischem Kalkül (1 Kön 11,1)
kommen hinzu. Bei Salomos Bauten werden entgegen israelitischem

Brauch sogar Sklaven beschäftigt (1 Kön 5,27 ff. und 9,15–23). Die
Erzählungen vom Salomonischen Urteil (1 Kön 3,16–28) und vom
Besuch der Königin von Saba (1 Kön 10,1–13) verherrlichen Salomo.
Seine Regierungszeit beginnt um 965 v. Chr. und endet im Jahre 928
oder 926; nach ihm zerbricht die Personalunion zwischen den Nord-
stämmen (= Israel) und den Südstämmen (= Juda mit Jerusalem).

3. Systematisch: Königtum kontrovers

Im Zusammenhang mit der Staatengründung ist Israels Königtum in
einer Zeit der Bedrohung und des Mehrfrontenkrieges entstanden,
weil die Ältesten den alt gewordenen Samuel auffordern, das diskon-
tinuierliche charismatische Heerführertum durch eine dynastische
Ordnung zu ersetzen, so wie es in den kanaanäischen Stadtstaaten
üblich ist. Nur mit Bedenken folgt Samuel dem Wunsch der Ältesten
(s. o.).

Im folgenden Textvergleich geht es um rückblickende Beurteilungen des Königtums anhand von zwei königskritischen und einem
königsfreundlichen Text.

3.1 1 Sam 8,10–18: Polemik gegen das Königtum. Nach vielen Jahrhunderten der geschichtlichen Erfahrungen mit dem Königtum werden
dem Seher Samuel Warnungen gegen die Begehrlichkeit von Königen in den Mund gelegt: »Eure Söhne wird er nehmen … Eure
Töchter wird er nehmen … Eure besten Felder wird er nehmen …«
Sechsmal ist hier vom Nehmen die Rede. Mit ähnlicher Tendenz
argumentiert das Königsgesetz (Dtn 17,14–18), das vom Standpunkt
des späten 7. Jh. in Juda der Gefahr der Willkür und Bereicherung
entgegentritt.

3.2 Ri 9,8–15: Jothamfabel. Als zweiter königskritischer Text ist
eine kaum bekannte Pflanzenfabel aus dem Nordreich (vermutlich
2. Hälfte 9. Jh.) didaktisch reizvoll. Der Fabeldichter erzählt, dass sowohl der Ölbaum als auch der Feigenbaum und der Weinstock ihren
Nutzen preisen und die Königswürde ablehnen. Zu guter Letzt wird
der Nutzloseste, der Dornbusch, gewählt und prahlt: »Kommt, bergt
euch in meinem Schatten!« Zum Lachen ist das, denn der Dornbusch wirft keinen schützenden Schatten! Sind Könige genauso
nutzlos? Das sollen sich die Hörerinnen und Hörer fragen.

3.3 1 Sam 11: Der König als Retter und Kriegsheld. Diese Heldensage spiegelt die realen Verhältnisse bei der ersten Wahl. Didaktisch können diese unterschiedlichen biblischen Positionen zu einem simulierten Streitgespräch unter den Ältesten mit dem Thema »Königtum – pro und contra« anregen. Sicherlich wird das, was die Regenbogenpresse heute über Könige vermittelt, in die Diskussion der Kinder einfließen. Ich schlage vor, dass sich Gruppen anhand von Arbeitsblättern zu den Texten auf die Diskussion vorbereiten. Ergebnisse lassen sich in einer *Tabelle* festhalten mit Hilfe einer Gruppe, die die Hofschreiber vertritt.

Erwartungen an Könige	*Befürchtungen und Sorgen*
Warum wird Saul Israels erster König? (s. o. 3.3)	Was spricht gegen Könige? (s. o. 3.1 und 3.2)
Militärischer Schutz gegen Angriffe	Begehrlichkeit
Kontinuität und Verlässlichkeit	Bereicherung
einer Dynastie	Macht anstelle von Recht
	Nutzlosigkeit

4. Didaktisch

Wer Religion unterrichtet, muss von der Gegenwart her Fragen an die Bibel zulassen und ohne Vorbehalte diskutieren. Es geht nicht an, dass viele Schulbibeln die dunklen Seiten des AT eliminieren, z. B. Tamars Vergewaltigung, Absaloms Brudermord und die Einführung der Sklaverei durch Salomo. Wären ehrliche Gespräche nicht sachgerechter? Säkular Aufwachsende sind durch ihr Neugierverhalten häufig für den Bibelunterricht zu motivieren. Es gilt, ihren Entdeckungsdrang wach zu halten durch einen spannenden Unterricht mit archäologischen Dokumenten, Bildern, Liedern, Rollenspiel, Bibliodrama, Freiarbeit usw.

4.1 Der Saul-David-Salomo-Zyklus. Die Schülerinnen und Schüler sollen die frühe biblische Geschichtsschreibung über die ersten Könige Israels kennen lernen, in eine Zeitleiste einordnen und auf dem Hintergrund ihrer Lebenserfahrungen und Wertvorstellungen diskutieren und gestalten. Sie sollen Unterschiede zwischen Israels Königtum und unserer Zeit finden.
Das *Kennenlernen* der Texte kann durch spannende Lehrererzäh-

lungen[2], durch eigene Lektüre ausgewählter Abschnitte einer Schulbibel oder eines Bibelcomic[3] erfolgen.

Es empfiehlt sich, ergänzend mit dokumentierenden Dias zu arbeiten (z.B. Söldner der Zeit, abgebildet bei *Halbfas,* und Archäologisches), um den Vorbehalten gegen biblische Geschichten (»Gibt's ja doch nicht in echt!«) entgegenzuwirken und um Dokument und Deutung unterscheiden zu lernen. Eine politische Karte von Davids Großreich ist unentbehrlich.

Zur *Gestaltung* empfiehlt es sich, in Gruppen eine Tonbildschau zu entwerfen (z.B. mit selbst angefertigten Dias, Dialogen, Liedern wie »David melech Israel«) und diese z.B. bei einem Schulgottesdienst vorzuführen. Dieses Verfahren ermöglicht eigenständige Kreativität.

Eine *Podiumsdiskussion* zum Thema »Königtum kontrovers« (s.o.) könnte die Einheit abschließen.

4.2 Jerusalem, die heilige Stadt der Juden, der Christen und der Muslime. Wegen der politischen Aktualität ist es sinnvoll, eine Kurzeinheit »dreitausend Jahre Jerusalem« vorzusehen. Schließlich handelt es sich heute um die heilige Stadt der Juden, der Christen und der Muslime. Als eine der ältesten Städte der Erde wurde Jerusalem 39-mal zerstört und wiedererbaut. Je nach den Lernvoraussetzungen können die Epochen in einem Plakat dargestellt werden. Die Religionen mit ihren Symbolen dürfen nicht fehlen, denn die Unterrichtseinheit soll den interreligiösen Dialog fördern. Folgende Schritte sind denkbar:

– Die Stadt der Jebubister als kanaanäischer Stadtstaat im 2. Jahrtausend (Bronzezeit): Naturreligion mit Baal und Aschera, Ausgrabungen aus Kanaan, kleine enge Häuser, Gihonquelle, durch die David mit seinen Söldnern die Stadt im Jahre 997 v.Chr. überrumpelt (s.o. 2.4)
– Jerusalem zur Zeit Davids und Salomos: Palast, erster Tempel um 1000 bis 587 v.Chr. (s.o. 2.8)
– Zerstörung Jerusalems durch Nebukadnezar, 587 v.Chr. (2 Kön 24 und 25)
– Jerusalem in römischer Zeit: Herodianischer Tempel, Jesus in Jerusalem, Zerstörung 70 n.Chr. durch Titus, Titusbogen mit siebenarmigem Leuchter

---

2 *E. Jürgensen (Hg.),* Frauen und Mädchen in der Bibel, Lahr 1997; *W. Neidhart,* Erzählbuch zur Bibel, Bd.3, Lahr u.a. 1997, 22–40.
3 *R. Pfeffer,* David & Saul, Stuttgart 1995; *ders.,* David & Söhne, Stuttgart 1997.

– Das christliche Jerusalem in byzantinischer Zeit: Grabeskirche
– Das islamisch-türkische Jerusalem: Tempelberg mit Felsendom und al-Aksa-Moschee
– Das moderne Jerusalem als Stadt dreier Weltreligionen: Klagemauer, Grabeskirche, Felsendom und al-Aksa-Moschee.

Mit Hilfe von Lexikonartikeln, Bildbänden, Zeitungsausschnitten, Reiseführern u. ä. können die Jugendlichen weithin selbstständig arbeiten und ihre Ergebnisse in Plakaten festhalten.

LITERATURHINWEISE

F. Johannsen, Alttestamentliches Arbeitsbuch für Religionspädagogen, Stuttgart ²1998, 38–41 u. 132–155.
V. Fritz, Das erste Buch der Könige, Zürich 1996.
L. Schottroff/M.T. Wacker (Hg.), Feministische Bibelauslegung, Gütersloh 1998.
F. Stolz, Das erste und zweite Buch Samuel, Zürich 1981.

VI. Rut

Anna-Katharina Szagun

Das Buch Rut ist auf Grund exegetischer Engführungen in didaktischer Literatur nicht selten zu einer harmlos-rührseligen Idylle verkommen, die Heranwachsende langweilt: Durch Betonung der sozialgeschichtlich-feministischen Perspektive und mit Hilfe von bibliodramatischen (in höheren Klassen auch literaturwissenschaftlichen) Zugängen kann die Novelle die in ihr angelegte Sprengkraft zurück erhalten. Eine gründlichere Textbetrachtung bildet die Basis dazu.

1. Exegetisch-systematisch

1.1 Stellung im Kanon. Das Buch Rut gehörte vermutlich schon im 1. Jh. n. Chr. zum Kanon; *Flavius Josephus* bearbeitet Rut ausführlich, Fragmente des Buches wurden in Qumran gefunden, erwähnt wird Rut nicht nur im NT (Mt 1,5; Lk 3,31–33), sondern auch im frühjüdischen babylonischen Talmud, Ausdruck der hohen Wertschätzung des Buches. Die Stellung ist in der dreigeteilten hebräischen Bibel wie auch in der Liturgie im Verlauf der Judentumsgeschichte unterschiedlich. Die Septuaginta stellt es zwischen Ri und Sam, die hebräische Tradition zählt es zu den »Schriften«. Es gehört zu den fünf Festrollen (Megillot) und wird zum Wochenfest (Schawuot = Fest der Ernte und des Gedenkens an Geburt und Tod von David, Pfingsttermin) verlesen.

1.2 Historizität, Gattung, Datierung und Verfasserfrage. Das Fehlen von näheren Angaben zu Personen und Orten – nur Bethlehem wird erwähnt, das zur Zeit der Richter allerdings ein Dorf war, d. h. ohne Stadttor – und die mangelnde Einordnung in die Volksgeschichte machen die Erzählung zeitlos. Die Hauptpersonen tragen z. T. Kunstnamen. Die Handlung erscheint häufig konstruiert. Viele Zufälle sind eingebaut: Rut trifft Boas auf dem Feld; nicht die Knechte, sondern Boas selbst bewacht das Getreide, und Noomi weiß davon; der andere Löser erscheint im Tor, als Boas dort schon sitzt; auch sind gleich zehn Älteste zur Stelle! All dies deutet auf eine erfundene Geschichte hin. Das Buch Rut wird (vgl. → Josefs- bzw. Jonaerzählung) zur Gattung der weisheitlich geprägten Novelle gerechnet.

Entstehung und Datierung sind strittig, gerade weil auffallende Brüche fehlen. Es gibt viele Hypothesen zu Vorstufen (u.a. die Behauptung eines Kultmythos – Heilige Hochzeit auf der Tenne – oder eines ägyptischen Märchens, das auch Vorlage für Tamar sei). Die Novelle wirkt insgesamt einheitlich. Lediglich die traditionelle Genealogie am Schluss einer Frauengeschichte erscheint hier als Bruch. Diesbezüglich gehen Forschungsmeinungen und damit Datierungen und Auslegungen stark auseinander: Wer den Schluss für ursprünglich hält, plädiert für eine Frühdatierung und sieht im Buch die Vorgeschichte Davids zu seiner Legitimation[1]. Die Spätdatierenden halten überwiegend den Schluss für sekundär. Etliche datieren Rut auf die Zeit von Esra und Nehemia und verstehen das Buch als Protest gegen deren Mischehenpolitik[2]. Andere – u.a. *Frevel*[3] – wenden die relative Marginalität der Ausländerfrage im Buch Rut gegen diese »Protestvariante« ein. Das zentrale Thema liege vielmehr in Rückkehr und Neuanfang: Die Rückkehr der Noomi könne als Gleichnis für das zurückkehrende Israel gelesen werden. Dazu passe auch die eigentumsrechtliche Problematik des Löserechts und dessen solidarische Theologie. Auch die Thematisierung von Kinderlosigkeit und ihrer Aufhebung stehe trotz Parallelen zur Genesis näher bei den Bildern messianischer Rettung Israels bei Deuterojesaja. Datiert wird hier auf die 2. Hälfte des 6. Jh. Abweichend sieht *Butting*[4] im Anschluss an *Zenger*[5] den Text als (im 2. Jh. v.Chr. aus Vorstufen er-

---

1 Die Judaisierung der Moabiterin Rut sei das zentrale Ereignis; Rut dränge sich geradezu in das Volk Israel hinein, in 1,16 werde die alles entscheidende Wende zum lebendigen Gott gezeigt: Rut als beispielhafte Proselytin (so auch rabbinische Auslegungen), die David anständige, interessante Voreltern verschafft, vgl. *U. Wild,* Denn wohin du gehst, will ich gehen. Segnung eines Frauenpaares, in: *E. Schmidt (Hg.),* Feministisch gelesen, Bd.2, Stuttgart 1989, 80f.: Die Kirchenväter hätten polemisch gegenüber den Juden »Rut als Typos der Kirche, als heilsgeschichtliche Vorwegnahme der Kirche aus den Heiden und als Vorbild christlichen Lebens benutzt«.
2 vgl. Esra 9f.; Neh 9,2; 10; 13, 23–27; Mal 2,10–12.
3 *C. Frevel,* Das Buch Rut, Stuttgart 1992, 32ff.
4 *K. Butting,* Die Buchstaben werden sich noch wundern. Innerbiblische Kritik als Wegweisung feministischer Hermeneutik, Berlin 1993, 12f.
5 *E. Zenger,* Das Buch Rut, Zürich 1986.

arbeitete) Einheit an: Der Bruch zwischen einer Erzählung rein aus Frauenperspektive und der Frauen ausblendenden Genealogie sei bewusst eingesetztes Stilmittel. Die Frage der Datierung der schriftlichen Fassung ist nicht eindeutig entschieden; die meisten Argumente sprechen für eine Datierung auf die (früh-) nachexilische Zeit.

Die Verfasserfrage ist ungeklärt; es sprechen jedoch wichtige Gründe für eine Frau als Verfasserin[6]:

- Zwei aus eigener Initiative handelnde Frauen bestimmen bis auf die Torszene das gesamte Buch. Mit ihrer aktiven Rolle durchbricht besonders Rut die Erwartungen des traditionellen Frauenbildes
- In 1,8 wird von der Rückkehr in das Mutter-Haus geredet statt vom Vaterhaus
- Bethlehem wird in 1,19 und 4,14–17 durch eine Gruppe von Frauen repräsentiert. Sie werten die Schwiegertochter höher als sieben Söhne, geben dem Kind den Namen und haben das letzte Wort.
- An zwei Stellen wird auf sexuelle Gewalt gegenüber Frauen hingewiesen, durch Boas wie Noomi (2,9.22)
- Rut soll in den Segenswünschen (wie) eine Stammmutter Israels werden (4,11). Zum Vergleich werden Rahel und Lea herangezogen, von denen – singulär – gesagt wird, dass sie und nicht ihr Mann Jakob das Haus Israel aufgebaut haben
- Perez wird unmittelbar mit seiner Mutter Tamar in Verbindung gebracht. Juda tritt dadurch in den Hintergrund (4,12).

Bal[7] verweist auf den seiner männlichen Attraktivität durchaus nicht sicheren Boas, der gleichwohl offen ist, sich mit den Anliegen einer Frau zu identifizieren (3,10 f.). *Butting* hält Rut für Frauenliteratur, die in Entlarvung patriarchaler Institutionen und Kritik an der Darstellung der Geschichte Israels als Männergeschichte in tradierte Erzählungen[8] eingreift und sie so verändert, dass Frauen sich darin wiederfinden können.

1.3 Aufbau und literarische Merkmale. Die Gliederungselemente sind aufeinander bezogen, parallel oder spiegelbildlich. Den vier Kapiteln sind vier verschiedene »Bühnenbilder« zugeordnet: Moab, die Gerstenfelder von Boas, die Tenne, das Stadttor. »Alle diese Schau-

---

6 *C. Frevel,* aaO., 24.
7 *M. Bal,* Kommentar des Kommentars des Kommentars oder: Das enge Tor im Buch Ruth, in: *M. Bal u.a.* (Hg.), Und Sara lachte … Patriarchat und Widerstand in biblischen Geschichten, Münster 1988, 77–100.
8 *K. Butting,* aaO., 12 f.

plätze liegen außerhalb des Handlungsortes, der diese Szenen miteinander verbindet und immer wieder ins Zentrum der Erzählung rückt: Bethlehem«[9] (Bethlehem – Moab – Bethlehem – Gerstenfeld usw.). Ähnlich geschickt ist die zeitliche Gliederung. Die Novelle startet aus unbestimmt weitem Zeitraum (Vorgeschichte Elimelechs), wird immer enger und weitet sich zum Schluss in unbestimmte Zukunft aus. In letztere wird die Genealogie Davids eingefügt. Kapitel 2 und 3 sind parallel aufgebaut. Sie haben zeitlich jeweils in der Mitte (Mittag/Mitternacht) ihren Höhepunkt; sie beginnen und enden jeweils mit einem Gespräch von Rut und Noomi, beide sind durch Ruts Handeln bestimmt (sie geht aufs Feld bzw. auf die Tenne); zentral ist jeweils ein Gespräch zwischen Boas und Rut; beide Male bringt Rut Noomi eine Gabe des Boas mit. In Kapitel 2 und 3 dominiert Rut, in 1 und 4 Noomi, d.h. das Buch ist symmetrisch aufgebaut. Die Lösung erfolgt erst in Kapitel 4. Aber die in Kapitel 2 und 3 erzählte Güte und Solidarität zwischen Rut und Noomi bzw. Boas bildet nach *Frevel* die Hauptaussage: Menschliche Liebe und Freundschaft durchbricht die Spirale der Not und schafft schließlich erfülltes Leben.

(1) *Leitworte und -motive* fungieren als Schlüssel zu den Themen, in Kapitel 1 *Heimkehren* (12x), in Kapitel 2 *Sammeln/Auflesen* (12x), in Kapitel 3 *Liegen/Hinlegen* (8x) und in Kapitel 4 *(Er)Lösen* (14x). Die Leitmotive *Geben, Brot, Güte, Nachkommenschaft, Lösen* heben in unterschiedlichen Umschreibungen die inhaltlichen Akzente immer wieder hervor und bilden ein Netzwerk: »Dieses Netz kann als von JHWH geschenkte, durch Menschen vermittelte Lebensfülle umschrieben werden.«[10]

(2) *Sprechende Namen* spiegeln Merkmale und Handeln der Personen. Dass die Novelle ihre Namen als sprechende verstanden wissen will, gibt sie an zwei Stellen zu erkennen. Noomi (= Liebliche) sagt 1,21: »Nennt mich nicht Noomi, sondern Mara (=Bittere), denn viel Bitteres hat Schaddai an mir getan.« Sie kann sich in ihrem Namen nicht mehr wieder finden, erweist sich aber trotzdem als liebevolle Schwiegermutter. Auch in 4,1 scheint das Mittel bewusst eingesetzt, wenn der andere Löser als »Soundso« bezeichnet wird. Die hebräische Bibel vermittelt häufig über Namen Inhalte. Die Deutungen richten sich – etymologisch unkorrekt – oft nach dem Klang: Wichtig war, was assoziativ mitgehört wurde. Ein weiteres Beispiel ist Eli-

---

9 C. *Frevel*, aaO., 14.
10 C. *Frevel*, aaO., 19.

melech (= Mein Gott ist König). Obwohl oder weil der Träger stirbt, steht dies Bekenntnis wie ein Motto über der ganzen Erzählung: »Im Grunde lenkt Gott im Hintergrund das ganze Geschehen.«[11] Die Kunstnamen Machlon (= Kränkling) und Kiljon (= Hinfälligkeit) signalisieren die Notsituation des Anfangs. In Rut klingt das hebräische Wort für Freundin, Gefährtin an. Orpa ist die Sich-Abwendende (= Nacken), Boas der Starke (= in ihm ist Kraft), Bethlehem (= Haus des Brotes), Obed (= Diener).

1.4 Rechtsbezüge. Aus dem Armenrecht werden das Recht der Nachlese (Witwen, Waisen, Fremden zustehend)[12], das Lösen als Rückkaufspflicht (Lev 25, 23–25) und die Schwagerehe thematisiert. Hintergrund des Lösens ist die Vorstellung, alles Land gehöre Gott und sei den Stämmen bzw. Sippen sozusagen in Erbpacht zugeteilt. Das Nutzungsrecht soll in der Familie bleiben, welche als Solidargemeinschaft im Notfall zuständig ist. Das Lösen soll die Lebensmöglichkeiten für den Einzelnen sichern und einen funktionierenden Familienverband erhalten. Die soziale Pflicht des Lösens nimmt mit der Nähe der Verwandtschaft zu. Die Schwagerehe (vgl. Gen 38; Dtn 25, 5–10) ist eine soziale Institution, deren Einzelheiten und historische Entwicklung aufgrund widersprüchlicher Texte unklar sind: Partner sind eine sohnlose Witwe und ein Verwandter des verstorbenen Mannes, Ziel ist die Zeugung eines männlichen Nachkommen, der als Sohn aus der Ehe des Verstorbenen gilt; dies wiederum dient dem Zweck, die genealogische Linie des Verstorbenen fortzuführen; sein Erbe kann angetreten und die Versorgung der Witwe durch den heranwachsenden Sohn gesichert werden. Die Schwagerehe war kein einklagbares Recht, sondern Akt verwandtschaftlicher Solidarität, deshalb z.B. von Tamar oder Rut nicht rechtlich durchsetzbar. Rut geht mit ihrer Verbindungsaufforderung über Dtn 25, 5–10 hi-

---

11 »Elimelech gerät nur darum nicht in Vergessenheit, weil Rut, Noomi und Boas Liebe, Solidarität und Güte üben. Die Erzählung sagt damit indirekt: Wenn Menschen unbedingte Liebe und Güte üben, dann erweist sich das als wirkmächtiges Zeichen der Gottesherrschaft, dann ist das Bekenntnis Gott ist König eigentlich erst richtig verstanden.« *C. Frevel,* aaO., 21.

12 Es gibt vielfältige Bestimmungen zur materiellen Mindestversorgung Bedürftiger, z.B. Ex 23, 10f. zum Brachjahr oder das Recht auf Mundraub Dtn 23, 25f., vor allem aber das Recht zur Nachlese: Lev 19, 9f.; Dtn 24, 19–22; allerdings waren diese Rechte nicht einklagbar und im Bereich der Nachlese auch kaum kontrollierbar; vermutlich konnte Nachlese nur bei ausdrücklicher Einwilligung des Feldbesitzers gehalten werden; vgl. *W.* u. *L. Schottroff,* Art. Armut, Neues Bibellexikon 1, Zürich 1991, 171–174.

naus, insofern Boas Verwandter des Elimelech, aber nicht ihr Schwager ist. Singulär ist auch die Verknüpfung von Löserpflicht und Schwagerehe.

2. *Didaktisch*

Neben der davidisch-messianischen Vereinnahmung des Textes führten vor allem die Ausblendung des sozialgeschichtlichen Hintergrundes, der mutigen Aktivität der Frauen wie der erotischen Anspielungen zu den Engführungen in didaktischer Literatur, insbesondere Kinderbibeln: Wer Heranwachsende nicht mit den Rechtsbräuchen Israels (und der Schere zwischen Rechtsbestimmung und -praxis) konfrontiert, wird auch die Szene auf der Tenne und ihre Folgen nicht verständlich machen können, d.h. all dies weglassen und in Konsequenz bei einer faden Idylle landen. Prototypisch hierfür ist die Kinderbibel von *A. de Vries*: »Solange die Schnitter am Mähen waren, suchte Ruth Ähren auf dem Feld des Boas. Und als alles Korn gemäht war, geschah etwas sehr Schönes. Da feierte der reiche Boas Hochzeit mit der armen Ruth.«[13]

Überwiegend setzt man heute jedoch – entsprechend der Mehrperspektivität des Textes – breiter an. Die Novelle eignet sich aufgrund ihrer literarischen Auffälligkeiten gut für fächerübergreifende Projekte Deutsch/Religion[14], evtl. auch Sozialkunde. Angesichts der

13 Konstanz 1988, 94. Ähnlich verkürzt *I. Weth*, Neukirchner Kinder-Bibel, Neukirchen-Vluyn 1988, 103: »Von da an ging Rut jeden Tag zu Boas aufs Feld. Als aber die Erntezeit vorüber war, holte Boas Rut zu sich ins Haus und nahm sie zur Frau.« Anders *R. Schindler* und *W. Laubi/A. Fuchshuber*: Beide lassen die Frage des Lösens aus, thematisieren aber die Schwagerehe und die nächtliche Szene zwischen Rut und Boas (Schindler verlegt diese ins Haus). In elementarer Form kommt die Torszene (Lösen und Schwagerehe unter »Rut helfen« subsummierend) in »Was die Bibel erzählt« vor, hier mit Informationen an vorlesende Erwachsene versehen. Die auf GS ausgerichtete Verlaufsgeschichte von *D. Meili-Lehner* folgt – die Lebenswelt des AT erzählerisch aufnehmend – inhaltlich dicht dem biblischen Text.

14 Vgl. auch *M. Bal*, aaO.: Sie geht mit literaturwissenschaftlicher Methodik aus feministischer Perspektive, fokussierend auf die Macht, an den Text heran. Ihr Ansatz scheint in Kl. 9/10 realisierbar: Ihre Basisdefinition einer Erzählung: »Es ist ein Text, in dem jemand von einem bestimmten Gesichtspunkt aus über eine Reihe von Ereignissen berichtet.« Von dieser Definition ausgehend werden drei Fragen an den Text gestellt: a) Wer spricht? D.h. wer sind die Sprechenden bzw. die Schweigenden? b) Wer schaut? D.h. aus welchem Blickwinkel geschieht die Berichterstattung? Gibt es nur eine oder mehrere Perspektiven? c) Wer han-

spärlichen Texte zu Frauen in der Bibel sollten feministische Perspektiven besondere Beachtung erfahren. Folgende *Aspekte* können
exemplarisch – je nach Altersstufe, Vorwissen, Interessen und Zeit-
rahmen miteinander kombiniert – am Buch Rut im RU erarbeitet
werden[15]:

(1) Kennen lernen einer biblischen Ganzschrift (z.B. Entste-
hungs- und Rezeptionsgeschichte einer Schrift in jüdischer bzw.
christlicher Lehre, Kunst und Liturgie).

(2) der Umgang mit Fremden/Ausländern damals/heute (z.B.
Migration, Wirtschaftsflüchtlinge, Asyl, Assimilation oder Integration versus Abgrenzung)[16].

(3) Armen- bzw. Sozialrecht in Geschichte und Gegenwart (z.B.
Rechtssysteme in Israel und den umliegenden Völkern, Feminisie-

delt? Wer kann oder darf nicht handeln? – Erweitert wird nach dem Objekt der
drei Basisaktivitäten gefragt: Was ist der Mühe wert, erzählt zu werden, was
nicht? Was wird global erzählt, was differenziert? Welche Sprachhandlungen
kommen vor, welche fehlen? Was tun die Personen? Agieren sie allein oder gemeinsam, freiwillig oder gezwungen? Die in dieser Weise methodisch konsequente Befragung des Textes gibt Einblick in seine Struktur. Dieser Einblick
erscheint deshalb so wichtig, weil die Struktur von Erzählungen Folgen hat für
die Wirkung auf die Lesenden: »Die Selbstverständlichkeit von bestimmten
Auffassungen, die in einer Geschichte augenscheinlich eine untergeordnete
Rolle spielen, tatsächlich aber wichtige Bedeutungsträger sind, macht sie zu
Ideologien.« Sprache ist sowohl Folge als auch Transporteur von Ideologien.
Insofern den meisten Menschen der Zusammenhang zwischen dem Zweck und
Gebrauch von Geschichten und darin eingebauten Ideologien nicht bewusst
ist, können z.B. patriarchale Selbstverständlichkeiten unbefragt weiter wirken.
Die ideologiekritische Untersuchung kann diese Zusammenhänge bewusst machen. Das Buch Rut eignet sich nach Meinung von *Bal* und *Butting* besonders
gut dazu. Ein fächerübergreifendes Projekt mit Sozialkunde könnte z.B. auch
anhand von Rut und anderen AT-Texten (Dekalog, Bundesbuch usw.) Rechts-
tafeln erstellen und diese mit heutigen Menschenrechtstafeln vergleichen.

15 Mehrperspektivische Unterrichtsvorschläge mit reichlichem Material für
   Kl. 5/6 finden sich in: entwurf 1/91, 58–74, Skizzen für Spielgeschichten für Kl. 9
   ebd., 76f.; ebenso in *E. Marggraf/M. Polster (Hg.),* Unterrichtsideen Religion,
   5. Schuljahr, Stuttgart 1996, Kap. Rut: Die Fremde, 71–77. In Nr. 1/1990 der
   Schönberger Hefte, 8–19, findet sich eine (an *Carlos Mesters* befreiungstheologi-
   sche Perspektive angelehnte) sozialgeschichtlich akzentuierte UE für Sek I/Kl.9,
   die methodisch stark mit Sprechzeichnungen arbeitet.
16 Vgl. Themenheft ru 1/97 Heimat und Fremde, 5-9, UE von *G. Unruhe* für
   Kl. 7–9 zu Aspekt 2, Rut als Ganzlektüre einsetzend, während *G. Führing,*
   ebd., 9–15, die UE für Sek I »Heimat – was ist das?« nur mit Rut 1,1–18 einlei-
   tet. Vgl. auch die Filme: »Die Fremde«, Reihe Biblische Frauen, Tellux-Film
   München 1994; »Rut und Noomi. Heimat ist, wo man hingeht.« Reihe Begegnung mit der Bibel 4, Deutsche Bibelgesellschaft Stuttgart 1994, Beiheft Best.-
   Nr. 6262.

rung von Armut; Familienverbände als Sozialversicherungssysteme usw.).

(4) die Vorstellung eines verborgenen Gottes, der durch die Solidarität von Menschen handelt (feministisch: Gott als Kraft der Beziehung ereignet sich zwischen Menschen). Dieser Gott steht auf der Seite unterdrückter Frauen, die in solidarischem, entschlossen-mutigem Handeln ihre Lebensinteressen zur Geltung bringen.

(5) eine Erzählung, die im Rahmen der traditionellen patriarchalen Darstellung die unterdrückte Perspektive von Frauen und deren Einspruch gegen Literatur als Männergeschichte dennoch sichtbar macht[17].

Aspekt (1) ist in differenzierteren oder elementaren Versionen in allen Klassenstufen denkbar, in höheren könnte der Schatz an künstlerischen Bearbeitungen[18] genutzt werden, in *GS*[19] bzw. *OS*[20] könnte unter Einbezug kreativer Verfahren (z.B. Rut-Rolle erstellen für einen Schawuot-Nachvollzug) gut beim jüdischen und christlichen Festkreis angesetzt werden, Schawuot und Pfingsten vergleichend.

Aspekt (2) ist in zwei Filmen besonders herausgearbeitet worden: Die Tellux-Version stellt eine Vergegenwärtigung des alten Stoffes dar. Der Film »Rut und Noomi« erzählt (*Aspekt 3* integrierend) historisierend nach, bietet im Beiheft allerdings vielfältige Materialien (Arbeitsblätter, Spielvorschläge usw.) an für einen kritisch-konstruktiven Dialog zwischen Situation und Tradition. Die Filmfassung bedarf nicht nur aufgrund der historisierenden Darstellung, sondern auch wegen der z.T. stark verkürzten Inhalte einer intensiven Nacharbeit.

Für die *Aspekte (2)* bis *(4)* sind Methoden des Bibliodramas fruchtbar zu machen:

17 Zu Methoden vgl. *Butting* und *Bal,* aaO.
18 Vgl. die Gedichte Boas und Rut von *E. Lasker-Schüler* in: Hebräische Balladen (1913); von *N. Sachs* in: Fahrt ins Staublose (1961), Land Israel; von *R. Ausländer,* Rut*; C. Voss-Goldstein,* Es steht geschrieben; *U. Wild,* Womenchurch, in: *U. Wild,* aaO., 89f. Weitere Hinweise zu künstlerischen Bearbeitungen in *E. Marggraf/ M. Polster (Hg.),* aaO., vgl. Anm. 15.
19 Elementare Bild- und Textfassung »Was uns die Bibel erzählt«; Textfassung mit Kalender und Sachbildern zur Ernte in Israel, in *M. Day,* Große Abenteuer der Bibel – Eine Reise durch die Welt des AT, Freiburg i. Breisgau 1995, 48f.
20 Vorschläge entwurf 1/91, 58–74.

– So können z.B. die Inhalte von Kapitel 1 in ein Entscheidungsspiel nach Art einer Pro- und Kontra-Diskussion, wie sie aus dem Fernsehen bekannt ist, umgesetzt werden; die zu entscheidende Frage ist: *»Gehen oder Bleiben?«*. Klasse und Religionslehrer sind in der Position potenzieller Ratgeber, die sämtliche Argumente für und wider den Weggang aus Moab abwägen und sich schließlich für eine Empfehlung an Noomi bzw. Rut und Orpa entscheiden. Als Alternative ist denkbar: Es wird eine Einsprechübung vorgenommen, in der die vielfältigen Pro- und Kontra-Argumente als Stimmen im Kopf der Noomi hörbar gemacht werden. Ein Kind sitzt als (schweigende) Noomi mit geschlossenen Augen in der Mitte: Die anderen treten nacheinander an Noomi heran, legen ihr die Hand auf die Schulter und sprechen als eine innere Stimme. Nach dem Hören aller (gegensätzlichen) Botschaften innerer Stimmen öffnet Noomi die Augen und äußert sich zu ihren Gefühlen: In Einzelarbeit schreibt jeder eine Entscheidung aus der Sicht der Noomi auf und begründet sie. Die Entscheidungen werden vorgelesen und besprochen

– Die *Rechtsbestimmungen* und die Rechtspraxis (Nachlese, Lösen von Land, Levirat) eignen sich für ein Rollenspiel in Form einer Zeitreise: Auf den sozialgeschichtlichen Hintergrund vorbereitete Schülerinnen[21] spielen Personen aus der Zeit des AT, die Lehrkraft einen Bildreporter, den es mittels Zeitmaschine in diese Zeit verschlagen hat und der nun – mit dem Interesse, eine exotische Story für BILD daraus zu stricken – eine Befragung zu dem damaligen Fremden-, Armen- und Witwenrecht durchführt. Auf der Grundlage des so erhellten sozialgeschichtlichen Hintergrunds des Buches Rut wird die Novelle eingebracht

– Die *Beziehungsgeschichte* von Rut und Boas könnte z.B. nach Lektüre des Buches vertiefend in einem Rollenspiel erarbeitet werden, in dem die beiden Rollen nacheinander von verschiedenen Jugendlichen eingenommen werden. Zwei Requisiten (Hut und Tuch) liegen auf einem Stuhl bereit. Die vorgestellte Situation ist folgende: Rut und Boas sind etwa zwanzig Jahre glücklich verheiratet, Noomi ist längst tot, Obed erwachsen. Das Paar geht spazieren und erinnert sich an die Zeit, in der sie sich kennen lernten, besonders auch an die Nacht auf der Tenne und die damals durch-

---

21 Informationen zusammenstellen aus Bibellexika und *C. Frevel* (s. Anm. 9); Rollenkarten vorbereiten zur Situation einer jungen Frau wie Tamar, Rollen: junge Witwe, Ältester des Dorfes, Bruder des Verstorbenen, Knecht usw.

lebten Ängste und Hoffnungen. Zwei Personen mit den entsprechenden Requisiten gehen im Gespräch auf und ab, andere übernehmen zwischendurch die Rollen und führen das Gespräch mit anderen Aspekten weiter; jede(r) kann mehrmals spielen, die Lehrkraft eingeschlossen

– Für eine alle Aspekte *bündelnde Auseinandersetzung* mit dem Text bietet sich Folgendes an: Der Text bzw. der/die Verfasser des Textes wird in den Gesprächskreis eingeladen. In der Mitte steht ein leerer Stuhl, auf dem imaginär die eingeladene Person sitzt. Aus dem Außenkreis werden Fragen an die imaginäre Person gerichtet, z.B. zu geschichtlichen, rechtlichen oder stilistischen Besonderheiten, zu den ursprünglichen Adressaten usw.; wer eine Antwort weiß (Schüler oder Lehrkraft), setzt sich zum Sprechen auf den »heißen Stuhl«. Jede(r) darf in dem Dialog mehrmals drankommen. Das Verfahren ist schon in GS einsetzbar, erfordert dort aber u.U. spezielle Gesprächsregeln, um den heißen Stuhl nicht zum Dauersitz einiger weniger werden zu lassen. Das Verfahren ermöglicht der Lehrkraft dadurch, dass sie sich wie die Kinder als Fragende wie als Antwortende einbringen kann, die Steuerung eines differenzierten und zugleich sehr lebendigen Gesprächs.

LITERATURHINWEIS

C. *Frevel*, Das Buch Rut (Neuer Stuttgarter Kommentar, Altes Testament 6), Stuttgart 1992.

VII. Hiob

Rainer Lachmann

Der curriculare Befund ist eindeutig: Hiobbuch wie Hiobgestalt kommen in den Lehrplänen der GS und Sek I thematisch eigenständig nicht vor; hier erhalten die bewährten Glaubensgestalten eines Abraham, Noah oder eines Propheten durchgängig den Vorzug. Lediglich in problemorientierten Themenkreisen wie »Wenn guten Menschen Böses widerfährt« oder »Wie kann Gott das zulassen?« lassen sich Hiobbezüge finden. Das reicht m.E. nicht aus! Für einen RU, der die Gottesfrage zum »Kerncurriculum« erklärt, der die Erfahrungen, Probleme und Fragen seiner Schüler und Schülerinnen ernst nimmt und für seinen Teil die biblische Überlieferung als wesentlichen Auslegungshorizont anerkennt, ist die eingehende Auseinandersetzung mit dem Hiobbuch und dem zeitlosen Hiobproblem unverzichtbar und muss sich gegebenenfalls eigens dafür curricularen Raum schaffen und gehörig Zeit nehmen.

1. Exegetisch-hermeneutisch

1.1 Das Buch Hiob (bzw. nach den Loccumer Richtlinien Ijob) gehört trotz seiner weisheitskritischen Infragestellungen zur Weisheitsliteratur des AT (→ IX) und besteht aus einer Rahmenerzählung und einer breiten in sie eingefügten Dichtung. Das aus einer komplizierten Entstehungsgeschichte erwachsene und mit einer bedeutsamen Wirkungsgeschichte gesegnete Werk weist folgende *Grobgliederung* auf:

1,1–2,13	Prolog (in Prosa; vgl. Epilog)
3–27	Dialog Hiobs mit den drei Freunden (in Poesie)
28	Lied über die göttliche Weisheit
29–31	Hiobs Herausforderungsreden an Gott
32–37	Reden des vierten Freundes (Elihu)
38,1–42,6	Zwei Gottesreden
42,7–17	Epilog (in Prosa; vgl. Prolog).

1.2 Benannt ist das Buch nach seiner *Hauptgestalt Hiob*, einem Namen, der in sprechender thematischer Passung so viel bedeutet wie »Wo ist der (mein) Vater?« Der Prolog lokalisiert den Nichtisraeliten (!) Hiob »im Lande Uz« (1,1) und versetzt ihn in die nomadische Frühzeit der Erzväter im Umkreis der Abrahamssippe (vgl. Gen 22,20f.), wo man sich ihn als wohlhabenden Nomadenscheich vorstellen kann. Er wird bereits bei Ezechiel (14,14ff.) erwähnt, der ihn gemeinsam mit Noah und Daniel als Gerechten der Urzeit herausstellt. Sicher gab es Vorstufen und ältere Fassungen, bevor das vorliegende Hiobbuch in seine jetzige Form gebracht wurde. Nach gängiger Meinung dürfte das etwa »zwischen dem 5. und 4. Jahrhundert« v.Chr. in Palästina geschehen sein[1]. Der Verfasser des Buches ist unbekannt.

1.3 Die aus Prolog (1,1–2,13) und Epilog (42,7–17) bestehende *Rahmenerzählung* ist eine ursprünglich weisheitliche Lehrerzählung, die man als Novelle mit märchen- und legendenhaften Zügen charakterisieren kann. Sie handelt von dem frommen und gottesfürchtigen Mann Hiob, der aufgrund einer himmlischen Wette zwischen Gott und dem Satan zunächst sein Hab und Gut und seine Kinder und in einem zweiten Wettgang auch noch seine Gesundheit verliert. Trotz all dieser Hiobsbotschaften und -widerfahrnisse bewährt er sich als »umsonst« Gottesfürchtiger (1,9) und frommer Dulder (1,21 u. 2,10), dessen extreme und exemplarische Frömmigkeit zu guter Letzt durch Wiederherstellung seines Glücks überreichlich belohnt wird (42,10ff.).

1.4 Die dieser Rahmenerzählung eingepasste *Hiobdichtung* enthält in den *Kapiteln 3–27* einen *dreifachen Gesprächsgang (3–11; 12–20; 21–27),* der stets mit einer klagenden Herausforderung Hiobs eröffnet wird. Gesprächspartner Hiobs sind seine drei in 2,11–13 eingeführten Freunde Eliphas, Bildad und Zophar. Sie suchen ihn auf, »um ihn zu beklagen und zu trösten« (2,11), mit ihm zu trauern und zu schweigen. Zu reden beginnen sie erst, nachdem Hiob mit seiner abgründigen Klage in Kapitel 3 das Schweigen provozierend gebrochen hat. Jetzt antworten sie im Sinne ihrer Weisheitstheologie, wonach Tun und Ergehen sich stets und ausnahmslos entsprechen. Sie tun das zunächst in durchaus trostreicher Absicht, indem sie Hiob zu überzeugen suchen, dass er angesichts seines Leidens nicht mehr davon ausgehen dürfe, ein Gerechter zu sein. Das wird von Hiob nicht ak-

---

1 Vgl. *O. Kaiser,* Einleitung in das Alte Testament, Gütersloh ⁵1984, 393.

zeptiert, sondern provoziert bei ihm verletzte Empörung gegen seine »leidigen Tröster« (16,2). Er meint, er sei gerecht und argumentiert dabei genauso wie seine Freunde vom weisheitlichen Tun-Ergehens-Zusammenhang her, den auch er »als normal, als gottgewollt und gottgesetzt« voraussetzt! Nur zieht er daraus völlig andere Schlüsse als seine Freunde: Da er unschuldig leide, setze Gott den Tun-Ergehens-Zusammenhang »ungerechtfertigt außer Kraft«[2].

Was tröstend und belehrend begann, entwickelt sich ohne großen Gedankenfortschritt im *zweiten Redegang (12–20)* immer mehr zum Streitgespräch. Der Strafcharakter des Leids (z.B. 18,13) wird stärker betont und versetzt Hiob zunehmend mehr in die Rolle des vermessenen Rebellen gegen Gott, dem eigentlich nichts anderes übrig bleibt, als sich zu bekehren und Frieden mit Gott zu suchen.

Der dritte Gesprächsgang (21–27) belegt das gerade auch durch seine fragmentarische Unvollständigkeit. Die Freunde setzen sich immer stärker von Hiob ab, wiederholen sich mangels neuer Argumente und verstummen schließlich ganz, ohne dass Zophar noch einmal zu Wort kommt.

1.5 Nach dem eingeschobenen *»Lied über die göttliche Weisheit« (28)* folgen *Hiobs Herausforderungsreden an Gott (29–31),* die dann in den beiden *Gottesreden (38,1–42,6)* »aus dem Wettersturm« ihre Chaos bezwingende und Schöpfung besingende Entgegnung erfahren und Hiobs Umkehr bewirken (40,3–5 u. 42,1–6).

1.6 Was so argumentativ zusammengehört, wird durch die sog. *Elihureden (32–37)* deutlich unterbrochen, die deshalb auch allgemein als Einschub eines späteren Verfassers angesehen werden. Ihm reichten die weisheitlichen Antworten der drei Freunde nicht aus, weshalb er sie durch den Gedanken des Leids als Erziehungsmaßnahme Gottes ergänzte.

Dies ist einmal mehr ein Ausweis dafür, dass wir es beim Hiobbuch mit einem komplexen Kunstwerk zu tun haben, an dem viele Zeiten mit verschiedenen Stilen, Interessen und Absichten gearbeitet haben. Das verweist uns zum einen an die Endgestalt des Buches, die uns in ihrer komplementären und konträren Vielgestaltigkeit – besonders im Blick auf die Hiobgestalt selbst – zu produktiver Zusammenschau anregt, das ermuntert uns zum anderen aber auch

---

2 *H. D. Preuß,* Einführung in die alttestamentliche Weisheitsliteratur, Stuttgart 1987, 74.

zum freien Umgang mit den Einzeltexten und -teilen des Werkes, die in ihrer Zeitgebundenheit wie ihrer Zeitlosigkeit erfasst, gedeutet und für die schulische Behandlung begründet ausgewählt und bausteinartig eingesetzt werden dürfen.

1.7 Interessant ist in dieser Beziehung die *Gattungsbestimmung* der Hiobdichtung. Anders als bei der erzählten Rahmengeschichte handelt es sich bei ihr um Reden zwischen Hiob, seinen Freunden und Gott, die freilich häufig gar keinen Bezug aufeinander nehmen, sondern eher aneinander vorbeireden und darüber hinaus oft einen echten Gedanken- und Sachfortschritt vermissen lassen. Deshalb spricht man heute nicht mehr von den Reden als Dialogen, sondern charakterisiert sie als »Auseinandersetzungsliteratur ..., die zu einem Problem in assoziativer Beweglichkeit eine Menge von Gedanken und Gesichtspunkten vorträgt.«[3] Der Dichter bedient sich dabei verschiedenster Sprachformen und -traditionen, indem er – gleichsam als Spezifikum seiner Dichtung – weisheitliches, rechtliches und vor allem psalmistisches Reden im Stil der Einzelklage miteinander »mischt«.

Dieser Mischung verdankt das Hiobbuch seine eigenartige Wirkkraft im Spannungsbogen zwischen Lehr- und Lebensbuch, zwischen dogmatisch lehrhaftem Hiobproblem und existenziell »lebhaftem« Hiobfall, zwischen zeitloser Theologenfrage und persönlicher Ich-Klage, zwischen theologisch-ideologischem System und anthropologisch-menschlicher Erfahrung! Die Auseinandersetzung mit Hiob muss diese Spannung gerade auch in didaktischer Hinsicht aushalten und austragen und darf sich auf keinen Fall vor die falsche Alternative theologisches Problem oder existenzielles Problem »spannen« lassen: Das Menschheitsproblem »Leid« und das »Leiden« im je konkreten Menschenleben gehören wie die zwei Seiten einer Medaille zusammen und dulden keine Trennung und erst recht kein Gegeneinander. Das Hiobbuch kann uns darin, recht verstanden und unterrichtet, zum *lebens*förderlichen *Lehr*stück werden!

2. *Systematisch*

2.1 Im Buch Hiob geht es um den Umgang mit dem *Leiden* im Horizont angefochtenen Gottesglaubens (→ TLL 1, Leiden). Dieser

3 *P. Höffken,* Hiob in exegetischer Sicht, in: EvErz 36/1984, 509–526, bes. 513; vgl. auch *O. Kaiser,* aaO., 392.

Umgang vollzieht sich in Auseinandersetzung mit weisheitlicher Theologie und hat seine existenzielle Spitze in Hiobs Behauptung, er leide unschuldig. Das Werk bietet keine »Patentantworten«, sondern er-schöpft sich in verschiedenartigen Antwortversuchen und Deutungsansätzen, die Zurecht- und Zurückweisungen mit einschließen. Es lassen sich unterscheiden: Die Lösung der Rahmenerzählung (1), die Antworten der Freunde (2), Hiobs anklagende Anfragen (3) und Gottes Rede(n) (4).

(1) In der *Rahmenerzählung* wird das Leiden, das Hiob widerfährt, als vom Satan angestoßene und von Gott zugelassene Prüfung und Versuchung gedeutet. Durch das Leiden soll geprüft, getestet und »versucht« werden, ob Hiob wirklich »umsonst« gottesfürchtig ist oder ob seine Frömmigkeit »nichts als Selbstsucht sei und nicht Gott, sondern den Menschen selbst meine (Hiob 1,10 f. und 2,4 f.)«[4]. Wie Abraham in Gen 22 besteht Hiob in unangefochtener Gottesfurcht die ihm auferlegte Prüfung, erliegt nicht der Versuchung und empfängt Leiden wie Freuden, Gutes wie Böses von Gott her (2,10). Das Hiobproblem scheint bei dieser Lösung für Hiob gar kein Problem zu sein; gerade in den Satan-Szenen wird »das dem Menschen unerklärliche, unverschuldete Leiden« problemlos »als Zeugnisleiden für die Ehre Gottes und des Menschen« gedeutet[5]. Problematisch wird diese Sinndeutung des Leidens, sobald man sie des Vertrauensvorschusses und -überflusses entkleidet, in dem Hiobs fromme Ergebung und Duldsamkeit gründet. Dann wird Gott zum zynischen Test- und Wettgott, der »den Menschen zu einem göttlichen Prüfungsobjekt erniedrigt«, mit dem experimentiert und dem leidvoll mitgespielt wird – sicher kein Weg, um den Menschen »leidensfähig« zu machen[6].

(2) Die *Antworten der Freunde Hiobs* »bewegen« sich durchgängig im orthodoxen Rahmen weisheitlicher Vergeltungsdoktrin, wonach sich unter der unhinterfragbaren Voraussetzung der Gerechtigkeit Gottes Tun und Ergehen entsprechen. Allem menschlichen Leiden muss danach auf Seiten des Menschen ein dem gemäßes Tun korrespondieren (34,10–12). In unbeschönigtem Klartext heißt das, dass Leiden im Letzten stets Strafe und Sühne für sündiges Tun, schuldhaftes Handeln und gottloses Fehlverhalten ist (vgl. u.a. 4,7–11;

---

4 *O. Kaiser,* Der Gott des Alten Testaments, Göttingen 1993, 281 f.
5 *O. Kaiser,* aaO., 279.
6 *H. Zahrnt,* Wie kann Gott das zulassen? Hiob – der Mensch im Leid. München/ Zürich ²1985, 36.

5,6–11; 8,20–22; 11,13–20; 15,2–6.20–35; 18; 20,4ff.; 22,4–30!). »Als Mittel göttlicher Züchtigung« soll das Leiden den Sünder »auf seine Schuld hinweisen« und zu bußfertiger Umkehr führen, die Gott dann mit der »Restitution« dessen, der sich »bekehrt« und »demütigt«, erwidert (22,23–30). Hier deuten sich im Leiden als Straf- und Züchtigungsmittel bereits pädagogische Züge und Intentionen an, die in den Elihu-Reden »zur Lehre von der göttlichen Leidenspädagogik fortentwickelt« werden[7]. Leiden ist danach Erziehung, Warnung und Mahnung (vgl. bes. Kapitel 33).

(3) Obwohl wie seine Freunde auf dem Boden des Tun-Ergehen-Zusammenhangs der Weisheitstheologie stehend, akzeptiert der *Hiob* der Hiobdichtung deren Antworten nicht, sondern stellt sie entschieden in Frage, rebelliert gegen sie und wird darüber gleichsam zum »Hiob-Zwilling« (*W. Reiser*) des frommen Dulders, zu dessen anderer Seite, die den Aufschrei, den Protest gegen Gott verkörpert. Er leugnet, schuldig, ungerecht, gottlos zu sein (9,21f.), und wird damit leibhaftig zur Menschheitsfrage »Warum guten Menschen Böses widerfährt?« Aus theologischer Warte folgt daraus in logischer Konsequenz die Antwort: Gott ist ungerecht; »den Schuldlosen wie den Schuldigen bringt er um« (9,22), er lässt sie gleichermaßen leiden. Doch Hiob findet sich mit dieser Logik nicht ab; trotz seiner Leiden will er sie nicht wahrhaben und hält an Gott gegen Gott fest. In seiner verzweifelten Gottesanklage fordert er gleichzeitig Gott als Zeugen seiner Unschuld (16,19ff.) heraus, appelliert an Gott gegen Gott und glaubt wie Abraham in Gen 22 gegen Gott an (31,6ff.)! Das ist Hiobs paradoxe »Antwort« auf die Frage des Leidens: Im angefochtenen Dennoch-Glauben hält er die widersinnige Gegensatz-Spannung in Gott existenziell aus, ohne sich mit einer rationalen Lösung seines Problems abfinden zu können.

(4) Auch die *Gottesreden* bieten keine rationale Antwort auf die Frage nach dem Grund und Zweck von Hiobs Leiden. Gott zeigt sich weder als (schlechter) Theologe, der auf alles eine Antwort weiß, noch als Apologet seines Wirkens und Waltens. Stattdessen lässt er Hiob in hymnisch fragender Herausforderung sein übermächtiges, unergründliches Schöpferhandeln spüren und verweist ihn in seine kreatürlichen Schranken. Wie das Leiden so bleibt auch Gott Geheimnis und entlarvt Hiobs Leidensfragen als »unziemliche Überschreitungen der dem Menschen gezogenen Grenzen«[8]. Gleich-

---

7 *O. Kaiser,* Der Gott des Alten Testaments, 279.
8 *O. Kaiser,* aaO., 281.

zeitig aber akzeptiert und respektiert er Hiobs Fragen und Anklagen, ja ermuntert und befreit geradezu dazu, indem er seinem
»Knecht Hiob« bescheinigt, dass er recht von ihm geredet hat (42,7).
So begrenzend und zugleich befreiend »antworten« die Gottesreden
auf das Hiobproblem. Die Theodizeefrage ist offen gehalten – vielleicht verheißungsvoll verbunden mit der Ahnung im »Verborgenen«, »daß Gemeinschaft mit Gott auch im Leid möglich ist, daß
Gottesnähe nicht erst nach der Abwendung des Leids wieder erfahren werden kann«[9].

2.2 Die Frage nach dem Leid und der Gerechtigkeit Gottes wird im
Hiobbuch auch nicht durch Vertröstung auf einen Lohn im Jenseits
beantwortet, denn eine *Jenseits- und Auferstehungshoffnung* findet sich
in ihm noch nicht (vgl. 10,20–22; 14,13–15; 16,22).

Auch die bekannte *Textstelle 19,25,* die – inspiriert durch *Luthers* Übersetzung
»Ich weiß, daß mein Erlöser lebt« – traditionellerweise auf Christus und die
Auferweckung vom Tode hin gedeutet zu werden pflegt, gibt das nicht her.
Mit der Bezeichnung Jahwes als »Goel«, d.h. als Rechtsbeistand und Aus-
Löser, ist auf familienrechtliche Verpflichtungen angespielt, »die jeweils der
nächste Verwandte zu übernehmen hatte, um dem Versklavten Freiheit und
selbst dem Erschlagenen nachträglich Recht zuteil werden zu lassen«[10]. In
diesem Sinne meint deshalb dieser Vers eher Hiobs Hoffnung auf Rechtfertigung durch Gott im letzten Augenblick seines Lebens als Hoffnung auf
Auferweckung zu ewigem Leben.

Dessen ungeachtet bleibt das glaubensgewisse, trotzige »Ich« dieses Ver-
ses auch ohne Auferstehungsvorstellung ein die Leidenssituation transzen-
dierendes Hoffnungsfanal, wie wir es aus den Klagepsalmen mit ihrem
»›Umschwung‹ von Klage zu Zuversicht, ja jubelnder Freude« kennen[11]. Der
Dichter des Hiobbuchs bedient sich für seine Leidensdichtung des traditionellen »Klagemusters«, um auf diese Weise dem kleinen Pflänzchen seines
Dennoch-Glaubens existenziell wie poetisch Ausdruck zu verleihen.

2.3 Vielleicht sind es gerade die Klagepsalmen, die den Blick aus-
sichtsreich zu öffnen vermögen vom »alten« Hiob in Richtung *Jesus,*
den *Schmerzensmann,* den »neuen Hiob«, der im Garten Gethsemane

---

9 *H. D. Preuß,* Einführung in die alttestamentliche Weisheitsliteratur, 109.
10 *Ökumenischer Arbeitskreis für Bibelarbeit,* Hiob (Bibelarbeit in der Gemeinde 7),
   Basel/Zürich 1989, 202.
11 *I. Grill,* »Aber meine Augen werden ihn schauen ...« – Hiob – 1. Bd. (II/1994),
   33 (Arbeitshilfe f. d. evangelischen RU an Gymnasien ThF 97, *hrsg. v. d. Gymnasialpäd. Materialstelle d. Evangelisch-Lutherischen Kirche in Bayern),* o.O.

angefochten betet und am Kreuz »von Gott und der Welt verlassen« mit Worten des Ps 22 auf den Lippen stirbt. Hier und da der unschuldig Leidende, hier und da der im tiefsten Leid und Schmerz unbegreiflich verborgene, scheinbar abwesende Gott, an und gegen den man nur noch radikal fragend, klagend und anklagend glauben kann. In dieser Radikalität des Leidens und Angefochtenseins sind sich alter und neuer Hiob gleich; gleich bleibt auch die fürsorgliche Treue des Schöpfergottes, der den Leidensrebellen zwar in seine Schranken weist, aber nicht aufgibt.

Verheißungsvoll neu ist die Auferstehungsbotschaft (→ TLL 1, Auferstehung/Ostern); sie macht das Leidenskreuz zum Lebenszeichen und verspricht jedem Leidenden, dass Gott auch im schlimmsten Leid verborgen anwesend ist und in seiner – mit der Auferweckung Jesu bezeugten und bestätigten Treue – an der Todesgrenze nicht Halt macht, sondern sie durch seine Liebe überwindet und über den Tod hinaus leidfreies Leben verheißt (Offb 21,4).

2.4 Bliebe noch zu fragen, ob die Auseinandersetzung mit Hiobproblem und Theodizeefrage durch die ja erst erheblich später in die alte Rahmenerzählung eingefügte *Gestalt des Satans* (→ TLL 1, Teufel) eventuell noch weiterhelfende Anstöße bekommt. Was die Dramatik der Erzählung betrifft, kann man das sicher behaupten, was die Entlastung Gottes in der Theodizeefrage angeht, muss man das ebenso sicher verneinen. Denn der Dichter lässt Satan nicht als dualistischen Gegenspieler Gottes oder Verursacher von allem Leiden und Bösen auftreten, sondern als himmlischen Ankläger und Prüfer, der völlig der Macht Gottes untergeordnet ist und nur darf, was Gott zulässt. Die Hiobdichtung wie der Epilog der Erzählung tragen dem insofern Rechnung, als der Satan in ihnen nicht mehr auftaucht. Hiob hat es in seinen Reden immer nur mit Gott selbst und dessen rätselhaftem Handeln zu tun. Der Blick hinter die Kulissen des himmlischen Hofstaats bleibt ihm »Gott sei Dank« erspart; denn der dort begegnende »Gott« kann eigentlich nur Protest und Absage provozieren und taugt nicht für einen radikal anfragenden und anklagenden Gottesglauben gegen den »leidigen« Augenschein.

3. Didaktisch

Hiobbuch und -gestalt sind den Kindern und Jugendlichen in der Regel unbekannt, und man tut sicher gut daran, hier unterrichtlich nichts – außer vielleicht die sprichwörtlichen »Hiobsbotschaften« – vorauszusetzen. Wenn wir trotzdem entschieden für eine eingehende Beschäftigung mit Hiob im RU plädieren, geschieht das nicht

aus bibelkundlichem Bildungsinteresse – dazu spielt die Hiobtradition im AT eine zu marginale Rolle –, sondern aus der Überzeugung
heraus, dass mit dem Hiobproblem ein anthropologisch und theologisch derart fundamentales Thema angesprochen ist, das kein RU
seinen Schülern und Schülerinnen – so schmerzliche Betroffenheit
es auch auslösen mag – vorenthalten darf. Die Erschließung des
Hiobbuchs von der Leidensfrage her versteht sich vice versa als Erschließung der Leidensfrage von der Hiobtradition her und bleibt
im Unterschied zur üblichen, thematisch weiter und offener gehaltenen religionsunterrichtlichen Behandlung der Leidensproblematik
(→ TLL 1, Leiden) im »Bannkreis« des Hiobbuches.

Damit geht es von vornherein um eine Auseinandersetzung mit
dem Leiden aus einer Sicht der Wirklichkeit, die mit Gott rechnet
und rechtet. Das konvergiert didaktisch und methodisch mit der
Gattung des Hiobbuchs als »Auseinandersetzungsliteratur«, die in
weisheitlicher Manier gesprächsoffen und diskussionsfreudig *über*
Leiden spricht und nachdenkt, zugleich aber in der Weise der Psalmen auch Raum lässt und gibt zum Aussprechen und Einbringen von persönlichen Leidenserfahrungen, Klagen, Anklagen und
»Schweigensäußerungen«. Dies im Horizont ungefragten und ange-
fragten Gottesglaubens zusammenzubringen und zusammenzuhal-
ten, heißt gekonnte »Auseinandersetzung« mit dem Hiobproblem in
der Schule. Die *»Vierfalt« der Antworten* des Buches Hiob von der mär-
chenhaften Rahmenerzählung über die »Weisheit« der Freunde und
die (An-)Klagen Hiobs bis zur Gottesrede bietet für die Schüler und
Schülerinnen eine Fülle an Möglichkeiten kognitiver wie affektiver
Identifizierung und Distanzierung.

3.1 Die Frage, inwieweit bereits *Grundschüler* in der Lage sind, sich
mit Texten des Hiobbuches Gewinnbringend auseinander zu setzen,
wird heute zunehmend positiv beantwortet. Grund dafür sind vor
allem die Ergebnisse der Rezeptionsforschung, die dazu geführt haben, die Kinder als kleine Philosophen und Theologen wahr- und
ernst zu nehmen und ihre Unterrichtsbeiträge als Denk- und Erfah-
rungsprodukte eigener Dignität didaktisch angemessen in Anschlag
zu bringen. Anregend und aufregend ist in dieser Hinsicht *Rainer
Oberthür*s ausgeführter Vorschlag, mit Kindern eines 4. Schuljahres
»die Theodizeefrage und das Buch Hiob zu vergegenwärtigen und
zu bedenken«[12]. Auch wenn man gegen seine Behandlung der Theo-

---

12 *R. Oberthür,* Kinder fragen nach Leid und Gott, München 1998, 83–131.

dizeefrage anhand von Gedanken *Epikurs* große Vorbehalte hat, müssen seine auf zehn Stunden angelegten »Auseinandersetzungen mit dem Buch Hiob« aufs Ganze gesehen als anregender Versuch gewertet werden, bereits mit Grundschülern »zu einer produktiven Vergegenwärtigung des Hiobbuches« zu gelangen[13]. Dessen ungeachtet wird der Schwerpunkt der Beschäftigung mit dem Hiobbuch für gewöhnlich in der Sek liegen[14].

3.2 Nicht zuletzt unter dem korrelativen Ansatz und Anspruch stellt sich die richtige *Auswahl von Texten* aus den 42 Kapiteln des Hiobbuchs als didaktisches Kardinalproblem heraus. Da uns ein regelrechter Bibelkurs allein schon aus Zeitgründen, aber auch aufgrund der gezielteren Problemorientierung für den RU verwehrt ist, ist z.B. der Textvorschlag aus der Deutsch-Schweizerischen Erwachsenenbildungsarbeit – »Die Hiob Novelle« (1–2 u. 42)/»Hiobs Klage und die erste Gottesrede« (3 u. 38–39) / Die Reden Elifas und Hiobs (4–5 u. 6–7), Bildads und Hiobs (18 u. 19), Elifas und Hiobs (22 u. 23) / »Das Lied der Weisheit« (28) / »Die Reden Elihus« (32–37) – nur bedingt brauchbar, wiewohl er durchaus kritisch anregend wirken kann[15]. So wird man sicher allein schon aus literarkritischen Gründen das »Weisheitslied« und in der Regel wohl auch die Elihu-Reden religionsunterrichtlich nicht behandeln und wird sich bei den Reden zwischen Hiob und seinen Freunden meist mit nur einer thematisch relevanten und typischen Wechselrede bescheiden müssen, wobei ohnehin längere zusammenhängende Textpassagen vermehrt erst in den Klassen der Sek eingesetzt werden dürften.

In GS und OS werden dagegen eher die Hiob*erzählungen* dominieren, je nachdem mit elementaren Bibelversen und -stücken versetzt und »bereichert«.

Hier stellt sich für den GS-Unterricht die Frage, ob nicht gerade für dieses Alter die märchenhafte Hiobnovelle besonders geeignet sei und man sich deshalb mit ihr begnügen sollte. Da, wo die Kinder mit ihren Leidenserfahrungen und Gottesfragen wirklich ernst genommen werden, wird man das eher verneinen. Das haben schon *Oberthürs* »Zugänge über die Fragen der Kinder« deutlich werden lassen[16], das haben inzwischen aber auch die Autoren neuerer

---

13 *R. Oberthür,* aaO., 89.
14 Vgl. die Unterrichtsvorschläge zu Ijob von *H. K. Berg,* Altes Testament unterrichten, München/Stuttgart 1999, 312–329.
15 *Ökumenischer Arbeitskreis für Bibelarbeit,* aaO., 5f.
16 *R. Oberthür,* aaO., 85–89.

Kinderbibeln verstanden. Nicht nur, dass Hiob überhaupt in ihren Textkanon aufgenommen worden ist, sondern, wie er aufgenommen worden ist, zeichnet gute Kinderbibeln heute aus und lässt sie zum brauchbaren Material der Beschäftigung mit dem Hiobproblem in der GS werden. In jeder Hinsicht beispielhaft ist hier *Regine Schindler,* die in ihrer Kinderbibel zunächst die Rahmengeschichte erzählt, um sie dann existenziell fragend und problematisierend durch geeignete Texte der Hiobdichtung kritisch zu bereichern[17]! Ähnlich geschickt elementarisiert erzählt *Werner Laubi* »Die Geschichte von Hiob«[18]. Als didaktisch gelungen und vielfältig einsetzbar sei des Weiteren auf *Dieter Ptasseks* Erzählung »Hiob« verwiesen[19], die mit ihrer Verschränkung von problem- und bibelorientierten Aspekten gleichsam das Grundgerüst für eine wirkungsvolle Auseinandersetzung mit dem Hiobproblem abgeben könnte.

Ein anderer Weg der Auswahl und des Einsatzes von Hiobtexten sind *Wortkarten,* auf die jeweils elementare Sätze aus dem Hiobbuch geschrieben worden sind[20]. Sie bieten viele Möglichkeiten zu existenzieller und kreativer Begegnung, wenn sich die Kinder und Jugendlichen z. B. eine Karte aussuchen können, deren Text sie besonders anspricht, und sie dazu ein Bild malen oder Gedanken und Geschichten aufschreiben und darüber gemeinsam gesprochen wird. Der fehlende Kontext kann durch eine nachgehende Erzählung oder einen zu bearbeitenden Lückentext »nachgeliefert« werden, wobei der Vermittlung persönlicher Leidenserfahrungen mit den traditionellen Leidens(ant)worten oberste Priorität zukommt. Das gilt auch für die Sek I, deren Umgang mit den ausgewählten Elementarsätzen sich allerdings vorwiegend auf den biblischen Kontext beziehen wird, aus dem sie stammen.

Neben der Vollbibel kann hier die Arbeit mit der »Bibel in Auswahl nach der Übersetzung Martin Luthers« (Stuttgart 1992) empfohlen werden. Sie liefert nicht nur eine wohl überlegte Textauswahl mit treffenden Überschriften, sondern (neben vielem anderen) auch eine »kryptische« Radierung von *Thomas Zacharias,* die zur Deutung anregt und an das reiche Bildmaterial zu Hiob aus Geschichte und Gegenwart erinnert, das als vielgestaltiger Begegnungsraum zwischen leidvoller Tradition und Situation »dienen« kann. Hier begeg-

17 *R. Schindler,* Mit Gott unterwegs, Zürich 1996, 140–143.
18 *W. Laubi,* Kinderbibel, Lahr ⁴1994, 172–178.
19 *D. Ptassek,* Hiob, in: *W. Neidhart/H. Eggenberger (Hg.),* Erzählbuch zur Bibel, Lahr/Zürich ³1979, 235–240.
20 Vgl. *R. Oberthür,* aaO., 90–93, der unter den Rubriken »Hiobs Klagen« (10 Karten) / »Hiob zu den Freunden« (5) / »Hiob zu Gott« (9) / »Gottes Fragen an Hiob« (8) / »Hiob zu Gott« (5) insgesamt 37 Wortkarten beschriftet.

nen die Schüler und Schülerinnen der ungeheuren Wirkungsgeschichte der Hiobüberlieferung, die sich außer in den Werken der
Malerei auch in den faszinierenden Deutungen und »Vieldeutigkei-
ten« aus Philosophie, Theologie, Dichtung und Musik niedergeschlagen hat. Eine intensivere Beschäftigung mit ihnen gehört freilich vorrangig in den RU der Sek II[21].

3.3 Ohne alters- und entwicklungspsychologische Differenzierung
lässt sich die zwischen Leidenserfahrungen und Gottesglauben
»eingespannte« religionsunterrichtliche Auseinandersetzung mit der
Hiobüberlieferung durch folgende *Lernzielperspektiven* skizzieren:

Die Schüler und Schülerinnen sollen in Auseinandersetzung mit
dem Hiobproblem eine Wirklichkeitssicht wahrnehmen und aus-
probieren, die mit Gott rechnet und rechtet,

- sie sollen sich an Leiderfahrungen und -widerfahrnisse in ihrem Leben
  und ihrer Welt erinnern
- sie sollen Warum-Fragen an Gott überlegen und aufschreiben
- sie sollen das Leidensschicksal Hiobs kennen lernen und sich »irgendwie«
  reagierend in seine Lage versetzen
- sie sollen Hiob in der Rolle des frommen Dulders begegnen, der trotz aller Schicksalsschläge treu an Gott festhält
- sie sollen den »Hiob-Zwilling«, den Rebellen, erfahren und zum Ausdruck bringen: klagend, anklagend, lästernd gegen den ungerechten, un-
  fassbaren Gott
- sie sollen über die weisheitlichen Sinndeutungen des Leids als Vergeltung, Strafe, Züchtigung und Erziehungsmittel nachdenken und ihre Relevanz und Akzeptanz diskutieren
- sie sollen in der scheinbaren »Antwortlosigkeit« der Gottesreden die Un-
  begreiflichkeit und Fürsorglichkeit des Schöpfergottes entdecken
- sie sollen probeweise darüber nachdenken, sprechen und handeln, was es
  im Umgang mit Leiden brächte, wenn Gott geleugnet bzw. der Satan mit
  ins Spiel gebracht würde
- sie sollen über dem Vers »Ich weiß, daß mein Erlöser lebt« (19,25 nach
  der Luther-Übersetzung) die christliche Deutungs- und Verheißungsper-
  spektive wahrnehmen, mit der sich Jesus als der »neue Hiob« anbietet,
  der leidet, stirbt und aufersteht

21 Vgl. *I. Grill,* »Aber meine Augen werden ihn schauen ...« – Hiob – 2. Bd.: Ein
   Lesebuch zur Wirkungsgeschichte der Hiobsgestalt in Philosophie, Theologie
   und Kunst (Arbeitshilfe f. d. evangelischen RU an Gymnasien ThF 97, *hg. v. d.
   Gymnasialpäd. Materialstelle d. Evangelisch-Lutherischen Kirche in Bayern),* o.O.
   (II/1994); s. auch *H. K. Bergs* Unterrichtsvorschlag »Ijob in der Dichtung der
   Gegenwart (9./10. Klasse)«, aaO., 322–329.

– sie sollen sich die Warum-Fragen nach Gott und dem Leid in der Offenheit und Widersprüchlichkeit der kennen gelernten Antwortversuche wieder-holend vergegenwärtigen und die je eigene An-Sicht kreativ schreibend, malend oder spielend ausdrücken.

Wo es gelingt, diese Lernzielperspektiven in altersgemäßer Spezifizierung mittels geeigneter Medien methodisch einfallsreich umzusetzen, da vielleicht kann die Hiobüberlieferung für die Schüler und Schülerinnen ansatzweise zum Lebensbuch vom Leiden und im Leiden werden, das den Blick öffnen und wenden kann in Richtung auf einen Gott mit uns, bei uns und für uns auch im größten Leid.

LITERATURHINWEISE

J. Ebach, Streiten mit Gott. Teil 1 u. 2 (Kleine Biblische Bibliothek), Neukirchen-Vluyn 1996.

R. Oberthür, Kinder fragen nach Leid und Gott. Lernen mit der Bibel im Religionsunterricht, München 1998.

VIII. Psalmen

Ingo Baldermann

1. Das Geheimnis der Psalmen: »… dass jeder darin Worte findet«

Das Buch der Psalmen (der »Psalter«), analog zur Tora untergliedert in fünf Bücher, ist in vieler Hinsicht einzigartig, schon in der jeden Rahmen sprengenden Gegensätzlichkeit der Gefühle. In einem Atem sprechen die Ps von der unvorstellbaren Weite des Sternenhimmels und der Wehrlosigkeit eines neugeborenen Kindes, von der Tiefe der Todesangst und der unendlichen Schönheit des Lebens, von der erstaunlich stabilen Ordnung der Schöpfung und dem Zynismus der Gewalttäter, die auch die Grundfesten einreißen. Und sie reden davon nicht in der Distanz und Objektivität theologischer Aussagen, sondern aus eigener Erfahrung, aus der Tiefe der Angst oder aus überquellender Freude, sie reden nicht *über* Gott und das Leid, sondern von ihrem Leid und ihrem Glück reden sie *mit* Gott, und das in einer Unmittelbarkeit, die alle rituellen Formen sprengt.

Niemand hat diese vitale Ursprünglichkeit der Psalmensprache so kongenial übersetzt wie *Martin Luther.* Seine deutschen Ps spiegeln die Leidenschaft wider, in der er selbst an dem Gespräch der Ps mit Gott teilnimmt. Für seine Deutsche Bibel hat er zu allen biblischen Büchern einführende Vorreden geschrieben. Die »Vorrede auf den Psalter« nimmt darunter eine besondere Stellung ein. Darin schreibt er:

»Denn ein menschlich Herz ist wie ein Schiff auf einem wilden Meer, welches die Sturmwinde von den vier Örtern der Welt treiben: Hier stößt herunter Furcht und Sorge vor zukünftigem Unfall. Dort fährt Grämen herzu und Traurigkeit von gegenwärtigem Übel. Hier webt Hoffnung und Vermessenheit von zukünftigem Glück. Dort bläst Sicherheit her und Freude in gegenwärtigen Gütern.

Solche Sturmwinde aber lehren mit Ernst reden und das Herz öffnen und den Grund heraus schütten. Denn wer in Furcht und Not steckt, redet viel anders von Unfall als der in Freuden schwebt. Und wer in Freuden schwebt, redet und singet viel anders von Freuden als der in Furcht steckt …

Was aber ist das meiste im Psalter als solch ernstlich Reden in aller-
lei Sturmwinden? Und (wie gesagt) ist das das Allerbeste, dass sie solche
Worte gegen Gott und mit Gott reden, welches macht, dass zwiefältiger
Ernst und Leben in den Worten sind. Denn wo man sonst gegen Menschen
in solchen Sachen redet, gehet es nicht so stark von Herzen, brennet, lebt
und dringet nicht so fest. Daher kommt es auch, dass ... ein jeglicher,
in welcherlei Sachen er ist, Psalmen und Worte drinnen findet, die sich auf
seine Sachen reimen und ihm so eben sind, als wären sie allein um seinet-
willen also gesetzt, dass er sie auch selbst nicht besser setzen noch finden
kann ...«

2. Wie finden wir Zugang?

2.1 Die Grunderfahrung: Ich bin auf festem Boden. Darin liegt das Geheimnis der Ps: Wo sonst finde ich Worte, die in solcher Intensität
derart abgründige Erfahrungen aussprechen? Und mehr als das: Erfahrungen großen Glücks oder großer Trauer, die Erfahrung großer
Liebe oder trostloser Einsamkeit verschlagen mir die Sprache. Angst
lehrt nicht beten, sondern macht stumm. In dem Chaos meiner Gedanken suche ich tastend nach Worten, die mir eine Brücke bauen,
über die ich gehen kann. In den Ps finde ich solche Sätze, die mir sagen: Ich bin auf festem Boden.

Ich brauche festen Boden in dem Chaos meiner Gefühle. Ich
brauche eine Sprache, in der ich meine Gefühle aussprechen kann,
ohne sie zu beschönigen, aber auch ohne ihnen damit Macht zu geben, mich immer weiter in die Tiefe zu ziehen. Ich will nicht in ihnen
untergehen, ich will leben, mit ihnen, ohne sie zu verleugnen. Und
die Sätze der Ps leisten beides: Ich begreife meine Gefühle, tiefer
noch als je zuvor, aber sie geben nicht dem Sog in die Tiefe nach,
sondern verwandeln sie in einen Impuls zum Leben.

Und noch mehr: Sie haben nicht nur eine Sprache, die das Chaos
in mir zu bändigen vermag, sondern auch Worte für das große
Glück, die Erfahrung überwältigender Schönheit, das Gefühl einer
großen Dankbarkeit, die flüchtig bliebe wie das Glück, wenn sie
nicht Worte fände – und ein Ohr, das diese Worte hört. Ich kann
nicht nur an meiner Angst ersticken, sondern auch an meiner
Freude, wenn sie keinen Adressaten findet.

So helfen mir die Ps zu der Erfahrung: Ich bin auf festem Boden,
wo ich auch bin, am Anfang eines schwierigen Weges oder auf dem
Höhepunkt des Glücks, am Ende meiner Kräfte, wenn ich alles
aus der Hand geben muss, oder in dem Augenblick, da ich wieder

aufstehe. Worte der Ps sind die ersten, die mir einfallen, wenn ich meiner Angst Herr zu werden versuche, und die letzten, die mir bleiben, wenn es mir die Sprache verschlägt, im Angesicht des Todes.

2.2 Erster Zugang: Die Klage. Die Ps helfen wie kein anderes Medium, einen unmittelbaren Zugang zur Bibel zu gewinnen. Für Kinder und Jugendliche hängt alles daran, dass sie selbst einen solchen direkten Zugang finden; anders kommen sie nicht zu einem selbstständigen Verstehen, das auch kritischen Erfahrungen standhält. Die Wege historisch-kritischer Exegese und Hermeneutik führen nur die zum Verstehen, die ihre Methoden beherrschen und selbstkritisch einsetzen können. Das aber ist ein sehr reflektierter Zugang, und er führt in der Regel auch nur zu einem sehr distanzierten Verstehen. Für die Worte der Ps brauchen wir einen anderen Weg.

Die Unterrichtsstunde, die uns, eine Praktikumsgruppe in der Orientierungsstufe, auf einmal zu den Worten der Ps zurückführte, ist mir noch sehr deutlich in Erinnerung. Ich hatte in all den Jahren zuvor immer wieder unter dem Unernst der Gespräche über die Bibel gelitten. Der ganze Unterricht war wie ein großes Rätselspiel, bei dem, wenn es gut ging, die Kinder mitmachten auf der Suche nach der richtigen Lösung. Auf einmal aber waren es die Kinder, die aus dem Spiel Ernst machten. Sie fragten uns völlig unerwartet, aus heiterem Himmel: Jetzt sagen Sie uns einmal ehrlich: Glauben Sie, dass wir noch erwachsen werden?

Aus der Frage sprachen Zweifel und Angst. Das war ernst gemeint und ließ keine Ausflüchte zu. Ich hatte nicht die Stirn, zu antworten: Natürlich! Denn damit wäre ich nicht ehrlich gewesen; ich hätte verschwiegen, was mir selbst große Sorgen machte. Ich konnte auch nicht sagen: Ich glaube das! Denn damit hätte ich sie nur auf meinen Glauben verwiesen, statt ihnen die Chance zu geben, selbst zu entdecken, was ihnen half, mit ihrer Angst anders umzugehen. Helfen konnte ich ihnen nur, wenn ich sie auf den Weg brachte, an biblischen Texten selbst Hoffnung zu lernen.

Das mussten aber Texte sein, die nicht erst wie Rätsel zu lösen waren, sondern direkt zu ihnen sprachen, in dieser Angst. So kamen wir auf die Ps. Und was uns nach langer Suche in den Ps als etwas auch für diese Kinder unmittelbar Verständliches entgegenkam, waren zuerst einmal Worte der Klage:

> Ich versinke in tiefem Schlamm, wo kein Grund ist. (69,2)
> Gelähmt sind mir Hände und Füße. (22,17)
> Ich rufe täglich, und du antwortest nicht! (22,2)
> Ich bin geworden wie ein zerbrochenes Gefäß. (31,17)

Immer wieder hat es sich bestätigt, dass zumal für Kinder nirgendwo sonst in der Bibel eine so spontane, unmittelbare und umfassende Identifikation möglich ist wie mit den Worten der Klage. Die
Ps selbst setzen hier den stärksten Akzent: Zwei Drittel der biblischen Ps sind Klagepsalmen, in denen einzelne für ihre Not und
Angst Sprache finden.

Gewiss gibt es gewichtige theologische und auch pädagogische
Einwände gegen den Versuch, gerade hier einzusetzen, doch alle
grundsätzlichen Bedenken wurden gegenstandslos angesichts der
Gespräche, die durch diese Worte ausgelöst wurden. Die Gespräche
waren voller Überraschungen und ließen uns entdecken, wie viel un-
gelöste emotionale und auch spirituelle Erfahrungen heutige Kinder
mit sich herumtragen[1].

2.3 Mit der Klage beginnt das Alphabet der Hoffnung. Die Kinder erkannten offensichtlich in diesen Worten der Ps eigene Erfahrungen wieder, für die sie bis dahin keine Sprache hatten. Das half ihnen auch
zu einem ganz selbstverständlichen Umgang selbst mit schweren
Metaphern, etwa der vom tiefen Schlamm, für die sie gar keine Erklärung brauchten.

Sie tasteten sich an die Sätze der Ps heran und brachten dabei
offenkundig eigene Erfahrungen zur Sprache, behutsam, um nicht
zu viel von sich selbst preiszugeben, häufig mit der Einleitung: »Vielleicht ist da einer, der ...« Das war der Rahmen, innerhalb dessen
sie dann aber unüberhörbar in einer erstaunlichen Weise von sich
selbst sprachen, und die Psalmenworte halfen ihnen dabei zur Ver-
sprachlichung gerade von solchen Emotionen, die bis dahin sprachlos geblieben waren.

In solchen Gesprächen kommt es zu einer direkten und gar nicht
mehr unernsten Kommunikation zwischen Kindern und biblischen
Texten: Sie assoziieren eigene Erfahrungen, die im Dialog mit den
biblischen Worten fassbare Gestalt annehmen. Darin unterscheiden
sich diese Gespräche von einem problemorientierten, auf richtige
Lösungen drängenden Unterrichtsgespräch: Wir folgen nicht dem
Spannungsbogen vom Problem zur Lösung, sondern das Gespräch

---

1 Vgl. *I. Baldermann,* Wer hört mein Weinen? (WdL 4), Neukirchen-Vluyn ⁶1999.

dient dem Erinnern und folgt assoziativen Impulsen. Dabei gibt es keine richtigen oder falschen Antworten, wohl aber braucht es Zeit, damit Kinder ihre Erinnerungen aus der Tiefe überhaupt herauf-holen können.

Die Worte der Klage helfen zu einem anderen Umgang mit den belastenden Erfahrungen, die aus dem Unterbewussten wieder her-vorgeholt werden. Sie finden jetzt Sprache und werden dadurch zu-gänglich, statt sich in den Tiefen der Sprachlosigkeit angsterzeugend festzusetzen. Zudem werden sie in der Klage schon in einer Sprache vergegenwärtigt, die nicht im Selbstmitleid versinkt, sondern auf Veränderung drängt. So spricht die Klage der Ps nicht eigentlich die Sprache der Angst; sie ist ein Hilferuf, und das ist der Anfang des Widerstandes gegen die Angst. Die Art, wie in der Klage die Angst formuliert wird, mobilisiert alle Widerstandskräfte; und so beginnt mit der Klage schon das Alphabet der Hoffnung.

3. Gott wahrnehmen lernen

3.1 Leidenschaft für das Leben. Noch ein anderes Alphabet wird mit der Klage eröffnet. Die Sprache der Ps ist keine eigentlich »religiöse« Sprache; in ihr können sich auch Kinder und Jugendliche (und Er-wachsene) wiederfinden, die nichts von religiöser Sozialisation mit-bringen. Sie ist allen unmittelbar zugänglich. Und doch liegt in ihr eine Erwartung, die über die darin beschriebenen Erfahrungen hi-nausgeht: Die Ängste und Verletzungen blieben stumm, gäbe es nicht die Hoffnung, dass meine Klage gehört wird und ich so von meinen Ängsten frei werden kann.

Das muss noch keine ausdrücklich auf Gott gerichtete Hoffnung sein, aber jedenfalls ist diese Erwartung in jedem Schrei um Hilfe lebendig, auch dann noch, wenn weit und breit niemand wahrzu-nehmen ist, der meine Angst begreift und helfen will. Das ist alles andere als selbstverständlich; ich könnte mich auch mit all meiner Angst in eine eiskalte Einsamkeit zurückgeworfen finden. In der Klage aber ist zumindest eine Ahnung Gottes schon immer enthal-ten, und zwar eines Gottes, dem die Angst der ohnmächtigen Ge-ängstigten nicht gleichgültig ist.

Das wird dort noch deutlicher, wo sich die Klage zur Anklage steigert: Warum schweigst du? Wie lange noch? Du hast mich in die Grube gelegt wie die Erschlagenen! Die Anklage fragt: Wie konntest du das geschehen lassen? Das aber ist kein voraussetzungsloses Re-

den mehr; so kann nur reden, wer schon so etwas mitbringt wie die
Erwartung von Gottes Verlässlichkeit und Treue.

Die wird jetzt eingeklagt, und das ist etwas völlig anderes, als Gott
larmoyant in einen aussichtslosen Anklagezustand zu versetzen. Die
Anklage der Ps spitzt nur zu, was in der Klage schon angelegt ist:
Leidenschaftlich klagt sie auf erneute Zuwendung, so wie Liebende
in einer Krise sich vorwerfen können: Du liebst mich nicht mehr!
und doch nichts sehnlicher wünschen, als dass dieser Satz im nächsten Augenblick entkräftet würde.

So lässt sich die leidenschaftliche Sprache der Klage und Anklage
nicht in theologisch richtige Aussagesätze umschreiben. Die Sprache
der Leidenschaft lebt aus dem Widerspruch; die Stärke der Leidenschaft lässt auf die Härte des erfahrenen Widerstandes schließen.
Und selbst dort noch, wo die Klage in Verzweiflung umzuschlagen
scheint (wie in Ps 88), bleibt ihr Kern erkennbar: die leidenschaftliche Liebe zum Leben. Darin stimmen Klage und Lob überein.

3.2 Der Name Gottes: Grund allen Trostes. An dieser Stelle zeigt sich,
dass theologische und didaktische Logik sich durchaus widersprechen können. Denn didaktisch haben sich gerade die Worte der
Klage als ein voraussetzungsloser Einstieg erwiesen, als eine charakteristische Form biblischer Sprache. Theologisch aber ist deutlich,
dass sich die Klage zurückbezieht auf ein grundlegendes Vertrauen,
auf Erfahrungen verlässlicher Zuwendung und Hilfe. An manchen
Stellen wird der Hilferuf ausdrücklich damit begründet, so am Anfang von Ps 31: Rette mich, höre mich, hilf mir, »*denn* du bist mein
Fels und meine Burg«.

Offensichtlich gewinnt die Klage ihr Recht und ihre Leidenschaft
aus vorausgegangenen Erfahrungen und Zusagen, die jetzt beschworen werden, vor allem mit vielen Namen: Du bist mein Fels,
mein Licht, mein Lied, meine Burg, meine Ehre, mein Schirm und
mein Schild. Der entscheidende Buchstabe in all diesen Namen ist
der kleinste des hebräischen Alphabets, das Jod: Es versieht alle
diese Namen mit dem Attribut: *mein*. Es ist dieser Buchstabe, der
auch das Wort Eli zu einem Namen des Vertrauens macht: Du bist
mein Gott! Dabei ist wichtig, den emotionalen Klang dieses ange-
hängten -j richtig wahrzunehmen: es ist nicht der einer eifersüchtigen Besitzergreifung, sondern es spricht in der Tonart der Liebenden, so wie sich in dem jiddischen Lied vom Kälbchen in dem
wiederholten »donaj« die Klage mit einer ergreifenden Zärtlichkeit
verbindet.

Inbegriff all dieser Namen des Vertrauens aber ist der Gottesname der hebräischen Bibel. Sie kennt für Gott nicht nur das allgemeine Wort (hebr.: el), sondern Gott hat einen eigenen Namen. Wo
in unseren Übersetzungen das harte Wort HERR erscheint, steht
in der hebräischen Bibel der Gottesname JHWH. Was dieser
Name bedeutet, wird in dem Gespräch des Mose am brennenden
Dornbusch offenbar. Der Name sagt: »Ich bin da, ich bin bei euch«
(Ex 3,14). Das ist der Kern der biblischen Gotteserfahrung und der
Inbegriff allen Trostes. Unter allen Worten des Vertrauens, mit de-
nen Gott angesprochen wird, ist dies auch für Kinder das stärkste:
Du bist bei mir (Ps 23,4). Es ist die authentische Übersetzung des
Gottesnamens in die Sprache des Vertrauens.

Theologisch ist dieser Name die Voraussetzung aller Klage. Didaktisch aber wäre es ein Weg in die Dürre der Abstraktion, würden
wir mit der Bedeutung des Gottesnamens beginnen. Denn beredt
wird dieser Name erst auf dem Hintergrund der in der Klage ausgesprochenen Erfahrungen von Verlorenheit und Einsamkeit. Erst in
diesem Zusammenhang gewinnt er seine Farbe, seine Wärme, sein
Feuer. Nur so können Kinder eine Ahnung gewinnen von dem Gewicht dieses Namens.

3.3 *Worte des Vertrauens.* Bleiben wir didaktisch auf dem begonnenen
Weg, so ist es uns nicht erlaubt, Gott nun als die *Lösung* für das Problem der Angst einzuführen. Wir hätten damit alles zerstört: Wir hätten den Weg nachdenklicher Erinnerung an Erfahrungen und behutsamen Hervorholens von Emotionen aus der Tiefe auf einmal
verlassen, um stattdessen, viel zu schnell, bei der immer richtigen
»Lösung« Gott zu enden.

Für die Erfahrung tiefer Angst gibt es keine »Lösung«; ich kann
nur versuchen, Gegenerfahrungen aufzubauen, die nicht durch den
Anspruch schneller Lösung von vornherein unglaubwürdig werden,
schon für Kinder. Um aber den Kindern eigene Gegenerfahrungen
gegen die Angst zu ermöglichen, bieten in den Ps die Vertrauensworte unersetzliche und unerschöpfliche Ansätze: Du bist mein Fels
und meine Burg (31,4), mein Lied (118,14) und meines Lebens Kraft
(27,1); Du hältst mir den Kopf hoch (3,4) und tröstest mich in Angst
(4,2); Deine Hand hält mich fest (63,9).

Sie werden von Kindern und Jugendlichen rasch als Worte anderer Art begriffen, die aber mit denen der Klage zusammenhängen
und sich vor diesem Hintergrund für eigene Erfahrungen ebenso
unmittelbar öffnen. Und das sind für Kinder wie für Jugendliche zu-

nächst ganz menschliche Erfahrungen: einen Freund zu haben, der mein Fels ist oder meine Burg, meine Stärke und meine Zuversicht; eine Freundin, die mein Licht ist und mein Lied, meine Sonne und meines Lebens Kraft, eine Mutter, die mich tröstet: Ich bin doch bei dir! Das alles sind ja nicht unerlaubte und illegitime menschliche Assoziationen, sondern die schönen Namen Gottes in den Ps bekommen dadurch überhaupt erst Wärme und Farbe.

Aber irgendwann wartet dann doch zwangsläufig die Einsicht: Und wenn da einer (oder eine) ganz allein ist? Gilt das alles dann nicht mehr? Oder dann erst recht? Und dann leisten diese Worte, was ich in assertorischer Sprache, mit Behauptungen und Beteuerungen, nie leisten könnte: Sie begleiten Kinder und Jugendliche in ihren eigenen Erfahrungen mit Angst und Einsamkeit und geben ihnen die Chance, das Gefängnis der Angst selbst aufzubrechen und die Seele für tröstliche Gegenerfahrungen zu öffnen, Geborgenheit inmitten der Angst zu finden, Gelassenheit in der Wut, Licht in der Dunkelheit.

Und so müssen wir nicht den hoffnungslosen Versuch machen, sie auf dem Weg des Redens »über« Gott von der »Existenz« Gottes zu überzeugen. Sie nehmen stattdessen Worte der Ps mit, die das Gewicht und die Kraft haben, ihnen in ihren Erfahrungen mit Dunkelheit und Chaos die Sinne für neue Erfahrungen der Geborgenheit bei Gott zu öffnen. Und diese Erfahrungen sind anders als die Sätze *über* Gott, die von seiner Allmacht und Allgegenwart sprechen, nicht mehr tief ambivalent, sondern eindeutig tröstlich in ihrer Zusage: Ich bin da.

4. Ps 22: Aus der Tiefe

4.1 Ein Psalm als Ganztext? Im Unterricht war es für uns immer wieder erstaunlich, wie gerade die schweren Klagen der großen Leidenspsalmen (der Passionspsalmen 22 und 69) die Kinder anzogen. Gerade darin fanden sie sich selbst wieder: Ich versinke in tiefem Schlamm; ich habe mich müde geschrien (Ps 69); ich rufe und du antwortest nicht; alle die mich sehen, verspotten mich; gewaltige Stiere haben mich umgeben; ich kann alle meine Knochen zählen, sie aber schauen zu und sehen auf mich herab (Ps 22). Grundschulkinder haben uns dazu Bilder gemalt, die zeigen, in welcher Intensität sie sich gerade mit diesen Worten identifizieren.

Zunächst war eine Grunderfahrung unserer Arbeit an Worten der

Ps: Ein einzelner Satz aus einem Ps bringt Kinder zum Reden, ein ganzer Ps aber lässt sie verstummen. Das galt selbst für einen so einfachen und schönen Text wie Ps 23: Der Herr ist mein Hirte. Das hängt offenbar mit der anderen Art der Aufmerksamkeit zusammen, die ein längerer Text fordert. Ich muss mich zuerst orientieren, ihn überschauen, einordnen oder zuordnen. Das alles aber sind Formen eines distanzierenden Umganges. Ein einzelner Satz dagegen hat die Chance, mich unmittelbar anzureden.

Jetzt aber kannten die Kinder viele Sätze des Ps 22 und hatten sie nachhaltig zu ihren eigenen gemacht. So lag es nahe, sie diese Sätze in der Bibel wieder entdecken zu lassen und ihnen nun auch den Ps im Zusammenhang vorzulegen. Ohne die vorausgehende intensive Arbeit an einzelnen Worten hätte ich sie damit völlig überfordert. So aber war der Eindruck, Bekanntes, ja Eigenes hier wieder zu finden, viel stärker als das Gefühl der Fremdheit, das sonst ein solcher Text auslöst. Die Kinder fanden sich selbst in diesem schweren Bibeltext wieder; sie nahmen die Inseln des Vertrauten als Absprung, um sich die fremden, unbekannten Abschnitte zu erschließen, und das wiederum öffnete ihnen einen neuen Zugang zur Passionsgeschichte. Ich hätte mir vorher nie vorstellen können, dass Grundschulkinder ein solches Gespräch über Ps 22 führen könnten.

4.2 *Ein Schlüsseltext.* Der Ps 22 ist in mehrfacher Hinsicht ein Schlüsseltext. Er enthält in großer Fülle elementare Worte der Klage und Anklage, die auch losgelöst aus dem Zusammenhang dieses Ps ganz unmittelbar für sich selbst sprechen. Sie sind zum großen Teil älter als der uns vorliegende Ps, ursprünglich einmal selbstständig aufbewahrt und überliefert als Worte, die geeignet waren, vielen in der Sprachlosigkeit ihrer ohnmächtigen Angst eine Sprache zu geben, in der sie sich selbst wiederfinden konnten. So spricht aus jedem Satz eines solchen Ps nicht nur das Leid eines Einzelnen zu uns (des »Sängers«), sondern die Leiderfahrungen Vieler, und das gibt den Worten ihr unvergleichliches Gewicht.

Aus Worten solchen Gewichts zusammengefügt, hat der uns heute vorliegende Ps eine sehr strenge Form gefunden; er ist ein Kunstwerk von hoher sprachlicher Qualität. Dazu gehören die rhythmische Struktur, die allerdings in den deutschen Übersetzungen nur bei *Martin Buber* noch erkennbar bleibt, eine strenge strophische Gliederung, die Wiederkehr von Leitworten, die interne Bezüge unterstreichen, und auch die symmetrische Anordnung von Zeilen um

eine erkennbare Achse[2]. Dabei ist die strenge Form nicht aus schrift-
stellerischen Ambitionen erwachsen, sondern sie dient offenkundig
der Konzentration.

4.3 Verlassenheit und Vertrauen. Schon der erste Satz zeigt die Spannung, unter der dieser Ps steht: Mein Gott, warum hast du mich verlassen! Der Satz, als Frage formuliert, ist in Wahrheit eine Anklage.
Er spricht aber nicht, wie oft zu lesen ist, aus einer Situation völliger
Verlassenheit, sondern das erste Wort heißt Eli: *mein* Gott. Und das
»mein«, im Hebräischen ausgedrückt durch das angehängte j, hat
eine verwandelnde Kraft. Es hat nicht den Klang unseres besitzer-
greifenden Fürworts, sondern den einer intensiven emotionalen Zuwendung. Das wird ganz deutlich dort, wo das Stichwort Eli wiederkehrt: Von Mutterleib an bist du es doch: mein Gott.

Und so ist diese Anrede der Rahmen der Klage. Der erste Satz beginnt mit dem Vertrauenswort »mein Gott« und endet als Anklage:
»Warum!« Aber die Klage wird am Ende dieser Strophe wieder auf-
gefangen durch das abschließende »mein Gott«. Dazwischen findet
die Verlassenheit Sprache, in einem unüberbietbar scharfen Wechsel
von »ich aber« und »du aber«:

> Ich schreie, aber meine Hilfe ist ferne.
>   Du aber bist heilig,
>   thronend über den Lobgesängen Israels.

Gegen die Angst wird die Erinnerung beschworen: Unsere Väter
schrien zu dir und wurden errettet. Aber diese Erinnerung tröstet
nicht, sondern rückt die gegenwärtige Verlassenheit nur in ein um
so grelleres Licht: Ich aber bin ein Wurm und kein Mensch.

Gibt es eine Erinnerung, die gegen diese intensive persönliche
Angst ins Feld geführt werden kann? Der Blick geht jetzt nicht mehr
weit zurück auf die Anfänge der Geschichte Israels, sondern fällt auf
die Anfänge des eigenen Lebens, das Wunder der dort erfahrenen
Geborgenheit:

> Du hast mich doch aus meiner Mutter Leib gezogen,
>   von Mutterleib an bist du *mein Gott*!

Die Geborgenheit an der Brust der Mutter redet von der damals erfahrenen Nähe Gottes. Noch einmal hebt die Klage an, eine zweite

---

2 Eine eingehende exegetische Analyse findet sich bei *H. Gese,* Psalm 22 und das
   Neue Testament, in: *ders.,* Vom Sinai zum Zion, München 1974, 180–201.

Strophe, die den Worten Nähe und Ferne eine andere Wendung gibt und damit das Ende und den Anfang der ersten Strophe (»Meine Hilfe ist *ferne*!«) wieder aufnimmt:

> Sei nicht ferne von mir, denn Angst ist nahe,
> und niemand ist da, der hilft!

Die Bilder folgen aufeinander nach der Logik eines Albtraumes: Aussichtslos umstellt wie von gewaltigen Stieren, aufgerissene Rachen, Gebrüll wie von Löwen, und dagegen ich – ausgeschüttet wie Wasser, all meine Knochen haben sich voneinander gelöst. Und noch einmal – von Hunden eingekreist, schlimmer noch, von zielstrebig agierenden Gewalttätern, gelähmt sind mir Hände und Füße. Und in der Mitte dieser Klage, es ist zugleich die Mitte des ganzen Ps, der ungeheuerliche Satz: In den Staub des Todes hast du mich gelegt! – Eine Anklage, die nicht Recht behalten, sondern widerlegt werden will: Von Mutterleib an bist du doch mein Gott!

Nach dem Gesetz des immer wiederholten Wechsels »du aber« – »ich aber« folgt jetzt ein letztes »du aber«, ein Wendepunkt, Beginn einer Reihe von Bitten, die den Gang des Geschehens umkehren, sprachlich genau ein Spiegelbild der Klage: Errette mein Leben vor dem Schwert, vor den Hunden, aus dem Rachen der Löwen, vor den Hörnern der Stiere! Schritt für Schritt trägt die Bitte die gewaltig aufgetürmten Mauern der Angst ab. Pauschal ist das nicht zu machen, doch so bahnt sie den Weg durch die Ängste wieder zurück, bis zu der plötzlich aufblitzenden Erkenntnis: Du hast mich erhört (V. 22)!

4.4 Ich will dich rühmen in der Gemeinde. Zur Form der Klagepsalmen gehört es, dass sie häufig mit einem Lob enden. Doch dass eine Klage von solcher Intensität in ein so weit ausgreifendes Lob umschlägt, ist einmalig. Dafür gibt es unterschiedliche formgeschichtliche Erklärungen. Die geläufigste, aber fragwürdigste ist die Annahme eines »Heilsorakels«, das der Priester im Tempel nach dem Ende der liturgisch vollzogenen Klage gespendet hat und das die Errettung sozusagen vorwegnimmt. Einleuchtender ist die Deutung von *Hartmut Gese*, der den Ps insgesamt in einer Dankopferfeier beheimatet sieht, in der die Tiefe der vorausgegangenen Angst noch einmal vergegenwärtigt und die geschehene Erlösung mit einem Dankopfer begangen wird: Diese Situation sei Anlass zugleich für die Wiederholung der Klage und für das überwältigte Lob der Befreiten.

Ich halte auch diese Erklärung für fragwürdig, weil sie der Klage den Ernst der Unmittelbarkeit nimmt; die Klage wird in der Dankopferfeier nur noch rezitiert; sie spräche dort nicht mehr von gegenwärtiger Bedrohung, sondern von überstandener Gefahr. Das ist ein völlig anderer, nur mehr indirekter Wirklichkeitsbezug. Vor allem aber halte ich darin die weithin akzeptierte Grundannahme für verhängnisvoll, dass Lob- und Vertrauensworte selbstverständlich ihren Sitz im Leben jenseits der Angst hätten, im Augenblick des Glücks oder jedenfalls der überstandenen Angst. Denn ihr Gewicht und ihre Größe erweisen sie im Angesicht der Angst; dort erst werden sie wirklich beredt als befreiende, die Situation verändernde, neue Wirklichkeit eröffnende Worte.

Wir müssen deshalb auch für das weit ausgreifende Loblied am Ende des Ps 22 keine grundlegende Veränderung der Situation unterstellen. Wie das Wort »Du bist bei mir« gerade im finstern Tal (»im Todesschatten«: Ps 23,4) spricht, so ist auch das gewaltige Trotz- und Loblied am Ende von Ps 22 nichts anderes als eine Entfaltung dieser Gewissheit, die mitten in der Angst zu wachsen beginnt. In der Bitte »Hilf du mir eilends« liegt schon die Hoffnung: Ich will deinen Namen verkünden, ich will dich rühmen in der Gemeinde! Aus dem Namen Gottes wächst die Vision: Die Elenden sollen essen, dass sie satt werden; ja selbst die in der Erde schlafen, die ihr Leben nicht konnten erhalten, werden die Knie vor ihm beugen und ihn loben. Sie alle werden kommen und von Gottes Gerechtigkeit künden dem Volk, das noch geboren wird.

4.5 *Ein Lob, das alle Grenzen sprengt.* Es trifft nicht zu, dass erst dieser Ps mit seinem gewaltigen Loblied am Ende die Todesgrenze durchbricht. Im Grunde geschieht in den Vertrauensworten schon das Gleiche. Was wäre das für ein Gott und was wäre das für ein Vertrauen, wenn der Satz »Deine Hand hält mich fest!« nur bis zur vorletzten Angst gültig bliebe, nicht mehr in der letzten. Die hebräische Bibel hat gute Gründe, vorsichtig zu sein mit Bildern, die ein Leben nach dem Tode ausmalen; aber alle Vertrauensworte meinen eine Gewissheit, die mich nicht nur diesseits der Todesgrenze trägt, sondern auch noch im Tod und durch den Tod hindurch.

Die weithin auch in der Exegese noch vertretene Meinung, das AT kenne keine persönliche Hoffnung über den Tod hinaus, auch die Ps nicht, beruht offenbar auf einem Fehlurteil über die Sprache der Klage. Wenn es in der bitteren Klage in Ps 88 heißt:

> Ich liege unter den Toten verlassen
> wie die Erschlagenen, die in der Grube liegen,
> derer du nicht mehr gedenkst
> und die von deiner Hand geschieden sind (V.6)

so ist die Steigerung dieser ungeheuerlichen Sätze gerade charakteristisch für die Leidenschaft der Anklage, die ja doch keine abgehobenen theologischen Aussagen machen will, sondern das Unerträgliche so aufs Äußerste zuspitzt, dass damit der Erweis des Gegenteils unabweisbar notwendig wird, um Gottes willen.

Für die älteste Christenheit war so der Ps 22 neben dem Prophetentext Jes 53 der Schlüssel zum Verständnis des Todes Jesu[3], nicht so sehr als Voraussage, sondern als Beschreibung eines Weges durch die Tiefen der Todesangst, auf dem Gott dennoch seinem Namen treu bleibt (→ TLL 1, Kreuz/Kreuzigung Jesu, 202 ff.).

5. Das Lob – Sprache des Staunens

Didaktisch ist der Umgang mit dem Lob zunächst schwieriger als mit der Klage. Pädagogisch ist der Begriff des Lobes belastet durch den damit verbundenen Zwang zum Wohlverhalten, theologisch durch die zur Begründung oft angeführte Pflicht zur Dankbarkeit. Die häufigen Imperative »Lobe den Herrn …« u. a. scheinen das noch zu unterstreichen. So finden wir das Lob hier wie dort entgegen seinem ursprünglichen Sinn im Dienste autoritärer Ansprüche und Strukturen. Sage einem Kind: Du musst dich aber noch bedanken! – und die Freude wird ihm im Halse stecken bleiben!

5.1 Die einfachen Hauptsätze des Lobes. Zum Lob gehört ganz ursprünglich die Freude, ja das Lob ist eigentlich die Sprache der Freude, doch wo die Freude ihre Sprache findet, geschieht noch etwas anderes als in der Sprache der Klage. Die Angst bleibt virulent, auch wo sie keine Sprache findet, nur eben dumpf und unbeherrschbar, während die Freude ohne Sprache rasch wieder stirbt; kaum bemerkt vergeht sie. Ohne Sprache kann sie gar nicht erst aufblühen. Denn Freude braucht ein Gegenüber; ich muss sagen können, woher und worüber, und ich muss einen Adressaten haben, dem ich meine Freude sagen kann. Dann erst ist sie mehr als nur ein Augenblick vitalen Glücksgefühls; das Glück gewinnt Konturen, und zugleich

---

3 Vgl. *H. Gese,* aaO.

wird mir bewusst, wie erstaunlich es ist, dass es so etwas gibt: Schönheit und Güte, Licht und Farben.

Das Erstaunen, wie wenig selbstverständlich das scheinbar Selbstverständliche ist, ist die Wurzel des Lobes. Auch die Klage überlässt mich ja nicht einfach der Angst, sondern sie reflektiert sie und bringt sie in einen Dialog. So überlässt auch das Lob mein Glück nicht einem dumpfen Gefühl von *wellness*, sondern macht mir das Erstaunliche bewusst – und lässt mich fragen, woher es kommt.

Die Hauptsätze des Lobes sind nicht die Imperative, sondern die Sätze des großen Erstaunens: dass Wasser quellen in den Gründen, dass die Tiere des Feldes trinken, und darüber sitzen die Vögel des Himmels und singen unter den Zweigen. Da ist das Meer, so groß und weit, da wimmelt es ohne Zahl, große und kleine Tiere (Ps 104,10ff.25)! Das Erstaunen geht noch weiter: dass ich wunderbar gemacht bin (Ps 139,14); auch mein Leben ist voll von Erstaunlichem und von unergründlicher Tiefe. Ich ahne nur einen winzigen Bruchteil dessen, was sich da in mir abspielt, und es ist eingebettet in ein weites Netz von Wundern. Wie viel Wunder sind notwendig, damit ich hier auf dieser Erde überhaupt atmen und leben kann!

5.2 Gott anders begreifen: Sensibilisierung. Das Erstaunen sucht sich sein Gegenüber; die Wunder haben einen Ursprung; ich muss ihn nicht definieren können, aber anreden will ich ihn: Wie sind deine Werke so groß und viel, und wie hast du sie alle so weise geordnet (Ps 104,24)! Ich weiß: Du hast den Mond gemacht, das Jahr danach zu teilen, und die Sonne weiß ihren Niedergang (V. 19). Du hast die mächtigen Bäume gepflanzt. Du bist es, der das Brot aus der Erde hervorbringt, dass es stärke des Menschen Herz, und das Öl, dass sein Antlitz schön werde (V. 14–16). Und ich sehe: Wie bist du schön! Das Licht ist dein Kleid, der Wind dein Flügel (V. 1–3); und ich begreife: Ich atme deinen Atem (V. 30).

So vollzieht sich im Loben eine eigene Gotteserfahrung. Ich muss nicht zuerst Gott kennen, um ihn dann pflichtgemäß auch loben zu können, sondern im Loben lerne ich ihn erst wirklich kennen. Die Sprache des Lobes schärft mir die Sinne, und dies ist die Leistung des Lobes. Um es mit einem genuin didaktischen Begriff zu beschreiben: Die Sprache des Lobens sensibilisiert mich. Und was ich da neu wahrzunehmen lerne, ist die Güte und Schönheit der Schöpfung und auch des mir geschenkten Lebens und darin und dahinter die schwer fassbare Wirklichkeit Gottes (→ TLL 1, Schöpfung/Leben, 320ff.).

In dieser Wahrnehmung liegt eine ungeheure Spannung: Wer die Güte und Schönheit der Schöpfung wahrzunehmen lernt, wird auch sensibilisiert für ihre Missachtung und Zerstörung. Das Lob macht uns nicht zu naiven Optimisten. Doch aus dieser Spannung wächst die biblische Hoffnung.

5.3 Ps 8: Was ist der Mensch, dass du seiner gedenkst! Ich lerne zu begreifen, dass ich mein Leben nicht selbst gemacht und auch nicht selbst in der Hand habe; ich entdecke das Netzwerk, das mein Leben trägt, in der Weite der Schöpfung und in der gar nicht auszulotenden Tiefe der Lebensvorgänge in meinem eigenen Organismus. Ich beginne, daran etwas von der Größe Gottes zu begreifen: an den Millionen Lichtjahre entfernten gewaltigen Gestirnen ebenso wie an den unbegreiflich komplexen Steuerungsvorgängen, die sich zwischen den Molekülen meines Körpers abspielen, auch in meinem Gehirn.

In der Klage und an den Namen des großen Vertrauens habe ich gelernt, mit Gott auf Du und Du zu reden. Jetzt begreife ich umfassender, wer dieses Du ist. »Wenn ich sehe den Himmel, deiner Hände Werk, den Mond und die Sterne, die du gemacht hast – was ist der Mensch, dass du seiner gedenkst, und des Menschen Kind, dass du dich seiner annimmst?« (Ps 8,4f.) Wenn ich sage: »Deine Hand hält mich fest« (Ps 63,9), ist es die gleiche Hand, die der Sonne ihre Bahn vorgeschrieben und den entferntesten Fixsternen ihren Ort angewiesen hat. Die Erfahrung unendlicher Größe, die ich beim Anblick des gestirnten Himmels wahrnehme, wird von der Bibel geöffnet für die direkte Anrede: Deiner Hände Werk. Ist das naiv?

Das »moderne Weltbild« ist keineswegs so objektiv, wie es sich gibt. Auf die Frage »Was ist der Mensch?« hat es eine eindeutige Antwort: Nichts als ein lächerlich winziges Staubkorn in der unvorstellbaren Weite eines Weltraumes, der von tödlicher Kälte und Strahlung erfüllt ist. Dass das Weinen oder das Glück dieses Stäubchens in dieser tödlichen Weite irgendeine noch so geringe Bedeutung haben könnte, ist eine absurd groteske Vorstellung. Die Botschaft des angeblich modernen Weltbildes an den Menschen ist: Kälte, Sinnlosigkeit und Verzweiflung.

Dass das Weltbild der Bibel dagegen optimistisch sei und die Menschen der Bibel von dieser Verzweiflung nichts wüssten, ist eine naive Unterstellung. Das Erstaunen, mit dem dort immer wieder von dem Fortbestand der Schöpfung gesprochen wird, dass nicht aufhören sollen Saat und Ernte, Frost und Hitze, Sommer und Winter, Tag und Nacht (Gen 8,22), dass den Fluten des Chaos eine

Grenze gesetzt ist, »darüber kommen sie nicht und dürfen nicht wieder die Erde bedecken« (Ps 104,9), zeigt deutlich genug, wie stark und wie nahe die Bedrohung durch Chaos und Untergang empfunden wird.

Dass die Erde so »fest gegründet« ist, dass sie die Zeiten überdauern kann, wird als Wunder beschrieben (Ps 104,5); es ist alles andere als selbstverständlich. Die Erde ist in dem (häufig aus überlegener Distanz beschriebenen) Weltbild der Bibel eine zerbrechliche Scheibe, rings umgeben von chaotischen Fluten, vor deren Hereinbrechen sie Gott durch die »Feste« bewahrt, den Himmel, der hier als die das Leben schützende Hülle begriffen wird.

Darin aber entspricht das biblische Weltbild – anders als das moderne – meiner Selbsterfahrung: Auch mein bewusstes Ich ist ja wie eine zerbrechliche Scheibe, schwimmend auf einer chaotischen Tiefe. Dass diese zerbrechliche Scheibe nicht untergeht, ist das Werk der bewahrenden Barmherzigkeit Gottes, der will, dass sich Leben auf der Erde entfaltet. So hängt das Leben des Menschen, seine Schönheit und Würde, allein daran, dass Gott seiner gedenkt. Ein Gottesbeweis ist das nicht, schon damals nicht; aber zu fragen ist, in welchem Weltbild denn ich meine Erfahrungen mit mir selbst und mit dem Leben auf dieser Erde, Leiden und Glück, Sehnsucht und Hoffnung, besser wieder finde.

5.4 Ps 23: Die Seele bringt er mir zurück. Dies bewusst wahrzunehmen, sich alle Sinne schärfen zu lassen für Schönheit und Güte und Glück und für das Erstaunliche der Bewahrung, gehört auch zum behutsamen ökologischen Umgang mit der eigenen Seele. Sie ist in dem Haushalt meines Lebens das eigentlich Lebendige; von ihr kommt Wärme, Farbe, Spontaneität in mein Leben; und wenn sie mit ihren Kräften am Ende ist, droht der Absturz in die Tiefe der Depression. Auch Kinder kennen heute diesen Absturz. Die Seele muss sich immer wieder erholen können, wieder zu sich selbst kommen, indem sie die Güte und Schönheit des Lebens neu in sich aufnimmt.

Deshalb enthalten die Lobpsalmen so viel Imperative an die Adresse der Seele: Lobe den Herrn, meine Seele, und vergiss nicht, was er dir Gutes getan hat (Ps 103,2)! Die Seele als der Kern meiner Emotionalität ist die Quelle des Lobes. Doch muss sie erinnert werden, das Loben nicht zu vergessen, sonst geht sie unter in der von überall her aufziehenden Depression.

In den Ps wird dieses Atemholen geradezu als die Wiederkehr der Seele beschrieben. »Wiederkehren laß meine Seele« steht nach *Mar-*

tin Buber in Ps 35,17; und wo *Luther* in Ps 23 übersetzt: »Er erquickt meine Seele«, steht eigentlich im hebräischen Text: »Meine Seele bringt er mir zurück!« (Ps 23,3). Das aber sind Erfahrungen, die schon Kinder verstehen; was die Ps von der Seele sagen, hilft ihnen zu differenzierterer Selbsterfahrung und zu einem verständnisvolleren Umgang mit sich selbst: »Meine Seele will sich nicht trösten lassen« (Ps 77,3) ist dafür geradezu eine Schlüsselerfahrung.

Der ganze Ps 23 lässt mich begreifen, wie meine Seele, die ich oft so achtlos strapaziere, von Gott behütet wird wie von einem guten Hirten. Er führt sie immer wieder zur grünen Weide, zum frischen Wasser, er leitet sie auf den Wegen der Gerechtigkeit, um seines Namens willen, der die Zusage ausspricht: Ich bin da. Diese Zusage gilt auch »im Schatten des Todes« (Ps 23,4 hebr. Text). *Luther* übersetzt: »Und ob ich schon wanderte im finstern Tal …« Er selbst kennt dieses Tal auswegloser Traurigkeit nur zu gut; so spricht er nicht im Konjunktiv davon (der »Möglichkeitsform«: Selbst wenn ich wanderte …), sondern in einem Indikativ, mit dem er der eigenen Erfahrung trotzt: »Obschon ich gewandert bin im finstern Tal (das heißt: *Ich kenne mich dort aus!*), fürchte ich kein Unglück, denn: Du bist bei mir.« Der Name Gottes vermag selbst solche Erfahrungen zu verwandeln.

Auch dieser Ps leugnet nicht die ständige Gegenwart der Angst; die Angst gewinnt Gestalt in den »Feinden«, doch sie bringen das große Glück nicht zum Verstummen: Du bereitest vor mir einen Tisch im Angesicht meiner Feinde (*Luther* übersetzte ursprünglich: »gegen meine Feinde«) und schenkst mir voll ein (V. 5). Und so kann ich, statt mein Leben als eine einzige Spur von Fehlern und Enttäuschungen zu sehen, doch wahrnehmen, wie »Gutes und Barmherzigkeit mir folgen mein Leben lang, und ich werde bleiben im Hause des Herrn immerdar« (V. 6).

5.5 *Hoffnung braucht Argumente.* Im Umgang mit den Ps ist zu lernen, wie Lob und Klage aufeinander angewiesen sind. Das Lob könnte nicht trösten, es wäre nichts als ein sehnsuchtsvoller Hymnus auf eine zerbrechliche Schönheit und eine für mich unzugängliche Vollkommenheit, wäre der Adressat nicht identisch mit dem der Klage, eben »mein« Gott, der auch im Todesschatten bei mir ist.

Das Vertrauen, an das sich die Klagepsalmen halten, auf den Gott, der mein Fels ist und der mein Weinen hört, würde immer wieder den Boden unter den Füßen verlieren, es stünde hoffnungslos unter Illusionsverdacht, wäre da nicht an meinem Leben und an den ökologischen Netzen der Schöpfung, die mich tragen, abzulesen, dass dies alles seinen Ursprung nicht in sich selbst haben kann, dass es vielmehr in einer Weise, die mein Begreifen völlig überfordert, kunstvoll und sinnvoll zusammengefügt ist. Die Entdeckung der Güte und Schönheit der Schöpfung ist nicht nur die Sache glücklicher Augenblicke auf der Höhe des Lebens. Wenn ich daran festhalte, begreife ich, dass ich nicht ins Leere rede, wenn ich mich auch noch im Todesschatten verlasse auf die Erfahrung: Du bist bei mir.

6. Ps 139: Von allen Seiten umgibst du mich

So gelesen sprechen die Lobpsalmen weder im Ton eines freudigen Optimismus noch trotzigen Bekennens, sondern es sind Argumente, die mir zeigen wollen, woran ich mich halten kann und wie begründet das Vertrauen und wie verlässlich dieser Halt ist. Als Beispiel für diese argumentierende, »deiktische« Art zu reden, blicken wir abschließend auf den Ps 139.

6.1 Am Anfang: Der Name Gottes. Der Ps beginnt mit dem Gottesnamen JHWH. Er erinnert an die Verheißung des Anfangs: Ich bin da. Gilt sie, dann ist darin schon alles beschlossen, was ich mir nun mit Erstaunen Schritt für Schritt ins Bewusstsein rufe: Du hast mich (schon längst) ergründet und erkannt – wie sollte es denn anders sein? Ich muss darüber nicht erschrecken, ich muss mich nur aus dem Krampf der Verdrängung lösen. Natürlich weißt Du es, wenn ich sitzen bleibe oder wieder aufstehe, wenn ich gehe oder liege, natürlich kennst du die Trägheit des Sitzenbleibens und die Mühe, die es macht, wieder aufzustehen, die Verzweiflung des Darniederliegens und wie befreiend es ist, wieder gehen zu können, aber auch die Kehrseiten all dieser Worte: das Geschenk der Ruhe, das Glück des Wohnens (das gleiche hebr. Verb heißt sitzen und wohnen) und den Schmerz des Fortgehens.

Bei alledem bist Du um mich, kein Wort kommt aus meinem Munde, das Du nicht schon wahrgenommen hättest, schon in meinen Gedanken, noch ehe es von meiner Zunge ausgesprochen oder von meiner Hand aufgeschrieben wird. Die Einsicht ist unausweichlich, und doch kommt mein Verstehen nicht nach; es gelingt mir nicht entfernt, dies in meinem Bewusstsein zu realisieren, bei jedem Schritt, bei jedem Wort: Solche Erkenntnis ist mir zu wunderbar und zu hoch, ich kann sie nicht begreifen (V.6).

6.2 Geborgenheit oder Bedrängnis? Allerdings kann ich diese Erkenntnis auch ganz anders erfahren. Nicht nur *Tilmann Moser* spricht hier von »Drohung und Unentrinnbarkeit«[4], auch *Martin Buber* übersetzt im Gegensatz zu *Luther*:

> »Hinten, vorn engst du mich ein,
> legst auf mich deine Faust.«

Die hebräischen Worte geben durchaus Anhalt, sie so zu verstehen, und es ist ganz deutlich, dass hier nicht mit semantischen Argumenten entschieden werden kann, welche Übersetzung die »richtige« ist: Es ist die gleiche Wahrnehmung, die ich als schlechthin erdrückend oder als ungemein tröstlich erfahren kann; und es ist die Größe von *Luther*s Übersetzung, dass sie es wagt, selbst noch unter dem Nein das »tiefe heimliche Ja« hörbar zu machen.

Der Ps aber spricht nur um so eindringlicher, wenn ich ihn im Sinne des großen umfassenden Ja weiter lese: Ich könnte nicht fliehen, aber ich will es auch gar nicht. Ich kann es nicht als Drohung lesen, sondern nur als eine letzte tröstliche Gewissheit: Selbst wenn ich meine Ruhe bei den Toten suchte, bist Du auch da. Ja: Nähme ich Flügel der Morgenröte und folgte meiner ungestümen Sehnsucht, irgendwohin davonzufliegen, selbst bis an die äußersten Enden der Erde, so würde auch dort Deine Hand mich leiten und Deine Rechte mich halten (V. 8 f.).

Und noch einmal wird die äußerste Verzweiflung zum Thema, der selbst gesuchte Tod: Finsternis möge mich decken! (V. 11). Und so gut kennt *Luther* diese Finsternis, dass er die Gegen-Sätze nicht wie die meisten neueren Übersetzer in der Schwebe des Konjunktivs belässt (»so wäre … würde«), sondern mit dem ganzen Gewicht des tröstlichen Indikativs sagt: so muss die Nacht auch Licht um mich sein, denn auch Finsternis nicht finster ist bei Dir! Der hebräische Wortlaut lässt beides zu, doch hier, scheint mir, ist Luther seinem ursprünglichen Sinn näher als alle anderen.

6.3 Eine Forschungsreise in das Innere Gottes. Alles kommt darauf an, dass wir die Tonart begreifen, in der dieser Ps intoniert wird: Es ist nicht der Ton des trotzigen Bekennens – was denn würde der Trotz gegen diese Tiefe der Verzweiflung ausrichten! Sondern dies ist die

---

4 Vgl. *E. Zenger,* Ich will die Morgenröte wecken. Psalmenauslegungen, Freiburg
  i.Br. 1991, 242 ff.

Tonart staunenden Buchstabierens, die dem nachgeht, was die Grundverheißung sagt: Ich bin da!

Und so wird weiter buchstabiert, eine Entdeckung reiht sich an die andere: Wie kunstvoll gewirkt war mein Leben schon im Mutterleib; Deine Augen sahen mich ja doch (»meinen Knäul« sagt *Buber*), ehe ich geboren bin (V.16). Das Wort erstaunen ist viel zu schwach dafür; das alles ist, so sagt die hebräische Bibel, »furchterregend wunderbar«, und das begreift auch meine Seele »sehr«: Wie schwer wiegen für mich, Gott, Deine Gedanken, und ihre Hauptsätze: wie stark! Doch wollte ich sie zählen, so wären sie mehr als der Sand. Und wenn ich erwache, dann bin ich noch immer – bei Dir.

Eine Forschungsreise in das Innere Gottes – *»exploration into God«*: So hat *Christopher Fry* (am Ende seines Dramas »Ein Schlaf Gefangener«) unser Leben nach dem Grauen des Krieges beschrieben. Dieser Ps erforscht die Innenseite der Erfahrungen mit dem Namen Gottes. Was wäre das für ein Leben im Einklang mit dieser Erfahrung!

Aber da ist noch immer die Gegenwelt mächtig, sie lässt sich nicht verdrängen: die Welt der Gewalttäter, die »gottlos« sind (von *Luther* so übersetzt; das hebräische Wort r'schaim meint die rücksichtslos Gewalttätigen, die mit ihrem zynischen Tun die Grundfesten der Schöpfung einreißen Ps 11,3), weil sie von all diesen Erfahrungen nichts wahrnehmen und in ihren Wahnideen alles zerstören, wovon wir leben. Wenn es mit ihnen doch ein Ende hätte! Ist das ein unverständlicher Wunsch? Ich mag nicht sagen: Ich hasse sie; doch ich folge ihren Illusionen nicht, ich will sie auch gar nicht verstehen, ich kann sie nur verabscheuen (V.22): Sie zerstören unsere Welt, die Welt unserer Kinder, so sind sie auch meine Feinde.

Aber ich mache mir nichts vor über die Klarheit meiner Motive. So kann ich am Ende zu der Einsicht des Anfanges nur noch einmal Ja sagen: Ja, erforsche mich nur, erkenne Du mein Herz, und gib Acht, wo ich auf trübem Wege bin. Ja: Leite mich allezeit weiter auf Deinem Weg (V.24).

Wir sind anfangs von den einzelnen Sätzen des Lobes, der Klage und des Vertrauens ausgegangen, die in sich die Kraft haben, in die Tiefe der Erfahrung zu führen. Dieser Ps aber will als ein Ganzes genommen sein. Er ist ein Weg des Begreifens Schritt für Schritt; da hat jeder einzelne Satz, jeder einzelne Schritt Gewicht, und erst wer den ganzen Weg mitgeht, gelangt zu der umfassenden Vergewisserung, die diesen Ps so einzigartig macht.

6.4 Fragen der Formgeschichte. Dieser Ps ist nicht mehr in eine der formgeschichtlichen Kategorien einzuordnen; das sah schon der Altmeister der formgeschichtlichen Psalmenforschung *Hermann Gunkel*[5]. Er verbindet alle Inhalte und sprengt zugleich jede der bekannten Formen. Neuere Versuche, in ihm das »Gebet eines Angeklagten« zu sehen, der auf sein Gottesurteil wartet und dafür seine Unschuld beteuert, oder auch den Ps einer speziellen liturgischen Aufgabe zuzuordnen, vermögen die Form auch nicht annähernd schlüssig zu erklären; sie schaffen vielmehr eine Distanz, aus der ein entdeckendes Verstehen gar nicht mehr möglich ist.

Das ist charakteristisch für die Verlegenheit der historisch-kritischen Exegese gegenüber den Ps. Die dort für unerlässlich gehaltene Frage nach der besonderen »Situation des(!) Sängers(!)« geht bei den Ps grundsätzlich ins Leere, weil jeder Satz, der dort formuliert ist, gar nicht als Bekenntnis eines Einzelnen überliefert wird (auch nicht des Königs David), sondern von Anfang an als Vorlage, in der viele sich selbst wiederfinden können. Die Erwähnung Davids in der Überschrift vieler Ps ist dem hebräischen Wortsinn nach ohnehin nicht als Verfasserangabe zu lesen, sondern eher als eine Widmung: Es sind Ps *für* David – und für alle, die wie er durch die Tiefen der Anfechtung geführt werden. Die Ps geben ihnen Sprache für sprachlos gebliebene Erfahrungen und schärfen darin zugleich die Wahrnehmung für neue Erfahrungen mit der tröstlichen Wirklichkeit Gottes.

So ist der Psalm eine Einladung, ihm Schritt für Schritt auf seiner *exploration into God* zu folgen, und er zieht darin die Summe aus vielen Erfahrungen mit anderen Worten der Ps: mit Klage und Anklage und den verzweifelten Fragen, mit dennoch gewagtem Vertrauen und dem befreienden großen Atemholen im Lob. Seine eigene Didaktik ist die einer umfassenden Sensibilisierung; doch wir müssen ihn nicht gleich als ganzen präsentieren: Kinder und Jugendliche werden in einzelnen Worten Bekanntes wiederfinden und dabei an die starken Vertrauensworte anderer Ps erinnert werden; sie werden aber auch sensibel reagieren auf den erdrückenden Doppelsinn mancher Worte (den andere Übersetzungen noch schärfer herausstellen) und die daraus abgeleitete »Gottesvergiftung« aus eigener Erfahrung beschreiben und diskutieren, und wir werden sehen, wie weit die nicht autoritär behauptende, sondern auf eigene Erfahrung und Wahrnehmung zielende Argumentation des Ps trägt. Ihre Basis bleibt die in dem Gottesnamen enthaltene Zusage: Ich bin da.

---

5 *H. Gunkel,* Die Psalmen, Göttingen 1929.

7. Eine Didaktik der Kreativität

Kreativität kann nur aus eigener Wahrnehmung wachsen. Deshalb
sind die Ps in ganz besonderem Maße geeignet, Kreativität freizuset-
zen. Die Klage holt mit ihren prägnanten Bildern Erfahrungen aus
der Tiefe wieder ans Licht. Das ist ein Vorgang, der nach eigener
Gestaltung geradezu ruft – sprachlich oder im Bild, in der Sprache
der Musik oder des eigenen Körpers. Das Lob andererseits als Sprache der Freude schärft nicht nur die Sinne für die Fülle der Schönheit um uns, sondern drängt danach, diesen Eindrücken auch entsprechend vielfältigen Ausdruck zu geben, nicht nur verbal, sondern
mit allen Mitteln bis hin zum ausgelassenen Tanz. Die Entdeckung
der guten Schöpfung ist eine unerschöpfliche Quelle der Kreativität.
Daraus ergeben sich Ansatzpunkte für eine Art der Freiarbeit, die es
im Gegensatz zu den Formen (offen oder verdeckt) programmierten
Lernens ermöglicht, tatsächlich der eigenen Kreativität folgend zu
selbständig entdeckendem ganzheitlichem Lernen zu kommen[6].

LITERATURHINWEISE

I. Baldermann, Ich werde nicht sterben, sondern leben. Psalmen als Ge-
brauchstexte (WdL 7), Neukirchen-Vluyn ³1999.
M. Buber, Das Buch der Preisungen. Die Psalmen, Gütersloh ¹¹1998.
R. Oberthür, Kinder und die großen Fragen, München 1995, bes. 81–94.
E. Zenger, Ich will die Morgenröte wecken. Psalmenauslegungen, Frei-
burg i. Br. 1991.

---

6 Vgl. dazu *R. Oberthür*, Kinder und die großen Fragen, München 1995; darin: In
Bildworten der Bibel sich selbst entdecken. Umgang mit einer »Psalmwort-Kar-
tei« in Religionsunterricht und freier Arbeit, 81–94.

IX. Weisheit
(Sprüche Salomos/Kohelet)

Ingrid Grill

1. Einführung: Weisheitliche Texte im AT

Jemand kann über umfangreiche Kenntnisse verfügen, kann hochintelligent und geistreich sein – und doch würden wir diesen Menschen noch nicht »weise« nennen. Mit »Weisheit« verbindet die Alltagssprache ein schwer definierbares »Mehr«: ein erfahrungsgesättigtes Wissen, wie man es eher von den Älteren erwartet; eine verbindende und versöhnende Haltung, die Rationalität mit Emotionalität vereint, Theorie mit Praxis, Profanität mit Religiosität. Weisheit reflektiert dabei stets ihre eigenen Grenzen: Zu wissen, dass man nichts weiß, gilt spätestens seit *Sokrates* als Anfang und Ende weisheitlichen Nachdenkens.

Auch das AT kennt einen »Mehrwert« der »Weisheit« (hebr.: chokhma), deren Bedeutungsfülle hier von Erfahrungswissen, Geschicklichkeit, Lebenskunst bis hin zu schöpferischer Inspiration reicht. Weisheit wird *lehrend und lernend* vermittelt und angeeignet; *Didaktik* ist ihr ureigenstes Metier. Das macht sie für die Religionspädagogik reizvoll, auch wenn weisheitliche Texte in den Lehrplänen – womöglich zu Unrecht – eine eher marginale Rolle spielen.

»Weisheit« ist ein in der antiken Welt verbreitetes interkulturelles Phänomen. Weisheitsliteratur in Form von Sprüchen, Listen, Reden und Dialogen, Gedichten und Erzählungen finden wir auch in Ägypten und Mesopotamien. Im AT konzentriert sich die weisheitlich-didaktische Literatur auf die Bücher »Sprüche Salomos«, »Hiob« und »Prediger Salomo (Kohelet)«. Aber auch das übrige AT ist reich an weisheitlichen bzw. weisheitlich gefärbten Texten, etwa in den Psalmen, in den Geschichtsbüchern (z.B. die Josefsgeschichte und die Überlieferung von der Thronfolge Davids), in der Prophetie. Wichtige Weisheitstexte der frühjüdischen Literatur sind die Bücher »Jesus Sirach« und »Weisheit Salomos«.

Da weisheitliche Texte eher allgemeine, überzeitliche Aussagen
machen wollen, ist es schwer, ihnen einen konkreten historischen
Ort sowie bestimmte Trägerkreise und Institutionen zuzuweisen.
»Weisheit« als Weitergabe und Aneignung von Lebenswissen gehörte
sicherlich schon in frühester Zeit zum Leben der Sippe. Mit der Ausbildung einer städtischen Kultur und des Königtums in Israel wurde
Weisheit wohl im Umkreis des Hofes zur Ausbildung von Beamten
gepflegt; inwieweit man hier von eigenen »Schulen« ausgehen kann,
ist umstritten. Doch war es offenbar eine gehobene Schicht von gebildeten, schreibkundigen Lehrern und/oder Beamten, der wir die
Abfassung und Redaktion weisheitlicher Texte verdanken.

An den Büchern »Sprüche Salomos (Sprichwörter/Proverbien)« und
»Prediger Salomo (Kohelet)« sollen im Folgenden einige Grundlinien weisheitlichen Denkens skizziert werden. Das Buch der »Sprüche Salomos«
besteht aus mehreren, ursprünglich voneinander unabhängigen
Spruchsammlungen. Nur deren ältester Teil (»ältere Weisheit«, v.a.
Spr 10–22,16; 25–29) geht – wenn auch wohl nicht auf Salomo persönlich – auf die vorexilische Königszeit zurück. Die Texte der »jüngeren
Weisheit«, z.B. Spr 1–9; 30–31, sind eher nachexilischen Ursprungs;
die Endredaktion des Sprüche-Buches wird auf das 4.–3. Jh. datiert.

Wahrscheinlich in der 2. Hälfte des 3. Jh. entstand das Buch Kohelet (dt.: Versammler), ein Traktat, der sich kritisch mit den älteren
Weisheitstraditionen und mit hellenistischer Philosophie auseinan-
dersetzt – wie das Buch Hiob Ausdruck einer »Krise der Weisheit«[1].

2. Exegetisch – hermenentisch

2.1 Sprüche – gestaltete Erfahrung

Ein ränkesüchtiger Mensch stiftet Streit an,
und ein Verleumder trennt Freunde. (Spr 16,28)
Ein weiser Sohn macht dem Vater Freude,
aber ein törichter Mensch verachtet seine Mutter. (Spr 15,20)

Es sind fast ein wenig banale Einsichten, die hier als »Weisheit« überliefert werden. Aber es geht in der altorientalischen Weisheitsliteratur eben nicht um das Außergewöhnliche, sondern vielmehr darum,
das »Normale« zu beschreiben, die Ordnung, die hinter den mannigfa-

---

1 Zur Ergänzung und Vertiefung dieser stark vereinfachten Darstellung sei verwiesen auf E. Zenger u.a., Einleitung in das Alte Testament, Stuttgart u.a. 1995,
224–284.

chen Phänomenen des Alltags aufscheint. Doch so schlicht ihr Inhalt, so bemerkenswert ist die Form dieser kleinen Kunstwerke, die sich durch Kürze, Prägnanz, originelle Bilder und Vergleiche und mitunter witzige Pointen auszeichnen. Typisch ist die Struktur des »Parallelismus membrorum«, das Spiel mit den zwei Satzgliedern, die in vielfältiger Weise aufeinander bezogen sein können: als Wiederholung oder Verstärkung der Aussage, als Weiterführung, als Antithese, als Vergleich. Auffällig ist, dass die Satzhälften einander nicht genau entsprechen bzw. widersprechen. Vielmehr entsteht durch die gedankliche und sprachliche Variation eine gewisse Unschärfe. Die in der Formulierung gewonnene Ordnung wird nicht festzementiert, sondern gebrochen, um neue Bedeutungsspielräume zu eröffnen. Die Lernenden werden beim Hören/Lesen eines solchen Spruches gleichsam in den Denkprozess mit hineingenommen (ein frühes Beispiel einer beweglichen, prozessorientierten Didaktik!). Dabei wird eine Dynamik freigesetzt, die über die scheinbar banale Deskription hinausweist. Ohne explizit zu »moralisieren«, setzen solche einfachen Sentenzen *Handlungsimpulse* frei. Denn wer möchte schon Ränke stiften oder seinen Eltern Kummer machen? Weisheit (im Unterschied zur »Torheit«) bedeutet, lebensdienliche Ordnungen zu entdecken, zu bedenken und handelnd in sie einzustimmen.

2.2 Eine Gerechtigkeit auf Erden

> Die Frevler stürzen und sind dahin;
> aber das Haus der Rechtlichen besteht. (Spr 12,7)
> Wer eine Grube gräbt, fällt hinein,
> und wer einen Stein wälzt,
> auf den rollt er zurück. (Spr 26,27)

Sätze wie diese haben lange Zeit das Vorurteil bestärkt, im AT (und entsprechend im Judentum) herrsche eine »Straf- und Vergeltungsgerechtigkeit« vor (im Gegensatz zum christlichen Verständnis von Liebe und Vergebung). Die Erforschung altorientalischer Weisheit legt jedoch nahe, hier besser von einem *»Tun-Ergehens-Zusammenhang«* zu sprechen, dessen Wahrnehmung nach Ansicht der Weisen Basis allen gelingenden Lebens ist[2]. Zu Grunde liegt die Überzeugung, dass die Wirkungen einer Tat schon in ihr selbst begründet liegen. Wer Böses tut, begibt sich in eine schlechte Sphäre (modern gespro-

---

2 Diese Einsicht verdanken wir vor allem *K. Koch*, Gibt es ein Vergeltungsdogma im AT?, in: ZThK 52/1955, 1 ff.

chen: einen Teufelskreis), so dass weitere böse Taten und Unglück folgen. Umgekehrt erwachsen aus gutem Tun Zufriedenheit, Erfolg, Wohlstand, immaterielles *und* materielles Glück (Schalom).

Der Tun-Ergehens-Zusammenhang beruht auf *Erfahrung*, die man zumindest dort machen kann, wo man in überschaubaren sozialen Verbänden lebt und wo ein »törichter« Sohn tatsächlich Unglück über die Familie bringt. Wahrscheinlich haben jedoch auch schon die Weisen der älteren Zeit den Fall gekannt, dass ein Mensch unschuldig leidet – wie es später im Hiobbuch so eindrucksvoll reflektiert und beklagt wird (→ VII. Hiob). Insofern ist die optimistische Rede vom Tun-Ergehens-Zusammenhang vielleicht auch ein Stück weit kontrafaktisch, sicherlich aber *pädagogisch-didaktisch* ausgerichtet. Sie will den (damaligen) Schüler, die Schülerin dazu einladen, die Sphäre des Guten zu wählen bzw. – da es sich ja um Angehörige der Oberschicht handelte – darin zu bleiben. Dazu bedurfte es nach Ansicht der Weisen maßvollen, gerechten Verhaltens einschließlich der Fürsorge für die Armen und Schwachen.

2.3 Die Furcht Jahwes – Anfang aller Weisheit

> Des Menschen Herz denkt sich einen Weg aus,
> aber JHWH lenkt seinen Schritt. (Spr 16,9)
> Die Furcht JHWHs ist die Schule der Weisheit,
> und der Ehre geht Demut voran. (Spr 15,33)
> Fürwahr, Jahwe gibt Weisheit;
> aus seinem Munde ergeht Erkenntnis und Einsicht. (Spr 2,6)

Mit der Annahme eines Tun-Ergehens-Zusammenhangs stellt sich für Israel ein gewichtiges theologisches Problem: Wird Gott hier nicht zum Erfüllungsgehilfen einer selbst wirksamen Ordnung degradiert? Wie verhalten sich vernünftige Einsicht und das Bekenntnis zu JHWH, dem Gott, der sich Israel in der *Geschichte* offenbart hat, zueinander? Besonders die ältere Weisheit argumentiert über weite Strecken völlig »weltlich« und in großer Nähe zur Weisheit der Nachbarländer – keine Rede von den großen Erzählungen Israels, vom Gott der Väter, des Exodus. *G. v. Rad* sieht hier das aufgeklärte Weltverständnis der salomonischen Epoche wirksam, das sich gleichwohl dem Glauben an den Gott Israels harmonisch einfügt[3].

---

3 *G. v. Rad,* Weisheit in Israel, Gütersloh 1992, 75–101; anders *H. D. Preuß,* der das weisheitliche Gottesverständnis in Spannung zu den alten Jahwetraditionen des Volkes sieht (Einführung in die alttestamentliche Weisheitsliteratur, Stuttgart u. a. 1987, 59 f.).

Denn als *Schöpfer* steht JHWH auch hinter den Ordnungen der Welt. Sprüche wie die oben zitierten halten dabei das Wissen um die Vorläufigkeit menschlicher Erkenntnis stets präsent und binden Weisheit an den Glauben Israels. Dieses Wissen verdichtet sich im Begriff der »*Jahwefurcht*« als aller Weisheit Anfang und Begrenzung.

In den jüngeren Schriften wird das Verhältnis von Gott und Weisheit theologisch reflektiert. Die dem Sprüchebuch nachträglich vorangestellten Kapitel 1–9 mit ihren längeren Lehr- und Mahnreden rücken die Weisheit als *Gabe JHWHs* in seine unmittelbare Nähe, bezeichnen sie sogar als präexistente Schöpfungsordnung (Spr 8,22).

2.4 »*Frau Weisheit*« und »*die weise Frau*«

> Die Weisheit ruft auf der Gasse,
> auf den freien Plätzen erhebt sie die Stimme. (Spr 1,20)
> Eine tüchtige Frau, wer kann sie finden?
> Höher als Korallen steht ihr Wert. (Spr 31,10)

Bemerkenswert an den eben erwähnten theologischen Reflexionen zu Beginn des Sprüchebuchs ist, dass sich hier die Weisheit in Gestalt einer Frau selbst zu Wort meldet. Die Verbindung zu Maat, der ägyptischen Weisheitsgöttin und Verkörperung der Weltordnung, liegt nahe. Diese Frau nun redet laut auf Straßen und Plätzen, also in der Öffentlichkeit, und sie wird charakterisiert als diejenige, die das Haus baut und erhält. In deutlicher Korrespondenz dazu endet das Sprüchebuch mit dem »Lob der weisen Frau«, das in der jüdischen Familie bis heute bei der Schabbatfeier angestimmt wird. Nicht das »Heimchen am Herd« ist gemeint (wie *Luther*s Übersetzung des »tugendsamen Weibes« missverstanden wurde), sondern die tüchtige, kluge, selbstständige und geschäftstüchtige Frau ist es, die hier mit geradezu göttlichen Attributen gepriesen wird.

Dass das Sprüchebuch somit umrahmt ist von Hinweisen auf die *weibliche Gestalt der Weisheit* (was dann im Buch der »Weisheit Salomos« weitergeführt wird), hat feministische Theologinnen zu vielerlei Reflexionen und Spekulationen angeregt – bis dahin, hier eine ursprünglich eigenständige Göttin zu vermuten. *Silvia Schröer* sieht dagegen in der personifizierten Weisheit keinen Angriff auf den Monotheismus, sondern eine Weise des Redens von Gott, den »Versuch, an die Stelle des männlichen Gottesbildes und neben dieses Gottesbild ein weibliches zu setzen, das den Gott Israels mit der Erfahrung und dem Leben besonders der Frauen in Israel … verbindet«[4].

2.5 Skeptische Weisheit

> Für alles gibt es eine Stunde,
> und eine Zeit hat jedes Vorhaben unter dem Himmel: …
> Was hat also der Tätige für einen Gewinn,
> wenn er sich darum abmüht? … (Koh 3,1–15)

Das Lehrgedicht von der Zeit hat als einziger *Kohelet*-Text einen festen Platz im RU gefunden. Für sich genommen strahlt es Ruhe und Lebensklugheit aus; es mahnt zum Erkennen des rechten Augenblicks, zum Einstimmen in den Lauf des Lebens. Kohelet folgert jedoch anders: Angesichts der ehernen Gesetzmäßigkeit der Zeit und der Vergänglichkeit des Lebens erweist sich menschliches Bemühen als sinnlos. Kohelet unterzieht die Lehren der Weisheit einer schonungslosen *Kritik*. Nach seiner Lebenserfahrung, die er »unter der Sonne« gesammelt hat und die er in geradezu philosophischer Weise reflektiert, hat sich die Welt als undurchschaubar erwiesen. Wohlstand und Besitz sind keine Glücksgarantie; es gibt keinen Zusammenhang von gutem Verhalten und Wohlergehen. Die Anstrengung um ein gelingendes Leben lohnt sich nicht. Weisheit hat keinen Nutzen. Letztlich macht doch der Tod alle gleich, und der Weise stirbt wie der Tor. Sein Fazit lautet: *»Alles ist ganz eitel«* (1,2. u.ö.).

Alle Gewalt über Zeit und Leben, über Tun und Ergehen liegt in Gottes willkürlicher Macht, die für Menschen unzugänglich und unberechenbar ist. Was bleibt, ist: fröhlich zu sein und sich's wohl sein zu lassen: *carpe diem!* Doch auch der Lebensgenuss ist wiederum von Gott abhängig und vergänglich.

In der Auslegung dieser beunruhigenden Schrift gibt es einerseits die Tendenz, Kohelets Diesseitsfreude zu betonen[5]. Andererseits wird dafür plädiert, seine »absurde« Philosophie auszuhalten – gegen alle Versuche, Gott und Welt zu glatt und harmlos in Einklang zu bringen[6].

---

4 *S. Schröer*, Die Weisheit hat ihr Haus gebaut. Studien zur Gestalt der Sophia in den biblischen Schriften, Mainz 1996, 42.
5 So z.B. *L. Schwienhorst-Schönberger*, Das Buch Kohelet, in: *E. Zenger u.a.*, aaO., 263–270, bes. 268ff.
6 Vgl. dazu *H. D. Preuß*, aaO., 131ff.

3. Didaktisch

Hier geht es weniger um die »Behandlung« einzelner Texte im Unterricht als um die Frage, ob und wie weisheitliche Didaktik für heutigen RU *konzeptionell* fruchtbar gemacht werden kann. Einige *Möglichkeiten* »weisheitlichen RU« sollen angedeutet werden:

(1) Das herkömmliche Sprichwort ist wohl »out«, doch Jugendliche verständigen sich untereinander gern mit pointierten, schrägen *Sprüchen* (Zitaten) oder mit witzigen SMS. Warum sollte man diese (weisheitliche) Kunst im RU nicht kultivieren und z.B. gelungene Sprüche in der Werbung suchen, selbst formulieren, wichtige (»weise«) Gedanken als SMS verfassen o. ä.?

(2) Vielleicht wären die Sprüche mit ihrer *pragmatischen Alltagsethik* hin und wieder eine gute Alternative zu den »hochkarätigen« Zehn Geboten, die gewöhnlich zu ethischen Themen herangezogen werden? Dabei dürfte der Tun-Ergehens-Zusammenhang Kinder und Jugendliche insoweit ansprechen, als auch sie *plausibel* erklärt haben wollen, was ein bestimmtes Verhalten »bringt«.

(3) Alttestamentliche Weisheit berührt sich mit moderner Religionspädagogik im Anliegen der *Erfahrungsorientierung*. Dabei demonstrieren die Sprüche, dass Erfahrung nicht etwas Gegebenes ist, an das man einfach anknüpfen kann, sondern dass sie ein *Konstrukt*, ein Ergebnis gedanklicher Arbeit ist.

(4) Am Ort der öffentlichen Schule in einer pluralen Gesellschaft ist der RU herausgefordert zu *Weltlichkeit und Weltoffenheit*. Alttestamentliche Weisheit lebt vor, wie man säkular und interkulturell offen von Gott reden kann, ohne ständig die »großen Erzählungen« zu strapazieren. Allerdings waren letztere für Israel als selbstverständlicher Orientierungsrahmen vorausgesetzt, was heute kaum der Fall sein dürfte. Heute käme einer weisheitlichen Didaktik wohl eher die Aufgabe zu, *propädeutisch-alphabetisierend*, spielerisch-nachdenklich und methodisch phantasievoll auf die großen Glaubenstraditionen erst einmal *hinzuweisen*.

(5) Der Gedanke der Jahwefurcht als *Begrenzung* aller Weisheit ermutigt zu einem *bescheidenen* RU, der humorvoll mit seiner eigenen Fragmentarität zurechtkommt.

(6) Bleibt die Frage, ob man die bittere *Skepsis* eines Kohelet im RU zulassen möchte. Zumindest könnte sich die Religionspädagogik von Kohelet fragen lassen, ob sie mit den Einsichten eines *Feuerbach* oder *Nietzsche* wirklich Ernst gemacht hat, ob sie die Rede von der »Religion« nicht mitunter zu leicht nimmt und ob im RU nicht in

bester pädagogischer Absicht zuweilen Gott und Mensch verharmlost werden.

LITERATURHINWEISE

H. D. Preuß, Einführung in die alttestamentliche Weisheitsliteratur, Stuttgart
u. a. 1987.
G. v. Rad, Weisheit in Israel, Gütersloh 1992.
Themaheft »Weisheit in Forschung und Unterricht«, in: EvErz 48/1996, H. 6.
I. Grill, Weisheitliche Sprachspiele im Religionsunterricht, in: Religiöse Bildung? Aktuelle Information 35 der Gymnasialpäd. Materialstelle Erlangen, 1998, 57–77.

X. Propheten

GOTTFRIED ADAM/RAINER LACHMANN

1. Kurzinformation

1.1 Im umgangssprachlichen Verständnis ist ein *Prophet* jemand, der die Zukunft voraussagt (→ TLL 1, Prophetie, 271 ff.)[1]. Bei einem solchen Verständnis werden die AT-Propheten so etwas wie Wahrsager und Zukunftsschauer. Im theologischen Bereich wird dieses Vorverständnis teilweise unterstützt durch eine rigide Handhabung des Schemas »Verheißung – Erfüllung«, wenn es in der Weise ausgeführt wird, dass im AT die Verheißungen gegeben sind, welche dann im NT ihre Erfüllung finden. Die Frage der Verheißung muss wohl in einer anderen differenzierteren Weise behandelt werden, damit die Propheten nicht in ein schiefes Licht kommen und als dubiose, nicht gerade vertrauenswürdige Gestalten erscheinen.

Die Propheten haben ihre Reden und Taten nicht selber aufgeschrieben, sondern sie wurden von Schülern gesammelt und erst später zu Büchern zusammengestellt. Bei diesem Prozess kamen ganz unterschiedliche Kompositionskriterien zum Zuge (biografische Ausrichtung: Eliazyklus, Baruchbiographie; zeitliche oder thematische Zusammenstellung: z.B. als Sammlung von Einzelsprüchen oder Völkersprüchen oder mittels Stichwortanalogie). Der Buchwerdungsprozess der einzelnen prophetischen Bücher wie des gesamten AT ist ein spannender Vorgang.

1.2 Man kann – grob eingeteilt – vier *Hauptphasen prophetischer Tätigkeit* in Israel unterscheiden:

(I)   9. Jh. v.Chr.: Elia, Elischa (Nordreich)
(II)   8. Jh. v.Chr.: Amos, Hosea (Nordreich); Jesaja, Micha (Südreich)

---

1 Zum Folgenden s. auch *H. K. Berg*, Altes Testament unterrichten. 29 Unterrichtsvorschläge, München/Stuttgart 1999, 228–236.

(III)   7. Jh. v. Chr.: Nahum, Zephanja, Jeremia, Habakuk, Obadja,
        Ezechiel
(IV)   6. Jh. v. Chr.: Deuterojesaja, Tritojesaja, Haggai, Sacharja

In das 5. Jh. v. Chr. gehören Maleachi und Joel, in das 4. Jh. v. Chr.
Deuterosacharja und wohl auch Jona, und in das 2. Jh. Daniel.

Die Propheten der Phase (I) nennt man *vorklassisch*; sie treten im
Zusammenhang anderer Bücher des AT (Sam, Kön) auf. In den Phasen (II) bis (IV) haben wir es hingegen mit *Schriftpropheten* zu tun,
d. h. mit Propheten, die im AT mit Büchern ihres Namens vertreten
sind. Die Schriftpropheten werden nach der Länge ihrer Schriften
als *Große Propheten* (Jesaja, Jeremia und Ezechiel) und als die *Zwölf
Kleinen Propheten* (Hosea bis Maleachi) klassifiziert. Amos, Hosea,
und Jesaja (II) sowie Jeremia (III) verkörpern die sog. *klassische Zeit*
der Schriftprophetie, die im Exil im Wesentlichen ihr Ende findet.
Für das christliche Verständnis gilt jedoch Johannes der Täufer als
der eigentlich letzte Prophet; nach ihm kam – in Erfüllung aller Prophetie – Jesus.

1.3 In der *Auswahl* der Propheten für dieses Kapitel sind die verschiedenen Phasen der Prophetie exemplarisch vertreten: Als Prophet der Frühzeit wurde Elia ausgewählt, aus der Hochzeit der
Schriftprophetie begegnen Amos und Jeremia, und die Geschichte
vom Propheten Jona gehört in ihrer jetzigen Gestalt zu den Spät-
schriften des AT.

1.4 Als *charakteristische Merkmale* prophetischer Existenz lassen sich
folgende fünf Qualifikationen beobachten[2]: (1) Berufung, (2) inten-
sive Kenntnis der Überlieferung, (3) gesteigerte Sensibilität für die
Gefährdung der Heilsgaben und Wahrnehmung der Armen und
Schwachen, (4) Fähigkeit zur treffenden Analyse der gesellschaft-
lich-politischen Lebenssituation und (5) literarisch-künstlerische
Qualitäten (Kenntnis der gebräuchlichen Sprachformen und Fähig-
keit zu deren kreativer Umgestaltung).
Für die Propheten des AT ist kennzeichnend:
–   Sie verstehen sich als Boten, Sprecher Gottes, die unmittelbar von
    Gott beauftragt sind
–   Dies geschieht durch eine Berufung durch Gott selbst

---

2 *H. K. Berg*, aaO., 235f.

- Diese Berufung passiert eher unfreiwillig und wird gar als Zwang erfahren. Dies lässt einen Jona oder Jeremia verständlich erscheinen, die ihre Berufung zunächst ablehnen und ihr sogar zu entfliehen versuchen
- Sie empfangen Visionen, Auditionen, Träume etc.
- Sie treten auf, indem sie sich durch die Botenformel (»So spricht der Herr«) ausweisen
- Die Verkündigung von Gottes Gerichts- bzw. Heilsbotschaft durch Wort und Symbolhandlungen ist ihre gemeinsame Aufgabe. Dies geschah bisweilen auch durch die Deutung unmittelbarer Ereignisse als Strafe Gottes. Die Kritik der Propheten machte weder vor der Gesellschaft noch vor dem König, noch vor dem Tempel und seinen Priestern Halt. Allerdings blieb den Propheten der Erfolg meist versagt
- Sie sind keine Vertreter einer Gruppe oder Institution (wie z.B. die Tempelpropheten oder Priester), sondern »Einzelkämpfer«.

1.5 Neben den Vätergeschichten der Frühzeit zählen die Prophetentexte zu den herausragenden Textkompositionen des AT. Das Wirken der Propheten und Prophetinnen ist, wie sollte es anders sein, der zeitgeschichtlichen Situation verhaftet. Darum ist in aller Schärfe die Frage zu stellen, welche *Bedeutung* die Propheten und ihre Botschaft für uns heutige Menschen noch haben können. Ihr zentrales Thema ist der biblische Gott als der eine Gott, der Ausschließlichkeit will und – damit in eins – Kontaktaufnahme und Kommunikation mit den Menschen seines Volkes.

G. A.

2. Elia

2.1 Im 9. Jh. begann mit Elia und Elisa die *Prophetie* (→ TLL 1, Prophetie, 271–276) ihre Stimme zu erheben. Im Vergleich mit den alten Institutionen des Priestertums und des sakralen Rechtes war es eine junge Bewegung. Den Ursprung bildeten möglicherweise Ekstatikergruppen (s. 1 Sam 10,5 ff.). Die frühen prophetischen Gestalten haben sich nicht auf den privaten Bereich beschränkt, sondern immer auch aktiv in Geschichte und Politik eingegriffen. Während man bei Nathan oder Ahia von Silo »eine gewisse Plastik« in der Darstellung vermisst, stößt man in den Elia-Erzählungen »mit einem Mal auf ein prophetisches Phänomen von durchdringender geschichtlicher Leuchtkraft«. Die im Grunde unerfindbare Prägnanz Elias »erklärt sich nur daraus«, dass sich in ihm »eine geschichtliche Gestalt von fast übermenschlicher Größe spiegelt«[3].

Über die *Persönlichkeit des Propheten* sowie seine Herkunft und religiöse Sozialisation wissen wir wenig. Er stammt offensichtlich aus dem ostjordanischen Tisbe in Gilead und trägt von daher den Namen »der Tisbeter«. Elia kommt damit aus einem Gebiet, das ursprünglich »kein alter kanaanäischer Kulturboden, sondern israelitisches Kolonialland war, (wo) der Jahweglaube in seiner Ausschließlichkeit sich reiner erhalten haben dürfte als im Westen, wo sich Israel immer unbefangener der Baalsreligion öffnete«[4]. Das Interesse der Elia-Erzählungen haftet nicht nur an der Botschaft, sondern auch an der Person des Propheten, die im Vergleich zu den vorherigen Prophetengestalten (Samuel, Nathan) stärker hervortritt.

Dies zeigt sich insbesondere an den anekdotischen Erzählungen. Elia ist an kein Heiligtum gebunden und wandert von Ort zu Ort. Er taucht wie der Blitz aus heiterem Himmel auf. Ob er Visionen in der Art der Theophanieschilderung gehabt hat, ist nicht auszuschließen, aber auch nicht mit Sicherheit zu behaupten. Ekstatische Zustände (vgl. 1 Kön 18) waren ihm möglicherweise nicht fremd. Im Gegensatz zu den Kultpropheten redet er ungebeten. Seine Botschaft ist meist unbequem. Es wird berichtet, dass er nicht gestorben, sondern von Gott in den Himmel entrückt wurde (2 Kön 2,5). Es ist Ausdruck der Bedeutung Elias, dass eine solche Entrückung von ihm überliefert ist. Überhaupt ist die Nachwirkung seiner Gestalt auffällig. In Mal 3,23f. wird er als messianische Gestalt und als Vorläufer des Messias verstanden. Im Judentum gibt es zahlreiche literarische Bezüge bis hin zu drei Elia-Apokalypsen. Im NT wird Elia nach Mose, Abraham und David am häufigsten von den alttestamentlichen Gestalten erwähnt[5]. Vor allem wird die volkstümliche und rabbinische Auffassung von Elia als dem Vorläufer des Messias aufgegriffen und auf Johannes den Täufer bezogen (Mt 11,10 u. 14; 17,12).

Nach dem Tode Salomos (931/930 v. Chr.) zerfällt das davidisch-salomonische Großreich in die Teilreiche Juda und Israel. Damit beginnt eine Zeit der Rivalitätskämpfe zwischen beiden Reichen. Die *Dynastie der Omriden* beendet diesen Zustand und festigt das Reich

---

3 *G. von Rad*, Theologie des Alten Testaments, Bd. II, München 1965, 27 f.

4 Ebd. – Zu Elia insgesamt wichtig: *G. Fohrer*, Elia (AThANT 53), Zürich ²1968 sowie *F. Crüsemann*, Elia – die Entdeckung der Einheit Gottes (Kaiser Traktate 154), Gütersloh 1997.

5 S. *M. Öhler*, Elija und Elischa, in: *ders. (Hg.)*, Alttestamentliche Gestalten im Neuen Testament, Darmstadt 1999, 184–203.

(885–841 v. Chr.), verschafft ihm bei den Nachbarn Achtung und bringt der Bevölkerung Wohlstand. König Ahab (871–851 v. Chr.) kann die Grenzen des Reiches ausdehnen. Innenpolitisch versucht er einen Ausgleich zwischen dem kanaanäischen und israelitischen »Volksteil« herzustellen. In diese Politik des Ausgleichs passt auch gut die Heirat mit der tyrischen Prinzessin Isebel. Der Sohn Ahasja stirbt bereits ein Jahr nach Regierungsantritt. Der Abstieg der Dynastie beginnt.

Die politische Bedeutung und die religiöse Beurteilung divergieren freilich. Ahab erscheint vor allem als derjenige, der den Namen Jahwes entweiht und den Baalskult gefördert hat. Mit den beiden Residenzen Samaria (auf ursprünglich kanaanäischem Boden) und Jesreel (einer rein israelitischen Siedlung) wollte Ahab den Ansprüchen und Bedürfnissen einerseits des israelitischen und andererseits des kanaanäischen »Volksteiles« gerecht werden. Aber Samaria wurde das politische und kultische Zentrum des Kanaanäertums, so wie Jesreel politisches und kulturelles Zentrum der Israeliten wurde. Dadurch ist der alte Gegensatz Israel-Kanaan politisch auf die Formel Jesreel-Samaria und religiös auf die Formel Jahwe-Baal gebracht, ohne dass dieser dualistische Lösungsversuch auf die Dauer neue Spannungen vermeiden könnte. Dies ist der Hintergrund der Elia-Erzählungen. Die Existenz eines fremden Kultes und die vergleichsweise liberale Religionspolitik der Omriden musste die Vertreter der alten Tradition, für die der Ausschließlichkeitsanspruch Jahwes unabdingbar war, auf den Plan rufen. Dieser Protest hat sich in der Elia-Überlieferung niedergeschlagen.

Es ist deutlich, dass es letztlich um theologische Grundsatzfragen geht, die hinter den Auseinandersetzungen stehen. Der Zyklus der Elia-Erzählungen macht deutlich, dass der Prophet als der Gegenspieler des Königs auftritt und den abgefallenen oder zum Abfall neigenden Herrschern das Wort und den Willen Gottes eindeutig entgegen hält.

2.2 Die Elia-Geschichten sind ihrer Herkunft nach Prophetenlegenden, deren Sitz im Leben wohl darin bestand, bei Elias Schülern und Anhängern weiter festzuhalten, was er gesagt und getan hat. Die Elia-Überlieferung war bereits eine bewusst gestaltete literarische Größe, bevor sie in den Zusammenhang der Königsbücher eingestellt und innerhalb dessen noch einmal durch das deuteronomistische Geschichtswerk in bestimmter Weise interpretiert wurde. Mit *Frank Crüsemann*[6] kann man die Elia-Geschichten durchaus im Rahmen der ursprüng-

6 *F. Crüsemann*, aaO., 19.

lichen Textsammlung als Einheit verstehen und aus sich heraus interpretieren, wiewohl der kanonische Zusammenhang in der Bibel nicht
unberücksichtigt bleiben darf.

Der größte Teil der Elia-Erzählungen ist in 1 Kön 17–19 zu einem
Erzählzyklus verbunden worden. Als ältestes Gut enthielt er wohl die
Erzählung vom Gottesurteil auf dem Karmel (1 Kön 18,21–39). Durch
die Einbeziehung der Nabot-Novelle (1 Kön 21) gewinnt das Eliabild
einen sozialkritischen Zug. Zwei weitere Geschichten finden sich in
2 Kön 1,1–17: Die Schilderung von Ahasjas Krankheit und Tod.

Der Bestand der eigentlichen Elia-Geschichten lässt sich folgendermaßen gliedern:

17, 1–6: Gerichtswort an Ahab und Flucht
    7–24: Die Witwe in Zarepta (V. 14: Mehltopf und Ölkrug)
18, 1–16: Einleitung. Elia begegnet Ahab
    17–40: Das Gottesurteil auf dem Karmel
    41–46: Der Regen kommt
19, 1–8: Flucht vor Isebel
    9–14: Gotteserscheinung am Horeb
    15–18: Der neue Auftrag: Salbung Hasaëls und Jehus
    19–21: Berufung des Elisa
21   : Nabots Weinberg.

Hinsichtlich der *Textauswahl für den Unterricht* sind es vor allem folgende drei Texte, die auf das Interesse der Schülerinnen und Schüler
rechnen können: das Gottesurteil auf dem Karmel (1 Kön 18), die
Gottesoffenbarung am Horeb (1 Kön 19) und Nabots Weinberg
(1 Kön 21). Wir legen im Folgenden darum den Schwerpunkt auf
diese Texte.

(1) 1 Kön 17 gliedert sich in drei thematische Einheiten: Die Versorgung Elias am Bach Krit (V. 2–6), die Begegnung mit der Witwe in
Zarepta (V. 8–16) und die Totenauferweckung des Sohnes der
Witwe (V. 17–24). Dies Kapitel bildet die *Ouvertüre der Elia-Geschichten*. In V.2 kommt darum nicht zufällig bereits Gott ins Spiel, wenn
es heißt: »Es erging an ihn das Wort Jahwes.«

(2) 1 Kön 18: Das Gottesurteil auf dem Karmel. Anfangs- und Endverse
des Kapitels (V. 1.2a u. 41–46) gelten dem Thema der Dürre und seinem Abschluss[7]. In der Erzählung von der Begegnung mit dem Jah-

---

7 Vgl. *V. Fritz*, Das erste Buch der Könige (Zürcher Bibelkommentare AT 10,1),
Zürich 1996, 166–174.

we-treuen Hofbeamten Obadja wird deutlich, in welcher Lebensgefahr sich Elia befindet.

Den Kern des Kapitels stellt die Erzählung von der Opferprobe
(V. 17–40) dar. Hierbei handelt es sich um ein Überlieferungsstück,
das fest mit Elia verbunden ist. Die Aussageabsicht zielt darauf, dass
Jahwe der wahre Gott Israels und der einzige Gott schlechthin ist.

V. 17–20 stellt den Zusammenhang mit den Dürreerzählungen her. In der
Vorbereitungsszene (V. 21–25) werden die Bedingungen für die Opferprobe
festgelegt. Die gesamte Erzählung ist vom Standpunkt des Monotheismus
her geprägt. Erst nach dem ergebnislosen Handeln der Baals-Propheten
(V. 26–29) tritt Elia in Aktion (V. 30–35). Mit der Entzündung des Opfers
(V. 36–38) wird der Höhepunkt der Erzählung erreicht. Jahwe erweist sich
durch das Feuer vom Himmel als der mächtigere Gott, ja als der einzig lebendige Gott. Mit dem Verweis auf den Gott Abrahams, Isaaks und Jakobs
wird die Kontinuität der Gottesverehrung seit der Väterzeit hervorgehoben.

Die Erzählung vom Gottesurteil auf dem Karmel ist eine Lehrerzählung, die »in einer idealen Szene dem Glauben an Jahwe als dem einzigen Gott, dem gegenüber Baal (und mit ihm alle anderen Götter)
sich als nichtig erweisen, Ausdruck gibt«[8]. In der Formel »Jahwe, er
ist Gott« wird »Jahwe im Sinne des Monotheismus als der einzige
Gott angesprochen … Mit dem abschließenden Bekenntnis zu dem
einen Gott Jahwe hat sich das Volk neu auf seine Glaubenswahrheit
verpflichtet.«[9] Die Baals-Propheten erleiden nicht nur eine Niederlage, sondern werden am Ende umgebracht. Dass dies geschieht, gehört zu den Bedingungen eines Gottesurteils. So finden wir keine
Kritik an diesem Massaker im AT. Für das Denken des alten Israel
war dies offenbar kein Problem. Uns stimmt das heute nicht nur
nachdenklich, sondern macht uns und die Jugendlichen sehr betroffen. Vom NT her ist dies für uns keine Perspektive, sondern hier ist
ganz deutlich Kritik anzubringen.

(3) 1 Kön 19: Elia am Horeb (= Gottesberg). In diesem Kapitel sind drei
Komplexe miteinander verbunden: Elia in der Wüste (V. 3–7), Elia
am Horeb (V. 9–18) und die Berufung Elisas (V. 19–21). Hatte die
Karmelerzählung mit einem Triumph Elias geschlossen, so wendet
sich nun die Situation. Isebel lässt Elia die Vernichtung androhen.
Der Prophet flieht – bis in den Negev im Süden des Landes. Er lässt

---

8 *E. Würthwein,* Das erste Buch der Könige (ATD 11,1), Göttingen 1977, 218.
9 *V. Fritz,* aaO., 173.

seinen Begleiter in Beerscheba zurück und läuft allein in die Wüste
hinaus. Er bittet schließlich um seinen Tod. Nach 1 Kön 17,20 klagt
Elia hier ein zweites Mal (V. 4), diesmal über sich selbst. Hier wird
ein wesentliches Strukturmoment des Prophetseins erkennbar – das
Leiden an dem »Beruf«. Die Begründung ist interessant: »Denn ich
bin nicht besser als meine Väter.« Es kommt zu einer zweimaligen
Begegnung mit dem Boten Gottes. Elia wird mit Wasser und Brot
versorgt.

Eine wichtige Passage ist dann V. 9–12[10]. Elia übernachtet am Horeb in einer Höhle und erhält die Ankündigung einer Gotteserschei-
nung. Hier liegt wohl der Höhepunkt des Elia-Zyklus. In jedem
Falle ist es ein gewichtiger Beitrag zur Frage, wer Gott ist. In der
Dürre-Erzählung wurde der Gott Israels als derjenige dargestellt,
der auch all das kann, was man von Baal erwartet: Regen spenden
und für Fruchtbarkeit einstehen. Hier geht es nun um das Besondere, Spezifische dieses Gottes: eine Gotteserfahrung jenseits der
Konkurrenz mit Baal. In V. 11 f. liegt die Schilderung einer Theophanie vor. Es werden die Begleiterscheinungen Sturm, Beben,
Feuer aufgezählt, doch wird sogleich hinzugefügt, dass Jahwe nicht
in ihnen ist. Damit werden die traditionellen Attribute der Gottesoffenbarung zurückgewiesen, denen zufolge Jahwes Kommen stets im
Zusammenhang mit spektakulären Naturerscheinungen steht. Demgegenüber betont der Text die Stille. Erst in einem kaum wahrnehm-
baren Säuseln ist Jahwe für Elia anwesend. Diese Aussage ist geprägt
von der »Reflexion über den Vorgang der Gegenwart Jahwes«
(Würthwein) und vermittelt ein neues Gottesbild über die traditionellen Anschauungen hinaus. Nur in der Stille, die den Menschen ganz
auf sich und das Hören ausrichtet, wird Gott erfahrbar, weil allein
diese Stille dem Wesen Gottes mit der Erfahrung Gottes im Wortempfang angemessen ist.

Im weiteren Fortgang (V. 13.15–18) geht es dann um einen neuen
Anfang. Der Prophet erhält einen neuen Auftrag, der in drei Akten
von Salbungen ausgeführt werden soll: die Bestimmung Hasaëls
zum König über die Aramäer, die Bestimmung Jehus zum König
über Israel und die Einsetzung seines Nachfolgers.

(4) 1 Kön 21: Nabots Weinberg. Die Erzählung vom Justizmord an
Nabot, wie sie eigentlich heißen muss, gliedert sich in zwei Teile:
V. 1–16 (Der Fall und sein Ablauf) und V. 17–29 (Prophetenworte):

---

10 S. zum Folgenden *V. Fritz*, aaO., 177.

In V. 1–7 wird die Konfliktsituation aufgebaut: Nabot weigert sich, seinen Weinberg an Ahab zu verkaufen oder einen Landtausch vorzunehmen. Gegenstand des Konfliktes ist der Weinberg eines freien Bürgers, der ausdrücklich als »Erbbesitz« bezeichnet wird. Erbbesitz ist das von Jahwe zum Erbteil gegebene Land. Weil es eigentlich Jahwe gehört, ist es unverkäuflich. Die aus Tyros stammende Königin Isebel (V. 5–7) nimmt aus einem anderen als dem israelitischen Verständnis von königlicher Macht die Sache in die Hand und will eben den königlichen Machtanspruch durchsetzen. Im Hauptteil (V. 8–13) geht es um die Durchführung der mörderischen Intrige gegen Nabot. Isebel bedient sich dabei einer falschen Anklage: der zweifachen Lästerung / Verfluchung von Gott und König (V. 10 u. 13). Der Fluch wird in Israel als Unheil stiftendes, machtvolles Wort verstanden, das aus sich selbst heraus wirkt. »Der Fluch gegen Gott verletzt die Heiligkeit Jahwes … Der Fluch gegen den König vermindert dessen Wirken und Stellung und damit das Wohlergehen des Volkes, das eng mit dem des Königs verbunden ist. Mit der Behauptung, Nabot habe Gott und König geflucht, wird er somit für die Situation, die den Fasttag ausgelöst hat, verantwortlich gemacht, indem ihm die Schuld für alles Unheil zugewiesen wird.«[11] – V. 14–16 bringt die Lösung des Konfliktes. Ahab nimmt den Weinberg in Besitz.

Thema der Erzählung ist nicht die Auseinandersetzung um israelitisches und kanaanäisches Bodenrecht, nicht der Streit um die rechtliche Natur eines Grundstückes, sondern »der Verfall der alten israelitischen Rechtsordnung. Das Königtum setzt sich über die ihm gezogenen Schranken hinweg, indem es einen Bürger mit falschen Anschuldigungen einem Verfahren ausliefert, das zum Tode führt, um seinen Besitz zu erlangen«[12]. Der Streit um den Weinberg will zeigen, dass die Rechtsordnung schlechthin auf dem Spiel steht. Das Königtum leistet der Rechtsbeugung Vorschub, statt zur Rechtssicherheit des Bürgers beizutragen.

Die in V. 17–29 folgenden Prophetenworte stellen die göttliche Strafe heraus. Jahwe wird als Wahrer des Rechts den König nicht ungestraft lassen. V. 17–19a.20.24 stellen wohl den ursprünglichen Kern der Erzählung dar. Elia tritt dem König gegenüber. Die Anschuldigung lautet auf Mord und Rechtsbeugung. Die Strafankündigung sagt ein schmähliches Ende für Ahab und seine Familie voraus. Indem Elia die Willkürhandlung des Königs verurteilt, wendet er sich gegen ein absolutes Königtum nach dem Muster umliegender Völker. In Israel gilt: Der König ist an das Gottesrecht gebunden, vor dem es keinen Unterschied der Personen und

---

11 *V. Fritz*, aaO., 187–193, bes. 191.
12 *E. Würthwein*, aaO., 251.

des Standes gibt. Alle menschliche Autorität findet ihre Grenzen an Gottes Gebot.

2.3 Was tragen die Eliaerzählungen zum *Verständnis der Prophetie* bei? Hier gibt es eine deutliche Antwort: Elia redet und handelt stets im Auftrag Gottes. Es geht ihm nicht um eigene Interessen, sondern stets um Gottes Willen, um die Ausrichtung von Gottes Wort (»Da erging das Wort des Herrn an ihn«). Dies ist seine Basis. Über das Wie des Wortempfangs erfahren wir nichts weiter, aber über den Inhalt erfahren wir vieles. Die Elia-Geschichten geben uns Einblick in ein Frühstadium der biblischen Gottesvorstellung, sie sind sozusagen ein »Laboratorium des Glaubens Israels, Gott in statu nascendi, eine ebenso fruchtbare wie furchtbare, kreative wie gefährliche Phase, in der vieles offen und unentschieden war, die den Grund für alles Weitere legte und bildete«[13]. Da ist der Prophet. Die Texte idealisieren ihn nicht, sie zeigen problematische und dunkle Seiten. Aber nicht der Prophet ist der rote Faden, sondern die verschiedenen Erzählungen werden inhaltlich zusammengehalten von der Größe, von der sie alle erzählen: Gott.

»Es ist der gleiche Name Gottes, der in allen diesen vielen Mosaiksteinen steht. Sie erzählen von den verschiedensten Erfahrungen auf ganz unterschiedlichen Lebensgebieten, von positiven und von negativen, von Staatsaffären und privatem Tod, von Krieg und sozialem Elend, von Dürre und Regen, von Krankheit und Gewalt – und sie bringen sie alle mit diesem Gott in Zusammenhang.«[14] Interessant ist dabei, dass dieser Gott in verschiedener Weise zu den unterschiedlichsten Erfahrungen in Beziehung gesetzt wird. Elias Botschaft ist in dieser Hinsicht durch zweierlei gekennzeichnet[15]. Zum einen werden alte Elemente des Jahweglaubens wieder stärker hervorgehoben und zum andern neue Elemente eingeführt. Der innere Grund dafür liegt darin, dass es angesichts der gegenüber dem Nomadendasein geänderten Situation im Kulturland gilt, den Jahweglauben neu zu bedenken und angesichts der neuen Herausforderungen weiter zu explizieren. Zu den *alten Elementen* gehören:
    (1) Der alleinige Herrschaftsanspruch Gottes (1. Gebot);
    (2) Gott handelt geschichtlich, nicht wie die »Naturgottheiten« in Israels Umgebung;
    (3) Jahwe ist ein Gott, der Recht und Gerechtigkeit will. Alle an Jahwe Glaubenden sind dem gleichen Gottesrecht unterworfen, auch der König;
    (4) Gott ist Herr über Leben und Tod.

13 *F. Crüsemann*, aaO., 161.
14 *F. Crüsemann*, aaO., 164.
15 Vgl. *G. Fohrer*, aaO., 87 ff.

Als *neue Elemente* des Jahweglaubens sind zu nennen:

(1) Jahwe wird als Spender des Regens dargestellt;

(2) Gott ist nicht nur Geber des Kulturlandes, er garantiert auch Wachstum und Gedeihen. Damit wird ein bisher unbekanntes Element in das Gottesbild »eingetragen«.

(3) In 1 Kön 19 erscheint die leise Windstille als neues Bild im Gottesgedanken auf. Gott ist nicht mehr Schlachten- und Kriegsgott, sondern ist der leisen Windstille vergleichbar. Gott wird nicht mehr sichtbar gedacht, sondern durch das Wort wird er für den Menschen erfassbar.

Elia »fasst den alten Glauben in neue Formen und erweitert ihn um neue Inhalte. Warum dann noch Verehrung des spezialisierten Fruchtbarkeitsgottes Baal, wenn in der Fülle Jahwes dies und wesentlich mehr beschlossen ist?«[16] Elia trug so den Herausforderungen seiner Zeit Rechnung und schätzte andererseits den Rückbezug auf die alten Traditionen nicht gering ein. Insofern paarte sich bei ihm prophetische Sensibilität für die Gefährdung der Heilsgaben mit intensiver Kenntnis der Überlieferung und Fähigkeit der Zeitanalyse.

Zusammenfassend kann man festhalten: Elia ist *der* Vertreter der vorklassischen Prophetie. Seine Erscheinung, seine Verkündigung und sein Wirken verdienen auch deshalb besonderes Interesse, weil er der erste Prophet des AT ist, von dem wir ein klareres Bild bekommen. Bereits sein Name ist Programm. Das hebräische Wort *Elijah(u)* bedeutet »Mein Gott ist Jahwe.« Es ist für Elia durchgängig kennzeichnend, dass er ein entschiedener Vertreter des Glaubens an Jahwe ist. Für ihn kann es kein Jahwe *und* Baal geben. Es gibt nur alternativ: Jahwe *oder* Baal. Elia vertritt sozusagen rigoros den alle Lebensbereiche umfassenden Anspruch Jahwes in Israel. Für Elia ist die Erkenntnis von der Einheit und Einzigkeit Gottes zentral. Er hat sie in dieser Schärfe erstmals so formuliert. In der Zeit nach ihm wurde sie immer deutlicher und radikaler formuliert. Der große Schritt, den Elia und seine Zeit in Richtung auf das erste Gebot und den Monotheismus getan haben, wurde durch spätere Erkenntnisse und Formulierungen nicht überholt[17].

16 *G. Fohrer*, aaO., 97.
17 *F. Crüsemann*, aaO., 21 f. – vgl. außerdem *W. Dietrich,* Israel und Kanaan. Vom Ringen zweier Gesellschaftssysteme (Stuttgarter Bibelstudien 94), Stuttgart 1979.

Zugleich muss man sich vor Augen halten, dass dieses Neue schon von Anfang an im Gottesverständnis angelegt war und nun expliziert wurde. Es geschah im Gegenüber zu Baal und der kanaanäischen Religion. Die Frage nach dem einen Gott ist eindeutig der rote Faden, der sich durch die Elia-Geschichten zieht. »Das Aufregendste ist dabei, wie verschieden dieser Gott zu den verschiedenen Erfahrungen und Realitäten in Beziehung gesetzt wird. Er begegnet in allen Aspekten der Wirklichkeit und ist doch immer identisch. Er ist nicht das Schicksal, sondern wirkt als Retter und Befreier, doch daraus erwachsen Anforderungen mit gefährlichen Möglichkeiten der Verfehlung. Er allein bringt Sturm und Blitz und Regen, ist aber nicht in ihnen. Er beruft und schickt die Propheten und kann doch nicht mit ihrem Tun und Reden identifiziert werden. Er ist aller Macht überlegen und ist doch nur in der Stille zu vernehmen.«[18] (→ TLL 1, Gott, 108–123).

2.4 Die Analyse der gegenwärtig geltenden *Lehrpläne* ergibt: Elia kommt im RU (im Gegensatz zum Kindergottesdienst) als Thema kaum noch vor[19]. Das war keineswegs immer so. In der Zeit der Evangelischen Unterweisung war Elia ein wichtiger Inhalt des RU. An seiner Person und Botschaft wurde in Klasse 5/6 in das Wesen der Prophetie eingeführt. Inzwischen ist die Behandlung dieses Stoffes, soweit er überhaupt noch vorgesehen ist, in die 8. Klasse gewandert[20].

Das ist eigentlich schade, denn Elia ist durchaus ein geeigneter Unterrichtsgegenstand, der es verdient, weiterhin beachtet zu werden. Seine Person findet Aufmerksamkeit bei den Kindern. Die Gottesfrage ist in vielen Aspekten spannend bei ihm. Er spielt im NT eine beachtliche Rolle. Er eignet sich für eine erste Begegnung mit der Prophetie. Die Geschichte von Nabots Weinberg ist in jedem

---

18 *F. Crüsemann*, aaO., 164.
19 Vgl. *J. Kuhn*, Ein Prophet kommt zu kurz: Elija im RU, in: RKZ 140/1998, 15–22 und *A. Hirschberg*, Was Elija suchst du im RU?, in: *K. Grünwaldt/ H. Schroeter (Hg.)*, Was suchst du hier, Elija? (Hermeneutica 4: Biblica), Rheinbach-Merzbach 1995, 364–374 (mit Analyse von Lehrplänen, Erzähl- und Schulbüchern).
20 Im derzeit geltenden baden-württembergischen Lehrplan für das Gymnasium (Bildungsplan für das Gymnasium, in: Kultus und Unterricht. Amtsblatt … Lehrplanheft 4/1994, 238) werden für die 8. Klasse folgende drei thematische Einheiten vorgeschlagen: Wundergott oder Gottes Hilfe in der Not (1 Kön 17); Der allmächtige Gott – der Gott der Stille (1 Kön 18 und 19); Die alten Wünsche und der Wille Gottes (1 Kön 21), Gerechtigkeit oder Eigennutz als gesellschaftliche Grundlage, Moral und Politik.

Falle aufgrund ihrer Inszenierung wie ihres Inhaltes für Schülerinnen und Schüler zugänglich. Je nach Schwerpunktsetzung ist für die unterrichtliche Behandlung an die Sek I zu denken.

Hier sollen zumindest zwei Zugänge unterrichtlicher Beschäftigung mit Elia empfohlen werden:

(1) Der Prophet Elia – ein narrativer Zugang. In den Eliageschichten liegt keine Sammlung von Prophetensprüchen und Prophetenworten oder von Texten theologischer Reflexion vor. Wir haben es durchgängig mit einer Erzählstruktur zu tun. Von daher eignen sich die Texte aufgrund ihrer narrativen Struktur für einen Erzähl-Lehrgang »Der Prophet Elia«. Eine Behandlung in diesem Sinne ist in Teilen bereits gegen Ende der GS denkbar, aber dafür besteht keine unmittelbare Notwendigkeit. In jedem Falle kann ein solch narrativer »Lehrgang« in Klasse 5/6 seinen Ort haben. Die Fremdheit der Texte muss dabei kein Nachteil sein, denn die Schülerinnen und Schüler dieser Altersstufe sind durchaus an Fremdem interessiert und bereit, Sacherklärungen aufzunehmen. Für einen solcherart strukturierten Unterricht können zwei vorliegende Entwürfe hilfreich sein: Die gut nachvollziehbare Erzählung von *Werner Laubi*[21] und der Text von *Anneliese Pokrandt* in der »Elementarbibel«[22], dessen Verständlichkeit nicht zuletzt darauf zurückgeht, dass die Elementarbibel ursprünglich für die Hand von Schülerinnen und Schülern der Lernbehindertenschule erarbeitet wurde.

Für die eingehendere unterrichtliche Behandlung einzelner Texte kommen vor allem 1 Kön 18; 19 und 21 in Betracht:

– *In 1 Kön 21 (Nabots Weinberg)* geht es um die Frage von Recht und Unrecht. Die Frage der Gerechtigkeit ist für die heranwachsenden Kinder im Alter von 10 bis 12 Jahren von besonderem Interesse. Hier sind sie unmittelbar ansprechbar. Dies ist für die 5./6. Klasse ein möglicher Zugang. Damit steht vor allem die ethische Dimension im Blickpunkt. Freilich werden die Gottesfrage und die Frage danach, was ein Prophet eigentlich ist, nicht auszuschließen sein, sondern ebenfalls zur Sprache kommen – nicht zuletzt unter der Suche danach, wo heute eigentlich der prophetische Protest im Namen Gottes zu finden ist.

21 *W. Laubi*, Geschichten zur Bibel: Elia–Amos–Jesaja, Lahr/Düsseldorf (1983) ⁴1996, 11–87 (mit sachlichen Erläuterungen zu den jeweiligen Texten).
22 *A. Pokrandt/R. Herrmann*, Elementarbibel, Lahr 1998, 265–290. Dieser Text eignet sich auch zur Aufteilung für ein Lernen an Stationen.

– *1 Kön 18 und 19.* Die Gottesfrage stellt ein zentrales Thema auf allen Stufen dar[23]. Hier ist der Spannungsbogen, der sich zwischen dem Gott der Auseinandersetzungen auf dem Berg Karmel (mit seinem »Unbedingtheitsanspruch«) und dem Gott der Stille am Gottesberg Horeb auftut, sicherlich überaus produktiv[24]. Aufgrund der für die Behandlung dieser Thematik notwendigen dialektischen Reflexionsmöglichkeiten bei den Schülerinnen und Schülern ist dieser Zugang sicherlich frühestens in der 8. Klasse, möglicherweise noch etwas später im Lehrplan zu verorten[25].

(2) Wirkungsgeschichtlicher Zugang. Auf die kulturelle, näherhin wirkungsgeschichtliche Perspektive als einem spannenden Zugang zu den Eliatexten sei abschließend hingewiesen. Hervorgehoben seien die mehrfachen Gestaltungen des Eliamotives durch den Maler *Marc Chagall*[26]. Darüber hinaus haben Motive der Eliageschichten ihren vielfältigen Niederschlag in Malerei, Literatur und Kunst gefunden[27]. Die altersmäßige Platzierung ist von dem jeweiligen Werk und seiner Zugänglichkeit für die Schülerinnen und Schüler her zu entscheiden.

Literaturhinweise

F. Crüsemann, Elia – die Entdeckung der Einheit Gottes. Eine Lektüre der Erzählungen über Elia und seine Zeit (Kaiser Traktate 154), Gütersloh 1997.
G. Fohrer, Elia (AThANT 53), Zürich ²1968.
K. Grünwaldt/H. Schroeter (Hg.), Was suchst du hier, Elia? Ein hermeneutisches Arbeitsbuch (Hermeneutica 4: Biblica), Rheinbach-Merzbach 1995.

23 Vgl. auch *W. Kalmbach/M. Hartenstein*, Elija – Gott neu sehen, in: *E. Marggraf/ M. Polster (Hg.)*, Unterrichtsideen Religion. 8. Schuljahr, 1. Halbband, Stuttgart 1999, 5–12 u. 13–39: Die S. 13–39 enthalten die gegenwärtig beste Zusammenstellung von Bausteinen und Materialien zur Elia-Thematik. – Vgl. ferner den Thementeil in: Entwurf 1994, H. 3, 17–42.
24 Vgl. dazu: Lebens-Zeichen, Bd. 1. Arbeitsbuch für das 5. und 6. Schuljahr, *hg. v. B. Besser-Scholz* (1988) Nachdruck 1993, 84–98: Wegweisungen (Der Prophet Elia und König Ahab).
25 Die einzelnen Argumente werden abgewogen bei *K. E. Nipkow*, Elementarisierung als Kern der Lehrplanung und Unterrichtsvorbereitung am Beispiel der Elia-Überlieferung, in: braunschweiger beiträge für theorie und praxis von ru und ku 1986, H. 3, 3–16, bes. 12 ff. (Folgerungen für den Lehrplan).
26 Verzeichnis bei *C. Goldmann*, Bild-Zeichen bei Marc Chagall. Bd. 1: Alphabetische Enzyklopädie der Bildzeichen, Göttingen 1995, 53–55.
27 Vgl. die ausführlichen Darlegungen bei *K. Grünwaldt/H. Schroeter (Hg.)*, aaO., 265–330.

W. Kalmbach/M. Hartenstein, Elija – Gott neu sehen, in: *E. Marggraf/M. Polster (Hg.)*, Unterrichtsideen Religion. 8. Schuljahr, 1. Halbband, Stuttgart 1999, 5–39.

G. A.

3. Amos

3.1 Amos ist im RU zweifelsohne der prominenteste Prophet. Er zählt als ältester zu den »späteren Propheten«, den sog. »Schriftprophe-ten«. Nach 1,1 kommt er aus Thekoa, einem Ort im Südreich ca. 18 km südlich von Jerusalem, und bezeichnet sich als Hirte und Maulbeer-feigenzüchter (7,14), wobei seine soziale Stellung umstritten ist. Sein Bildungsstand könnte dafür sprechen, dass er zu den bedeutenderen und reicheren Männern in seinem Ort gehörte. Er wirkte während der Regierungszeit der Könige Usia von Juda (787–736 v. Chr.) und Jerobeam II. von Israel (787–747 v. Chr.). Obwohl selbst Judäer trat er nur im Nordreich auf, vor allem in Bethel (7,10 ff.), aber auch in der Hauptstadt Samaria (vgl. 3,9; 4,1; 6,1) und an anderen Orten.

Die Regierungszeit Jerobeams II. war eine Zeit politischen, wirt-schaftlichen und kulturellen Aufschwungs und außenpolitischer Ruhe; die assyrische Macht, die dem Nordreich 722 v. Chr. mit der Eroberung Samarias das politische Ende bereitete, drang noch nicht nach Süden vor. Innenpolitisch bedingte das große Erfolge in Han-del und Wirtschaft, ließ aber zugleich die sozialen Gegensätze zwi-schen Arm und Reich, Macht und Besitz immer stärker hervortreten. In dieser Situation verkündete Am seine Botschaft vom Untergang Israels, was ihm die Ausweisung aus dem Heiligtum Bethel durch den dort zuständigen Priester Amazja einbrachte (7,10–17).

Das Amosbuch geht in seiner vorliegenden Gestalt nicht auf den Propheten selbst zurück, sondern ist »in einem allmählichen Wachs-tumsprozeß entstanden, beginnend mit den Worten und Visionen des Am, ergänzt durch den Erbericht (7,10–17), vielleicht auch durch Worte eines nur erschließbaren Freundes- oder Schülerkreises (sog. Amosschule) und abgeschlossen durch spätere Ergänzungen«[28], die »zu unmittelbarer Anrede an die Späteren wurden«. Das Buch ist klar gegliedert[29]:

---

28 *W. H. Schmidt*, Einführung in das Alte Testament, Berlin/New York [5]1995, 201.
29 *C. Westermann*, Abriß der Bibelkunde. Altes Testament. Neues Testament, Stutt-gart/Gelnhausen [13]1991, 101.

1,3–2,16 Gerichtsworte an die Nachbarn und an Israel
3–6   Gerichtsworte an Israel (mit 7,9; 8,3–14)
7–9   Berichte
          a) Visionsberichte: 7,1–8; 8,1–2; 9,1–4
          b) Amos und Amasja: 7,10–17
9,11–15   Heilswort

Im Zentrum der Botschaft des Am stehen Anklage und Ankündigung des Unheils und Gerichts gegen Israel, das in seinem Glauben und Verhalten von Jahwe, der es erwählte, abgefallen ist (vgl. 3,2). Charakteristisch für Am ist dabei die Unerbittlichkeit und Schärfe seiner Gerichtspredigt, was die Frage nach der Funktion seiner Unheilsverkündigung aufwirft. Liegt sie auf der radikalen Ansage des selbstverschuldeten, unabwendbaren Unheils, oder steht hinter den Unheilsankündigungen im Letzten nicht doch das Angebot und der Ruf zur Umkehr, der »einen schmalen Spalt für Hoffnung« offen lässt[30]?

3.2 Die *Auswahl repräsentativer Texte* für die Behandlung des Amosbuches bzw. seines Propheten im RU hängt ab von Alter und Lernabsicht. In der Regel wird Am in den unteren Klassen der Sek I behandelt, wobei er sich bei entsprechender Gestaltung auch schon in der vierten Grundschulklasse unterrichten lässt. Was die leitende Lernintention angeht, plädiere ich für einen »erfahrungs- bzw. problemorientierten Bibelkurs« über Am, der zum einen »typische Wesensmerkmale israelitischer, aber auch von Prophetie überhaupt« herausarbeitet, zum anderen eine Begegnung mit Am und seiner Botschaft anstrebt, die aktuelle Relevanz impliziert und provoziert (→ TLL 1, Prophetie, 275).

Um Am als leibhaftige Gestalt in seiner raumzeitlichen Konkretion und seinem geschichtlichen Kontext zu begreifen, sind die Texte *1,1f.* und *7,10–17* unverzichtbar, die freilich situativ durch die in den Gerichtsankündigungen angemahnten Verhältnisse und Lebensumstände angereichert werden müssen. Besonders der Erbericht in *7,10–17* lässt *typische Merkmale der Prophetenrolle* zum Tragen kommen: Am erfährt eine Berufung durch Gott und wird beauftragt, des Herrn Wort zu verkünden (V.15); er ist kein Berufsprophet, sondern von Gott gerufener »Einzelkämpfer«, der Anstoß erregt (V.14f.) und eher unfreiwillig und gezwungen zur Wortver-

---

30 *J. M. Schmidt,* Prophetie, in: *H. J. Boecker u.a.,* Altes Testament, Neukirchen-Vluyn ³1989, 114–146, bes. 128f.

kündigung getrieben wird. Dieser unausweichliche Zwang, unter dem der Prophet steht und reden muss, ist eindrücklich dokumentiert und inszeniert in den Fragen *3,3–8,* die besonders mit ihrem »Gipfelspruch« V.8 nicht ausgespart werden können. Dasselbe gilt für die Visionen *(7,1–9; 8,1–3; 9,1–4),* die als »geheime Erfahrungen« *(H. Gunkel)* des Propheten thematisiert und exemplarisch bedacht und hinterfragt werden müssen.

Damit zusammen hängt die Frage nach dem prophetischen Wortempfang sowie dem Anspruch des Propheten, als göttlich autorisierter Bote seine Botschaft mit der sog. Botenformel »So spricht der Herr« vorzutragen. Diese bleibend aktuelle Grundanfrage an jedwede Prophetie verlangt im Falle des Am zunächst die *Auseinandersetzung mit ausgewählten Texten seiner Verkündigung,* die am Konkreten das prophetisch Elementare und Aktuelle entdecken lassen. Unumgänglich scheint dabei eine Beschäftigung mit dem »Fremdvölkerzyklus« *1,3–2,16;* denn er enthält besonders im Spruch gegen Israel (2,6–16) wesentliche Elemente der Gerichtsbegründung und -ankündigung des Am. Die dort anklingende Gesellschafts- und Sozialkritik lässt sich mehr oder weniger deutlich an Texten wie *4,1–3* oder *5,1–27* (in Auswahl) aufzeigen, wobei die kultkritischen Sprüche 5,21 ff. ein weiteres Element der prophetischen Gerichtspredigt veranschaulichen.

Unter den Alttestamentlern »hart umstritten ist, ob Am über Anklage und Strafansage hinaus Raum für einen *Hoffnungsschimmer* offenhält«, zumal nach allgemeiner Auffassung die »Heilsweissagungen am Buchschluß (9,11 ff.)« kaum von Am selbst stammen[31]. Nehmen wir *5,4–6* als authentisches Amoswort ernst, so begegnet uns in ihm ein Mahnwort mit dem Angebot der Umkehr, das – wenn auch sehr eingeschränkt – (Über-)Leben verheißt. Daran kann die verheißungsvolle Fortschreibung in den Heilsworten *9,11–15* anknüpfen, die den Unheil bringenden grausamen Gerichtsgott des Am aushält und an ihm festhält als dem Gott, der im Letzten und Entscheidenden sein lebenswichtiges Heil bereithält.

Allein um die »unbequeme« Widersprüchlichkeit dieses zugleich rächenden wie rettenden Gottes nicht in trostlose Einseitigkeit aufzulösen, bedarf die Unheilsbotschaft des Am der Ergänzung durch die Verheißung, die bezeugt, dass die Verkündigung vom Ende Israels nicht das letzte Wort Gottes ist! Mit ihr wird die dunkle Botschaft des Propheten eingebunden in die wechselvolle Liebesgeschichte

31 *W. H. Schmidt,* aaO., 204.

Gottes mit seinem Volk, die bei allem Einspruch und Widerspruch liebevollen Zuspruch verspricht.

3.3 Die *Kurzauslegung didaktisch relevanter Amostexte* kann für die Kapitel 3–6 davon ausgehen, dass hier Worte gesammelt sind, deren jedes »ganz für sich steht, für sich gehört und ausgelegt werden« kann[32]. Anders der *Fremdvölkerzyklus (1,3–2,16)*, bei dem es sich um eine wohlkomponierte, jeweils mit Botenformel und Kehrvers gleichmäßig beginnende Überlieferungseinheit handelt. Den Gerichtsworten an die Nachbarvölker (V.3–5 Damaskus / 6–8 Gaza / 9–10 Tyrus / 11–12 Edom / 13–15 Ammon / 2,1–3 Moab) und dem Spruch gegen Juda 2,4f. – wie die Sprüche über Tyrus und Edom wohl später hinzugefügt – folgt das Gerichtswort über Israel, auf das der Zyklus ganz gezielt hinausläuft: Wenn Gott schon die fremden Völker wegen ihrer Frevel straft, so gilt das erst recht für Israel, das Gott »aus Ägyptenland geführt« und vor »allen Geschlechtern auf Erden« erwählt hat (vgl. 3,2). Das bedingt nicht besondere Heilssicherheit, sondern erhöhte Verantwortung, der Israel, wie die sozialkritische Anklage anschaulich aufzeigt, nicht nachgekommen ist: Die Unschuldigen werden »für Geld und die Armen für ein Paar Schuhe« verkauft (3,6ff.). Darin gründet die Ankündigung des strafenden Eingreifens Gottes, das wie die Nachbarvölker so auch Israel ereilen wird. Der Gott Israels handelt dabei als souveräner Herr der Geschichte, der auch gegenüber den Fremdvölkern rechtet und richtet.

Ebenso typisch in seiner zweiteiligen Form von Anklage und Gerichtsankündigung wie anschaulich in seiner provozierenden Bildgestalt begegnet in *4,1–3* der Spruch gegen die vornehmen Frauen aus der Hauptstadt Samaria. Am beschimpft sie als fette, anspruchsvolle »Basankühe auf Samarias Berg«, wobei er auf das gut genährte Mastvieh der fruchtbaren Basan-Ebene anspielt, und klagt die so Verhöhnten nicht nur wegen gewalttätiger Unterdrückung der Armen und Geringen an, sondern auch wegen ihres aufwändigen und genusssüchtigen Lebenswandels (V.1). Als göttliche Strafe kündigt er ihnen die Verschleppung an: Durch die Mauerlücken hindurch werden sie in Richtung des Berges Hermon aus der zerstörten Stadt Samaria weggeschleppt werden.

---

32 *C. Westermann,* aaO., 102.

Kapitel 5 gliedert *H. W. Wolff* nach »Totenklage über Israel (5 1–17)«, »Vom unentrinnbaren Zugriff Jahwes (5 18–20)« und »Verwerfung des Gottesdienstes (5 21–27)«[33]. Ohne genauere zeitliche und örtliche Angaben sind hier Worte des Am ebenso versammelt wie spätere Nachinterpretationen. Zu letzteren zählt Wolff die V.6,8,9,13,14,15 und 25f., wobei besonders die Spätdatierung der Hoffnungsverse 6 und 15 von Wolffs umstrittener Auffassung geleitet ist, dass Am nur verheißungslose Gerichtsankündigung gepredigt habe. Allein die angedeutete »Rest-Vorstellung« in V.3 – sie konvergiert mit V.15! – in der ansonsten radikal eindeutigen *Totenklage in 5,1–3 u. 16f.* erlaubt Zweifel an Wolffs Position. Begründet wird dieses massive Leichenlied, das klagend und anklagend das kommende Gericht ankündigt, wie in 2,6ff. und 4,1 mit dem verderblichen *Rechtsspruch auf Kosten der Armen,* die unterdrückt und betrogen werden (*5,10ff.*). Dem bösen Tun entsprechend wird es den Israeliten am eigentlich herbeigewünschten »Tag des Herrn« ergehen: Er wird finster sein und unerbittlich Unheil bringen (*5,18ff.*).

Ein neues Moment prophetischer Anklage äußert sich schließlich in dem harten *Gottesspruch gegen den falschen Gottesdienst (5,21–27).* Gerichtet an »ihr vom Hause Israel« (V.25) äußert der Botenspruch in V.21 zunächst summarisch die Verwerfung der »Feiertage« und »Versammlungen«, vor allem wohl der »drei großen Wallfahrtsfeste«, ehe dann die beiden folgenden Verse das an den Brand-, Speise- und Dankopfern sowie dem »Geplärr der Lieder« und dem Harfenspiel konkretisieren[34]. V.24 zeigt in poetisch-symbolischer Sprache die eigentliche Forderung Gottes an: Recht und Gerechtigkeit. Wo sie fehlen, ist nicht nur in sozialer Hinsicht Kritik nötig, sondern werden darüber auch alle Gottesdienste wertlos und provozieren Kultpolemik und -kritik. Wie in einem Streitgespräch unterstreicht das die argumentative Frage in V.26, die sich wie 2,4 einmal mehr auf die vierzig Jahre in der Wüste bezieht, jener »Zeit der ersten Jugendliebe« (*J. Wellhausen*) zwischen Gott und seinem Volk, in der es zwar im Sinne der zwingend zu erwartenden Antwort noch keine Schlacht- und Speisopfer gab, dafür aber Recht und Gerechtigkeit. Zur Zeit des Am ist das gerade umgekehrt und bedingt die harsche Verwerfung aller Gottesdienste, die nicht in Recht und Gerechtigkeit gründen. Die darin versteckte Anklage führt in V.27 zur Androhung des Gerichts, das wie gegenüber den vornehmen Frauen Samarias in 4,4 wiederum Verschleppung bedeutet, diesmal »bis jenseits von Damaskus«.

Die *fünf Visionsberichte (7,1–3;7,4–6;7,7–9;8,1–3 u. 9,1–4)* bildeten wie der Fremdvölkerzyklus wohl ursprünglich eine Einheit. Mit ihrer Einleitung »Gott der Herr ließ mich schauen …« werden sie als Vi-

33 *H. W. Wolff,* Dodekapropheton 2. Joel und Amos (BK AT XIV/2), Neukirchen-
    Vluyn ²1975, 267, 298 u. 303.
34 *H. Grosch,* Der Prophet Amos (HRU 6), Gütersloh 1969, 38ff.

sionen, vielleicht als das Schauen von Traumgesichtern, ausgewiesen. Ob sie im Zusammenhang mit der Berufung von Am zum Propheten stehen, muss offen bleiben. Vermutlich gehören sie an den Anfang seiner prophetischen Wirksamkeit, was sich besonders für die beiden ersten Visionen von der Heuschreckenbrut (7,1–3) und dem vernichtenden Feuer (7,4–6) nahe legt; denn bei ihnen tritt Am noch fürbittend für sein Volk ein und erreicht in dieser traditionellen Rolle als stellvertretender Fürbitter (vgl. Gen 18,16–33) zunächst die Abwendung des Zornes Gottes. In den nachfolgenden Visionen, dem Bleilot in Gottes Hand 7,7–9, dem Korb mit reifem Obst 8,1–3 und dem Gott, der den Knauf des Altars schlägt 9,1–4, fehlt diese fürbittende Intervention. Offenbar ist Am angesichts des unübersehbar schuldigen Israel zu der Überzeugung gelangt, dass das Gericht unabwendbar ist: »Gekommen ist das Ende für mein Volk Israel« (8,2). Darauf läuft die Botschaft der Visionen hinaus und macht Am zum Boten des Gerichts, in dem sich die Neuheit und Eigenart der vorexilischen Prophetie verkörpert.

Gegenüber dieser radikalen Gerichtsansage im Namen des strafenden Gottes erscheinen verheißungsvollere Töne in der Botschaft des Am tatsächlich nur wie Spurenelemente der Hoffnung, aus denen sich nur schwer Ermutigung und Trost ziehen lassen. Hier hilft es weiter, wenn man Am nicht isoliert und raumzeitlich fixiert betrachtet, sondern ihn mit seinem bescheidenen Hoffnungsschimmer hineinstellt in die prophetische Überlieferungs- und Wirkungsgeschichte, die Am mit angestoßen hat. Zu ihr gehören dann auch in wachsendem Maße Verheißungen und Heilsworte, die in Erinnerung an Gottes Heilshandeln in der Geschichte Hoffnung schöpfen in der Gegenwart und für die Zukunft. In *9,11–15* begegnet ein solches Heilswort, das nach erfahrenem Gericht Hoffnung macht auf Wiederaufrichtung der »Hütte Davids« und auf Segen in der Natur.

3.4 Was *die religionsunterrichtliche Behandlung* des Propheten Am betrifft, so kann man in der Regel keine spezifischen Vorkenntnisse auf Seiten der Schüler und Schülerinnen voraussetzen. Das belegen auch die einschlägigen Schulbücher und Unterrichtsentwürfe, in denen Am schwerpunktmäßig in der Sek I behandelt wird[35]. Wo die historische Beschäftigung mit dem israelitischen Propheten Am dominiert, ist das auch nachvollziehbar, denn, um wirklich erfolgreich zu sein, verlangt sie von den Schülern und Schülerinnen »hinläng-

---

35 Vgl. *K. Koenen,* Die Schriftprophetie des Alten Testaments in Schulbüchern und Unterrichtsentwürfen der 90er Jahre, in: ZPT 52/2000, 90–99.

liches Geschichtsbewußtsein, entfaltetes Raumverständnis und eine ausreichende Fähigkeit zu reflektierendem Denken« (→ TLL 1, Prophetie, 274).

In jüngerer Zeit ist freilich ein Trend zu beobachten, Am bereits im 3./4. Schuljahr der GS zu behandeln. *H. K. Berg* etwa will den Kindern durch die Erzählung »Amos muss reden« »die Berufung des Propheten verständlich machen«, wobei er es in »historisch-kritischer und intertextueller Auslegung« ganz bei geschichtlicher »Abständigkeit« belässt. Offen bleibt bei diesem Vorschlag, warum eigentlich den Grundschülern diese »Lernchance« mit Am geboten werden soll, zumal Berg vehement »auf die ›Vorbildfunktion‹ des Propheten« verzichten will[36].

Didaktische Relevanz und Brisanz gewinnt die Beschäftigung mit Am in der GS freilich erst mit Unterrichtsvorschlägen, die den garstigen historischen Graben bewusst nivellieren oder negieren und die »Worte des Propheten« ohne Verbannung »in eine uns unzugängliche Ferne« »direkt verstanden« wissen wollen. Interessant an den Propheten, die auf keinen Fall unter der Hand »zu religiös exotischen Figuren werden« dürfen, ist danach, dass Gott und was Gott zu ihnen geredet hat. Das verbindet mit ihnen, und darum muss es vorrangig gehen, wenn Am im RU der GS bzw. im RU überhaupt behandelt werden soll[37]. Diesem vor allem von *I. Baldermann* vertretenen Ansatz folgt *R. Oberthür,* wenn er Kindern über eine von ihnen entworfene »Rede an die Menschheit« »Zugänge zu den Propheten« zu erschließen sucht[38].

Wenn ich »für einen erfahrungs- bzw. problemorientierten Bibelkurs« (vgl. o. 3.2) über Am plädiere, soll damit sowohl dem historischen und hermeneutischen wie dem aktuellen Anspruch und Anliegen entsprochen werden. Dabei soll das Ferne und Fremde ebenso thematisiert werden wie das prophetisch Typische und das, was uns heute in aller Fragwürdigkeit und Anstößigkeit mit Am und seiner Botschaft verbindet. Was Ziele und Inhalte eines solchen Unterrichts über Am anlangt, so sind hier m.E. *vier Bereiche* didaktisch belangvoll, die möglichst in Verschränkung und Verschmelzung der genannten Perspektiven und Horizonte unterrichtlich angegangen werden sollten:

---

36 *H. K. Berg,* Altes Testament unterrichten, München/Stuttgart 1999, 237 f.
37 *I. Baldermann,* Einführung in die biblische Didaktik, Darmstadt 1996, 135–139, bes. 138 f.
38 *R. Oberthür,* Kinder fragen nach Leid und Gott, München 1998, 133 ff.

(1) Informationen über Am, seine Botschaft, sein Wirken und seine Rolle als Prophet im Kontext seiner Zeit und Lebenswelt. Dieses Kennenlernen des Am unter historischem Aspekt soll einhergehen mit einer *Sensibilisierung für das Elementare und Typische an seiner Prophetie.*

(2) Die Auseinandersetzung mit der Frage »Hat Gott wirklich geredet?«[39]. Hier soll die Autorität und Glaubwürdigkeit der prophetischen Gottesrede angefragt werden, soll es um die Art und Weise des Wortempfangs gehen, um die Entstehung und Eigenart der Prophetensprüche und nicht zuletzt um die Grundfrage nach wahrer oder falscher Prophetie damals und heute.

(3) Die *Gottes-Botschaft* der Propheten in theologischer und existenzieller *Anfrage und Anfechtung.* Was Gott redet und was für ein Gott hier redet, muss thematisiert und vor allem – angesichts der widersprüchlich-dunklen Botschaft der Propheten von einem zugleich grausam strafenden und liebenden Gott[40] – problematisiert oder eher: problematisierend aus- und durchgehalten werden. Dabei kommt es darauf an, den Schülern und Schülerinnen die aufdeckende Funktion und Wirkung des Prophetenwortes aufzuzeigen und sie darüber auf eine Sicht und Deutung der Wirklichkeit aufmerksam zu machen, die entschieden mit Gott rechnet. Nur wo das klar erfasst ist, hat man die unverzichtbare Voraussetzung geschaffen, um

(4) die gerade für Am so dominant charakteristische *Sozial-, Gesellschafts- und Kultkritik* theologisch angemessen zu behandeln und verständlich zu machen. Mit den Gott verbürgten Werten von Recht und Gerechtigkeit kommt die ethische Dimension ins Spiel und behaftet alle, die sich mit der Gottesbotschaft des Am beschäftigen, bei ihrer Verantwortlichkeit.

Im RU können sicher nicht alle vier Bereiche gleich intensiv behandelt werden. Je nach Alter und Klassensituation müssen hier Schwerpunkte gesetzt werden, wobei freilich keiner der Aspekte ganz wegfallen sollte; dafür sind sie Prophetie-didaktisch zu elementar! Unbenommen davon gibt es gerade für Am viele unterschiedliche Zugänge und methodische und mediendidaktische Möglichkeiten.

Besonders für die Kinder der unteren Klassen 4–6 sind *Amos-Erzählungen* gut geeignet, weil sie neben und mit dem »Geschich-

---

39 Vgl. den gleichnamigen Unterrichtsentwurf *G. Martins* in: *H.-K. Beckmann/ K. Biller (Hg.),* Unterrichtsvorbereitung, Braunschweig 1978, 159–182.
40 Vgl. *K. Borck,* Die dunklen Texte der Prophetie, in: ZPT 52/2000, 46–57.

te«-Erzählen die Chance bieten, immer wieder wesentliche Aspekte der Prophetenthematik einzubeziehen. Leider ist in den bekannten Kinderbibeln von *Regine Schindler* »Mit Gott unterwegs« (Zürich 1996) und *Werner Laubi* (»Kinderbibel« Lahr 1996) Am ausgespart, doch holt das Laubi nach, wenn er im »Erzählbuch zur Bibel« anschaulich und fantasiereich von »Amos« erzählt[41]. Auch die einschlägigen Prophetenkapitel bei *Oberthür* und *Berg* bieten narrativ inszenierte Umsetzungen des Amosbuches für Grundschüler, die über das historisch Erzählte hinaus Gespräche über elementare und aktuelle Fragen anstoßen können[42]. Das vermögen auch heute noch die altbewährten »Leseszenen« zu Am von *Liselotte Corbach*, die besonders mit den eingefügten Chorsprüchen gegenwartsbezogene Reflexion ermöglichen wollen[43].

Ein besonders von *Baldermann* inspirierter Zugang zur Botschaft des Am ist die Arbeit mit Wortkarten, auf denen elementare Sätze und Sprüche aus dem Amosbuch geschrieben stehen, mit denen die Kinder sich unter den verschiedensten Aufgabenstellungen befassen können. Vorausgesetzt ist dabei, dass »das Wort des Amos … für heutige Kinder ganz unmittelbar von ihrer eigenen Erfahrung« spricht, weshalb hier (zunächst) auch »ohne zeitgeschichtliche Einordnung« mit den Prophetenworten gearbeitet wird[44]. Das hat den Vorteil aktuellen Lebensbezugs, was nicht ausschließen muss, dass in einem weiterführenden Schritt der Prophet Am an seinem historischen Ort vorgestellt wird.

In den oberen Klassen der Sek I sollte das unbedingt zur originalen Begegnung mit Prophetenworten in ihrem biblischen Kontext führen, sei es unter Verwendung der Vollbibel oder einer Auswahlbibel. Hier zeichnet sich »Die Bibel in Auswahl nach der Übersetzung Martin Luthers mit Bildern von Thomas Zacharias« (Stuttgart 1992) nicht nur durch die Auswahl der Texte aus, sondern auch durch die anregend deutungsoffene Radierung, mit der der Künstler die Prophetenrolle des Am »bedacht« hat.

Horizont-verschmelzend kann motiviertes Nachdenken auch durch *Bilder von Propheten* oder den einen oder anderen prophetisch profi-

---

41 *W. Neidhart/H. Eggenberger (Hg.)*, Erzählbuch zur Bibel, Zürich u.a. ³1979, 192–200; vgl. außerdem *W. Laubi*, Geschichten zur Bibel. Bd. 2, Lahr/Zürich u.a. 1983, 90–114.
42 *R. Oberthür*, aaO., 160 f.; *H. K. Berg*, aaO., 241 ff.; s. außerdem *D. Steinwede*, Und Jona sah den Fisch, Gütersloh 1996, 102–105.
43 *L. Corbach*, Wir lesen Amos, Göttingen 1968.
44 *I. Baldermann*, aaO., 135.

lierten *Text aus Literatur und Poesie* bewirkt werden[45], durch die in Korrelation mit geeigneten Amostexten prophetisch wesentliche Aspekte angesprochen werden können. Daraus ergeben sich möglicherweise *problemorientierte Zugänge*, in denen die prophetische Kritik zum leitenden Gesichtspunkt in der Auseinandersetzung mit sozialen Problemen und Missständen unserer (und der Dritten) Welt und Gesellschaft wird. Soweit dabei der theo-logische Grund und Bezug der Prophetie nicht verloren geht und unhistorisch kurzschlüssige Argumentationen und Identifikationen vermieden werden, bleibt diese in den siebziger und achtziger Jahren dominante Beschäftigung mit Am, dem leidenschaftlich protestierenden und kritisierenden Gerichtspropheten, unaufgebbar[46]. Das »allgemeine Prophetentum« als kritisches Engagement für eine bewohnbare Welt und ein menschenwürdiges Leben hat wie zu allen Zeiten auch in unserer Zeit prophetisch umgetriebene Menschen auf den Plan gerufen und sollte bei einem Unterricht über Am auch unseren Schülern und Schülerinnen nicht vorenthalten werden[47].

LITERATURHINWEISE

Artikel »Prophetie« → TLL 1, 271–276, bes. 276!
H. K. Berg, Altes Testament unterrichten (Handbuch des biblischen Unterrichts 3), München/Stuttgart 1999, bes. 228–264 (= »Propheten«).
H. Grosch, Der Prophet Amos (HRU 6), Gütersloh 1969.
H. Werner, Amos (Exempla Biblica IV), Göttingen 1969.
Themaheft »Prophetisches lernen – prophetisches Lernen«, in: ZPT 52/2000, H. 1.

R. L.

---

45 Vgl. z.B. *R. Oberthür,* aaO., 149 ff.; *H. Schröer,* Prophetie als Poesie – Poesie als Prophetie, in: ZPT 52/2000, 72–80.
46 Vgl. etwa *U. Baltz,* Umkehren, um zum Ziel zu kommen: zum Beispiel Amos, in: *H. J. Dörger u. a. (Hg.),* Religionsunterricht 5–10. München/Wien/Baltimore 1981, 229–248; außerdem *K. Koenen,* aaO., 91 ff.
47 *F. E. Wilms,* Prophetische Texte in den Sekundarstufen I und II, in: EvErz 36/1984, 23–37, bes. 23 f.

4. Jeremia

4.1 Historisch-biografisch. Dank der sorgfältigen Arbeiten der Herausgeber des Jeremiabuches und vor allem seines Schülers Baruch (bes. Jer 37–45) wissen wir mehr über Jer als über jeden anderen Propheten. Eine Fülle von Angaben legt eine Augenzeugenschaft Baruchs nahe. Hinsichtlich des Geburtsjahres des Propheten gibt es eine breite Debatte. Am wahrscheinlichsten dürfte das Jahr 627/626 v. Chr. sein. Der Name Jeremia (hebr. *Jirmᵉ ja[hu]*) ist im 7. u. 6. Jh. in Juda verbreitet; eine eindeutige Ableitung wurde bislang nicht gefunden[48]. Der erste datierbare Auftritt, die Tempelrede (26,1 ff.), geschah wohl im Jahre 609[49].

Sein Heimatort Anatot liegt nordöstlich von Jerusalem, ungefähr eine Stunde Fußweges entfernt. Wahrscheinlich hat Jer diesen Weg täglich, zumindest in seiner Jerusalemer Anfangszeit genommen, bis er dann gezwungenermaßen in der Stadt bleiben musste. Jer wird im Berufungsbericht als *nabi* bezeichnet (1,5). Es spricht Vieles dafür, dass Jer »in die Sparte der berufsmäßigen *nᵉ*biim«[50] gehört. Er war vielleicht zusätzlich als Priester (1,1) ausgebildet und hat sich, nach seinen Frühschriften geurteilt, an den Meistern des ausgehenden 7. Jh. geschult. – Jer Verhältnis zu Frauen ist durch den als Setzung eines Zeichens aufgetragenen Eheverzicht geprägt (16,1 ff.). Der Eheverzicht zusammen mit dem Verzicht auf Geselligkeit und Gemeinschaft im Kult- (16,5) und Trinkhaus (16,8) hat die Einsamkeit Jer verschärft. Er hat in Jerusalem gelebt, zeitweise frei und zeitweise im Zisternenhaus des Schreibers Jonathan. Die letzten Stationen auf seinem Lebensweg sind Mizpa, Bethlehem und Daphne am Rand des Nildeltas, in der Nähe des Ortes, wo man den Durchzug durch das Rote Meer (Ex 14) angesetzt hat. Schließlich verliert sich seine Spur im ostägyptischen Nildelta. Bei der Ankunft in Daphne war er dann etwas über vierzig Jahre alt.

Die eigene Familie hat offenbar den »frühreifen Einzelgänger und wegen seiner politischen Äußerungen gefährlichen ›Spinner‹ früh fallen lassen. Es

---

48 Näheres zum Namen bei *K. Seybold*, Der Prophet Jeremia. Leben und Werk, Stuttgart u. a. 1993, 45 f.

49 Näheres zur Datierungsfrage bei *K. Seybold*, aaO., 46 f. – Es gibt eine Reihe von Exegeten, die 627/626 als Zeitpunkt des ersten Auftretens Jer annimmt. Das auf ein früheres Geburtsdatum (ca. 647–638) als Konsequenz. Die erste Phase seiner Tätigkeit wird nach dieser Theorie von der Berufung bis etwa 622 v. Chr. angesetzt. Dann sei eine lange Zeit des Schweigens unter König Josia gefolgt (621–609). Man erklärt dies so, dass Jer entweder seinen Auftrag an Jahwe zurückgegeben oder wegen seiner Zustimmung zu Josias Reform keinen Anlass zum Reden hatte.

50 *K. Seybold*, aaO., 51.

ist anzunehmen, dass er nach den Ereignissen von 11,18 ff. nicht mehr in Anatot bleiben konnte und, gleichsam verstoßen, in Jerusalem ›einsam wohnen‹ musste.«[51] Auch sonst fand offenbar der Prophet in seinem Bekannten- und Kollegenkreis kein gutes Beziehungsfeld. Er fühlte sich stets als Opfer seiner Umgebung, »wie ein zutrauliches Lamm, das zur Schlachtung geführt wird« (11,19). Der Baruch-Bericht zeigt, dass dies kein falscher Eindruck war. Jer wurde von den Kollegen, von der höheren Behörde im Tempel, vom Hof und seinen Repräsentanten (vgl. Jer 26 ff.) auf das Schlimmste behandelt. Offenbar wurde seine Beseitigung geplant und betrieben. Sie ist mindestens fünfmal gescheitert. Sein Leben war voller Todesgefahren. »Die Lynchjustiz nach der Tempelrede (Kap. 26) im Jahre 609, die Vorgänge um die Verlesung der Buchrolle (Kap. 36) 604, die Anschläge der ›Männer aus Anatot‹ (11,21 ff.) wohl um 600, die Folter und Kerkerhaft durch die Tempelpolizei (Kap. 20) auch um 600, die politischen Repressionen durch hohe Beamte (37,14 ff.; 38,4 ff.) 587 sind dokumentierte Versuche, ihm das Leben zu nehmen, ganz zu schweigen von den Gefahren beim Untergang Jerusalems und der gewaltsamen Deportation nach Ägypten (Kap. 43 f.), wo ihn dann aller Wahrscheinlichkeit nach sein Geschick ereilte.«[52]

Ausnahmen waren dabei die Zuwendung der angesehenen Diplomatenfamilie Saphans (26,24), der Äthiopier Ebedmelek (38,7 ff.), die babylonischen Offiziere und Kommissare (40,1 ff.) und vor allem Baruch, sein Sekretär, Freund und Beschützer, der stets zu ihm hielt und ihm mit seinem Bericht (37–45) ein einzigartiges Denkmal schuf.

4.2 Exegetisch-systematisch. Die Kapitel Jer 1–51 haben alle mit dem einen Propheten zu tun[53]. Die Hauptredeformen der Prophetenbücher treten deutlich heraus: (1) Prophetenwort, (2) Bericht sowie (3) die zu Gott hingewandte Rede (Konfessionen). Das Buch enthält drei Schichten: zum einen Prophetenworte, die gesammelt wurden, zum andern die Erzählung vom Leben und Leiden des Propheten, und zum dritten Jeremiaworte, die im breiten, predigtähnlichen Stil der deuteronomistischen Redaktion bearbeitet sind. Die erste Schicht umfasst im Wesentlichen 1–25; die Baruch-Erzählung beginnt in 19 bzw. 26–29 und umfasst dann 36–45. Die dritte Gruppe von Texten ist mit den anderen beiden verwoben, sodass keine selbstständigen Texteinheiten gebildet werden. Es ergibt sich im Ganzen folgende Übersicht zum *Aufbau des Jeremiabuches*:

---

51 K. *Seybold*, aaO., 52.
52 K. *Seybold*, aaO., 53.
53 Zum Folgenden s. C. *Westermann*, Abriß der Bibelkunde AT-NT, Stuttgart [13]1991, 86 f.

(1) Jer 1: Berufung ins Prophetenamt. Jer wurde als junger Mensch zum Propheten berufen (Jer 1). Er erschrickt vor dem Auftrag: »Ach, Herr, Herr, ich tauge nicht zu predigen; denn ich bin zu jung.« (V. 6) Hier wird eine Menschlichkeit des Propheten erkennbar, die für sein Tätigsein im Ganzen charakteristisch ist. Gott setzt seinem Erschrecken die Zusage seiner Gegenwart entgegen: »Fürchte dich nicht vor ihnen; denn ich bin bei dir und will dich erretten, spricht der Herr.« (V. 8) Es ist kennzeichnend für den Propheten, dass er eine enge Beziehung zu Gott hat. Er erfährt Gottes Hilfe und Begleitung, und er wird zum Repräsentanten des göttlichen Wortes schlechthin (V. 9: »Ich lege meine Worte in deinen Mund.«). Der Auftrag, den der Prophet bekommt, wird ihm in zwei Bildern verdeutlicht (V. 11–16). Er sieht einen Mandelzweig, den »erwachenden Zweig« (V. 11), und einen »siedenden Kessel überkochen von Norden her« (V. 13). Die erste Vision wird ihm gedeutet: »Ich will wachen über meinem Wort, dass ich's tue«, die zweite Vision kündigt an, dass von Norden her das Unheil losbrechen wird über alle Landesbewohner (V. 14).

Die Bilder ergeben gemeinsam die *Grundform des prophetischen Gerichtswortes*. Das erste Gesicht sagt, dass Gott eingreift, das zweite macht klar, was die Folgen dieses Eingreifens Gottes sind. Es folgt dann jeweils die Begründung des Eingreifens Gottes durch die Anklage sowie die Entfaltung der Anklage. Diese jeweils zweigliedrige Struktur des prophetischen Gerichtswortes wird im konkreten Fall vielfach abgewandelt. Im vorliegenden Falle sind die Anklage (»um

all ihrer Bosheit willen«, V. 16) und die Entfaltung der Anklage
(»dass sie mich verlassen und andern Göttern opfern und ihrer
Hände Werk anbeten«) sehr generell und umfassend gehalten. Die
Gerichtsbotschaft der Propheten erstreckt sich auf drei große Bereiche: das Verhalten gegenüber Gott, den politischen und den sozialen Bereich. Dabei kann es Schwerpunkte im Einzelfall geben. Im
Blick auf Jer ist hinsichtlich seines Wirkens festzustellen, dass die
überwiegende Anklage auf das Verhalten gegenüber Gott abzielt:
»Mich, die lebendige Quelle, verlassen sie (= mein Volk).« (2,13)

In V. 17–19 wird der Aspekt der *Sendung des Propheten* herausgestellt. Es werden Elemente des Berufungsberichtes aufgenommen
und weiter ausgestaltet. Jer wird aufgefordert, seiner Sendung nach-
zukommen. »Das wird in einem Bild ausgedrückt. Jeremia soll sein
langes Hemdkleid, das bei Tätigkeiten wie Arbeit, Kampf oder Reise
hinderlich war, hochschürzen.«[54] Jahwe sichert Jer seinen Beistand
zu. Als seine Gegner werden die für das Land Verantwortlichen, Könige Judas, Beamte, Priester und Vollbürger, benannt. Die Zusage
des Beistandes von V. 8 wird aufgenommen; damit wird noch einmal unterstrichen, dass Jer Prophetsein allein in Jahwes Zuwendung
begründet ist: »Denn ich bin bei dir, spricht der Herr, dass ich dich
errette.« (V. 19)

(2) Die Leidensgeschichte des Propheten beginnt mit der *Tempelrede (Jer 7)*.
Man muss sie zusammen mit Jer 26 lesen, wo über die Ereignisse berichtet wird, die auf diese Rede folgten. Jer erhebt den Menschen gegenüber, die in den Tempel gehen wollen, eine scharfe Anklage über
den unecht gewordenen Gottesdienst. Er mahnt die Tempelbesu-
cher, ihren Wandel und ihre Taten zu bessern. Für den Fall der Befolgung wird eine Heilszusage gegeben. Für den negativen Fall wird
Schreckliches angekündigt: Der Tempel wird zerstört werden. Begründet wird dies damit, dass er zur Räuberhöhle gemacht worden
sei. Die Unheilsansage wird auf das Volk ausgedehnt (V. 15: »will
euch von meinem Angesicht verstoßen«). Die Menge will den Propheten töten, aber er wird wie durch ein Wunder gerettet.

Der Bericht über den *Besuch beim Töpfer (Jer 18,1–12)* ist gestaltet
wie ein Bericht über Symbolhandlungen. Das Handeln Jahwes wird
mit dem des Töpfers verglichen. »Wie der Töpfer in souveräner
Weise und nach seinem Gutdünken mit dem Ton umgeht, so kann
Jahwe in souveräner Weise und nach seinem Gutdünken mit Israel

54 G. *Wanke*, Jeremia. Teilbd. 1 (Zürcher Bibelkommentare AT 20,1), Zürich 1995, 32.

umgehen.«[55] In seiner Souveränität kann Jahwe über Israel wegen seines Ungehorsams Unheil verhängen und fremden Völkern aufgrund ihrer Hinwendung zu ihm das Heil ermöglichen.

Die Verlesung der Buchrolle in *Jer 36* ist ein weiteres, eindrückliches Beispiel für des Propheten Mühsal. Er selbst darf sich nicht im Tempel aufhalten; so lässt er Baruch die Worte, die dieser zuvor niedergeschrieben hatte, anlässlich eines Fastentages verlesen. Die eindrückliche Darstellung konzentriert sich auf wenige Punkte. Es geht um das Wort Jahwes, den Ungehorsam der Hörer (Volk, Obere, König) und die Folgen für Jer. In Jer 19 und 26 geht es um das Gegenüber zu Propheten und Priestern, in Jer 36 um das Gegenüber zum König. Umkehr ist die Zielsetzung der Verkündigung Jer (V. 3 und 7).

Die *Auseinandersetzungen mit den Heilspropheten* erfolgen zur Zeit Zedekias (37,1 f.). Die Begegnung mit Hananja (Jer 28) ist insofern erschütternd, als dem Propheten offenbar in der konkreten Situation kein Jahwe-Wort zuhanden ist. Gott lässt den Propheten alleine, als Hananja das Joch, das Jer als Zeichen tragen muss, von seiner Schulter reißt und es zerbricht.

Der *Brief an die Exilierten in Babylon (Jer 29)* wendet sich ebenso gegen die Heilspropheten, die ein rasches Ende des Exils voraussagen. Jer schreibt den Deportierten einen Brief, den er dem Gesandten des Königs Zedekia nach Babylon mitgibt. Er fordert darin die Deportierten auf, das Schicksal zu bejahen und sich in dem fremden Lande einzurichten, Häuser zu bauen und Familien zu gründen. Er geht sogar noch weiter und fordert sie auf, dass sie in ihrer Arbeit und in ihrem Gebet sich für das Land, in das sie gebracht worden sind, einsetzen sollen. Es wird hier im AT zum ersten Mal zur Fürbitte für Menschen, die nicht zum Gottesvolk gehören und seinen Gottesglauben nicht teilen, aufgerufen.

Die *Leiderfahrungen des Propheten (Jer 37/38)* während der Belagerung und Eroberung Jerusalems nehmen allergrößte Ausmaße an. Er entgeht mehrfach nur knapp dem Tode. Auch die Statthalterschaft Gedaljas erweist sich nicht als ein neuer Aufbruch. Die Leidensgeschichte des Propheten endet schließlich mit seiner Verschleppung nach Ägypten.

Die Baruch-Erzählung ist so eine fortlaufende Geschichte des Leidens des Propheten. Aber sie endet nicht mit der Perspektive des Unheils, sondern mit einem *Verheißungswort an Baruch (Jer 45,5)*. Während in V. 4 die gesamte Verkündigung Jeremias durch die

---

55 *G. Wanke*, aaO., 173.

Reihe vom »Bauen und Pflanzen, Einreißen und Ausreißen« noch einmal zusammengefasst wird, hat nicht die endgültige Gerichtsansage das letzte Wort, sondern die Verheißung an Baruch, dass er bewahrt werden wird (V. 5). Er wird das kommende Gericht überleben. Damit wird ein neues Heilshandeln Jahwes erkennbar. Dies kann man so verstehen, dass am Ende der Heilsgeschichte im alten Sinne, die sich auf ein Volk bezog, ein neues Handeln Jahwes am Individuum steht. Die Baruchzählung will die Vergangenheit deuten, um zum Verstehen der Gegenwart anzuleiten. Sie will zeigen, dass die Katastrophe nicht von ungefähr gekommen ist, sondern die notwendige Folge des Handelns des auserwählten Volkes war. Aber Gericht ist nicht das letzte Wort Jahwes.

(3) Die Konfessionen bringen im Gebet, in der Form der Klage, die Fragen vor Gott, die Jer von seinem prophetischen Dasein her bedrängen (11,18–12,6 / 15,10–21 / 17,14–18 / 18,18–23 / 20,7–18). Damit erfahren wir etwas von der Innenseite seines Lebens. Der Prophet wird als der Angefochtene erkennbar. In Jer 11,18–12,6 wird deutlich, dass er in Not und Bedrohung ist, bis hin zur Lebensgefahr. Der Grund liegt offensichtlich in seiner Verkündigung. Der Prophet wendet sich zu Jahwe in der Gewissheit, dass dieser ihn rächen wird.

In 15,10 f. 15–21 geht es wiederum um die prophetische Existenz. Das Wort von Gott (V. 16) ist Grundlage seiner Existenz. Er bezeichnet es als Freude, Trost, ja als Speise. Sein Leben jedoch ist infolge seines Amtes ein Leben in der Einsamkeit (V. 17). Leiden wird zum Kennzeichen seiner prophetischen Existenz. Das, was letztlich dem Propheten zu schaffen macht, ist die Anfechtung, die für ihn aus seinem Leiden erwächst. Das Wort vom »trügerischen Born« (V. 18) zeigt, wie tief der Prophet betroffen ist. Die Antwort Jahwes geht nicht auf des Propheten Anklage ein, sondern stellt einen Rückverweis auf die Berufung bzw. deren Erneuerung dar.

Das Ausbleiben des Gerichtes setzt den Propheten dem Hohn der Menschen aus (17,14–18). Angesichts der Last seines Amtes erfleht der Prophet von Gott seine sichtbare Rechtfertigung. In 18,18.19–23 werden wiederum die Gruppen der Feinde deutlich benannt. Der Prophet weiß sich nur zu helfen, indem er anklagt und Rache fordert, nicht indem er Fürbitte tut, wie es eigentlich seine Aufgabe wäre.

In 20,7–11 geht es erneut um den »Zwangscharakter« des prophetischen Dienstes. Die ständige Gerichtsbotschaft begründet Jeremias Sonderstellung. Um seines Amtes, um seiner Gerichtsverkündigung willen muss er leiden. Offensichtlich hat er schon öfter versucht, sich seinem Amt zu entziehen (V. 9), und doch war ihm dies nicht möglich. Das Wort Jahwes ist nicht für ihn bestimmt. Daher kann er es nicht für sich behalten. Er muss reden.

In 20,14–18 haben wir das Dokument einer Situation, in welcher der Prophet offenbar keinen Ausweg mehr sieht und nahe an die Grenze des Selbstmordes kommt, indem er sich fast selbst verflucht. Der Anlass zu der Verfluchung des Tages seiner Geburt sind seine Leiden (V. 18). In dieser Situation vermag der Prophet nicht einmal mehr seine Stimme zum Gebet zu erheben, sondern es bleibt nur ein Verzweiflungsausbruch. Geburt steht hier für Berufung (1,5). Damit wird deutlich, dass auch in dieser Konfession der Prophet mit seinem Amt ringt und dass die Selbstverfluchung, an der der Prophet gerade noch vorbeigeht, indirekt wieder eine Anklage gegen Gott darstellt.

Doch bereits in den V. 10, 11 und 13 treffen wir den Propheten in vollkommen gewandelter Stimmung an. Er zeigt sich gewiss, dass Jahwe auf seiner Seite ist. Hier kann man wirklich von »trotzigem Kampfesmut« (*Baumgartner*) reden.

(4) Die Kennzeichen alttestamentlicher Prophetie (vgl. o. X.1, → TLL 1, Prophetie, 271) finden wir vollständig bei Jer. Er versteht sich als Bote Gottes, der in einem expliziten Berufungsvorgang von Gott selbst beauftragt wurde. Wir wissen aus den Konfessionen, dass er unter seinem »Beruf« als Prophet in äußerlich-körperlicher wie in innerlich-geistlicher Hinsicht schwer gelitten hat. Er tritt auf, indem er die Botenformel benutzt (»So spricht der Herr«). Die Verkündigung von Gottes Gerichts- und Heilsbotschaft ist seine zentrale Aufgabe. Diese wird nicht nur durch das Wort, sondern auch durch Symbolhandlungen ausgerichtet. Der Prophet ist ein Einzelkämpfer, also nicht Mitglied der Gruppe der Tempelpropheten oder der Priester, vielmehr setzt er sich mit diesen Gruppen und sogar mit dem König auseinander. Wir haben mit Jer einen Propheten vor uns, der in »klassischer Weise« all das verkörpert, was man von einem Propheten erwarten darf.

Darüber hinaus taucht hier im AT zum ersten Mal *das Buch* als Medium auf. Das neue Medium ersetzt die Archive und Sammlung von Schriftrollen in Krügen. Es ist an ein erstes Exemplar zu denken, das als Prototyp an einer bestimmten Stelle zur Einsichtnahme und Verlesung aufgelegt wurde[56].

---

56 *K. Seybold*, aaO., 182f.

Es gibt ferner kein Thema der alttestamentlichen Theologie, das im Jeremiabuch nicht behandelt wird. Der Bogen reicht von der Schöpfung, dem Gesetz, der Gerechtigkeit Gottes, dem (alten und neuen) Bund über die Geschichte des Heils und Unheils, die Landfrage bis zum Gottesdienst und Tempel.

Insgesamt hat Jer die Theologie seiner Vorläufer in einer eigenständigen Art weitergeführt: Es geht ihm um eine persönliche Gottesbeziehung und eine Gemeinschaft mit Gott, die ihren Ausdruck im Gebet findet. Leiden und Anfechtung erscheinen als Moment des Glaubens. Sünde wird als verkehrte Grundhaltung des Menschen gesehen. Dieser wird daher zur Umkehr gerufen. Im positiven Fall kommt es erneut zur Gemeinschaft mit Gott, worin die Gottesherrschaft zum Ziel kommt.

4.3 Didaktisch. Im Blick auf den *Zielhorizont der unterrichtlichen Behandlung* ist an das identifikatorische Lernen zu erinnern. Dies ist für Jugendliche wichtig und wird durch die Glaubwürdigkeit eindrucksvoller Vorbilder ausgelöst. Es ist einen Versuch wert, diesen Weg für die Begegnung mit Jer zu wählen. Es kann also nicht darum gehen, einen Unterricht im Stile eines exegetischen Proseminares zu gestalten, vielmehr ist es sinnvoll, von der vorliegenden Endgestalt des Jeremiabuches auszugehen und anhand eines »biographischen« Zugriffs eine Einführung in das Prophetische und in die Besonderheit des Prophet-Seins von Jer mit seinem Leiden an der prophetischen Aufgabe, seinen Anfechtungen und seiner Einsamkeit zu geben.

Ingrid Grill hat darauf hingewiesen, dass Jer gesellschaftspolitisches Engagement aufzuweisen hat, aber dies stärker als Amos (X.3) mit der Frage nach Gott verbindet. Dazu komme die Herausforderung, die für Schüler und Schülerinnen »in der Begegnung mit seiner ›Persönlichkeit‹ (wie sie das Jeremiabuch konstruiert) liegen könnte. Jugendsoziologische und entwicklungspsychologische Untersuchungen betonen die verstärkte Bedeutung ›vorbildhafter Gestalten‹ für Jugendliche in der gegenwärtigen Gesellschaft, und dies gerade dann, wenn es sich nicht um idealisierte Heiligengestalten handelt, sondern um vielschichtige, in ihrer Widersprüchlichkeit und Gebrochenheit subjektiv glaubwürdige Persönlichkeiten.«[57]

57 *I. Grill*, Der Prophet Jeremia. Didaktische Annäherungsversuche, in: *Gymnasial-pädagogische Materialstelle der Ev.-Luth. Kirche in Bayern (Hg.)*, »Höret die Stimme.« Der Prophet Jeremia. Anregungen und Unterrichtsvorschläge für die 8. Jahrgangsstufe (Arbeitshilfe für den evangelischen Religionsunterricht an Gym-

Jer lebte in einer Welt des Umbruchs und radikalen Wandels. Seine sozialkritischen Anliegen und seine Kritik am religiösen Kult können mögliche Zugänge eröffnen. Seine Einsamkeit, sein Leiden und seine Anfechtungen rufen Aufmerksamkeit hervor. Hilfreich dürfte der Ansatz bei der Prophetenbiografie sein. Dabei geht es aber um eine Abfolge typischer Situationen und Stationen wie z.B. Berufung, Anfeindungen, Botschaft, Zeichenhandlung, Angefochtensein, Angefeindetwerden.

Ein *bibelorientierter Lehrgang* könnte in Anordnung nach Epochen des Wirkens Jer in weitgehend historischer Abfolge folgendermaßen konzipiert werden[58]:

(1) Zur Zeit des Königs Jojakim. Als Ausgangspunkt bietet sich das großartig erzählte Kapitel 36 an. Es lässt deutlich die politischen Gruppierungen in ihrer Einstellung gegenüber der Predigt Jer erkennen. Diese wird durch die Unheilsvision 4,5ff. sowie die Zeichenhandlung in Jer 19f. verdeutlicht. Die weiteren Texte geben Auskunft über Jeremias Verkündigung, wobei die beiden letztgenannten Texte entfallen können. Sie sind hier aufgeführt, um den Inhalt und die Form der Predigt Jer abzurunden.

36:	Verlesung und Vernichtung der Buchrolle
4,5–18:	Kommendes Unheil
19,1–20,6:	Jer wird im Tempel misshandelt
26 und 7,4.9.10.11a:	Tempelrede
5,26–29 und 5,1–6:	soziale und umfassende Anklage
5,12–17:	Gerichtswort

(2) Aus der Zeit nach der ersten Eroberung Jerusalems. Der Zusammenstoß mit dem Propheten Hananja zeigt die Angefochtenheit Jeremias. Auf diesem Hintergrund wird der Sinn der Berufungsgeschichte 1,4ff. deutlich. Deswegen wird sie an dieser Stelle eingeordnet. Gegebenenfalls könnte dieser Text auch entfallen. Die folgenden Texte zeigen immerhin erstmals etwas von der Verheißung eines Neubeginns jenseits der Katastrophe.

---

nasien 118), Erlangen 2000, 23–51, bes. 25. – Diese Veröffentlichung im Umfang von 250 S. enthält hervorragende didaktische und methodische Ausführungen.

58 In Anlehnung an einen Entwurf von *I. Baldermann*, Der biblische Unterricht. Ein Handbuch für den evangelischen Religionsunterricht, Braunschweig 1969, 104–109.

28 in Verbindung mit 27:   Auseinandersetzung zwischen Jer und Hananja
1,4–10:   Die Berufung Jer
29,1–11 (evtl. 24–32):   Jer Brief an die Verbannten

(3) Aus der Zeit der Belagerung Jerusalems. Die Konfessionen erschließen sich nur im Zusammenhang des physischen Leidens des Propheten. Darum sind sie, sofern man sie nicht auslassen möchte, im
Anschluss an die Kapitel der Baruch-Erzählung für den Unterricht
heranzuziehen, auch wenn sie historisch schon früheren Epochen
zuzurechnen wären.

37/38:   Jer Leidensgeschichte
15,10f.15–21 oder 20,7–18: Aus den Konfessionen
32,1–15:   Der Ackerkauf zu Anatot

(4) Nach dem Fall Jerusalems. Diese Texte haben vom Inhaltlichen her
nicht das gleiche Gewicht wie die anderen Texte der Baruch-Erzählung. Von daher können auch die Kapitel 42 ff. entfallen. Von besonderem Gewicht ist freilich Jer 31,31 ff.; dieser Text ist allerdings nur
auf dem düsteren Hintergrund des Ausgangs der Geschichte Israels
in seiner vollen Schärfe erkennbar. Zeitlich gehört das Wort an einen viel früheren Zeitpunkt der Geschichte Jer.

39,1–14:   Die Eroberung Jerusalems
40,7–41,18:   Ermordung Gedaljas
42 ff. (Auswahl):   Weiteres Geschick Jer
31,31–34:   Verheißung des Neuen Bundes.

Es besteht die Möglichkeit, weniger auf die historische Abfolge zu
achten und die »Stationen« *stärker thematisch-typisierend anzuordnen*:
z.B. Berufung, (Unheils-)Verkündigung, Verfolgung, Gotteskrise
(Konfessionen), wahre und falsche Prophetie, Brief an die Verbannten, Verheißung eines neuen Bundes[59]. Für eine stärker an Freiarbeit
orientierte Erarbeitung empfiehlt sich der Lernzirkel-Lernweg[60].

59 S. dazu *Gymnasialpädaogische Materialstelle (Hg.)*, aaO., 32–38 (*I. Grill*, Bausteine
   eines Prophetenlebens), 53–123 (*M. Burghardt*, Jeremia – ein anstößiger Prophet). – Im Rahmen einer Einheit Propheten Israels findet sich das Verfahren
   bei: *M. Schwieger (Hg.)*, Lebens-Zeichen. Bd. 2: Arbeitsbuch für das 7. und
   8. Schuljahr, Göttingen 1992, 23–41.
60 *Gymnasialpädagogische Materialstelle (Hg.)*, aaO., 125–169 (*H. Behnisch/S. Schröder*,
   Lernzirkel zum Propheten Jeremia).

Für den *Zugang über das Erzählen* kann eine Reihe von vorliegenden Erzählentwürfen Anregungen und Anleitung bieten. *Walter Neidhart* bietet fünf Erzählungen im »Erzählbuch zur Bibel, Bd. 2«[61] und vier Erzählungen im »Erzählbuch zur Bibel, Bd. 3«[62]. Eine interessante Variante ist auch der Weg über die Analyse von Texten in Kinderbibeln. Besonders hinzuweisen ist in diesem Zusammenhang auch auf *Franz Werfels* Jeremia-Roman »Höret die Stimme«[63], der sich zur Begleitlektüre, zur Verwendung im Unterricht wie zur Anregung für die eigene Erzählpraxis eignet.

Schließlich noch ein Hinweis zum *Zugang über Bilder*. Hier sind u. a. die Bilder von *Marc Chagall, Sieger Köder, Thomas Zacharias*[64] und *Walter Habdank* zu nennen[65].

LITERATURHINWEISE

Gymnasialpädagogische Materialstelle der Ev.-Luth. Kirche in Bayern (Hg.), »Höret die Stimme.« Der Prophet Jeremia. Anregungen und Unterrichtsvorschläge für die 8. Jahrgangsstufe (Arbeitshilfe für den evangelischen Religionsunterricht an Gymnasien 118), Erlangen 2000.

G. Klages/K. Heinemeyer, Prophetie im Unterricht, dargestellt an Jeremia. Modell eines fachspezifischen Kurses, Hannover 1986.

K. Seybold, Der Prophet Jeremia. Leben und Werk, Stuttgart u. a. 1993.

G. Wanke, Jeremia, Teilbd. 1 (Zürcher Bibelkommentare AT 20,1), Zürich 1995.

G. A.

5. *Jona*

5.1 Das Buch Jona ist zwar eines der kürzesten Bücher der Bibel, aber hat es in vieler Hin-Sicht in sich! Und anders als die anderen Prophetenbücher enthält es keine Sammlung von Prophetenworten, sondern ist eine Erzählung über einen Propheten.

---

61 Lahr u. a. 1982, 76–112 (Von Jeremia erzählen, als ob er mein Freund wäre: Jer 36; 34,8–22; 37,3–10; 37,11–21; 38,1-13; 32).

62 Lahr u. a. 1997, 53–95 (Jer 19,1–20,6; 27–28; 29; 43,8–44,30).

63 Frankfurt/M. (1937) 1994. – Dazu s. *K. Strobel,* Franz Werfels Roman »Höret die Stimme«, in: *Gymnasialpädagogische Materialstelle (Hg.),* aaO., 232–244.

64 Vgl. Die Bibel in Auswahl nach der Übersetzung Martin Luthers mit Bildern von Thomas Zacharias, Stuttgart 1992, 275, 286, 289, 290/91, 295, 299.

65 S. dazu die Bildwiedergaben in: *Gymnasialpädagogische Materialstelle (Hg.),* aaO., 86, 96, 160, 184, 212, 218, 219.

In 1,1 wird die Hauptperson als Jona ben Amittai vorgestellt; außerhalb des Jonabuchs begegnet er noch in 2 Kön 14,25. Danach war er ein Prophet, der aus Gat-Hefer in Galiläa, wenige Kilometer von Nazareth entfernt, stammte – einem Ort, in dem heute noch ein Jonagrab gezeigt wird, was eine Vertrautheit Jesu mit der Jonageschichte nicht unwahrscheinlich erscheinen lässt! Der Jona der Königsbücher trat im 8. Jh. v.Chr. im Nordreich Israel unter Jerobeam II als Heilsprophet auf, just also zu der Zeit, als Amos (→ X.3) dort seine Unheilsbotschaft verkündete. Mehr ist von dem historischen Jona nicht bekannt, aber das, verbunden mit der Erinnerung an Ninive, der sagenhaften Hauptstadt des assyrischen Weltreichs, und vielleicht der Kenntnis volkstümlicher Matrosengeschichten, reichte dem Erzähler aus, um aus dem historischen Jona einen hoch subtilen »literarischen Jona«[66] zu formen!

Gattungsmäßig handelt es sich bei dem Jonabüchlein um eine äußerst kunstvoll und überlegt gestaltete »Lehrdichtung« mit märchenhaft-fiktiven, symbolisch-typisierenden und humorvoll ironischen Zügen. Sie gliedert sich deutlich in zwei Teile (Kapitel 1–2 und 3–4), die jeweils mit »Es geschah das Wort des Herrn zu Jona« beginnen[67]:

(1) Jon 1–2   Zu Wasser
1,1–3:   Einführung: Beauftragung und Flucht
1,4–16:   Auf dem Schiff: von Sturmgefahr bis Windstille
2,1–11:   Jona drei Tage und Nächte im Bauch des Fisches; V.3–10 Dankpsalm (wohl Zusatz)

(2) Jon 3–4   Auf dem Lande
3:              Neuer Auftrag (V.1–3), Verkündigung in Ninive (V.4), Bußfasten von Mensch und Tier (V.5–9) und Gottes Reue (V.10)
4:              Jonas Zorn über Gottes Gnade.

Der Verfasser der Erzählung, die »als ganzes (in) der spätpersischen oder frühhellenistischen Epoche« (4./3. Jh. v.Chr.) entstanden sein dürfte[68], bleibt unbekannt, präsentiert sich aber als gebildeter Theologe, der es meisterhaft versteht, seine Theologie narrativ zu inszenieren. Er machte nicht nur Jona zum Helden seiner Erzählung, sondern wusste auch sonst gut Bescheid über die Propheten, ihre Gerichtsankündigung und Umkehrforderung, und ließ seine schrift-

---

66 *R. Lux,* Jona – eine unendliche Geschichte, in: *S. Frieling (Hg.),* Der rebellische Prophet, Göttingen 1999, 119–129, bes. 122.
67 *W. H. Schmidt,* Einführung in das Alte Testament, Berlin/New York 1995, 291.
68 *O. Kaiser,* Einleitung in das Alte Testament, Gütersloh 1984, 202.

gelehrten Kenntnisse durch so manche Einzelwendung immer wieder anklingen. Das zeigt nicht zuletzt Jonas Danklied im Bauch des Fisches, das viele wörtliche Anspielungen auf Psalmverse enthält. Ob man es dem Erzähler absprechen muss, weil es die Rettung aus der Not bereits voraussetze, ist umstritten und mag hier dahingestellt bleiben. Wie es jetzt da steht, stört es jedenfalls den Zusammenhang der literarischen Komposition nicht. Mit ihr ist es dem Erzähler in bewundernswerter Weise gelungen, »aus dem Überkommenen ein völlig Neues zu schaffen«[69], das mit Recht als eine Perle »narrativer Theologie« angesehen werden kann.

5.2 Das Jonabuch ist danach keine schlichte Volkserzählung, sondern raffiniert und versiert »erzählte Dogmatik« (*L. Schmidt*) mit einer Vielfalt von Perspektiven, Sinngehalten und Tiefendimensionen. Da wird nicht abstrakt gedacht, sondern »denkend erzählt, geseufzt, gelitten und mitgelitten, geklagt und räsoniert, verzagt und aufgeatmet«[70]. Der Erzähler stiftet mit seiner spannenden Geschichte an zur Identifikation mit dem Geschick des Jona; er lässt sie für den Leser zu seiner Geschichte werden, deren Ausgang noch offen ist! Didaktischer Umgang mit dem Jonabüchlein hat diesen seinen Anstiftungscharakter zu beachten.

Dem scheinbar gegenläufig gilt es gegen falsche christliche Vereinnahmungen oder Zerrbilder von Jona als dem typischen »engherzigen« Juden entschieden daran zu erinnern, dass es sich bei Jona um ein »Buch von einem Juden für Juden« handelt, das mit Mitteln entlarvender »Satire« und »liebevoller Ironie« zunächst einmal »interne Selbstkritik des Judentums«[71] bietet. In diesem Sinne sind gerade Jon 3 und 4 überzeugende Belege dafür, dass »schon im Alten Testament immer wieder die Grenzen des Volkes Israel überschritten werden, so daß die ›Völker‹ in Gottes Heilshandeln mit einbezogen werden«[72].

69 *O. Kaiser,* aaO., 200f.
70 *R. Lux,* aaO., 121; vgl. auch die »erzählanalytische Studie« von *R. Lux,* Jona. Prophet zwischen »Verweigerung« und »Gehorsam«, Göttingen 1994, 11–22.
71 *F. W. Golka,* Jona (Calwer Bibelkommentare), Stuttgart 1991, 22f.; vgl. dazu *I. Schmidt/H. Ruppel,* Selig, wer liest. Zu einem neuen Lesen des sogenannten Alten Testaments, in: ZPT 50/1998, 343–354, bes. 352ff.; zur »Jona-Geschichte im Judentum« s. *U. Steffen,* Die Jona-Geschichte, Neukirchen-Vluyn 1994, 11–56.
72 *W. Härle,* Dogmatik, Berlin/New York 1995, 126.

In jeder Hinsicht faszinierend und irritierend wird Jona in seiner Rolle als Prophet dargestellt: Im 1. Kapitel wird er als ungehorsamer Jona beschrieben, der sich – für einen Propheten völlig untypisch (→ TLL 1, Prophetie, 270) – seiner Berufung und Beauftragung durch Flucht entzieht. Im 2. Kapitel präsentiert er sich als gewandelter gottesfürchtiger Beter in persönlicher Notlage. Im 3. Kapitel begegnet er als gehorsamer Prophet, der die ihm aufgetragene Gerichtsbotschaft in einem Satz (3,4) ausrichtet und mit ansehen muss, dass seine Unheilsprophezeiung nicht eintrifft, weil Ninive bußfertig umkehrt und Gott sein angekündigtes Strafgericht zurücknimmt. Der Unheilsprophet Jona wird damit – misst man ihn an Dtn 18 – als falscher Prophet entlarvt, weil seine Ansage nicht eintrifft[73]. Kapitel 4 schließlich zeigt den wütend frustrierten Propheten, der sich den Tod wünscht und sich darob von Gott eine Lektion in Sachen Güte anhören muss, die ohne Wirkung an ihm vorübergeht. Rechthaberisch klingt sein letztes Wort in der Erzählung: »Mit Recht zürne ich bis an den Tod« (4,9)!

Was für eine schillernde Gestalt gibt dieser Jona ab: Sie passt nicht in die herkömmliche Rolle eines Propheten, provoziert ein Wechselbad an Gefühlen und Beurteilungen, zwingt zu Sichtweisen der Verfremdung und Identifizierung und lässt ihn in dauernd wechselnder Belichtung immer wieder anders und neu, zwielichtig und fragwürdig erscheinen. – Die Bilder, mit denen der Erzähler in seiner Geschichte gekonnt spielt, kommen dem zwiespältigen Eindruck entgegen, den der erzählte Jona hinterlässt. Schon sein Name, er heißt übersetzt Taube, weckt biblische Assoziationen.

Bei Hosea (7,11 u. 11,11) begegnet die Taube als »Gleichniswort für Israel«: »wie eine flatternde Taube, die hin- und herfliege und sich nicht recht orientieren könne, bis sie der Gott Israels wieder für sich einfange«. Ähnlich symbolhaltig ist die Taube in der Sintflutgeschichte gezeichnet, die nach israelitischer Auffassung mit dem Weltgericht zu tun hat: Die Taube »werde ausgesandt, da die Wasser des Gerichts fielen« und »solle verkünden, daß Gottes Gerichtswille nicht sein letzter Wille sei«, sondern Gott »mit der verderbten Menschheit neu« anfange[74]. Diese Botschaft will das Jonabuch »inmitten der Völker« verbreiten, und Jona wird von daher »für das Alte Testament der Prophet für die Heiden schlechthin«, was der Taube, die bei der Taufe Jesu herabkam, eine entsprechende Bedeutung verleihen und einmal mehr Jesu besondere Nähe zu Jona und seiner Geschichte belegen könnte[75].

---

73 *F. W. Golka*, aaO., 84f.
74 *H. Werner*, Jona, Göttingen 1966, 16f.
75 *W. Feneberg*, Jesus – der nahe Unbekannte, München 1990, 103f.; zum »Jona-Zeichen« nach Mt 12, 38–41 vgl. u. 206f.

»Jona im Bauch des (Wal-)Fisches« ist das »Logo«, dem der Prophet seine zeitenüberdauernde Berühmtheit und Bekanntheit verdankt, auch wenn das in keinem Verhältnis steht zu der eher marginalen Bedeutung, die diesem humorig-sarkastischen und grotesken Bildmotiv im Ganzen des Buchs zukommt: Wie in 1,4 den Wind so bestellt Gott hier einen großen Fisch, damit dieser Jona verschlinge und ihn nach drei Tagen und Nächten im Bauch des Fisches (2,1) wieder auf das Festland »kotze« (entsprechend der hebräischen Wortbedeutung). »So wird einer ironisiert, der Jahwes Wort meint entgehen zu können.« Durch »Jahwes Macht und Humor (Ps 2,4!)« ist Jona damit genau wieder da gelandet, wo seine Geschichte begann (vgl. 1,1 f. u. 3,1 f.)[76], allerdings wohl gewandelt, denn jetzt macht er sich auf, um Gottes Auftrag zu erfüllen. Der (eingefügte) Psalm in 2,2–10 hatte das mit seinem frommen Klage- und Dankgebet ja auch schon entsprechend intoniert.

Es ist faszinierend zu sehen, was die Auslegung im Laufe der Jahrhunderte alles aus dieser erzählten Fischepisode des 2. Kapitels herausgelesen und in sie hineininterpretiert hat: »Biblizistischer Scharfsinn« versuchte die wörtliche Tatsächlichkeit des Geschehens durch biologische Argumentation zu beweisen, rationalistische Auslegung übte sich fantasiereich in natürlichen Erklärungen, und tiefenpsychologische Interpretation versuchte dem märchenhaft und mythisch Erzählten innerpsychisch oder archetypisch beizukommen[77]. Das führte freilich gerade bei der heute besonders beliebten tiefenpsychologischen Auslegung zu durchaus ambivalenten Ergebnissen: Da kann der Jona im Bauch des Fisches als »produktive Auszeit«, als »Unterbrechung« (*J. B. Metz*), als bereicherndes Sich-Abschließen nach außen, Sich-Zurückziehen auf das eigene Innere und die eigenen Kräfte gedeutet werden, da kann dasselbe aber auch als illegitime »Regression« in einen »weltabgewandten, geschützten Raum« verstanden werden, das »auf das Mit-sich-ins Reine kommen begrenzt« bleibt und das »konkrete Geschick der anderen« aus dem Blick verliert[78]. Bei aller Widersprüchlichkeit sind hier sicher anregende Zugangsweisen eröffnet, die lebensbezogenes Verstehen des Jonabüchleins anbahnen können. Sie werden ihm freilich nur gerecht, wenn sie die theologische Intention seines Erzählers mit einbeziehen, und das heißt, das Jona-Wunder seiner spezifischen auf Gott bezogenen Erzählsicht und -absicht aussetzen.

76 *H. W. Wolff*, Dodekapropheton 3. Obadja und Jona (BK AT XIV/3), Neukirchen-Vluyn 1977, 114.
77 *R. Lux*, Jona – eine unendliche Geschichte, 123 f.; zur »Deutung der Tiefenpsychologie« vgl. *U. Steffen*, Jona und der Fisch, Stuttgart 1982, bes. 9–106 u. *R. Lux*, Jona. Prophet zwischen »Verweigerung« und »Gehorsam«, 26–29.
78 *F. Johannsen*, Lernen mit Jona, in: *D. Bell u. a. (Hg.)*, Menschen suchen – Zugänge finden, Wuppertal 1999, 347–354, bes. 350.

Der Erzähler zeichnet einen Gott, der in gleichsam spielerisch-lächeln-
der Attitüde einen störrischen und rebellischen Propheten davon zu
überzeugen sucht, in ihm einen »gnädigen, barmherzigen und lang-
mütigen« Gott zu sehen, dessen grenzenlose Liebe allen Geschöpfen,
Menschen und Tieren gleichermaßen, gilt, einer Liebe, von der niemand – sei er auch noch so bedrohlich fremd und feindlich – ausgeschlossen ist. Gottes Strafgericht findet an Gottes universalem Liebes-
willen seine Grenze und gibt dem zu Unrecht zürnenden Propheten
des Todes nicht Recht und das letzte Wort (4,4.9). Dies gehört dem
Leben, das aus der mitleidenden Güte Gottes erwächst (4,11), aus
auswegloser Not führt (2,7) und Umkehr und Neuanfang ermöglicht
(3,10).

An der Geschichte und dem Geschick des rebellischen Propheten
macht der Erzähler die »unausrottbare Hoffnung auf Leben« wunderbar deutlich und lässt »das Jonabuch zu einer unendlichen Geschichte« werden[79], die noch auf die Antwort des Propheten wartet
und deshalb in jeder Zeit fortgeschrieben und weitererzählt werden
will. Daraus ergeben sich gerade in unserer multireligiös und ökolo-
gisch sensibilisierten Welt wichtige Anregungen: Unverdrossene
Hoffnung auf die Verbesserlichkeit der Welt, weil Gott Umkehr will
und schenkt; solidarische Wahrnehmung des Fremden und der
Fremden in unserer Welt, weil Gottes Liebe auch dem fremden Anderen gilt und gehört; ökologische Sensibilisierung, weil Gottes Erbarmen ausdrücklich auch die Tiere – das letzte Wort des Büchleins
(4,11)! – einbezieht und damit an die schöpfungsmäßig-kosmische
Dimension und Verantwortung des Gottesglaubens erinnert. So gesehen kann das Jonabuch zu einer Wahrnehmungsschule der Weit-
sichtigkeit und Weitherzigkeit werden, die dazu einlädt, die Wirklichkeit – vielleicht zunächst nur probeweise – aus der »Brille« und
Sicht des Glaubens an den Gott anzusehen, der sein langmütiges
Liebes-Spiel mit dem so schwierigen Jona treibt. Das ist die Lernchance, die sich durch die Beschäftigung mit Jona für den RU bietet
und lernzielmäßig verwirklicht werden sollte.

5.3 Nach allem bisher Gesagten kommt der RU nicht um das Erzählen als elementarer Zugangsweise zum Jonabüchlein herum. Das
gilt nicht nur für die GS, sondern auch für die Klassen der OS und
Sek I und wird sich altersmäßig differenziert und schwerpunktmäßig
ausgewählt an den unterschiedlichen Intentionen des Buches orien-

---

79 *R. Lux*, Jona – eine unendliche Geschichte, 128.

tieren. Den Schülern und Schülerinnen selbst dürfte Jona, wenn überhaupt, als der Mann im Bauch des Walfischs bekannt sein. Das kann und darf ich weder ignorieren, noch vom Gesamt der Geschichte isolieren[80]. Und das darf auf keinen Fall die hauptsächliche erzählerische Absicht sabotieren, nämlich dem Hörer mit der Jonaerzählung gleichsam ein Rollenangebot zu machen, das er in spielerischer Identifikation übernehmen oder ablehnen kann.

Diese Intention schließt eine rein bibelkundliche und historisch abständige Erzählung aus und verlangt ein Erzählen, in dem die Jona-Figur als »zeitüberlegener Typ« begegnet[81], der gerade dadurch die Schülerinnen und Schüler in ihrer Zeit existenziell beteiligen und betreffen kann. Die erzählte Geschichte könnte dabei gewissermaßen zum »Spiegel« werden, in dem die Hörer ihr eigenes Bild als Glaubende, Zweifelnde, Wütende, Verstockte, Fliehende, Angefochtene und Suchende erkennen können[82], in dem sie sich als aus Angst Verschlungene, als Aussteiger zu »produktiver Auszeit«, als Ausgespiene zu neuem Anfang mit ungewissem Ausgang wahrnehmen können, in dem sie gefragt werden, wie es mit ihnen weitergehen soll.

Daraus ergeben sich für die Erzählung[83] wie die Auseinandersetzung mit ihr reizvolle didaktische und methodische Möglichkeiten. Man kann die Erzählung zum Beispiel mit einer Rahmenhandlung zur Ursprungs- und Entstehungssituation versehen, man kann sie modernistisch verfremden oder problemorientiert akzentuieren, man kann sie unterbrechen oder abbrechen bzw. das offene Ende der biblischen Geschichte bewusst machen und zur Fortschreibung motivieren: Jona wendet sich ab von Gott / er erhängt sich / er wird

---

80 Vgl. *W. Schnell*, … aber bitte ohne Fisch! Jona – ein Prophet der Ökumene, in: ru 23/1993, 154 f.

81 *J. Heer*, Jona – als Typ unsterblich, in: Bibel heute 27/1991, H.1, 2 f. – ein Themenheft zu Jona mit vielen brauchbaren Anregungen und Bildern.

82 Vgl. *K. Hermes*, Ninive kehrt um. Eine Stunde zum Jonabuch, in: Loccumer Pelikan Nr. 3/3.Quartal 1997, 109–116, bes. 109.

83 Beispiele für Jona-Erzählungen: *D. Steinwede*, Und Jona sah den Fisch, Gütersloh 1992, 114–118; *R. Schindler*, Mit Gott unterwegs, Zürich 1996, 144 ff.; *W. Laubi*, Geschichten zur Bibel, Lahr 2000, 76–96 (aber wie in seiner »Kinderbibel« Lahr 1994, 182 gegen den offenen Schluss der Bibelgeschichte ein definitives harmonistisches Schlussbekenntnis!?). Unübertrefflich in seiner humorvollen Leichtigkeit und Tiefgründigkeit nach wie vor die »Biblische Ballade zum Vorlesen« mit dem Titel »Die Geschichte von Jona und der schönen Stadt Ninive« von *K.-P. Hertzsch*, Der ganze Fisch war voll Gesang, Stuttgart 1994.

einsichtig / er zündet die Stadt an ...!? Der Identifizierungsabsicht förderlich ist ferner die Frage »Jona – ein Drückeberger?«, die besonders in den höheren Klassen als echtes Streitgespräch mit Textbezug und Textargumentation inszeniert werden könnte.

Besondere Zeit, Mühe und Phantasie sollte man trotz entgegen stehendem exegetisch-theologischem Befund der Fischbauch-Szene widmen; sie bietet nicht nur eine günstige Gelegenheit, mehrdimensionales symbolisches Verstehen einzuüben, sondern kann auch die Schüler und Schülerinnen inspirieren, sich als Subjekte mit ihren je eigenen Gefühlen, Eindrücken und Vorstellungen in den durch Jona angestoßenen Lernprozess einzubringen und den Unterricht von da her rezeptionsästhetisch bestimmt sein zu lassen.

Hier kann die ikonographische Fülle an Fisch-bezogenen Jonadarstellungen, die sich seit den frühesten Zeiten bis in unsere Gegenwart hinein nachweisen lassen, assoziativ anregende Hilfen anbieten[84]. Der hohe Symbolgehalt, der sich in den meisten Bildern findet, enthält Brückenelemente hin zu tiefenpsychologischer Deutung und Inspiration, die der RU zum Gespräch zwischen Jona im Fischbauch und den Schülern und Schülerinnen nutzen sollte. Daraus könnte der Anstoß erwachsen, aus der Tiefe des Fischbauches heraus existenziell gestimmte Briefe zu schreiben oder neue, eigene Psalmgebete zu formulieren[85]. Anregungen dazu können sie sich aus entsprechenden Psalmen, Gesangbuchliedern und einer Fülle moderner Jona-Gesänge holen, die belegen, dass der »ganze Fisch« tatsächlich »voll Gesang« war *(K.-P. Hertzsch)*[86].

Hier könnte sich schließlich auch die Gelegenheit bieten, mit den Schülern und Schülerinnen der Sek I über das »Zeichen des Propheten Jona« nach Mt 12,38 ff. nachzudenken: als »Bußpredigt Jonas bzw. des irdischen Menschensohns Jesus«, als »wunderbare Errettung Jonas aus dem Bauch des Fisches« bzw. Tod und Auferstehung Christi[87], als »transitorischer« Mythos vom Tod zum Leben[88], als archetypisches Bild für Sterben und Wiedergeborenwerden, als Tauf-

---

84 Vgl. zu den frühen Jonadarstellungen bes. *W. Wischmeyer*, Der »Tod« des Jona, in: *A. Franz (Hg.)*, Streit am Tisch des Wortes?, St. Ottilien 1997, 183–218; außerdem *U. Steffen*, Die Jona-Geschichte, 57–118 u. *ders.*, Jona und der Fisch.

85 Vgl. Briefe aus dem Bauch des Walfisches, in: CRP 50/1997, H.2, 51–56.

86 S. auch *S. Frieling (Hg.)*, Der rebellische Prophet. Jona in der modernen Literatur (mit vielen bedenkenswerten Abbildungen).

87 Vgl. *U. Luz*, Das Evangelium nach Matthäus (EKK I/2), Zürich/Neukirchen-Vluyn 1990, 277 ff.; außerdem *H. Werner*, Jona, 158 ff.

88 Vgl. *W. Wischmeyer*, aaO., 184 ff.

symbolik …[89]. In der Arbeit mit den alt- und neutestamentlichen Texten, vor allem den Jona »typischen« Gleichnissen Jesu[90], mit Bildern aus der reichen Jona-Ikonographie, mit entsprechenden Riten und Motiven in Kult und Literatur, mit Erfahrungen und Hoffnungen menschlichen Sterbens und Lebens lassen sich hier mit den Schülerinnen und Schülern viele Entdeckungen aus vertiefter Wirklichkeitssicht machen.

Neben solcher stark erfahrungsbezogener Beschäftigung bietet das Jonabüchlein, wie oben angesprochen, auch ein reiches Potenzial problemorientierter Zugänge und Auseinandersetzungsmöglichkeiten, die textlich begründet sind und didaktisch bedacht und umgesetzt werden wollen. Schwerpunktmäßig werden diese unter »penetranter« theologischer Perspektivierung um das Problem des rechten Umgangs mit dem Fremden und den Fremden kreisen, was als Kritik an jedwedem Heilsegoismus nicht nur Lernchancen im Bereich persönlicher Frömmigkeit, sondern auch in ökumenischer und interreligiöser Hinsicht eröffnet.

Die Schüler und Schülerinnen sollen dadurch kritisch und sensibel werden gegenüber Haltungen und Verhaltensweisen, die in ängstlich egoistischer Ausgrenzung und Ausschließlichkeit nur das eigene Heil und das Heil ihrer Religionsgruppe sehen, und sollen akzeptieren, dass Gott sein Heil frei schenkt und deshalb keine Kirche und keine Religionsgemeinschaft Gottes Heil absolut und exklusiv an sich binden kann[91]. Dass damit gerade im Jonabuch in universell ökumenischer Weite die Schöpfung mit all ihren Geschöpfen einbezogen ist, berechtigt zu ökologischer Thematisierung und Problematisierung[92], die sich hier ausnahmsweise einmal ganz ausdrücklich mit den Tieren befassen darf.

Jona – in vielerlei Hin-Sicht Prophet und Prophetie von unverbrauchter Aktualität!

89 *U. Steffen*, Taufe. Ursprung und Sinn des christlichen Einweihungsritus, Stuttgart 1988, 121–125.
90 *F. W. Golka*, aaO., 100 ff.
91 *W. Schnell*, aaO., 155.
92 *G. Liedke*, Im Bauch des Fisches, Stuttgart 1984, bes. 209 ff.

LITERATURHINWEISE

S. Frieling, Der rebellische Prophet. Jona in der modernen Literatur, Göttingen 1999.

F. W. Golka, Jona (Calwer Bibelkommentare), Stuttgart 1991.

W. Laubi, Geschichten zur Bibel. Schöpfung, Daniel, Jona, Pfingsten, Lahr/Düsseldorf 2000, 76–96.

U. Steffen, Die Jona-Geschichte. Ihre Auslegung und Darstellung im Judentum, Christentum und Islam. Neukirchen-Vluyn 1994.

R. L.

NEUES
TESTAMENT

XI. Die synoptischen Evangelien – Jesus und die Menschen um ihn

Peter Müller

1. Kurzinformation

1.1 Die drei ersten Evangelien bezeichnet man *als synoptische Evangelien.* Der Begriff beruht auf der Beobachtung, dass Matthäus, Markus und Lukas im Blick auf Inhalt und Aufbau große Ähnlichkeiten und eine »gemeinsame Sicht« (griechisch *syn-opsis*) aufweisen. Allerdings setzen sie auch je eigene Akzente, Mt etwa mit der Bergpredigt oder Lk mit der Parabel vom verlorenen Sohn. Will man das Verhältnis der Synoptiker untereinander beschreiben, muss man deshalb die Übereinstimmungen und die Unterschiede zwischen ihnen berücksichtigen. Beides hängt mit der Entstehungsgeschichte dieser Evangelien zusammen. Bevor Jesusgeschichten und -worte aufgeschrieben wurden, ging ihnen eine Phase mündlicher Überlieferung voraus, an deren Ende es bereits zu kleineren Sammlungen von Jesusgeschichten kam, die thematisch zusammen passten (z. B. Gleichnisse oder Wundergeschichten). Als Erster stellte Mk um 70 n. Chr. Einzelerzählungen und kleinere Sammlungen zu einem Evangelium zusammen. Daneben gab es aber noch andere Erzählungen und Sammlungen, auch von Worten Jesu, die Mk nicht kannte. Als Mt und Lk ihre Evangelien verfassten, war ihnen das Markusevangelium bekannt. Sie integrierten aber auch andere Jesusüberlieferung in ihre Darstellung. Dabei verwendeten sie einen großen Teil dieser Jesusüberlieferung gemeinsam (die sog. Spruchquelle »Q« mit Worten Jesu), andere Teile jeweils unabhängig voneinander (das sog. »Sondergut« des Mt und Lk). Da das Markusevangelium und die Spruchquelle somit die beiden Hauptquellen der synoptischen Evangelien darstellen, fasst man die Entstehungsgeschichte der Synoptiker mit dem Begriff *Zweiquellentheorie* zusammen.

1.2 Jesus ist in den synoptischen Evangelien die zentrale Gestalt
(→ TLL 1, Jesus Christus). Um seine Verkündigung und sein Handeln geht es. Seine Taten und Worte werden in einen Rahmen zwischen Geburt (Mt, Lk) bzw. Taufe (Mk) und Tod und Auferstehung
eingeordnet. Insofern haben die Synoptiker ein biographisches Interesse. Allerdings geht es ihnen weder um die persönliche Entwicklung Jesu noch um eine detaillierte Darstellung der Ereignisse. Sie
beschreiben die Ereignisse um Jesus vielmehr in einer Weise, die
ihre Bedeutung für die eigene Gegenwart erkennen lässt. Das hängt
mit ihrem geschichtlichen Ort nach der Auferstehung Jesu zusammen. Denn Jesus ist für sie nicht lediglich eine Gestalt der Vergangenheit, sondern der auferstandene und gegenwärtige Herr. Was er
in seiner irdischen Existenz sagte und tat, hat für die Gemeinde der
jetzt an ihn Glaubenden grundlegende Bedeutung. Deshalb werden
die Geschichten *gegenwartsbezogen* erzählt, und deshalb auch bezeichnet Mk sein Werk in 1,1 als »frohe Botschaft« für seine eigene Gegenwart, als *Evangelium*. Diese Verschränkung von Vergangenheit
und Gegenwart (und Zukunft) unter der Perspektive des Glaubens
an den auferstandenen Herrn ist charakteristisch für die Synoptiker.

1.3 Die gemeinsame Perspektive der Synoptiker hebt ihre Eigenständigkeit nicht auf. *Matthäus* ist gewissermaßen der »Schriftgelehrte« unter den Evangelisten (vgl. 13,52). Für ihn ist besonders
wichtig, dass in Jesus die Verheißungen der Schrift erfüllt sind. Vielfach fügt er an Ereignisse aus dem Leben Jesu Schriftzitate an, mit
denen er auf diese Erfüllung hinweist und sie reflektiert (vgl. z.B.
1,22 f.; 2,15 u.ö.). Einen Akzent legt er auch auf die Lehre Jesu, die
er in mehreren großen Reden zusammenfasst (Mt 5–7; 10; 13; 18;
24 f.). *Markus* ist demgegenüber der Erzähler unter den Evangelisten.
Bei ihm tritt die Verschränkung der vergangenen Geschichte des irdischen Jesus, des gegenwärtigen und kommenden Herrn besonders
deutlich hervor. *Lukas* stellt die Geschichte Jesu mehrfach in den Zusammenhang politischer Ereignisse (am bekanntesten: Lk 2,1 ff.).
Diese Perspektive zeigt sich auch in seinem zweiten Werk, der *Apostelgeschichte*, in der er die Ausbreitung des christlichen Glaubens bis
an die Enden der (damaligen) Welt beschreibt (1,8). Auf Grund dieser Perspektive kann man Lk am ehesten den Historiker unter den
Evangelisten nennen. Allerdings muss man berücksichtigen, dass
die Evangelien ursprünglich anonym überliefert sind. Nirgendwo in
den Texten finden sich die Namen ihrer Verfasser. Erst ab dem zweiten Jahrhundert sind sie als Evangelium (nicht *des ...*, sondern) *nach*

Mt, Mk und Lk bezeichnet worden. Obwohl die Evangelien individuelle Züge erkennen lassen, treten die Evangelisten nicht als Schriftstellerpersönlichkeiten in den Vordergrund. Als Verkündiger und Verkündigter ist Jesus die zentrale Gestalt.

1.4 Aus diesem Grund kann man sich einen *Zugang zu den synoptischen Evangelien* verschaffen, indem man fragt, wie Jesus dargestellt wird. Eng mit dieser Frage in Zusammenhang steht die andere nach den Beziehungen Jesu zu verschiedenen Personen und Personengruppen, zu Anhängern und Gegnern, Konkurrenten und Unentschiedenen.

2. Systematisch

Die Botschaft des Evangeliums stammt von Jesus. Zugleich handelt das Evangelium wesentlich von ihm. Diese Doppelung ist schon in der Bezeichnung »Jesus Christus« angelegt, in der ein Name und ein Titel (Christus = der Gesalbte) miteinander verbunden sind. Wer nach Jesus Christus und seiner Bedeutung fragt, kann deshalb in zwei verschiedene Richtungen fragen, historisch nach Jesus von Nazareth und dogmatisch nach dem Christus des Glaubens.

2.1 *Beide Fragen haben ihre eigene Stärke.* Wer nach *Jesus von Nazareth* fragt, fragt mittels historischer Methoden nach einer Person der Geschichte. Ziel ist es, möglichst überprüfbare, konsensfähige Aussagen über diese Person zu gewinnen. So kann man z.B. nach Herkunft und Umfeld Jesu fragen, nach den Grunddaten seines öffentlichen Auftretens, den wesentlichen Inhalten seiner Verkündigung, den Gründen für seinen Tod. Man kann auch die Messiaserwartung des antiken Judentums oder das erste Christusbekenntnis der frühen Christen untersuchen. Die Stärke der historischen Frage ist, dass sie methodisch abgesichert und aufgrund vieler Einzelbeobachtungen die Würdigung einer geschichtlichen Person zulässt.

Die Frage nach dem *Christus des Glaubens* zielt demgegenüber auf die Bedeutung Christi für die eigene Gegenwart und Zukunft. Auch in diesem Zusammenhang sind konsensfähige Methoden unaufgebbar, wenn und solange Glaubensaussagen kommunizierbar bleiben sollen[1]. Der Theologie ist von Anfang an daran gelegen, Glaubensaussagen unter den Verstehensbedingungen der eigenen Zeit nach-

---

1 Vgl. *W. Härle*, Dogmatik, Berlin/New York ²2000, 18 ff.

vollziehbar zu machen. Gleichwohl fragt die Theologie nach der
Bedeutung Jesu Christi nicht »von außen«, also unter einer religions-
wissenschaftlichen Perspektive, sondern »von innen«, aus der Perspektive des christlichen Glaubens. Die Stärke dieser Frage ist die
Betonung gegenwärtiger und zukünftiger Relevanz der Aussagen
über Jesus Christus für die Glaubenden.

2.2 Beide Fragerichtungen ergänzen sich. Wer auf die historische Rückfrage verzichtet, steht in der Gefahr, »die Bodenhaftung zu verlieren« und über Christus als Gottessohn und Heiland den konkreten
Anknüpfungspunkt an der Person Jesu von Nazareth aufzugeben.
Wer dagegen innerhalb der Theologie nur historische Aussagen
über Jesus gelten lassen will, verkennt den Zusammenhang der Verkündigung Jesu mit seiner Person und gerät in die Gefahr, historischen Aussagen normative Kraft für den Glauben beizumessen. Tatsächlich gehen beide Fragerichtungen aufeinander zu und brauchen
sich gegenseitig[2]. Gleichwohl entstehen häufig Verständigungsprob-
leme dadurch, dass sie verwechselt werden. Wer etwa auf die Frage
»Wer war Jesus von Nazareth?« antwortete: »Er war Gottes Sohn«,
würde die historische Frage auf eine Weise beantworten, die sich
historischer Überprüfung gerade entzieht. Umgekehrt wäre die Auskunft, dass Jesus ein bedeutender Prediger im ersten christlichen
Jahrhundert war, keine hinreichende Auskunft auf die Frage nach
der Bedeutung Jesu Christi für den Glauben. Deshalb ist bei christologischen Fragen immer die Klärung wichtig, ob sie primär auf den
historischen oder den geglaubten Jesus zielen. Zu beiden Fragen lassen sich je eigene Antworten finden; zu beiden Fragen lassen sich
aber auch Aussagen machen, die in die jeweils andere hinüber reichen. Die altkirchliche Christologie hat dies in der Formulierung
von Jesus Christus als wahrem Mensch und wahrem Gott zum Ausdruck gebracht.

2.3 Die im Folgenden behandelten Texte lassen sich in einen historischen Zusammenhang einordnen. Sie stellen *Beziehungen Jesu zu verschiedenen Menschen* dar:

– *Johannes der Täufer* kommt als Vorgänger Jesu in den Blick
– das Verhältnis Jesu zu seinen *Angehörigen* wird dargestellt

---

2 Vgl. hierzu die Begriffe »Christologie von unten« und »Christologie von oben«
→ TLL 1, Jesus Christus, 175.

- unterschiedliche Reaktionsweisen auf Jesus in der *Gruppe seiner Nachfolgerinnen und Nachfolger* kommen zum Vorschein
- die Zuwendung Jesu zu *minder wichtigen Gruppen der damaligen Gesellschaft* (Kinder, Frauen, Zöllner) ist historisch verbürgt.

Für die Frage, wer Jesus war und wie seine Zeitgenossen ihn sahen, geben diese Texte wichtige Hinweise.

Zugleich machen sie deutlich, dass sie den vergangenen Ereignissen für ihre eigene Gegenwart Bedeutung zuschreiben. Man sieht das z. B. daran, dass die Antwort Jesu an Martha als »Lehre des Herrn« dargestellt wird oder dass Jesus nicht nur die um ihn Sitzenden als Familie bezeichnet, sondern darüber hinaus alle, die den Willen Gottes tun. Mit solchen Mitteln werden den Aussagen Jesu in der Vergangenheit aktuelle Kraft und Bedeutung zugesprochen. Die beiden Perspektiven der damaligen Aussage und der jetzigen Bedeutung lassen sich also bereits in den Texten selbst erkennen und fordern eine Auslegung, die sowohl den geschichtlichen Vorgang als auch dessen gegenwärtige Bedeutung im Blick hat.

3. Didaktisch

In bibeldidaktischer Hinsicht ist die *Kenntnis der Lernvorausetzungen der Schülerinnen und Schüler* ebenso wichtig wie die Kenntnis der Texte. Die didaktische Frage lautet deshalb nicht, wie exegetische Erkenntnisse didaktisch umgesetzt werden können. So verstanden würde Didaktik tendenziell auf Methodik reduziert. Didaktisch muss vielmehr danach gefragt werden, wie der Text mit seiner Intention und die Lernenden mit ihrem Erfahrungshorizont und ihren Verstehensvoraussetzungen in Beziehung zueinander gebracht werden können. Die Erfahrungen und Verstehensmöglichkeiten der Rezipienten erhalten dementsprechend eigenständiges Gewicht.

3.1 »In« oder »out« sein – das ist für heutige Kinder und Jugendliche eine zentrale Frage. Das Mithalten-Können im Blick auf die gerade angesagten Statussymbole spielt eine wichtige Rolle im Alltag. Damit verbunden ist eine stetige Aufmerksamkeit für das, was im Trend liegt. Vorbilder sind die Tüchtigen, Schönen, Erfolgreichen, und vor allem diejenigen, die dabei wohlkalkuliert schräg und schrill sind oder – wie etwa die »Kelly-Family« – Erfolg mit dem Mythos heiler Welt verbinden. Figuren der *Fantasy*-Welt tragen zum Teil theologisch aufgeladene Titel wie »Master of the Universe«, und der Umgang mit ihnen ist durch Aufkleber, T-Shirts, Spielfiguren etc. normal, alltäglich und vor allem erfahrungsnah: Das Pop-Idol sieht man im Fernsehen, Pokémon und Co. lassen sich anfassen.

Jesus steht als zentrale christliche Orientierungsgröße faktisch in Konkurrenz zu diesen Heilsfiguren. Im Vergleich mit ihnen schwankt das Jesusbild zwischen dem *Loser*[3], der kaum als Vorbild dient, und dem, der beeindruckt »durch die Sachen, die er gemacht hat«[4], etwa durch seinen Einsatz für die Armen, seine Nächstenliebe, sein Beten und Meditieren. Die Distanz zu dogmatischen Auskünften dagegen ist groß, herkömmliche Hoheitstitel wie Christus oder Gottessohn sind in ihrem ursprünglichen Sinngehalt nur schwer zu *vermitteln*. »Jesus Christus, das ist die Person, die das Christentum am meisten geprägt hat – aber für mich ist er nicht so wichtig«[5]. Hinzu kommt, dass Schülerinnen und Schüler sehr unterschiedliche Vorkenntnisse und Auffassungen von Jesus zum Unterricht mitbringen bis hin zu der Tatsache, dass manche kaum eine Vorstellung von Jesus haben.

3.2 Nimmt man diese hier nur skizzierten Voraussetzungen ernst, kann sich eine Auseinandersetzung mit Jesustexten nicht mehr einfach auf eine »richtige Auslegung« der Texte beschränken. Die *didaktische Aufgabe* besteht vielmehr darin, zunächst die diffus vorhandenen Jesusbilder zu klären, im Gespräch mit den Texten zu präzisieren und sie auf ihre Tragfähigkeit für die Lernenden hin zu überprüfen. Die Texte sind in diesem Zusammenhang nicht Lerninhalt, sondern gewinnen Bedeutung als »Gesprächspartner«. Dies gilt jedoch nicht nur für die Texte. Jesusdarstellungen in der Kunst (aber auch in »Alltagskunst« und Kitsch) ermöglichen im Sinne des Portraits nicht nur einen Zugang zur Bedeutung Jesu, sondern eröffnen einen eigenständigen Zugang zu Jesus. Angesichts der Bilderflut in den Medien ist dieser Zugang aber mit einer »Sehschule« zu verknüpfen, in der Bildelemente identifiziert und zueinander in Beziehung gesetzt werden[6].

3 Vgl. hierzu *S. Howoldt*, »Diesem Loser nachfolgen?«, in: entwurf 1/1996, 58–62.
4 *H. Barz*, Postsozialistische Religion (Jugend und Religion 2), Opladen 1993, 103.
5 Ebd.
6 Vgl. die methodischen Hinweise bei *M. L. Goecke-Seischab*, Von Klee bis Chagall. Kreativ arbeiten mit zeitgenössischen Graphiken zur Bibel, München/Stuttgart 1994. Im Übrigen lohnt es sich, in (Jugend-)Zeitschriften, Sportberichten, Materialien von Fanclubs u.ä. auf die Suche zu gehen nach den Größen der Pop-Kultur und sie mit Jesusbildern zu vergleichen. Man erfährt dabei nicht nur viel über Kinder und Jugendliche, sondern auch über »Heiliges« in der Gegenwart.

3.3 Die Spannung zwischen der historischen Frage nach Jesus und der nach seiner gegenwärtigen Relevanz hat eine *religionspädagogische Seite*. Sie hängt mit einem Grundproblem des RU zusammen: »Wissen und Deutung, Kennen und Verstehen sind hier so eng miteinander verbunden, dass mit der Veränderung des Verstehens auch das Wissen wieder neu fraglich wird.«[7] Die Beschäftigung mit bestimmten Themen ist deshalb so zu strukturieren, dass Wissen und Verstehen in einen Austausch treten. Entwicklungspsychologische Voraussetzungen sind dabei ebenso zu berücksichtigen wie gesellschaftliche und soziale Voraussetzungen, die das Denken, Hoffen und Glauben von Kindern und Jugendlichen beeinflussen.

Häufig geht man bei Schülerinnen und Schülern der 4. bis 6. Klassenstufe von einem hohen Interesse an Sachinformationen, geschichtlichen Zusammenhängen und sachkundlichen Gegenständen aus. Dementsprechend werden »Zeit und Umwelt Jesu« als wichtiger Unterrichtsinhalt hervorgehoben. Die im Folgenden vorgestellten Texte können dieses Interesse teilweise bedienen, sie gehen aber nicht darin auf. Die Behandlung der *Zachäusepisode* z. B. kann sich nicht in Aussagen zur gesellschaftlichen Stellung von Zöllnern erschöpfen. Der Text gerät um so stärker in den Bereich des Verstehens, je deutlicher wird, dass hier die wichtige Thematik von Dazugehören und Ausgeschlossensein verhandelt und dass für das Dazugehören eine theologische Begründung gegeben wird. Texte, die von Beziehungen sprechen (zwischen Jesus und seiner Familie, zwischen Jesus und den Frauen, den Jüngern etc.), können ohne eigenen Zugang zur Beziehungsebene gar nicht adäquat erfasst werden. Das macht die Sachinformation natürlich nicht überflüssig, fordert aber eine unterrichtliche Verknüpfung der Wissensbestandteile mit der Bemühung des Verstehens.

3.4 Die im Folgenden behandelten Texte sind in *Erzählzusammenhänge* integriert. Erzählungen sind bei Grundschulkindern außerordentlich beliebt. (In der *Sek I* schwindet ihre Beliebtheit in dem Maß, in dem sie als »Kinderkram« abgetan werden.) Bereits in der *GS* kann ein Verständnis von Erzählungen als eigenständiger Ausdrucks- und Kommunikationsform angebahnt werden, in der neben der Inhaltsebene die Frage nach dem eigenen Standpunkt gegenüber dem Erzählten eine Rolle spielt. Das Markusevangelium mit seinem Lernweg, der an Missverständnissen entlang das Verstehen fördert

---

7 *F. Schweitzer*, in: *P. Kliemann/H. Rupp (Hg.),* 1000 Stunden Religion. Wie junge Erwachsene den Religionsunterricht erleben, Stuttgart 2000, 46.

und präzisiert[8], zeigt exemplarisch, wie eine Erzählung die eigene
Antwort der Rezipienten herausfordert. Die Texte haben ein An-
knüpfungspotenzial im Blick auf die Rezipienten. Bilder, (bibliodra-
matisches) Spiel oder andere Formen kreativer Auseinandersetzung
schließen sich an und ergänzen das Potenzial der Texte.

4. Jesus und die Menschen um ihn

4.1 Mk 8,27–30: Wer ist Jesus? »Wer sagen die Leute, dass ich bin?
Und wer sagt ihr, dass ich bin?« Diese Frage aus Mk 8,27ff. par ist
mit ihren beiden Aspekten eine *Grundfrage der Evangelien.* Die erste
Variante fragt nach den Vorstellungen und Bildern, die man sich
von Jesus macht. Die zweite »Wer sagt ihr, dass ich bin?« geht gewissermaßen näher an die Befragten heran. Sie belässt es nicht bei der
öffentlichen Meinung, sondern fragt nach einer persönlichen Antwort.

(1) Der Text besteht aus *zwei Abschnitten,* die eng zusammengehören: das Gespräch zwischen Jesus und seinen Jüngern V.27–30 und
die Leidenskündigung mit der Reaktion des Petrus und der Antwort
Jesu V.31–33. Der erste Teil wird strukturiert durch die beiden
Fragen Jesu. Die Antworten der Leute (Prophet, Elia, Täufer) lassen
Jesus als herausragenden Menschen mit prophetischen Zügen erkennen (bis hin zur Identifikation Jesu mit Elia, dem Vorläufer Gottes in der jüdischen Tradition)[9]. Das »Ihr aber« stellt diese Antworten jedoch unter einen Vorbehalt. Sie sind durchaus richtig; Jesus
wird im frühen Christentum mit prophetischen Zügen gezeichnet
(vgl. z.B. Lk 24,19). Aber sie machen offenbar noch nicht wirklich
klar, wer Jesus ist. Die Antwort des Petrus geht einen Schritt weiter.
Jesus kündigt den Christus nicht an, er ist der Christus. Merkwürdig
ist, dass Jesus verbietet, davon etwas zu sagen.

(2) Der zweite Abschnitt gibt einen Hinweis auf die *Bedeutung dieses Schweigegebots.* Jesus kündigt sein Leiden und Sterben in Jerusalem
an. Er lehrt von sich in der dritten Person als vom Menschensohn[10]

---

8 Vgl. *P. Müller,* Mit Markus erzählen. Das Markusevangelium in der Schule,
   Stuttgart 1999.
9 Vgl. unten Anm. 16 u. 17.
10 Die Vorstellung vom Menschensohn (vgl. Dan 7,13) wird im frühen Christentum auf Jesus übertragen, zunächst im Sinne des kommenden (Mk 13,24ff.),
   dann des leidenden Menschensohns. Schließlich wird der Titel auch im Blick
   auf das Handeln des irdischen Jesus verwendet (Mk 2,10 u.ö.).

(V.31). Petrus stimmt dieser Lehre nicht zu, sondern versucht, Jesus von seinem Weg abzubringen (V.32). Der aber weist ihn zurecht: »Geh hinter mich!« (V.33)[11]. Offenbar setzt Petrus mit seinem Versuch, Jesus vom Weg ins Leiden abzubringen, die Nachfolge aufs Spiel. Das heißt aber für die Eingangsfragen: Um zu verstehen, wer Jesus ist, muss man seinen Weg ins Leiden berücksichtigen. Wer ihn nur als machtvollen Messias sieht, sieht ihn noch nicht vollständig und ist sogar in der Gefahr, Jesus durch die Orientierung am mächtigen Herrn zu verlieren. Mk macht das im Folgenden mehrfach deutlich (vgl. 9,33–37; 10,32 ff. mit 10,45). Die Struktur der Texte ist jeweils gleich: Die Jünger erkennen Jesus als den Christus. Aber der Christus ist in ihren Augen ein mächtiger Herrscher, und Nachfolge bedeutet Teilhabe an seiner Herrschaft. Diese Auffassung rückt Jesus zurecht durch den Hinweis auf das Leiden des Menschensohnes.

Von hier aus kann man das Schweigegebot verstehen. Dass Jesus der Christus ist, wie Petrus sagt, ist ja nicht falsch. Aber es reicht allein noch nicht aus, um Jesus zu verstehen. Deshalb verknüpft Mk diese Vorstellung mit dem Bild des leidenden Menschensohnes. Demselben Zweck dienen auch die anderen Hoheitstitel. Jesus ist für Mk durchaus Prophet, er ist Sohn Davids, er ist auch der Gottessohn. Aber er ist zugleich mehr, als ein Titel allein sagen könnte[12]. Um angemessen von ihm reden zu können, muss man vom Wundertäter *und* vom Diener reden, vom Christus *und* vom Leidenden, vom Menschen *und* vom Gottessohn. Dies aber kann man erst ab einem bestimmten Zeitpunkt. Bis zum Kreuz steht Jesus unter dem Vorzeichen des Scheiterns; erst nach der Auferstehung können die Jünger im Rückblick das, was Jesus sagte und tat, im Zusammenhang verstehen. Aus diesem Grund gibt es für das Schweigegebot auch eine zeitliche Grenze. Es gilt nur bis zur Auferstehung (Mk 9,9). Danach können und sollen die Jünger von Jesus erzählen, der gerade als Christus und Gottessohn auf der Seite der Menschen steht und ihnen dient.

---

11 In manchen Bibelübersetzungen ist der Vers mit »weiche von mir« falsch übersetzt. Tatsächlich soll Petrus »hinter Jesus gehen«. Mit diesem Wort hat Jesus in Mk 1,17.20 die ersten Jünger berufen. Dies ist auch hier gemeint: Petrus steht in der Gefahr, aus der Nachfolge Jesu herauszutreten, und deshalb wird er erneut aufgefordert, hinter Jesus herzugehen.

12 Aus diesem Grund ist auch das »Bekenntnis« des Hauptmanns unter dem Kreuz (15,39) für Mk nicht vollständig. Denn zwar ist Jesus in seiner irdischen Existenz Gottes Sohn gewesen; aber Sohn Gottes ist er auch in der Gegenwart. Deshalb kann eine Aussage, die in der Vergangenheit bleibt, allein nicht ausreichen.

(3) Einen Menschen »objektiv« zu erfassen, ohne Bilder, ist unmöglich, und immer schon machen wir uns *Bilder* von den Menschen. Dabei gibt es Unterschiede, etwa zwischen einer Fotografie
und einem Porträt. Porträts wollen das Besondere, das Wesen eines
Menschen darstellen und sagen zugleich etwas über die Person, die
den Menschen sieht. So gesehen sind die Evangelien Portraits von
Jesus. Aus diesem Grund sind aber auch Jesusbilder aus allen Epochen der christlichen Kunst ein hervorragender Zugang zu den Texten – und gerade zu diesen. Sie zielen auf allgemein verbreitete wie
auf persönliche Vorstellungen – und für beides sind Bilder, vorhandene und selbst erstellte, ein hervorragend geeignetes Medium. Von
der Bildbetrachtung über das eigene Bild bis zur Übermalung[13] reichen die methodischen Möglichkeiten. Welche man wählt, hängt
von den Gegebenheiten in der Klasse ab. Der Zugang über Bilder
scheint mir aber, nicht zuletzt angesichts der gegenwärtigen Medien-
kultur, auf jeden Fall sinnvoll zu sein.

4.2 Mk 1,1–8 par: Prophet – Konkurrent – Vorläufer, Johannes der Täufer:
Ein Mann, der in der Wüste auftritt, ein Gewand aus Kamelhaaren
und einen Ledergürtel trägt und sich von Heuschrecken und wildem
Honig ernährt (Mk 1,6 par). Dieser asketische[14] Prediger (vgl. Mt
11,18) wird als Vorläufer Jesu dargestellt. Allerdings stimmen die
Aussagen in den Evangelien[15] nicht passgenau überein. Die Predigt
des Täufers ist unterschiedlich akzentuiert: Während der Täufer in
Mk 1,7 f. einen Stärkeren und eine Geisttaufe ankündigt, findet sich

---

13 Zum Mittel der Übermalung greift vor allem der Künstler *Arnulf Rainer.* Einen
    guten Zugang zu modernen Christusbildern gibt *A. Stock,* Gesicht bekannt und
    fremd, München 1990.
14 Wie Nahrung und Kleidung des Täufers sowie die Wüste als Ort seines Wir-
    kens im Einzelnen zu deuten sind, ist umstritten. Insgesamt ist ein asketischer
    Zug aber nicht zu verkennen, vgl. *J. Ernst,* Johannes der Täufer. Der Lehrer
    Jesu? (Biblische Bücher 2), Freiburg/Basel/Wien 1994, 94.
15 Auch *Flavius Josephus,* Ant 18,116–119, erwähnt den Täufer. In seinem Text er-
    scheint Johannes als hellenistischer Philosoph und Tugendlehrer, der vor allem
    Gerechtigkeit unter den Menschen und Frömmigkeit gegenüber Gott lehre. Ein
    endzeitlicher Aspekt seiner Lehre wird nicht erwähnt. Die Taufe dient als Be-
    stätigung des tugendhaften Lebens. Das Täuferbild des Josephus ist also (wenn
    auch inhaltlich anders, so doch) ebenso gefärbt wie das der Synoptiker. Aller-
    dings wird bei Josephus der historische Kontext der Hinrichtung des Täufers
    greifbarer (Ant 18,113): Herodes Antipas löste seine Ehe mit einer nabatäischen
    Prinzessin auf, um Herodias zu heiraten. Die Ehekritik des Johannes (Mk 6,18)
    bekommt dadurch einen konkreten Hintergrund (vgl. *G. Theißen/A. Merz,* Der
    historische Jesus, Göttingen 1996, 186).

in Mt 3,7–19/Lk 3,7–9 (Q) eine scharfe Gerichtspredigt; Mt ordnet den Täufer in ein heilsgeschichtliches Konzept ein, Lk stellt durch die »Standespredigt« (3,10–14) die Ethik in den Vordergrund; und während die Evangelisten Johannes einerseits auf den kommenden Jesus hin stilisieren, überliefern sie gleichzeitig seine Frage (Mt 11,3/Lk 7,19 f.): »Bist du, der da kommen soll, oder sollen wir auf einen andern warten?« Was ist der Grund für so unterschiedliche Aussagen?

(1) Johannes der Täufer ist ein eigenständiger Prediger, der unabhängig von Jesus seine Botschaft verkündigt. Verschiedene Aussagen im NT statten ihn mit *prophetischen Zügen* aus (Mt 11,9/Lk 7,26; Mk 11,32; Mt 21,26; Lk 20,6). Die Einführungsformel in Lk 3,2 »Da erging das Wort Gottes an Johannes ... in der Wüste« erinnert an ähnliche Stellen bei den Propheten des AT (Jes 38,4; Jer 1,2.4.11.13 u.ö.). In Lk 1,76 wird der noch nicht geborene Johannes bereits »Prophet des Höchsten« genannt. Dabei muss man bedenken, dass zur Zeit des Johannes in Israel die Auffassung verbreitet war, die Zeit der Propheten sei vorbei und Gott rede nur noch indirekt zu seinem Volk[16]. Wenn in einer solchen Situation »das Wort des Herrn« an Johannes ergeht, bekommt dieses Wort besonderen Rang. Von daher verwundert es nicht, dass Johannes als letzter Prophet angesehen und zum Teil mit dem wiedergekommenen Elia identifiziert wurde (Mk 8,27 ff.; 9,11–13)[17].

Die *Botschaft des Johannes* ist wie die der Propheten im Zentrum theo-logisch. Mit dem Kommen und dem Gericht eines Stärkeren spricht er wie die Propheten von Gott selbst[18]. Wenn Gott als Richter kommt, kann sich niemand auf die formale Zugehörigkeit zum Gottesvolk berufen. Gott wird die Vernichtung als gerechte Strafe über die Sünder aussprechen, und Johannes bringt sie mit drastischen Worten zum Ausdruck (Lk 3,7–9 par). Gleichwohl gibt es ein letztes Angebot Gottes zur Buße durch das Wort des Propheten. Dieser Umkehrruf ist mit der Wassertaufe verbunden. Wasserbäder, Reinigungsriten und kultische Waschungen sind mit unter-

---

16 Vgl. Ps 74,9; 1 Makk 9,27; SyrBar 85,3, TSota 13,2. Man muss aber berücksichtigen, dass die Erfahrung einer prophetenlosen Zeit die Erwartung eines neuen Propheten und die Aufmerksamkeit für prophetische Phänomene förderte (vgl. 1 Makk 4,45 f.; 14,41).

17 Elia wurde nach 2 Kön 2,1 ff. in den Himmel entrückt. In Mal 3,23 wird er mit dem endzeitlichen Boten identifiziert, der das endgültige Kommen Gottes vorbereitet.

18 *J. Ernst,* aaO., 72 f.

schiedlichen Ausrichtungen im Judentum und seiner Umwelt bekannt[19]. Das besondere Kennzeichen der Johannestaufe ist ihr
Zusammenhang mit der Verkündigung des Täufers. Es handelt sich
um eine Zeichenhandlung, die nur in Verbindung mit der Gerichtspredigt des Täufers ihren Sinn erhält. Sie ist das Zeichen für die
Ernsthaftigkeit der Umkehr und der Erneuerung des Lebens in
Erwartung des richtenden Gottes. Aus diesem Grund ist die Taufe
einmalig und muss, wie auch die Botschaft, vom Täufer gegeben
werden.

(2) An der *charismatischen Ausstrahlung des Täufers* kann kein Zweifel bestehen (Mt 3,5f). Auch wenn seine Botschaft primär auf individuelle Umkehr zielte, hat er doch Jünger um sich gesammelt
(Mt 9,14; 14,9; Lk 7,18ff.; 11,1; Apg 19,1ff.). Sie kümmern sich nach
der Hinrichtung des Predigers um dessen Bestattung (Mt 14,12) und
scheinen ihrerseits Mission betrieben zu haben. Apg 19,1–5 weist
darauf hin, dass es bis nach Kleinasien Johannesjünger gab, die sich
auf die Taufe des Johannes beriefen. Einige Stellen lassen erkennen,
dass zwischen Jesusjüngern und Johannesjüngern ein Konkurrenz-
verhältnis bestand. Dabei geht es sowohl um Einzelfragen wie Fasten und Gebet (Mt 9,14; Lk 11,1) als auch um die grundlegende
Frage nach der Bedeutung Jesu, die Johannes und seine Jünger teilen: »Bist du, der da kommen soll, oder sollen wir auf einen andern
warten?« (Lk 7,18–20).

Jesus selbst ließ sich von Johannes taufen, und er verdankt wichtige Impulse seiner Botschaft der Verkündigung des Täufers. Dass
nach Mt 3,2; 4,17 die Botschaften des Täufers und Jesu mit demselben Satz: »Tut Buße, denn das Himmelreich ist nahe herbeigekom-
men«, zusammengefasst werden, weist darauf hin. Jesus setzt aber
eigene Akzente. Anders als Johannes ist Jesus nicht asketisch orientiert (Mt 11,18f.); anders als der Täufer tauft Jesus nicht selbst,
sondern ruft in die Nachfolge; anders als Johannes stellt Jesus nicht
die Gerichtsankündigung ins Zentrum seiner Botschaft, sondern die
heilende Nähe der Gottesherrschaft, die zwar zukünftig sich vollen-
den wird, aber bereits jetzt in die Gegenwart hereinragt. Die Jesus-
jünger ihrerseits haben in dem Stärkeren, von dem Johannes sprach,
Jesus selbst gesehen und deshalb Johannes als Vorläufer Jesu stilisiert (vgl. Mt 3,14f.; Lk 1f.). Auf diese Weise konnten beide in ein
Verhältnis zueinander gesetzt werden, ohne die besondere Bedeutung Jesu zu schmälern. Die Frage »Bist du, der da kommen soll?«

19 *J. Ernst,* aaO., 85ff.

beantworten sie aus ihrer Perspektive eindeutig mit Ja. Historisch gesehen hat die Frage aber ihren eigenen Rang, und ihre offene Formulierung zeigt Nähe wie auch Distanz zwischen dem Täufer und Jesus auf.

(3) Didaktisch ist zweierlei zu beachten. Zum einen ist Jesus nicht in dem Sinne außergewöhnlich, dass jedes seiner Worte exzeptionell wäre. Seine Verwurzelung im Judentum ist in den letzten Jahren zunehmend hervorgehoben worden und lässt sich gerade an seiner Beziehung zu dem Täufer zeigen. Zum anderen ist Jesu Antwort auf die Frage der Johannesjünger, ob er der Messias sei, von Bedeutung. Er verweist sie auf ihre Wahrnehmung und ihr eigenes Urteil: »Geht hin und sagt Johannes wieder, was ihr hört und seht« (Mt 11,4f.). Hier zeigt sich erneut die Orientierung der Evangelisten an ihren Rezipienten. Die Johannesjünger und mit ihnen die Leserinnen und Leser werden auf ihre eigene Erfahrung hin angesprochen. Wer Jesus ist, entscheidet sich unter den gegenwärtigen Bedingungen nicht rein objektiv. Aussagen über ihn sind Beziehungsaussagen.

Gerade am Täufer, dessen Eigenständigkeit die Evangelisten durchaus noch durchschimmern lassen, lässt sich dies zeigen. Umgekehrt lässt sich an einem Bild wie »Die Taufe Christi« von *Julius Schnorr von Carolsfeld*[20] zeigen, dass hier keine dokumentarische, sondern eine Glaubensaussage ins Bild gesetzt ist. Das historische Verhältnis zwischen dem Täufer und Jesus war offener und spannungsreicher. Gerade aus diesem Grund eignet sich der Täufer mit seinen verschiedenen Facetten für ältere Schülerinnen und Schüler als Frageinstanz, die zu eigenen Fragen anregt. Historische Informationen zum Täufer sind in Geschichten verpackt in verschiedenen Erzählbüchern zu finden[21].

4.3 Mk 1,9–20: Jesus beginnt seinen Weg – nicht allein. In Mk 1,9–20 sind verschiedene Stücke zusammengestellt: Die Taufe Jesu, sein Aufenthalt in der Wüste, eine Zusammenfassung seiner Verkündigung und die Berufung der ersten Jünger. Von diesen vier Abschnitten sind zwei so komprimiert, dass sie ohne Hintergrundinformationen und ohne Kenntnis des Gesamtzusammenhangs nur andeutungsweise zu verstehen sind. Der Aufenthalt Jesu in der Wüste (V.12f.) nimmt das Wüstenmotiv aus V.3f. auf und verbindet es mit anderen Motiven,

---

20 Die Bibel in Bildern, Neuhausen-Stuttgart ³1997, 189.
21 Vgl. *W. Neidhardt/H. Eggenberger (Hg.),* Erzählbuch zur Bibel, Lahr ⁵1987; *W. Laubi,* Geschichten zur Bibel, Band 4, Zürich/Einsiedeln/Köln 1988, 18–23.

die aus der biblischen Tradition gespeist sind: Die Versuchung, der
Aufenthalt bei den wilden Tieren (vgl. Jes 11,6–8; 65,25), der Engel-
dienst (Ps 91,11 f.), die vierzig Tage (vgl. Ex 16,35 u.ö.). Mt (4,1–11)
und Lk (4,1–13) haben die Versuchung Jesu zu einer eigenen Erzählung gestaltet, während Mk nur einen Hauptgedanken verfolgt: Der
Geist, der in der Taufe auf Jesus kam, treibt ihn in die Wüste und
steht ihm zugleich bei. Ähnlich komprimiert ist die Zusammenfassung der Verkündigung Jesu in 1,14 f. Das ganze Werk, besonders
aber die Gleichnisrede in 4,1–34, ist eine Explikation dessen, was
Nähe der Gottesherrschaft und Evangelium bedeuten. Insofern ist
1,14 f. eine Art Überschrift über das ganze Evangelium.

(1) Die *Taufe Jesu* hat im Aufriss des Evangeliums besonderes Gewicht. Hier wird Jesus in unmittelbare Nähe zu Gott gerückt. Diese
Nähe kommt in der Bezeichnung »Sohn« zum Ausdruck. In 9,7 wird
diese Nähe erneut zum Ausdruck gebracht, verbunden mit der Aufforderung, auf Jesus zu hören. Und in 14,61 wird »Sohn Gottes (des
Hochgelobten)« von dem Ankläger als Titel verwendet[22]. Dass die
Bezeichnung »Sohn Gottes« bei Mk besonderes Gewicht trägt, wird
auch daran deutlich, dass sie bereits in 1,1 die Richtung andeutet
und dass in 3,11; 5,7 die Dämonen wissen, wer mit Jesus vor ihnen
steht, während die Menschen dies erst nach und nach erkennen.

Die Taufe hat von all diesen Stellen das meiste Gewicht, da hier
am Beginn seiner öffentlichen Wirksamkeit Jesus die Nähe Gottes
zugesagt wird. Wenn er im Folgenden die Nähe der Gottesherrschaft
verkündet, dann als derjenige, in dessen Handeln die Nähe Gottes
schon jetzt erfahrbar wird. Insofern ist die Taufe Jesu ein »Basistext«
für das ganze Evangelium. Er ist es auch in hermeneutischer Hinsicht. Denn nach Mk 1,10 sieht Jesus, wie der Himmel sich öffnet
und der Geist Gottes herabkommt. Zeugen dieses Ereignisses sind
nicht die Umstehenden, wohl aber die Leserinnen und Leser, die die
Himmelsstimme als Gottes Stimme und das Folgende vor diesem
Hintergrund verstehen können.

(2) Ein »Basistext« anderer Art ist die *Jüngerberufung* 1,16–20.
Jesus beginnt seine öffentliche Wirksamkeit unter der Zusage der
Nähe Gottes. Aber von Anfang an umgibt er sich auch mit Menschen, die seinen Weg mitgehen. Im Zusammenhang mit V.14 f. wird
dabei klar, dass Menschen der Verkündigung Jesu Glauben schen-
ken, ihr bisheriges Leben aufgeben und Jesus nachfolgen. Die bei-

---

22 Wie der Christustitel in Mk 8,27–33 bleibt der Gottessohntitel in 14,61 f. aber
   nicht allein, sondern wird mit dem Menschensohntitel ergänzt.

den Szenen sind allerdings stark stilisiert: Jesus begegnet den Männern, ruft sie in seine Nachfolge, und sie folgen dem Ruf ohne Bedenken. Die Unbedingtheit der Nachfolge kommt darin zum Ausdruck. Zugleich bekommen die Jünger die Aufgabe, »Menschenfischer« zu sein, andere Menschen für die Gottesherrschaft zu gewinnen. Jesu Verkündigung geht in die Verkündigung seiner Jünger über, und zwar – im Rückblick – notwendigerweise; denn vor dem endzeitlichen Kommen des Menschensohnes muss das Evangelium allen Völkern verkündigt werden (13,10). In diese Verkündigungsaufgabe treten die Jünger von Anfang an ein, wie auch das Evangelium selbst frohe Botschaft für diejenigen ist, die es lesen.

(3) *Kinder* orientieren sich weniger an Daten als *an Ereignissen.* An besonderen Ereignissen zeigt sich die Bedeutung eines Menschen – z.B. Taufe, Einschulung, Konfirmation, Prüfungen, Hochzeit etc. Als Übergänge in neue Lebenssituationen und Haftpunkte für die eigene Identität sind diese Ereignisse mit Ritualen verbunden. Vor diesem Hintergrund können die Erzählungen vom Beginn des Weges Jesu für Kinder und Jugendliche Bedeutung gewinnen, vor allem die Taufe Jesu und die Berufung der ersten Jünger. Die Taufe als Zusage der Nähe Gottes lässt sich auch vom gegenwärtigen Taufhandeln der Kirche her beschreiben, aber auch hier nicht im Sinne eines objektiven Sachverhalts, sondern einer Deutung des Lebens. Was könnte es bedeuten, das Leben unter der Voraussetzung zu führen, dass Gott mitgeht? Was kann dies für ein Kind, was kann es für die Eltern bedeuten? Eine Taufpantomime kann an erlebte Taufen anschließen. Die Segensgeste kann erprobt und mit einem Segenswort verbunden werden. Was für Wirkungen können Geste und Wort haben? Welche Wirkung hat die Taufe bei Jesus gehabt?

Die Jüngerberufung lässt sich im Horizont von Jugendlichen verstehen[23]. Was bedeutet es, eine große Aufgabe allein oder mit anderen anzupacken? Wem schließe ich mich an, wem bin ich bereit zu folgen? Was bin ich bereit einzusetzen für etwas, das mir wichtig ist? Diese Fragen sind typische Fragen des Jugendalters mit seiner Problematik der Neuorientierung. In diesem Zusammenhang kann der Text gerade in Auseinandersetzung mit seiner kompromisslosen Formulierung Verwendung finden.

---

23 Für Grundschulkinder ist Mk 1,16–20 weniger geeignet und sollte jedenfalls nicht in der 1. Klasse behandelt werden. Das Verlassen bisheriger Bindungen ist für diese Klasse mit ihrer notwendigen Neuorientierung in der Schule ungeeignet. Auch unter dem Stichwort »Freundschaft« ist diese Perikope nur ungenügend untergebracht.

4.4 Mk 3,20f.; 6,1–6: Die Familie Jesu. Von Jesu Familie ist im NT
nicht oft die Rede. In den Geburtsgeschichten werden seine Eltern
genannt. Joseph verschwindet mit dem Fortgang der Erzählungen
aber aus dem Blickfeld. Ein paar Mal werden die Mutter und Ge-
schwister Jesu erwähnt. Mk 6,3 nennt vier Brüder namentlich (Jakobus, Joses, Judas, Simon) und spricht von Schwestern im Plural. Der
Grund für diese Zurückhaltung liegt auf der Hand. Je stärker man
Jesus mit Hilfe christologischer Reflexion als Gottessohn in den Vordergrund rückte, nach Mt und Lk wunderbar geboren, umso stärker
mussten Joseph, in geringerem Maß auch die natürliche Familie Jesu
in den Hintergrund treten.

(1) An zwei Stellen wird die *Familie Jesu* mit kritischem Unterton erwähnt. Nach Mk 3,21 wollen die Verwandten Jesu in ihre Obhut zu-
rückholen. Sie halten ihn für verrückt (wörtlich: außer sich geraten)[24].
Wenig später (3,31–35) findet sich eine vergleichbare Szene. Wichtig
ist der Zusammenhang, in dem beide Abschnitte stehen. In 3,22–30
ist eine Auseinandersetzung Jesu mit den Schriftgelehrten eingefügt.
Es geht um den Vorwurf, Jesus stehe mit dämonischen Kräften in Verbindung und erhalte von ihnen die Macht, Dämonen auszutreiben.
Die in 1,21–28.32–34.39; 3,11 f. erwähnten Exorzismen (und andere
Wundertaten[25]) werden vorausgesetzt und von den Schriftgelehrten
nicht bestritten; worum es geht, ist vielmehr die Frage, in welcher
Vollmacht Jesus die Geister austreibt. Die Angehörigen Jesu sind offenbar der Meinung, dass er selbst außer sich geraten sei. Deshalb
sind sie bestrebt, ihn aus der öffentlichen Aufmerksamkeit, die seine
Tätigkeit hervorgerufen hat, herauszunehmen. Ihr Versuch, sich seiner zu bemächtigen, lässt ahnen, dass es ihnen auch um die Befürch-
tung geht, als ganze Familie in die öffentliche Kritik zu geraten.

3,31–35 führt diesen Zusammenhang noch einen Schritt weiter.
Wenn die Menge sich zu Jesus drängt, die religiösen Autoritäten ihn
aber von Dämonen beherrscht sehen und seine eigenen Angehörigen ihn »aus dem Verkehr ziehen« wollen – wer gehört dann zu Jesus, wer steht auf seiner Seite? Die Verse geben hierauf eine Antwort, indem sie mit dem Gegensatzpaar »drinnen« und »draußen«
sowie mit unterschiedlichen Bedeutungen von »Mutter«, »Bruder«
und »Schwester« spielen:

---

24 Die Aussage ist im Sinne eines Urteils formuliert. Das Verb »fassen, sich bemächtigen« wird häufig für das Verhalten der Gegner Jesu verwendet (vgl. 6,17;
   12,12 und mehrfach in der Passionsgeschichte).
25 Krankheiten galten im antiken Judentum als von Dämonen verursacht.

Draußen	Drinnen
Seine Mutter und seine Brüder standen draußen. (V.31)	Das Volk saß um ihn. (V.32)
Deine Mutter und deine Brüder und deine Schwestern draußen fragen nach dir. (V.32)	Er sah ringsum auf die, die um ihn im Kreise saßen.
	Das ist meine Mutter, das sind meine Brüder. (V.34)
	Wer den Willen Gottes tut, der ist mein Bruder, meine Schwester, meine Mutter. (V.35)

Gegenüber den draußen wartenden Angehörigen definiert Jesus seine Verwandtschaft neu. Die leiblichen Angehörigen werden von anderen als *seine* bzw. *deine* Mutter, Brüder, Schwestern bezeichnet. Jesus selbst nennt diejenigen, die um ihn sitzen, *meinen* Bruder, *meine* Schwester, *meine* Mutter. V.35 greift verallgemeinernd über die konkrete Szene hinaus: *Wer* den Willen Gottes tut, *der ist* Jesu Bruder, Schwester, Mutter. Was das Tun des Gotteswillens inhaltlich bedeutet, wird im ganzen Markusevangelium deutlich: Wer sich an Jesus, an seinem Handeln und seiner Verkündigung von der Gottesherrschaft orientiert, der tut den Willen Gottes. Dahinter treten Familienbande zurück; wer Jesus im Tun des Willens Gottes nachfolgt, findet vielmehr in der Gemeinschaft der Glaubenden eine neue Familie (Mk 10,28–30).

Hinter diesen Texten lässt sich eine historische Entwicklung erkennen. Jesus rief seine Jünger aus bisherigen Bindungen heraus und führte mit ihnen ein Wanderleben ohne Besitz und soziale Absicherung (Mt 8,29; Lk 9,58; Mk 10,28–30). Von hier aus erklärt sich das in den Synoptikern erkennbare radikale Nachfolgeethos mit seinem familienkritischen Akzent. Die Wandercharismatiker waren aber angewiesen auf Menschen, die sie unterstützten. Bei diesen Menschen ergaben sich spezifische Fragestellungen: Wie kann man eine christliche Existenz führen, ohne bisherige Bindungen (Ehe, Familie, Kinder, Besitz) aufzugeben? Das 10. Kapitel des Markusevangeliums beschäftigt sich genau mit diesen Fragen. Das Verhältnis von Wandercharismatikern und sesshaften Christen war, wie einschlägige Aussagen der Synoptiker noch erkennen lassen, nicht ohne Spannungen; beide Gruppen waren aber aufeinander angewiesen und unterstützten sich gegenseitig mit ihren jeweiligen Möglichkeiten[26].

(2) In Mk 6,1–6 weisen die Einwohner der Heimatstadt Jesu auf ihre *Bekanntschaft mit seinen Angehörigen* hin. Diese Bekanntschaft dient

26 Vgl. hierzu *G. Theißen/A. Merz*, aaO., 175 ff.

als Argument für die Beurteilung Jesu in Nazareth. Aus ihrer Reaktion (V.2) wird deutlich, dass sie bereits von seinen Machttaten hörten und sich nun selbst ein Bild machen wollen. Sie staunen über seine Lehre und fragen, woher er seine Weisheit und die Vollmacht zu seinen Taten habe. Die verneinenden Fragen V.3 (Ist dieser *nicht* der Bauhandwerker, der Sohn, der Bruder?) deuten den Fortgang schon an: Man nimmt Anstoß an Jesus. Man kennt ihn nämlich – denn man kennt seine Familie. Sowohl seine Herkunft als auch seine Tätigkeit lassen es ausgeschlossen erscheinen, dass man von Jesus Weisheit und Vollmacht erwarten kann. Man kennt ihn zu gut, um ihn neu kennen zu lernen. Die Antwort Jesu V.4 hat sprichwortähnlichen Charakter und ist in ähnlicher Weise auch außerhalb des NT bekannt[27]. Es wird deutlich, dass sich die Frage nach Jesus und seinem Anspruch nicht mit einem Hinweis auf seine familiäre Herkunft beantworten lässt. Weder Familientradition noch Beruf geben nach der Auffassung des Mk in genügender Weise Aufschluss darüber, wer Jesus ist.

Die tatsächliche Bedeutung der Angehörigen Jesu für die Entwicklung des frühen Christentums ist allerdings von Mk nicht hinreichend beschrieben. Faktisch haben Brüder Jesu, allen voran Jakobus, in der Jerusalemer Gemeinde eine wichtige Rolle gespielt. Nach 1 Kor 15,7 ist der Auferstandene Jakobus erschienen, der in Apg 12,17; 15,13; Gal 2,12 als Repräsentant der Jerusalemer Gemeinde erscheint. Nach Apg 1,14 gehören Jesu Brüder zur Gemeinde; Paulus nennt sie 1 Kor 9,5 in einem Atemzug mit den Aposteln. Zwar ist nicht klar, ab wann die Angehörigen Jesu zu Anhängern wurden; bereits in den Paulusbriefen werden sie aber als solche erwähnt. Auch die Mutter Jesu wird in Apg 1,14 neben den Brüdern als Mitglied der ersten Gemeinde genannt.

(3) Kinder brauchen Geborgenheit bei und Behütetsein von ihren Eltern. Auf der Grundlage des *Vertrauens zu den Eltern* können sie nach und nach ihren Wirkungskreis erweitern. Nicht übersehen lässt sich auf der anderen Seite, dass viele Kinder schon früh durch die Trennung ihrer Eltern oder auf andere Weise erfahren, dass das Leben nicht immer verlässlich ist[28]. Mit zunehmendem Alter wird je-

---

27 Vgl. hierzu die Angaben bei *P. Müller*, »Wer ist dieser?« Jesus im Markusevangelium. Mk als Erzähler, Verkündiger und Lehrer (BThSt 27), Neukirchen-Vluyn 1995, 62 ff.
28 Eine sehr gute Zusammenfassung der Entwicklung und der gegenwärtigen Problematik der Familie gibt *C. Grethlein,* Religionspädagogik, Berlin/New York 1998, 312 ff.

doch die Ambivalenz erlebt, dass Behütet-Werden auch Einschränkung der Eigenständigkeit bedeuten kann[29]. Mit dem Beginn der Schulzeit und vor allem mit dem Einsetzen der Pubertät treten andere Bindungen neben die familiären, und mit der Jugendzeit stellt sich das Problem, das Verhältnis zur eigenen Familie neu zu ordnen und zu gestalten, eine Aufgabe, die oft weit bis ins Erwachsenenalter hinein reicht. Dem Ideal der Familie steht das Konfliktfeld Familie gegenüber.

Familiengeschichten sind im NT nicht sehr häufig. Die Geburtsgeschichte Jesu bei Lk wird in der Weihnachtszeit vielfältig säkular rezipiert, wobei im Bild von Vater-Mutter-Kind die heile Familie als Grundzug der Rezeption erkennbar ist. Mk 3,21 ff. lässt eine andere Familienkonstellation[30] erkennen: Die Familie wird als Kontrollorgan sichtbar, die den als anstößig empfundenen eigenen Weg Jesu zu unterbinden versucht. Mit der Familie identifiziert zu werden, erweist sich nach 6,1–6 geradezu als Hindernis, die Bedeutung Jesu zu erkennen. Trotz dieser Aussagen lässt das NT verschiedentlich erkennen, dass die Angehörigen Jesu sich nicht dauerhaft von ihm abgewandt haben. Beziehungen sind nicht immer gleich, sie können sich ändern und entwickeln, die Schwerpunkte können unterschiedlich gesetzt werden. Wie steht es mit den Beziehungen derer, die Jesus selbst als seine Familie bezeichnet? Wie ist meine eigene Beziehung zu Jesus? Eng, freundlich-distanziert, ablehnend? War sie immer gleich, hat sie sich verändert? Auf welche Weise? Die Texte zur Familie Jesu machen unübersehbar, dass die Frage »Wer ist Jesus?« eine Beziehungsfrage stellt.

4.5 Mk 10,13–16: Jesusgeschichten weiterzugeben lohnt sich

(1) In der Antike werden Kinder als unvollkommene Menschen angesehen. Im Hellenismus spielt das griechische Wort *paideía* eine wichtige Rolle[31]. Es bedeutet nicht nur »Erziehung«, sondern repräsentiert die griechische Kultur insgesamt. Wer *paideía* erworben hat, ist ein gereifter Mensch, umfassend gebildet und charakterlich gefes-

---

29 Vgl. die instruktiven Angaben zu »Verhältnis zu den Eltern« (73 ff.), »Elterliches Zutrauen in das Kind« (76 ff.), »ängstliche Besorgtheit der Eltern« (80 ff.) und »Eigenständigkeit des Kindes« (85 ff.) in der Shell-Studie Jugend 2000, Bd. 1, Opladen 2000.
30 Vgl. ansatzweise auch Lk 2,41 ff.
31 Es ist von *pais* = der Knabe abgeleitet, der *paidagogos* = ›Knabenführer‹ ist im Deutschen zum Pädagogen geworden.

tigt. Diesem Ideal können Kinder noch nicht entsprechen. Sie sind
durch Unsicherheit, mangelnde Festigkeit und Schwäche gekennzeichnet. Wer zum gereiften Menschen werden will, muss deshalb
die Kindheit überwinden.

In der jüdisch geprägten Umwelt ist die vordringliche Aufgabe
der Kindheit weniger, nach dem Ideal der *paideía* zu streben, sondern in den längst bestehenden Bund Gottes mit dem Volk hinein-
zuwachsen. Die Bundesverpflichtung des Volkes besteht im Halten
und in der Weitergabe der Gebote Gottes. Deshalb müssen Kinder
von klein auf mit den Geboten bekannt gemacht werden und sich
darin einüben (Dtn 6,6f.20f.). Dementsprechend sind sie von dem
Alter an, in dem sie bestimmte Gebote erfassen und halten können,
zu diesen auch verpflichtet. So übernehmen sie nach und nach die
Bundesverpflichtungen, die sie später als Erwachsene einhalten und
weitergeben sollen.

Demnach werden Kinder, wenn auch mit unterschiedlichen Ak-
zenten, in der römisch-hellenistischen wie in der jüdischen Umwelt
des NT als un-fertig, un-mündig und un-vollkommen angesehen. Sie
sind Mängelwesen. Natürlich können auch Erwachsene Mängel haben. Nicht jeder ist *Sokrates*, nicht jede Rut oder Maria. Aber sie haben die prinzipielle Möglichkeit, das Bildungsideal zu erreichen bzw.
die Gebote Gottes zu halten. Kinder dagegen können beides nicht,
selbst wenn sie es wollten. Deshalb sind sie Mängelwesen in exem-
plarischem Sinn.

(2) Vor diesem Hintergrund gewinnt die *Erzählung von der Kinder-
segnung* (Mk 10,13–16) ihre Spannung. In Jesus nur den Kinder-
freund zu sehen, der die Säuglinge herzt, wird ihr nicht gerecht.
Denn hier geraten Kinder beispielhaft und als Modell des Glaubens
in den Blick. Man kann das an der Opposition von Nähe und Distanz erkennen: In V.13 sind die Jünger in Jesu Nähe (und damit in
der Nähe der Gottesherrschaft), sie verweigern aber diese Nähe den
Kindern. V.14 zeigt ein anderes Bild. Hier wird eine ausdrückliche
Nähe zwischen den Kindern, der Gottesherrschaft und Jesus ausgesprochen und zugleich eine Distanz zwischen Jesus und den Jüngern (Jesus wurde zornig über ihr Verhalten). V.15 verallgemeinert:
Die Einleitung »Wahrlich, ich sage euch« und der Bedingungssatz
»wer … empfängt« … »*wie* ein Kind« gehen über die konkrete Szene
hinaus und sprechen alle an, die diese Erzählung hören oder lesen.
So wird aus Jesu Wort in einer bestimmten Situation (V.14) eine weitergehende, auch für die Christen zur Zeit des Mk gültige Aussage.
Dies wirkt sich auch auf die Opposition von Nähe und Distanz aus:

Wer in die Gottesherrschaft eintreten will, für den ist ihre Annahme »wie ein Kind« Voraussetzung[32].

Auch die Handlungslinie ist aufschlussreich. Die kleine Geschichte will zu einem bestimmten Verhalten anhalten:

Nähe wird verhindert >>>> Jesus
                 – sieht (V.14)
                 – missbilligt (V.14)
                 – mahnt (V.14)
                 – bestätigt bindend (V.15)
                 – und >>>> gewährt intensive Nähe.

Die Glaubenden, für die Mk schreibt, sollen sich in ihrer eigenen Gegenwart am Verhalten Jesu orientieren. Distanz soll überwunden, Nähe hergestellt werden. Und indem sie sich »wie Kinder« verhalten, gewinnen sie Eingang in die Gottesherrschaft.

Wie aber verhalten sich Kinder? Von vermeintlich kindlichen Eigenschaften (etwa Einfalt, Unschuld, Arglosigkeit) ist nicht die Rede. Meist handelt es sich bei solchen Interpretationen ohnehin um Vorstellungen von Erwachsenen (ein Gang über einen Schulhof zur Pausenzeit kann solche Interpretationen leicht zurechtrücken). In Mk 10,13–16 sind die Kinder vielmehr ein Modell für das Kommen und Annehmen. Kommen, Bitten und Annehmen sind Handlungen von Vertrauen und Glauben, die hier bei den Kindern modellhaft in Erscheinung treten. Denn sie können sich nicht auf eigene Leistungen, auf Größe und Würde berufen; nach dem gängigen Verständnis können Kinder eigene Größe ja prinzipiell noch nicht haben. Kinder kommen und bitten und wollen haben, sie vertrauen auch darauf, dass sie etwas bekommen. Und eben dies wird zum Modell für den Glauben und die Gottesherrschaft. Aus demselben Grund stellt Jesus nach Mk 9,33–37 in die Mitte der Jünger, die sich um ihre Bedeutung streiten, ein Kind als beredtes Bild dafür, dass es im Verhältnis des Menschen zu Gott nicht um Größe und Leistung, sondern um Bitte und Vertrauen geht.

Schließlich hat das Kind in Mk 9,33ff. auch eine Beispielfunktion. Weil Kinder als exemplarische Mängelwesen gelten, stehen sie beispielhaft für die, die in der gesellschaftlichen Werteskala der Antike

---

32 Die vormarkinische Erzählung umfasste V. 13f.16; Mk fügt V. 15 ein. Dadurch wird die Aussage Jesu hervorgehoben und bekommt Bedeutung für die Gegenwart. Einzelheiten bei *P. Müller*, In der Mitte der Gemeinde. Kinder im Neuen Testament, Neukirchen-Vluyn 1992, 32–80.

ebenfalls in der einen oder anderen Weise unmündig sind: Frauen,
Kranke, Behinderte, Zöllner und Sünder. Deshalb gibt es in den sy-
noptischen Evangelien zwischen ihnen und den Kindern deutliche
Querverbindungen. In Mt 21,14–16 werden Kinder und Behinderte
nebeneinander gestellt; nach Mt 11,25/Lk 10,21 wird gerade den
Unmündigen die Offenbarung der »Werke des Christus« zugesagt;
von »Mühseligen und Beladenen« spricht Jesus in Mt 11,28–30 im
Blick auf alle diejenigen, deren Unvollkommenheiten nicht zu über-
sehen sind und denen man nur geringe Chancen einräumt vor den
Menschen und vor Gott. Das Kind in der Mitte der Jünger ist ein
Plädoyer Jesu für ein Verhältnis zu Gott, in dem nicht die eigene
Größe und Würde der Maßstab sind, sondern Hinwendung, Öff-
nung, Bitte und das Wissen, dass die eigene Kraft ihre Grenzen hat,
den Weg zu Gott zu weisen.

(3) Wenn Jesus die Kinder in eine *unmittelbare Beziehung zu Gott*
setzt, setzt er damit einen Maßstab für die Anthropologie. Dieser
Maßstab ist zunächst negativ: Kein Mensch ist Maßstab für einen
anderen Menschen; also ist auch kein Erwachsener Maßstab für ein
Kind, und sei er oder sie auch noch so edel, hilfreich, gut oder erfolgreich. Kinder müssen nicht erst Philosoph, Lehrerin oder Ge-
schäftsfrau werden, ehe sie etwas sind. Zum anderen ist der Maßstab für die Anthropologie positiv. Was die Schöpfungsgeschichte
im AT als Würde der Menschen beschreibt, dass sie nämlich in Beziehung zu Gott stehen, das behauptet Jesus hier von den Kindern.
Und wie die Schöpfung einen Anfang beschreibt, hinter den ein
Mensch nicht zurückgehen kann, bezieht sich Jesus mit seiner Verkündigung des Gottesreiches auf ein unhintergehbares Ziel. Deshalb
gilt diese Beziehung der Kinder zu Gott unabhängig davon, was
Menschen daraus zu machen versuchen. Und wichtig ist auch, dass
Jesus dies nicht nur behauptet, sondern mit seinem Handeln unterstreicht. Nicht bloß um Theorie geht es, sondern um eine Hoffnung,
die sich in der Praxis auswirkt. Deshalb war für die frühen Christen
diese Jesusgeschichte wichtig, und deshalb haben sie sie erzählt.

Aus diesem Grund ist sie auch vielfach rezipiert worden. Ein Re-
zeptionsstrang ist die Kunst, die sich der kirchlichen Taufperikope
vielfältig angenommen hat. Ein *Bildvergleich* lohnt sich, vor allem,
weil Maler verschiedener Epochen ihre eigenen Kindheitsvorstel-
lungen in ihre Bilder hineingelegt haben. Ein besonders aussage-
kräftiges Werk stammt von *Emil Nolde*[33]. Wichtig sind die Farbver-

---

33 *J. Zink*, Dia-Bücherei Christliche Kunst. Jesusgeschichte II, Eschbach 1987, Bild 23.

teilung und die Anordnung der Personen. Die Jünger sind in dunklen, die Kinder in hellen, warmen Farben dargestellt. Die Jünger (und die Betrachter!) sehen Jesus halb von hinten, wie er sich Kindern zuwendet. Eins von ihnen umarmt ihn, in diesem Teil des Bildes ist Aktion und Wärme. Wir sehen mit den Jüngern vom Dunkeln ins Helle hinein. Was Mk als Erzählung gestaltet, vermittelt *Nolde* in Farbe und Form.

4.6 Lk 8,1–3: Frauen in der Nachfolge Jesu. Das Summarium Lk 8,1–3 bildet das Ende der sog. »kleinen lukanischen Einschaltung« 6,20–8,3[34]. Jesus predigt in den Städten und Dörfern. Inhalt der Verkündigung ist die gute Nachricht vom Reich Gottes, das für Lk im Wort Jesu gegenwärtig ist. Im Vergleich mit Lk 4,18 f. zeigt sich, dass es hier um zentrale Begriffe für die Wirksamkeit Jesu geht.

(1) Die Zwölf werden knapp erwähnt (V.1; vgl. 6,14–16). Der Akzent liegt aber auf den *Frauen,* von denen V.2 f. einige namentlich nennt. Maria stammt aus Magdala, einem Ort am Westufer des Sees Genezareth. Sieben Dämonen sind aus ihr ausgefahren; vorausgesetzt ist, dass Jesus sie von ihrer Besessenheit[35] befreite. Johanna ist auch in 24,10 zusammen mit Maria erwähnt. Hier wird sie als Frau des Chusa, eines »Verwalters, Statthalters« des Herodes bezeichnet, eines höheren Beamten der königlichen Verwaltungshierarchie. Johanna stammt demnach aus der »guten Gesellschaft«. Über Susanna ist außer dem Namen nichts bekannt. Dass noch »viele andere« genannt werden, gehört als Stilmittel zum Summarium. An drei Frauen wird deutlich gemacht, was für viele gilt. Sie sind wie die Zwölf »mit Jesus«. Dass damit eine dauerhafte Beziehung angedeutet ist[36], zeigt Lk 24,10, wo Maria und Johanna wiederum neben den Zwölf genannt werden. Schon früh finden sich also neben dem engeren Kreis der Zwölf auch Frauen als Teil der Nachfolgegemeinschaft Jesu. Wie bei jenen verbindet sich auch bei ihnen die Kenntnis des irdischen Jesus mit der nachösterlichen Beauftragung.

---

34 Lk fügt in den Ablauf des Markusevangeliums verschiedentlich andere Traditionen ein. Eine dieser »Einschaltungen« ist der Abschnitt 6,20–8,3, den Lk großenteils aus der Logienquelle übernommen, mit lukanischem Sondergut ergänzt (vgl. Lk 7,11–17. 36–50) und zwischen Mk 3,19 und 3,20 eingefügt hat.

35 Vgl. Mk 16,9, außerdem Lk 11,26. Wiederholt hat man Maria Magdalena mit der Sünderin in Lk 7,36–50 identifiziert; dort ist aber von Besessenheit nicht die Rede.

36 Das Imperfekt kennzeichnet die dauernde Aktivität in der Vergangenheit.

(2) Die Bemerkung, dass die Frauen »ihnen«[37] mit ihrem Vermögen dienten, ist in verschiedener Hinsicht interessant. Zum einen
schimmert hier der historische Sachverhalt durch, dass Jesus und
seine Nachfolger bei ihrer Wanderschaft auf Unterstützung angewiesen waren, die ihnen offensichtlich auch zuteil wurde[38]. Zum anderen wird hier angedeutet, wie die Nachfolger und Nachfolgerinnen Jesu in der Zeit des Lk mit ihrem *Besitz* umgehen sollen. Sie
sollen Vermögen nutzen, um anderen damit zu dienen. In Apg
2,42–47; 4,32–35 wird in Summarien idealtypisch dargestellt, wie
die Mitglieder der Gemeinde eines Sinnes sind, ihre Güter untereinander teilen und sie zum Wohl der Gemeinschaft einsetzen. Die
Frauen in 8,1–3 praktizieren in der Zeit des irdischen Jesus, was
nach Ostern zum Kennzeichen der Gemeinde wird. Indem die Mitglieder der Gemeinde sich gegenseitig dienen, folgen sie darüber
hinaus dem Beispiel Jesu selbst, der unter ihnen ist wie ein Diener
(22,27). Der Begriff »Dienen« benennt also nicht eine minder wichtige Tätigkeit, sondern eine Grunddimension christlichen Lebens
(die nicht nur finanziellen Einsatz bedeutet, sondern umfassend zu
verstehen ist), die hier an den Frauen im Umkreis Jesu verdeutlicht
wird.

(3) Die *Zugehörigkeit von Frauen* in der Gefolgschaft und im Umkreis Jesu ist historisch zuverlässig. Sie zeigt sich auch in der besonderen Aufmerksamkeit, die Lk der Begegnung Jesu mit Frauen zuteil
werden lässt. In 7,11–16 lässt Jesus sich von dem Leid der Witwe
von Nain anrühren, die Episode mit der »Sünderin« im Haus des
Pharisäers (7,36–50) ist bereits angeklungen, auch die Heilung der
»verkrümmten Frau« in 13,10–17 ist zu nennen. Frauen wie sie hören
die Botschaft vom Gottesreich, die Jesus verkündigt (8,1), erfahren
seine befreiende Wirkung, werden zu Nachfolgerinnen Jesu und erzählen später von seiner Auferstehung.

(4) Bereits in der *GS* kann man darauf hinweisen, dass zu den
Jüngern auch die Jüngerinnen gehören (nicht nur die Namen von
Nachfolgern Jesu sind im NT überliefert, sondern auch die von
Nachfolgerinnen)[39]. Die entsprechenden Texte sind lang genug un-
ter den Tisch gefallen. In höheren Klassen lässt sich dies mit der Ge-

---

37 Manche Handschriften lesen »ihm« = Jesus, was aber eine spätere christologi-
    sche Korrektur darstellt.
38 Vgl. zu den Wandercharismatikern und dem notwendigen Unterstützungssys-
    tem vgl. oben, 227.
39 Vgl. *H. Hanisch/G. Kraft*, Unterrichtshilfen für den Religionsunterricht in der
    Grundschule. 1. und 2. Schuljahr (Calwer Materialien), Stuttgart 1996, 43.

schlechterverteilung auf den verschiedenen Entscheidungsebenen der heutigen Kirche, aber auch der heutigen Gesellschaft vergleichen (z.B. mit Hilfe entsprechender Karikaturen, etwa von *Tiki Küstenmacher*).

4.7 Lk 10,38–42: Martha und Maria. Die knappe Erzählung von Martha und Maria hat eine breite Wirkungsgeschichte entfaltet. Sie zeigt sich schon daran, dass in der (späteren) Überschrift Maria üblicherweise zuerst genannt wird, obwohl Martha den Verlauf der Erzählung stärker prägt als ihre Schwester. Auf Maria liegt der Schwerpunkt, zumal in protestantischer Tradition.

Seit *Origenes* (ca. 185–253) ist die Unterscheidung von *vita activa* und *vita contemplativa* an dieser Erzählung festgemacht worden. Origenes selbst schätzte auch die *vita activa* hoch ein, in der Folgezeit wurde aber das kontemplative Leben der Maria höher bewertet, in dem man das Mönchsideal vorgeprägt fand. Nur einzelne Stimmen (etwa *Meister Eckhart* im Mittelalter) heben den Dienst der Martha hervor als Ausdruck von Liebe und legitimer Sorge. *Luther* verwirft die Interpretation der Haltung Marias im Sinne des Mönchsideals; er erkennt in ihrer Haltung vielmehr das glaubende Vertrauen und kritisiert dementsprechend an Martha den Versuch der Rechtfertigung durch das Tun. Die Gründung kirchlicher Hilfswerke (z.B. der Diakonie) hat sich ab der Mitte des 18. Jh. dagegen mit Vorliebe auf Martha berufen. Die Auslegungsgeschichte dieser Erzählung zeigt exemplarisch, wie theologisch-kirchliche Entwicklungen das Verständnis des Textes mit beeinflussen.

(1) In der klar gegliederten Erzählung aus dem Sondergut des Lk läuft alles auf die Antwort Jesu hinaus: Der Redeakt am Schluss ist hervorgehoben (»Er antwortete aber und sprach«), und es ist »der Herr«, der hier spricht und den angedeuteten Konflikt entscheidet. Als *Wort des Herrn* hat die Antwort Jesu eine über die erzählte Begebenheit hinausgehende Bedeutung. Zunächst an Martha und Maria gerichtet, gilt sie zugleich denjenigen, die diese Erzählung lesen. Dass es um Grundsätzliches geht, kann man auch am Hören der Maria auf »das Wort« erkennen. Es geht nicht lediglich um eine situative Aussage Jesu, sondern umfassend um »sein Wort«[40]. Was »der Herr« am Ende zu Martha sagt, wird so Teil seiner weitergehenden Verkündigung.

40 Vgl. Lk 4,32. In der Apg 2,41; 4,4 wird »das Wort« im Sinne der christlichen Verkündigung verwendet; der »Dienst am »Wort« (Apg 6,2.4) ist zusammenfassender Hinweis für die christliche Verkündigung (vgl. auch 1Thess 1,6.8; 1Kor 14,36; Gal 6,6 u.ö.).

(2) Die Erzählung stellt *verschiedene Positionen* dar. Martha kümmert sich um den »Dienst« *(diakonia)*, d. h. um die Versorgung des
Gastes[41], die sie ganz in Anspruch nimmt (V. 40 f.). Maria sitzt zu
Jesu Füßen und hört »sein Wort« (V. 39). Während sich Martha also
im Dienst der Gastfreundschaft engagiert, wird Maria als Hörende
und Lernende gezeichnet. Bei beiden Positionen fällt auf, dass sie
von Frauen ausgefüllt werden. Martha ist als Verantwortliche eines
Hauses dargestellt. Dass eine Frau ihren Haushalt selbstständig leitet und männlichen Besuch empfängt, ist im Rahmen jüdischen
Denkens im 1. Jh. alles andere als selbstverständlich[42]. In Apg
16,14 f. erzählt Lk allerdings auch von Lydia in ähnlicher Weise, und
was Paulus von Phöbe (Röm 16,1) und Priska schreibt (Röm 16,3;
1 Kor 16,19), fügt sich ebenfalls in dieses Bild. Im Verhalten dieser
Frauen ist ein Ansatzpunkt für die Entstehung christlicher Hausgemeinden zu sehen. Die hörende Maria auf der anderen Seite wird als
Jüngerin gezeichnet. So wie Paulus nach Apg 22,3 zu Füßen des Gamaliel lernt, so sitzt Maria zu Füßen Jesu. Es geht nicht nur um pas-
sives Aufnehmen, sondern um aktives Hören und Lernen als charakteristische Haltung der Jünger. Maria gehört in eine Reihe mit
ihnen. Das bedeutet: Was Martha und Maria in dieser Erzählung
tun, ist in *beiden* Fällen außergewöhnlich für eine Frau in der damaligen Zeit und zugleich wichtiges Merkmal christlicher Existenz.

Am Ende der Erzählung wird allerdings das Verhalten Marias
hervorgehoben. Sie hat »das gute Teil erwählt«, »das ihr nicht weg-
genommen werden wird«, und dieses gute Teil ist das eine Notwendige[43]. Die Tätigkeit Marthas wird damit nicht abqualifiziert. Im Gegenteil: Jesus spricht sie persönlich an (»Martha, Martha«) und
bestätigt, dass sie sich Sorge und Unruhe um vieles macht. Das sich
Sorgen bezieht sich in den Evangelien nicht nur auf die menschliche
Sorge um Menschen und Dinge und ihr Ergehen in der Zukunft,
sondern hat auch eine theologische Bedeutung. Diese wird im

---

41 Das lukanische Sondergut erzählt von verschiedenen Einladungen Jesu (vgl.
    7,36–50; 14,1–14; 19,1–10), die beispielhaften Charakter haben und Grundsätz-
    liches am Verhalten Jesu und der christlichen Gemeinden deutlich machen.
42 Bisweilen wird der Dienst der Martha als »niedere Arbeit« verstanden, aus der
    Martha auszubrechen versuche, während Maria die traditionelle Rolle schon
    verlassen habe. Der Text zeichnet Martha aber als eigenständige Gastgeberin,
    deren »Dienst« deshalb nicht als niedere Arbeit zu verstehen ist.
43 Manche Handschriften bieten die Variante »weniges ist notwendig«, die aber
    sehr stark an den Vorbereitungen Marthas für das Essen hängt, bei dem nicht
    so viel nötig sei. Tatsächlich werden hier jedoch zwei Weisen christlicher Exis-
    tenz nebeneinander gestellt.

Gleichnis vom vierfachen Acker Lk 8,14f. ebenso deutlich wie im eschatologischen Ausblick Lk 21,34 (vgl. Mt 6,25–34); in beiden Fällen geht es darum, dass die Sorgen das Vertrauen auf das Handeln Gottes nicht absorbieren, dass Sorge und Mühe nicht größer werden sollen als das Vertrauen auf Gott. Diese Gefahr liegt dann besonders nahe, wenn Sorge und Dienst an die Stelle des Vertrauens rücken oder von anderen eingefordert werden, wie hier von Maria. Sie soll Hören und Lernen aufgeben zugunsten des Dienens. Wenn die Diakonie aber in der eigenen Mühe ihren Mittelpunkt findet, steht sie in der Gefahr, den Kontakt zu »dem Einen« zu verlieren, zu dem vertrauensvollen Verhältnis zu Gott. Dann ist man mit dem eigenen Vermögen und Sorgen allein (vgl. V.40).

(3) Man kann fragen, ob damit dem *Hören* der Vorrang *vor dem Tun* eingeräumt wird. Hier hilft ein Blick auf den Kontext, in den Lk die kleine Erzählung stellt. Unmittelbar voran geht die Beispielerzählung vom barmherzigen Samariter (10,25–37). Durch ihre Rahmung und die Aufforderung am Schluss »Tue desgleichen« liegt das Gewicht hier auf dem Tun. Derjenige ist als Nächster zu bezeichnen, der Barmherzigkeit übt (V.37). Sich in einer solchen Situation auf das Hören zu berufen, würde dem situativen Anspruch der Szene nicht gerecht. Umgekehrt: Wenn Jesus kommt und »das Wort« verkündet, dann sollen Hören und Lernen im Vordergrund stehen. Das Vater Unser, das nach Lk unmittelbar an Martha und Maria anschließt (11,1–4), unterstreicht diesen Gedanken, indem es sich betend an Gott wendet. Hören und Tun werden also nicht alternativ gegenüber gestellt. Beides ist notwendig, aber doch so, dass das Tun im Hören auf das Wort seine Begründung findet. Dass beide Verhaltensweisen von Frauen ausgefüllt werden, gibt der kleinen Erzählung zugleich den wichtigen Akzent, dass die wesentlichen Elemente christlicher Existenz nicht geschlechtsspezifisch aufgeteilt werden können.

(4) In der *Auslegungsgeschichte* wurden Aussagen, in denen Frauen herausragende Rollen spielen, vielfach uminterpretiert oder in den Hintergrund gerückt. In jüngerer Zeit heben Exegetinnen die Bedeutung von Frauen in biblischen Texten mit Recht hervor und entwickeln eine Hermeneutik, die verstärkt auf in der Auslegungstradition verkürzte Textelemente achtet. Lk 10,38–42 ist insofern ein Paradebeispiel, als man hier die lernende Maria zwar hervorgehoben, faktisch aber als Typus der (männlichen) Kleriker und Theologen verstanden hat, während man den Frauen die Rolle der scheinbar getadelten Martha zuteilte.

Bei der Interpretation der Erzählung im Rahmen des Unterrichts sind deshalb Rollenklischees zu erwarten und anzusprechen. Zwar zeigt die neueste Shell-Studie, dass sich zwischen Jungen und Mädchen die Aussagen zu Berufs- bzw. Familienorientierung zunehmend angleichen, solange sie noch nicht als konkrete Möglichkeit in Betracht kommen[44]. Gleichwohl zeigen sich im Blick auf Bindungs- und Beziehungsfähigkeit, auf Wege der Identitätssuche und auf das Verständnis der körperlichen Entwicklung deutliche Unterschiede zwischen den Geschlechtern, so dass gerade bei diesem Text das jeweils eigene Selbstkonzept und Rollenverständnis das Textverstehen mit beeinflusst.

Wiederum sind *Bilder* gut geeignet, die Beziehungen zwischen den Personen vom Text her und aus eigener Perspektive zu erfassen. Eine besonders interessante Zeichnung *Rembrandts*[45] wirkt vor allem durch die Handbewegungen: Während Martha vorwurfsvoll mit dem Finger auf Maria zeigt, weist Jesus ebenfalls auf Maria, aber mit einer offenen Geste. Die Zuordnung der Personen in *Jan Vermeers* Bild »Christus bei Maria und Martha«[46] ist anders; auch hier weist Jesus auf Maria hin, wendet sich aber zugleich Martha zu. Die Mandala-Übung »Als Maria und Martha sich anlächelten«[47] verbindet ruhige Konzentration und Bewegung miteinander. In höheren Klassen der *Sek I* ist der Text von *Klaus Eulenberger* »Als Gesprächspartner kann ich ihm weiter nichts bieten«[48] gut geeignet, ein Gespräch über die Rollenproblematik der Martha anzustoßen. Die Kontexte »barmherziger Samariter« und »Vater Unser« eignen sich gut als Interpretationshilfe.

4.8 Lk 19,1–10: Zachäus. Lk hat diese Erzählung aus seinem Sondergut absichtsvoll fast ans Ende seines Reiseberichts (Lk 9,51–19,27) gerückt. In ihr ist gewissermaßen das gesamte Wirken Jesu verdichtet. Man kann das gut daran erkennen, dass verschiedene Erzähllinien miteinander verknüpft werden.

---

44 Interessanterweise zeigen sich bei jungen Männern und Frauen zwischen 22 und 24 Jahren wieder deutlichere Unterschiede. Bei den Frauen nimmt hier die Familienorientierung zu; vgl. Jugend 2000, 347 f.
45 *H. Hoekstra (Hg.),* Die Rembrandt-Bibel, Bd. 2, Neuhausen-Stuttgart 1981, 40 f.
46 Das Bild ist häufig abgedruckt; als Dia findet es sich bei *J. Zink,* Dia-Bücherei Christliche Kunst, Bild 28–31.
47 *G. und R. Maschwitz,* Neue Mandalas. Aus der Mitte wachsen. Anregungen für Kinder, Jugendliche und Erwachsene, München 1998, 34 f.
48 In: *S. und H. K. Berg (Hrsg.),* Frauen (Biblische Texte verfremdet, Bd. 6), München/Stuttgart 1987, 84 ff.

(1) Eine bei Lk immer wieder hervorgehobene Linie ist die *Zuwendung Jesu zu Zöllnern und Sündern*. 5, 27–32 (Jesus ruft den Zöllner Levi in die Nachfolge) ist von Aufbau und Inhalt her eine Parallele zur Zachäus-Episode (→ XIII. Streitgespräche). Vergleichbar ist auch die Erzählung von der Sünderin, die im Haus eines Pharisäers Jesus die Füße salbt (7,36–50). In 15,1 f. wird der Vorwurf des Umgangs mit Sündern laut, gegen den Jesus sich mit Hilfe der Verlorenen-Gleichnisse wendet. Nach 18,10–14 ist nicht der Pharisäer vor Gott gerechtfertigt, sondern der Zöllner, der von Gott Vergebung erbittet. 19,1–10 rundet diese Grundlinie ab. Als Oberzöllner[49] und Reicher[50] ist Zachäus in zweifacher Weise negativ qualifiziert. Dass er von Statur klein ist, steht in Gegensatz zu der Position, die er in Jericho hat. Diese Diskrepanz zwischen dem reichen Zöllner und dem kleinen Mann wird lediglich angedeutet. Als »Leerstelle« regt sie aber dazu an, das nicht Gesagte mit eigener Vorstellung aufzufüllen.

Diese literarische Güte der Erzählung ist der Grund dafür, dass Zachäus aus Lehrplänen für die GS nicht wegzudenken ist. Man kann sich leicht vorstellen, wie der kleine Zachäus zwischen den Schaulustigen einen Platz zu bekommen versucht, wie sie ihn spüren lassen, dass er zwar eine Machtposition bekleidet, gleichzeitig aber ein unbeliebter Mann ist, wie er auf den Ausweg mit dem Baum kommt, wie die Umstehenden murren, als Jesus sich bei Zachäus einlädt. Das Erzähllied »Zachäus, böser reicher Mann« zeigt, wie die Leerstelle aufgefüllt werden kann[51], wenngleich es die theologische Pointe des Textes nicht wirklich trifft. Überhaupt sollte man die leicht eingängigen Jesuserzählungen bei Lk nicht unterschätzen; in ihnen steckt erhebliche theologische und erzählerische Substanz.

Zachäus steigt auf einen Maulbeerfeigenbaum. Jesus kommt dort in der Tat vorbei, sieht, fordert ihn auf, vom Baum herunterzusteigen und lädt sich in sein Haus ein[52]. Zachäus geht auf die Forde-

---

49 Darunter ist eine Art Generalpächter zu verstehen, der Zollstationen an einzelne Zöllner weiter verpachtete.

50 Die Erzählung vom Reichen und vom armen Lazarus Lk 16,19–31 weist ebenso wie der Weheruf über die Reichen in 6,24 auf diese negative Qualifikation hin (vgl. außerdem 1,53; 12,15 ff. 22 ff.; 18,2).

51 EG, Ausgabe für die Evangelische Kirche in Hessen und Nassau, Nr. 603.

52 Zu den Einladungen bei Lk vgl. oben, Anm. 41. Dass Jesus im Haus des Zachäus »bleiben« will, bringt die dauernde Zuwendung Jesu zu dem Zöllner zum Ausdruck.

rung ein und nimmt Jesus »mit Freuden« auf[53]. Die Umstehenden
murren, als sie dies sehen und werfen Jesus den Umgang mit einem Sünder vor. Er rechtfertigt die Zuwendung zum Zöllner auf
doppelte Weise: Zachäus gehört zur Nachkommenschaft Abrahams, und die Aufgabe des Menschensohnes ist es, das Verlorene
zu suchen. Die verschiedenen Querverbindungen zu anderen lukanischen Erzählungen zeigen deutlich, dass hier eine Grundlinie des
Evangeliums aufgenommen und abgerundet wird: In der Zuwendung Jesu zu Zöllnern und Sündern kommt die Zuwendung Gottes
zu den Verachteten und Randständigen zum Ausdruck. Sie sollen
nicht verloren sein.

(2) Eine zweite Erzähllinie ist in dem *Wort »heute«* zu erkennen
(vgl. 2,11; 4,21; 5,26; 19,5.9; 23,43). In den jeweiligen Erzählungen
macht das Wort zunächst eine Zeitangabe in der Vergangenheit. Es
ist das »damalige Heute« einer Geschichte, die aus der Perspektive
der Lesenden vergangen ist. Lk erzählt jedoch seine Geschichten so,
dass er die Lesenden gewissermaßen zum Eintreten in die Geschichte auffordert. So werden sie Zeugen des Geschehens, und es
ist nun die Frage, ob sie mit den Umstehenden über Jesus murren
oder ob sie sich mit Zachäus freuen. Das »damalige Heute« wird
zum Heute derer, die jetzt die Geschichte hören oder lesen.

(3) Eine dritte Erzähllinie ist darin zu erkennen, dass *Zachäus mit
seinem Verhalten* der Zuwendung durch Jesus entspricht. In gleicher
Weise wird im Himmel Freude sein über den Sünder, der Gott um
Vergebung bittet und Buße tut (18,13; 15,7.10; 5,32; 11,32; vgl. 3,3
mit 24,47). In der Erzählung von Zachäus wird die Umkehr konkret
umgesetzt: Den Armen gibt er die Hälfte seines Besitzes, und sollte
er jemanden betrogen haben, verspricht er vierfache Rückzahlung[54].
Die große Wiedergutmachung entspricht dem außerordentlichen
Ruf, der an ihn ergangen ist. Zugleich steckt darin bereits ein Hinweis auf die Zeit der Gemeinde. Wie Besitz nicht nur zum eigenen
Wohl eingesetzt werden kann, hat Lk bereits im Verhalten der Nachfolgerinnen Jesu 8,1–3 angedeutet und nimmt dies in den summari-

---

53 Hier steht im Griechischen dasselbe Wort für »aufnehmen« wie in 10,38 (vgl.
    15,2). Auch der Hinweis auf die Freude findet sich mehrfach im Evangelium
    und in der Apostelgeschichte (Lk 15,5–7.9f.23.32; Apg 8,39).
54 Nach Lev 5,20–24 soll fremdes Eigentum voll zurück erstattet werden zuzüg-
    lich eines Fünftels des Betrages. Für Wohltätigkeit legen spätere jüdische Texte
    (Strack-Billerbeck IV/1, 546–551) unter Berufung auf Gen 28,22 zwanzig Pro-
    zent des Gesamteinkommens als Obergrenze fest.

schen Hinweisen auf den gemeinsamen Besitz und das Verteilen der Güter an die Armen in der Apg auf (2,45; 4,32). Zachäus fügt sich in diese Linie ein.

Lk 19,8 wird vielfach als lukanischer Einschub in die Erzählung aufgefasst. V.6–9 sind in der Tat nicht ganz ausgewogen und legen die Frage nach möglichen literarischen Vorstufen nahe (vgl. V.9, wo Jesus Zachäus anspricht, von ihm aber in der 3. Person redet). Unabhängig davon, wie man diese Frage im Einzelnen entscheidet, hängt das Schwanken zwischen den Personen (-gruppen) m.E. mit dem Erzählcharakter des Stückes zusammen. Wenn die Lesenden gewissermaßen zu den Umstehenden hinzutreten und sich ebenfalls fragen, ob sie mit murren oder sich mit freuen sollen, lässt sich das Schwanken zwischen ihnen und Zachäus leicht erklären.

(4) In *didaktischer Hinsicht* ist V. 9 besonders aufschlussreich. Auch Zachäus gilt die Zusage, die Gott einst Abraham gab. Auch er »gehört dazu«. Das ist gegen die Ausgrenzung vom Anfang der Geschichte gesagt, und was Jesus in dieser Erzählung tut, unterstreicht, was er sagt. Einen beeindruckenden Bericht hat *M. Schibilsky* von der Umsetzung der Zachäusgeschichte im Bibliodrama mit Jugendlichen aus Bethel gegeben[55]. Er zeigt, wie schnell wir selbst ausgrenzende Energien freisetzen können, er zeigt aber auch die überraschende Erkenntnis: Du bist ja einer von uns! Dazu gehören, »in« sein, Kleidung mit den »richtigen« Labels tragen, die »angesagte« Musik hören – im Blick auf diese Elemente von Zugehörigkeit sind Kinder und Jugendliche erfahren und verunsichert zugleich. Die Grenzen fließen und leicht kann sich ändern, wer dazu gehört und wer nicht. Sich wie Zachäus auf den Baum zurückziehen und von ferne zusehen müssen, ist die Kehrseite der üblichen Zugehörigkeitssymbole, die von nicht wenigen erlebt wird. Die Erzählung eignet sich mit ihrer klar gegliederten Dramatik gut zur spielerischen Interaktion. Damit Interaktion gelingt, ist es wichtig, die Personen der Erzählung in ihrer Zeit und aus gegenwärtiger Perspektive zu betrachten. Angesichts zunehmender Ausgrenzungstendenzen in unserer Gesellschaft ist die Erkenntnis »Du bist ja einer von uns!« in ihrer Aktualität kaum zu überschätzen.

---

55 Dann bist du ja einer von uns, in: rhs 4/1991, 258–260.

LITERATURHINWEISE

H. Merklein, Die Jesusgeschichte – synoptisch gelesen, Stuttgart 1995.

P. Müller, Mit Markus erzählen. Das Markusevangelium im Religionsunterricht, Stuttgart 1999.

K.-W. Niebuhr (Hg.), Grundinformationen Neues Testament. Eine bibelkundlich-theologische Einführung, Göttingen 2000, 75–142.

XII. Kindheitserzählungen nach Lukas und Matthäus

Peter Müller

Die Erzählungen sind bekannt. Selbst wer von der Bibel nur wenig weiß, wird doch fast immer die Geschichte von der Geburt Jesu im Stall von Bethlehem kennen und die Weisen aus dem Morgenland. In der Weihnachtszeit kann man ihnen kaum entkommen. Überall werden sie nachgespielt, nacherzählt, nachgesungen. Das ist nicht verwunderlich. So wie *Lukas* die Geburtsgeschichte erzählt und die spätere Tradition sie überliefert hat, rührt sie uns an; mit den anderen Begleitumständen von Weihnachten wie Kerzenduft und Heimlichkeiten gehört sie zu dem, was das Fest für uns ausmacht. Und wenn am 6. Januar die heiligen drei Könige an unsere Türen kommen, gehen sie ganz selten nur mit leeren Händen weiter (→ TLL 1, Geburt Jesu/Weihnachten).

Geht man exegetisch an diese Geschichten heran, muss man jedoch mit Vorurteilen aufräumen. Kaspar, Melchior und Balthasar heißen die Könige in der kirchlichen Tradition; bei *Matthäus* lesen wir nichts davon, und Könige sind sie auch nicht. Von Ochs und Esel ist bei Lk keine Rede, spätere Erzähler haben sie dazu erzählt. Hinzu erzählt wurde auch das Lokalkolorit verschiedener Zeiten und Orte; und da bei uns Weihnachten in den Winter fällt, stapfen die Hirten vorzugsweise durch hohen Schnee zum Stall. In Bethlehem schneit es so gut wie nie. Bei näherer Betrachtung kann man auch nicht übersehen, dass die Erzählungen von den Hirten und den Weisen in zwei verschiedenen Werken stehen. Wir tun nur so, als ob sie ursprünglich schon zusammen gehörten. Exegetisch also muss man erst einmal aufräumen. Das ist schmerzlich, weil es um so vertraute Geschichten geht. Es ist aber auch erhellend, weil unter der Patina der ehrwürdigen Geschichten erstaunliche theologische Substanz zum Vorschein kommt.

Eine didaktische Überlegung schließt sich sofort an. Geschichten

sind ein Kleid der Wirklichkeit[1], sie dienen dazu, sich in der Wirklichkeit zurechtzufinden und sie zu erschließen. Deshalb wäre es
grundverkehrt, die Geschichten für den Unterricht zu »Nicht-Ge-
schichten« machen und den Schülerinnen und Schülern alles »richtig« erklären zu wollen. Geschichten wollen erzählt sein, sie bieten
Identifikationsmöglichkeiten und laden gewissermaßen dazu ein,
in sie einzutreten. Das exegetische Aufräumen ist demgegenüber zunächst eine Aufgabe für die Lehrenden. Sie sollen die theologische
Substanz der Geschichten kennen, um den Schülerinnen und Schülern im Unterricht da Verstehenshilfen zu geben, wo sie hilfreich
und weiterführend sind. So können sie deutlich machen, dass diese
Geschichten noch mehr zu bieten haben als die schöne Oberfläche.

1. Kurzinformation

Die Kindheitserzählungen gehören zu den *späten Überlieferungen des
NT.* Man erkennt dies schon daran, dass sie bei Mk, in der Spruchquelle Q und auch bei Paulus fehlen. Demgegenüber erzählen Mt
und Lk jeweils in den beiden ersten Kapiteln so genannte Kindheitsgeschichten. Diese behandeln zum Teil ähnliche Stoffe, sind aber unabhängig voneinander.
  Auch inhaltlich gehören die Kindheitsgeschichten in eine schon
fortgeschrittene Phase christologischer Überlegungen. Ausgangspunkt für die Reflexion, wer Jesus Christus für die Glaubenden war
und ist, waren Tod und Auferstehung Jesu. Wenn Jesus aber durch die
Auferstehung als Gottes Sohn eingesetzt ist (Röm 1,3), wie ist dann
seine irdische Existenz zu verstehen? Diese Frage konnte man auf
verschiedene Weise beantworten. Mk verlegte den Ansatzpunkt für
die Gottessohnschaft Jesu in die Taufe (Mk 1,9–11). Für Mt (1,18–25)
und Lk (1,26–38) liegt er bereits in der wunderbaren Geburt: Schon
vom Anfang seiner irdischen Existenz an war Jesus der Messias. Joh
geht noch einen Schritt weiter zurück; für ihn war Jesus bereits vor
seiner irdischen Existenz »der Sohn« und war als »Wort« bei Gott
(Joh 1,1–18). Auf jeden Fall ist die Denkbewegung »rückwärts« verlaufen: Vom Glauben an den auferstandenen und gegenwärtigen Jesus
fragte man zurück nach seiner irdischen Existenz und darüber hinaus
in die Präexistenz. So ergab sich erst im Laufe der Überlieferung

---

1 *M. Frisch*, Mein Name sei Gantenbein, Stuttgart/Hamburg 1964, 22 f.: »Ich pro-
biere Geschichten an wie Kleider.«

überhaupt ein Interesse an der Kindheit Jesu. Die Besonderheit der Kindheitserzählungen ist dabei, dass hier christologische Überlegungen nicht »theoretisch« angestellt, sondern narrativ entfaltet werden.

Literarisch gesehen handelt es sich bei den Kindheitsgeschichten um *Personallegenden.* Typische Elemente solcher Legenden sind die wunderbare Geburt eines Helden, das Erkennen des Kindes als künftigen Retter, seine Gefährdung, Bewahrung und seine frühe geistige Reife. Ähnliche Züge finden sich in antiken Lebensbeschreibungen wichtiger Persönlichkeiten. Sie haben in erster Linie keine beschreibende, sondern eine deutende Absicht. Ihre Funktion ist ähnlich wie die einer »Legende« bei einer Landkarte, die eine »Leseanweisung« für die Karte gibt und bei ihrem Verstehen hilft. So helfen auch die Vorgeschichten dazu, die Evangelien zu verstehen, indem sie von Anfang an Hinweise darauf geben, was im Folgenden besonders wichtig ist. Es geht in den Vorgeschichten also nicht um die Entwicklung Jesu im Kindesalter oder um ein entwicklungspsychologisches Interesse. Beide Evangelien fassen vielmehr bereits in ihren Vorgeschichten das spätere Wirken und die Verkündigung Jesu vorab zusammen.

2. Die Kindheitserzählungen nach Lukas

Abgesehen vom Prolog 1,1–4 bilden Lk 1 und 2 eine literarische und thematische Einheit. Die Einzelerzählungen weisen einen einheitlichen Stil, dieselben Gattungen und eine gemeinsame Thematik auf. Ankündigung und Geburt des Täufers und Jesu sind kunstvoll miteinander verschränkt. Eine Übersicht macht dies deutlich:

	Johannes	*Jesus*
Ankündigung der Geburt	1,5–25	1,26–38
Begegnung von Elisabeth und Maria	1,39–56 (Magnifikat 1,41–55)	
Geburt	1,57–67a	2,1–21
Begrüßung	1,67b–80 (Benediktus 1,67–80)	2,22–40 (Nunc dimittis 2,22–35)
Jesus im Tempel		2,41–52

Erzählende Abschnitte und hymnische Abschnitte (Lobgesang der Maria = Magnifikat; des Zacharias = Benediktus; des Simeon = Nunc dimittis)[2] sind eng miteinander verbunden. Die Erzählungen

---

2 Die lateinischen Namen rühren von den ersten Worten der hymnischen Stücke her.

können offenbar nur dann in ihrer Bedeutung verstanden werden, wenn sie mit dem Lob Gottes in Verbindung gebracht werden.

Wahrscheinlich hat Lk bereits einige Überlieferungsstücke vorgefunden, die er bearbeitet und zusammengefügt hat. Ankündigung und Geburt des Johannes wurden im Anhängerkreis des Täufers überliefert. Diese Tradition wurde mit den Stücken von Jesu Geburt und seiner Begrüßung im Tempel verschränkt. Ob der Evangelist die Ankündigung der Geburt Jesu ebenfalls vorgefunden hat, ist umstritten. Die Geburtsgeschichte hängt traditionsgeschichtlich jedenfalls nicht direkt mit der Ankündigung zusammen. Der Evangelist hat die vorgefundenen Erzählungen bearbeitet und in sein Evangelium integriert. Mit der abschließenden Erzählung von Jesus im Tempel gestaltet er die Überleitung zum weitergehenden Text.

2.1 Lk 1,46–55: Das Magnifikat. Die hermeneutische Funktion der hymnischen Stücke wird besonders bei dem Lobgesang der Maria deutlich (1,46–55). Für den Fortgang der Erzählung wäre das Magnifikat entbehrlich; es geht nicht auf die Geburt ein. Gleichwohl gibt es eine Verstehenshilfe für diese Geburt – und für das ganze Evangelium.

Lobgesänge und Psalmen spielten für Israel zu allen Zeiten eine herausragende Rolle. Als Psalm kann man das Magnifikat in der Tat bezeichnen, genauer als einen Psalm, der aus vielen Schriftstellen, vor allem aus den Psalmen, zusammengesetzt ist (→ VIII. Psalmen):

46	Und Maria sprach: Es preist meine Seele die Größe des Herrn.	Ps 34,3; 35,9
47	Und es frohlockt mein Geist über Gott, meinen Retter.	Jes 61,10; Hab 3,18
48	Denn er hat die Niedrigkeit seiner Magd gesehen.	1 Sam 1,11; 9,16
	Denn siehe, von jetzt an werden alle Geschlechter mich selig preisen.	Ps 72,17
49	Denn Großes hat der Mächtige an mir getan	Ps 71,19
	Und heilig ist sein Name.	Ps 111,9
50	Und sein Erbarmen für Geschlechter und Geschlechter für die, die ihn fürchten.	Ps 103,11.17.19. u.ö.
51	Macht hat er (aus)geübt mit seinem Arm.	Ps 118,15; 89,11
	Zerstreut hat er die, die in den Gedanken ihres Herzens hochfahrend sind.	Spr 3,34
52	Mächte hat er von Thronen gestürzt und Niedrige erhöht.	Hiob 12,19; 5,11
53	Hungrige hat er mit Gütern gefüllt.	Ps 107,9
54	Er hat sich Israels, seines Knechts, angenommen,	Jes 41,8
	damit er sich an sein Erbarmen erinnere.	Ps 98,3
55	Wie er unseren Vätern, Abraham und seinen Nachkommen, gesagt hat, für immer.	Mi 7,20; 2 Sam 22,51

Diesen aus Zitaten zusammengesetzten Lobgesang (in der Psalmenforschung spricht man vom »Danklied eines einzelnen«) legt der
Evangelist nun der Maria in den Mund. Neben den vielen Zitaten
fallen die Verben in der Vergangenheit auf. Dieser Sachverhalt erklärt sich vom Danklied her: Der Psalmbeter dankt für erfahrene
Begleitung oder Rettung. Im jetzigen Kontext bezieht sich der Dank
auf das schon geschehene Handeln Gottes an Maria. Gott hat die
Niedrigkeit seiner Magd angesehen. Mit der Niedrigkeit ist ein wichtiges Thema des Evangeliums angeschlagen. Gerade bei Lk nimmt
Jesus sich der Niedrigen und Verachteten an (7,36–50; 15,4–10.11–32;
18,9–14; 19,1–10), gerade hier werden die Armen selig gepriesen
(6,20) – weil Gott selbst es ist, der Not wendet und Unterdrückte befreit. Die Niedrigkeit der Maria ist vor diesem Hintergrund nicht
nur Ausdruck der Demut, sondern hat ganz realen Klang, und es
deutet sich schon an, dass das Lied über die eine Person und über
das bisherige Handeln Gottes hinausgeht. Ab V.50 kommen diejenigen in den Blick, die (wie Maria) Gott fürchten, und das »für immer« in V.55 zeigt, dass die Erfahrung der Vergangenheit den Blick
öffnet für künftiges Handeln Gottes. Schon der Gruß der Elisabeth
V.45 weist auf die künftige Vollendung des Handelns Gottes hin.

Damit gewinnt das Magnifikat am Anfang des Evangeliums eine
programmatische Funktion: Gott hat in der Geschichte Israels ge-
handelt – und wird weiter handeln, über Israel hinaus an allen, die
an ihn glauben (vgl. V.51 ff.). Wie er das tun wird, zeigt der Zusammenhang. Das Danklied einer Frau, die ein Kind erwartet, verweist
darauf, dass dieses Kind Gottes erbarmendes Handeln zur Vollendung bringen wird. Es wird ein Handeln nicht nur an der Einen,
sondern an den Vielen sein, und es wird sich als Zuwendung zu
den Geringen und Niedrigen zeigen. Weil aber Menschen gerne auf
ihren eigenen Thronen sitzen, bedeutet die Zuwendung Gottes zu
den Niedrigen zugleich das Gericht an den Selbstherrlichen (vgl.
6,24–26). So wird das Magnifikat zum Vorzeichen für das ganze
Evangelium.

2.2 Lk 2,1–20: Jesu Geburt. Was im Magnifikat angedeutet ist, entfaltet die Geburtsgeschichte. Sie lässt sich in V.1–7 und 8–20 unter-
teilen, wobei der zweite Teil als Offenbarungsgeschichte die Geburt
in Bethlehem in ihrer eigentlichen Bedeutung enthüllt.

Da Maria nach Nazareth gehört (1,26), der Geburtsort Bethlehem
als Tradition aber bereits vorgegeben ist, muss der Evangelist beide
Orte miteinander verbinden. Er tut dies, indem er die Geschichte

Jesu mit der Weltgeschichte verschränkt (vgl. 1,5; 3,1 f.). Josef und
Maria müssen auf Grund eines Zensus vorübergehend nach Bethlehem. Diese Verknüpfung ist historisch problematisch[3]; gleichwohl
trifft Lk durchaus die Tendenz des Kaisers und der Zeit.

Augustus steht für eine »politische Theologie«, in der die Einheit des Reiches auch theologisch begründet und vor allem in den Ostprovinzen durch
die göttliche Verehrung des Kaisers selbst unterstützt wird. Politisch kommt
sein Herrschaftsanspruch in der pax romana, dem »römischen Frieden«
zum Ausdruck, der faktisch Befriedung durch Unterwerfung bedeutet und
zu dessen Mitteln auch die Volkszählung gehört. Diese Politik stößt in frommen Kreisen Judäas auf Widerstand. Das Volk zu zählen (das nach biblischer Überzeugung Gott gehört) ist legitim nur im Auftrag Gottes (vgl.
Num 1; 26), nicht aber aus politischem Machtwillen. Der Zensus ruft deshalb politischen Widerstand hervor, und die Entstehung der zelotischen Bewegung ist nach Josephus (Bellum Judaicum II 8,2 § 118) in der Tat mit einer
Volkszählung verbunden.

Lk lässt Joseph wegen der Zählung mit seiner schwangeren Braut[4]
nach Bethlehem reisen; er befolgt den Aufruf zum Zensus und boy-
kottiert ihn nicht (wie die Zeloten). In Bethlehem kommt Jesus zur
Welt. Die Eltern müssen ihr Kind in einen Futtertrog legen, weil sie
sonst keine Bleibe finden. Dies sind nur knappe Linien, aber im Rahmen des weltgeschichtlichen Vergleichs sind sie sprechend: Das Kind,
um das es hier geht, wird unter ärmlichen Umständen als Kind von
Eltern geboren, die unterwegs sind auf unfreiwilliger Wanderung.
    Gedeutet wird die Geburt durch die Hirtenepisode. Hirten wur-
den in der späteren rabbinischen Literatur häufig negativ beurteilt.
Das ist aber in Lk 2,8–20 nicht der Fall. Im Umkreis von Bethlehem,
der Davidsstadt, wird man vielmehr daran erinnert, wie David von
der Schafherde weg zum König gesalbt (1 Sam 16,11 ff.) und zum
»Hirten Israels« wurde. Sowohl die Stadt (vgl. das Zitat Mi 5,1) als
auch die Hirten verweisen auf die messianische Bedeutung des Ge-

---

3 Eine Zählung für die in Frage kommende Zeit ist nicht belegt; auch reden die
  Quellen nie (wie 2,1) von einem Zensus im gesamten Reich, sondern nur in Pro-
  vinzen. Volkszählungen setzen üblicherweise die Einschreibung am Wohnort
  voraus. Schließlich stimmt die Chronologie des Lk nicht mit den Angaben des
  Geschichtsschreibers Josephus überein (Antiquitates XVII 13,5 § 355 – XVIII
  1,1 § 1; 2,1 § 26), demzufolge Quirinius erst 6 n.Chr. in die Provinz Syrien kam.
4 Das griechische Wort bezeichnet die Verlobung. Die Verlobung wurde allerdings
  in rechtlicher Hinsicht bereits als bindendes Versprechen angesehen, und zumindest ein Teil der Brautsumme wurde gezahlt.

schehens. Darauf deutet auch die Botschaft der Engel V.10 f. hin. Der Christus ist der Gesalbte Gottes, der Messias in alttestamentlich-jüdischer Tradition, dem die Herrschaft zukommt; *kyrios*, der Herr, bringt dies für griechisch sprechende Leser zum Ausdruck. Dieser Christus und Herr ist zugleich der Retter (*Luther* übersetzt Heiland), ein Titel, der in der Septuaginta den Richtern (Ri 3,9.15 u.ö.) und Gott selbst beigelegt wird (Ps 24[23],5), mit dem sich aber auch hellenistische Herrscher gerne schmückten. Dieser Retter, Christus, Kyrios ist – ein Kind im Futtertrog. Was die Hirten hören, konnten Leserin und Leser schon ahnen, und gemeinsam erfahren sie nun die theologische Bedeutung dieser Geburt; sie gehört in das Heilshandeln Gottes an seinem Volk hinein (V.14). Durch sie sind Gottes Herrlichkeit und der Friede auf Erden miteinander verbunden[5]. Dies ist der Inhalt des Lobgesangs der Engel, die in einer plötzlichen Epiphanie den Hirten erscheinen. Dass die Botschaft der Engel nicht nur den Hirten gilt, sondern weiter gegeben werden soll, zeigt V.17 f. Noch vor dem eigentlichen Ende ihres Besuches breiten sie »das Wort« aus und alle staunen, die es hören. Hier kommen erneut Leserinnen und Leser des Evangeliums in den Blick (die mit staunen sollen) und darüber hinaus alle, die von dieser Botschaft künftig erreicht werden. In diesem Zusammenhang ist auch das »heute« V.11 wichtig. Es ist das »heute« der erzählten Begebenheit, zugleich aber das gegenwärtige »heute« derer, die wie die Hirten die Botschaft der Engel vernehmen[6]. So werden in dieser Geschichte die Herrlichkeit Gottes und die ärmliche Geburt verbunden, der himmlische Chor und der Friede auf Erden, der gar nicht »behütete« Lebensanfang dieses Kindes und seine messianische Bedeutung, die Weltgeschichte und der abgelegene Winkel. Die Spannung, die dadurch aufgebaut wird, durchzieht das ganze Evangelium.

2.3 Lk 2,40–52: Der Zwölfjährige Jesus im Tempel. Dass hier eine Episode aus der Kindheit Jesu geschildert wird, macht diese Geschichte keineswegs zur »Kindergeschichte«. Im Gegenteil, sie ist mit theologischen Hinweisen voll gepackt. Eingerahmt ist die Episode mit zwei Sammelbemerkungen in V.40.52, die die Weisheit Jesu und seine von der Gnade geprägte Beziehung zu Gott hervorheben. Die Bege-

---

5 Die lateinische Übersetzung hominibus bonae voluntatis hat den Text moralisch verstanden: Der göttliche Friede gelte (nur) den Menschen guten Willens. Dies entspricht nicht dem Wortsinn; das Wohlgefallen ist bei Lk (10,21; 3,22; 12,32) immer das Wohlgefallen Gottes.

6 Vgl. auch Lk 4,21; 5,26; 19,9; 23,43.

benheit im Tempel führt beides exemplarisch aus. Seine besondere Weisheit zeigt sich daran, dass er bereits als Kind[7] mit Gelehrten auf gleicher Ebene diskutieren kann, und zwar nicht irgendwo, sondern im politischen und religiösen Zentrum Israels. Das Motiv des Erstaunens über die Weisheit Jesu findet sich später ähnlich in 4,32, wo die Menge sich über seine Lehre in Vollmacht wundert. In der Geschichte wird auf der einen Seite die Beziehung zwischen Jesus und seinen Eltern dargestellt: Jesus geht mit ihnen nach Jerusalem und auch wieder nach Nazareth zurück, wo er sich als gehorsamer Sohn erweist. Dem wird die Beziehung des Sohnes zu Gott als seinem Vater gegenüber gestellt (V.49), die in der Geburt bereits deutlich wurde und im folgenden Evangelium expliziert wird. Die Antwort Jesu an seine Mutter steht als Vorzeichen über dem ganzen Leben Jesu. So stellt V.49 auch die inhaltliche Pointe der Erzählung dar; sie zeigt gewissermaßen, »wo Jesus hin gehört«.

Die Sammelaussagen in V.40 und 52 ordnen dieses Aufblitzen der eigentlichen Identität und Bedeutung Jesu in die Normalität der Eltern-Kind-Beziehung ein. Die Eltern sind als fromme Leute dargestellt, die dem Brauch und den gesetzlichen Vorschriften gehorchend nach Jerusalem ziehen. Jesus fügt sich darin ein. Aber das Hinaufgehen nach Jerusalem am Anfang der Jesusgeschichte weist voraus auf das andere Hinaufgehen am Ende seines irdischen Lebens (vgl. 18,31; 19,28). Mit Hilfe dieser Elemente wird die Episode zu einem Scharnier zwischen der Vorgeschichte und der von Kapitel 3 an erzählten Jesusgeschichte. Sie stellt die Verbindung in zeitlicher Hinsicht (zwischen Geburtsgeschichte und den ab 3,1 folgenden Erzählungen vom erwachsenen Jesus) und durch die vielen Vorausverweise auch in theologischer Hinsicht her. Mit einer Leseanweisung schließt die Vorgeschichte ab: So wie Maria bei der Geburt die Botschaft der Hirten (eigentlich: der Engel) behält und in ihrem Herzen bewegt, so auch hier (V.51). Sie gibt damit den Leserinnen und Lesern die Anleitung, es ihr beim Weiterlesen gleichzutun und das, was über das Kind gesagt ist, im weiteren Verlauf der Erzählung immer wieder in Erinnerung zu rufen.

---

7 Die Bar Mizwa mit 12 Jahren und damit der Übergang zum Erwachsenenalter ist für die Zeit Jesu noch nicht belegt. Der Ton liegt darauf, dass gerade der noch nicht erwachsene Jesus den Gelehrten ebenbürtig ist.

3. Die Kindheitsgeschichten nach Matthäus

3.1 Mt 1,18–25: Die Geburt Jesu. Die Geburtsgeschichte in Mt 1,18–25 hat mit der von Lk nur wenig zu tun. Sie verfolgt eigene Absichten und ist durch Querverbindungen eng mit dem vorangehenden Stammbaum[8] und den folgenden Kapiteln verbunden. Die Gerechtigkeit des Josef wird besonders hervorgehoben (V.19), und zwar als eine im Sinne der Liebe ausgelegte Gerechtigkeit: Trotz des offensichtlichen Ehebruchs[9] will er seine Verlobte nicht öffentlich bloß stellen, sondern heimlich entlassen. Eine auf das Tun der Liebe zielende Gerechtigkeit ist ein Grundgedanke im Matthäusevangelium[10]. Die Namensgebung steht im Mittelpunkt der Geschichte. Das Kind soll Jesus heißen, und schon in dem Namen (*Jeschua* – Gott [Jahwe] ist Hilfe) liegt ein »Programm«. Deshalb wird dieser Name auch gedeutet: Einmal mit dem Hinweis, dass er sein Volk von den Sünden retten wird[11], zum anderen durch die im folgenden Zitat aus Jes 7,14 gegebene Deutung mit Hilfe des Namens Immanuel. Immanuel ist an und für sich kein gebräuchlicher Name oder Titel für Jesus. Aber Mt übersetzt ihn eigens und hebt ihn dadurch hervor. Die Absicht, die darin liegt, wird an einigen anderen Stellen des Evangeliums deutlich, vor allem in 18,20 und 28,20: Hier wird das »Gott mit uns« durch »Ich bin unter ihnen« und »Ich bin bei euch alle Tage« aufgenommen und interpretiert. Deshalb kann man 1,23 und 28,20 als einen Rahmen ansehen, der sich um das ganze Evangelium spannt.

Von geringerer Bedeutung ist dagegen der Hinweis auf die *Jungfrauengeburt* im Zitat aus Jes 7,14. Im hebräischen Text ist von einer jungen Frau die Rede, und Jes hat eindeutig nicht an eine Jungfrau oder einen nach vielen Jahrhunderten geborenen Messias gedacht. Mt zitiert aber nicht den hebräischen Text, sondern dessen griechische Übersetzung, die Septuaginta, die an dieser Stelle in einer ungewöhnlichen Übersetzung das Wort *parthénos* = Jungfrau bietet. Im griechischen Denk- und Sprachraum sind Zeugungen ohne Zutun eines menschlichen Vaters mehrfach überliefert, vor allem bei Königen, Heroen oder Philosophen. Mt greift also ein vorgegebenes Motiv

---

8 Vgl. das Stichwort *genesis* = Anfang, Ursprung in 1,1.18.
9 Vgl. oben, Anm. 4. Auch hier gilt die Verlobung bereits als bindende Verpflichtung. Bis zur Hochzeit wohnte die Verlobte im Haus des Vaters und hatte mit dem Bräutigam keinen Geschlechtsverkehr.
10 Vgl. 5,17–19 mit den folgenden Antithesen, besonders mit 5,43–48, und auch 25,34–40.
11 Das ist nach verbreiteter jüdischer Auffassung die Aufgabe des Messias, vgl. Ps Sal 17.22 ff.; äth Hen 62,2 u.ö.; vgl. auch Mt 9,8; 26,28.

auf, mit dem er die Besonderheit Jesu schon durch die Umstände seiner Geburt darlegt. Dieses Motiv wird im späteren Evangelium aber nicht mehr erwähnt (es fehlt auch im Stammbaum Jesu in 1,16, der auf Josef hinausläuft; vgl. auch Lk 3,23). Aufgegriffen werden vielmehr die Deutungen, die sich an den Jesusnamen anschließen. Hier liegen für den Evangelisten offenbar die zentralen Aspekte der Geschichte (→ TLL 1, Geburt Jesu/Weihnachten, 87 ff.).

3.2 Mt 2,1–12: Die Weisen. Die Erzählung von der Huldigung Jesu durch die Magier (2,1–12) und der folgende Abschnitt 2,13–23 mit der Flucht nach Ägypten, dem Kindermord und der Rückkehr gehören inhaltlich eng zusammen und wurden vermutlich schon vor Mt gemeinsam überliefert. Verschiedene Motive der Erzählung sind in der Antike weit verbreitet. Das betrifft zunächst das Motiv der Gefährdung und Rettung eines herausgehobenen Kindes, sei es eines Königskindes oder eines von Gott erwählten Kindes. In der biblischen Tradition ist besonders an die Mosegeschichten in Ex 1 f. zu denken. Mit dem Motiv der Rettung gehört häufig die Vernichtung Unschuldiger zusammen (vgl. 2,16–18). Mehrfach findet sich auch die Vorstellung, dass mit der Geburt herausragender Menschen besondere Himmelserscheinungen einhergehen. Die Geburt Alexanders, Neros oder des Asklepios werden ebenfalls mit Himmelserscheinungen in Verbindung gebracht. Möglicherweise steht auch die sog. »Bileamweissagung« Num 24,17 im Hintergrund: »Ein Stern geht auf in Jakob, ein Zepter erhebt sich in Israel. Er zerschlägt Moab die Schläfen und allen Söhnen Sets den Schädel«. In Qumran wurde diese Weissagung messianisch gedeutet (1QM 11,6; CD 7,19), und es ist gut möglich, dass solche Deutungen auch die matthäische Erzählung beeinflusst haben. Der Stern selbst hat hier allerdings keine christologische Bedeutung, sondern dient als Hinweis auf Gottes Führung[12].

Die Erzählung stellt die Magier[13] und den König Herodes einander gegenüber. Zwar suchen beide den »neugeborenen König der Juden«, aber aus unterschiedlichen Motiven. Die Magier erkennen

---

12 Von den üblichen astronomischen Erklärungen (eine Supernova, ein Komet, die Jupiter-Saturn-Konstellation, die im Jahr 7/6 v. Chr. auftrat) wäre am ehesten an die dritte Möglichkeit zu denken. Für die Interpretation der Geschichte sagt dies aber wenig. Der Stern führt die Weisen als »Werkzeug« Gottes nach Bethlehem.

13 Bei den »heiligen drei Königen« handelt es sich um *magoi*, um Gelehrte aus dem Osten, die zwischen Magiern, Astrologen/Astronomen und Theologen anzusiedeln sind.

auf Grund ihrer Beobachtung des Himmels in dem Stern ein Zeichen auf den König der Juden, sie suchen ihn, huldigen ihm[14] und bringen ihm Geschenke. Dagegen sieht Herodes in diesem Kind von vornherein (V.3) einen gefährlichen Konkurrenten, den er im folgenden Abschnitt umzubringen trachtet (vgl. die parallelen V.2 und 8; von dem Stern ist in Jerusalem nicht die Rede). Dadurch kommt die eigentliche Opposition in dieser Erzählung zum Vorschein, nämlich die zwischen dem neugeborenen (wahren) König der Juden und dem falschen König (der sich sogar an seiner Bevölkerung vergreift). In dieser Opposition deutet sich eine Grundstruktur des Evangeliums an: Jerusalem, der Hof und die einflussreiche Elite, lehnen Jesus ab, und am Ende wird Jerusalem die Stadt sein, in der Jesus stirbt (vgl. 27,25); die Heiden dagegen kommen zu Jesus. Hier wird im Ansatz sichtbar, was später von 10,5 f. an über 21,43 bis hin zum Taufbefehl (28,18–20) ausgeführt wird.

Das Zitat in V.6 ist eine Kombination aus Mi 5,1 und 2 Sam 5,2 Septuaginta (»der mein Volk Israel weiden soll«). Mit 2 Sam 5,2 wird Bezug genommen auf die Davidgeschichte. Das Zitat macht deutlich, dass der »Fürst«, der Messias, in der Tradition Davids steht und dass nunmehr die messianische Erfüllung der dem David gegebenen Verheißung ansteht (vgl. 1,1 das Buch vom Ursprung Jesu Christi, des Sohnes Davids).

3.3 Mt 2,13–23: Gefährdung und Bewahrung des Kindes. Um die Erfüllung von Verheißungen geht es auch in 2,13–23. Jeder der drei Unterabschnitte (V.13–15.16–18.19–23) wird mit einem Zitat abgeschlossen. Diese Zitate sind für den Evangelisten Mt charakteristisch. Sie werden alle[15] durch eine ähnliche Formel eingeleitet (damit erfüllt würde, was gesagt ist); man bezeichnet sie deshalb als Erfüllungszitate oder Reflexionszitate, weil sie die Geschichte Jesu vor dem Hintergrund der alttestamentlichen Verheißungen reflektieren. Hieran zeigt sich, dass Mt in besonderer Weise daran liegt, die Jesusgeschichte in Verbindung zu bringen mit dem AT. Die Zitate selbst sind nur teilweise gesichert. V.23 findet sich in dieser Form nicht im AT. Mt ist aber offenbar wichtig, dass Jesus – trotz seiner Geburt in

---

14 Das Verb *proskyneo* bezeichnet die Verehrung durch das Sich-zu-Boden-Werfen; später wird es im Evangelium von Hilfesuchenden (8,2; 9,18; 15,25) und den Jüngern Jesu (14,33; 28,9.17) gegenüber Jesus ausgesagt. Die Huldigung durch die Magier unterstreicht, dass Mt in Jesus von Anfang an den Davidssohn (1,1), den Gottessohn (1,21; 2,15) und den Immanuel (1,23) sieht.

15 Außerdem 4,14–16; 8,17; 12,17–21; 13,35; 21,5; 26,31; 27,9f.

Bethlehem, die ihm von seiner Tradition her vorliegt – der Nazoräer (eine Nebenform von Nazarener) ist, also aus Nazareth kommt. Dabei handelt es sich nicht nur um eine geographische Notiz, sondern auch um eine theologische. 4,13 ff. interpretiert den Beginn der öffentlichen Wirksamkeit Jesu nämlich wiederum mit einem Erfüllungszitat, in dem das »Galiläa der Heiden« (dort liegt Nazareth) eine Rolle spielt. Der Herkunftsort Nazareth weist von Anfang an auf den Weg hin, den Jesus zu den Heiden gehen wird.

Unabhängig von den Einzelfragen liegt die Erzählabsicht auf der Hand: Hinter dem Geschick des Kindes, hinter seiner Gefährdung, Flucht und Rettung, hinter der Geburt in Bethlehem und der Rückkehr nach Nazareth, hinter all dem steht Gottes Plan, der durch die Propheten längst kundgetan ist. Dem entspricht der Gehorsam des Josef, der den Weisungen, die er im Traum erhält, ohne Zögern folgt (V.14.21). Mt unterstreicht die göttliche Lenkung mit Hilfe der Reflexionszitate[16]. Und wenn nach V.15 Gott durch den Propheten von seinem Sohn spricht, lassen sich die Verbindungslinien unschwer erkennen: Was hier angedeutet wird, ist in 3,13–4,11 näher entfaltet. Denn Jesus ist wohl Sohn Davids und Sohn Abrahams (1,1), vor allem aber ist er Sohn Gottes. So handelt es sich bei diesen Geschichten, ähnlich wie bei denen des Lk, um »Grundgeschichten« für das gesamte Evangelium.

4. Systematisch

Weihnachten kann ohne Kreuzigung und Auferstehung nicht gedacht werden. In dieser Verbindung liegt immer schon eine kritische Spitze gegen die übliche mandelduftende Weihnachtsromantik. Aber richtig ist auch das Gegenteil: Zumindest für Mt und Lk gibt es Ostern nicht ohne die Geschichten von der Geburt Jesu. Für diese Evangelisten hängt beides offenbar zusammen. Deshalb geht es in systematisch-theologischer Hinsicht nicht *in erster Linie* um Kulturkritik. Es geht vielmehr darum, die eigenen Wirkmöglichkeiten die-

16 Das Zitat V.17 f. wird nicht direkt auf Gott zurückgeführt. Gleichwohl fällt auf, dass sich das Problem der Theodizee (Wie kann Gott zulassen, dass zur Rettung des einen Kindes die vielen getötet werden?) für Mt offenbar nicht stellt. In der Auslegungsgeschichte wurden die Kinder als Vorbild der Märtyrer verstanden. In diesem Sinn feierte man den 28. Januar als das Fest der unschuldigen Kinder.

ser Erzählungen systematisch zu bedenken und in einem weiteren Schritt die dogmatischen Folgerungen durchzusehen, die an ihnen fest gemacht werden.

4.1 Kindheits-Erzählungen. Die Kindheitserzählungen entfalten christologische Überlegungen auf narrative Weise und im Anschluss an menschliche Grunderfahrungen. Zugleich komprimieren sie die Erfahrungen, die frühe Christen mit ihrem Glauben an Jesus gemacht haben. Weil diese Erzählungen in diesem Sinn Erfahrungsgeschichten sind, konnten sie durch die Jahrhunderte in besonderer Weise Erfahrungen bei denen hervorrufen, die sie gelesen haben. Sie laden gewissermaßen dazu ein, in sie einzutreten, sich in sie »verstricken« zu lassen[17] und sie auf diese Weise mit eigenen Erfahrungen anzureichern. Dies erklärt, dass sie zu christlichen »Grundgeschichten« geworden sind, die in die jeweils eigene Gegenwart hinein erzählt wurden. Wenn dabei die Anreicherungen bisweilen an der Aussageabsicht der Grundgeschichten vorbeigehen, stellt dies den Aufforderungscharakter der Geschichten nicht grundsätzlich in Frage, sie mit eigenen Erfahrungen zu verknüpfen. In diesem Zusammenhang wird auch verständlich, dass diese Geschichten relativ spät entstanden sind. Die vielen Querverbindungen zu den Hauptteilen der beiden Evangelien zeigen ja, dass sie nicht als Reportage des Anfangs, sondern als Deutung des gesamten Wirkens Jesu verstanden werden wollen. Dem entspricht ihre literarische Funktion, am Anfang Lesehinweise für die beiden Evangelien zu geben.

4.2 Jungfrauengeburt und Inkarnation. Weniger als Geschichten, sondern als Feststellungen hat man die Texte im Rahmen der Lehrentwicklung verstanden. Dies gilt besonders im Blick auf die Jungfrauengeburt (→ TLL 1, Geburt Jesu/Weihnachten, 88) und die Inkarnation. Prägende Kraft hat die Jungfrauengeburt vor allem durch den Eingang in das Glaubensbekenntnis bekommen. Aber schon die Tatsache, dass es sich um ein *Glaubens*-Bekenntnis handelt, zeigt: Es geht hier nicht um feststellbare Tatsachen, sondern um eine Deutung der Wirklichkeit durch den Glauben. Gleichwohl ist die Geburt durch eine Jungfrau immer wieder als Tatsachenbehauptung missverstanden worden. Als solche wäre sie jedoch höchst problematisch, weil in diesem Fall die christologische Grundaussage »wahrer Mensch und wahrer Gott« nicht mehr gelten würde; Jesus wäre

---

17 Vgl. *W. Schlapp*, In Geschichten verstrickt, Frankfurt [3]1985.

dann vielmehr halber Mensch und halber Gott. Deshalb kommt alles darauf an, die Aussage von der Jungfrauengeburt als metaphorische Rede[18] zu verstehen, als Versuch, die geglaubte Nähe Jesu zu Gott und damit seine Bedeutung für den Glauben zu umschreiben.

Diesem Versuch dient auch die theologische Aussage von der Inkarnation. Dass Gott Mensch wurde, lässt sich als theologischer Gedanke formulieren (vgl. Joh 1,14) oder als Erzählung ausführen. Mt und Lk wählen die Möglichkeit der Erzählung. Trotz der Gefahr, dass sie als Tatsachenbehauptung missverstanden werden kann, gehen sie dabei einen konsequenten Schritt. Denn wenn Gott Mensch wird, muss sich diese Menschwerdung menschlicher Erfahrung erschließen können. »Gott wird Mensch, dir, Mensch, zugute« (EG 36,2), das ist die Botschaft, die in den Kindheitserzählungen zum Klingen kommt. Dass die Evangelisten dabei zu einer Darstellungsform greifen, die uns heute schwer verständlich erscheint, darf man ihnen nicht zum Vorwurf machen; in ihrer Welt waren außergewöhnliche Vorgänge bei einer Geburt im Prinzip denkbar, wie verschiedene außerbiblische Belege zeigen. Dass das göttliche Wirken bei der Geburt Jesu gleichwohl unverfügbar bleibt, zeigt der Traum in Mt 1,20f. ebenso wie die passive Rolle der Maria in Lk 1,38.

5. Didaktisch

In didaktischer Hinsicht sind neben exegetischen und systematischen Erwägungen die Erfahrungswelt der Schüler/innen sowie die gesellschaftliche Realität als eigenständige Faktoren zu berücksichtigen. Trotz aller Kritik an ausufernder Kommerzialisierung, trotz der Oberflächlichkeit des Weihnachtslied-Gedudels und aufgesetzter Nächstenliebe bei tausend Weihnachtsfeiern zieht das Weihnachtsfest ganz diesseitige und ganz religiöse Sehnsüchte auf sich – wie kein anderes Fest. Während Schülerinnen und Schüler von Pfingsten kaum eine Vorstellung haben und mit Ostern nur selten die Auferstehung verbinden, bringen sie zu *Weihnachten* Erfahrungen, Erwartungen, Hoffnungen, vielleicht auch Enttäuschungen mit. Weihnachten gilt als Fest der Familie, der Kinder, des Friedens, der Nächstenliebe, des Schenkens. An Weihnachten kommt es vor, dass verfeindete Völker die Waffen ruhen lassen. Allein deshalb ist das Weihnachtsfest etwas Besonderes (so bedauerlich es ist, dass die

---

18 *W. Härle*, Dogmatik, Berlin/New York ²2000, 350.

Waffenruhe nur selten lange hält). Zu keiner anderen Zeit im Jahr werden so viele gute Wünsche ausgetauscht. Kein anderer Bibeltext kann es an Bekanntheit aufnehmen mit der Weihnachtsgeschichte des Lk. So gesehen ist Weihnachten didaktisch ein Glücksfall. »Hier konvergieren Schülererfahrungen, biblisch-theologische Ansprüche sowie kirchliche und gesellschaftliche Ansprüche« (→ TLL 1, Geburt Jesu/Weihnachten, 90). Die Verknüpfung von Situation und Tradition, dieses oft schwierige Unterfangen, geht hier leicht von der Hand. Wäre da bloß nicht die wie Weihnachten selbst alle Jahre wiederkehrende Frage: Was mache ich nur dieses Jahr in meiner Klasse? An Unterrichtsentwürfen und Arbeitsmaterialien herrscht allerdings kein Mangel – und meistens fördert die Durchsicht bereits gesammelter Materialien manchen bisher nicht realisierten Einfall zutage.

(1) In diesem Buch, das elementare Bibeltexte zum Inhalt hat, will ich den *bibeldidaktischen Zugang* hervorheben[19]. Dabei komme ich auf den Anfang zurück: Die Kindheitserzählungen sind nicht Dokumentation, sondern gedeutete Geschichte. Sie werden erzählt und gehört, und beim Hören kommt es zur Begegnung mit ihnen, zur Identifikation mit der ein oder andren Figur, zur Verknüpfung eigener Erfahrungen mit denen, die in die Geschichte eingegangen sind. Wichtig ist, die Kindheitserzählungen tatsächlich als Vorgeschichte zu den Evangelien zu lesen und auf Querverbindungen zu achten. Wer sie als in sich abgeschlossene Geschichten liest, überhört einen wesentlichen Teil ihrer Botschaft. In den Evangelien geht es um die Frage, wer Jesus ist und wer er für die Glaubenden ist. Mt und Lk greifen bei ihrer Antwort auch auf die Geburt zurück, aber eben nicht nur. Die Querverbindungen sind wichtig und reizen zur Entdeckung. Ein paar Wochen vor Weihnachten schon Jesusgeschichten ganz anderer Art zu behandeln, seine Zuwendung zu den Niedrigen, sein Achten auf die Kinder, seine Hilfe für die Kranken, seine Warnung an die Selbstsicheren – und dies dann vor dem Fest auf die Geburtsgeschichte hin zu bündeln, wäre dazu ein gangbarer Weg.

Auch *Rahmengeschichten* können auf diese Querverbindungen aufmerksam machen und den Sinn der christologischen Denkbewegung von der Glaubensaussage hin zur Glaubensgeschichte erhellen. Oder man sammelt Weihnachtsbilder und vergleicht sie mit den Texten; dabei lässt sich entdecken, was wir in diese Geschichten hinein lesen, aber auch, was tatsächlich in ihnen an Unentdecktem steckt.

19 *S. Berg*, Arbeitsbuch Weihnachten für Schule und Gemeinde, Stuttgart/München 1988, 46 ff.

(2) Einen anderen, *bildorientierten Zugang* verdanke ich der Kinderbibel »Die Nacht leuchtet wie der Tag«[20], in der Bilder von *Joan Miró* (Blau I-III aus dem Jahr 1961) neben die lukanischen Kindheitserzählungen gestellt werden. Insbesondere das Bild »Blau I« erweist sich auf Grund seiner Ausdrucksstärke und Offenheit als ertragreicher Gesprächsanlass (den ich skeptisch gewählt und überzeugend erlebt habe) bis hin zu der Frage nach dem Verhältnis von Gott und Mensch.

Ob nun text- oder bildorientiert: Für die Lehrenden ist es in jedem Fall unerlässlich, die *theologische Substanz der Kindheitserzählungen* zu kennen. Vorweihnachtliche Einfallslosigkeit rührt nicht selten daher, dass wir vorschnell meinen, wir würden die Geschichten in- und auswendig kennen. Natürlich kennen wir sie. Aber die Tatsache, dass sie durch Jahrhunderte erzählt und wieder erzählt werden, belegt, dass ein Potenzial in ihnen steckt, das wir noch nicht ausgeschöpft haben. Dies alles gilt im übrigen nicht nur für die *GS*. Gerade Schülerinnen und Schüler der *Sek I*, die Geschichten mit zunehmend kritischer Distanz betrachten, können an den Kindheitserzählungen in exemplarischer Weise lernen, wie wichtig Erzählungen für die Deutung des Lebens sind. Hier ist es von Vorteil, dass sich Weihnachtsgeschichten als Geschichten nicht zu rechtfertigen brauchen. Wenn dabei die Ungereimtheiten in den Erzählungen (etwa die Unausgewogenheit Bethlehem – Nazareth oder der unterschiedliche Bezug zur Jungfrauengeburt) auffallen, dann können sie als Anlass dienen für weitergehende Überlegungen zur Erzählabsicht dieser Geschichten.

(3) Andere didaktische Annäherungen haben daneben ihr eigenes Recht. Für unaufgebbar halte ich den *symboldidaktischen Zugang* zu diesem an Symbolen reichen Fest. Aber hierzu gibt es in der religionspädagogischen Literatur eine überwältigende Fülle an Vorschlägen.

LITERATURHINWEISE

U. Luz, Das Evangelium nach Matthäus (EKK I/1), Neukirchen-Vluyn/ Zürich u.a. 1985.
F. Bovon, Das Evangelium nach Lukas (EKK III/1), Neukirchen-Vluyn/ Zürich u.a. 1989.
H. Merklein, Die Jesusgeschichte – synoptisch gelesen, Stuttgart 1995, 32–54.

20 Bibel für junge Leute, Frankfurt a.M. 1992, 171 ff.

XIII. Streitgespräche

Das Zöllnergastmahl – Das Ährenraufen am Sabbat

Rainer Lachmann

Es gibt in den gängigen Lehrplänen für den RU kaum einen Themenkreis im Umfeld der Jesusthematik, in dem nicht das eine oder andere Streitgespräch aus den Evangelien begegnet. Zwar tauchen sie nicht so häufig auf wie etwa die Gleichnisse oder Wundergeschichten und werden in der Regel auch nicht ausdrücklich als Streitgespräche geführt, sind aber offenbar so wesentlich, dass man sie bei der Auseinandersetzung mit Jesus und seiner Bewegung nicht einfach ausklammern kann. Zumindest in historischer Hinsicht dürfte das unbestritten sein; inwieweit in den Streitgesprächen *Elementaria* christlichen Glaubens angelegt sind und inwieweit diese noch einen Sitz im Leben heutiger Schülerinnen und Schüler beanspruchen können, das soll im Folgenden in exemplarischer Auswahl und didaktischer Perspektivierung an den beiden Konfliktgeschichten vom »Zöllnergastmahl« (Mk 2,(13)15–17) und »Ährenraufen am Sabbat« (Mk 2,23–28) bedacht werden.

1. Kurzinformation

Die beiden Perikopen gehören formgeschichtlich zur Gattung der sog. *Streitgespräche* (englisch = *conflict stories*). Im Unterschied zu den verwandten Schul- oder Lehrgesprächen, die einen Konsens zwischen den Fragenden und dem Antwortenden voraussetzen, geht es in den Streitgesprächen »regelrecht« um Streit, um strittige Fragen zwischen Jesus bzw. seinen Jüngern und ihren Gegnern. *Drei charakteristische Elemente* konstituieren für gewöhnlich das Streitgespräch:
– Die Konfliktsituation, die durch ein anstößiges Verhalten Jesu oder
   seiner Begleiter heraufbeschworen wird
– die Frage oder der Vorwurf der Gegner
– ein Jesuswort (= Logion) zur Klärung des Streitpunktes.

Dabei ist unübersehbar, dass auf dem pointiert formulierten Logion das Hauptgewicht liegt. Ursprünglich wohl selbstständig, wird es mit Frage und Antwort zu einem Disput gestaltet und historisierend einer Situation zugeordnet, die den szenischen Rahmen abgibt. Insofern können die Streitgespräche als »ideale Szenen« gesehen werden, in denen »eine bestimmte – sei es im Wirken Jesu, sei es im Leben der urchristlichen Gemeinde – verhandelte Streitfrage konstruktiv in Szene gesetzt wird«[1]: Darf man mit Zöllnern und Sündern Tischgemeinschaft haben? Darf man am Sabbat Ähren raufen?

Von daher besitzen die konkreten Einzelszenen stets auch typische und symbolische Züge für viele mögliche Fälle, und darf die Wahrheit des Logions bei all seiner Raum- und Zeitgebundenheit nicht fixiert bleiben auf nur eine historische Situation und sei es die Ursprungssituation. Die Überlieferungs- und Entstehungsgeschichte der Streitgespräche auf ihrem Weg von der originalen Konfliktsituation etwa im Leben Jesu über zunächst mündliche Überlieferung und dann schriftliche Fixierungen in und aus Situationen der frühchristlichen Gemeinden bis hin zu den uns vorliegenden Sammlungen von Streitgesprächen in Mk (2,1–3,6 u. 11,27–12,34) und deren Einarbeitung und Einpassung in Mt und Lk lässt die kontinuierliche »der jeweilig aktuellen Situation angepasste« Fortschreibung der Streitgespräche ganz deutlich werden[2]. Das befreit besonders in didaktischer Hinsicht zu einem situationsoffenen Umgang mit den verschiedenen Überlieferungsstadien und -fassungen, welche die Streitgespräche bis heute erlebt haben.

Was die *Historizität der Streitgespräche* und ihrer szenischen Gestaltungen betrifft, so legen die traditions- und formgeschichtlichen Beobachtungen die Annahme nahe, dass es sich bei ihnen nicht um Berichte von tatsächlich so geschehenen Ereignissen handelt. Sie haben als Glaubenszeugnisse vor allem ein Verkündigungsinteresse und wollen deshalb auch nicht im Sinne historischer Berichterstattung verstanden und ausgelegt werden. Dessen unbenommen stellt sich aber unter dem Anspruch der Kontinuität zwischen vorösterlichem Jesus und auferstandenem Christus für die Botschaft der Streitgespräche die Frage nach dem ursprünglichen »Sitz im Leben« des historischen Jesus und damit nach dem Recht, sich auf ihn berufen zu können. Dabei geht es sicher nicht darum, ob sich die Streitgespräche im Einzelnen genau so abgespielt haben, wie in den Evan-

---

1 *H. Stock//K. Wegenast/S. Wibbing,* Streitgespräche (HRU 5), Gütersloh 1968, 8.
2 *H. Ulonska,* Streiten mit Jesus, Göttingen 1995, 13.

gelien berichtet, wohl aber um die historische Authentizität und den
Rückhalt am raumzeitlichen Grundereignis Jesus von Nazareth.

Bei aller fiktiv konstruierten und kerygmatisch stilisierten Prägung der einzelnen Streitgespräche bleibt deshalb die historisch kritische Arbeit legitimes Anliegen, von dem bis heute keine theologische, um Gegenwartsrelevanz bemühte Interpretation dispensiert
werden kann. So gesehen ergibt sich gerade hinsichtlich der Tischgemeinschaft mit den Zöllnern und der Sabbatkonflikte »die große
Wahrscheinlichkeit, daß in ihnen geschichtliche Vorfälle aus den Er-
dentagen Jesu fixiert worden sind«[3].

An der *Frage nach den Gegnern Jesu* in den Streitgesprächen lässt
sich die historisch theologische Problematik beispielhaft verfolgen:
Als typische bzw. typisierte Gegner begegnen bei Mk vorrangig die
Pharisäer, die als Repräsentanten jüdischer Gesetzesfrömmigkeit
und – mit unheilvollen Folgen – des Judentums überhaupt dargestellt werden. Sie verkörpern den »Typos des Bösen«, erleben im
Disput eine Niederlage nach der anderen, bleiben aber verstockt
und erkennen die vollmächtige Überlegenheit Jesu nicht an, sondern trachten ihm nach dem Leben (Mk 3,6). Was von ihnen »gesagt
wird, ist allgemeiner Natur, an keiner Stelle werden« sie »näher charakterisiert«. Entsprechend wird auch kein »historisches Bild der
Pharisäer« zur Zeit Jesu gezeichnet[4]. Was sich feststellen lässt, ist
eher der Niederschlag einer geschichtlichen Situation, in der »die
Pharisäer in Palästina gesiegt und das Judentum« bestimmt haben,
während die judenchristlichen Gemeinden ihnen in Palästina unter-
lagen, dafür aber außerhalb Palästinas erfolgreich waren[5].

Weder historisch noch biographisch interessieren die Gegner in
den Streitgesprächen, vielmehr sind ihre Typisierung und Stilisierung
primär kerygmatisch und christologisch gesteuert und motiviert: Es
geht im Streit mit ihnen im Letzten stets um den Vollmachtsanspruch
Jesu, mit dem die Pharisäer und ihre kasuistische Gesetzespraxis konfrontiert werden. Dieses leitende Anliegen typisiert die Gegner und
relativiert die Bedeutung der historischen Erstsituation und das Interesse an Zeit, Ort und genauem Ablauf der von Jesus wirklich geführ-
ten Auseinandersetzungen. Die Erinnerung daran dürfte sich immerhin in den Streitgesprächen der Evangelien ebenso gehalten haben

3 *J. Roloff*, Das Kerygma und der irdische Jesus, Göttingen 1970, 69.
4 *W. Weiß*, »Eine neue Lehre in Vollmacht«. Die Streit- und Schulgespräche des
  Markus-Evangeliums, Berlin/New York 1989, 335 u. 343.
5 *H. Ulonska*, aaO., 188 ff.

Rainer Lachmann

wie die Anlässe, die sie provoziert haben könnten: kritische Lehren über die Tora und ihre rechte Auslegung, vorgetragen und vertreten mit Vollmacht und radikalem Anspruch!

2. Exegetisch

2.1 Mk 2,(13)15–17 par: Das Zöllnergastmahl

Die Perikope Mk 2,13–17 (Mt 9,9–13/Lk 5,27–32) ist bei Mk Teil einer ersten Sammlung von Streitgesprächen: Sie beginnt in 2,1–12 mit dem Streit um die Sündenvergebung im Zusammenhang mit der Heilung eines Gelähmten, setzt sich in 2,18–22 mit der Fastenfrage und in 2,23–28 mit dem Ährenraufen am Sabbat fort und endet in 3,1–5 mit der Heilung »der verdorrten Hand am Sabbat« und dem Todesbeschluss (V.6). Das eigentliche Streitgespräch findet sich in den V.15–17. Die V.13 f. haben demgegenüber eine über- und einleitende Funktion, die freilich mit der Berufung des Zöllners Levi in die Nachfolge (V.14) unverzichtbare Relevanz für das Streitgespräch selbst hat. Verstehen wir nämlich mit *Walter Schmithals* das Jesus-Logion in V.17b als »Schlüssel zum Verständnis des ganzen Abschnitts«[6], so ist damit nicht nur eine essenzielle Verbindung zum vorangehenden Streitgespräch über die Vollmacht der Sündenvergebung herausgestellt, sondern auch zur Berufung des Levi, die damit gleichsam zur Gleichnishandlung des Wortes Jesu wird. Interessant ist dabei die geschickt inszenierte Abstufung vom Konkreten zum Allgemeinen, vom namentlich genannten »Levi, dem Sohn des Alphäus«, der am Zoll sitzt (V.14) zu den »Zöllnern und Sündern« (V.15), den »Sündern und Zöllnern« (V.16), mit denen Jesus am Tisch sitzt, und den »Sündern«, die zu rufen Jesus gekommen ist (V.17)!

(1) An den *Zöllnern* zeigt sich, was wir schon in Bezug auf die Pharisäer festgestellt haben: Sie werden typisiert und gelten nicht nur bei Mk, sondern im gesamten NT als *die* exemplarischen Sünder schlechthin. Gleichzeitig schimmert gerade in der Mk-Fassung historisch greifbare Erinnerung durch, wenn sie so biografisch dezidiert von dem gerufenen Jünger namens Levi erzählt, der sonst nirgends mehr vorkommt und deshalb wohl auch von Mt in den Jünger Matthäus (9,9), den Zöllner im Zwölferkreis (10,3), umgedeutet wird. Solche historische Reminiszenz könnte man sich auch für Jesu Gastmahl mit den Zöllnern vorstellen, auch wenn es *in concreto* nicht wirklich festzumachen ist. Davon unabhängig bleibt Jesu Umgang mit

---

6 *W. Schmithals,* Das Evangelium nach Markus Kapitel 1–9, 1 (ÖTBK 2/1), Gütersloh/Würzburg 1979, 171.

den Zöllnern tatsächlich unumstritten; bei aller szenischen Idealisierung, Stilisierung und Generalisierung ist darin sicher ein Proprium seines Wirkens zu sehen, das auch für Mk noch den Streitkern und Anlass für die erzählte Konfliktgeschichte abgibt – und zwar nicht nur in seiner typisierenden und symbolisierenden Ausweitung auf alle Sünder, sondern auch historisch, weil den christlichen Gemeinden von allem Anfang an auch Zöllner angehörten, »die ihre Zugehörigkeit durch Berufungsgeschichten begründeten«[7].

Die *Zöllner* waren im NT primär die Zollpächter bzw. deren Unterbeamte, die in einem bestimmten Gebiet Zölle erhoben, vor allem die indirekten Steuern, die etwa auf Waren bei Überführung über die Landesgrenze gelegt wurden. Im Unterschied zu den direkten Steuern, die dem Kaiser in Rom zuflossen, gingen diese Zölle an den Landesherrn – in Galiläa z.Zt. Jesu also an Herodes Antipas – und wurden durch Pächter erhoben, die gegen eine feste jährliche Summe den Zoll für eine bestimmte Region gepachtet hatten. Sie ließen die Zölle durch ihre Zolleinnehmer eintreiben und waren natürlich darauf bedacht, über die Pachtsumme hinaus möglichst viel Gewinn zu machen, was bei der oft sehr unbestimmten Höhe der Zölle zu wucherndem Missbrauch und habgieriger Willkür führte. Entsprechend verrufen waren die Zöllner allerorten (vgl. Lk 19,1–10), zumal ihnen über ihre betrügerische Praxis hinaus auch noch der Makel der Kollaboration mit der römischen Staatsmacht anhing. Es nimmt deshalb nicht wunder, dass die Zöllner in den rabbinischen Schriften mit Räubern und Dieben gleichgestellt wurden, was eine Tischgemeinschaft mit Menschen dieses unreinen Standes und dieser verworfenen Berufsgruppe nicht nur für die Pharisäer unter den Juden unmöglich machte und für einen Lehrer und Rabbi nachgerade als skandalös empfunden werden musste[8].

(2) Der *Streitfall* liegt klar auf der Hand: Jesus und seine Jünger – hier zum ersten Mal genannt – haben Tisch- und Mahlgemeinschaft mit den »Zöllnern und Sündern«. Auch wenn nicht ganz klar ist, was »in seinem Haus« (wahrscheinlich doch wohl »Levis Haus«) meint, und auch offen bleiben muss, wer genau die »vielen« sind, die ihm nachfolgten (V.15), so ist doch die Konfliktsituation hinreichend deutlich beschrieben, und die vorwurfsvolle Frage der Gegner Jesu trotz fehlender szenischer Konkretion plausibel vorbereitet: Die »Schriftgelehrten unter den Pharisäern«, nicht einfach wie sonst bei Mk: die Pharisäer, sagen zu Jesu Jüngern »Wieso isst er mit den Zöllnern und

---

7 *H. Ulonska,* aaO., 126.
8 Vgl. *W. Schmithals,* aaO., 168 u. *J. Gnilka,* Das Evangelium nach Markus (Mk 1–8,26) (EKK II,1) Zürich u.a. 1978, 105f.

Sündern?« (V.16). Ohne selbst gefragt zu sein und ohne Gegenfrage antwortet Jesus mit einem Doppelwort. Das erste ist ein plausibler Spruch aus der Volksweisheit, dem jeder, der ihn hört, zustimmen kann. Er verschränkt die Frage der Gegner mit der weisheitlichen Antwort und holt so die Frager zustimmend und kopfnickend in das Logion hinein. Umso mehr trifft das mit konfessorischer Vollmächtigkeit vorgetragene Schlusslogion V.17b, das den weisheitlichen Spruch christologisch und eschatologisch präzisiert und bekenntnishaft inszeniert: Jesus wird als der Gekommene bekannt und verkündigt, der die Sünder ruft und zur Mahlgemeinschaft im Reiche Gottes einlädt. Was sich vorausgreifend in Jesu Zöllnergastmahl ereignet – die Ereignung und Ahnung des Himmels auf Erden – begegnet hier, bestätigt durch die österliche Erfahrung, als urchristlicher Bekenntnissatz, der via Streitgespräch durchaus streitbar, an-stößig und anspruchsvoll zeigen will, wer Jesus in Wirklichkeit ist und was der Glaube an ihn zu bieten, anzubieten hat (vgl. Lk 19,10; 1 Tim 1,15).

In diesem Grundbekenntnis sind *Lk und Mt* mit Mk einig, ändern aber die ihnen von Mk überlieferte Textvorlage in für sie charakteristischer Weise. *Lk* (5,27–32) spricht anders als die beiden anderen Evangelisten ausdrücklich von einem »großen Gastmahl«, das Levi für Jesus bereitete und zu dem viele Zöllner und andere Gäste kamen (V.29), und deutet damit fröhliches Feiern und festliche Freude anlässlich der Berufung Levis an. Das verweist verheißungsvoll auf das himmlische Freudenmahl und stimmt voll ein in den für Lk ganz typischen Freudengesang, wie wir ihn aus den Gleichnissen vom Verlorenen (Lk 15) kennen. Das gilt auch für die Beschreibung des Verhaltens der Gegner Jesu, der murrenden Pharisäer und Schriftgelehrten (vgl. 5,30 u. 15,2), trifft aber vor allem auf die entscheidende Änderung des Schlusslogions zu, dessen Unbedingtheit von Lk im Sinne von 15,7 u. 10 dahingehend erweitert wird, dass Jesus »die Sünder *zur Buße*« ruft (5,32b)! Da geht es nicht mehr um die Erstauseinandersetzung über die Tischgemeinschaft mit Zöllnern überhaupt, sondern »wird zur Mission unter Zöllnern aufgerufen, denn schon Jesus rief sie zur Buße«[9].

Auch bei *Mt* (9,9–13) begegnet die wichtigste Korrektur am markinischen Text im Schlusswort, das ergänzt wird durch die Einfügung von Hos 6,6 »Barmherzigkeit will ich und nicht Opfer« und durch die Aufforderung zu lernen, was das heißt (V.13). Mt trägt mit diesem durchaus kultkritisch zu verstehenden Hoseazitat die Barmherzigkeit in die Textvorlage des Mk ein und ordnet »das Sozialgebot (zur Hilfeleistung und Mitmenschlichkeit)« den rituellen Geboten über, ohne sie damit aufzuheben[10]!

9 *H. Ulonska,* aaO., 128.
10 *G. Theißen/A. Merz,* Der historische Jesus, Göttingen ²1997, 325.

Die drei Fassungen des Streitgesprächs vom Zöllnergastmahl mit ihren theologisch wie ethisch durchaus unterschiedlichen Gewichtungen und Schwerpunktsetzungen belegen einmal mehr den freien, Veränderungen keineswegs abholden Umgang, den die Evangelisten mit der ihnen überkommenen Tradition in je ihrer Situation pflegten.

2.2 Mk 2,23–28 par: Das Ährenraufen am Sabbat

(1) Mk 2,23–28 ist der *Komposition* nach ein typisches Streitgespräch:

Beschreibung der Konfliktsituation (V.23) – Frage der pharisäischen Gegner Jesu (V.24) – Gegenfrage Jesu in der Form eines sich auf 1 Sam 21,2–10 berufenden Schriftbeweises – abschließende Logien (V.27f.). Die Entstehungsgeschichte und Einheitlichkeit der Perikope ist umstritten[11]; wir konzentrieren uns auf die vorliegende Endfassung des markinischen Textes.

(2) Wie in der nachfolgenden Konfliktgeschichte von der Heilung eines Mannes am Sabbat (3,1–6) geht der *Streit um die Frage Sabbatheiligung* bzw. Sabbatverletzung. Er entzündet sich am Verhalten der Jünger, die zusammen mit Jesus am Sabbat durch ein Kornfeld wandern und dabei Ähren ausrupfen – offensichtlich, um die zerriebenen und abgeschälten Körner zu essen. Die Pharisäer sehen darin eine nicht erlaubte Übertretung des Sabbatgebots und stellen Jesus, den sie analog dem rabbinischen Lehrer-Schüler-Verhältnis in Fragen der Gesetzesauslegung als die maßgebende Autorität ansehen, zur Rede. Jesus antwortet mit einem selbstbewusst fragenden Verweis auf die Schrift, der wohl das Jüngerverhalten legitimieren soll, das aber scheinbar gar nicht zu leisten vermag.

Abgesehen davon, dass ein falscher Priestername genannt wird (vgl. 1 Sam 21,2–7; 22,20ff.), scheint der Vorwurf der Pharisäer durch Jesu biblische Argumentation gar nicht entkräftet zu werden: Denn bei Davids Tat handelt es sich nicht um eine Verletzung des Sabbatgebots, sondern um die Übertretung eines Speiseverbots (vgl. Lev 24,5.9). Sinn bekommt der Rekurs auf die Davidsgeschichte erst, wenn man sie bezogen sein lässt auf die Entsprechung zwischen Jesus und David! Wo man ihr zustimmen kann, wird man Jesus nicht anders als David das Recht und die Freiheit einräumen, die von Gott eingesetzte Ordnung übertreten zu dürfen. Das um so mehr, als Jesus in seiner verborgenen Vollmacht mehr ist als David[12]!

---

11 Vgl. *J. Gnilka,* aaO., 119f.
12 *J. Roloff,* Das Kerygma und der irdische Jesus, 58.

Authentisch könnten auch die beiden Schlusslogien in V.27 f. sein, auch wenn sie nicht »zum ältesten Bestand des Streitgesprächs gehört haben«[13]. In auffallender Ähnlichkeit mit dem Doppelwort Jesu in 2,17 – das könnte für markinische Komposition sprechen – erfährt der Schriftbeweis seine notwendige Ergänzung und Erfüllung durch zwei Jesuslogien. Das erste in V.27 nennt den Maßstab, von dem Jesu frei- und vollmächtiger Umgang mit den jüdischen Sabbatbestimmungen geleitet wird, und das zweite in V.28 wird zum zugespitzten Zeugnis für Jesu Vollmachtsanspruch, der sich in der Davidsanalogie und -typologie des Schriftbeweises andeutete. Das »maßgebliche« Wort V.27 atmet nicht nur weisheitlichen Geist, sondern ist auch schöpfungstheologisch dimensioniert – nach Gen 1 wurde der Mensch vor dem Sabbat erschaffen! – und zeigt darüber hinaus Ähnlichkeit mit einem bis in die Makkabäerzeit zurückreichenden rabbinischen Spruch[14]: Dieser bezieht sich freilich nur auf Fälle, wo es um die Rettung von Menschenleben in akuter Lebensgefahr geht, und ist damit angesiedelt im Kontext jüdischer Sabbatkasuistik, die alles daransetzt, den Sabbat vor Entstellung durch menschliche Willkür zu bewahren, was blind machen konnte gegenüber dem, was dem Wohl des Menschen dient.

Ohne damit das Sabbatgebot aufzukündigen, erinnert Jesus mit seinem weisheitlich plausiblen Logion an den gnädigen Willen »des Schöpfers, der hinter dem Sabbatgebot steht« und es »zur Wohltat und zum Geschenk für den Menschen werden lässt«[15]. In diesem Sinne wird der Mensch und sein Wohl, das neben Lebensrettung immer auch Lebensförderung einschließt, zum zentralen ethischen Kriterium und meint nichts anderes als das, was Jesus an anderer Stelle mit dem Liebesgebot ausdrückt. Das bedeutet nicht Aufkündigung der Gültigkeit des Sabbatgebots, sicher aber Ablehnung einer Sabbatkasuistik, die in gesetzlichem Rigorismus die grundsätzliche Lebensförderlichkeit des Gotteswillens verletzt und verleugnet.

Eine derart liberale Toraauslegung erregte bei Jesu pharisäischen Gegnern Anstoß, konnte sich aber auf weisheitliche und schöpfungstheologische Argumente berufen. Die eigentliche Provokation lag deshalb auch hier nicht zuerst in der Toraauslegung, sondern im Schlusslogion V.28 und seiner Anmaßung, Jesus als Menschensohn

---

13 Ebd.
14 »Euch ist der Sabbat übergeben worden, und nicht seid ihr dem Sabbat übergeben worden« vgl. *J. Gnilka*, aaO., 122 f.
15 *J. Roloff*, aaO., 60.

und Herrn des Sabbats zu bekennen. Wie im Streit um Jesu Tischgemeinschaft mit den Zöllnern erfährt auch hier der Sabbatkonflikt
seine christologische und, damit zusammenhängend, eschatologische Motivierung! Jesus wird als gekommener Menschensohn und
Herr über den Sabbat bezeugt, der im Vorgriff auf die mit ihm an-
gebrochene Gottesherrschaft die ursprüngliche Sabbatfreude wieder
zur Geltung bringt: als Freude am Sabbat, den es »wie eine Königin,
wie eine Braut« zu empfangen und wie ein königliches Festmahl zu
feiern gilt[16]. Entsprechend geht es hier nicht um die Abschaffung des
Sabbats, sondern darum, mit ihm in Menschen-freundlicher Freiheit
und Freude umzugehen.

Im *synoptischen Vergleich* sind sich die drei Evangelisten einig im Schlussbekenntnis zu Jesus. Auffällig ist allerdings, dass Mt wie auch Lk das erste
weisheitliche Logion mit seiner offenen und für jedermann einsichtigen
Aussage weglassen. Mt erweitert stattdessen den Schriftbeweis und ergänzt
ihn durch Hos 6,6, eben jenen Vers, den er schon im Streitgespräch um das
Zöllnergastmahl dem markinischen Text hinzugefügt hatte[17]. Sicher gibt Mt
wie in 9,13 auch hier wieder dem Sozialgebot den Vorrang vor den Vorschriften der Sabbatheiligung und demonstriert dabei einmal mehr seine
kultkritische Auslegungstendenz. Zugleich aber bleibt er mit seiner Fassung
des Streitgesprächs im Rahmen jüdischer Torainterpretation, den er offensichtlich durch das von Mk überlieferte gesetzeskritische Weisheitswort
V. 27 gesprengt sah. Auch das ist wieder ein Indiz dafür, dass Mt und Lk die
ihnen vorliegende »Quelle nicht für sakrosankt gehalten haben«, sondern
entsprechend ihrer jeweiligen Gemeindesituation und theologischen Einstellung frei mit ihr umgehen konnten[18].

3. Systematisch

Bei den Streitgesprächen Jesu geht es außer um die Vollmachtsfrage
(vgl. bes. Mk 2,1–2 par; Mk 11,27–33 par) stets um Fragen jüdischer
Gesetzesauslegung und Gesetzespraxis. Dabei besteht heute weitgehender Konsens darüber, diese Gespräche im Kontext des zeitgenössischen Judentums und seiner Diskussion um die rechte Auslegung
der Tora zu verstehen. Sie repräsentieren dabei eine sehr liberale
Richtung der Toraauslegung, die sicher durch Jesu besonderen Umgang mit dem Gesetz ihren entscheidenden Anstoß und bewegenden

16 *H. Ulonska,* aaO., 52.
17 Vgl. o. 264!
18 *H. Stock u. a.,* Streitgespräche, 31.

Fortschritt erfuhr. Theologisch lässt sich dieser anstößige Umgang als »radikalliberal« charakterisieren, der sich durch *sechs Merkmale* auszeichnet:

(1) Die Thoraauslegung in den Streitgesprächen ist insofern radikal, als sie in jeder Hinsicht *in Gott wurzelt* und aus diesem Wurzelgrund erwächst. Da ist einmal der *Schöpfergott* mit im Spiel, dessen lebensschaffender und lebenserhaltender Wille allen Einzelgeboten kritisch vorgesetzt und konstitutiv vorausgesetzt ist, ob es sich nun um Reinheits-, Sabbat- oder Fastengebote handelt. Das konvergiert dann mit dem *Vatergott,* den Jesus als seinen Abba verkündigt und ereignet hat. Von ihm erwartete Jesus anders als Johannes der Täufer nicht das kommende Gericht, sondern »vorlaufende und zuvorkommende Barmherzigkeit«, die »nicht mehr einen Heilserwerb durch Gehorsam gegenüber den Sabbatgeboten, sondern den Glauben an das Geschenk des Heils« verlangte, was frei machte, die »Sabbatruhe als Geschenk, nicht als Verpflichtung« zu verstehen[19].

(2) Eine solche radikalkritische Verwurzelung im Glauben an Gott, den Vater und Schöpfer, verbietet jeden kasuistischen Umgang mit der Tora und befreit zu zwanglos lebensförderlicher Auslegung, die sich nicht durch genaue Gesetzesbefolgung das Heil sichern muss. Das heißt: keine Auslieferung an menschenfeindliche *Kasuistik,* sondern Entdeckung und Wahrnehmung der menschenfreundlichen Dimension und Intention des Willens Gottes, der einzig und allein das Wohl der Menschen im »Sinn« hat. Das ent-deckt den sozialen Sinn des alttestamentlichen Sabbatgebots und macht fähig, auch »sabbatlich« zu feiern.

(3) Gottes wohl-wollendem Schöpfer- und Vaterhandeln entspricht das *Liebesgebot* als »Zentrum der Ethik Jesu« und christliche Grundnorm. Daran müssen sich alle Gebote messen lassen und kann Wichtiges von Unwichtigem unterschieden werden, was – wie besonders Mt zeigt – nicht Aufhebung, wohl aber Hintanstellung oder auch wie bei Mk desinteressierte »Vergleichgültigung« der Reinheits- oder Sabbatgebote bedeutete. Elementar deutlich wird das an Jesu Freundschaft zu den »Zöllnern und Sündern«, den Deklassierten, Ausgegrenzten und Fremden, denen in Entsprechung zu Gottes Vorbild und Vergebung Gemeinschaft gewährt und Liebe geschenkt wird. Gerade dieses radikale und für Jesu Gegner und nicht wenige seiner Zeitgenossen gesetzesbrecherisch provokative Verhalten Jesu ist zentral geleitet vom Maß göttlicher Liebe und Barmherzigkeit.

---

19 *H. Ulonska,* aaO., 78.

(4) Argumentations- und Motivationshorizont in den Konflikten um Zöllnergastmahl und Sabbatbruch ist des Weiteren Jesu *Verkündigung und Ereignung der Gottesherrschaft*. In der »eschatologischen Botschaft vom Kommen des Gottesreichs als Liebe«, das »in Jesu Wirken bereits geschieht«, wurzelt »Jesu Forderung der Liebe«. Als Anbruch und Vorgriff des Himmels auf Erden realisiert sich Gottes uneingeschränkte Liebe in Jesu Tischgemeinschaft mit den Zöllnern und Sündern, in denen er »seine eigene, Israel im Gesetz geschenkte Liebe nochmals überbietet«[20]. Und diese liebend überbietende Zuwendung zu den Ausgestoßenen, Kranken und Notleidenden wird gefeiert und vollzieht sich als Fest der Zöllner und als Sabbatfest und vermittelt dabei stets einen Vorgeschmack auf die anbrechende Gottesherrschaft, weshalb das ganze Leben zum Fest, zum »Sabbatfest« werden kann[21].

(5) Eine weitere Motivation zu den Streitgesprächen hat man sicher in ihrem anspruchsvollen *messianischen Gehalt* zu sehen, der in den Fassungen aller Evangelisten seinen christologischen Ausdruck als Christusbekenntnis gefunden hat. Bei aller Unterschiedlichkeit ihrer jeweiligen Einstellung zum jüdischen Gesetz herrscht hier konfessorische Einigkeit, und wird »gemeinsam die grundsätzliche Vorordnung Christi vor der Tora« betont[22]. Hier spiegeln die Streitgespräche immer auch etwas von dem »Vollmachtsbewusstsein« und dem »messianischen Selbstverständnis im weitesten Sinn« wider, das Jesus mit seinem Reden und Handeln mehr verhüllt als offenbar verkörpert. Nicht zuletzt im Horizont seiner Gottesreichverkündigung ließe sich dabei auch der Menschensohn-Titel als »verhülltes Selbstzeugnis Jesu« ansehen[23].

(6) Besonders im Blick auf die ethische Argumentation der Streitgespräche ist schließlich noch ein Zug relevant, der sich vor allem bei Mk beobachten lässt: das Vorkommen *weisheitlicher Sentenzen und Motive*. Sie verlangen keine spezifisch christlichen Glaubensvoraussetzungen, sondern setzen auf »natürliche« Einsicht, die unmittelbar einleuchtet und für jedermann schlüssig und plausibel ist. Schöpfungstheologisch fundiert erfährt so die »radikale« Ethik Jesu über die christliche Gemeinde hinaus eine universale Ausweitung, die allgemeine Evidenz beansprucht. Beachtenswert ist dabei, dass bei Je-

---

20 *U. Luz,* Jesus und die Tora, in: EvErz 34/1982, 111–124, bes. 119 ff.
21 Vgl. *I. Grill,* Das Judentum, Göttingen 1992, 40.
22 *U. Luz,* aaO., 123.
23 *G. Theißen/A. Merz,* aaO., 487 u. *J. Roloff,* aaO., 61.

sus in der Regel auch das Liebesgebot »als evident vorausgesetzt«
wird[24], was es zusätzlich geeignet macht, um im Umgang mit gesetz-
licher Kasuistik als zentrales ethisches Kriterium zu fungieren!

4. Didaktisch

Die Streitgespräche vom Zöllnergastmahl und vom Ährenraufen
am Sabbat können insofern als *repräsentative Auswahl* angesehen werden, als sie im Blick auf Strukturen, Konfliktfälle, Argumente und
Motivierungen elementar exemplarische Züge aufweisen, die auch
für die anderen Streitgespräche Jesu wie die Heilungen am Sabbat
(Mk 3,1–6 par; Lk 13,10–17 u. 14,1–6), die Fastenfrage (Mk 2,18–22
par), den Streit über Rein und Unrein (Mk 7,1–23 par) oder die Vollmachtsfrage (Mk 11,27–33 par) gelten. Differenziertere Auswahl-
möglichkeiten bieten darüber hinaus jeweils die Paralleltexte der
Evangelisten mit ihren je eigenen Schwerpunktsetzungen und Über-
lieferungsversionen, die gerade bei den Streitgesprächen theologische und didaktische Spielräume eröffnen.

Das, was die biblischen Streitgespräche miteinander verbindet
und elementar zusammenhält, ist der Schlüsselbegriff *»Streit«.* Er eignet sich m.E. besonders gut dazu, die Streitgespräche in ihrer
anspruchsvollen Vielschichtigkeit und Vielsichtigkeit didaktisch zu
erschließen. Das mag auf den ersten Blick verwundern, weil »Streit«
unter uns und unseren Schülern und Schülerinnen in der Regel negativ besetzt ist und Vermeidungshaltungen mobilisiert. Doch beleh-
ren uns da die Streitgespräche Jesu eines Besseren. In ihnen wird
hart gestritten: um das richtige Verhalten, die richtige Auslegung,
den richtigen Glauben – und Jesus ist immer dabei und streitet an
vorderster Front. In Fragen der Wahrheit und des Glaubens gehört
Streit zum Christsein dazu und darf und kann nicht unter allen Umständen verhindert werden. Die christliche Liebesbotschaft steht
dem nicht entgegen, vermittelt aber dem Streiten seinen maßgeb-
lichen Rahmen und hat auf der ganzen Linie für eine »liebe(n)swür-
dige« Streitkultur zu sorgen. Das gilt auch didaktisch, und deshalb
soll die Auseinandersetzung mit den Streitgesprächen Jesu dazu beitragen, den RU ein Stück weit Streit-lustig und -fähig zu machen.

Von daher legen sich *drei konzentrisch angeordnete Themenkreise* nahe:
(1) Die Entdeckung des »unbekannten streitenden Jesus«[25]; (2) Der

---

24 *U. Luz,* aaO., 120.
25 *H. Ulonska,* aaO., 5f.

Streit um Gesetze und Gesetzlichkeit; (3) Der Streit um die »angemessene« Wirklichkeitssicht im Horizont jüdisch-christlichen Gottesglaubens.

(1) Fast in jeder Klasse der *GS* und *OS* begegnen im RU Themen-
bereiche, die sich mit Jesus – seinem Herkommen, seiner Lebenswelt, seinem Handeln und Predigen, seinem Schicksal – beschäftigen. Mit Recht wird heute großer Wert darauf gelegt, dass die
Schüler und Schülerinnen Jesus als Juden des 1. Jh. kennen lernen,
und dabei lassen sich die Streitgespräche nicht ausklammern! Allerdings standen und stehen sie unter der dauernden Gefahr, anti-
jüdisch ausgelegt und »benutzt« zu werden, indem sie rein konfron-
tativ und einseitig kontrastierend zum Judentum verstanden werden.
Das ganz bewusst zu verhindern, muss ein Lernziel sein, und dabei
machen es uns gerade die Streitgespräche nicht leicht! Sie verführen
dazu, sie undifferenziert vom Judentum abzusetzen und christlich zu
profilieren, ohne sie auch als innerjüdischen Konflikt zu zeichnen.
Die Pharisäer als die typischen Gegner Jesu in den Streitgesprächen
werden »stereotyp als Gegenspieler Jesu« pauschalisiert, und in ihrer
Gestalt dann das Judentum »fast ausschließlich in *Antithese* zum Wirken Jesu dargestellt«, gipfelnd in Todesbeschluss (Mk 3,6) und Passion Jesu[26]. Um hier keine antisemitischen Konnotationen aufkommen zu lassen und keine Klischeevorstellungen von den bösen Juden
anzulegen, ist hochsensibles Unterrichten und Erzählen nötig[27]. Das
heißt zum einen historisch und sachlich differenzierte Aufklärung,
zum anderen hermeneutisches Verständnis für die kerygmatische Intention der Streitgespräche und damit verbunden für ihre spezifische
Symbolik und Typik.

Auf diesem Hintergrund, der in der *GS* durch entsprechende Erzählungen und Rollenspiele[28], in der *OS* und *Sek I* auch durch erste

---

26 *M. Rothgangel,* Empirische Überlegungen zur Behandlung der Passionsgeschichte im Evangelischen Religionsunterricht, in: *W. Kraus (Hg.),* Christen und
Juden, Gütersloh 1997, 119–141, bes. 134 ff.
27 Vgl. z. B. *K. Wegenasts* Erzählvorschlag zu Mk 2,23–28, der sich wichtigen Hinweisen *W. Neidharts* verdankt. Teils sind hier die sachkundlichen Informationen
über die »mitspielenden« Personen und den Sabbat in die Erzählung integriert,
teils sind sie dem erörternden Gespräch vorbehalten (H. *Stock u. a.,* Streitgespräche, 47 f.). Außerdem *J. F. Konrad,* Jesus ohne Antijudaismus, in: EvErz
34/1982, 170–175.
28 Diese Methode, die sich schon von der Gattung der Streitgespräche her nahe-
legt, eröffnet gute Möglichkeiten, um mittels der Rollenbeschreibungen Typisches herauszustellen, ohne dabei stereotypischen Rollenfixierungen aufsitzen

sachkundliche Referate und beispielhafte Textarbeit geschaffen werden müsste, kann die Auseinandersetzung mit dem streitbaren Jesus
stattfinden – m. E. undispensierbarer Pflichtteil in jeder Jesuseinheit.
Hier müssen die Vorurteile vom lieben Jesulein, vom »soft« und
sanft lebenden »Herrn« Jesus ebenso abgebaut werden wie eventu-
elle Vorstellungen von Jesus als gottmenschlichem Halbwesen »ohne
Bodenhaftung«. Dazu eignet sich die Erzählung von der Tempelaus-
treibung (Mk 11,15–19 par), die nicht ausgespart werden sollte, eignen sich aber auch Jesu Streitgespräche, die es in paradigmatischer
Auswahl einzubringen gilt. Das ist der Ort, an dem den Kindern
und Jugendlichen klar werden muss, warum und worum Jesus eigentlich streitet, warum dieser Streit geführt werden muss und verantwortet werden kann. Einblick in die verschiedenen Schulen jüdischer Gesetzesauslegung ist hier verlangt, vor allem aber ist Jesu
Meinung gefragt, die zwischen Gesetzesbruch und vollmächtiger
Gesetzesauslegung und -freiheit angesiedelt ist.

Und hier ist dann auch der Punkt, an dem bei aller Gemeinsamkeit mit dem Judentum die christlichen Differenzierungen, Differenzen und Besonderheiten eingebracht werden müssen[29]. Sie liegen
trotz Mt in der Freiheit gegenüber jüdischer Kasuistik und, dadurch
bedingt und begründet, in Jesu Vollmachtsanspruch, der in den konfessorisch und kerygmatisch bestimmten Streitgesprächen der Evangelisten seinen je besonderen Niederschlag gefunden hat.

Als je nach Alter und Klasse zu differenzieren, ergeben sich daraus für den Lernzielbereich »Entdeckung des streitenden Jesus« folgende *Ziele:*
Die Schülerinnen und Schüler sollen
- Jesus als Juden und jüdischen Lehrer des 1. Jh. kennen lernen
- kritisch aufklärend »immunisiert« und sensibilisiert werden gegen
  antijüdische Klischeevorstellungen und Vorurteile
- Jesus als umstrittenen Freund der »Zöllner und Sünder« und
  »Meister« im Streit um Gott gemäße Gesetzesauslegung begegnen
- angeleitet und motiviert werden, dem Anspruch und der Argumentation der Streitgespräche nachzuspüren und *nach*zudenken

zu müssen. Vgl. für das 1. u. 2. Schuljahr E. *Buck,* Kommt und spielt, Göttingen
1999, 75 ff. – Ab der 4. Klasse hat sich die Erarbeitung von Drehbüchern zu den
Streitgesprächen bewährt, wobei sich in der Sek I nicht selten aktualisierende
Verfremdungen »einstellten«.

29 Vgl. *M. Rothgangel,* aaO., 140.

– den die Streitgespräche leitenden gemeinsamen Christus-Glauben
in seinen verschiedenen Ausprägungen wahrnehmen und in seiner Frag-würdigkeit bedenken und erörtern.

(2) Unter den verschiedensten Themen und Fragestellungen
können die Streitgespräche Jesu zu Paradigmen ethischer Argumentation im Umgang sich widerstreitender Gesetzesauffassungen und
Werthaltungen werden. Dabei dürften die gesetzesfreieren Fassungen des Heidenchristen Mk mit ihren weisheitlich plausiblen Sentenzen bei den Jugendlichen in der Regel mehr Anklang finden als die
»gesetzeskonservativen« Auffassungen des Mt mit ihren kasuistischen Tendenzen. Einig sind sich freilich die beiden Evangelisten –
und darauf kommt es wesentlich an – in ihrem fundamentalen Bezug auf die Liebesnorm, die der humanen und sozialen Maßgeblich-
keit oberste Priorität im Umgang mit strittigen Fragen des Handelns, Verhaltens und Werthaltens zumisst. Dieses dem Leben
Förderliche und der Liebe Dienliche muss in den Konfliktgeschichten vom Zöllnergastmahl und Ährenraufen am Sabbat durch entsprechend profilierte Erzählungen oder, in den oberen Klassen,
durch vergleichende Arbeit an den Texten herausgestellt werden
und kann dadurch die Streitgespräche zu ethischen Beispielgeschichten werden lassen, die bei den Schülern und Schülerinnen län-
gerfristig eine am Liebesmaßstab orientierte Urteilsfähigkeit anbahnen können. So ethisch paradigmatisch verstanden gewinnen die
Streitgespräche auch in aktuellen ethischen Konfliktfällen Relevanz
und Brisanz, ohne dass sie in ihrer provozierenden Radikalität »ver-
bogen« werden müssen. In Themen wie Fremdenfeindlichkeit, Au-
ßenseiter, Rassismus etc. sollte in einem christlichen Unterricht das
Streitgespräch vom Zöllnergastmahl nicht fehlen. In der derzeitigen
Diskussion um den Sonntag sind die Streitgeschichten Jesu um die
rechte Sabbatheiligung nachgerade unverzichtbar, zumal wenn man
sie nicht einfach als Aufhebung des Sabbats versteht, sondern sie so-
zial und menschenfreundlich interpretiert als seine Aufwertung im
ursprünglichen Sinne sabbatlicher Ruhe, Freude und vorweggenom-
mener endzeitlicher Erwartung[30].

30 Vgl. dazu die engagiert einseitigen Ausführungen zum »Schabbat Shalom« bei
   I. Grill, Das Judentum, Göttingen 1992, bes. 38 ff.; außerdem den Abschnitt
   »Schabbat im Sinne Jesu« bei *F. Büchner,* »Wenn du weißt, was du tust, bist du
   gesegnet!« – Schabbatfeiern im christlichen Religionsunterricht? in: ZPT
   50/1998, 354–365, bes. 358 ff. – Texte und Erzählungen zum Sabbat-Fest finden
   sich u. a. in: *M. u. U. Tworuschka (Hrsg.),* Vorlesebuch Fremde Religionen. Bd. 1,
   Lahr/Düsseldorf 1988, 70–80.

(3) Wie festgestellt sind die Streitgespräche Jesu nur dann angemessen erfasst, wenn ihre essentielle Be-Gründung im Gottesglauben beachtet wird. Deshalb bedarf es nicht nur der ständigen Bereitschaft zu genuin theo-logischen Verweisen und Bezügen, sondern immer auch solcher Unterrichtseinheiten, in denen der *Gottesglauben* eigenständig thematisiert wird[31]. Die Kinder und Jugendlichen müssen merken, dass sich der Streit der Streitgespräche im Letzten an Jesus selbst entzündet, an ihm, seinem Gottesglauben, seinem vollmächtigen Anspruch, seinem Handeln, Reden und Lehren, das Gott als den zuvor- und entgegenkommenden Schöpfer und Vater proklamiert und repräsentiert. An den Streitgesprächen sollte der RU den Schülern deshalb immer auch diese hinter- und tiefgründige Sicht durch pointiertes Erzählen bzw. bewusst provozierendes oder protestierendes Argumentieren erschließen.

Dabei müsste den Jugendlichen zunehmend deutlicher werden, dass es gerade im Streit um ethische Orientierung, um richtiges Verhalten und Handeln absolut nicht gleichgültig ist, was man glaubt, was für einen Gott man glaubt, welche Lebenseinstellung man hat und wie man die Wirklichkeit sieht. Insofern verfolgt die Auseinandersetzung mit den Streitgesprächen auch das *Ziel*, die Schülerinnen und Schüler ganz bewusst in den Streit um die »richtige« Sicht und Deutung der Wirklichkeit, ihrer Lebenswirklichkeit und Lebensweise, hineinzuziehen! In der theologischen Hintergründigkeit der Streitgespräche ist dieses radikale »Streit-Fragen« angelegt und sollte streitbaren Jugendlichen der *Sek* nicht vorenthalten werden, im Gegenteil!

LITERATURHINWEISE

H. Stock/K. Wegenast/S. Wibbing, Streitgespräche (HRU 5), Gütersloh 1968.
H. Ulonska, Streiten mit Jesus. Konfliktgeschichten in den Evangelien (Biblisch-theologische Schwerpunkte 11), Göttingen 1995.

---

31 Vgl. für die *GS* die ethisch und theologisch interessante Erzählung »Meine Lehrerin glaubt an Gott«, in: *D. Steinwede/S. Ruprecht (Hrsg.),* Vorlesebuch Religion, Lahr/Göttingen 1971, 306–311.

XIV. Wundergeschichten

Werner H. Ritter

1. Kurzinformation und didaktische Vorerwägungen

1.1 Exegetisch. Wunder und Wundergeschichten (→ TLL 1, Wunder) sind im Kontext der Gottesherrschaft bzw. des Gottesreiches zu sehen. Damit ist der von Gott initiierte Auszug bzw. die Befreiung von Menschen aus bedrückenden, lebensfeindlichen Umständen und Verhältnissen hin auf Heil-Sein, Ganz-Sein (Schalom) gemeint. Wunder interessierten damals als ungewöhnliche, Staunen erregende Begebenheiten, in denen sich numinose Mächte der Höhe oder der Tiefe bemerkbar machten, nicht aber naturwissenschaftlich oder historisch – Kategorien, die so damals überhaupt noch nicht bekannt waren (vgl. aber unten *2.* und *3.*). Auch wenn sehr viele Wunder(-geschichten) Anhalt am irdisch-geschichtlichen Jesus (s. *2.*) haben, sind sie von Ostern her neu belichtet, neu erzählt und oft in ihrer Intensität »gesteigert« (s. *3.*) worden. Unterschied man zunächst »Heilungswunder« und »Naturwunder«[1], dann differenzierter Exorzismen (=Dämonenaustreibungen), Heilungen (vgl. *2.*) und Rettungswunder (vgl. *3.*) usw.[2], so wird mittlerweile deutlich, dass es sehr wahrscheinlich keine eindeutige gattungsmäßige Klassifikation der verschiedenen Texte gibt, eher sehen wir den Reichtum der narrativen Motive[3]. Der Oberbegriff »Wundergeschichten« ist ja sachlich bestimmt, denn »›Wunder‹ ist … kein Kriterium für eine Gattungseinteilung«, sondern »moderne Beschreibung eines antiken Wirklichkeitsverständnisses«[4]. Im Unterschied zur uns geläufigen Bezeichnung Wunder(-geschichten) spricht die Bibel, v.a. das NT, von »Machterweisen« und »Zeichentaten« Gottes bzw. Jesu.

---

1 Vgl. *R. Bultmann*, Geschichte der synoptischen Tradition, Göttingen [10]1995.
2 Die Argumente dafür finden sich bei *G. Theißen*, Urchristliche Wundergeschichten, Gütersloh [7]1998, 53–128.
3 Vgl. *J. Frey*, Zum Verständnis der Wunder Jesu in der neueren Exegese, in: ZPT 51/1999, 3–14.
4 *K. Berger*, Formgeschichte des Neuen Testaments, Heidelberg 1984, 305.

Da es auf sie ankommt, und nicht auf Mirakel und Spektakel, wie es das Wort Wunder nahe legt, ist es religionspädagogisch sinnvoll, die zureichendere biblische Terminologie immer wieder – korrektiv gewissermaßen – im RU einfließen zu lassen, ohne dass wir die gewohnten deutschen Ausdrücke ganz vermeiden können.

1.2 Systematisch. *(1)* Thema der Wundergeschichten ist die *Überwindung von Lebensbegrenzungen und -einschränkungen unterschiedlicher Art und damit gutes, gelingendes Leben*[5]. Dies macht sie anthropologisch, theologisch und christologisch so bedeutsam, dass sie in *GS/Sek. I* nicht fehlen dürfen. Sie sind daran interessiert, dass und wie kranke, gefährdete und kaputte Existenzen heil werden und ihr Leben wieder leben können, haben also lebensförderliche Intention: Wie die (ur)christliche Religion insgesamt, verheißen sie »Lebensgewinn«[6].

(2) Wundergeschichten zeigen an, dass das, was wir für wirklich halten, nicht alles ist und Ausbrüche aus dem »stahlharten« Gehäuse der *Wirklichkeit* möglich sind. Sie zeigen und formulieren Wirklichkeitsvorstellungen und »Dimensionen« guten und gelingenden Lebens, die wir brauchen, wenn und weil wir uns nicht abfinden wollen mit den gegebenen Einschränkungen des Lebens und der Wirklichkeit. Die Wirklichkeit, die der christliche Glaube in den Wundergeschichten vorstellt, hat mit der Sehnsucht nach dem »Mehr als das, was ist« (*M. Horkheimer*) zu tun, die an den vielfältigen Begrenztheiten und Unvollkommenheiten unseres Lebens und unserer Wirklichkeit entsteht.

(3) Wer heute über Wunder(-geschichten) nachdenkt und sie zu unterrichten hat, muss sich gegenüber biblisch-neutestamentlichen Zeiten zumindest mit *zwei zentralen Veränderungen* befassen, die neuzeitlich hereingekommen sind: Dies ist einmal die Frage nach der Historizität von Wundern und Wundergeschichten, zum anderen die nach ihrer Vereinbarkeit mit natur- und humanwissenschaftlichen Erkenntnissen (s. *2.* und *3.*).

---

5 Wenn dies deutlich würde, würden vermutlich gerade ältere Schüler und Schülerinnen (ab 5./6. Klasse) sie nicht mehr als bedeutungslos für ihr Leben einschätzen; so aber die Mehrheit der Befragten (55 Schüler zwischen 10 und 18 Jahren) in der Arbeit von *H. J. Blum*, Biblische Wunder – heute. Eine Anfrage an die Religionspädagogik, Stuttgart 1997.

6 *G. Theißen*, Die Religion der ersten Christen. Eine Theorie des Urchristentums, Gütersloh 2000, 28ff. – Lebensgewinn kann aber auch darin liegen, »dass Menschen schweren Erschütterungen ausgesetzt sind«, dass sie »durch Prüfungen« und »Versuchungen« geläutert werden und zu einem neuen Leben gelangen (30f.).

1.3 Didaktisch. (1) Entscheidend ist auf allen Altersstufen, dass Lehrende und Lernende angesichts vielfacher Begrenztheiten des Lebens die grenzüberschreitende Dynamik – bzw. Erfahrungen des Begrenzungen überwindenden Gottes bzw. Jesu Christi –, die in diesen Texten steckt, entdecken und in das (ihr) Leben einzeichnen können. Als »Übergangsobjekte«[7] – nicht an frühkindliche Situationen gebunden – können sie Kindern und Jugendlichen beim Übergang in neue Lebensabschnitte und zu einer neuen Wirklichkeitssicht verhelfen. Von ihrer Imaginationskraft her sind Wundergeschichten elementare Lern-, Bildungs- und Lebens-Mittel gegen alle (Erwachsenen-)Starrheit. Als narrative Formen der Weltdeutung und Erfahrungsmitteilung wollen sie in erster Linie Menschen »be-treffen«, »verstricken« und bewegen[8]. Entsprechend können wir sie als Hoffnungs-, Anti-Angst-, Mutmach-, Unruhe-, Siehe!-, Zukunfts-, Fülle- bzw. Schalom- und Herrschaft-Gottes-Geschichten im Kontext real erfahrener Not und Begrenzung unterrichtlich einsetzen.

Im Sinne erfahrungsorientierten RU kommt es darauf an, Erfahrungen von Wundergeschichten mit Erfahrungsgehalten aus der Lebenswelt der Schülerinnen und Schüler inspirierend und lebensförderlich zu ver-mitteln. Wir hören, erzählen, lesen und debattieren sie in der Hoffnung, Kindern und Heranwachsenden möchten durch sie »neue«, eigene grenzüberwindende Bilder, Vorstellungen und Erfahrungen entstehen. So haben wir für den schulischen Bildungsprozess relevante Erfahrungen zur Gestaltung und zum »Bestehen« von Leben, Welt und Wirklichkeit im Sinne von Modellen, Optionen, Hypothesen und Alternativen (zur gewohnten Sicht der Dinge) zunächst zur *Orientierung* und – später in höheren Klassen – zur kommunikativ-diskursiven *Auseinandersetzung.*

(2) In der *GS* achten wir darauf, dass Kinder in ihrem Lebenskontext mit Wundergeschichten bekannt und vertraut werden, durch Erzählen, Nacherleben und (Nach-)Gestalten. Klassen *5/6* erfordern v.a., aber nicht nur, behutsame Berücksichtigung erster wunderkritischer Fragen und Fragesteller, damit es nicht zu vorschnellen Glaubens- und Vertrauensverlusten kommt, vielmehr die Begrenzungen überwindende Dynamik von Wundergeschichten aufscheint. Ab ca. 7./8. Jahrgangsstufe wird es wichtig, angesichts

---

7 *D. W. Winnicott,* Vom Spiel zur Kreativität, Stuttgart ³1985; vgl. dazu *W. H. Ritter,* Kommen Wunder für Kinder zu früh? Wundergeschichten im Religionsunterricht der Grundschule, in: KatBl 120/1995, 832–842, bes. 836.

8 Vgl. *W. Schapp,* In Geschichten verstrickt, Frankfurt ³1985; *H. Weinrich,* Tempus, Stuttgart 1964.

von auch von Jugendlichen erlebten Krankheiten, Nöten, Unheil und Tod das lebensförderliche Potenzial und die (Sinn-)Alternativen von Wundergeschichten ins Spiel um die Wirklichkeit und ihr Verständnis zu bringen. Historische, kritische und natur- wie humanwissenschaftliche Fragestellungen und Probleme – Ist das historisch zuverlässig? Ist das natur- bzw. humanwissenschaftlich vorstellbar? – sind in *9/10* aufzunehmen, damit die Absicht von Wundergeschichten modell- und entwurfhaft gelingendes Leben als Gott entsprechende Wirklichkeit zu zeigen, nicht historistisch und/oder pseudowissenschaftlich verbaut wird.

Wundergeschichten werden v. a. auch im Bereich der *Sonderschule* wichtig; sie lassen uns eindrücklich die Lebenseinschränkungen dieser Kinder und Jugendlichen wahrnehmen, gleichzeitig aber auch ihre Hoffnung und Kraft, ihr Leben zu gestalten (vgl. etwa die Gebärdensprache!).

(3) Religionspädagogisch wissen wir darum, dass Kinder und Jugendliche als Subjekte auf ihre Weise religiös sind und lernen. Demzufolge berücksichtigen wir deren *Lebenswelt* sowie *»entwicklungsbedingte Zugänge«* (*F. Schweitzer*) zur Wunderthematik.

Hinsichtlich ihres aus Erziehung und Sozialisation resultierenden (Vor-)Verständnisses von Wundern und Wundergeschichten partizipieren Lernende an entsprechenden gesellschaftlich verbreiteten (Vor-)Verständnissen. Diese erstrecken sich von »Es gibt kein Wunder« oder »Wunder sind Humbug« über Trivialisierungen wie »Lottowunder« und »Wunderkind« bis zur Betonung des Außerordentlichen und Sensationellen (»Wunder: Kind überlebte Sturz aus dem 8. Stock«). Abhängig ist das (Vor-)Verständnis auch vom (Nicht-)Vorkommen von Wundern und Wundergeschichten im Lebenslauf und in der Lebensgeschichte der Heranwachsenden: (Wie) sind Lernende diesbezüglich religiös sozialisiert? Weiter finden sich in der *Lebenswelt* Heranwachsender viele Fantasy- und Science-Fiction-Filme sowie Trivialliteratur und *Comic stories*, in denen Wunder und Wunderbares als das Außerordentliche und die gegebene Wirklichkeit Überwindende eine beherrschende Rolle spielen. Angefangen bei »Superman« und »Batman« über »Momo« bis zu »Harry Potter« jüngst. Da nun aber Kinder und Jugendliche bei sich und / oder anderen selbst oder medial vermittelt vielfach Erfahrungen von Begrenzungen und Verengungen des Lebens und der Lebensmöglichkeiten machen, greifen sie nach solchen grenzüberwindenden Lebens- und Identitätshilfen, denn sie wünschen sich, groß und stark genug zu sein, um Begrenzungen unterschiedlicher Art standhalten oder sie sogar überwinden zu können. Hier machen Wundergeschichten »Rollenangebote« zum Durchspielen und zur Auseinandersetzung und bieten Identifikationsmöglichkeiten mit und für unter Begrenzungen und Bedrohungen leidende(n) Menschen.

Wir wissen ferner, dass Wundergeschichten auf unterschiedlichen Stufen der Entwicklung verschieden, aber immer zureichend verstanden werden. Galt bis in die 80er Jahre des 20. Jh. hinein als oberste religionspädagogische Maxime, Lernende hätten Wundergeschichten – wie generell alle religiösen Texte und Stoffe – »richtig«, d.h. sachadäquat zu verstehen, setzt sich seither die Einsicht durch, dass sich Schülerinnen und Schüler religiöse Sachverhalte wie Wundergeschichten auf ihre Weise aneignen dürfen. Es ist geboten ernst zu nehmen, wie Kinder und Jugendliche als »Theologen« und »Theologinnen« auf ihre Weise Wunder wahrnehmen und verstehen. Zu problematisieren ist also weniger ein alters- und entwicklungsmäßiges Wunderverständnis, als vielmehr der Versuch, Wunder und Wundergeschichten exklusiv und verbindlich von einem Erwachsenenstandpunkt aus zu beurteilen.

(4) Vier Behandlungsaspekte erscheinen mir didaktisch bedeutsam:
– Die Frage des Geschehensbezuges von Wundergeschichten, die von GS bis Sek eine Rolle spielt[9]
– Wundergeschichten als existenzielle Hoffnungs- und Zukunftsgeschichten. Sie führen Menschen in unser Blickfeld, die krank, verzweifelt und am Ende waren und wieder zu einem guten Leben gefunden haben
– Die poetisch-fiktive und wirklichkeitsverändernde Bedeutung von Wundergeschichten: Der zementierte Alltag hat nicht das letzte Wort
– Ihre doxologische Ausrichtung und Absicht. Sie wollen Gott und Jesus Christus »groß machen«, herausstellen, loben und verherrlichen.

Welchen Behandlungsaspekt wir bei einer Wundergeschichte jeweils besonders beachten wollen, erfordert eine begründete Entscheidung, bei der die Lebenssituation, Sozialisation und Altersstufe der Lernenden mit berücksichtigt werden sollen.

(5) Didaktisch kommt es von *GS* bis *Sek I* darauf an, Wundergeschichten nicht nur kognitiv-intellektuell, sondern mit allen Sinnen zu entdecken und zu erschließen, also mit »Kopf, Herz und Hand«

---

9 So auch *H. Bee-Schroedter*, Neutestamentliche Wundergeschichten im Spiegel vergangener und gegenwärtiger Rezeptionen, Stuttgart 1998, 84.

(J. H. Pestalozzi) als den »drei Grundkräften«, »von denen alles Fühlen, Denken und Handeln der Menschen ausgeht«[10].

In der *GS* sind bei Wundergeschichten die Dimensionen des
Affektiven und Pragmatischen wichtig, sicherlich nicht in gleichem Maße
die kognitive Dimension, die erst am Ende der *GS* und ab 5/6 zu-
nehmende Bedeutung erhält. Keinesfalls darf sich aber die Behandlung von Wundergeschichten in *Sek I* auf die kognitive Seite des
Ganzen kaprizieren und reduzieren, dazu sind die Dimensionen des
Affektiven und Pragmatischen für ältere Kinder und Jugendliche zu
wichtig. Neben der Gefühlsebene, auf der Wundergeschichten spielen – Leid, Verzweiflung, Angst, dann aber von Gesundung, Heilung, Rettung überrascht, überwältigt und beglückt –, ist v. a. deren
pragmatisch-dramatische und anschaulich-konkrete Dimensionie-
rung nicht nur für *GS*-Kinder unterrichtlich sehr bedeutsam: Da bekommen Lernende etwas vom Glauben zu sehen, wahrzunehmen,
(nach-)zuerleben, zu spüren und zu fühlen; da sind konkrete Gestalten und Personen und Handlungsabläufe, denen wir nachgehen
können; da wird Religion »begehbar« und »probierbar«, handlungsintensiv und gewinnt Gestalt; da lassen sich Erfahrungsübungen
und »Sinnes-Schulungen« (gelähmt, hungrig sein etc.) machen. Da
kommt Be-Wegung und Auf-Bruch in den Schul-Alltag. Der Glaube
bekommt Augen, Ohren, Beine und aufrechten Gang.

Aber auch das Denkerische und Kognitive müssen zu ihrem
Recht kommen, denn es geht schon in der späten *GS*-Zeit und mit
5/6 deutlich ansteigend auch um kognitiv-religiöse Vorstellungs-
und Bewusstseinsbildung in Sachen Wunder und Wundergeschichten und insofern um eine »Rechenschaftsablage« von Glauben. Kog-
nitives Arbeiten an Wundergeschichten, etwa synoptischer Vergleich, oder aber das Verfolgen der überlieferungsgeschichtlichen
Fragestellung, erscheint aber frühestens ab 7/8, eher 9/10 sinnvoll.
Hier kann anhand von Wundergeschichten zu einem differenzierten
Verständnis von Wirklichkeit und Wahrheit (s. 3.) angeleitet werden. Methodisch-didaktisch empfiehlt es sich ferner, die (Rollen-)
Perspektiven der in der jeweiligen Geschichte betroffenen Personen
einzunehmen, von ihren Wünschen, Hoffnungen und ihrer Hinwendung zu Gott bzw. Jesus Christus zu hören sowie spüren und
entdecken zu lassen, dass sie das rettende Ereignis als etwas wunderbar Befreiendes erfuhren, Gott als Urheber erkannten und seine Zu-

---

10 Vgl. *J. H. Pestalozzi*, Lienhard und Gertrud (³1819/20), in: *Pestalozzi*, Sämtliche
   Werke, *hg. von Buchenau, Spranger, Stettbacher*, Bd. 6, Zürich 1960, 64f.

wendung als »Antwort« auf ihr Wünschen und Sehnen aufnahmen. Deswegen sollten Sensationelles, Reißerisches und zu viel Anschaulichkeit vermieden, der Blick stattdessen auf das Sich-Wundern und Erstaunen der betroffenen Menschen gelenkt werden bzw. auf die, die so ihrem »Christus-Glauben« (s. 3.) imaginationskräftig und sinnenfällig Ausdruck gegeben haben.

Religionspädagogisch erscheint es mir grundsätzlich wichtig, in *GS* und in *Sek I* u. a. mit der *Motivmethode* zu arbeiten: Unser erkenntnisleitendes Interesse gilt nicht vordergründig der Frage und Zielstellung, was denn da nun im Einzelnen jeweils genau geschehen ist und ob alle erwähnten Einzelheiten auch stimmig sind, vielmehr hintergründig den wesentlichen *Motiven, Lebensbezügen und Erfahrungen*, die in den einzelnen Wundergeschichten thematisiert werden, also z. B. gelähmt sein – wieder gehen können; blind sein – wieder sehen können; von der Angst unterzugehen und »aus großen Wassern« gerettet werden; von der Sorge, zu wenig, ja nichts zu essen zu haben und der Erfahrung satt zu werden; »besessen« sein und befreit werden; krumm sein und wieder aufrecht gehen können. In der Thematisierung solcher und ähnlicher menschlicher Erfahrungen und Befindlichkeiten besteht ihre entscheidende Lebensbezüglichkeit und Nähe zu uns. Die Motivmethode lässt einerseits die Rückfrage nach Geschehnis, Geschehen durchaus zu, stellt sie andererseits aber bewusst nicht in den Mittelpunkt. Im Zentrum stehen vielmehr – von *GS* an bis *Sek I* – die lebenswendenden Erfahrungen von behinderten, gebrochenen und bedrohten Menschen mit der Heil- und Rettungskraft Gottes bzw. Jesu Christi. Diese als Beitrag zum guten und gelingenden Leben herauszuarbeiten und transparent zu machen, ist das eigentliche Anliegen bei der Behandlung von Wundergeschichten im RU auf allen Altersstufen.

2. *Heilungsgeschichten – Jesusgeschichten*[11]

In Jesu Heilungsgeschichten wird von Männern, Frauen, Mädchen erzählt, die, an unterschiedlichen Defekten und Krankheiten leidend, geheilt werden. Heilungsgeschichten und Dämonenaustrei-

---

11 Die Komplexität dessen, was unter 2. und 3. darzustellen ist, veranlasst mich zu didaktischer Elementarisierung im Sinne einer Konzentration auf theologisch und religionspädagogisch Wesentliches; vgl. *K. E. Nipkow*, Elementarisierung als Kernpunkt der Unterrichtsvorbereitung, in: KatBl 111/1986, 600–608; *F. Schweitzer u. a.*, Religionsunterricht und Entwicklungspsychologie, Gütersloh 1995.

bungen gehören als »jesuanisches Urgestein« zu den ältesten und sichersten Bestandteilen der Jesusüberlieferung[12]. Exegetisch-theologisch wird heute nicht mehr daran gezweifelt, dass Jesus »Wunder getan, Kranke geheilt und Dämonen ausgetrieben (hat)«[13]; da dies heute im Unterschied zu früheren radikalkritischen Positionen medizinisch-naturwissenschaftlich *möglich* erscheint[14], kann es als *geschichtlich* sehr wahrscheinlich gelten, selbst wenn sich die Historizität einer bestimmten Tat Jesu schwer feststellen lässt.

Theologisch und anthropologisch wird durch sie deutlich: Gutes und gelingendes Leben, Schalom, Heil sind biblisch-theologisch nicht etwas rein Innerliches und Abstraktes, sondern oft »sehr Handfestes«, *Irdisches und Körperliches* wie Gesundheit und Hilfe: Es geht um Befreiung von Lebens-Entstellungen, -Einschränkungen, -Verhinderungen und -Behinderungen! Insofern erzählen Heilungsgeschichten von »sinnlichen Liebeserweisen Gottes«, deren Charme es wieder zu entdecken gilt[15], und zeugen von der Lebensfreundlichkeit Gottes bzw. Jesu Christi. Theologisch und didaktisch ist an ihnen entscheidend, dass sie nicht im Sinne unseres gewöhnlichen Historizitätsverständnisses Tatsachen (»matter of facts«) berichten, sondern hoffnungsstiftende und lebensorientierende menschliche Erfahrungen mit Jesus bzw. Gott weitersagen wollen.

2.1 Mk 2,1–12: Heilung des Gelähmten

(1) Exegetisch. Der Text hat einen dreiteiligen Aufbau (Topik), der für die »Sache«, die erzählt wird, typisch ist und nicht per se einen Rückschluss auf Geschichtlichkeit bzw. Ungeschichtlichkeit zulässt, vielmehr geht es um ein Erzählschema. Am Anfang steht die Exposition (V.1–4): Einer ist gelähmt, so dass er von vieren mit großem Einsatz und unter Überwindung erheblicher Schwierigkeiten zu Jesus gebracht wird. Es folgt die Darstellung des Heilungsvorgangs (V.5–12a), in dessen Mittelpunkt nach der Sündenvergebung (V.5) Jesu machtvolles Wort (V.11) steht, ohne dass es zu einer körperlichen Berührung des Kranken durch Jesus kommt. Der Erzählabschluss (V.11b.c) ist besonders schön als klassischer »Chorschluss« gestaltet: Die Umstehenden wundern sich, geraten außer sich und preisen – wie im Chor – Gott.

12 Vgl. *J. Frey*, aaO., 14.
13 *G. Theißen*, Urchristliche Wundergeschichten, 274.
14 Vgl. *G. Theißen*, Die Religion der ersten Christen, 29; vgl. *C. Hirshberg/M. I. Barash*, Unerwartete Genesung, München 1995.
15 Vgl. *K. Berger*, Darf man an Wunder glauben?, Stuttgart 1996, 11.

Zum Rollenrepertoire der Erzählung gehören ein Gelähmter und dessen Freunde einerseits, Schriftgelehrte als »typische« bzw. typisierte Gegner andererseits sowie Jesus selbst. Das *Besondere* an diesem Text ist die Verquickung einer Heilungserzählung mit einem Streitgespräch. Nachdem der Kranke zu Jesus gebracht ist, schließt sich nicht gleich der zweite Teil des klassischen Erzählschemas an, sondern es wird ein Streitgespräch zwischengeschoben, das um die Frage der Sündenvergebung kreist (→ XIII. Streitgespräche). Dem unausgesprochenen Vorbehalt einiger Schriftgelehrter (V.6 f.) begegnet Jesus zweifach: Zum einen so, dass er Sünden vergibt (V.5) und diese Vollmacht für sich in Anspruch nimmt (V.10), zum anderen, indem er den Gelähmten souverän heilt[16]. Von Anfang an also erfahren Jesu Sündenvergebung und Heilung Widerspruch. Selbst wenn es so sein sollte, dass in der jetzigen Textfassung das Menschensohn-Wort (V.10) im Mittelpunkt steht und das Wunder nur zu dessen Illustration dient[17], interessiert hier thematisch v. a. die Heilung.

Dreierlei verdient besondere Aufmerksamkeit:
- die ungewöhnliche Formulierung, dass Jesus den Glauben der vier Leute »sieht«
- der für biblische Zeit als bekannt vorauszusetzende Sachverhalt der Sündenvergebung
- das Wort »Menschensohn«, mit dem Jesus wahrscheinlich nicht eine andere Person, sondern sich selbst meint, und zwar weniger im Sinne von »Mensch, wie jeder andere wohl auch«, sondern qua »Vollmachtsträger Gottes«, »der den Menschen im Namen Gottes gegenüber tritt«[18].

(2) Systematisch. Drei Aspekte werden wichtig:
- *Sünde und Sündenvergebung*: Wenn in dieser Erzählung Sündenvergebung so unmittelbar mit einer Heilung verwoben erscheint, ist dies Ausdruck dafür, dass (kranke) Menschen von ihrer schöpfungsmäßigen Bestimmung »entfremdet« oder »gesondert« leben (→ TLL 1, Sünde, 354 ff.). Doch nicht die Sünde steht im Mittelpunkt – weder in den Evangelien noch im christlichen Glauben –, sondern ihre Vergebung und Überwindung im Sinne der Befreiung von belastender Negativität
- *Glaube* ist theologisch wie neutestamentlich nichts Abstraktes oder Einheitliches, vielmehr Vielfältiges und Dynamisches. Wenn

16 Vgl. *J. Gnilka*, Das Evangelium nach Markus (EKK II/1), Solothurn und Düsseldorf ⁴1994, 96.
17 Ebd.
18 Das Neue Testament. Übersetzt und kommentiert von *U. Wilckens*, Hamburg ²1972, 134 f.

wir unterschiedliche Erzählungen von Jesu Zeichentaten lesen, entdecken wir, dass der »Glaube« in fast jeder von ihnen unterschiedlich vorkommt. In unserer Geschichte »sieht« Jesus den Glauben der vier Freunde, die den Kranken aufs Dach schleppen, es aufgraben und den Kranken zu Jesus hinablassen, wobei sie kein Wort reden, auch nicht mit Jesus sprechen. Offensichtlich hat Glaube etwas mit Phantasie zu tun, mit Aktivität und »Sich-Aufmachen«: Da ist eine verzweifelte Frau (Mk 5,29–34), die Jesus durch das Berühren seines Mantels auf sich aufmerksam macht – solchem »Glauben« spricht Jesus Rettung zu; und da ist ein heidnischer Offizier, der Jesus mit einem »Kasernenhofvergleich« begegnet – ein Verhalten, das Jesus »Glaube« nennt (Mt 8,5–13)
– Weil nach Gottes Willen Leben gelingen soll, realisiert sich sein *Heil als Heilung körperlicher Schäden und Defekte*. Gottes Heil bleibt nicht jenseitig, sondern umfasst unsere körperliche Existenz, Integrität und »Ganzheit«.

Doch wir wissen auch, dass Kranke ihr Leben sinnvoll und gut gestalten können. Letztlich verweisen Krankheiten wie Gelähmt- und Blindsein aber auf die noch ausstehende Fülle.

(3) Didaktisch. Auf drei Behandlungsmotive weise ich hin:
– Da ist zum einen das *Sich-Wundern*, Außer-sich-Geraten, Staunen und Gott-Loben. Die Geschichte macht damals wie heute staunen. Wir können das Staunen und das Sich-Wundern wieder lernen und das Gott-Loben dazu, sei es elementar durch Selber-Tun im Singen und im Beten oder – bei älteren Kindern – durch Nachdenken: »Du hast meine Klage verwandelt in einen Freudentanz!« (Ps 30,12)[19]
– Da ist zum anderen zu entdecken, dass und wie der Glaube *Fantasie* entwickelt: Losgehen, sich aufmachen, ohne viel zu reden. Das spielt Schülerinnen und Schülern Möglichkeiten zu, wie Glaube auch aussehen kann, welche Gestalt er annehmen kann. Da können wir erzählen, spielen und nachgestalten, es gedanklich verarbeiten. Wir sind eingeladen, solchen »Glauben« selber zu probieren. Finden wir uns mit unserem Glauben da wieder?
– Schließlich wird von *Sündenvergebung* zu reden sein, weil wir in keiner heilen Welt leben, vielmehr vielfach Erfahrungen der Negativität von Kindesbeinen an machen. In der *GS* würde ich diesbe-

19 Vgl. *I. Baldermann*, Gottes Reich – Hoffnung für Kinder, Neukirchen-Vluyn ³1996, 41 f.

züglich allerdings zu einer Reduktion auf die Heilungsgeschichte selbst raten[20], denn die Gefahr, dass Gelähmtsein als unmittelbare Folge von Sünde (= moralisches Vergehen) verstanden wird, ist zu groß. Dagegen ist von Sündenvergebung in *5/6* anfanghaft und alphabetisierend und in *Sek I* ausführlicher zu handeln. Indem Jesus Sünden vergibt, macht er den Weg zu gelingendem, gutem Leben frei, weil er uns aus einem persönlichen wie überpersönlichen Negativitätszusammenhang herauslöst.

In der *GS* würde ich bei der Behandlung dieser Geschichte[21] vorwiegend auf folgende Aspekte abzielen:
– Begrenzungserfahrungen mit Gelähmtsein machen und ihre Überwindung »mit Kopf, Herz und Hand« erfahren
– sich in Gelähmtsein einfühlen, es nachvollziehen können; vom tätigen Glauben (der Freunde) erfahren; wie der Glaube tätig wird: Glaube, der helfen kann.

In *5/6* ginge es um: Wie ist das, wenn man gelähmt ist? Begrenzt und behindert sein; wo machen wir selbst Begrenzungserfahrungen? Heilung – wie kann das geschehen, auch medizinisch-naturwissenschaftlich? Wenn der Glaube zupackt; vom Widerspruch und Widerstand der Gegner Jesu gegen Sündenvergebung und Heilung erfahren; anfanghaftes Fragen: Was ist Sündenvergebung?
   In *Sek I* könnte es gehen um: Gelähmtsein als Begrenzungserfahrung; Überwindung und Heilung theologisch und naturwissenschaftlich-medizinisch; Begrenzungen und Heilung bei uns; Gott ist als »Liebhaber des Lebens« (Weish 11,26) an gelingendem, gutem Leben interessiert; Gelähmtsein und Krankheit als exemplarischer Ausdruck für »Nicht-in-Ordnung-Sein« und »entfremdet« leben – Sünden vergeben als Zuspruch der Befreiung von Krankheit und Negativität.

2.2 Mk 10,46–52: Heilung des blinden Bartimäus
   (1) Exegetisch. Die Perikope erzählt spannend und dramatisch-handlungsorientiert vom blinden Bettler Bartimäus, der, um sein Augenlicht wieder zu erlangen, seine ganze Hoffnung auf Jesus setzt und dies entsprechend zum Ausdruck bringt. Für ihr hohes Alter spricht, dass sie mit zwei konkreten Namen (Bartimäus u. Jericho) in Verbindung gebracht wird. Vom üblichen Rollenrepertoire anderer Wundergeschichten abweichend steht im Vordergrund dieser spezifisch geformten Heilungserzählung nicht der zeichenhaft handelnde

---

20 Vgl. *I. Baldermann*, aaO., 35f.
21 Vgl. die packende Nacherzählung bei *I. Baldermann*, aaO., 37ff.

Jesus, sondern der Blinde, sein Verhalten und sein Glaube[22]; daneben gibt es »Umstehende«, die sich ärgern (V.48).

Der *Glaube* des Bartimäus drückt sich in seinem Verhalten aus; er lässt sich nicht gleich beim ersten Fehlschlag (V.47f.) entmutigen, sondern »bleibt hartnäckig dran«. Er schreit einmal laut nach Erbarmen (V.47) und ein zweites Mal noch lauter (V.48), wodurch es ihm gelingt, Jesus zum Stehen zu bringen. Die Anrede »*Sohn Davids*« (V.47.48) drückt die Erwartung des damaligen Judentums aus, dass der Messias im Sinne von Jes 35 denen, die ihn anrufen, messianisches Heil zukommen lässt[23]. Auf die neuerliche Bitte hin – »Ich möchte wieder sehen können« (Wilckens-Übersetzung) – heilt ihn Jesus, der nicht sich dabei in den Vordergrund stellt, sondern den Glauben des Bartimäus: »Dein Glaube hat dir geholfen.« (V.52b) Glaube meint hier eine Zuversicht, ein Vertrauen auf Erbarmen (Kyrie eleison), ein Nicht-Nachlassen und Dranbleiben, das sich innerlich und äußerlich (lautstark) vollzieht. Auffällig ist: Glaube hat hier auch mit Wünschen und Bitten zu tun, nicht nur mit Hinnahme, Stille-Sein und Sich-Abfinden, welches sich biblisch freilich auch findet (vgl. etwa Jes 30,15). Am Ende (V.52c) wird der ehedem Blinde zum *Nachfolger Jesu*, womit auf die Bedeutung der Nachfolge und des Jüngertums verwiesen wird[24], so dass die Heilungsgeschichte eine Tendenz zur »Jüngergeschichte«[25] bekommt.

(2) Systematisch. Vier Aspekte können wichtig werden:
- Nach Gottes Willen gehört zu gutem, gelingenden Leben und Heil körperliche Unversehrtheit. Gottes Schalom vollzieht sich auch somatisch, denn es ist der Gott, »der mir Leib und Seele, Augen, Ohren und alle Glieder, Vernunft und alle Sinne gegeben hat und noch erhält« (*M. Luther*, Kleiner Katechismus, Credo 1. Art.)
- *Glaube* (→ TLL 1, Glaube) zeigt sich wesentlich als menschliches *Vertrauen auf Gottes bzw. Jesu Erbarmen* sowie eine gewisse, feste Zuversicht, der Gottes Verheißung auch »in extremis« und bei Fehlschlägen und Enttäuschungen gilt. Dazu braucht es wohl immer wieder auch – vgl. V.49: Lasst den Kopf nicht hängen, seid zuversichtlich! – Menschen, die uns auf unserem Glaubens- und Lebensweg ermutigen und ermuntern

---

22 Vgl. *J. Gnilka*, Das Evangelium nach Markus (EKK II/2), Solothurn/Düsseldorf ⁴1994, 109.
23 Vgl. *U. Wilckens*, aaO., 171.
24 Vgl. *J. Gnilka*, aaO., 107.
25 Vgl. *J. Gnilka*, aaO., 111.

– Zum christlichen Glauben gehört auch, dass er sich äußern, d. h. *rufen, schreien, klagen und bitten* darf. Er verbietet Wünsche nicht, sondern lässt sie vor Jesus, Gott und Menschen aussprechen. Ein Glaube, der nicht mehr wünschen und bitten kann, erwartet von Gott bzw. Jesus nichts mehr

– Glaubens- und Heilungserfahrung können zu einer *Veränderung des bisherigen Lebens* beitragen und ihm eine neue Ausrichtung geben.

(3) Didaktisch. Welch eine Erzählung! Voller Spannung und Anschaulichkeit! Sie fordert auf, ja reizt zum (Nach-)Erzählen, (Nach-)Erleben, (Nach-)Lesen, (Nach-)Spielen ebenso wie zum Debattieren: Dass da einer lauthals und wiederholt sein »Kyrie eleison« hinausschreit und »keine Ruhe gibt«, bis er gleichsam vorgelassen, gehört/erhört und schließlich geheilt wird! Diese zum Nachvollzug einladende Gestalt des Textes würde ich in allen Altersstufen ausnützen: Sie ist hochgradig anschaulich, abwechslungsreich (ohne mit permanentem Orts- und Personenwechsel zu überfordern), dazu handlungsintensiv. Darin kommt sie nicht nur Grundschulkindern, sondern auch älteren Kindern und Jugendlichen sehr entgegen, Glaube wird erlebbar und begreifbar, weil er sich gleichsam inkarniert und inkorporiert. Kinder und Jugendliche können in das Geschehen schlüpfen, »Glauben probieren« und durchspielen, wobei wir uns auf die Rollen des Blinden und der Umstehenden beschränken sollten.

In der *GS* vor allem, aber nicht nur, liegen die Schwerpunkte auf Erzählen, Erleben, Gestalten, Spielen und tangieren besonders Herz und Hand, aber auch den Kopf: Wie es ist, wenn ich nicht sehen kann; wie es ist, wenn ich (wieder) sehen kann; zu Jesus und Gott rufen, ihn bitten dürfen; auf Jesu/Gottes Erbarmen vertrauen können. Der Nachvollzug lässt Gestaltung/Gestalterisches, Zeichen, musikalischen Ausdruck bis zum Rollenspiel zu. In *5/6* steht die Geschehnisdimension stärker im Vordergrund (»Gibt es das?«) und kausales Fragen. »Kann das auch heute so geschehen?«

In *Sek I* bekommen das Nachdenken und Debattieren eine verstärkte Bedeutung, einmal stärker »sachlich«: Was sagen denn Medizin und Naturwissenschaften dazu? Dann stärker »persönlich«: Wie geht es mir mit dieser Geschichte? Ferner: Wenn ich nicht mehr sehen könnte; wenn wir auf Gottes/Jesu Erbarmen vertrauen können, warum gibt es dann Blinde und Kranke? Wie ist das mit der Gerechtigkeit und Liebe Gottes angesichts von kranken Menschen? Was kann der Glaube bewirken? Menschen auf meinem Lebens- und Glaubensweg, die mich ermuntern und aufrichten; Nachfolge als Dank für gelingendes Leben und Heil-Werdung.

Ein wichtiges theologisches und didaktisches Potenzial solcher Geschichten ist, dass sie Kindern und Jugendlichen helfen können, gleichermaßen mit ihren Wünschen und Fantasien sowie der konkreten Wirklichkeit zurechtzukommen. Sie verbieten nämlich Wünsche nicht, sondern bringen sie zum Ausdruck. Bei der Rückkehr in die Alltagsrealitäten haben wir Schülerinnen und Schülern vom christlichen Glauben her freilich Hilfestellung dahingehend zu leisten, dass die Ernüchterungen und Enttäuschungen des Alltags ertragen werden können. Gerade wenn sehnliche Wünsche von Kindern und Jugendlichen[26] nicht in Erfüllung gegangen sind, erinnern wir mit dem 1. Gebot und dem Vaterunser daran: »Dein Wille geschehe«. Freilich stehen Menschen dann oft ratlos vor Gott: »Herr, warum?« Andere können in ihr Leiden einwilligen und ihr Leben gestalten. Didaktisch ist darauf zu achten, dass Wunschfantasien der Heranwachsenden nicht die notwendige Realitätskontrolle außer Kraft setzen, weil sie sich sonst in eine künstliche Sonderwelt einspinnen würden. Damit leisten Wundergeschichten auch einen wichtigen Beitrag zum Aufbau eines Gottesbildes, welches Gottes heilende Zuwendung und Nähe, aber auch seine Unverfügbarkeit, Transzendenz und Ferne umfasst.

2.3 Mk 7,24–30: Die Syrophönizierin
Diese wie auch die nächste Erzählung kann zu den »*Dämonenaustreibungen*«[27] gerechnet werden, welche ein besonders sicherer Bestandteil der älteren Jesusüberlieferung sind[28]. Danach hat Jesus mehrfach Dämonen/böse Geister ausgetrieben (vgl. z.B. Mk 1,23 ff.; 3,22–27; Mt 12,43–45 u.a.), jedoch nicht wie damals wohl üblich und bei uns da und dort bis heute geübt, durch umfangreiche festgelegte Beschwörungsformeln. Vielmehr gehorchen die Dämonen seinem einfachen Befehl (vgl. Mk 1,25), wobei weniger das Wort »beschwören« als »austreiben« verwendet wird (vgl. Mt 12,28). Offenkundig teilt Jesus mit seiner Umwelt die Überzeugung, dass Dämonen / böse Geister als wesenlose Un-Wesen[29] in jedes beliebige Lebewesen eindringen können. Tun sie dies bei Menschen, sprechen

---

26 Vgl. *R. Oberthür*, Die Seele ist eine Sonne, München 2000, 104 ff.
27 Ich verwende hier und im Folgenden ganz bewusst nicht den Begriff Exorzismus, da dieser theologisch besetzt und in der Regel mit einem bestimmten Ritual der Austreibung verbunden vorgestellt wird.
28 Vgl. *J. Frey*, aaO., 13.
29 Vgl. *R. Feldmeier*, Die Mächte des Bösen, in: *W. H. Ritter/H. Streib (Hg.)*, Okkulte Faszination, Neukirchen-Vluyn 1997, 34 (25–38).

wir von Besessenheit[30]. Dabei weiß das NT um ihre ausgreifende Bedrohlichkeit und Gefährlichkeit, aber auch um die Überlegenheit Christi. In radikalkritischer Theologie wie in einseitig naturwissenschaftlich denkender Medizin und Psychologie galten Dämonen und Besessenheit lange Zeit als zu einem bestimmten, veralteten Weltbild gehörig und nicht mehr vermittelbar. Jedoch nehmen mittlerweile neuere Medizin und Psychologie solche Erkrankungen sehr ernst und stufen sie als »Depressionen« ein, die einen Menschen körperlich, seelisch und geistig derart deformieren können, dass er desintegriert und entfremdet leben muss[31].

Neuere Theologie deutet solche mit einer radikalen Reduktion der (guten) Lebensmöglichkeiten einhergehenden Störungen aus ihrem Symbolsystem heraus und erkennt in ihnen einen wesentlichen Aspekt der *Realität des Bösen* unter, um und in uns[32], was wiederum zeigt, dass die Welt nicht einfach »in Ordnung«, sondern eben noch in Un-Ordnung ist[33]. Theologisch geht es letztlich nicht um die Existenz oder Nichtexistenz von Dämonen, sondern um deren Begrenztheit und Überwindung. Was als Dämonen bzw. *dämonisch* erfahren wird, hat also mit dem *Zustand der Welt* zu tun, und Besessenheit lässt uns dementsprechend nicht »bei uns« und »in uns«, sondern eben »außer uns« sein. Dementsprechend dürfen Bereiche der Wirklichkeit, die wir theologisch als »dämonisch« bezeichnen können, »nicht abgeblendet werden, gerade weil das zu der Sprachlosigkeit führen müsste, die Menschen in solchen Erfahrungen ohne Hilfe lässt«[34]. Als Geschichten wollen der hier und in *2.4* verhandelte Text und andere ähnliche Mut machen und zuspielen: Es sind Mutmach-Geschichten und Schalom-Geschichten im Kampf gegen Böses, das von uns Besitz ergreift und gutes, gelingendes Leben zerstören will.

(1) Exegetisch. Auffällig ist an dieser Geschichte dreierlei:
– Einmal geht es vom Rollenrepertoire her neben Jesus um zwei *weibliche Wesen*, nämlich eine Mutter und deren selbst nicht anwesende Tochter

---

30 Vgl. *G. Schmid*, Art. Dämonen, in: TRT 1, Göttingen [4]1983, 263–264.
31 Vgl. Art. Depression, in: Lexikon der Psychologie I/1, Freiburg i. Breisgau [4]1978, Sp. 365–368.
32 Vgl. *W. Härle*, Dogmatik, Berlin/New York 1995, 490 f.
33 Vgl. *W. Schoberth*, Systematisch-theologische Thesen zum Okkultismus und zum Dämonischen, in: *W. H. Ritter/H. Streib (Hg.)*, aaO., 45 (39–48).
34 *W. Schoberth*, aaO., 43.

– Die Mutter bittet Jesus, er möge der Tochter einen unreinen Geist (V.25) bzw. Dämon (V.26.29.30) austreiben
– Schließlich wird die Mutter – und dann wohl auch die Tochter – als Heidin bezeichnet.

Wenn Jesus sich hier und in der nächsten Geschichte, aber auch sonst in den Evangelien Frauen und Mädchen zuwendet, ist dies im religiös-sozialen Alltag einer patriarchalischen Gesellschaft etwas Besonderes. Diese Frau traut Jesus nun offenkundig eine solche Dämonenaustreibung/Heilung zu; sie kommt zu ihm, wirft sich nieder und bittet für ihre Tochter. Jesus weist ihr Ansinnen zunächst in drastischer und beleidigender Schärfe (V.27)[35] zurück, denn als Heidin partizipiert sie nach jüdischer Reinheitsvorstellung nicht an Gottes Heil. Sie aber hält an ihrer Bitte fest, indem sie eine clevere, schlaue Bemerkung bzw. Erkenntnis (V.28) anfügt. Damit hat sie Jesus »überwunden« und gewonnen[36]. Die Folge ihres Verhaltens – übrigens nicht explizit als Glaube bezeichnet – ist erstaunlich (V.29): Als sie nach Hause kommt, ist in einer Art »Fernheilung« (vgl. auch Mt 8,5–13) der Dämon von ihrer Tochter ausgefahren. So lässt Jesus über alle überlieferten (religiösen) Grenzziehungen zwischen Menschen und Völkern hinweg unter Wahrung der Privilegien Israels auch diese Nichtjüdin an der heilenden Macht Gottes teilhaben.

(2) Systematisch. Gottes Heil hat mit Heilwerden und gelingendem Leben zu tun, welches die *seelisch-geistige Unversehrtheit, personale Identität* und Befreiung von zerstörerischen Besessenheiten einschließt. Offensichtlich gilt diese Zusage und Zuwendung von Jesu bzw. Gottes Befreiung gerade *Mädchen und Frauen* als den immer wieder exemplarisch »Besessenen«, Niedergedrückten und Belasteten damals wie heute[37]. Ihr Leben zu integrieren und sie wieder aufrecht und frei gehen zu lassen, ihnen zu einem gelingenden Leben zu verhelfen, entspricht Gottes Heilswillen. Gott reserviert Heil, Heilsein und gelingendes Leben für keine bestimmte Zielgruppe, seien es Männer oder das jüdische Volk, exklusiv, sondern schenkt es inklusiv und universal – auf Bitten – auch Menschen anderer Nationalität und Religion.

(3) Didaktisch. Da die Geschichte weniger Anschaulichkeit und Handlungsbezug hat als manch andere »Wundergeschichte«, zudem die dialogische Auseinandersetzung (V.27f.) der heidnischen Frau

---

35 Vgl. *U. Wilckens*, aaO., 156.
36 Vgl. *J. Gnilka*, Das Evangelium nach Markus II/2, 290 f.
37 Vgl. *H. Pissarek-Hudelist/L. Schottroff (Hg.),* Mit allen Sinnen glauben. Feministische Theologie unterwegs, Gütersloh 1991.

mit Jesus Anforderungen an das Denk- und Abstraktionsvermögen
stellt, kann sie in der *GS* nur in vereinfachter Gestalt behandelt werden, wobei die Bedeutung der Sätze V.27 f. entweder erläutert werden oder frei nach- oder umgesprochen werden muss. Dann aber
eignet sich die Geschichte durchaus für ein gut gestaltetes Nach-Er-
zählen und (Nach-)Erleben, indem etwa die Hartnäckigkeit, aber
auch die Couragiertheit der Mutter, die sich nicht abwimmeln lässt,
herausgearbeitet wird. So können wir das Motiv der »gewinnend«
auftretenden Mutter aufnehmen und nachvollziehen lassen. Können
Mädchen und Frauen in ihrem Glauben gewinnender auftreten?
Das legt zugleich nahe, in den Blick zu nehmen, dass Jesus sich hier
einer *Frau und ihrer Tochter* zuwendet. »Was denkt ihr: Warum wendet
er sich Frauen und Mädchen zu?« Was denken die Mädchen, was
die Jungen? Schließlich ist da der Aspekt, dass sich eine »Ausländer-
rin«, eine Heidin dazu, an Jesus wendet und so ihrer Tochter zu gutem Leben verhilft – »Wie ist das für dich?«, »Warum tut er das?«

In *5/6* wird sehr wahrscheinlich das Thema Dämonen/unreiner
Geist – weitgehend auf dieser Altersstufe personal vorgestellt –
nachgefragt werden, Gespräche mit sich bringen und erste theologische Hinweise nötig machen. Gefragt wird werden, was es mit einer
Dämonenaustreibung auf sich hat, und ob das Jesus wirklich
konnte. Nun kann die Geschichte auch in ihrer grenzüberschreiten-
den Dynamik und Anstößigkeit (V.27 f.) gehört, gelesen, verstanden
und darüber debattiert werden. Sodann liegt es aufgrund der Ge-
schlechterthematik in dieser Altersstufe nahe, zu entdecken, wie Jesus sich besonders um Frauen und Mädchen kümmert und ihnen
gutes Leben schenkt. Warum?

In *Sek I* werden Fragen nach Exorzismus, Teufelsaustreibungen,
Okkultismus aufkommen und nach Antworten verlangen. Gibt es
Dämonen? Warum gibt es sie? (Wo) gibt es Spuren des Bösen in
meinem (unserem) Leben? Von da aus kann zur Einfachheit unserer
Geschichte übergegangen werden: kein Brimborium, keine langen
Beschwörungsformeln, nur eine »dranbleibende« Bittstellerin und
ein vollmächtig handelnder Jesus! – Konnte Jesus »fernheilen«?
(V.30) – Heil und Heilung in anderen Religionen und Konfessio-
nen – Schenkt Gott Heil und gelingendes Leben auch in anderen
Nationalitäten und außerchristlichen Religionen? – Glaube und
Krankheit, Glaube und Gesundheit; unser Leben, unsere Wirklich-
keit sind vom Bösen durchzogen und gezeichnet.

2.4 Lk 13,10–17: Heilung der gekrümmten Frau

(1) Exegetisch. Vorliegender Text enthält zwei miteinander ver-
wobene Erzählungen bzw. Erzählmotive. Der erste Textteil, eine
Heilungsgeschichte (V.10–13), erzählt, dass Jesus am Sabbat eine
jahrelang kranke Frau, die, von einem Dämon geplagt, infolge eines verkrümmten Rückens nicht mehr aufrecht gehen konnte, von
ihrem Leiden befreit. Sie richtet sich auf und preist Gott (V.13). Verwoben damit ist im zweiten Textteil (V.14–17) ein »Streitgespräch«
zwischen Jesus und einem Synagogenvorsteher darüber, ob am Sabbat geheilt werden darf – der Synagogenvorsteher sieht darin einen
Regelverstoß[38] (→ XIII. Streitgespräche). So geht es zunächst um die
Folgen und Konkretionen des Bösen bis hin zu körperlichen Sympto-
men und Qualen, sodann darum, wie Jesus das Sabbatgebot als Vorgeschmack der Erlösung lebensdienlich auslegt. Gipfelt die erste Erzählung in der *Befreiung* einer Frau von *zerstörerischen Mächten*, so die
zweite in der souveränen *Befreiung von »Menschensatzungen«* (= Sabbatvorschriften) bzw. der Relativierung und Entschärfung kultisch-ritu-
eller Gebote durch Jesus[39]. Jesus führt Sabbatvorschriften radikal auf
den ursprünglichen Sinn der »Tora« (= Weisung) zurück, wonach
der Sabbat für den Menschen da ist. Dann aber darf diese Frau auch
am Sabbat vom Dämon/Satan befreit werden. Deswegen steht am
Ende der Dämonenbefreiung das *Gotteslob* der Frau, am Ende des
Streitgesprächs die *Freude* (des ganzen Volkes) über Jesu große Taten.

(2) Systematisch. Vor allem in Geschichten von *Frauen und Mädchen*
begegnen uns bis heute Spuren der Macht, der Gewalt, der Zerstörung und Unterdrückung. Nach Gottes Willen soll das nicht sein.
Deswegen ist es wichtig, dass Christinnen und Christen Geschichten von der Befreiung, Erlösung und der Aufrichtung aus allen Formen der »Besessenheit« von Mädchen und Frauen erinnern, weitersagen und -singen[40]. Christlicher Glaube rechnet damit, dass der
Druck, den Böses und zerstörerische Mächte, Umstände und Strukturen ausüben, Menschen sichtbar *deformieren* kann; er erinnert aber
auch daran, dass Gottes Heilswille unsere seelisch-körperliche Identität, Unverletztheit und Integrität einschließt. Nicht der defor-
mierte, sondern der aufrechte Gang der Menschen entspricht dem
Willen Gottes. Dabei vertraut der christliche Glaube darauf, dass

---

38 Vgl. G. *Schneider*, Das Evangelium nach Lukas (ÖTK 3/2), Gütersloh/Würz-
burg ²1984, 299 f.
39 Vgl. G. *Theißen/A. Merz*, Der historische Jesus, 325–332.
40 Vgl. D. *Sölle (Hg.)*, Für Gerechtigkeit streiten, Gütersloh 1994.

das Böse eine *begrenzte Kraft* hat. So sehr Christen mit dem Bösen und seinen Obsessionen rechnen, die Auseinandersetzung mit ihm kann nicht (allein) in einer rationalen Widerlegung bestehen, sondern darin, dass wir Wege suchen, auf denen der mit dem Bösen einhergehenden »Reduktion der Lebensmöglichkeiten« gewehrt werden kann und »humane Entfaltungen der eigenen Bedürfnisse möglich werden«[41]. Wie Jesus und Gott an guten Lebensmöglichkeiten interessiert sind, so wollen auch *Gottes Gebote* (Sabbat-Gebot!) zu *gelingendem Leben* verhelfen. Am Ende führen Gottes und Jesu »große Taten« zum *Lobpreis und zur Freude.*

(3) Didaktisch. Während in *GS 3/4* der ganze Text unterrichtlich erschlossen werden kann, empfiehlt sich dies in *GS 1/2* aus Gründen des Spannungsbogens und der leichteren Überschaubarkeit nicht. Besser ist es, beide Geschichten auseinander zu nehmen und je für sich darzustellen, zumal die Sabbatproblematik schon unterrichtlich erarbeitet sein muss.

Deswegen steht in *GS 1/2* die Heilung der Frau zum aufrechten Gang im Vordergrund. Das können wir spielen, erzählen, gestalten, bereden und bestaunen: Wie es ist, wenn man niedergedrückt und gekrümmt ist, und wenn man auf einmal wieder aufrecht gehen kann, der Rücken wieder frei ist. Da sind Freude und Lob – wir können springen, singen und feiern.

In *3/4* werden wir nicht nur von den körperlichen Erscheinungen erzählen, sondern auch vom Satan/Dämon, die personal vorgestellt werden und von denen Menschen »besessen« werden. Medienerfahrene Kinder werden hier keine großen Erläuterungen zu Dämonen brauchen, wohl aber wollen wir entdecken und wahrnehmen, wie sich Besessenheit »anfühlt« und wie es ist, wenn wir davon befreit werden. Wie viel Erleichterung und Aufatmen, wenn wir wieder richtig leben können! Und wenn Weisungen Leben gelingen lassen – wie gut Kinder das verstehen! Für beides dürfen wir in Gedanken, Worten und Liedern Gott danken und preisen.

In *5/6* wird nach der Heilung/Befreiung der Frau auch kausal-medizinisch gefragt werden: Gibt es das? Wenn Jesus das kann, imponiert er (Allmacht Gottes – »Deus ex machina«)! Wie ist das mit den (immer noch) personal vorgestellten Dämonen? Da wird debattiert werden müssen. Ein Jesus, der lebensdienlich argumentiert, stößt in diesem Alter auf viel Sympathie. Und weil Kinder in ihrem Lebens-

---

41 *W. Schoberth*, aaO., 48.

alltag streiten lernen müssen, reizt dieses Streitgespräch zum Aus-
probieren, Selbermachen und Durchspielen.

In *Sek I* sind Okkultismus und Exorzismus interessant, was bedacht werden muss. Wie sparsam, einfach und zurückhaltend sich
daneben unser Text ausnimmt! Das kann zu denken geben. Wichtiger als die »Existenz« von Dämonen ist das, was uns als »dämonisch« begegnet, was uns gefangen nimmt, niederdrückt, von uns
Besitz ergreift, uns besetzt und vom guten Leben abhält. Dem ist
nachzusinnen und nachzuspüren. »Dämonen gibt es nämlich nur so
lange, wie man mit ihnen rechnet und ihnen Macht einräumt.«[42]
Wenn sie aber überwunden sind – und einer macht es hier vor –,
dann sind Befreiung und neues Leben da, was wir vielfältig ausdrücken können, vom aufrechten körperlichen Gang angefangen,
über Sagen und Singen bis zum Danken. Imponieren mag zudem,
wie souverän und lebenszugewandt einer mit Vorschriften umgeht
und gutes Leben ermöglicht. Jetzt ist es auch möglich, das Ganze
bibliodramatisch umzusetzen.

3. Bewahrungsgeschichten – Christusgeschichten

Die hier aufgeführten Texte kann man als Rettungs- oder Bewah-
rungsgeschichten (→ TLL 1, Wunder, 381 f.) bezeichnen[43]. Sie erzählen davon, dass und wie Jesus Christus Menschen aus akuter Not
befreit und ihr Leben bewahrt bzw. drohende Lebensbegrenzungen
überwindet, indem er – über Heilungsgeschichten hinaus – sein
Herr-Sein über Mächte (z. B. Naturgewalten) und Elemente (Brot
und Fische) offenbart. Von der Auferstehungserfahrung geformt
können wir sie auch *Christusgeschichten* nennen, denn sie spiegeln den
nachösterlichen Glauben[44] an den Herrn (*Kyrios*) Jesus Christus wider und »ver-dichten« ihn erzählerisch. In den Literaturwissenschaf-
ten ist dieses Phänomen unter dem Begriff »epische Konzentration«
bekannt[45]. Als intensivierte, gesteigerte, »extravagante« – d. h. über
das normal Vorstellbare hinausgehende – Christus- bzw. Glaubenszeugnisse stellen sie ein fortgeschrittenes Stadium christlicher Überlieferung und Theologie dar.

42 *W. Schoberth*, aaO., 46.
43 Vgl. *G. Theißen/A. Merz*, Der historische Jesus, 265 ff.
44 So *G. Theißen/A. Merz*, aaO., 268 f., 272 f.; *J. Frey*, aaO., 13.
45 Vgl. *E. Schillebeeckx*, Jesus. Die Geschichte von einem Lebenden, Freiburg/Ba-
sel/Wien ³1975, 167.

In der exegetisch-theologischen Forschung entweder als »problematisch« oder zumindest »anders« empfunden, gelten sie (weithin) als unhistorisch. Dies hatte und hat bis heute seine Ursache darin, dass Historiker ihr Urteil, oft unausgesprochen und unreflektiert, von dem abhängig mach(t)en, was naturwissenschaftlich möglich bzw. unmöglich erschien bzw. erscheint. Ein wissenschaftlich problematisches Verfahren![46] Wenn auch viel dafür spricht, diese Texte aus *sachlichen* Gründen[47] anders zu beurteilen als die Heilungsgeschichten – diese sind viel zahlreicher und ursprünglicher überliefert, zudem weniger stark österlich geprägt – und sie für eher »unhistorisch« zu halten, muss man letztlich, wenn man als Historiker bei seinem Leisten bleiben will, ihre Historizität offen lassen. Dies im Wesentlichen aus zwei Gründen: Zum einen, weil in diese und ähnliche Geschichten sehr wahrscheinlich Erinnerungen an den irdisch-geschichtlichen Jesus – z.B. gemeinsame Bootsfahrt und gemeinsames Essen – eingewoben sind (dann freilich christologisch-theologisch »überhöht« wurden); zum anderen, weil die neutestamentlichen Erzähler und Autoren, soweit wir wissen, keine naturwissenschaftlichen und historischen Interessen in unserem Sinne hatten, also auch nicht im Rankeschen Sinne daran interessiert waren, »wie es eigentlich gewesen«[48].

Für sie war die Weitergabe dessen, was Menschen in Erinnerung und Gedächtnis aufbewahrt hatten, das Entscheidende – »zu erzählen die großen Taten Gottes«. Demzufolge liegt ihnen vermutlich mehr an der *Wirklichkeit* von »Wundergeschichten« im Sinne ihrer *Wirkung*, die sie freisetzen[49]. Die aber besteht – theologisch bedeutsam – darin, dass sie die (Alltags-)Wirklichkeit als »über die Grenzen des Menschenmöglichen« hinaus[50] *veränderbar* vorstellt. Christus- bzw. Glaubensgeschichten wie die hier vorliegenden zeigen die Wirklichkeit im »Modus des Entwurfs« (*E. Jüngel*) oder des Modells, wie sie sein könnte oder sein sollte. Sie liefern mit anderen Worten Wirklichkeitsbilder gegen den (schlechten) Status Quo, der hinter seiner Bestimmung als menschen- und gottgemäßer Wirklichkeit zurückbleibt. Darin besteht über das Historische hinaus die

46 Damit wurden und werden nämlich *zeitbedingte* naturwissenschaftliche Erkenntnisse als definitive »Tatsachenerkenntnisse« mit absolutem Geltungsanspruch ausgegeben; vgl. dazu sehr gut *H. Bee-Schroedter*, aaO., 67 (65 ff.).
47 Vgl. dazu *G. Theißen/A. Merz*, aaO., 272 f.
48 Vgl. in diesem Sinne das sehr vorsichtige Urteil von *J. Frey*, aaO., 13.
49 In Teilen der Bibelwissenschaft und der Systematischen Theologie zeigt sich ein u. a. von der modernen Rezeptionsästhetik und Postmoderne (Comics, virtual reality) beeinflusstes Verständnis von Texten, das deren theologische Qualität mehr in den *Wirkungen* der Texte, nicht in ihrer (möglichen) Historizität sieht; vgl. dazu v. a. *H. Bee-Schroedter*, aaO., 50 ff.
50 Vgl. *G. Theißen*, Urchristliche Wundergeschichten, 287.

»Wahrheit« solcher Geschichten, die sie als »verlässlich« zuspielen wollen. Als Geschichten wollen die beiden folgenden Texte gegen die Angst angehen (Anti-Angst-Geschichten), Hoffnung stiften (Hoffnungs-Geschichten) und schließlich von Lebensfülle und gelingendem Leben erzählen, das nicht mehr unter Entbehrungen und Bedrohungen leiden muss.

3.1 Mk 4,35–41: Sturmstillung

(1) Exegetisch. Anschaulich, dramatisch und mit leuchtenden »(Oster-)Farben« wird erzählt, wie Jesus seine Jünger in Lebensgefahr bewahrt, indem er sie – weit über menschlich Vorstellbares hinaus – vor bedrohlichen Naturgewalten rettet. Am Heil der Menschen als Lebensbewahrung ausgerichtet, hat die Geschichte aber noch einen Nebeneffekt: Der (erhöhte) Christus wird als Bezwinger der Chaosmächte bekannt[51].

Die Geschichte weist folgende Auffälligkeiten auf: Jesus schläft unbekümmert (V.38), gebietet mit Vollmacht (V.39) und fragt nach dem Glauben seiner Jünger (V.40); der »Chorschluss« (V.41) spricht nicht wie sonst häufig von Lob und Dank der Jünger bzw. Umstehenden, sondern von ihrer »Furcht«: Wer ist der?!

Zur *Entstehung* dieser Geschichte trugen vermutlich mehrere Faktoren bei: Da war die geschichtliche Reminiszenz, wie Jesus auf dem See Genezareth seine Jünger im Sturm bewahrte; da war die Erfahrung, dass er mit Vollmacht (Mk 1,21) reden und gebieten (Mk 1,25) konnte. Da war im AT davon die Rede, dass Jahwe, der Herr über die Gewalten, das Meer und das Chaos sei (Ps 107; Ps 69,2f.); all dies wird vermutlich erzählerisch »ver-dichtet« worden sein. Konnte Jesus heilen, so war es – nach Ostern – nur ein Schritt, ihm auch (göttliche) Macht über Wind und Wellen zuzutrauen[52]. Es werden also Entstehung und Weitergabe dieser *Story* in einer Art Zirkelschluss verlaufen sein[53].

(2) Systematisch. Christlicher Glaube vertraut darauf, dass Gott bzw. Jesus Christus Menschen aus Not und Leid retten und bewah-

---

51 Vgl. *J. Gnilka,* Jesus von Nazareth, Freiburg/Basel/Wien 1990, 140.
52 *G. Theißen/A. Merz,* Der historische Jesus, 268.
53 Vgl. *M. Köhnlein,* Ecce homo – Seht der Mensch, Bd. 1, Lahr 1999, 18f.: »Konnte der nachösterliche Christus das ›Schiff der Gemeinde‹ aus den Stürmen der Zeit retten…, so hatte wohl auch der vorösterliche Meister seine Jünger auf dem See Gennesaret im Sturm bewahrt … Die Erfahrung des Jesus von Nazareth führte zum Christusbekenntnis und das Christusbekenntnis gestaltete die Jesusgeschichten aus.«

ren will (→ TLL 1, Glaube, 94 f. und Leiden, 218 ff.), denn er ist kein gleichgültiger, sondern ein erbarmender Gott. Gott und Christus als Retter sind ein zentraler Gehalt christlichen Glaubens. Deswegen hoffen Christen eschatologisch auf »einen neuen Himmel und eine neue Erde« (Offb 21,1) und darauf, dass dann »keine Trauer, keine Klage, keine Mühsal« mehr sein wird (Offb 21,4). Dies beinhaltet auch die Hoffnung, dass die Schöpfung, die jetzt noch »unerlöst« im Seufzen liegt und stöhnt (vgl. Röm 8,22) – s. Naturkatastrophen –, ihrer Vollendung entgegengeht.

(3) *Didaktisch.* Wichtig bei der Behandlung dieser und ähnlicher Geschichten ist, dass allgemein- wie religionspädagogisch Kinder und Heranwachsende nicht nur einen Realitätssinn, sondern auch einen *Möglichkeitssinn*[54] brauchen, der Möglichkeitsräume über das Gegebene hinaus eröffnet und Grenzüberschreitungsversuche zulässt. Wie kindlich-jugendliche Träume[55], Fantasien und entsprechende *Stories* und Comics aus der Kinder- und Jugendszene, so eröffnen auch Wundergeschichten wie diese einen Hoffnungshorizont und lassen die harte Wirklichkeit mit ihren bedrohenden tödlichen Lebensbegrenzungen als veränderbar erscheinen. Texte wie die Folgenden enthalten Transzendierungs-Potenziale, die unheiles Leben und unheile Wirklichkeit als heilbar erscheinen lassen.

In der *GS* werden Kinder den Text v. a. (aber nicht nur) wörtlich verstehen, der in seiner Anschaulichkeit anspricht und zum Nacherleben Lust macht.

Menschen haben entsetzliche Angst zu ertrinken und unterzugehen, doch Jesus rettet sie. So viel Macht imponiert und wird bestaunt, aber vielleicht fragen da auch welche (mit dem Text!), wer ist denn der, dass er so etwas kann? Anknüpfen können wir auch mit vielen Lebensmotiven aus der Welt der Kinder: Wie ist es (wörtlich und übertragen!), wenn einem das Wasser bis zum Hals steht, wenn man vor Angst vergeht, »untergeht«? Und wie ist es, wenn ich mit dem Leben davongekommen, gerettet bin? Beides können wir plastisch und eindrücklich erarbeiten, wenn wir Psalmverse bzw. deren Motive hier aufnehmen und unterrichtlich einweben[56]. Da kommen

54 Vgl. *H.-G. Heimbrock*, Wahrnehmung und Einbildung. Irritationen religiöser Erziehung durch virtuelle Welten, in: Schönberger Hefte, 2/1996, 10–19; *W. H. Ritter (Hg.)*, Religion und Phantasie, Göttingen 2000.
55 Vgl. den Text von *J. Krüss*: »Träumt, ihr Kinder dieser Erde, jedem eine gute Nacht; träumt, dass alles besser werde, besser über Nacht ...«
56 Vgl. *I. Baldermann*, Wer hört mein Weinen? Neukirchen-Vluyn ⁵1995, 44–59; *R. Oberthür*, Kinder und die großen Fragen, München 1995, 81 ff.

wir ins Nachsinnen, ins Reden, und spielen können wir es auch. Ein reizvolles Motiv dabei ist der schlafende Jesus, »der einfach nichts mitkriegt«; darüber können wir mit Kindern ins Gespräch kommen. Und wie steht es mit dem »Vertrauen« bei uns? Was denkst du?[57]

In *5/6* wird die Geschichte in ihrer Wahrscheinlichkeit (»passiert?«) nachgefragt, bezweifelt, bestritten, von anderen dagegen »kindlich« – und unterstützt von entsprechenden Film- und Fernsehkenntnissen – behauptet werden; ich würde dies bewusst offen lassen. Wichtiger wird es sein, auf Angst und Angstüberwindung zu sprechen zu kommen: Kennt ihr das? Und wie geht es euch damit? Vielleicht blitzt dann da und dort einem, einer auf, dass etwas so wahr, d.h. »verlässlich« sein kann, dass darüber die Frage des Geschehenseins ganz unwichtig wird. Ob diese Geschichte schon in *5/6* als nachösterliche Sicht der Gemeinde von den Schülern verstanden werden kann, wage ich zu bezweifeln. Dass sie Erfahrungen von Menschen mit Jesus Christus durchscheinen lässt, halte ich für viel wichtiger!

In den oberen Klassen der *Sek I* wird diese Geschichte kritisch und naturwissenschaftlich betrachtet. Zweierlei ist wichtig. *Einmal,* dass hier glaubende Menschen ihre Hoffnung und ihre Zuversicht – denn bei Gott ist kein Ding unmöglich – imaginationskräftig und sinnenfällig ausgedrückt haben; das war für sie wahr und verlässlich, darauf wollten sie sich verlassen, ja, Amen, so ist es, so soll es sein[58].

Hier bietet es sich etwa in fächerübergreifender Kooperation mit dem Deutschunterricht an, über literarische Gattungen sowie Wirklichkeit und Sprache nachzudenken. *Zum anderen* haben diese Geschichten aber auch mit unseren Lebensgeschichten zu tun: Wovor habe ich Angst? Und wie ist das mit der/meiner Angst? – Einmal keine Angst mehr haben müssen! – Träumen von einem Leben ohne Angst![59] – Sich über Begrenzungen hinweg träumen! – Träumen heißt, sich Veränderungen vorstellen. Die Sturmstillungsgeschichte als Mutmach-Geschichte zielt in dem Sinn auf gelingendes, gutes Leben und schließt ein, dass Einer der Angst Herr wird[60]. Und doch haben Schüler dieser Altersstufe immer wieder auch den Eindruck,

---

57 Vgl. *R. Oberthür*, Die Seele ist eine Sonne, 56 ff., 108 ff.
58 Vgl. die textliche Nachgestaltung als Anti-Angst-Geschichte durch *D. Steinwede*, in: Das Leben suchen. RU 9/10, Frankfurt 1988, 74.
59 Vgl. *I. Baldermann*, Gottes Reich – Hoffnung für Kinder, 24–28; *R. Oberthür*, Kinder und die großen Fragen, 91 ff., 121 ff.
60 Vgl. *W. H. Ritter*, Einer wird der Angst Herr, in: EvErz 41/1989, 237–253.

dass Gott /Jesus schläft, gar nicht da ist, oder ganz weit weg. Wie ist das bei mir, bei dir? Aber es gelingt mitten in meinem Leben auch etwas, macht mich außerordentlich betroffen, so dass ich frage: Wer ist dieser Jesus? Nur ein Mensch? Gottes Sohn!? »Gott von Gott« (Nizänisches Glaubensbekenntnis)? Das kann unsere Schüler herausfordern.

3.2 Mk 6,30–44: Speisung der Fünftausend

(1) *Exegetisch.* Einleitend (V.30–34) wird erzählt, dass unzählige Menschen Jesus (und seine Jünger) an einem abgelegenen Ort erwarten. Er sieht sie, Erbarmen – eine »Eigenschaft« Gottes im AT – ergreift ihn und er lehrt sie: Der *lehrende Jesus.* Daran schließt sich die Geschichte vom *handelnden Christus* an: Anschaulich, spannend und handlungsintensiv erzählt diese Christusgeschichte konfessorisch, wie Jesus Christus hungrige Menschen satt macht, denn sein (nachösterliches) Herr-Sein über »Elemente und Realien« geht so weit, dass Brot und Fische nicht nur für eine riesige Menschenmenge reichen, sondern sogar noch viel davon übrig bleibt.
Auf folgende Auffälligkeiten lohnt es sich zu achten:
– Von einem »Wunder« im Sinne einer Show und Demonstrationshandlung, das den Vollzug der Brot- und Fischvermehrung plastisch schildern würde, findet sich im Text nichts[61]. Nicht das »Wie« interessiert, sondern dass »alle satt wurden« (V.42)
– Jesus spricht den Mahlsegen und lässt austeilen
– Auch wenn uns V.41 unwillkürlich an die Einsetzungsworte Jesu beim Abendmahl erinnert (Mk 14,22), lässt sich unser Text nicht einlinig daraus ableiten: Hier ist von Brot und Fischen die Rede, nicht von Brot und Wein[62]; zudem geht es sehr konkret um leibliches Essen und Sattwerden, nicht um eine geistliche Abendmahlsfeier! Und weil es um Essen und Sattwerden geht, ist diese »Wundergeschichte« auch mehr als ein gebräuchliches Stilmittel, um den Glauben an Jesus Christus auszudrücken.
Die *Entstehung* dieser Geschichte lässt sich aus dem Zusammenkommen verschiedener Faktoren erklären: Sie hat mit realen Erfahrungen, Erwartungen und Verheißungen zu tun. Da litten viele einfache Menschen Hunger und Not; da war die Erinnerung an überlieferte Wunder aus der Frühzeit Israels (Ex 16); da war die Erwartung, ein kommender Prophet werde die Taten der Propheten Elia und Elisa

---

61 Vgl. *J. Gnilka*, Das Evangelium nach Markus II/1, 257.
62 Vgl. *G. Theißen/A. Merz*, Der historische Jesus, 273 f.

(1 Kön 17; 2 Kön 4) überbieten; da war Jesu Verheißung, in der mit ihm beginnenden neuen Welt würden die Hungrigen satt (Lk 6,21) und alle zu einem großen Festmahl versammelt werden (Mt 8,11 ff.)[63]. All dies und das Staunen darüber, wie die mit Jesus umherziehenden Menschen immer wieder satt wurden, lässt die Geschichte als eine schöpferische »Ver-Dichtung«[64] dessen erscheinen, was sein soll und sein wird. Wie im AT Gott Jahwe, so tut jetzt Jesus Christus »Zeichen und Wunder«.

(2) Systematisch. Gottes Heil schließt sehr konkret unsere leiblichen Bedürfnisse mit ein. Wenn der Mensch auch »nicht vom Brot allein« lebt (Mt 4,4; Dtn 8,3), so gehört doch für den christlichen Glauben das Sattwerden und Zu-Essen-Haben zum guten Leben dazu. Mangel soll nach Gottes Willen nicht sein. Deswegen isst und trinkt der irdisch-geschichtliche Jesus paradigmatisch immer wieder mit Menschen. Gott ist ja der, der mir »Essen und Trinken« gibt, und »mit aller Notdurft und Nahrung dieses Leibes und Lebens mich reichlich und täglich versorget« (*M. Luther* in seiner Auslegung des 1. Artikels des Glaubensbekenntnisses im Kleinen Katechismus). Wohlgemerkt:
- *Mich* reichlich und täglich versorgt
- Es ist genug *für alle* da
- Dies gilt für das *jetzige* Leben, wirft aber auch ein Licht auf das zukünftige im Reich Gottes, das Jesus so oft mit Essen und Trinken (z.B. Mt 22,1–14) in Verbindung bringt
- *Eschatologisch* wartet die unbegrenzte Fülle (Schalom) auf uns.

(3) Didaktisch. Für *GS* geht es darum, zu verspüren und auszudrücken (auch musikalisch), wie es ist, wenn ich Hunger habe (klagen lernen), und wie es mir geht, wenn ich satt werde – Jesus lässt uns satt werden! Wir setzen uns in Gruppen, essen (und trinken) leibhaftig, einer spricht den Mahlsegen. Gottes lebenserhaltende Güte wird so sinnenfällig, auch in dem, was übrig bleibt. Jesus / Gott schenkt reichlich, wir lernen das Staunen (wieder) und das Danken dazu, wir können sprechen oder singen »Danket dem Herrn, denn er ist sehr freundlich …«. – Uns fällt ein: Andere Menschen auf der Erde hungern, wir bringen sie im Gebet vor Gott (Kinder formulieren lassen!); können wir auch selber helfen (teilen!)?

In *5/6* wird das »Wie« dieses »Wunders« interessieren: »Kann das sein?« Wir werden diese Fragen aufnehmen müssen und entdecken

---

63 Vgl. *G. Theißen/A. Merz.*, aaO., 267.
64 Vgl. ebd.

lassen, dass sich die Erzählung hier völlig ausschweigt, stattdessen den Blick auf das wunderbare Sattwerden der Menschen lenkt. – Wir erkennen, dass bei gemeinsamem Essen scheinbar Weniges durch Teilen für Viele ausreicht! – Wir fragen uns: Warum haben wir genug zu essen, andere Menschen nicht? Will das Gott? Muss das immer so bleiben? – Wir entdecken, dass es Erzählungen von »Zeichentaten« Jesu gibt, in denen Jesus viel gewaltiger erscheint als etwa in den Heilungserzählungen. Wir fragen: Warum könnte das so sein? Was spricht sich darin aus?

In *Sek I* können wir elementar dem Hungern und dem Sattwerden nachdenken und nachsinnen. Was bedeutet es, genug zu essen zu haben? – Warum leiden Menschen hier bei uns und weltweit am Hunger, wo bleibt Gott? – Den Text entschlüsseln wir als Hoffnungs- und Glaubensdokument, in dem Christen Christus als den im Hunger bewahrenden, Brot und Fische spendenden Herrn »visionär« entwarfen, der Lebens-Fülle schenkt. – Die Erzählung verstehen wir als Mutmach- und »Fülle-und-Reich-Gottes-Geschichte« und lernen sie in entsprechenden Situationen anwenden[65].

LITERATURHINWEISE

H. J. Blum, Biblische Wunder – heute. Eine Anfrage an die Religionspädagogik, Stuttgart 1997.

H. Bee-Schroedter, Neutestamentliche Wundergeschichten im Spiegel vergangener und gegenwärtiger Rezeption, Stuttgart 1998.

J. Frey, Zum Verständnis der Wunder Jesu in der neueren Exegese, in: ZPT 51/1999, 3–14.

---

65 Vgl. *I. Baldermann,* Gottes Reich – Hoffnung für Kinder, 16–18.

XV. Gleichnisse

Reinhard Feldmeier

1. Poesie als »Religionslehre«? Didaktische Vorüberlegungen

Jesus hat keinen RU erteilt und erst recht keine Theologie unterrichtet: Er definiert nicht seinen Gottesbegriff, er erörtert nicht die Grundlagen des Kosmos, er entfaltet kein dogmatisches System. Der Jesus, den uns die Evangelien als Verkündiger der nahe gekommenen Gottesherrschaft (Mk 1,14 f. par) vor Augen malen, wirkt durch seine Taten, durch sein Verhalten, durch seine Gespräche und nicht zuletzt durch sein Sterben. In seinem Auftreten ereignet sich die Nähe der guten Herrschaft Gottes (vgl. Lk 11,20 par; Mt 12,28), er ist der Immanuel, der »Gott-mit-uns« (Mt 1,23). Auch dort, wo dieser Jesus »lehrt«, in der von ihm tradierten Wortüberlieferung, entspricht er nicht dem gängigen Bild von einem religiösen Lehrer: Im Zentrum seiner Reden stehen – neben den Aufforderungen zur Nachfolge und einer entsprechenden Lebensgestaltung – vor allem Gleichnisse, also *poetische Erzählungen*[1]. Diese Besonderheit der »Lehre« Jesu gilt es theologisch zu verstehen – und ihr gilt es dann auch im Unterricht zu entsprechen. Denn Jesus teilt, wie sich zeigen wird, in seinen Gleichnissen eben nicht nur didaktisch geschickt religiöse Sachverhalte mit, die man auch anders ausdrücken könnte. Es geht bei den Gleichnissen in erster Linie überhaupt nicht um Sachverhalte zum Lernen und Abfragen. In jenen Erzählungen werden die Hörer angesprochen und einbezogen, hier begegnen sie dem unsichtbaren, im Wort nahe kommenden Gott. Deshalb wird die folgende Exegese auch versuchen, *so weit als möglich den narrativen Spannungsbogen jener Erzählungen theologisch nachzuzeichnen und gerade darin ihre Pointe aufblitzen zu lassen.*

---

1 Zu Recht wird darauf hingewiesen, dass Jesus damit in der Tradition der jüdischen Schriftgelehrten und Rabbinen steht. Während aber für die rabbinische Lehre die *Halacha*, der die Gleichnisse oft zugeordnet werden, als Interpretation des in der Tora geoffenbarten Gotteswillens zentral ist, stellen Jesu Gleichnisse eine eigenständige Form seiner Verkündigung der Gottesherrschaft dar.

Entsprechendes sollte dann auch im Unterricht geschehen. Nichts wäre verfehlter, als wenn man aus den Gleichnissen theologische oder gar moralische Lehrsätze herausdestillieren und diese dann als deren Inhalt dozieren würde. Damit würde man die Lebendigkeit jener in Bildern und Erzählungen zur Sprache kommenden Theologie zerstören, welche ja *die besondere didaktische Chance der Gleichnisse* ausmacht. Exegese wie Didaktik haben hier »dienende« Funktion: Sie sollen helfen, den im Acker verborgenen Schatz zu finden (Mt 13,44). Man kann dies schlicht durch eigenes Nacherzählen tun. Wer diese zu Unrecht oft unterschätzte Kunst beherrscht und übt, der vermag gerade in einer ganz auf Zerstreuung ausgerichteten Welt zu sammeln und alternativ zur Bilderflut von Fernsehen und Computerspiel die im Lärm des Alltags meist übertönte Dimension der Spiritualität zu Gehör zu bringen. Die Narrativität der Gleichnisse kann auch mit zusätzlichen Hilfen zur Geltung gebracht werden, welche die Schüler schon in die Auseinandersetzung mit dem Erzählten einbeziehen.

In den unteren Klassen kann dies etwa mit einer Sequenz von durch Schüler gemalten Szenen geschehen, die dann mittels Overhead- oder Diaprojektor die Erzählung nochmals vor Augen führen. Wenn dies durch die Einstiegsinformation gut vorbereitet ist, dann kann es dabei durchaus auch zu originellen Übersetzungen des Gleichnisses in die Welt der Schüler kommen, wobei Missverständnisse ebenso produktiv für das Unterrichtsgespräch sein können wie gelungene Deutungen. In den oberen Klassen kann man etwa aus dem Stoff dramatischer Gleichnisse das Skript für ein Rollenspiel verfassen lassen, das die Identifikation mit den einzelnen Gestalten ermöglicht und das Geschehen in die Wirklichkeit der Schüler zu übertragen sucht. Dabei könnte man auch über alternative Ausgänge der jeweiligen Begebenheit nachdenken. Man könnte einzelne Zentralgestalten, etwa den Vater und die beiden Brüder aus dem »Verlorenen Sohn« (Lk 15,11–32), den Herrn und die beiden Knechte vom »Schalksknecht« (Mt 18,23–35) oder Priester, Levit, Samariter und Opfer beim »Barmherzigen Samariter« (Lk 10,30–37) in einer Talkshow aufeinandertreffen und miteinander streiten lassen. Man könnte die heute so anstößig wirkende Endgerichtsszene von Mt 25 dadurch näher bringen, dass man die »Geringsten«, die Hungrigen und Dürstenden und Kranken und Gefangenen etc. als Nebenkläger auftreten lässt. Welche Methode man auch wählt – wesentlich ist, dass man nicht abstrakte Richtigkeiten zum Besten gibt, sondern dass der Unterricht die Begegnung und Auseinandersetzung mit dem Erzählten ermöglicht.

Im Folgenden soll zunächst zur systematisch-theologischen Vertiefung die Eigenart der Gleichnisse noch genauer bedacht werden, um dann in der anschließenden Auslegung die Gleichniserzählungen selbst so gut als möglich zu Wort kommen zu lassen.

2. Systematisch: Die Gottesherrschaft als Gleichnis

2.1 Das Ringen um das Verständnis der Gleichnisse. Lange Zeit war es üblich gewesen, die Gleichnisse allegorisch auszulegen, d.h. sie Punkt für Punkt als Verschlüsselung theologischer Geheimnisse zu deuten. Es ist das Verdienst *A. Jülichers*[2] (1857–1938), aufgezeigt zu haben, dass die schon im NT vorkommende allegorische Deutung der Gleichnisse (s.u.) sekundär ist, während Jesu Gleichnisse ursprünglich aus sich selbst verständlich waren und auf einen einzigen Vergleichspunkt abzielten. Jülicher selbst hat die Gleichnisse aus einer didaktischen Absicht Jesu erklärt: Sie seien eine erweiterte Form des Vergleiches, der auf ein *tertium comparationis* verweise. Eine auch ohne Bild darstellbare, allgemeingültige Wahrheit werde so auf verständliche Weise vermittelt[3]. Jülichers Einsichten wurden kritisch aufgenommen von *C. H. Dodd* (1894–1973)[4] und *J. Jeremias* (1900–1979)[5]. Gegen seine Deutung der Gleichnisse als Ausdruck zeitloser Wahrheiten betonen sie deren Zusammenhang mit Jesu Leben und eschatologischer Botschaft: Angesichts der nahe gekommenen Gottesherrschaft rufe Jesus die Hörer in die Entscheidung zum Glauben und zur Nachfolge[6]. Dieser Zusammenhang der Gleichnisse mit Jesu Botschaft vom Gottesreich wird heute noch zumeist anerkannt; die Kritik richtete sich in der Folgezeit auf die fast immer hypothetische Rekonstruktion des historischen Kontextes und vor allem gegen den methodischen Ansatz, der im Gefolge von Jülicher die Gleichnisse als eine bloße Form versteht, von welcher der Inhalt als »eigentliche

---

2 *A. Jülicher,* Die Gleichnisreden Jesu, Darmstadt 1969 [Tübingen 1898/1910].

3 So trete uns in der »selbstwachsenden Saat« Mk 4,26ff. »das felsenfeste Vertrauen des Gottesreichspropheten zu seinem Ideal entgegen: gegenüber der Gleichgültigkeit, der Werkeltagsgesinnung, der erklärten Feindschaft der Majoritäten ein sieghaft sicheres: das Reich muss uns doch bleiben« (*Jülicher,* aaO., 546).

4 *C. H. Dodd,* The Parables of the Kingdom, London ³1961.

5 *J. Jeremias,* Die Gleichnisse Jesu, Göttingen ¹⁰1984.

6 In Mk 4,26ff. etwa werde dem Zweifel, Spott und Kleinglauben der Mitmenschen Jesu Gewissheit entgegengesetzt: »Gottes Stunde kommt« (*J. Jeremias,* aaO., 152f.).

Rede« getrennt werden könne. Vertreter der hermeneutischen Gleichnisauslegung (*E. Fuchs*[7], *E. Jüngel*[8], *H. Weder*[9]) betonen demgegenüber, dass bei Jesu Gleichnissen Form und Inhalt nicht zu trennen seien, weil das Gleichnis an sich ein Sprachgeschehen sei, das den es ansprechenden Menschen für Gottes Botschaft öffnet und verwandelt[10]. *Weder* hat darüber hinaus als Erster nach dem theologischen Recht der nachösterlichen Neuinterpretation der Gleichnisse durch die sie tradierende Gemeinde gefragt und dieses gewürdigt. Die amerikanische Gleichnisforschung (*R. V. Funk, D. O. Via* u. a.) hat sich die Deutung der Gleichnisse als ein existenzverwandelndes Sprachgeschehen zu Eigen gemacht, die Gleichnisse jedoch methodisch stärker vom Kontext gelöst[11] und sie als autonome ästhetische Objekte verstanden, die konfrontieren und provozieren wollen, um etablierte Selbstverständlichkeiten in Frage zu stellen und so eine dem Glauben gemäße Einstellungsänderung herbeizuführen[12]. Gegen diese Lösung der Gleichnisse von ihrem historischen Kontext hat sich in jüngerer Zeit Widerspruch erhoben[13].

2.2 Konsequenzen. »Mit der Gottesherrschaft verhält es sich wie mit einem Mann, der Samen auf die Erde wirft« (Mk 4,26) – solch ein typischer Gleichnisanfang zeigt, dass im Gleichnis ein Sachverhalt zu einem anderen in ein Verhältnis gesetzt wird. Dabei wird etwas

7   *E. Fuchs,* Hermeneutik, Tübingen ⁴1970, 126–134.211–230.
8   *E. Jüngel,* Paulus und Jesus (HUTh 2), Tübingen ⁵1979, 87–174.
9   *H. Weder,* Die Gleichnisse Jesu als Metaphern (FRLANT 120), Göttingen ³1984, bes. 31–45.
10 In Mk 4,26–29 gewähre so die »Gottesherrschaft dem Menschen die Gegenwart als die von der Vergangenheit (Zeit des Säens) freie und für die Zukunft (Zeit der Ernte) freie Zeit zum Hören« (*E. Jüngel,* aaO., 151).
11 *D. O. Via,* Die Gleichnisse Jesu, München 1970, 44: »Wir unsererseits versuchen, Jesu Auftreten im Lichte seiner Gleichnisse zu interpretieren, und in erst zweiter Hinsicht und in einem geringen Grade interpretieren wir die Gleichnisse im Lichte seines Auftretens«.
12 *D. O. Via,* aaO., 47: »Der Fehler der streng historischen Auffassung ist, dieses Element zu isolieren und es im Lichte der historischen Situation Jesu zu interpretieren, statt es als ein organisches Element eines Existenzverständnisses aufzufassen, das implizit in der Geschichte als ganzer vorhanden ist.«
13 Vor allem aus befreiungstheologischer und feministischer Perspektive wird erneut der Zusammenhang der Gleichnisse mit den gesellschaftskritischen und gesellschaftsverändernden Anliegen der Jesusbewegung unterstrichen. Andere betonen wieder stärker den jüdischen Hintergrund dieser Form religiöser Unterweisung (vgl. dazu den Überblick bei *G. Theißen/A. Merz,* Der historische Jesus, Göttingen ²1997, 287–292).

(noch) nicht Vertrautes (hier: die Gottesherrschaft) mit etwas Ver-
trauterem (in diesem Fall Saat und Wachstum) verglichen, um das
eine durch das andere nahe zu bringen. Im Unterschied zum begriff-
lichen Denken, das aus dem Besonderen auf den Allgemeinbegriff
schließt, unter den wiederum anderes Besonderes subsumiert und so
eingeordnet, also »begriffen« werden kann, hat das gleichnishafte Reden eine offenere Struktur, weil es von einem Besonderen auf ein anderes Besonderes verweist und eben damit beansprucht, durch die zugrunde liegende Entsprechung den einen Sachverhalt durch einen
anderen zu erschließen. Wenn sie glückt, wenn die Entsprechung
»einleuchtet«, dann ereignet sich etwas mit den Hörern, dann wird ihnen nicht Selbstverständliches selbstverständlich und Selbstverständliches fraglich. Deshalb erweitern Gleichnisse auch nicht das Wissen
über »etwas«, sondern sie bringen im Erzählen den verborgenen Gott
nahe und verwandeln durch diese Begegnung den Menschen[14].

3. Exegetisch

3.1 Einleitung: Formen bildhafter Rede. Bislang wurde für alle Arten
einer bildhaften Rede unterschiedslos der Terminus Gleichnis
benutzt. In der Umgangssprache und *im Unterricht* ist dies auch bei-
zubehalten. Für den Unterrichtenden ist jedoch zum besseren Verständnis der Gleichnisse und zur Vermeidung von Missverständnissen eine exaktere Formbestimmung sinnvoll. Wie erwähnt, hatte
A. Jülicher als Erster das Gleichnis von der Allegorie unterschieden.
    Für eine Allegorie, wie sie biblisch etwa in den Träumen Pharaos
(Gen 41) oder Nebukadnezars (Dan 2.7) begegnet, ist die bildhafte
Verschlüsselung der Realität bezeichnend, die erst durch einen Ein-
geweihten, der die damit gemeinte Realität kennt, gedeutet werden
kann (vgl. Gen 41,25–32; Dan 2,36–45).
    Demgegenüber ist das Gleichnis in sich verständlich; es muss
nicht erst gedeutet werden, sondern es deutet selbst. Diese Unterscheidung wird im Prinzip auch heute noch beibehalten. Allerdings
gibt es immer wieder Berührungen zwischen beiden Gattungen. So
werden in Gleichnissen nicht selten traditionelle Metaphern des Judentums verwendet, die bereits unabhängig von der jeweiligen Er-

---

14 Insofern ist der Aussage der hermeneutischen Gleichnisauslegung zuzustim-
    men: »*Die Gleichnisse Jesu bringen die Gottesherrschaft* **als** *Gleichnis zur Sprache*«,
    E. *Jüngel*, aaO., 135 (Hervorhebungen im Original).

zählhandlung Hinweise auf das Verständnis einzelner Züge in dieser liefern[15]. Auch im Gleichnis können also neben die eigentliche Pointe (die auch zweigipflig sein kann[16]) bedeutsame Einzelzüge (*H. Weder*) treten, die für sich bereits eine Übertragung erlauben. Daher wird heute in folgender Weise unterschieden:

– Eine *Allegorie* ist eine für sich unverständliche Erzählung, die erst durch die schrittweise Entschlüsselung der in ihr verwendeten Metaphern auf eine dahinter stehende Realität verständlich ist (vgl. die Traumdeutungen in Gen 41 oder Dan 2 und Dan 7)

– Demgegenüber kennt zwar auch das *Gleichnis* Anspielungen durch die Verwendung stehender Metaphern, aber es bleibt dennoch eine für sich verständliche erzählerische Einheit, die den Hörer nicht auf anderes verweist, sondern ihn in ihre Geschichte einbezieht und so ihm das Fremde erschließt

Bei beiden Gattungen lässt sich noch weiter differenzieren:

– Eng mit dem *Gleichnis* verwandt ist die *Parabel*. Während aber das Gleichnis einen alltäglichen Vorgang erzählt (etwa den Vorgang der Aussaat) und dafür zumeist das Präsens als Erzähltempus wählt, erzählt die Parabel ein mehr oder weniger ungewöhnliches Ereignis (z.B. vom verlorenen Sohn, vom betrügerischen Haushalter oder vom ungerechten Richter) und benutzt als Erzähltempus zumeist die Vergangenheit

– Auch im Bereich der *Allegorie* wird nochmals unterschieden zwischen einem Text, der bereits vom Autor bewusst als Allegorie konzipiert ist (wie Gen 41 oder Dan 2 u. 7), einer *Allegorisierung*, bei der ein ursprüngliches Gleichnis bzw. eine Parabel nachträglich mehr oder weniger konsequent zu einer Allegorie umgestaltet wurde[17], und einer *Allegorese*, bei der ein Text sekundär allegorisch interpretiert wurde (z.B. Mk 4,3–9 durch Mk 4,13–20; Mt 13,24–30 durch Mt 13,36–43).

15 So dient der »König« zumeist als Metapher für Gott, der »Weinberg« für Israel, die »Hochzeit« für die messianische Zeit. Daneben gibt es Bildelemente, die zwar weniger eindeutig festgelegt sind, aber je und je eine Übertragung nahe legen, so die »Knechte« als mögliche Metapher für die Propheten, die »Früchte« für das Handeln usw.

16 Klassisch im Gleichnis vom verlorenen Sohn Lk 15,11–32.

17 Schön zu sehen in Mt 21,33–41, wo eine ursprüngliche Parabel Jesu bereits von Mk (Mk 12,1 ff.) und dann noch deutlicher von Mt zu einer Allegorie der Heilsgeschichte umgestaltet wurde. Ähnliches lässt sich Mt 22,1–10 beobachten, wo die Zerstörung Jerusalems eingetragen und begründet wird.

Ein Sonderfall bildhafter Rede sind die *Beispielerzählungen*, die sich im NT nur bei Lk finden (10,29–37; 12,16–21; 16,19–31; 18,9–14). Hier fehlt die für die anderen bildhaften Reden charakteristische Übertragung auf eine andere Ebene; vielmehr wird ein nachzuahmendes oder zu vermeidendes Verhalten an einem fiktiven Einzelfall veranschaulicht, zumeist durch die Kontrastierung von Gestalten und Verhaltensweisen[18]. Die unmittelbare Übertragbarkeit des Erzählten zeigt sich daran, dass diese Erzählungen unmittelbar mit einer »Moral von der Geschicht« verbunden werden können[19].

Die folgende Auslegung einiger ausgewählter Gleichnisse betont im Unterschied zu anderen Auslegungen den Zusammenhang mit dem Christusbild des jeweiligen Evangeliums[20].

3.2 Die Gleichnisse im Markusevangelium

(1) Einführung: Der leidende Gottessohn als Geheimnis der Gottesherrschaft. Wie kein anderes Evangelium stellt Mk die Passion Jesu in den Mittelpunkt. Dabei ist sein Christusbild durch *eine betonte Verschränkung von Niedrigkeit und Hoheit, von Vollmacht und Ohnmacht* gekennzeichnet (→ TLL1, Kreuz/Kreuzigung Jesu, 205). Zum einen wird betont, dass in Jesu Auftreten Gottes Herrschaft nahe gekommen ist (so programmatisch Mk 1,14f.), eine Nähe, die sich eindrücklich in den in der ersten Hälfte des Evangeliums geschilderten Machttaten (bis hin zur Totenauferweckung) zeigt. Die gestörte, fremden Mächten unterworfene Schöpfung wird durch Jesu Auftreten wieder dem Herrschaftsbereich Gottes unterstellt, sie wird gewissermaßen »zurückerobert« (vgl. Mk 3,27). Die Dynamik dieses Vorganges unterstreichen auch die Summarien, denen zufolge sich im Wirkungskreis Jesu das Heil wie ein Lauffeuer ausbreitet (vgl. Mk 3,7f.10f.). Doch parallel zu diesem sich realisierenden Heil wächst der Widerstand. Dabei sind es gerade die Besten, an denen dieser Gegensatz zwischen Gott und Mensch am schärfsten aufbricht: Zum einen bei den Pharisäern als den exemplarisch From-

---

18 Pharisäer und Zöllner, reicher Mann und armer Lazarus, vorbeigehender Priester, Levit und barmherziger Samariter.
19 Dies kann durch einen direkten Imperativ (Lk 10,37) oder ein auf die Handlungsorientierung der Zuhörer zielendes Resümee geschehen (Lk 12,21; 18,14b).
20 Zur weiteren Information verweise ich auf meine Einleitungen in die Evangelien in: *K.-W. Niebuhr (Hg.)*, Grundinformation Neues Testament. Eine bibelkundlich-theologische Einführung, Göttingen 1999, 75–142.

men, die sich im Namen Gottes gegen diesen Gottgesandten stellen (vgl. 2,7.24; 3,2 u. ö.), zum anderen bei Jesu eigenen Jüngern, die durchweg mit Unverständnis auf seinen Weg ins Leiden reagieren (vgl. 8,31 f.; 9,33 ff.; 10,35 ff.) und Jesus zuletzt verraten, verleugnen und im Stich lassen (vgl. 14,10 f.50–52.66–72). Die Schatten des Kreuzes liegen so von Anfang an über Jesu Weg, und sie verdichten sich zunehmend. Sowohl im wachsenden Widerstand außen wie im Unverständnis der Jünger, das im Verrat des Judas und der Verleugnung des Petrus, im Schlaf der Drei in Getsemani und in der Flucht der Elf bei der Verhaftung kulminiert, erfährt Jesus die Verschlossenheit der Welt für seine Botschaft. Während so die Schatten der Passion den Weg Jesu immer mehr verdunkeln und zuletzt in der Nacht von Getsemani und der Finsternis auf Golgota alles Licht auslöschen, ist zugleich im ganzen Evangelium eine Gegenbewegung sichtbar: Die gerade *im Leiden hervortretende Offenbarung Jesu als Gottessohn*[21]. In seiner als »Dienst« gedeuteten Passion entspricht der sein Leben hingebende Menschensohn der Herrschaft Gottes, die sich nicht in der Unterdrückung anderer durchsetzt, sondern für andere da ist und so der weltlichen Macht der Gewalt die göttliche Macht der Liebe entgegensetzt (vgl. Mk 10,42–45).

Diese Ausrichtung auf die Andersartigkeit der Gottesherrschaft und damit auf den unausweichlichen Konflikt[22] prägt auch Jesu Lehre. Die erste Rede Jesu, die Gleichnisrede, zeigt in Kontrastgleichnissen, dass Widerstände, Misserfolg und Unscheinbarkeit nur die Kehrseite der sich zuletzt durchsetzenden Gottesherrschaft sind, die in der Niedrigkeit des Lebens Jesu schon anbricht (1,15). Im Kontext des Mk ist daher letztlich Jesus selbst der Inhalt der Gleichnisse von der Gottesherrschaft.

(2) Mk 4,3–9: Der Sämann. Bei dem Gleichnis vom Sämann muss man sich zunächst von der eindeutig sekundären Allegorese in 4,13–20 freimachen, die eine spätere Auslegung der christlichen Ge-

---

21 Diese Gottessohnschaft wird Jesus bei der Taufe noch allein geoffenbart und bleibt zunächst verborgen; nur die Dämonen als außerirdische Mächte erkennen ihn (vgl. Mk 1,24; 5,7). Nach der ersten Leidensweissagung wird sie bei der Verklärung Jesu drei ausgewählten Jüngern kundgetan (9,6). Doch müssen die Jünger darüber Stillschweigen bewahren. Erst unmittelbar nach seinem Tod wird Jesus das erste Mal von einem Menschen als Gottessohn bekannt (15,39). Und jetzt, mitten in der Nacht des gottverlassenen Todes, kehrt auch das Licht wieder und der Tempelvorhang zerreißt (15,38).

22 Darin ist das »muss« des Leidens begründet; vgl. Mk 8,31.

meinde darstellt, welche statt dem Vorgang der Aussaat das allegorisch gedeutete Geschick des Samens ins Zentrum stellt und so die Pointe nicht unerheblich ins Paränetische verschiebt[23].

Mk 4,3–9 ist in der Vergangenheit erzählt. Dennoch handelt es sich nicht um eine Parabel, sondern um ein Gleichnis im engeren Sinn, denn was dort, wenngleich in planvoller Auswahl, erzählt wird, ist ein durchaus alltägliches Geschehen, wenn man die Verhältnisse im damaligen Palästina in Rechnung stellt. Was uns als unsinnig erscheint, weil wir von einer anderen, moderneren (und effektiveren) Tradition des Ackerbaues geprägt sind, war damals üblich: Zunächst wurde der Samen ausgestreut, dann erst der Pflug über den Boden geführt[24]. In einem solchen Fall war es ganz natürlich, dass manches auf den Bereich fiel, der dann zum Trampelpfad wurde, manches auf den Fels, der unter der dünnen Krume erst beim Pflügen hervorkam, und manches in einen Bereich, in welchem nachwachsendes Unkraut die Keimlinge erstickte. Keineswegs war es dabei so, dass – wie das Gleichnis vermuten lassen könnte – von vornherein 75 % der Saat verloren waren. Das Gleichnis lenkt nur durch geschickte Auswahl dessen, was es erzählt, den Blick zunächst auf den Verlust: In drei Abschnitten wird die Zerstörung des Samens auf dem festgetretenen Weg, dem Fels ohne Krume und dem von Unkraut durchwurzelten Boden beschrieben. Zusätzlich zur ungünstigen Bodenbeschaffenheit werden aktive Faktoren benannt, die sich an der Vernichtung der Saat beteiligen: Die gefräßigen Vögel, die sengende Sonne und die erstickenden Dornen.

Wenn das Gleichnis zuletzt auf den Erfolg zu sprechen kommt, so ist dieser angesichts der breit ausgeführten Gefährdung und Zerstörung von Saatgut unerwartet und überwältigend: Die aufgegangenen Samen mit ihrem 30-, 60-, ja 100-fachen Ertrag rechtfertigen den Einsatz und lassen den zunächst so dramatisch wirkenden Verlust als unbedeutend erscheinen. »Aus dem trostlosen Brachland wird das wogende Feld mit einem Erntesegen, der alles Bitten und Verstehen übersteigt«[25]. Dieser schroffe Kontrast zwischen anfänglichem, breit ausgeführtem Misserfolg und dem überzeugenden Erfolg am Ende bildet die Pointe der Gleichniserzählung.

---

23 Der sekundäre Charakter dieser Auslegung wird auch eindeutig durch philologische Beobachtungen bestätigt; vgl. *J. Jeremias*, aaO., 75–77.
24 Vgl. *J. Jeremias*, aaO., 7 f.
25 *J. Jeremias*, aaO., 149.

Man kann mit guten Gründen vermuten, dass der historische Jesus hier auf sich und den Erfolg seiner Verkündigung Bezug nahm in einer Situation, in der dieser Erfolg fraglich war, in der vielleicht seine Verkündigung auch durch aktiven Widerstand in Frage gestellt wurde[26]. Vielleicht machte er mit diesem Gleichnis den wegen des Widerstandes gegen seine Verkündigung angefochtenen Jüngern deutlich, dass nicht der zunächst in die Augen springende Misserfolg über die wahre Bedeutung seines Auftretens entscheidet, sondern das, was zur Zeit der Ernte – vielleicht ist das Ende der Tage gemeint – dabei »herauskommt«[27].

Die Entstehungssituation des Gleichnisses wird allerdings im überlieferten Text mit keinem Wort erwähnt. Jetzt bildet das Gleichnis den Auftakt der ersten großen Rede Jesu im Mk, und dort hat es eine doppelte Pointe:

– Zum einen gehört es zu den Kontrastgleichnissen, die wie das Senfkorn (4,30–32) und die selbst wachsende Saat (4,26–29) zeigen, dass man sich nicht von dem so unbedeutenden Anfang oder der scheinbaren Übermacht des Widerstandes täuschen lassen soll. Wie aus dem Senfkorn zuletzt eine gewaltige Staude wird, wie der Acker von selbst die Früchte hervorbringt, wie aus dem Samen trotz allen Misserfolgs eine reiche Ernte hervorgeht, so ist auch das Geschick des unbedeutenden, von seinen Gegnern überwundenen galiläischen Zimmermannes Evangelium, frohe Botschaft von der Nähe der Gottesherrschaft, weil der lebendig machende Schöpfer sich mit diesem Menschen als seinem »geliebten Sohn« identifiziert (1,11; 9,7) und diese Identifikation in der Auferweckung des Gekreuzigten bestätigt. Der auf den ersten Blick so widersinnige Glaube an den Gekreuzigten gewinnt im Hören auf diese Gleichnisse Plausibilität, er »leuchtet ein«

– Zum anderen wird durch die angefügte Allegorese (4,13–20) aus der Perspektive der Gemeinde ein weiterer Aspekt betont: Angesichts der in der Niedrigkeit Jesu Christi nahe gekommenen Gottesherrschaft ist auch die menschliche Antwort gefragt. Es geht jetzt auch um Bewährung im Glauben, um Treue und Abfall.

---

26 Das Bild des Säens wird häufig als Metapher für das Wirken von Menschen verwendet, bisweilen auch für das Wirken Gottes (vgl. 4 Esra 8,6). Es liegt daher nahe, das »Säen« auf Jesu Tätigkeit, auf seine Verkündigung zu beziehen (wie es ja die spätere Deutung 4,13 ff. ganz selbstverständlich voraussetzt).

27 Vgl. *J. Jeremias*, aaO., 149.

3.3 Die Gleichnisse im Matthäusevangelium

(1) Einführung: Der Lehrer des Gotteswillens. Der matthäische Christus ist vor allem der *urbildliche Gerechte.* Programmatisch wird dies schon bei seiner Taufe (3,13–17) deutlich gemacht: Das eigentliche Taufgeschehen tritt zurück[28] hinter dem vom Evangelisten eingefügten Dialog mit dem Täufer, in dem Jesus seine Bereitschaft erklärt, »alle Gerechtigkeit zu erfüllen« (3,15). Auf die so als Akt des Gehorsams gedeutete Taufe antwortet nun Gott seinerseits mit einer öffentlichen Proklamation des Gottessohnes[29]. Jesu Gottessohnschaft besteht also zu einem nicht unwesentlichen Teil in seiner »Gerechtigkeit«, in seiner völligen Hingabe an den Willen des Vaters. Die folgende Versuchungsgeschichte illustriert dies. Der Versucher interpretiert die Gottessohnschaft als halbgöttliches Übermenschentum, er will einen Sohn ohne Vater, einen Gottessohn ohne Gott. Demgegenüber macht Jesus jeweils mit Worten aus der Schrift deutlich, dass er von Gottes Wort lebt (4,4), dass er seinen Vater nicht misstrauisch auf die Probe stellt (4,7), sondern sich ihm vorbehaltlos unterstellt (4,10). So verkörpert Jesus »alle Gerechtigkeit«. Inhaltlich besteht dieser von Jesus zur Geltung gebrachte Wille des Vaters in der Barmherzigkeit[30], in der praktizierten Liebe bis zu den Kleinen und Geringsten (Mt 25,31 ff.), ja bis zum Feind[31].

Dazu gehört auch Jesu Verkündigung, die eben diese Existenz aus Gott für den Nächsten auch seinen Nachfolgern zumutet, um gerade so »Tora und Propheten zu erfüllen« (vgl. 5,17). Entsprechend wird in der »Lehre« des matthäischen Christus die Frohbotschaft durchweg mit dem Anspruch verbunden, in Barmherzigkeit und Vergebungsbereitschaft Gottes Liebe im eigenen Weltverhältnis zu spiegeln[32].

---

28 Es wird V.16a nur mit einem Partizip Aorist Passiv als vollzogen erwähnt.

29 Mt 3,17: »*Dies ist …*« anstatt »du bist« Mk 1,11.

30 Vgl. Mt 9,13; 12,7, wo Jesus sein Verhalten unter Berufung auf Hos 6,6 auf Gottes Willen zurückführt. Als der Barmherzige wird Gott auch sonst portraitiert; vgl. Mt 18,27.

31 Mt 5,45.48 führt die Liebe zum Feind auf Gottes eigenes Verhalten zurück.

32 Deutlich ist dies etwa in den Antithesen der Bergpredigt der Fall (Mt 5,21–48; → XVI. Bergpredigt), die durchweg ein an sich selbst und den eigenen Wünschen und Bedürfnissen orientiertes Verhalten mit einer Haltung kontrastieren, die Gottes Liebe in allen Bezügen zu den Nächsten (bis hin zum Feind) zum Zuge kommen lässt. Innergemeindlich realisiert sich diese Liebe in der Vergebungsbereitschaft. In der Vergebungsbitte des Vaterunsers (6,12) wird Gottes Vergebung durch die matthäische Überarbeitung vom menschlichen Vergeben abhängig gemacht. Dieser Gedanke ist für Mt so zentral, dass er ihn im Anschluss an das Herrengebet (6,9–13) noch einmal ausführt (6,14 f.)! Erzählerisch ausgeführt wird dies in der Parabel vom Schalksknecht (s. u.).

Wo sie dieses tun, werden sie (wie Jesus selbst) zu »Söhnen (und Töchtern) Gottes« (5,9.45), während umgekehrt die verweigerte Liebe von der Zugehörigkeit zu Gott ausschließt (s. u. zu Mt 18, 23–35 und 25,31–46). Damit erhält in der Verkündigung Jesu, so wie Mt sie darbietet, der Imperativ ein deutlich stärkeres Gewicht[33].

(2) Mt 18,23–35: Der Schalksknecht. Erzählt wird ein verständliches, aber ungewöhnliches Geschehen. Erzähltempus ist die Vergangenheit. Folglich handelt es sich um eine Parabel. Wichtig ist ihr Kontext: Sie beschließt die sog. Gemeinderede, die vierte Redekomposition im ersten Evangelium. Auch hier geht es um Ethik, um das Verhalten innerhalb der Gemeinde. Nachdem er zunächst dem Streben der Jünger nach Größe die Orientierung am Kind (18,1 ff.) und damit auch an den »Kleinen« in der Gemeinde (18,10 ff.) entgegengestellt hat, geht der Evangelist besonders auf das Zusammenleben der Christen und ihren Umgang miteinander ein. Dabei wird von Petrus zuletzt ein zentrales Problem jeder Gemeinschaft benannt, die gegenseitige Verletzung und deren Überwindung durch Vergebung: »Herr, wie oft muss ich meinem Bruder vergeben, wenn er gegen mich sündigt? Bis siebenmal?« (18,21). Diese Formulierung der Frage zeigt, dass hier von Petrus (als Vertreter der Gemeinde) die Vergebungsbereitschaft in der Nachfolge Jesu Christi als selbstverständlich vorausgesetzt wird. Die entscheidende Frage ist nur: Wie viel muss man sich gefallen lassen? Genügt siebenmal? Jesus widerspricht: Nicht siebenmal ist genug, sondern siebzig mal siebenmal – d. h. unbegrenzt (18,22)! Jesus verlangt eine nie endende Vergebungsbereitschaft. Diese alles normal menschliche Maß übersteigende Forderung wird mit jener Parabel vom unbarmherzigen Knecht (»Schalksknecht«) begründet.

Sie erzählt von einem König, der mit seinen Beamten Abrechnung hält. Dabei kommt ihm einer vor Augen, der ihm 10 000 Talente schuldet. Ein Talent war die höchste Münzeinheit. Je nach Gegend umfasste es zwischen 6000 und 10 000 Denare. Ein Denar aber war der Tagelohn eines Arbeiters

---

33 Schlaglichtartig deutlich wird dies gleich beim einleitenden Summarium der Verkündigung Jesu. In Mk 1,15 verkündigt Jesus, dass die Zeit erfüllt ist und die Herrschaft Gottes nahe, um als Konsequenz dieser frohen Botschaft zur Neuorientierung aufzufordern. Mt hat diese einführende Zusammenfassung von Jesu Botschaft bewusst mit der Botschaft des Täufers parallelisiert (Mt 3,2; 4,17). Jesus beginnt nun mit der Umkehrforderung, die mit der jetzt auch bedrohlichen Nähe der Gottesherrschaft begründet wird (vgl. Mt 3,8–12). Diese Tendenz setzt sich fort: Jesu erste »Tat« ist die Bergpredigt, die bereits im eröffnenden Zuspruch den Anspruch unterstreicht (man vergleiche die matthäischen Seligpreisungen Mt 5,3–10 mit ihrer Vorlage Lk 6,20f.).

(vgl. Mt 20,2). Was der Knecht also schuldet, sind ca. 100 000 000 Denare[34].
Da der Knecht zahlungsunfähig ist, verfügt der Herr, dass er, seine Familie
sowie sein Besitz verkauft werden, um die Schuld zu bezahlen. Der Schuldner fällt dem Herrn zu Füßen und bittet um Aufschub, um das Geld noch
beizubringen – angesichts der riesigen Schuld ein ziemlich illusorisches Vorhaben. Doch nun geschieht das völlig Unerwartete: Der Herr erlässt dem
Knecht den ungeheuren Schuldenberg.

Nun wechselt der Schauplatz: Der weggehende Knecht begegnet einem
Mitknecht, der ihm hundert Denare schuldet – also genau den millionsten
Teil derjenigen Summe, die er eben erst erlassen bekommen hat. Doch statt,
wie es eigentlich völlig selbstverständlich ist, diesem nun den vergleichsweise winzigen Betrag einfach zu erlassen, beginnt er vielmehr, den anderen
erbarmungslos unter Druck zu setzen. Selbst dessen Bitte um Zahlungsauf-
schub – nahezu in den gleichen Worten formuliert, mit denen er selbst vorher um Aufschub bei seiner unvergleichlich größeren Schuld gebeten hatte –
bewirkt nichts: Er tut vielmehr seinem Mitknecht an, wovor er selbst durch
die Güte des Herrn bewahrt wurde: Er wirft ihn ins Gefängnis.

Andere Mitknechte berichten darüber »sehr betrübt« ihrem Herrn. Dieser lässt den bereits entlassenen Knecht nochmals zu sich kommen. In jener
erneuten Begegnung der beiden Hauptfiguren kommt es nun allerdings
nicht mehr zu einem Gespräch, sondern nur zur Anklage und Verurteilung
des »bösen Knechtes«. Hieß es in V.27, dass sich der Herr erbarmte, so führt
nun die verweigerte Vergebung zur entgegengesetzten Reaktion: Der Herr
ergrimmte (V.34). Und wie das Erbarmen des Herrn den Umschlag zugunsten des Knechtes eingeleitet hatte, so bewirkt der Zorn die Revision des zuvor ergangenen Urteils: Der bereits gewährte Schuldenerlass wird zurückgenommen, der Schuldner sogar Folterknechten übergeben, um die Schuld
einzutreiben. Der Schlussvers zieht eine Art Fazit, das auf die Eingangsfrage
Bezug nimmt: »So wird auch mein himmlischer Vater euch tun, wenn ihr
einander nicht von Herzen vergebt, jeder seinem Bruder« (V.35).

Wie immer es um die Überlieferungsgeschichte dieser Parabel bestellt ist[35], in ihrer jetzigen Form macht die Erzählung deutlich: Got-

---

34 Wenn man das umrechnen wollte, käme man bei einem Arbeitslohn von nur
    100 DM pro Tag nach heutigem Geld auf die Summe von ca. 10 Milliarden
    DM!
35 Möglicherweise handelt es sich ursprünglich um ein einfacheres Gleichnis, wel-
    ches von einem Herrn handelt, der seinem Sklaven bei Zahlungsunfähigkeit
    eine hohe Geldsumme erlässt. Später wurden die Züge überproportioniert, um
    die Unverhältnismäßigkeit zwischen dem empfangenen Erbarmen und der
    eigenen Unbarmherzigkeit deutlich hervorzuheben (vgl. *J. Gnilka*, Das Mat-
    thäusevangelium, II. Teil (HThK), Freiburg u. a. 1988, 144). Eine ähnliche
    Übertreibung im Verlauf des Überlieferungsprozesses wird an Lk 19,11 ff. bzw.
    Mt 25,14 ff. deutlich: Während das wahrscheinlich ursprüngliche Gleichnis in
    Lk 19,11 ff. nur von Minen redet, sind es bei Mt 25,14 ff. schon Talente.

tes Verzeihen und Liebe geht voran, und sie ist um ein Vielfaches größer als das uns Abverlangte, weil wir Menschen immer hinter der Wirklichkeit des göttlichen Erbarmens zurückbleiben[36]. Wer allerdings diese göttliche Zuwendung egoistisch vereinnahmt, wer trotz empfangener Vergebung selbst lieblos und unversöhnlich bleibt, der stellt sich außerhalb der Wirklichkeit der göttlichen Liebe. Gerade durch das schon groteske Missverhältnis zwischen göttlicher und menschlicher Vergebung wird – in genau kalkulierter Übersteigerung – die scheinbar unzumutbare Vergebungsbereitschaft als das eigentlich Selbstverständliche erkannt, während umgekehrt die sonst selbstverständliche, angeblich »natürliche« Rechthaberei als Lieblosigkeit entlarvt wird. »Was im Alltag gang und gäbe war, wird im Licht von Gottes überwältigender Vergebung unerträglich«[37].

Der Evangelist schärft gerade diese Verpflichtung der Gnade offensichtlich aus gegebenem Anlass ein. Was ihm so zu schaffen macht, ist ja gerade, dass »wegen des Überhandnehmens der Gesetzlosigkeit die Liebe der vielen [Christen] erkaltet«[38].

(3) Mt 20,1–16: Die Arbeiter im Weinberg. Auch in der folgenden Erzählung steht Gottes Güte und die menschliche Reaktion darauf im Zentrum. Nun geht es allerdings um die Gefahr, diese Güte berechnend vereinnahmen zu wollen.

Erzählt wird ein zunächst alltäglicher Vorgang: Ein Gutsbesitzer benötigt Arbeiter für seinen Weinberg. Er heuert welche an um einen Denar täglich – das übliche Entgelt für schwere Arbeit. Dass er danach nochmals Arbeiter beruft, mag sich zunächst noch mit der Größe der Arbeit und vielleicht mit einer besonders drängenden Situation erklären. Doch zunehmend verliert das Geschehen an Plausibilität, und spätestens die Berufung von Knechten um die elfte Stunde, d.h. kurz vor Arbeitsende macht deutlich, »daß die erzählerische Plausibilität, nicht die Erfordernisse des Weinbergs, das Verhal-

---

36 Insofern vertritt der Evangelist auch keinen ethischen Perfektionismus – er weiß genau um die menschlichen Schwächen, so dass wir alle, wie jener säumige Schuldner, nur durch Gottes Vergebung Bestand haben können.

37 *U. Luz*, Das Evangelium nach Matthäus (Mt 18–25) (EKK I/3), Zürich u.a. 1997, 73. Luz betont noch den Gegensatz zwischen dem unbarmherzigen »Großen« und dem »Kleinen«.

38 Mt 24,12. Der Evangelist hat diesen Satz in seine Vorlage eingefügt. Er beschreibt also wohl mit jener nachlassenden Bereitschaft, sich in seinem Verhalten an Gottes Willen auszurichten (»Gesetzlosigkeit«, die das Erkalten der Liebe nach sich zieht), im Besonderen ein Problem, das er als Gefährdung seiner Gemeinden wahrnimmt.

ten des Hausherrn leitet«[39]. Am Ende wird dann der Lohn ausgezahlt (wobei der Beginn mit den Letzten erzählerisch notwendig ist, weil nur so die Ersten Zeugen ihres Lohnes werden können). Die ungewöhnliche Gleichbehandlung aller führt zum Protest derer, die den ganzen Tag sich gemüht haben und es nicht einsehen, dass diejenigen, die nur in der kühlen Abendstunde etwas gearbeitet haben, ebensoviel Lohn erhalten wie sie selbst. Der Besitzer nimmt sich einen der Protestierenden vor und macht ihm seinen Standpunkt unmissverständlich klar: Jeder hat den vereinbarten Lohn erhalten, hat also keine weiteren Ansprüche an ihn.

Formgeschichtlich handelt es sich hier um eine Parabel, denn der erzählte Vorgang ist zwar der Situation nach alltäglich, dem Verlauf nach jedoch ungewöhnlich. Erzähltempus ist entsprechend die Vergangenheit. Ihre Spannung erhält die Erzählung dadurch, dass der Herr in bestimmten Abständen immer wieder neue Knechte anheuert. Was immer auch von den Erklärungen der jeweiligen Knechte zu halten ist, dass sie – zur Zeit der Traubenernte! – bis dahin keine Arbeit gefunden hätten – der Weinbergbesitzer fragt nicht nach, sondern er stellt sie an und gibt ihnen am Ende ebenfalls vollen Lohn. Nicht im Übermaß, sondern das, was zum Leben für sie und ihre Familien nötig ist, obgleich zumindest die letzten Arbeiter ihm gewiss keinen Ertrag mehr einbringen können. *Das* ist Gottes Handeln, sagt Jesus, der auch diejenigen nicht von seinem Reich ausschließt, die durch äußere Umstände oder durch eigene Schuld oder durch beides sich bislang darum noch nicht verdient gemacht haben. Was Jesus verkündigt und gelebt hat, wenn er mit Zöllnern zu Tische saß und sich von einer Sünderin salben ließ, wird so einleuchtend.

Doch mit der Güte des Weinbergbesitzers ist die Parabel noch nicht zu Ende. In jenem Widerspruch der Arbeiter, die vom Morgen an dabei waren, wird dieses »Recht der Gnade« in Frage gestellt. Gegenüber solchen Einwänden macht die Parabel deutlich, dass Gott mit seiner Güte im Recht ist, und durch diese Güte niemand benachteiligt wird. Dafür werben die Schlussfragen um Einverständnis: Der Hörer soll selbst erkennen, wie unberechtigt diese Kritik ist. Die Erzählung »wirbt um Sympathie für die Sympathie Gottes für die Armen, Entrechteten, das gemeine Volk. Sie wirbt um Barmherzigkeit bei den Unbarmherzigen«[40]. Zugleich formulieren diese Schlussfragen aber auch eine indirekte Warnung: Wer sich dennoch

39 *J. Gnilka*, aaO., 178.
40 *J. Gnilka*, aaO., 181.

das Recht anmaßt, Gott wegen seiner Güte zu kritisieren, der begibt sich auf einen gefährlichen Weg. Dies unterstreicht besonders der Schlusssatz des Herrn: »Oder ist dein Auge böse, weil ich gut bin?«, sowie das Resümee des Evangelisten in 20,16: »So werden die Letzten Erste sein und die Ersten Letzte.« Die zuerst Gerufenen laufen Gefahr, sich mit ihrem Neid und dem daraus folgenden Aufbegehren gegen Gottes Güte selbst in einen Gegensatz zu dieser zu bringen[41].

(4) Mt 25,31–46: Das Endgericht. Die Erzählung vom Endgericht steht am Ende der sogenannten Endzeitrede (Mt 24 f.). Diese Rede hat der Evangelist aus Mk 13 übernommen; er hat sie jedoch ergänzt und umgestaltet, um die Gegenwart als Zeit der Bewährung bis zur Parusie einzuschärfen[42]. Die große Bedeutung unseres Textes wird schon durch seine exponierte Stellung deutlich: Er bildet den Abschluss der Lehre des Irdischen, jener Lehre, die gerade für Mt das Zentrum des Lebens Jesu war. Streng genommen ist diese Erzählung kein Gleichnis. Sie enthält jedoch vergleichende Elemente (der König, der scheidende Hirte) und schließt eine Reihe gleichnishafter Erzählungen ab, weshalb man sie als gleichnishafte Veranschaulichung eines wesentlichen Aspektes der matthäischen Theologie bezeichnen kann.

Die Erzählung zerfällt in zwei bzw. vier Teile. Die *Rahmenhandlung* bildet die *Gerichtsszene*. Die Eingangsverse 31–33 schildern das Gericht mit dem Kommen des Menschensohnes samt seinen himmlischen Scharen, der Versammlung aller Völker und der Trennung von Geretteten und Verworfenen, so wie ein Hirte die (zum Schlachten bestimmten?) Zicklein von den anderen Tieren scheidet[43]. Der Abschluss des Textes berichtet knapp von der Ausführung des Urteils (V. 46). Eingebettet in diese Gerichtsschilderung ist ein *doppelter, sehr ausführlicher Dialog* des königlichen Weltenrichters mit denen zur Rechten und zur Linken, der die Funktion einer *Urteilsbegründung* hat: »Ich war hungrig, und ihr habt mich gespeist (bzw. nicht gespeist), ich war

41 Das könnte sich auf Israel und die Heidenchristen beziehen (vgl. v. a. das Bild des Weinbergs), aber die Adressaten sind wohl auch Christen in der Gemeinde, die der Evangelist auch schon vorher in der Gemeinderede mehrmals davor gewarnt hat, die »Kleinen« zu verachten (18,6.10.14); vgl. *U. Luz,* aaO., 154 f.
42 Mt übernimmt im ersten Teil (24,1–44) in Grundzügen die markinische Endzeitrede, aber er erweitert sie, indem er drei Gleichnisse (guter und böser Knecht, die zehn Jungfrauen und das Talentengleichnis) sowie die Erzählung vom Endgericht hinzufügt. Dabei verschiebt sich deutlich der Akzent von der Belehrung über das kommende Ende zur Ermahnung, die Zeit, in der der Herr ausbleibt, entsprechend zu nützen.
43 Vgl. dazu *U. Luz,* aaO., 533 f.

318   Reinhard Feldmeier

durstig, und ihr habt mich getränkt ...«. Diese Begründung provoziert bei beiden Gruppen die erstaunte Gegenfrage, wann denn das gewesen sein soll. Die Gerichteten wissen also gar nicht, dass sie etwas für Jesus getan bzw. nicht getan haben. Diese Rückfrage ermöglicht es, in kunstvoll fortschreitender Verkürzung, ohne das Entscheidende auszulassen, nochmals die entscheidenden Liebestaten aufzuführen, und zwar wieder unter exklusivem Bezug auf die Person des Richters. Vor allem aber rückt der »Menschensohn« durch die Rückfrage noch einmal bewusst ins Zentrum, und dies führt hin zu jener Antwort des »Königs«, die – als feierliches Amen-Wort – die Pointe der gesamten Gerichtsschilderung darstellt: »Wahrlich, ich sage euch: Was ihr getan habt einem von diesen meinen geringsten Brüdern, das habt ihr mir getan« (25,40). Dieselbe Aussage, nur in der Negation, schließt dann auch den Dialog mit den Verdammten ab. Bemerkenswert knapp und kommentarlos wird die Ausführung des Urteils geschildert: Die einen gehen weg in die ewige Bestrafung, die anderen ins ewige Leben. Das zeigt deutlich: *Im Zentrum steht der Dialog,* das Gericht selbst wird ganz schematisch und ohne irgendwelche Differenzierungen in Schwarz-Weiß gemalt. Den Hörern werden also zwei grundsätzliche Möglichkeiten zur Entscheidung vorgelegt, durch die sie ihr Leben gewinnen oder es verfehlen können.

Die auffälligste Besonderheit an dieser Gerichtsschilderung ist, dass die Urteilsbegründungen *restlos auf die Person des Richters* bezogen werden: Ich war hungrig, und ihr gabt mir zu essen (bzw. nicht zu essen) usw. Zu beachten ist: Es ist Jesus Christus, der Erlöser, der die Verpflichtung zur Liebe als Gehorsam gegen Gottes Willen betont und in diesem Zusammenhang nicht nur als der Lehrer, sondern auch als der kommende Richter porträtiert wird[44]. Sechsmal findet sich bei der ersten und ausführlichsten Auflistung dieses betonte »ich« und »mich« bzw. »mir«. Die Sache der Geringsten und Verachtetsten ist sozusagen »Chefsache« – und dieser »Chef« ist nicht »oben« zu finden, in der Verlängerung irdischer Macht – auch nicht in dem Sinn, dass er *über* der Weltordnung wacht. Vielmehr identifiziert sich dieser Menschensohn in seiner Souveränität gerade mit den Geringsten[45]. Der Gottessohn selbst ist also betroffen, wenn ei-

---

44 Vgl. Mt 7,21 ff. Nicht zufällig ist das Thema des Gerichtes im zweiten Artikel des Glaubensbekenntnisses verankert.

45 Es ist bis heute in der Exegese umstritten, wer genau mit den »Geringsten« gemeint ist. Entgegen einer (erst seit dem 19. Jh.!) üblichen Deutung auf alle Bedürftigen betont *U. Luz,* aaO., 537 f., dass der Kontext des Evangeliums die Deutung auf Gemeindeglieder (v. a. Wandermissionare) nahe legt. Luz betont allerdings auch, dass es sachlich der Gesamtintention des Evangeliums entspricht, wenn diese Aussage der Identifikation des Weltenrichters mit den Geringsten universal gedeutet wird (*U. Luz,* aaO., 542–544).

nem Geringsten Gutes erwiesen oder verweigert wird. Pointiert ausgedrückt: *Das Gericht ist hier die letzte Konsequenz der Menschwerdung Gottes*[46]. Wenn es beim Urteil zuletzt heißt: »Kommt her« (25,34) bzw.
»Geht weg von mir« (25,41), so wird deutlich, dass das Urteil nur die
bestehende oder verweigerte Gemeinschaft bestätigt und daraufhin
Zukunft gewährt oder verweigert.

3.4 Die Gleichnisse im Lukasevangelium
(1) Einführung: Barmherzigkeit und Kritik. »Der Geist des Herrn ist
auf mir, weil er mich gesalbt hat, zu verkündigen das Evangelium
den Armen; er hat mich gesandt, zu predigen den Gefangenen, dass
sie frei sein sollen, und den Blinden, dass sie sehen sollen, und den
Zerschlagenen, dass sie frei und ledig sein sollen, zu verkündigen
das Gnadenjahr des Herrn.« (Lk 4,18 f.) – so formuliert der lukanische Christus selbst mit den Worten des Propheten Jesaja[47] sein
»Programm« bei seiner Antrittspredigt in Nazareth[48]. Entsprechend
wird auch im weiteren Verlauf des Evangeliums unterstrichen, dass
in Jesu Taten die Gottesherrschaft schon anbricht (vgl. 11,20), ja,
dass mit Jesu Auftreten »Gottes Herrschaft schon mitten unter euch
ist« (17,21). Jesu Taten sind so auch bei Lk Anbruch der Heilszeit,
wobei diese – typisch für Lk – sich besonders im Verhältnis zu
den »Niedrigen« konkretisiert[49]. Ein wichtiger Aspekt ist in diesem
Zusammenhang auch Jesu besonderes Verhältnis zu den Außenseitern und Unterprivilegierten (nur Lk erwähnt Frauen als Jüngerin-

---

46 Vorstufen zu dieser Identifizierungsaussage finden sich schon bei den Propheten angelegt (vgl. Jes 1,10–20) und werden in frühjüdischen Texten ausgeführt
   (vgl. Spr 14,31 »Wer dem Hilflosen Gewalt antut, lästert dessen Schöpfer; aber
   wer sich des Armen erbarmt, der ehrt Gott.«).
47 Jes 61,1 f. (und 58,6).
48 Diese Rückkehr in die Vaterstadt, bei Mk und Mt eher beiläufig im Zusammenhang des sonstigen Wirkens Jesu erwähnt (Mk 6,1–6 par Mt 13,53–58), wird
   von Lk bewusst an den Anfang des Auftretens Jesu gestellt und durch zahlreiche Ergänzungen und Veränderungen zum Präludium von dessen ganzer Wirksamkeit stilisiert, in dem alle Themen schon einmal anklingen. Inhalt
   der Predigt Jesu ist nun sein Auftreten als Realisierung der Gottesherrschaft
   (Lk 4,16–30 ersetzt Mk 1,14 f.!).
49 So ist das rahmende Leitwort in jenem »Programm« Lk 4,18 f. das Wort der
   Entlassung und Befreiung für die Gefangenen und Gebrochenen. Hinzu kommt die ökonomische Dimension im Stichwort der Frohbotschaft an die
   Armen, die inklusionsartig am Ende des Textes wieder aufgenommen wird im
   Begriff des »Erlaßjahres« (eine Anspielung auf den Schuldenerlass im »Jobel-
   jahr« in Lev 25,10). Das Heil hat so auch eine ökonomische Dimension, auf die
   Jesus in seinem Verhalten und in seiner Botschaft immer wieder zurückkommt.

nen[50]; ebenso werden die Volksfremden besonders beachtet[51]). Vor
allem aber wird keiner, der umkehrt und ernsthaft Gott sucht, miss-
achtet oder aufgegeben – ob es die »Sünderin« ist (7,36–50), der
Oberzöllner Zachäus (19,1–10) oder zuletzt noch der mitgekreuzigte
Übeltäter (23,40–43). »Freund der Zöllner und Sünder« wird Jesus
entsprechend auch von seinen Gegnern beschimpft (7,34), und er
widerspricht dem nicht etwa, sondern interpretiert dies gegen Ende
des Reiseberichtes geradezu resümierend als seinen gottgewollten
Auftrag: »Denn der Menschensohn ist gekommen, zu suchen und
selig zu machen, was verloren ist.« (Lk 19,10)

Diese gelebte Suche der Verlorenen führt Jesus in den Widerspruch zu seiner Mitwelt[52], denn die von ihm propagierte Umkeh-
rung der Verhältnisse betrifft und trifft ja gerade auch die Selbstsicheren: Nicht die Frau, sondern der Pharisäer wird am Ende
in 7,36–50 als derjenige entlarvt, der Gott ferner ist, nicht der in die
Fremde gegangene, sondern der zu Hause gebliebene Sohn droht
zuletzt verloren zu gehen, der hartherzige Reiche schmachtet in der
Unterwelt (16,23) und der bußfertige Zöllner wird gerechtfertigt,
nicht der selbstgefällige Pharisäer (18,14). Durch seine ganze Existenz, durch sein Leben, Lehren und Verhalten fordert der lukanische Christus seine Mitwelt immer wieder zur Neuorientierung am
wahren Willen Gottes heraus[53]. Wer sich der Neuorientierung an
Gottes Willen verweigert, weil er sich durch seine religiöse Stellung,
seine Leistungen oder seinen Besitz[54] abgesichert glaubt, dem wird
gerade von dem nach Jerusalem ziehenden Jesus in immer neuen
Facetten das Gericht angesagt (vgl. 10,13–16; 11,29–32.37–54;
12,58f.; 13,1–5.6–9.22–30 usw.). Das »Ja« zu den Ohnmächtigen

---

50 Vgl. Lk 8,1–3; weiter 10,38–42, wo ausdrücklich die Frau auch als zuhörende
   Jüngerin gewürdigt wird (10,38–42). Dagegen erfahren wir bei Mk erst etwas
   von den Frauen, nachdem alle Männer geflohen sind (Mk 15,40f.).
51 Vgl. Lk 4,25–27; 7,1–10. Jesus übernimmt daher auch nicht das allgemeine Urteil über die besonders verhassten Samariter (10,25–37; vgl. 17,11–19).
52 Schon die Weihnachtsgeschichte mit der Geburt im Stall deutet an, dass dieser
   Heiland von Anfang an ein Fremder ist. Die Bewohner seiner Heimatstadt wollen ihn gar gleich umbringen (4,28f.). Dies setzt sich über die heimatlose Wanderung des großen Reiseberichtes fort bis zu seinem Tod am Kreuz.
53 Dabei stellt er sich bewusst in eine Reihe mit den alttestamentlichen Propheten
   (4,24 vgl. 24,19) und verlangt wie diese *metanoia*, »Buße, Umkehr, Umdenken«
   (5,32; 13,3 vgl. 11,32; 15,7.10; 16,30).
54 S. o.; vgl. auch die Rahmung des Gleichnisses vom reichen Kornbauern
   12,13–15.22–34 oder die lukanische Fassung der Anweisungen zum Wiederver-
   gelten und zur Feindesliebe in der Feldrede (6,27–35).

und Armen, zu den Außenseitern und Gezeichneten impliziert so zwangsläufig ein »Nein« zu den Satten und Selbstzufriedenen, zu den Habenden und Hartherzigen[55]. Vor Augen gemalt wird so auch ein kompromissloser Heiland, an dem sich die Geister scheiden und die Wege trennen[56]: »Ich bin gekommen, ein Feuer anzuzünden auf Erden; was wollte ich lieber, als dass es schon brennte! ... Meint ihr, dass ich gekommen bin, Frieden zu bringen auf Erden? Ich sage: Nein, sondern Zwietracht.« (Lk 12,49.51)

(2) Lk 10,25–37: Der barmherzige Samariter. Der barmherzige Samariter ist eine klassische Beispielerzählung (s. o.), mit der Jesus sein Verständnis von Nächstenliebe erläutert. Ausgangspunkt ist die Frage eines »Gesetzeskundigen«, was zu tun sei, um »das ewige Leben zu ererben«[57]. Die Frage wird von Jesus an den Frager zurückgegeben (V.26), der mit einer Zusammenstellung zweier alttestamentlicher Gebote antwortet: der Gottesliebe (Dtn 6,5) und der Nächstenliebe (Lev 19,18). Diese Antwort findet die ausdrückliche Billigung Jesu. Der Frager will sich jedoch rechtfertigen und fragt nach: »Wer ist mein Nächster?« (V.29) Im Klartext: Wie weit muss meine Liebe gehen? Auf diesen Versuch der Abgrenzung und Abwehr reagiert Jesus mit einer Geschichte:

In aller Kürze wird zunächst ein Überfall auf einen Reisenden geschildert. Über die Hintergründe erfahren wir nichts – nur das Wichtigste wird geschildert: Der Reisende wird beraubt, zusammengeschlagen und halbtot liegengelassen. Doch der Liegende bleibt nicht allein – drei Gestalten gehen an ihm vorbei. Die Erste ist ein Priester, der von Jerusalem herunterkommt, also wohl seinen Dienst am Heiligtum hinter sich hat. Schon dass ein Mensch kommt, bedeutet Hoffnung für den Niedergeschlagenen. Und besonders glücklich, so scheint es, kann er sich schätzen, dass nun ein Gottesmann vorbeikommt, der gerade noch am Tempel dem gleichen Gott gedient hat, zu dessen Volk auch der hier Liegende gehört (der also auch bei einer engen Auslegung des Liebesgebotes nur auf den Volksgenossen ein »Nächster« ist)! Angesicht dieser Erwartungen wirkt die knappe Bemerkung umso härter: Der Priester geht auf der anderen Straßenseite vorbei. Was immer seine Motive sind (Angst? Unsicherheit? Gleichgültigkeit? der Wunsch, nichts damit

---

55 Entsprechend betont auch Lk immer wieder, dass Menschen in der Begegnung mit Jesus über die eigene Gottferne erschrecken und sich entsetzen über die sich in seinem Auftreten offenbarende Größe Gottes (5,8f.; 9,43; vgl. auch 5,26; 7,16; 8,37).
56 Vgl. schon die entsprechende Weissagung des greisen Simeon Lk 2,34.
57 Mit dieser jüdischen Wendung ist das Leben in der Gemeinschaft mit Gott gemeint, die auch der Tod nicht zu zerstören vermag.

zu tun zu haben?) – für den Daliegenden zählt nur: Der Gottesmann lässt ihn
halbtot liegen! Dasselbe wiederholt sich mit einem Leviten – auch dies ein
Mann der Religion, der eigentlich zu besonderer Hilfeleistung verpflichtet gewesen wäre. Doch dieser drückt sich ebenso kommentarlos an der anderen
Straßenseite vorbei[58]. Dadurch, dass es nicht nur Landsmänner, sondern sogar Gottesmänner sind, die an dem Überfallenen vorbeigehen, erhält die
skandalöse Nichtbeachtung des Ausgeraubten noch ihre besondere Schärfe.
   Nun, als schon alles verloren scheint, kommt noch ein Dritter. Aber dieser ist ein Samariter! Es gibt wohl kaum eine Menschengruppe, die damals
so verhasst war wie die Samariter. Die uralten Spannungen zwischen Nordreich und Südreich, die nur unter David und Salomo für kurze Zeit geeint
waren, flackern in der Geschichte immer wieder auf[59]. Aufgrund dieser langen Hassgeschichte zwischen den beiden Völkern erwartet man vom Samariter sicher nicht, dass er in diesem niedergeschlagenen Juden seinen Nächsten sieht. Eher traut man ihm zu, dass er die Gelegenheit beim Schopf
ergreift und dem hilflos daliegenden Juden nun vollends den Garaus macht.
Doch auch hier passiert wieder das Gegenteil von dem, was man erwartet:
»Er empfand Mitleid« heißt es. Während die beiden anderen auf die andere
Straßenseite ausgewichen waren, heißt es von diesem Samariter ausdrücklich, dass er hinzutritt. Er denkt weder an die Feindschaft zwischen Juden
und Samaritern noch an die eventuell noch drohende Gefahr (wer weiß, wo
die Räuber derzeit sind?). Er schreitet vielmehr unverzüglich zur Tat, um
dem Überfallenen das Leben zu retten, indem er die Wunden verbindet,
den Entkräfteten auf seinem Reittier reiten lässt und ihn in eine Karawan-
serei bringt, wo er weiter gepflegt werden kann. Als er am nächsten Morgen
weiter muss, hinterlässt er Geld für die Pflege und verpflichtet sich sogar, et-
waige weitere Kosten bei seiner Rückkehr zu begleichen.

58 Hier wird auch eine Besonderheit der Verkündigung Jesu deutlich: Er wendet
   sich nicht prinzipiell gegen den Kult, er hat als frommer Jude sicher auch an
   ihm teilgenommen. Aber mit prophetischer Schärfe sieht er auch, ob dieser
   Kult dem Willen Gottes entspricht, in diesem Fall zusammengefasst im Doppelgebot der Liebe, oder ob Religion sich davon löst, gar den Eigeninteressen
   dienstbar gemacht wird. Bei seiner Tempelreinigung war ja dies der Hauptkri-
   tikpunkt, dass der Ort des Gebetes zur »Räuberhöhle« gemacht wurde, d.h. zu
   einem Platz, wo man sich trotz allen Unrechts bergen zu können glaubt!
59 Seit der Eroberung des Nordreiches 722 v.Chr. bestand die Bevölkerung aus
   einem Mischvolk von Juden und Heiden. In der persischen und hellenistischen
   Zeit verschärften sich die Spannungen noch: Als die Samariter auf dem Gari-
   zim ein eigenes Kultzentrum in Konkurrenz zum Jerusalemer Tempel errichte-
   ten, kam es endgültig zum Schisma. In der kurzen Zeit jüdischer Unabhängigkeit (Mitte 2. bis Mitte 1. vorchristliches Jh.) erreichte diese Feindschaft ihren
   traurigen Höhepunkt, besonders nachdem der jüdische König und Hohepries-
   ter Johannes Hyrkan Samaria erobert und die Heiligtümer dem Erdboden
   gleich gemacht hatte. Die Samariter ihrerseits ergriffen jede Gelegenheit, um
   sich zu revanchieren: von der Belästigung galiläischer Festpilger bis zur Verhin-
   derung des Passahfestes durch Ausstreuen von Knochen im Tempelbezirk.

Mit einer Frage schließt die Beispielerzählung: »Wer von den Dreien
scheint dir dem, der unter die Räuber gefallen ist, zum Nächsten geworden zu sein?« (V.36). Die Frage scheint zunächst überflüssig. Aber
bei genauerem Hinsehen versteckt sich gerade darin eine Pointe, denn
Jesus verändert die Eingangsfrage: Der Gesetzeskundige hatte gefragt: »Wer ist mein Nächster?«, d.h.: »Wie weit muss sich meine Zuwendung und Hilfsbereitschaft erstrecken?« Bei Jesus heißt es nun:
Wer wurde dem Bedürftigen zum Nächsten? Nicht die abwartende,
abgrenzende Haltung: »Was muss ich tun?« ist dem göttlichen Willen
angemessen, sondern diejenige, wo ich mich immer dort gefordert
weiß, wo ein anderer mich braucht. Das bestätigt nochmals die Antwort des Gesetzeskundigen: »Derjenige, der ihm Erbarmen erwiesen
hat« (V.37). Eben dies wird von Jesus als Forderung weitergegeben:
»Geh und handle du ebenso«. Noch einmal fällt das Stichwort des Erbarmens bzw. der Barmherzigkeit. So wie Jesus selbst sich im Evangelium immer wieder von der Not der anderen anrühren lässt, für sie da
ist, so entspricht derjenige Gottes Willen, der sich die Probleme der
anderen »an die Nieren« gehen lässt, der seinen Sinn nicht hart macht,
sondern dem Bedürftigen das Herz (und bei Bedarf auch den Beutel)
öffnet. Das ist der Weg, auf dem das Leben zu finden ist.

(3) Lk 15: Die Gleichnisse vom Verlorenen. Die Gleichnisse vom Verlorenen werden eingeleitet durch die Notiz, dass »alle Zöllner und Sünder« sich Jesus nahen, um ihn zu hören, und dies das Missfallen der
»Pharisäer und Schriftgelehrten« hervorruft (Lk 15,1 f.). Diese
Situationsangabe ist ohne Zweifel schematisiert, aber sie verrät doch
etwas von dem Kontext, in dem die Gleichnisse vom Verlorenen stehen: Es geht um die Auseinandersetzung, wie sich Gottes Heil im
Blick auf die Schuldigen auswirkt. Denn dies sehen die murrenden
»Pharisäer und Schriftgelehrten« hier ja sehr scharf: Wenn Jesus mit
solchen Menschen Gemeinschaft hat, sie als Zuhörer duldet und gar
mit ihnen isst (V.2), dann ist das kein Privatvergnügen. In Verbindung
mit Jesu Anspruch kann dies nicht anders verstanden werden, als dass
sich *in Jesu Verhalten Gottes eigenes Verhältnis zu diesen Menschen widerspie-
gelt:* Jesus »nimmt sie an«, wie der Vorwurf der Pharisäer und Schriftgelehrten dies sehr präzise formuliert (→ XIII. Streitgespräche).

Darauf antwortet Jesus ab V.3 mit den Gleichnissen vom Verlorenen. Zunächst erzählt er zwei *Gleichnisse vom verlorenen Schaf und vom
verlorenen Groschen,* die einander so ähnlich[60] sind und auch so eng

---

60 Vgl. dazu *G. Schneider*, Das Evangelium nach Lukas (ÖTK 3/2), Gütersloh
  1977, 323 ff.

miteinander verwoben sind, dass man von einem Doppelgleichnis sprechen kann. Dies bestätigt auch der identische Aufbau:

Aus einer größeren Menge (zehn Groschen, hundert Schafe) geht jeweils eines verloren. Ganz selbstverständlich folgt daraus ein bestimmtes Verhalten: Die Hausfrau, die den Groschen verloren hat, der Hirt, dem ein Schaf abhanden kam, lassen alles liegen und konzentrieren sich ganz auf die Suche des Verlorenen. Und wenn es endlich gefunden ist, dann freuen sie sich. Die Freude äußert sich darin, dass sowohl der Hirte wie die Frau diese gar nicht für sich behalten können, sondern sie Freunden und Nachbarn mitteilen müssen.

Darin besteht die Pointe dieser beiden Gleichnisse, die auch mehrmals explizit genannt wird: In der selbstverständlichen Suche des Verlorenen, und der ebenso selbstverständlichen Freude über das Wiederfinden des Verlorenen.

Eben dies überträgt Jesus nun auf Gott (und begründet damit indirekt auch sein Verhalten): Zweimal wird jeweils am Ende der beiden Gleichnisse betont, dass ebenso im Himmel bzw. vor den Engeln Gottes Freude herrscht über den umkehrenden Sünder. Sehr schön macht bereits dieses Doppelgleichnis deutlich, wie die zunächst so anstößige Zuwendung zu den Verlorenen und die Freude über ihre Umkehr das eigentlich ganz und gar Selbstverständliche ist. Und zugleich wird die zunächst so einleuchtende ablehnende Haltung der Frommen ihrer Selbstverständlichkeit entkleidet. Jesus bestreitet dabei nicht den Gerechten ihre Gerechtigkeit – aber er sagt gewissermaßen: Das steht jetzt nicht an. Wie der Hirte oder die Hausfrau sucht er – und Gott durch ihn – das Verlorene, und wenn es wiedergefunden ist, dann herrscht Freude. Was jetzt ansteht, ist das Wiederfinden des Verlorenen, und wo sich solches ereignet, findet eine Bereicherung statt! Wie töricht wäre es, dabei scheel daneben zu stehen und zu verlangen, die Hausfrau hätte, statt den zehnten Groschen zu suchen, sich über die ihr verbliebenen neun freuen müssen! In dieses andere Denken will Jesus seine Zuhörer mit einbeziehen, in diese Dynamik, in der nicht der gesicherte Besitz interessiert, sondern das zu rettende Verlorene. Es ist die Dynamik der göttlichen Liebe, die gar nicht an sich selbst interessiert ist, sondern an dem, was dem Ganzen noch fehlt! So sind beide Gleichnisse eine Einladung, gläubige Selbstabgrenzung und Engherzigkeit zu überwinden.

Weit ausführlicher wird dies im dritten Gleichnis dieser Reihe nochmals dargelegt, im *Gleichnis vom verlorenen Sohn* (15,11–32). Genauer handelt es sich im Unterschied zu den beiden vorangegange-

nen Erzählungen, die ein mehr oder weniger alltägliches Geschehen
schildern, um eine Parabel: Das Geschehen ist verständlich, aber
ungewöhnlich. Entsprechend ist das Geschehen auch im Unterschied zu den beiden ersten Gleichnissen in der Zeitform der Vergangenheit erzählt[61]. Zweifellos gibt es zwischen dieser Erzählung
und den beiden vorigen deutliche Entsprechungen, weshalb man sie
ja auch als die drei Gleichnisse vom Verlorenen zusammenfasst. Andererseits weist diese Parabel eine Reihe von Besonderheiten auf,
die darauf beruhen, dass es sich nicht um das Verhältnis eines Menschen zu einer Sache handelt, die ihm verloren geht und die er selbst
sucht. Vielmehr handelt es sich um ein personales Beziehungsge-
schehen mit drei Hauptbeteiligten. Durch diesen personalen Aspekt
geht die Geschichte nicht nur mehr »unter die Haut«, sondern das
Thema »Verlieren-Finden« gewinnt auch an Tiefenschärfe, insofern
das »Verlieren« auf einer schuldhaften Entscheidung des einen Sohnes beruht, der sich vom Vater lossagt. Ebenso setzt das »Wiederfinden« bei beiden Teilnehmern eine alles andere als selbstverständliche Bereitschaft voraus, wieder aufeinander zuzugehen. Und
endlich gewinnt auch der Widerstand, der schon am Beginn der
ganzen Gleichnisreihe zum Ausdruck kam, in der Gestalt des zu
Hause gebliebenen Sohnes nun auch innerhalb der Erzählung selbst
eine Stimme. Es zeigt sich, dass diese nur an sich selbst interessierte
Gerechtigkeit in Wahrheit dem Lebenswillen Gottes entgegengesetzt ist. Dies alles macht *den »Verlorenen Sohn« zum vielleicht großartigsten
Gleichnis Jesu*, in einzigartiger Intensität tröstend und warnend zugleich.

Wie bei den vorigen Gleichnissen wird zunächst die Ausgangslage geschildert: Ein Mann hatte zwei Söhne. Das ist etwas anderes als zehn Groschen
oder hundert Schafe. Ein Vater und seine erwachsenen Söhne, zwei rivali-
sierende Brüder und ein Erbe, das ist der Stoff, aus dem Konflikte entstehen! Zunächst ist nur von einem Sohn die Rede, vom Jüngeren. Dieser will
den Tod des Vaters nicht abwarten, sondern verlangt sofort sein Erbe. In einer Zeit, wo es noch keine Absicherung durch Rente und Sozialhilfe gibt, ist
das gemeinsam erwirtschaftete und bewahrte Familienvermögen das einzige, was den jüngeren Menschen vor einem Dasein als abhängiger Lohnknecht und den älteren oder erwerbsunfähigen Menschen vor dem elenden
Los eines dahinsiechenden Bettlers à la Lazarus bewahrt. Wenn der Sohn
dieses Vermögen jetzt für sich allein haben will, beansprucht er beider Le-

---

61 Zur Gattung vgl. *J. A. Fitzmyer*, The Gospel According to Luke, Anchor Bible
   28A, Garden City, New York 1986, 1084.

bensgrundlage[62], die der Vater ja auch zur Sicherung der eigenen Existenz erwirtschaftet und erspart hat. Der Vater könnte sich sicher diesem Ansinnen widersetzen und den aufbegehrenden *Youngster* in seine Schranken weisen. Doch nichts davon geschieht. Erzählt wird auch keine Regung des Vaters. In äußerster Kürze wird berichtet, dass dieser das Vermögen teilt.

Der Sohn besiegelt den Bruch, indem er möglichst umgehend (»nach nicht vielen Tagen«) das Vaterhaus verlässt und in die Fremde zieht. Dort verschleudert er das gesamte Vermögen, indem er liederlich lebt, wörtl. »heillos«. Vordergründig bezieht sich das darauf, dass er sein Vermögen verprasst. Zugleich klingt in jenem »heillos leben« natürlich schon an, dass es nicht nur um Liederlichkeit im moralischen Sinn geht, sondern dass derjenige, der sich so vom Vater (= Gott) löst, in Wahrheit sein Heil aufs Spiel setzt. Doch solche Andeutungen lassen zwar schon die Dimension der Übertragung anklingen, verlassen aber nicht die Ebene der Erzählung, die folgerichtig ihren Fortgang nimmt: Auch das größte Vermögen geht einmal zu Ende, und so ist es auch hier, wobei die Krise dadurch verschärft wird, dass sie mit einer Hungersnot zusammenfällt, also die Not gleich doppelt über den jungen Mann hereinbricht. Der einst so hochfahrende Gutsbesitzersohn findet sich auf einmal auf der untersten Stufe der Gesellschaft wieder, und der Hunger zwingt ihn zur äußersten Erniedrigung: Im markanten Gegensatz zur bisherigen Selbstständigkeit hängt er sich an einen Bürger des Landes, wörtlich: er drängt sich ihm auf. Damit hat er zwar insofern Erfolg, als er eine Arbeitsstelle erhält, aber diese ist de facto ein völliger Absturz: Vom Vater weggelaufen wird er jetzt zum Knecht, und auch hier auf der untersten Stufe: Er wird Schweinehirt. Ist das schon für jedermann eine wenig erfreuliche Arbeit, so ist sie für einen Juden als intensiver Umgang mit dem unreinen Tier *par excellence*[63] so ziemlich der *worst case*. Doch selbst damit nicht genug: Das Entgelt reicht offensichtlich nicht einmal zum Leben, der Hunger bleibt und treibt ihn dazu, dass er selbst den Schweinefraß begehrt – selbst dies vergeblich. Niemand erlaubt ihm, sich am Schweinefraß zu sättigen!

In diesem Zustand der tiefsten Erniedrigung beginnt der Sohn Bilanz zu ziehen, er »geht in sich« (V.17). Er vergleicht die beneidenswerte Lage, in der sich selbst ein abhängiger Lohnknecht seines Vaters befindet, mit seinem verzweifelten Zustand. Daraus resultiert dann sein Entschluss, umzukehren. Dabei ist ihm klar, dass er nach dem Vorgefallenen allen Anspruch auf seine frühere Stellung verwirkt hat, ja, dass er nicht einmal mehr Anspruch auf eine Anstellung als Knecht hat. Alles, was er tun kann, ist, die Konsequenzen daraus zu ziehen. Er tut dies in dreifacher Weise: Als erstes gesteht er ohne Umschweife ein, dass die rücksichtslose Vereinnahmung des gemeinsamen Lebensunterhaltes und die Abkehr ein Vergehen gegen Gott und seinen Vater war: »Ich habe gesündigt gegen den Himmel und vor

---

62 Im Originaltext wird für »Vermögen« das Wort *bios* verwendet, »Leben«!
63 Lev 11,7f.; Dtn 14,8; vgl. dazu *J. A. Fitzmyer*, aaO., 1088.

dir.« Sodann gesteht er ein, dass er alle Rechte als Sohn verwirkt hat: »Ich bin nicht mehr wert, dein Sohn zu heißen.« Endlich bittet er den Vater um die Gnade, nicht einfach vom Hof gejagt zu werden, sondern wenigstens bei den Knechten eine untergeordnete Stellung zu bekommen, um nicht zu verhungern (V.18f.).

Ganz knapp nur und wieder ohne jede Ausschmückung wird erwähnt, dass er zum Vater kommt (V.20). Und dann passiert das völlig Unerwartete: Der Sohn wird nicht hinausgeworfen oder wenigstens ordentlich klein gemacht. Nein, der Vater, der ihn von ferne sieht – hat er womöglich sogar Ausschau gehalten? – lässt ihn gar nicht den demütigenden Weg zu Ende gehen, sondern läuft ihm entgegen, fällt ihm um den Hals und küsst ihn. Die Beziehung, die durch die Schuld des Sohnes bereits völlig abgestorben war, wird allein durch das Wunder der väterlichen Liebe wieder zum Leben erweckt.

Ist die Liebe des Vaters die eigentliche Ermöglichung, dass das bereits endgültig Abgestorbene wieder zum Leben erweckt wird, so gehört dazu aber auch die Einsicht und ernsthafte Umkehr des Sohnes. Die Ernsthaftigkeit zeigte sich schon beim Beschluss der Heimkehr, und sie wird hier nochmals dadurch unterstrichen, dass der Sohn auf den völlig unerwarteten und unverdienten Empfang nicht etwa dadurch reagiert, dass er sich diesen zunütze macht; vielmehr wiederholt er das Eingeständnis seiner Schuld und seiner Unwürdigkeit, weiter als Sohn zu gelten (V.21).

Die Antwort darauf ist die Erhöhung des sich Demütigenden. Ein festliches Kleid und ein Ring am Finger dokumentieren die Wiederannahme des verlorenen Sohnes, die durch das Freudenfest mit geschlachtetem Mastkalb nun auch gemeinschaftlich gefeiert wird (und so bewusst alle in dieses freudige Geschehen einbezieht) (V.22f.). Entscheidend ist die Deutung, die der Vater zuletzt dem Ganzen gibt: »Denn dieser mein Sohn war tot und lebt wieder, er war verloren und ist wiedergefunden« (V.24). Während das Gegensatzpaar von »verloren« und »wiedergefunden« noch ganz auf der Ebene der Erzählung bleibt, deuten Tod und Leben bereits die tiefere Dimension an: Diese Parabel handelt – wie schon der Rahmen mit dem Streit um die Annahme der Sünder deutlich macht – vom Gottesbezug des (sündigen) Menschen. Wirkliches Leben, Leben mit Zukunft ist nur dort zu finden, wo der Mensch von Gott angenommen ist und zu ihm gehört. Dort ist er aus dem Tod zum Leben gekommen[64]. So schließt dieser erste Teil der Erzählung mit dem fröhlichen Ausblick: »Und sie begannen, fröhlich zu sein.« (V.24)

Doch diese Idylle wird jäh gestört durch den nun plötzlich ins Blickfeld tretenden zweiten Sohn. Dieser hat offensichtlich auf dem Feld gearbeitet, und bei seiner Rückkehr hört er den Festlärm (V.25). Bezeichnenderweise geht er gar nicht in sein Zuhause, um nachzuschauen, was darin vorgeht;

---

64 Zum metaphorischen Sinn von »Tod« und »Leben« vgl. *J. A. Fitzmyer*, aaO., 1090.

vielmehr ruft er einen der Knechte her und fragt ihn aus (V.26). Knapp
schildert der Knecht ihm die Fakten (V.27). Hieß es beim Vater, dass er
sich des heimkehrenden Sohnes erbarmte und ihn in die Arme schloss, so
heißt es beim Sohn, dass er erzürnt und sich weigert, zum Fest hineinzu-
gehen (V.28). In seinem Zorn ist es jetzt der daheim gebliebene Sohn, der
sich vom Vater abkehrt. Somit läuft gerade der von Anfang an »Gute« Gefahr, jetzt verloren zu gehen. Die Warnung Jesu an seine Gegner ist unüberhörbar!

Doch auch diesen so anderen Sohn überlässt der Vater nicht seinem in
ihm kochenden Zorn. Er geht hinaus, um mit ihm zu reden. Dabei muss er
sich zunächst die Anschuldigung, den Älteren zu benachteiligen, anhören.
Diese Haltung ist psychologisch nicht ganz unverständlich – scheint es doch
so, als würde der Vater den Davongelaufenen bevorzugen und den »Bra-
ven« hintansetzen. Zumindest ist das die Perspektive dessen, der unsicher
die eigene Position durch den Ausschluss des Bruders bestätigt sehen will.
Deshalb verschließt er sich auch der väterlichen Freude, wird zornig. Bezeichnend dafür ist, dass er die Aufzählung seiner Verdienste gegen den
Bruder anführt.

Dies ist in zweifacher Weise bedenklich: Zum einen definiert er sein
Zuhausebleiben als eigene Leistung, aus der er einen Anspruch herleitet.
Obgleich summa summarum sein Leben als Juniorchef zu Hause wohl
glücklicher war als das des Jüngeren, legt er es als Verzicht aus. Das richtet
sich zum einen natürlich gegen den Vater, dessen Zuhause damit abgewertet wird. Zugleich richtet es sich gegen den Bruder, durch dessen Herabwür-
digung sich der Ältere selbst bestätigt sehen möchte. Nicht zufällig nennt er
den Bruder auch gar nicht mehr meinen Bruder, sondern er spricht distanziert von »diesem deinem Sohn«, d.h. er weigert sich, noch eine Beziehung
zu ihm anzuerkennen. So aber gerät er in Gefahr, trotz seiner bisherigen
Treue auch den Vater zu verlieren. Denn sein Ausschluss des Bruders, so
muss man nach den wiederholten Worten des Vaters deuten, lässt es ja nicht
zu, dass der »tote« Bruder wieder »lebendig« wird. Indem er ihn draußen
halten möchte, den Heimkehrenden nicht gerne wieder aufnimmt, wird er
selbst zum Handlanger der lebensfeindlichen Mächte! Der zweite Sohn
steht deshalb in Gefahr, zum eigentlichen »verlorenen Sohn« zu werden!

Diese Konsequenz wird hier freilich nicht gezogen – der Vater nennt den
älteren Sohn »Kind«. Vor allem aber weist er darauf hin, dass alles Seine
auch dem Sohn gehört; er verweist so auf die Gemeinschaft miteinander
und ihre bleibende Zusammengehörigkeit (und dies ist ja auch wahrlich
kein geringes Gut!). Damit schließt die Parabel – das Ende bleibt bewusst
offen[65]. Die Erzählung zielt auf die Entscheidung des Hörers, der sie sozusagen mit seinem eigenen Leben zu Ende erzählen muss.

65 Vgl. *J. A. Fitzmyer*, aaO., 1092.

An dieser Erzählung wird besonders schön deutlich, wie problematisch es ist, beim Gleichnis Form und Inhalt zu trennen. Natürlich könnte man den verlorenen Sohn in die theologische Richtigkeit übersetzen, dass Gott den Sünder annimmt. Aber das klingt nicht nur schnell platt, sondern es ist auch leicht misszuverstehen im Sinne einer billigen Gnade, die zu allem Ja und Amen sagt. Solche Gedanken lässt das Gleichnis gar nicht aufkommen. Die Zuhörer werden einbezogen in das Geheimnis der Liebe Gottes, die mitten in einer Welt von Lebensgier, Konkurrenz, Selbstbehauptung, Neid und Selbstsucht den auf sich selbst fixierten Menschen nicht preisgibt, sondern den Verlorenen sucht, ihm entgegenkommt und ihn wieder ins Leben aufnimmt. Dabei wird ja durchaus sehr ernsthaft die Gefahr geschildert, verloren zu gehen und sein Leben durch die Gier, es sich selbst zu beschaffen, zugrunde zu richten. Aber diese Warnung ist überstrahlt von dem Zuspruch, dass auch in aller Verschuldung und Erniedrigung der Weg zurück wieder möglich ist, dass am Ende keine Abrechnung, sondern die Heimkehr wartet.

(4) *Lk 18,1–8: Die hartnäckige Witwe.* Wie manche anderen Gleichnisse hat auch die Parabel von der hartnäckigen Witwe einen Zug ins Amoralische:

Erzählt wird von einem ungerechten Richter, der weder Gott noch die Menschen fürchtet. Als eine Witwe (eine der rechtlosesten Personen in der damaligen Gesellschaft) ihr Recht haben will, verweigert er es ihr zunächst. Die Frau gibt jedoch nicht auf. Sie macht so lange Terror, bis der Richter Angst bekommt, sie könnte ihm mit ihrer Hartnäckigkeit zuletzt sogar einen Schlag unter das Auge versetzen. Um sie endlich loszubekommen, verschafft er ihr Recht.

An dieser doch ziemlich haarsträubenden Geschichte lässt sich nochmals die Notwendigkeit deutlich machen, trotz aller Berührungen formgeschichtlich zwischen einer Zug um Zug übertragbaren Allegorie und einem Gleichnis, das nur eine Pointe hat, zu unterscheiden: Hier liegt eindeutig Letzteres vor; man kann Gott schlechterdings nicht mit einem ungerechten Richter gleichsetzen, der einer Witwe nur deshalb Recht verschafft, weil er ihre Faust fürchtet.

Gerade durch ihre Anstößigkeit macht diese Parabel drastisch klar, dass das Gebet keine nebensächliche Sache ist. Schon die Einleitung der Parabel hatte dies angedeutet, wenn es dort hieß, dass Jesus diese Geschichte erzählt, um deutlich zu machen, »dass man jederzeit beten müsse und nicht lässig werden dürfe« (18,1). Der angefügte Kommentar in Lk 18,7 unterstreicht dies noch: Gott gibt dem Drängen derer nach, die Tag und Nacht zu ihm rufen. In dem

verwandten Gleichnis vom bittenden Freund wird geradezu das
»unverschämte Drängen« als vorbildhaft für das Beten gepriesen
(Lk 11,8). Das ist Zuspruch und Anspruch zugleich: Spirituelle
Kraft, den Heiligen Geist (Lk 11,13) gibt es nicht zum Discountpreis!
Beten als immer neue Ausrichtung des Daseins auf Gott ist also
harte Arbeit, ein Ringen, dem dann auch verheißen ist, dass man die
tröstliche Gegenwart des göttlichen Gegenübers erfährt.

(5) Lk 18,9–14: Pharisäer und Zöllner. Diese Beispielerzählung ist
wieder eine markante, einprägsame Kontrastgeschichte, die, wie die
Einleitung sagt, sich gegen religiöse Selbstüberhebung richtet (18,9).

Zwei Männer gehen zum Tempel, um zu beten, der eine ein Pharisäer, der
andere ein Zöllner. Zunächst kommt der Pharisäer in den Blick: Dieser stellt
sich hin und dankt Gott unter Aufzählung seiner Verdienste dafür, dass er
nicht so ist wie jener Zöllner. Der Zöllner dagegen wagt nicht einmal, seine
Augen zum Himmel zu richten; vielmehr schlägt er sich an die Brust und
bittet: »Gott sei mir Sünder gnädig« (18,13). Diese Gegenüberstellung wird
von Jesus zunächst im Blick auf die beiden Gestalten so kommentiert, dass
der ungerechte Zöllner vor Gott mehr als gerecht anerkannt wurde als der
selbstgerechte Pharisäer. Dem wird noch ein allgemeiner Grundsatz angefügt: »Denn wer sich selbst erhöht, wird erniedrigt werden, wer aber sich
selbst erniedrigt, wird erhöht werden.« (Lk 18,14)

Man versteht diese Geschichte nur, wenn man sie ohne die üblichen
christlichen Vorurteile hört, die in einem Pharisäer eher etwas
Schlechtes, im Zöllner schon fast etwas Gutes sehen. Die Hörer Jesu
sahen dies sehr anders: Für sie waren die Pharisäer diejenigen, die
mit Gottes Willen am entschiedensten Ernst machten und ein Leben führten[66], von dem sich auch die meisten Christen noch ein
Stück abschneiden könnten. Man bedenke nur die hier aufgezählten
Werke: Zweimaliges Fasten pro Woche und eine zehnprozentige
Spende von allem Eigentum. Dagegen sind die Zöllner mehr oder
weniger skrupellose Menschen, die mit der Besatzungsmacht kolla-
borieren, um auf Kosten ihrer unterdrückten Landsleute ein gutes
Einkommen zu haben – also Halsabschneider, unangenehme und
skrupellose Subjekte, denen die Not einer bedrängten Familie nicht
viel galt. Das ist festzuhalten. Der Pharisäer hat so moralisch durchaus ein Recht, sich seiner Anständigkeit zu freuen, und der Zöllner
tut gut daran, fern zu stehen und Gottes Erbarmen anzuflehen.

---

66 Vgl. *R. Feldmeier*, Die Welt des Neuen Testaments, in: *K.-W. Niebuhr*, aaO.,
66 f.

Daher stellt sich erst recht die Frage, warum Jesus so urteilt. Kehrt er nicht alle Maßstäbe einer sauberen Ethik um? Zunächst ist zu beachten: Jesus setzt nicht »die Pharisäer« auf die Anklagebank, und schon gar nicht wäscht er »die Zöllner« weiß! Er erzählt vielmehr von *einem* Pharisäer und *einem* Zöllner. Dabei setzt er voraus, dass man – zu Recht! – bei einem Pharisäer zunächst Anständigkeit, bei einem Zöllner aber Halsabschneiderei assoziiert. Nun aber wird dies von vornherein als Jesu Argument in einer Auseinandersetzung mit denen, die »auf sich selbst vertrauen, dass sie gerecht seien und die anderen verachten«, eingeführt (18,9). Damit aber geht es nicht um Frömmigkeit und Moral an sich, sondern um die Gefahr, dass diese eigentlich sehr schätzenswerten menschlichen Haltungen vom Menschen dazu benutzt werden, sich selbst gegenüber anderen groß zu machen. Dann sind sie auch nicht mehr Ausdruck einer Daseinsorientierung, der es um Gott und den Nächsten geht und damit »gut«, sondern werden zu einem Mittel der Selbstüberhebung pervertiert und sind somit »böse«! Solches zeigte sich ja schon beim zweiten Sohn in der Parabel vom »verlorenen Sohn«, der seine an sich verdienstvolle Treue zum Vater gegen den heimgekehrten Bruder angeführt hatte und so dessen Rückkehr in das Leben verhindern wollte. Gleiches zeigt sich auch hier an dem Pharisäer in dieser Erzählung. Sein ganzes Gebet ist eine einzige Selbstdarstellung, die den anderen zur negativen Kontrastfolie degradiert. Seine durchaus schätzenswerte Ethik dient so nicht mehr dem Leben, sondern ist in der Art und Weise, wie er sie hier einsetzt, abwertend, zerstörerisch, lebensfeindlich und deswegen gegen Gottes Willen.

Umgekehrt steht der moralisch als Halsabschneider zu verurteilende Zöllner für einen Menschen, der seine Schuld einsieht, bekennt und weiß, dass er von sich aus nichts mehr ist. Als solcher vertraut er sich ganz Gottes Erbarmen an – und wird gerade so gerechtfertigt. Gerecht – denn dies meint eben nichts anderes als dies: Gott zu entsprechen. Nicht derjenige, der sich selbst produziert, entspricht dem Gott, der sich den Menschen zuwendet – dieser verschließt sich vielmehr, indem er Gott (und den anderen) nur als Mittel zur Selbststeigerung benutzt. Dagegen will der Zöllner nichts von sich aus sein, er liefert sich ganz Gott aus – und wird so von ihm als gerecht anerkannt. So wird er auch im Unterschied zum selbstgerechten Frommen menschlich. Er existiert nicht auf Kosten anderer. Das ist für Lk keineswegs bloß etwas »Innerliches«, sondern hat dann auch sehr konkrete Folgen für den weiteren Umgang mit den Mitmenschen und was dazu gehört (bis hin zum Geld)[67].

So enthält diese Beispielerzählung beides: Kritik an dem Menschen, der sich selbst erhöht, sich so von Gott entfernt und deshalb, wie der Schlusssatz resümierend nochmals festhält, erniedrigt wird. Und Zuspruch für diejenigen, die sich ganz auf Gott verlassen und deshalb (wie der Gottessohn selbst) erhöht werden.

4. Didaktisch

Die Gleichnisse Jesu bilden das Zentrum seiner Botschaft wie auch der neutestamentlichen Verkündigung. Ihre zentrale Bedeutung spiegelt sich auch in den Lehrplänen für den RU von der ersten bis zur zehnten Jahrgangsstufe wider, die in jedem Jahr mindestens ein Gleichnis zur Behandlung vorsehen. Die Frage, welche Inhalte und Aspekte der Gleichnisse jeweils für den Unterricht auszuwählen sind, ist zuerst vor dem Hintergrund der altersbedingten Denk- und Verstehensvoraussetzungen der Schüler und ihrer psychosozialen Entwicklung zu reflektieren: So sind Kinder der ersten und zweiten Grundschulklasse noch nicht zu der kognitiven Leistung in der Lage, die in den Gleichnissen verwendeten Bilder und Symbole von der Wirklichkeit, die durch diese repräsentiert wird, zu unterscheiden. Zum Teil wird daraus die Konsequenz gezogen, auf die Thematisierung der Gleichnisse *als Gleichnisse* in der GS zu verzichten, und der Versuch, symbolisches Verstehen bereits in der Grundschule einüben zu wollen, abgelehnt[68]. Zwischen den unterschiedlichen Formen der Gleichnisse sei zu differenzieren: Beispielgeschichten werden von Grundschulkindern besser verstanden als die Reich-Gottes-Gleichnisse. Da das im »*Gleichnis vom reichen Mann und armen Lazarus*«

---

67 In unserer Beispielerzählung dominiert die Kritik am überheblichen Pharisäer – bei der wenig später berichteten Episode vom Oberzöllner Zachäus (Lk 19,1–10) schildert Lk, wie die Hinwendung eines Zöllners zu Gott konkrete Folgen hat für seinen Umgang mit anderen Menschen: Er macht allen angerichteten Schaden vierfach wieder wett und gibt die Hälfte seines Besitzes den Armen.
68 Vgl. z.B. *A. A. Bucher*, Gleichnisse verstehen lernen, Freiburg/Schweiz 1990, 66. Zum Versuch, symbolisches Verstehen im Primarschulbereich einzuüben, vgl. z.B. die Entwürfe der »Symboldidaktik« von *H. Halbfas*, Das dritte Auge, Düsseldorf 1982 und *ders.*, Religionsunterricht in der Grundschule, Lehrerhandbuch 1–4, Düsseldorf 1983–1986, und P. *Biehl*, Symbole geben zu lernen I (WdL 6), Neukirchen-Vluyn 1989 und *ders.*, Symbole geben zu lernen II (WdL 9), Neukirchen-Vluyn 1993.

enthaltene Weltbild dem ihrigen nahe kommt, eignet sich Lk 16,19–31 sogar eher für den Unterricht mit jüngeren Kindern, während ältere Kinder, die noch nicht zu einem symbolischen Verständnis in der Lage sind, jedoch bereits das naturwissenschaftliche Weltbild adaptiert haben, solch eine Erzählung als »unwirklich« ablehnen müssen[69]. Aber nicht nur die Beispielerzählungen, sondern auch Reich-Gottes-Gleichnisse können in der Grundschule behandelt werden, wenn Lehrer und Lehrerinnen das Thema in kindgemäßer und fantasievoller Weise mit Kindern behandeln[70].

Unabhängig von der Frage nach dem jeweiligen Denk- und Verstehenshorizont der Kinder besteht das »Lernziel« einer Unterrichtseinheit über »Gleichnisse« nicht darin, die Schüler mit abstrakten Sachverhalten oder Lehrsätzen zu konfrontieren; es geht vielmehr darum, eine lebendige Begegnung und Auseinandersetzung zu ermöglichen. Dies kann gelingen, wenn der narrative Spannungsbogen der Gleichnisse vor dem Hintergrund der Erfahrungswelt der Schüler nachgezeichnet wird und ihnen Identifikationsmöglichkeiten angeboten werden. Wenn es, wie es die Gleichnisse selbst nahe legen, auch im Unterricht gelingt, dass »nicht Selbstverständliches« selbstverständlich und »Selbstverständliches« fraglich wird, können die Schüler neue Erfahrungen im Blick auf das individuelle wie das soziale Leben in der Gruppe – Familie, Freunde und Klassengemeinschaft – machen, und Veränderungen möglich werden. Wie solche neuen Einsichten vor dem Erfahrungshintergrund der Schüler konkret aussehen können, soll nun abschließend an einigen der bereits interpretierten Gleichnissen aufgezeigt werden.

(1) Gegen die uns bekannte Erfahrung, dass große Hoffnungen und Erwartungen bisweilen enttäuscht werden, bringt das »*Gleichnis vom Sämann*« in Mk 4,3–9 mit dem schroffen Kontrast zwischen dem unbedeutenden Anfang und dem überwältigenden Erfolg am Ende zum Ausdruck, dass aus kleinen Anstößen Großes werden kann und – aus markinischer Perspektive auf das Gleichnis – im Blick auf die Person Jesu auch Widerstände dies nicht verhindert haben.

(2) Im »*Gleichnis vom Schalksknecht*« in Mt 18,23–25 wird die Erfahrung aufgegriffen, dass stures Beharren auf dem eigenen Recht erbarmungslos gegenüber den Mitmenschen sein kann. Die Hörer

69 Vgl. *A. A. Bucher*, aaO., 67.
70 Vgl. *G. Büttner*, Gleichnisse Jesu – ab welchem Alter? Zum Gespräch mit *Anton A. Bucher*, in: entwurf 2/92, 14 f. Beispiele für gelungene Versuche, mit Kindern in kindgemäßer Weise über das Reich Gottes zu sprechen, finden sich bei *I. Baldermann*, Gottes Reich – Hoffnung für Kinder, Neukirchen-Vluyn 1991.

erleben hier eindrücklich mit, wie lieblos die uns »selbstverständliche« Rechthaberei ist, indem diese mit dem vorausgegangenen Verzeihen Gottes kontrastiert wird, das um ein Vielfaches größer als das uns Abverlangte ist. Intendiert wird die Einsicht, dass sich derjenige, der trotz empfangener Vergebung selbst lieblos und unversöhnlich bleibt, von der »Selbstverständlichkeit« der göttlichen Liebe entfernt.

(3) Das *»Gleichnis von den Arbeitern im Weinberg«* in Mt 20,1–16 erinnert an die Erfahrung, dass ungleiche Behandlung zu Konflikten führen kann. Es gibt auf die Frage, was fair und gerecht ist, eine provozierende Antwort: Gottes Gerechtigkeit ist nicht ohne Güte; durch seine Güte wird niemand benachteiligt, und sie schließt auch die nicht aus, die sich bislang noch nicht um sein Reich verdient gemacht haben. Im Blick auf die methodische Umsetzung dieses Gleichnisses ist darauf zu achten, dass die Identifikation der Schüler mit den zuletzt gekommenen Arbeitern gelingt, und die Schüler verstehen, dass dem Tagelöhner, der keine Arbeit bekommen hat, der existenznotwendige Tagesbedarf für sich und seine Familie fehlt.

(4) Gegen die bequeme Abwehr einer Verantwortung für andere und die Erfahrung eines individualisierten Lebens, das sich nur für sich selbst verantwortlich weiß, kann das *»Gleichnis vom barmherzigen Samariter«* die Einsicht wecken, dass derjenige Gottes Willen entspricht, der sich die Not anderer an die Nieren gehen lässt und dies in aktives, helfendes Handeln umsetzt. Diese überraschende Nächstenliebe, die ein von der Gesellschaft ausgegrenzter »Ausländer« und Angehöriger einer anders geprägten Religiosität in Lk 10,25–37 an den Tag legt, ist in den Augen Gottes das eigentlich Selbstverständliche und steht im Gegensatz zur oft erlebten Realität, mit welcher der verpflichtende Charakter, den zwischenmenschliche Liebe auch hat, abgewehrt wird.

(5) In Lk 15 werden die dort gezeichneten Bilder intensiver *Suche und großer Freude über das Wiederfinden des Verlorenen* auf Gott und sein Verhältnis zu den umkehrenden Sündern übertragen. Seine vorbehaltlose Annahme des Verlorenen und seine Freude über dessen Umkehr steht im Gegensatz zu unseren Erwartungen und ermöglicht ein neues Leben mit Zukunft. Sie stellt eine Haltung in Frage, die aus dem eigenen Handeln einen Anspruch auf Liebe ableitet und auch andere diesem Maßstab unterwerfen will. Voraussetzung für das Gelingen einer methodischen Umsetzung des Gleichnisses vom »Verlorenen Sohn« ist es, dass sich die Schüler in die verschiedenen Personen – den jüngeren, den älteren Sohn und den Vater – hinein-

versetzen und deren Gedanken und Gefühle gegenüber dem jeweils anderen nachempfinden können. Der offene Schluss des Gleichnisses lädt dazu ein, etwa durch alternative, von den Schülern erdachte Ausgänge der Geschichte ihre Pointe herauszuarbeiten.

(6) Mit dem »*Gleichnis von der bittenden Witwe*« mag schließlich die Erfahrung älterer Schüler aufgegriffen werden, dass sich die Gottesbeziehung – wie auch zwischenmenschliche Beziehungen – nicht von selbst einstellt, sondern mit Ringen und hartem Kampf verbunden ist. Den beharrlich Drängenden, nicht Nachlassenden ist dann aber auch Aussicht auf Erfolg verheißen.

LITERATURHINWEISE

J. Jeremias, Die Gleichnisse Jesu, Göttingen [10]1984.

G. Theißen/A. Merz, Der historische Jesus, Göttingen [2]1997.

Themaheft »Gleichnisse«, in: Glaube und Lernen *13/1998, H. 2.*

H. Weder, Die Gleichnisse Jesu als Metaphern (FRLANT 120), Göttingen [3]1984.

XVI. Bergpredigt

Gottfried Adam

Die Bergpredigt gehört zu jenen biblischen Texten, die eine breite Wirkungsgeschichte zu verzeichnen haben[1]. Die Verse der Bergpredigt waren und sind immer wieder Anlass zum Nachdenken, zum kritischen Blick auf die Gegenwart, zum utopischen Entwurf gelingenden Lebens. Die Bergpredigt ist wie kaum ein anderer Text der Bibel geliebt und umstritten zugleich. Einerseits wird gesagt, dass man mit ihr keine Politik machen könne (*Helmut Schmidt*), dass sie am realen Leben vorbeigehe und von daher lediglich für den individuellen Lebensbereich Relevanz habe; andererseits ist sie Anlass zu bewundernden Worten und großer Zustimmung (*Mahatma Gandhi, Leo Tolstoj*). Vor allem ist deutlich: Viele Menschen assoziieren mit der Bergpredigt primär die radikalen sittlichen Forderungen Jesu, wie sie sich in den Antithesen (Mt 5,21–48) niedergeschlagen haben. Dort wird dem alttestamentlichen Gesetzesverständnis (»Ihr habt gehört, dass den Alten gesagt ist«) aus dem Munde Jesu das »Ich aber sage euch …« entgegengestellt. Dieser unerhörte Anspruch lässt auch heute noch aufhorchen.

1. Kurzinformation

Die Bergpredigt ist in ihrer vorliegenden Gestalt eine *Komposition des Evangelisten Matthäus*. Dieser hat sein Evangelium um 80/90 n. Chr. für judenchristliche Gemeinden, vermutlich im griechischsprachigen Syrien geschrieben. Dabei darf man feststellen, dass, aufs Ganze gesehen, die eigene Stimme Jesu relativ deutlich zu hören ist. Ausleger betrachten fast ein Drittel der Mt-Komposition als Originalaussagen Jesu. Dazu gehören ein Anteil von je drei (evtl. vier) der acht Seligpreisungen und der sechs Antithesen, das Salz- und Licht-

---

1 Dazu: *U. Berner*, Die Bergpredigt (GTA 12), Göttingen ³1985; *F. W. Kantzenbach*, Die Bergpredigt, Stuttgart u. a. 1982.

wort und das Vaterunser. Diese Originalworte Jesu waren in einer Redenquelle zusammengestellt, die man mit Q bezeichnet hat. Q lag offensichtlich Mt und Lk in schriftlicher Form vor, wobei es sich vermutlich um unterschiedliche Versionen handelte. Bei Q geht es um ein sorgfältig erstelltes Kompositionsgefüge, das wegen seiner Singularität gattungsmäßig nicht zu bestimmen ist. Da die Redenquelle aber neben der Passionsgeschichte das zweite wesentliche Bauelement des Evangeliums wurde, legt sich die Bezeichnung »Halbevangelium« nahe[2].

Die Bergpredigt ist eine Zusammenstellung von Jesusworten, die thematisch gegliedert wurde und so die Gestalt einer Rede gewonnen hat. Der Grundstock der Texte entstammt Q. Dieser wurde um Material aus dem Sondergut des Mt ergänzt. In der lukanischen Feldrede (Lk 6,20–49) liegt eine Parallele vor, die weniger Stoff enthält, aber in der Anordnung der Stoffe gleich ist. Der Vergleich zeigt, dass Q wohl schon eine Komposition enthielt, zu der vier Seligpreisungen, das Gebot der Feindesliebe und die Warnung vor dem Richten gehörten.

In Aufnahme von *Friedrich Dürrenmatts* Qualifizierung der Bergpredigt als »Rede der Reden« hat *Hans Weder* einen interessanten exegetischen Beitrag geliefert, in dem er die Fragen vieler Zeitgenossen aufnimmt und bei einem Verständnis einsetzt, für das die Bergpredigt nicht Worte des Gottessohnes, sondern des Menschen Jesus, wenn auch einleuchtende und wegweisende Worte, enthält. Die folgenden Aussagen sind hinsichtlich ihrer hermeneutischen Relevanz von Interesse: »Auf dem Berg hat der Sohn eines Menschen gesprochen. Aber die dabei waren, haben Gottes Wort gehört. Das ist der Ursprung der Christologie und zugleich der Grund dafür, dass Gott nicht ferngehalten werden kann von diesem Bergprediger. Gottes Wort ist nicht an seiner Herkunft erkennbar … Es ist daran erkennbar, was es sagt.«[3] Auch wenn die »Rede der Reden« in der vorliegenden Form nicht stattgefunden hat, sondern die Rückführbarkeit auf den irdischen Jesus in differenzierter Weise von Fall zu Fall zu erfolgen hat, ist doch klar, was für die Seligpreisungen festzustellen ist: »Auch wenn es keine Jesusworte sein sollten – was unsicher ist –, widerspiegeln sie dennoch keinen anderen als Jesus selbst.«[4]

---

2 Zu Q s. *U. Schnelle*, Einleitung in das Neue Testament, Göttingen [3]1999, 194–214 (Die Logienquelle). Auf 197–200 wird eine Rekonstruktion des mutmaßlichen Umfanges von Q geboten.

3 *H. Weder*, Die ›Rede der Reden‹. Eine Auslegung der Bergpredigt heute, Zürich 1985, 15 f.

4 *H. Weder,* aaO., 84.

Zum Rahmen der Rede Jesu ist darauf hinzuweisen, dass sich Jesus auf einen Berg begibt. Manche Ausleger möchten das als eine Anspielung auf die Gesetzgebung am Sinai verstanden wissen. Aber das ist nicht sicher. Gleichwohl verbindet der Berg auf spezifische Weise Öffentlichkeit und Absonderung. Jesus lehrt nicht im Verborgenen. Aber man muss zu ihm kommen. Zwei Adressaten werden genannt: einmal die Jünger, zum anderen die Volksmenge, die Jesus gefolgt ist. Die Eingrenzung der Bergpredigt auf die Jünger als die Vollkommenen ist so nicht haltbar, weil am Ende Mt 7,28 eindeutig an das Volk adressiert wird. Das matthäische Evangelium vom Reich Gottes ist ein ethisches Evangelium und zielt auf die konkrete Lebenspraxis.

Der *Aufbau der Bergpredigt* ist klar. Sie beginnt mit den Verheißungen (Seligpreisungen) und Zusprüchen (Salz- und Lichtwort) und Jesu Bekenntnis zur neuen Gerechtigkeit (Gültigkeit des Gesetzes). Darauf folgen die Imperative der neuen Gerechtigkeit (Antithesen) und das entsprechende Tun (Almosengeben, Beten, Fasten). Von da aus werden weitere Konsequenzen für den Alltag gezogen.

Einleitung (5,1–16)	*2. Hauptteil: Konkretionen (6,1–7,12)*
5,1–2 Situationsangabe	6,1–18 Almosen, Beten und Fasten
5,3–12 Die Seligpreisungen	6,19–34 Von der Freiheit vom Besitz
5,13–16 Salz- und Lichtwort	7,1–5 Richtet nicht
	7, 6 Die Grenze der Verkündigung
1. Hauptteil (5,17–48)	7,7–11 Sprüche vom Bitten
5,17–20 Geltung des Gesetzes	7,12 Die Goldene Regel
5,21–48 Sechs Antithesen	
	Schlussteil (7,13–29)
	7,13 f. Das enge und das weite Tor
	7,15–23 Warnung vor den Pseudo-propheten
	7,24–27 Die beiden Hausbauer
	7,28 f. Abschluss der Bergpredigt

Aus den Texten ist für die folgende Kurzauslegung eine Auswahl zu treffen. Vom Gesichtspunkt der besonders unterrichtsrelevanten Texte werden die Seligpreisungen, die Antithesen (besonders die Gebote von Gewaltverzicht und Nächstenliebe), das Vaterunser und die Goldene Regel behandelt.

2. Exegetisch

2.1 Mt 5,3–12: Die Seligpreisungen

Seligpreisungen sind eine bestimmte Stilform, die nach dem jeweils ersten Wort des griechischen Textes (*makarios*) auch *Makarismen* heißen. Sie preisen ein Leben, das in den Regeln der Weisheit geführt wird (vgl. auch Ps 1,1).

Die *erste Seligpreisung* (V.3) gilt den »Armen im Geist«. Die Wendung ist rätselhaft. Ähnliche Formulierungen im Frühjudentum legen die Interpretation nahe, dass damit die Demütigen bezeichnet sind. »Arm« ist also übertragen zu verstehen, und »arm im Geist« hätte die Bedeutung »niedergeschlagen«, »zerknirscht«, und dann – als Folge – »demütig«.[5]

Die *zweite Seligpreisung* (V.4) richtet sich an die Trauernden; sie verheißt Trost und Freude angesichts von Anfechtung und Trauer, die aus der Identifikation mit Gottes missachteter Sache erwachsen.

Die *dritte Seligpreisung* wird den »Sanftmütigen« (V.5) verheißen. Das Prädikat »sanftmütig/freundlich« begegnet außer in 1 Petr 3,4 nur bei Mt. Damit wird Jesu Verhältnis zu den Mitmenschen charakterisiert. »Seine Herrschaft trumpft nicht auf und schüchtert nicht ein, sondern gibt Raum zum Atmen. Der Zuspruch gilt also denen, die sich ebenso dieses Verhalten Jesu zu den anderen Menschen zum Vorbild nehmen.«[6]

Die *vierte Seligpreisung* (V.6) geht auf das für Mt zentrale Stichwort der Gerechtigkeit (vgl. Mt 5,10; 5,20) ein. Dabei ist Gerechtigkeit einerseits eine Gottesgabe, die aber andererseits in engem Zusammenhang mit dem entsprechenden menschlichen Handeln steht. Hunger und Durst sind Ausdruck einer aktiven Haltung. Es geht um die Leidenschaft nach einer besseren Gerechtigkeit aus dem Geist der Liebe.

Der Übergang zur *fünften Seligpreisung* wird als Schnittstelle zu einer zweiten Viererreihe gesehen, die einen stärker ethischen Charakter aufweist. Sie gilt den Barmherzigen (V.7), die selbst Barmherzigkeit erlangen werden. Die Grundzuwendung Gottes zum Menschen ist das Erbarmen. Derjenige, der sich davon anstiften lässt, erhält wiederum Gottes Erbarmen. Hier wird eingeladen, die Empathie als verheißungsvolle Möglichkeit aufzugreifen.

---

5 *R. Feldmeier*, Verpflichtende Gnade. Die Bergpredigt im Kontext des ersten Evangeliums, in: *ders. (Hg.)*, Salz der Erde. Zugänge zur Bergpredigt, Göttingen 1998, 25, Anm. 15.

6 *R. Feldmeier*, aaO., 26.

In der *sechsten Seligpreisung* (V.8) ist vom »reinen Herzen« die Rede. Dies ist nach damaligem Verständnis die Voraussetzung für den Zutritt zum Heiligtum. Auf den Berg des Herrn darf gehen, wer ein reines Herz hat, heißt es etwa in Ps 24,4. Dabei geht es um die Reinheit gegenüber Gott wie gegenüber dem Mitmenschen. Die Verheißung »Gott zu schauen« ist Ausdruck der eschatologischen Hoffnung, dass es einst eine unmittelbare Begegnung »von Angesicht zu Angesicht« geben wird.

In der *siebten Seligpreisung* derjenigen, die Frieden schaffen (V.9), geht es wiederum um einen zentralen Punkt der Bergpredigt: »Die Bereitschaft zur Verzeihung als Folge wie als Bedingung der göttlichen Barmherzigkeit. Vergebungsbereitschaft und damit Friedensstiftung sind gewissermaßen die innergemeindliche Ausprägung der Liebe. Die Liebe aber ist, wie sich noch zeigen wird, der Inbegriff des Gotteswillens und so auch des rechten Verhaltens.«[7] Damit wird hier die Verheißung verbunden, dass die Friedensstifter »Söhne Gottes« werden. Interessanterweise findet sich diese Verheißung der Gotteskindschaft nur noch in Mt 5,45 im Anschluss an das Gebot der Feindesliebe. So wird deutlich, dass der Barmherzige und Friedfertige, der Vergebungsbereite und sein Nächster – kurz: der feindliebende Mensch bereits jetzt das kommende Gottesreich zur Geltung bringt.

In der *Seligpreisung derer, die verfolgt werden* (V.10), taucht erneut das zentrale Stichwort der Gerechtigkeit auf, das dann an Schlüsselstellen der Bergpredigt (5,20; 6,1; 6,33) wiederholt wird. Es ist nochmals darauf zu verweisen, dass Gerechtigkeit, wie Mt sie versteht, Gottes Zuwendung voraussetzt. Sofern Gerechtigkeit ein Entsprechungsverhältnis bezeichnet, ist das menschliche Verhalten als Antwort auf Gottes Zuwendung eingeschlossen. Gerechtigkeit ist für Mt »Gottes Gegengabe für den menschlichen Gehorsam, der seinerseits die Antwort auf Gottes Erwählung ist ... Sie ist somit Ergebnis einer Wechselwirkung zwischen dem gnädig zugewandten Gott und dem dankbaren, gehorsamen Menschen.«[8]

Die *letzte Seligpreisung* (V.11) fällt deutlich aus dem Rahmen der übrigen Seligpreisungen heraus. Sie stellt wohl eine Art Aktualisierung von Seiten der urchristlichen Gemeinde dar, welche die in den Seligpreisungen ausgesagten Verheißungen Jesu auf ihre eigene gegenwärtige Situation bezogen hat.

---

7 *R. Feldmeier*, aaO., 28.
8 *R. Feldmeier*, aaO., 30f.

Zusammenfassung[9]. Die Seligpreisungen der *lukanischen Feldrede* (Lk 6,20 f.) sind ursprünglicher als die der matthäischen Bergpredigt und dürften in etwa dem entsprechen, was Jesus tatsächlich gesagt hat. Sie beschreiben einen Zustand, der unbedingt gilt. Die Seligpreisungen der Bergpredigt sind demgegenüber komplexer. Der *Zu*spruch, den sie gewähren, ist deutlich mit dem *An*spruch verbunden, sich entsprechend zu verhalten. Der Zustand, der in Aussicht gestellt wird, hat also in gewisser Weise mit menschlichem Verhalten zu tun. Daraus zu folgern, der Zuspruch sei hier nicht *un*-bedingt, sondern abhängig, ginge aber wiederum zu weit und fehl. Denn vor den Kapiteln 5 bis 7 stehen die Kapitel 4 bis 6, und dort predigt Jesus und stellt in den Vordergrund die Verheißung. Auch bedingte Gnade ist zunächst einmal Gnade. Wir sollten den Befund daher vorsichtig formulieren; richtig wäre zu sagen, dass das in der Bergpredigt begegnende »Evangelium vom Reich« ein *ethisches Evangelium* ist.

2.2 Mt 5,13–16: Salz der Erde, Licht der Welt. Die beiden Logien bilden eine Art Übergang zum nächsten Teil der Bergpredigt. In den Bildworten vom Salz und Licht wird herausgestellt, was die Nachfolger Jesu sind. Auch diese Worte sind zuerst Zuspruch, beinhalten dann aber auch einen hohen Anspruch. »Salzloses« Salz wird weggeworfen und Licht, das nicht leuchtet, ist sinnlos. Die Nachfolger Jesu sollen das sein, was sie der Sache nach bereits sind: Salz der Erde und Licht der Welt.

2.3 Mt 5,(17–20) 21–48: Die Antithesen. Auf die einleitenden Verse Mt 5,1.2, den Zuspruch der Seligpreisungen und die Titulierung der Gemeinde als Salz der Erde und Licht der Welt, folgt nun der eigentliche Hauptteil der Bergpredigt, der vor allem Weisungen Jesu enthält. Er reicht bis 7,12.

Den Antithesen gehen als Einleitung die *V.17–20* voraus. Sie sind für das Verständnis der Antithesen von erheblicher Relevanz. Sie haben den Charakter einer Grundsatzerklärung in der Frage der Stellung Jesu zum alttestamentlichen Gesetz. Insofern kommt ihnen eine Art hermeneutischer Schlüsselstellung für das Verständnis der Bergpredigt im Ganzen wie der Seligpreisungen im Besonderen zu. Jesu Stellung zum alttestamentlichen Gesetz wird angesprochen und deutlich artikuliert. Als wesentliche Charakteristika sind festzuhal-

---

9 Im Anschluss an *R. Feldmeier*, aaO., 32 f.

ten[10], dass im Blick auf die Tora Jesus (1) keine neue Tora verkündet, (2) nicht das Ende ihrer Gültigkeit ausruft, (3) nicht ihre Verschärfung intendiert.

Gegenüber falschen Entwicklungen bringt Jesus vielmehr die ursprünglichen Intentionen des alttestamentlichen Gesetzes zur Geltung. Für ihn ist das Liebesgebot die entscheidende Grundnorm, die auch für die Interpretation der Antithesen zentral ist. Es sei noch einmal wiederholt: Der Einspruch Jesu richtet sich gegen eine verfehlte Auslegung des Gesetzes vom Sinai, nicht aber gegen das Gesetz selbst. Es geht nicht um die Aufhebung, sondern um die sinngemäße Erfüllung des Gesetzes. Diese liegt nicht in der Befolgung möglichst vieler kleiner Einzelvorschriften, sondern im Tun der Liebe und der Gerechtigkeit.

Dies ist die Basis für die »bessere Gerechtigkeit« gegenüber Pharisäern und Zöllnern (5,20). Dies wird sowohl in 5,17 wie in 7,12 deutlich herausgestellt. In der Goldenen Regel (7,12) wird dieser Sachverhalt noch einmal knapp und bündig zusammengefasst: »Alles nun, was ihr wollt, das euch die Leute tun sollen, das tut ihnen auch! Das ist das Gesetz und die Propheten.« Die Konsequenzen dieses Grundverständnisses werden sodann im Blick auf die einzelnen Fragen bedacht[11].

Die Antithesen (= Gegensatzsprüche) werden jeweils formelhaft eingeleitet: »Ihr habt gehört, dass (den Alten) gesagt ist« bzw. »Es ist gesagt«. Betrachtet man genauer, ob Jesus sich damit gegen das AT selbst oder nur gegen eine bestimmte Auslegung wendet, so entdeckt man jedenfalls in der dritten und fünften Antithese, dass Jesus in der Tat gegen das AT selbst Position bezieht. Er misst demnach sogar die Heilige Schrift selbst am Maßstab des göttlichen Liebeswillens, der allem anderen übergeordnet ist.

Hinsichtlich der sechs Antithesen ergibt sich *folgende Übersicht:*

(1) Vom Töten (5,21–26)   (4) Vom Schwören (5,33–37)
(2) Vom Ehebruch (5,27–30) (5) Von der Gewaltlosigkeit (5,38–42)
(3) Von der Scheidung (5,31 f.) (6) Von der Feindesliebe (5,43–48).

Die Herkunft der Antithesen ist umstritten. Man bezeichnet gemeinhin die 1., 2. und 4. Antithese, die aus dem Sondergut stammen, als primäre und die 3., 5. und 6. als sekundäre Antithesen. Hier wird

10 *U. Becker u. a.,* Neutestamentliches Arbeitsbuch für Religionspädagogen, Stuttgart u. a. 1993, 54.
11 Es kann hilfreich sein, an dieser Stelle zuächst die Ausführungen zu »Mt 7,12: Die Goldene Regel« zu lesen.

die Grundnorm des Liebesgebotes (vgl. auch die 1. und 6. Antithese sowie die Goldene Regel) mit anderen zentralen Forderungen Jesu zusammengebracht und -gedacht[12]. Der Gotteswille ist nicht auf Liebe reduziert, sondern daneben stehen andere Gebote. Sie sind nicht Gesetze, die alles genau vorschreiben und den Menschen entmündigen wollen, sondern es handelt sich um »exemplarische Forderungen, die beispielhaft veranschaulichen, wie und wie radikal Gott Gehorsam verlangt. Zur Exemplarizität gehört die Freiheit, neue Beispiele zu erfinden … Er denkt sich christliches Leben am ehesten als *Weg*, der als Ziel die Vollkommenheit hat (5,20.48).«[13] Wie weit dabei ein jeder kommt, das kann nicht definiert werden. Jedenfalls sollte er möglichst weit kommen, zumindest weiter als die Schriftgelehrten und Pharisäer.

Wenn Jesu Auftreten und Verkündigung die Erfüllung des Gesetzes darstellen (5,17–20), ist zu fragen, in welcher Weise das geschieht[14]. Es handelt sich dabei keineswegs um eine einfache Wiederholung des im AT Gesagten, sondern um eine *Interpretation in Vollmacht*. Das »Ich aber sage euch …« ist die sprachliche Form, in der diese Interpretation in Vollmacht sich vollzieht. In der ersten Antithese (5,21–26) radikalisiert Jesus das Tora-Verbot des Tötens. Der gleiche Vorgang ist für die zweite Antithese vom Ehebrechen (5,27–30) festzustellen. Aber das bleibt noch im Rahmen jüdischen Denkens. »Demgegenüber stellt die dritte Antithese von der Ehescheidung (Mt 5,31–32) eine Aufhebung des Toragebotes (vgl. Dtn 24,1.3) dar. Die Vollmacht (*exousia*) Jesu ermöglicht es, ein geltendes Gebot außer Kraft zu setzen und den wahren Gotteswillen zur Geltung zu bringen. Auch das absolute Schwurverbot in Mt 5,33–37 sprengt alttestamentlich-jüdisches Denken und ist allein in der Vollmacht und Hoheit Jesu begründet.«[15]

Mt macht dieses Gebot wie zuvor das Verbot der Ehescheidung für seine Gemeinde praktikabel, ohne damit die ursprünglichen Intentionen von Jesu Verkündigung aufzuheben.

Mit den beiden letzten Antithesen, der Verwerfung des Grundsatzes der Wiedervergeltung (5,38–42) und dem absoluten, durch nichts begrenzten Gebot der Feindesliebe (5,43–48), verlässt der Bergprediger das Denken seiner Zeit dann völlig.

---

12 Vgl. zum Folgenden *U. Luz*, Das Evangelium nach Matthäus (EKK I/1), Zürich u. a. ⁴1997, 189.
13 Ebd.
14 Zum Folgenden s. *U. Schnelle*, aaO., 248 f.
15 Ebd.

Bei der *fünften Antithese* (5,38–42) wird nicht nur der Verzicht verlangt, sondern die negative Formulierung, nicht Widerstand zu leisten, wird durch positive Formulierungen überboten. Es wird der Kontrast zu der die Welt beherrschenden Gewalt herausgestellt und damit der Gewaltverzicht zum einzig Gott gefälligen Weg erklärt. Diesen Weg eröffnet Jesus.

Das Gebot der Feindesliebe, das sich in der *sechsten Antithese* (5,43–48) findet, ist einer der zentralen christlichen Texte und galt in der Alten Kirche als *das* christliche Proprium und Novum. Es stellt so etwas wie eine Zusammenfassung des bisher Gesagten dar. Die doppelte Begründung in V.45 und 46 f. sowie »der resümierende Schlusssatz von 5,48 (weisen) darauf hin, dass die ganze Reihe der Antithesen mit der hinter ihr stehenden Forderung einer besseren Gerechtigkeit in diesem Gebot gipfelt, das als Einziges direkt mit Gottes eigenem Verhalten begründet wird«[16]. Die Liebe zum Feind und das Gebet für den Verfolger (V.44) sind parallelisiert. Wo ich die Feindschaft in den Horizont der Gottesbeziehung stelle, wird sie verändert, sozusagen gebrochen und kann schwerlich auf Dauer bestehen bleiben.

V.48 schließt die Antithesenreihe ab mit der Aufforderung »vollkommen zu sein«. Damit wird auf die »vollständige, ungeteilte, ›ganzheitliche‹ Entsprechung zu Gott« abgehoben. »Nicht ›wie du mir, so ich dir‹, sondern: ›wie Gott mir, so ich dir‹ – das ist das ›vollkommene‹ Verhalten der Nachfolger Jesu Christi.«[17]

2.4 Mt 6,5–15: Beten/Vaterunser. In der Mitte des Abschnitts steht das Vaterunser (6,9–13), das durch die Worte vom Plappergebet (6,7 f.) und von der Vergebung (6,14 f.) gerahmt wird[18]. Für alle drei Texte gehen die Exegeten davon aus, dass sie auf Jesus zurückgehen oder zumindest aus inhaltlichen Gründen auf ihn zurückgehen könnten. Für das eigentliche Vaterunser wird diese Annahme von den meisten Forschern geteilt.

Das Vaterunser ist in einer elementaren Sprache verfasst. In wenigen verständlichen Worten werden zentrale Anliegen angesprochen. Von vornherein war das Vaterunser ein Gebrauchstext. Es konnte in vielerlei Hinsicht Verwendung finden: als Mustergebet, als dogmatisches Kompendium, als katechetische Synthese, als pri-

---

16 *R. Feldmeier*, aaO., 50.
17 *R. Feldmeier*, aaO., 53 f.
18 Zur Auslegung s. *R. Feldmeier*, aaO., 54–66 sowie *U. Luz*, aaO., 330–353.

vates und als kirchliches Gebet usw. Es gibt kaum einen Text, der so stark in Frömmigkeit, Gottesdienst, Unterricht und Dogmatik gewirkt hat[19]. Als Ursprache ist das Aramäische anzunehmen. Mt und Lk haben wohl eine griechische Vorlage gehabt. Bei Mt ist der Text in einer liturgisch ausgewogenen Form überliefert, die sich rasch im gottesdienstlichen Gebrauch durchgesetzt hat. Durch die Didache wurde noch die Schlussdoxologie hinzugefügt (»Denn dein ist die Kraft und die Herrlichkeit in Ewigkeit«, Did 8,2). Damit hatte der Text jene Gestalt gefunden, in der wir ihn noch heute verwenden.

Gott wird als Vater angeredet. Dabei ist bei Mt ergänzt »im Himmel«. Die Vateranrede geht mit großer Wahrscheinlichkeit auf das aramäische »Abba« zurück. Dies ist eine sehr vertrauliche Anrede, die Anrede des Kleinkindes an seinen Vater. Die Anrede ist also nicht einfach im Rahmen der patriarchalischen Herrschaftstruktur der damaligen Zeit zu interpretieren, sondern »die Anrede Gottes mit Abba umschließt, wie J. Jeremias schon vor mehr als drei Jahrzehnten festgestellt hat, auch Zuwendung, Bewahrung, Barmherzigkeit, also ›etwas von dem, was bei uns Mutter bedeutet‹ (Jeremias).«[20]

Es folgen sodann drei Du-Bitten (9c-10). Bei der ersten Bitte geht es um Gottes Namen, sein Reich und seinen Willen. Gott soll sich als der Heilige in dieser Welt erweisen, soll sich Anerkennung verschaffen, er soll seine Herrschaft aufrichten und soll auf Erden seinen Willen so bestimmend sein lassen, wie er im Himmel bestimmend ist.

Die zweite Strophe (V.11–13) enthält drei Wir-Bitten und bezieht sich auf Gottes Verhältnis zu den Betern: An der Spitze stehen die Brot- und die Vergebungsbitte. Die dritte Bitte geht darauf, dass Gott dem Beter beistehen und ihn sogar aktiv vor der Macht des Bösen bewahren soll. Wichtig ist: die Beter erwarten alles von Gott und seiner Zukunft. Zunächst wird für alle gebetet, erst dann werden die persönlichen Anliegen vor Gott zur Sprache gebracht.

Das Vaterunser steht im Zentrum der Bergpredigt. In der Rede, welche die »bessere Gerechtigkeit« als Praxis der Christen und Christinnen thematisiert, steht damit nicht das eigene Tun im Zentrum, sondern das Gebet! Dazu passt, dass in der gesamten Bergpredigt fünfzehnmal auf den himmlischen Vater verwiesen wird. Die Rede vom himmlischen Vater und die Bedeutung des Gebetes in der

19 *U. Luz*, aaO., 337.
20 *R. Feldmeier*, aaO., 59f. Anm 61.

Bergpredigt zeigen, »daß es in der gesamten Bergpredigt um den lebendigen Vollzug der durch Jesus Christus eröffneten Gottesbeziehung geht, um Nachfolge«[21].

2.5 Mt 7,12: Die Goldene Regel. Die Goldene Regel stand in Q, vermutlich im Abschnitt über die Feindesliebe. Mt hat sie an den
Schluss des Hauptteils der Bergpredigt gerückt. Der Nachsatz »denn
dies ist das Gesetz und die Propheten« stammt vermutlich von ihm.
Er verweist damit auf 5,17 (Erfüllung des Gesetzes und der Propheten durch Jesus) zurück und schafft so eine Klammer um den Hauptteil der Bergpredigt[22].

Die Goldene Regel ist universal verbreitet, wir finden Belege in Griechenland, Indien und in vielen nichtphilosophischen Werken, bei Rhetorikern
und in Sentenzensammlungen. Im Judentum war die Goldene Regel von
Hause aus offenbar nicht verbreitet. Während die nichtchristlichen Belege
die Goldene Regel überwiegend in negativer Formulierung enthalten: »Was
du nicht willst, dass man dir tu', das füg auch keinem Andern zu«, haben
wir bei Mt die Form der positiven Formulierung. Damit wird dem Ange-
sprochenen eher eine eigene Initiative zugemutet, während die negative Fassung auch bei bloßer Passivität enden kann[23]. Dabei ist es so, dass in der Rezeptionsgeschichte in der Alten Kirche sowohl die positive wie die negative
Formulierung lange Zeit nebeneinander her liefen.

Es ist zu fragen, welchen Sinn die Goldene Regel im Kontext der
Bergpredigt hat und welche Interpretationsrichtung sie für die Bergpredigt anzeigt. Sie ist sicher nicht Ausdruck eines naiven Egoismus,
nicht Ausdruck einer Kampfesmoral, noch Ausdruck des Natur-
rechts. In der Bergpredigt wird sie durch den Zusatz des Mt »das ist
das Gesetz und die Propheten« herausgehoben und zum grundlegenden Satz erklärt. Durch den Rückverweis auf 5,17 wird deutlich
gemacht, dass in der Praxis der Goldenen Regel sich die Erfüllung
gleichsam bündelt.
    Die Goldene Regel radikalisiert sich von der Bergpredigt her.
Alles, was die Liebe und die Gebote Jesu fordern, soll man anderen
Menschen tun. Es geht um die bessere Gerechtigkeit und das Gebot
der Vollkommenheit. Auf der anderen Seite interpretiert die Goldene Regel ihrerseits die Bergpredigt: »Sie hält mit ihrer umfassen-

---

21 *R. Feldmeier*, aaO., 66.
22 Zum Folgenden vgl. *U. Luz*, aaO., 387 ff.
23 *U. Luz*, aaO., 389.

den Formulierung fest, daß in der Bergpredigt eine Summe christlicher Gerechtigkeit proklamiert ist, die das ganze Leben der Christen umfassend bestimmen will. Sie ruft noch einmal in Erinnerung,
daß die einzelnen Anweisungen der Bergpredigt konkrete Beispiele
der Vollkommenheit waren, die in einen das ganze Leben umspan-
nenden Horizont gestellt werden wollen.«[24] Sie hält damit das
Moment der Freiheit, ja der *Auto-Nomie* des Menschen fest, das in der
Bergpredigt Gemeinte im Lichte der Liebe selbst finden zu können.
Sie macht deutlich, dass die Bergpredigt nicht ein Bündel von Vorschriften ist, sondern dass das christliche Handeln einen universalen
Horizont hat: die Menschen als Partner.

Es ist zu fragen, inwieweit die Goldene Regel nicht auch eine gewisse Veränderung der jesuanischen Gebote in sich schließt, weil ihre Evidenz eine
andere ist. Beim Gebot der Feindesliebe oder des Gewaltverzichts basiert die
innere Zustimmung des Hörers zur Wahrheit der Gebote auf dem Kontrast.
Jesu Kontrastangebote bedeuten ein Stück Hoffnung auf einen neuen Menschen im Anbruch des Reiches Gottes. Die Goldene Regel dagegen ist auch
ohne Eschatologie plausibel. Insofern stellt die Goldene Regel nicht nur eine
Zusammenfassung, sondern auch möglicherweise einen Versuch der Übersetzung von Jesu radikalen Geboten in eine Situation entspannter Eschatologie dar. »Sie interpretiert Jesu *radikale* Forderungen ein Stück weit in die
Richtung ›intelligenter Feindesliebe‹ (*C. F. von Weizsäcker*). Darum ist sie
wichtig für die Übersetzung von Jesu Forderung auf ein rational-kommuni-
katives Handeln, z.B. auch für die politische Ebene. Zugleich aber wird
deutlich, dass dieser Übersetzungsversuch nicht das Ganze von Jesu Kon-
trastforderung enthält. Die Goldene Regel ist innerweltlich plausibel; sie ist
ein Versuch, von Jesu radikalem Liebesgebot her vernünftige Perspektiven
zu entwerfen.«[25] Während Jesu Gebot der Feindesliebe der radikalen Liebe
Gottes zur Welt entsprach und aufforderte, in ihr Kontrastzeichen der Hoffnung aufzurichten, kann die rational-kommunikable, aktive Praxis vernünftigen Ausgleichs der Goldenen Regel durch solche Kontrastzeichen zwar ermutigt werden, ist aber mit ihnen nicht identisch.

3. Systematisch

Die Frage, vor welche die Aussagen der Bergpredigt den Leser und
die Hörerinnen stellen, ist die nach ihrer Erfüllbarkeit. Sind die Forderungen so idealistisch, dass sie realistischerweise keine Chance

24 *U. Luz*, aaO., 392.
25 *U. Luz*, aaO., 393 f.

auf Verwirklichung im konkreten Leben haben? Dienen sie nur als
Spiegel für die Sündenerkenntnis? Sind sie nur binnengemeindlich
gedacht? usw. Der »Vulkan Bergpredigt« *(Günther Bornkamm)* erweist
an diesen Fragen immer wieder seine große Mobilisierungskraft. So
ist zunächst einzugehen auf die Auslegungsgeschichte und die aus-
gebildeten Typen der Interpretation[26].

3.1 Aneignung der Bergpredigt. Die Geschichte der Bergpredigtrezep-
tion ist durch eine Reihe von Grundmustern der Aneignung gekennzeichnet. Dabei ist offensichtlich, dass zumeist eine Einschränkung
der Geltung der Bergpredigtaussagen vorgenommen wurde.

(1) Evangelische Räte. Im Blick auf die Frage der Verwirklichung
der Bergpredigtweisungen kam es im 4. Jh. n. Chr. zur Ausbildung
einer zweistufigen Ethik. Nicht bereits im Urchristentum, wie häufig
gesagt wird, sondern erst im nachaugustinischen Mittelalter kam es
zur Formulierung der Zwei-Stufen-Ethik[27]. Diese steht in Verbindung mit der theologischen und institutionellen Unterscheidung
von Mönchtum/Priesterstand auf der einen und Laienstand auf der
anderen Seite. Es gibt zunächst ein allgemeines christliches Ethos,
das sich an den Zehn Geboten und ihrer Zusammenfassung im Doppelgebot der Liebe orientiert. Dies gilt für alle. Die Laien müssen die
Verstöße gegen die Zehn Gebote beichten. Neben dieser unteren
Stufe gibt es eine höhere Stufe, nämlich eine vollkommene Verwirklichung des Christentums. Dafür steht als Beispiel der reiche Jüng-
ling, zu dem Jesus in Mt 19,21 sagt: »Willst du vollkommen sein, so
geh hin, verkaufe, was du hast, und gib's den Armen, … und komm
und folge mir nach.« Da die Bergpredigt »Vollkommenheit« lehrt
(Mt 5,48), gehört sie zu den evangelischen Räten, die Mönche, Non-
nen und Priester zu erfüllen haben.

Die Armutsbewegung im 12. und 13. Jh. hat bereits die Zwei-Stufen-Ethik kritisiert, indem sie herausstellte, dass die Bergpredigt

---

26 Zum Folgenden sei verwiesen auf die Ausführungen bei *E. Schweizer*, Die Bergpredigt (KVR 1481), Göttingen ²1984, 101–104; *J. Becker*, Zugänge zur Bergpredigt, in: Kieler Entwürfe für Schule und Kirche, H. 15, Kiel o.J. (1994),
   3–20; *J. Roloff*, Neues Testament (Neukirchener Arbeitsbücher), Neukirchen-
   Vluyn ⁶1995; *U. Luz*, aaO., 191–196; *F. W. Kantzenbach*, Die Bergpredigt; zu Rezeption und Auslegung im 20. Jh.: *U. Berner*, Die Bergpredigt.
27 Dazu hat man gerne auf die älteste Kirchenordnung vom Ausgang des 1. Jh.
   n. Chr., die Didache 6,1 f., verwiesen. Aber bei genauerem Hinsehen zeigt sich,
   dass der Text das nicht hergibt. Die Zwei-Stufen-Ethik ist vielmehr im Liber
   graduum um 350 bezeugt.

keine Sonderethik vertreten wolle, sondern sich an alle Christen richte.

(2) Bergpredigt als Sündenspiegel. In Auseinandersetzung mit dem mittelalterlichen Verständnis hat *Luther* die Zwei-Stufen-Ethik kritisiert und als Ausdruck von höchster Werkgerechtigkeit interpretiert. Demgegenüber möchte er festhalten, dass es allein Gottes Gnade ist, die retten kann. Die Gnade ist Geschenk, nicht Lohn. Von daher hat er die Bergpredigt eingeordnet in ein Gesamtverständnis von den zwei Regimenten Gottes. Man muss beachten, dass es einen Unterschied zwischen dem Amt der Obrigkeit (Röm 13) gibt und der Aufforderung der Bergpredigt in Mt 5,39, wonach der Mensch dem Übel nicht widerstehen soll. Es ist eben zu unterscheiden, in welcher Funktion der Mensch als Handelnder angesprochen ist: als einzelner Christ oder als Funktionsträger eines Amtes. Gottes Regiment zur Rechten will, dass alle Menschen gerettet werden. Dies geschieht allein mit dem Wort des Evangeliums, das den Menschen neu schafft, sodass er Gott recht ist. Gottes Regiment zur Linken wird durch die weltlichen Regierungen ausgeübt. Hier wird belohnt und bestraft, damit ein relativ gedeihliches Leben möglich bleibt. Die Bergpredigt erklärt dabei nicht, wie ein Beamter, ein Parlament oder ein Fürst sein Amt wahrnehmen soll, sondern dies hat er zu tun aufgrund seiner verstandesmäßigen Einsicht.

Luther hat hier eine paulinische Denkfigur auf Mt übertragen. Das Staatsverständnis des 16. Jh. scheint dabei durch die Überlegungen hindurch. Mt redet gemeindeorientiert, wobei seine Gemeinde nicht am politischen Leben teilnimmt. Luther hat einen modernen Staat als Gegenüber. Von daher ist zu fragen, in welcher Weise Elemente von Luthers Auslegung heute noch relevant sind. Er bestimmt die Bergpredigt als allgemeinen Willen Gottes, macht deutlich, dass die Politik nicht als Glaubenssache gewertet werden darf, versucht einen Gesamtzusammenhang des Dialogs über die Frage, was christliche Lebensgestaltung sein kann, und bemüht sich um ein Gesamtverständnis.

Konkret hat Luther selbst die neue Gerechtigkeit in der Weise verstanden, dass das Gesetz uns die Erkenntnis der Sünde lehrt, so dass der verlorene Sünder sich allein aus Gottes Barmherzigkeit gerettet wissen kann und sich daher dem gnädigen Gott zuwendet. Die Forderungen der Bergpredigt seien demnach letztlich unerfüllbar.

(3) Durchführbare Soziallehre. Nun haben in der Reformationszeit der sog. Linke Flügel der Reformation und die entsprechenden Bewegungen im Gefolge dieses Flügels die Bergpredigt als Anwei-

sung zu einer Ethik des vollkommenen Gesetzes begriffen. Das
Gebot Jesu laufe darauf hinaus, das Gesetz des Mose dadurch zu
übertreffen, dass es als Forderung einer gesteigerten Gerechtigkeit
zu befolgen ist. Der Christ dürfe weder einen Eid leisten noch Ein-
richtungen dieser Welt Gehorsam erweisen, sondern sei zur Kritik
von Institutionen gerufen. Vergeltung sei verboten, und daraus sei
abzuleiten, dass dem Christen jede Form des Widerstandes untersagt sei, stattdessen sei ihm aber eine grenzenlose Feindesliebe aufgegeben.

(4) *Gesinnungsethik.* Eine weitere Variante, die den Fehler der zuvor genannten gesetzlichen Auslegung vermeiden möchte, führt aus,
dass nicht ein wörtliches Verständnis die rechte Aufnahme der Bergpredigt darstelle, sondern eine neue Gesinnung gefordert werde, die
in die moderne Situation zu übertragen sei. Darum müsse man nicht
die einzelnen Aussagen in den Blick nehmen, sondern das grundsätzlich geforderte Ethos anerkennen und die ihm entsprechende
Gesinnung verwirklichen. Diese idealistische Interpretation übersieht freilich, dass die Bergpredigt zweifellos den Willen Gottes in allen Lebensbereichen zur Geltung bringen möchte.

(5) *Interimsethik.* Zu Anfang des vergangenen Jahrhunderts haben
Albert Schweitzer und andere Exegeten erkannt, welch zentrale Bedeutung die Eschatologie in der Verkündigung Jesu hat. Weil das Ende
der Welt für die nahe Zukunft erwartet wird, müsse die Ethik der
Bergpredigt als eine sog. Interimsethik verstanden werden. Für die
kurze Zeit bis zum Weltende habe die Bergpredigt als Ausnahme-
ethik zu gelten, die sich angesichts der ausgebliebenen Parusie
nicht verallgemeinern lasse. In der verbleibenden Zeit könne man
alle Kraft auf ein Gott wohlgefälliges Leben konzentrieren. Freilich:
Das Urchristentum kennt kein besonderes Ethos für die Endzeit.
Und das Mt-Evangelium hat auch bereits mit dem Phänomen der
Parusieverzögerung umgehen müssen. Eines aber ist deutlich: Für
den gegenwärtigen ethischen Diskurs ist die Bergpredigt zunächst
ein Text des ersten Jh. n. Chr., so dass man ausweisen muss, unter
welchen Bedingungen diese Überlieferung für uns heute relevant ist.

(6) *Friedensethik.* Seit Anfang der achtziger Jahre hat die Bergpredigt erneut besondere Aufmerksamkeit auf sich gezogen im Zusammenhang der Bemühungen um die Friedensfrage. Dabei wurde mit
großer Ernsthaftigkeit der verbindliche Charakter der Bergpredigtaussagen wahrgenommen[28]. Die Frage, die in diesem Zusammen-

---

28 Vgl. *F. Alt*, Frieden ist möglich, München 1983 u. ö.

hang zu diskutieren ist, geht darauf hinaus, dass die Bergpredigt zunächst kein politisches Programm enthält; sie fordert »schlicht« die Hörer und Hörerinnen zu verpflichtendem Gehorsam auf. Hier gibt es gewisse Zusammenhänge mit jenem Verständnis der Bergpredigt, wie es sich hinsichtlich der wörtlichen Erfüllung beim Linken Flügel der Reformation gefunden hat und heute bei Mennoniten, Quäkern und der Church of the Brethren zu finden ist.

(7) *Existenzielle Verdichtung.* Die Bergpredigt im Sinne eines eschatologischen Gottesrechtes im Blick auf die Existenz des Einzelnen zu verstehen, das war das Anliegen von *Rudolf Bultmann*[29]. Ihm war wichtig, dass der Einzelne in der Begegnung mit dem Nächsten im jeweiligen Augenblick zu entscheiden hat, was die unmittelbare Verantwortung vor Gott bedeutet. Dieser Entscheidungsruf ist freilich formalisiert, insofern hier nun keine Entfaltung einer Materialethik stattfindet, sondern die Einzelmahnungen nur als Konkretionen des formal verstandenen Liebesgebotes aufgefasst werden. Damit wird eine individuelle, situationsbezogene und aktualistische Liebesethik konzipiert – mit all ihren Begrenzungen und ihrem Unverständnis für die Härte der institutionellen Gegebenheiten, ja Notwendigkeiten[30]. Der Vorzug dieses Ansatzes besteht darin, dass einem gesetzlichen Missverständnis grundsätzlich Einhalt geboten wird. Der Preis dafür ist eine starke, ja fast ausschließliche Konzentration auf die Individualethik. Es ist zu fragen, ob die Bergpredigt selbst nicht grundsätzlich anders verfährt; denn sie beschreibt ja doch ein Ethos der Gemeinschaft.

Fazit: Die verschiedenen Typen der Auslegung sind geprägt von einer grundsätzlichen Ernsthaftigkeit, in der jeweils wichtige Aspekte hervorgehoben werden. Dabei kann man bei einer Reihe von Punkten sehen, dass einseitige Interpretationen vorliegen, die einer Korrektur in einem umfassenden Gesamtverständnis bedürfen. Die Bergpredigt will weder im Sinne einer elitären Ethik für wenige Vollkommene verstanden werden noch als eine gesetzliche Überforderung im Rahmen einer Vollkommenheitsethik. Sie will weder nur eine idealistische Gesinnung bewirken, wiewohl das wichtig ist, noch als Interimsethik beiseite gelegt werden. Sie will sicher als Bußruf verstanden sein, aber doch nicht einfach als Beichtspiegel eingegrenzt werden. Sie will weder als ein vollständiges poli-

---

29 *R. Bultmann*, Theologie des Neuen Testaments, Tübingen ⁹1984.
30 Dieser Ansatz findet sich auch bei *G. Strecker*, Die Bergpredigt. Ein exegetischer Kommentar, Göttingen ²1985.

tisches Programm vorgetragen werden noch auf die Einwirkungen in den politischen Bereich verzichten. *Ihr geht es darum, den Willen Gottes in allen Bereichen des menschlichen Lebens deutlich zu machen.*

Dabei ist mit *Hans Weder* die prinzipielle Erfüllbarkeit der Bergpredigt vorauszusetzen. Ich denke, Weder ist auf der rechten Spur, wenn er dieses etwa auch an der Forderung nach der Feindesliebe konkretisiert: Die Feindesliebe »läßt Liebe denen zukommen, die nichts zu bieten haben, im Gegenteil, die Böses geboten haben … Und darum ist das maßgebende Stichwort solcher Ethik das Außerordentliche. Sie fordert, was über das Gewöhnliche hinausgeht … Das ist freilich kein Einspruch gegen das Gerechte, keine Kritik am Vernünftigen, kein Widerspruch gegen das Angemessene.« Man kann es auf die Formel bringen, dass Jesus ein Verhalten fordert, das sich komparativisch verhält zu dem, was weltlich angemessen und auch erzwingbar ist. »Die durch den Bereich der Feindesliebe Gottes erschaffene Liebe tut nicht das Unvernünftige, sondern das mehr als Vernünftige.«[31]

3.2 Theologisches Profil. Mt agiert in einer doppelten Frontstellung[32]. Nach außen muss sich die Gemeinde legitimieren gegenüber einem Judentum, das sich um die Tora herum neu formiert, nach innen geht es um Streitigkeiten, die die Gültigkeit und den Geltungsbereich dieser Tora betreffen. Mt reagiert mit einer Neubesinnung auf den Zusammenhang von Gemeinde, Christologie und Ethik. Diese Neubesinnung erfolgt auf dem Wege intensiver Auseinandersetzungen mit dem jüdischen Gegenüber. Die Christologie ist dabei ein wesentliches Moment. Bereits der Beginn des Evangeliums mit Jesu Stammbaum soll dessen Anspruch als legitimer Erbe der Verheißungen (vgl. 21,38) unterstreichen. »Auch im Blick auf die Tora ist Jesus derjenige, der in seiner Verkündigung den wahren Gotteswillen ungeschmälert und in seiner eigentlichen Intention zur Geltung bringt (5,17-48) und dabei zuerst durch seinen eigenen Gehorsam die ganze Gerechtigkeit erfüllt (vgl. Mt 3,15).«[33]

Jesus ist bei Mt zuerst der Lehrer. »Diese Lehre besteht vor allem in der *Auslegung des Gotteswillens* mit allen ›Jota und Häkchen‹ (5,17-19). Entsprechend gilt sein Kampf der ›Toralosigkeit‹ in der Gemeinde, die für ihn gleichbedeutend ist mit Gottlosigkeit. Die Erfüllung der Tora (5,17) schließt freilich deren Interpretation durch einen Kern-

---

31 *H. Weder,* aaO., 151.
32 Zum Folgenden vgl. *R. Feldmeier*, Die synoptischen Evangelien, in: *K.-W. Niebuhr (Hg.)*, Grundinformation Neues Testament (UTB 2108), Göttingen 2000, 75 ff., bes. 88 ff.
33 *R. Feldmeier,* aaO., 89 f.

satz nicht aus. Inbegriff des Gotteswillens aber ist für den Evangelisten das *Doppelgebot der Liebe* (22,37–40; vgl. 7,12). Dabei ist das
Gebot der Gottesliebe Voraussetzung und Zentrum allen Handelns,
das Gebot der Nächstenliebe dessen zwischenmenschliche Konkretion.«[34] Beim Umgang mit Fremden wird dieses in den Antithesen
vom Verbot des Zürnens über den Verzicht auf Vergeltung bis hin
zum Gebot der Feindesliebe vorgeführt und gipfelt in der Verheißung, dass der Liebende Gottes Kind wird und der göttlichen Vollkommenheit entspricht (5,45.48). Innerhalb der Gemeinde wird die
Liebe in der immer wieder eingeforderten Vergebungsbereitschaft
konkret.

Hinsichtlich des Verhältnisses von *Toratreue und Liebesgebot* ist festzuhalten: »Jesus ist Lehrer des Gotteswillens, dessen Inbegriff das
Doppelgebot der Liebe ist. Nach außen Feindesliebe, nach innen
Vergebung.«[35] Schließlich ist darauf hinzuweisen, dass der matthäische Jesus nicht müde wird, auf Gott als den himmlischen Vater hinzuweisen. In der Bergpredigt zieht sich vom Zuspruch der Seligpreisung über das Vaterunser bis zur Einladung zu Vertrauen und Bitten
am Ende »wie ein roter Faden die Zusage, dass Gott als dein / euer /
unser ›himmlischer Vater‹ seinen Kindern nahe ist, sie erhört und
ihnen beisteht. Nicht zufällig heißt ja auch der Bergprediger, der diesen Willen Gottes verkündet und zuletzt als der kommende Menschensohn die Welt richten wird, ›Immanuel‹, d.h. ›Gott mit uns‹
(Mt 1,23).« Alle Betonung des Tuns und der Verbindlichkeit des
Gotteswillens ist bei Mt umgriffen von der »Einladung zur Gemeinschaft und von der Aufforderung zum Vertrauen.« Man könnte das
Mt-Evangelium so auch das »Hohe Lied von der verpflichtenden
Gottesliebe«[36] nennen.

An dieser Stelle ist zu fragen, wie sich eigentlich das Verständnis von *Gerechtigkeit bei Mt und Paulus* zueinander verhält. Man hat teilweise gemeint, dass
hier zwei einander sich ausschließende Verständnisse vorhanden sind. Es ist
in der neueren Exegese festzustellen, dass differenziertere Zuordnungen
vorgenommen werden müssen. *Georg Eichholz*[37] hatte zu dieser Frage heraus-

34 *R. Feldmeier*, aaO., 93. – *W. Schrage* (Ethik des Neuen Testaments [GNT 4], Göttingen ⁵1989, 75) bemerkt: »Die Zusammenfassung des Gesetzes im Doppelgebot der Liebe ist wahrscheinlich eine Besonderheit der Verkündigung Jesu
(G. Bornkamm, J. Piper).«
35 *R. Feldmeier*, aaO., 93.
36 Zitate bei *R. Feldmeier*, aaO., 95.
37 *G. Eichholz*, Auslegung, 162–165.

gestellt, dass hier nicht einfach These gegen These stehe, sondern jeder biblische Autor im Kontext seiner jeweiligen Situation zu verstehen sei. Er
verweist darauf, dass Paulus bemüht sei einzuschärfen, dass nur jene Freiheit von der Tora legitim sei, die der Bindung an Christus entspringe. Bei
Mt kann die Tora nicht beiseite geschoben werden, die Gebote werden in
der Nachfolge Jesu gehalten, aber: »Die Tora wird freilich in der *Freiheit* des
Erfüllers der Tora im Sinne des *Liebesgebotes* interpretiert.«[38] Tora heißt deshalb bei Mt: Tora, wie sie von Jesus ausgelegt wurde. Es ist bemerkenswert,
wie Feldmeier herausstellt, dass Mt relativ häufig die Begriffe »gerecht« und
»Gerechtigkeit« verwendet. »In dieser Hervorhebung der Gerechtigkeit berührt sich Matthäus mit Paulus nicht nur im Blick auf die Begrifflichkeit.
Gemeinsam ist beiden auf Grund ihrer alttestamentlich-biblischen Wurzel,
daß Gerechtigkeit kein Produkt menschlicher Leistung und so auch keine
erwerbbare Eigenschaft ist. Vielmehr ist Gerechtigkeit in der Bibel immer
ein *Verhältnisbegriff*.«[39]

Gerechtigkeit setzt damit konstitutiv die Zuwendung Gottes voraus
und ist so immer auch Geschenk, Gnade. Sofern Gerechtigkeit ein
solches Entsprechungsverhältnis bezeichnet, schließt sie das menschliche Verhalten als Antwort auf Gottes Zuwendung ein. Weder für
Paulus noch für Mt ist eine Gerechtigkeit denkbar, die für das
menschliche Handeln ohne Folgen wäre. Unterschiede finden sich
freilich dort, wo es um die Bedeutung und den Stellenwert des
menschlichen Tuns für diese Gerechtigkeit geht. In 5,20 und 6,1
spricht Mt von »*eurer* Gerechtigkeit«. Eine solche Wendung würde
Paulus nie verwenden. Paulus betont die Gerechtigkeit Gottes ohne
das menschliche Zutun. Mt spricht zweitens vom »Tun der Gerechtigkeit (6,1; vgl. 5,19f.; 6,33).« Dahinter steht ein theologischer Unterschied. Für Paulus ist die Gerechtigkeit allein eine Resultante von
Gottes gnädiger Zuwendung, die ohne des Menschen Mithilfe zustande kommt. Das menschliche Verhalten ist nun einmal Folge der
Rechtfertigung des Sünders. Bei Mt meint die Gerechtigkeit im Unterschied zu Paulus *auch* das eigene Verhalten. »Die Gerechtigkeit ist
so etwas wie Gottes Gegengabe für den menschlichen Gehorsam, der
seinerseits die Antwort auf Gottes Zuwendung in Jesus Christus ist.«[40]

Es ist daran zu erinnern, dass *Dietrich Bonhoeffer* in seinem Buch
»Nachfolge« gegen die »billige Gnade« mit Hilfe einer Auslegung des
Mt-Evangeliums und der Bergpredigt angetreten ist. Hier hat er

---

38 *G. Eichholz*, aaO., 164.
39 *R. Feldmeier*, aaO., 95.
40 Alle Zitate bei *R. Feldmeier*, aaO., 96.

Gnade und Nachfolge eng zueinander in Beziehung gesetzt und Nachfolge verstanden als »Einfalt christlichen Gehorsams gegen den Willen Jesu«, der im Tun des »Außerordentlichen«, in der »besseren Gerechtigkeit« konkret wird[41].

Nun steht die Bergpredigt nicht isoliert da, sondern ist eingebunden in die gesamte Verkündigung Jesu vom Reich Gottes. In diesem Zusammenhang spielen neben der Bergpredigt die Gleichnisse und Wunder eine wichtige Rolle. Es gilt im Unterricht, diese drei Säulen der Reich-Gottes-Verkündigung Jesu in ihrem Zusammenhang hin und wieder zu verdeutlichen, da zunächst einmal die einzelnen Themen (z.B. Wunder oder Gleichnisse) jeweils für sich gesondert behandelt werden. Hier kann die Tafelskizze, die auf S. 356 wiedergegeben ist, für *Sek I* und *Sek II* hilfreich sein, wobei sie in unterschiedlicher Ausführlichkeit in den Unterricht eingebracht werden kann[42].

4. Didaktisch

Die Bergpredigt ist und bleibt einer der provozierendsten und umstrittensten Texte der Bibel. Der »Vulkan Bergpredigt« *(Günther Bornkamm)* wird immer wieder in überraschender Weise seine Wirkung entfalten. Dabei ist durchaus mit wechselnden Fragestellungen zu rechnen. In den 50er und 60er Jahren des vorigen Jh. war es um die Bergpredigt relativ ruhig geworden. Ab Mitte der 70er Jahre wurde auf einmal ein wachsendes Interesse an den Texten der Bergpredigt erkennbar[43]. Anfang der 80er Jahre gab es eine breite öffentliche Diskussion. Es waren vor allem die Fragen der Wehrdienstverweigerung, des Engagements für den Frieden sowie die politische Dimension des Gewaltverzichts, die das Interesse auf sich zogen[44]. Seit Anfang der 90er Jahre ist es um die Bergpredigt nun wieder ruhiger geworden und der Zugang wird eher von der Frage nach gelingendem Leben, der Suche nach persönlichem Heil und Wohl be-

41 *D. Bonhoeffer*, Gesammelte Werke, Bd. 4, München 1989, 29f.,147f.
42 *G. Röckel*, Tafelskizze: Jesu Botschaft vom Reiche Gottes, in: rhs 25/1982, 114. (Unter d) leicht modifiziert).
43 Vgl. z.B. *K. Petzold u.a.*, Bergpredigt. Analyse und Planung. Sekundarstufe I (rp-modelle 16), Frankfurt a.M. 1976.
44 Vgl. z.B. das Themaheft »Bergpredigt« von rhs 25/1982. Auf S. 93–106 sind die Voten von 21 führenden Politikern und Theologen dokumentiert!

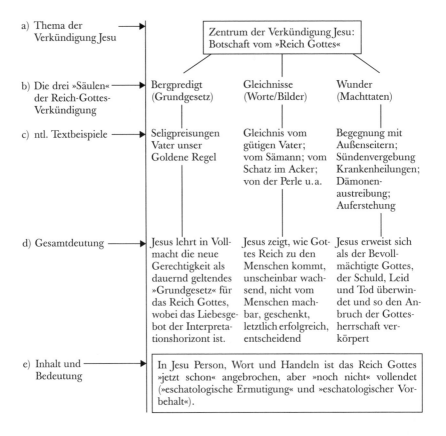

a) Thema der
   Verkündigung Jesu

Zentrum der Verkündigung Jesu:
Botschaft vom »Reich Gottes«

b) Die drei »Säulen«
   der Reich-Gottes-
   Verkündigung

Bergpredigt
(Grundgesetz)

Gleichnisse
(Worte/Bilder)

Wunder
(Machttaten)

c) ntl. Textbeispiele

Seligpreisungen
Vater unser
Goldene Regel

Gleichnis vom
gütigen Vater;
vom Sämann; vom
Schatz im Acker;
von der Perle u. a.

Begegnung mit
Außenseitern;
Sündenvergebung
Krankenheilungen;
Dämonen-
austreibung;
Auferstehung

d) Gesamtdeutung

Jesus lehrt in Voll-
macht die neue
Gerechtigkeit als
dauernd geltendes
»Grundgesetz« für
das Reich Gottes,
wobei das Liebesge-
bot der Interpreta-
tionshorizont ist.

Jesus zeigt, wie Got-
tes Reich zu den
Menschen kommt,
unscheinbar wach-
send, nicht vom
Menschen mach-
bar, geschenkt,
letztlich erfolgreich,
entscheidend

Jesus erweist sich
als der Bevoll-
mächtigte Gottes,
der Schuld, Leid
und Tod überwin-
det und so den An-
bruch der Gottes-
herrschaft ver-
körpert

e) Inhalt und
   Bedeutung

In Jesu Person, Wort und Handeln ist das Reich Gottes
»jetzt schon« angebrochen, aber »noch nicht« vollendet
(»eschatologische Ermutigung« und »eschatologischer Vorbehalt«).

stimmt[45]. Die Seligpreisungen ziehen in diesem Kontext die Aufmerksamkeit auf sich.

In den *Lehrplänen* spielt die Bergpredigt eine beachtenswerte Rolle,
was ihrer theologischen und wirkungsgeschichtlichen Bedeutung
durchaus auch angemessen ist. Dabei ist allerdings nach dem Alter
der Schüler zu differenzieren.

Eine Durchsicht der *Lehrpläne für die GS* ergab, dass die Bergpredigt in dieser Schulstufe kaum zum Thema wird[46]. Soweit von ihr
dennoch Gebrauch gemacht wird, werden einzelne Verse, in der Re-

45 Vgl. *J. Kunstmann*, Die Bergpredigt in Sekundarstufe I und II, in: *R. Feldmeier
(Hg.)*, Salz der Erde, 246–264 (»Seligpreisungen«).
46 Dazu: *V. Ostermayer*, Die Bergpredigt – (K)ein Thema für Kinder in der Grundschule?, in: *R. Feldmeier (Hg.)*, Salz der Erde, 216–233.

gel unter Absehung vom Zusammenhang des biblischen Kontextes, herangezogen. Dabei geht es vor allem um das Gebot der Feindesliebe (Mt 5,44), das Doppelgebot der Liebe (Mt 22,37–39) sowie um Themen wie Frieden/Friedensstifter (Mt 5,9) und Glück.

Mit gutem Grund werden Texte der Bergpredigt explizit erst in den *Sekundarstufen* behandelt. Dabei sind fast ausschließlich das 8. bis 10. Schuljahr und die Sekundarstufe II im Blick. Schaut man auf die Inhalte, so hat die Gebetsthematik (Mt 6,7 ff.: Vaterunser) ihren festen Ort in der Konfirmandenarbeit (→ TLL 1, Gebet, 74–83), und ist u. a. auch deshalb nicht im schulischen RU verankert[47].

4.1 Didaktische Zugänge und Perspektiven

(1) Die *Suche und das Fragen nach Gerechtigkeit* ist nicht nur eine uralte Menschheitsfrage, sondern bewegt Kinder und Jugendliche auch heute. Darin spiegelt sich etwas von der Sehnsucht der Menschen nach einem gelingenden Leben. Bei ihrer Suche nach der Gestaltung ihres Lebens und bei der Suche nach orientierenden Vorbildern stoßen Jugendliche möglicherweise auf die Bergpredigt und sind angetan oder gar fasziniert vom Kontrastprogramm, das die Bergpredigt mit ihren Aussagen zu dem Leben bietet, das um sie herum abläuft. Hier kann die Bergpredigt mit ihrem Angebot einer »besseren Gerechtigkeit« möglicherweise eine lebensförderliche Perspektive eröffnen. Analoges gilt für die Sehnsucht und Suche nach Frieden. In diesem Zusammenhang kann die Bergpredigt von den fünfzehn- bis sechzehnjährigen Schülerinnen und Schülern zunächst einmal im Sinne eines Kontrastprogrammes wahrgenommen werden.

(2) Evangelischer RU lässt sich im ethischen Aufgabenfeld wesenhaft vom *Liebesgebot*, ja dem Doppelgebot der Liebe leiten[48]. Die Orientierung am Kriterium der Liebe (Agape) und die von dort her sich ergebende ethische Urteilsfähigkeit sind zentral. Von diesem Zugang her ist es legitim, um nicht zu sagen: gefordert, die einzelnen Weisungen der Bergpredigt von der Grundnorm des Liebesgebotes her in den Blick zu nehmen und sie daran zu messen. In einigen Lernzielbestimmungen von Lehrplänen ist die (hintergründige) Bezugnahme auf das christliche Liebesgebot erkennbar. Das kann im ethisch-didaktischen Verwendungszusammenhang zum Bezugs-

---

47 Didaktisch weiterführend: *H. K. Berg*, Beten – Gedanken zu einem mehrdimensionalen Verständnis, in: ru 21/1991, H. 3, 85 ff. Teilabdruck in: *G. Bubholz/ U. Tietz (Hg.)*, Jesus begegnen (Akzente Religion 3), Düsseldorf ³2000, 90–92.

48 Zum Folgenden s. *R. Lachmann*, Die Bergpredigt im religionsunterrichtlichen Kontext ethischer Themen, in: EvErz 34/1982, 418–428.

punkt und Verständnishorizont der Lernintentionen werden. Die Bergpredigttexte können gegenüber dem abstrakten Liebeskriterium eine *konkretisierende Funktion* wahrnehmen. Hierfür empfiehlt sich eine Zugangsweise, bei der die vielfältigen Konkretionen der Bergpredigt in den Prozess des unterrichtlichen Nachdenkens eingebracht werden. Als Beispiele eines solchen Gesamt-Zugriffs auf die Bergpredigt seien die Modelle von *Siegfried Macht*, »Die Bergpredigt: Frieden höher als alle Vernunft«[49], das »Kursbuch Religion 2000. Klasse 9/10«[50] und das Kapitel »… und er lehrte sie – die Bergpredigt« im Schulbuch »Versöhnung lernen«[51] genannt.

(3) Bergpredigttexte können weiterhin eine *stimulierende Funktion* wahrnehmen bei der Beschäftigung mit spezielleren ethischen Fragen[52]. Die konkreten Weisungen der Bergpredigt bewahren vor situationsloser Gesetzlichkeit und laden ein zu neuer Konkretion, indem die Aussagen der Bergpredigt auch in unsere Zeit hinein fortgeschrieben werden und Teil einer thematischen Einheit werden, deren leitende Fragestellung nicht allein durch Bergpredigttexte abgedeckt wird. In Lehrplänen und Schulbüchern werden hier gerne die 5. und 6. Antithese aufgenommen. Ich nenne im exemplarischen Sinne wiederum drei Modelle: »Frieden auf Erden – Realistische Hoffnung oder ewiger Traum?«[53] und »Feindesliebe«[54] sowie »Es gibt keinen Weg zum Frieden – Der Frieden ist der Weg«.[55]

(4) Die Bergpredigt ist auch unter der Voraussetzung des Glaubens keine Anweisung für »Einzelkämpfer«[56]. Sie ist gerichtet an die Gemeinschaft der Glaubenden. Dieser Gemeindebezug ist deutlich.

---

49 In: *S. Macht (Hg.)*, Religionsunterricht praktisch. 10. Schuljahr, Göttingen 1998, 161–180.

50 *Hg. v. G. Kraft u.a.*, Stuttgart/Frankfurt a.M. 2000, 52–67. – Dazu s. auch: *H. und H. Schmidt (Hg.)*, Das neue Kursbuch Religion 9/10. Lehrerhandbuch, Stuttgart/Frankfurt a.M. 1993, 198–212.

51 In: *Ü. Becker u.a. (Hg.)*, Religion 9/10. Versöhnung lernen, Stuttgart 1997, 100–121.

52 *R. Lachmann*, aaO., 426.

53 *B. Besser-Scholz (Hg.)*, Lebens-Zeichen. Bd. 3: Arbeitsbuch für das 9. und 10. Schuljahr, Göttingen 1992, 53–72.

54 *J. Kunstmann*, Die Bergpredigt in Sekundarstufe I und II, in: *R. Feldmeier (Hg.)*, aaO., 234–246.

55 *V. Fabricius/H. Heller (Hg.)*, Das Leben suchen. Ein Arbeitsbuch für den evangelischen Religionsunterricht im 7. und 8. Schuljahr an Realschulen und Gymnasien, Frankfurt a.M. 1989, 219–235.

56 Vgl. *W. Langer*, Die Bergpredigt – eine »überschießende Gerechtigkeit« (Mt 5,20)?, in: *G. Adam/F. Schweitzer (Hg.)*, Ethisch erziehen in der Schule, Göttingen 1996, 214–226, hier 225.

Er darf nicht übersehen werden. Der Gemeindebezug kann ein Stück weit der gegenseitigen Bestärkung dienen und möglicher Überforderung vorbeugen. Die Beschäftigung mit der Bergpredigt kann zudem einen »Geist des (Zusammen-)Lebens« befördern helfen, der sich etwa in folgenden Umgangsweisen und Einstellungen konkretisiert: Dankbarkeit, Vergeben- und Verzichtenkönnen, Vertrauen und »Sorglosigkeit«, Selbstlosigkeit und Liebesfähigkeit. Die radikale Liebesforderung der Reich-Gottes-Botschaft kann anregen zu situationsgemäßen und modellartigen Konkretionen humaner Lebensgestaltung.

(5) Die Bergpredigt stellt im Ganzen ein modellhaftes Beispiel dar, wie einzelne ethische Gebote im Horizont des grundlegenden Kriteriums der Liebe ausgelegt werden können. Von daher hat die Bergpredigt auch eine *kritische Funktion*, indem sie jeder ethischen Verflachung wehrt und jeweils darauf achten lässt, auf den Wurzelgrund zurückzugehen.

(6) Es ist schließlich noch darauf hinzuweisen, dass auch die *affektive Seite* ihren Raum hat. In der Behandlung von Themen der Bergpredigt ist auch ein hohes Maß an existenzieller Anteilnahme und existenzieller Betroffenheit gegeben. Dieses kann zu einer Sensibilisierung und Wahrnehmungsfähigkeit gegenüber dem Unrecht und der Ungerechtigkeit in der Welt und gegenüber der Lieblosigkeit bei uns selbst führen und dann auch zu Haltungen anleiten, die im Geist der Bergpredigt grundlegende und bleibende Dispositionen für das Leben werden.

Literaturhinweise

G. *Eichholz*, Auslegung der Bergpredigt, Neukirchen-Vluyn [5]1982.

R. *Feldmeier (Hg.)*, Salz der Erde, Göttingen 1998.

U. *Luz*, Das Evangelium nach Matthäus, Bd. 1 (EKK I/1), Zürich u. a. [4]1997.

R. *Mokrosch*, Die Bergpredigt im Alltag. Anregungen und Materialien für die Sekundarstufe I/II (GTB 746), Gütersloh 1991.

S. *Schulz*, Stundenblätter und Materialien Bergpredigt. Sekundarstufe I, Stuttgart (1986) [3]1991.

E. *Schweizer,* Das Evangelium nach Matthäus (NTD 2), Göttingen [4]1986. Als Sonderausgabe erschien: *E.S.*, Die Bergpredigt [KVR 1481], Göttingen (1981) [2]1984.

XVII. Kreuz und Auferstehung

Klaus Petzold

1. Kurzinformation

(1) Historisch steht fest, was der römische Historiker *Tacitus* (ca. 56 bis 120 n. Chr.) – selbst kein Christ – berichtet: Die Christen sind benannt nach »Christus, der unter Tiberius von dem Prokurator Pontius Pilatus hingerichtet wurde« (Annalen XI, 44). Dieser Pilatus war für die Jahre 26–36 n. Chr. vom römischen Kaiser in Judäa eingesetzt. Aufgrund seiner Position stand ausschließlich ihm – keiner jüdischen Instanz – die »Schwertgerichtsbarkeit« zu (ius gladii). Im Rahmen dieser Kompetenz verurteilte er Jesus aus Nazareth ohne ordentliches Gerichtsverfahren zum Tod am Kreuz. Aus der Art der Strafe ergibt sich, dass Jesus als anti-römischer Rebell hingerichtet wurde.

Vollstreckt wurde das Urteil am Passahfest im Jahr 30 n. Chr. (wahrscheinlich am vorausgehenden Rüsttag, einem Freitag, nach jüdischem Kalender am 14. Nisan). Dabei befestigte man zunächst die Hände des Verurteilten am Querbalken (durch Nägel oder Stricke; vgl. Joh 20,25), der anschließend an einem bereits eingegrabenen Pfahl hochgezogen wurde. Schließlich nagelte man die Füße am Pfahl fest. Nach etwa sechs Stunden verstarb Jesus.

(2) Historisch umstritten ist die Beteiligung jüdischer Instanzen am Prozess Jesu, obwohl sie in der Darstellung aller Evangelien einen breiten Raum einnimmt. Historisch relativ wahrscheinlich dürften gewisse Kontakte zwischen Römern bzw. Pilatus und dem »Synhedrion« sein (= »Hoher Rat« mit 71 Mitgliedern unter Vorsitz des Hohenpriesters). Denn in dieser obersten jüdischen Behörde stellten Mitglieder der Oberschicht zusammen mit der Priesterschaft eine Mehrheit dar, die wie die Römer vor allem an Ruhe und Ordnung im Lande interessiert war. Religiöse und politische Gründe könnten sie veranlasst haben, Jesus als lästigen Unheilspropheten und Unruhestifter bei Pilatus anzuzeigen. Historisch ist es allerdings nicht haltbar, den Juden kollektiv die Schuld zuzuschieben und den römi-

schen Prokurator von der Verantwortung für die Hinrichtung zu entlasten.

(3) Der eigentlich entscheidende *Impuls zum Aufbruch für Glaube und Leben* von Christen, damals wie heute, ist indes nicht die Kreuzigung Jesu für sich genommen, sondern der Glaube an die Auferweckung des Gekreuzigten bzw. an seine Auferstehung, also der Glaube an Jesus Christus. Dieser Glaube ist nicht mit historischen Methoden aus der puren Tatsache der Kreuzigung abzuleiten, denn aus der bloßen Betrachtung folgte schon damals lediglich: »Sie flohen alle«. Dennoch war das nicht das Ende. Die Sache Jesu ging weiter. So hören wir im Evangelium des Lukas von zwei Männern, die zunächst mit hängenden Köpfen und enttäuschten Hoffnungen Jerusalem Richtung Emmaus verließen. »Wir aber hofften, er sei es, der Israel erlösen werde« (Lk 24,21). In dieser Situation half ihnen die Nachricht vom leeren Grab überhaupt nicht weiter, sie hat sie lediglich »erschreckt« (V.22). Mit Recht, denn ein leeres Grab ist zu vieldeutig, als dass jemand daraufhin zum Glauben an den Auferstandenen kommen könnte. Selbst ein intaktes Grab hätte nicht unbedingt dem widersprochen, was das Neue Testament mit »Auferstehung« meint. Dazu ist dieses Ereignis viel komplexer und aspektreicher, als ein Mensch es in den üblichen Dimensionen von Raum und Zeit oder in den üblichen dreidimensionalen Vorstellungen von Körpern mit Haut und Knochen fassen kann.

»Auferstehung« meint vielmehr den Protest gegen Todeserfahrung, Todesbehauptung und Todesmacht. Er wird gewagt in der Zuversicht auf den lebendigen Gott, der die Grenzen jedes Todes endgültig sprengen kann und so auf vielfältige Weise Tote zum Leben erweckt. »Weil Auferstehung darin besteht, daß Gott Menschen nicht herausfallen läßt aus seiner Liebe, ist Auferstehung nicht eine Frage der Knochen, sondern ein Fall von Liebe.«[1] Wer sich dagegen wie *G. Lüdemann* auf die historische Methode versteift und darin speziell auf die Frage, ob das Grab Jesu voll oder leer war, verbaut sich selbst den Weg zu vielfältigen Begegnungen mit dem Auferstandenen durch sein unangemessenes methodisches Verfahren[2].

---

1 *K. Berger*, Auferstehung, in: *M. Wermke (Hg.)*, Tod und Auferstehung Jesu Christi, Loccum ²1999,42–45, bes. 43.

2 Vgl. *G. Lüdemann*, Die Auferstehung Jesu, in: *M. Wermke (Hg.)*, aaO., 8–15, sowie ebd. die Beiträge von *P. Höffken*, (Exegetische Überlegungen zu den Auferstehungstraditionen. Ein Gespräch mit Gerd Lüdemann, 22–27) und *H.-D. Knigge* (Krippe, Kreuz und leeres Grab – Der neue Streit um Jesus, 28–45).

(4) Auf der Suche nach den *ältesten schriftlich erhaltenen Bekenntnissen* zu Kreuz und Auferstehung im NT stieß die Forschung bisher auf zwei äußerst wertvolle Texte in Briefen des Apostels Paulus aus der Anfangszeit christlicher Gemeinden: 1 Kor 15,3–8; Phil 2,6–11. Beide Texte sind nicht erst von Paulus verfasst, sondern stellen ältere Überlieferungen aus urchristlichen Gemeinden dar. Sie stammen vermutlich aus den 30er Jahren des 1. Jh. und führen uns somit sehr nahe an die entscheidenden Ereignisse heran.

Wie Paulus übernehmen auch die vier Evangelisten urchristliche Überlieferungen aus den ersten Jahrzehnten nach Kreuz und Auferstehung Jesu. Sie verarbeiten diese Vorgaben im Schnittpunkt von Tradition und Situation zu den jeweils für sie spezifischen Deutungen. Dabei schreiben sie zwar – je nach Abfassungszeit – bereits 35 bis 65 Jahre nach der Kreuzigung, gehen aber gerade im eigentlichen theologischen Impuls ihrer Textgestaltung speziell von der Auferstehung bzw. Ostern aus, d. h. sie schreiben alles »aus nachösterlicher Sicht«. Im Unterschied zu Paulus verbinden sie Kreuz und Auferstehung Jesu auch in ihren literarischen Darstellungen mit seinen Worten und Taten davor, freilich wiederum auf vierfach verschiedene Weise. Diesen kreativen Gestaltungsprozessen verdanken wir vier Varianten, in denen uns die Evangelisten grundlegende und typische Deutungsversionen der Kreuzigung Jesu vorlegen.

(5) Wer *auf dem Weg zu religionsdidaktischer Mündigkeit* ist, hat ein breites Spektrum des Umgangs mit diesen Vorgaben: z.B. Rezitieren, Memorieren, Inszenieren (in Verbindung mit Text, Musik, Malen, Bewegung, Tanz u.a.), Variieren, Extrapolieren (z.B. Weiterschreiben). Die Hauptsache ist dabei, es wird theologisch und didaktisch reflektiert, was methodisch getan wird – in angemessener Weise auch mit Schülerinnen und Schülern. Die hier sachgemäße Selbst- und Ideologiekritik wird sich theologisch am Zentrum der biblischen Botschaft orientieren, an Jesus Christus, und didaktisch an der geduldigen Erziehung zu mündigen Entscheidungen in der Dimension des Glaubens, des Gewissens und der Religion, die im Lauf der Zeit sowohl zur eigenen Identität als auch zu Verständigung und Kooperation mit Menschen aus fremden Religionen und Weltanschauungen befähigen.

2. Exegetisch und systematisch

2.1 1 Kor 15,3–8: Kreuz und Auferstehung nach Paulus. Das von Paulus überlieferte Bekenntnis beginnt mit den Worten:

> Dass Christus gestorben ist
> für unsere Sünden
> nach den Schriften.

Darin bezieht sich die Formulierung »nach den Schriften« auf prophetische Texte, die wir im Buch des »Zweiten Jesaja« (Jes 40–55) finden. Dort wird am Ende die Gestalt eines Propheten, eines »Gottesknechtes« sichtbar, der mit wachen Augen Schläge, Schmähungen und Schande erträgt, bis er schließlich darunter zu Grunde geht. In Jes 50,6–7 heißt es:

> Ich hielt meinen Rücken hin
> denen, die mich prügelten.
> Mein Gesicht versteckte ich nicht
> vor Schmähungen und Spucke.
> Aber Gott der Herr hilft mir,
> darum hat die Schande keine Macht über mich.

Danach hören wir nichts mehr von ihm. Andere sehen auf seinen Tod zurück, und dabei gehen ihnen die Augen auf (Jes 53,4):

> Wahrhaftig, er trug unsere Krankheit
> und lud auf sich unsere Schmerzen.
> Wir dagegen dachten damals,
> Gott hätte ihn gestraft, geschlagen und gemartert.

Sie entdeckten, dass seine Qualen genau gesehen in ihren eigenen Krankheiten die Ursache hatten – in ihren Fixierungen auf sich selbst und das eigene Vorankommen, in ihrer Blindheit einander wirklich wahrzunehmen und anzunehmen (Jes 53,6):

> Jeder sah auf seinen eigenen Weg,
> aber der Herr warf die Sünde
> von uns allen auf ihn.

Beim Lesen dieser Stellen aus Jes 53 mögen manche gedacht haben: Das sind doch Weissagungen auf den kommenden Messias. So sind sie später auch verstanden worden – zuerst aber keineswegs. Das ergibt sich aus dem Textzusammenhang von Jes 53. Demnach wurden

die Passagen als ein Rückblick auf das Ende eines gefolterten und ermordeten Propheten verstanden. Seine Schuld hatten die Folterer
darin gesehen, dass er »wusste, mit den Müden zur rechten Zeit zu reden« (Jes 50,4). Erst später wurde von jüdischen Christen, die die
Schriften des Jesaja gut kannten, entdeckt, dass der Sinn des Todes
Jesu durchaus angemessen mit ausgewählten Stellen aus Jes 53 ausgedrückt werden kann. Warum? Weil diesen Christen nach Sterben und
Tod Jesu am Kreuz plötzlich die Augen aufgegangen waren; weil
ihnen klar geworden war, dass sein Leiden und sein Tod am Kreuz in
ihren Fixierungen und Blindheiten seine Ursache hatte; weil sie erkannt hatten, dass sein Sterben für sie Erlösung und Befreiung bringt,
ihnen neues Leben schenkt (→ TLL 1, Sünde, 355–364). War Jesus
also für die ersten Christen nichts anderes als ein moderner Prophet,
von dem man etwas Neues über Gott und die Menschen lernen kann?
    Durchaus nicht! Für sie brach mit ihm nicht weniger an als eine
neue Welt für alle Menschen und den gesamten Kosmos. Zum Zeichen dafür sprachen sie vom Zerreißen des Vorhangs im Tempel in
der Stunde des Todes am Kreuz (Mt 27,51). Das heißt: Es gibt keinen abgeschirmten Raum der Reinheit mehr gegenüber der Welt;
auch außerhalb eines geheiligten Bezirks ist Gott in gleicher Weise
gegenwärtig und kann angebetet, angesprochen werden mitten im
Alltag. Gleichzeitig sprechen sie von einem Beben, das die Erde er-
schüttert und die Gräber öffnet. Das heißt: Die Kammern des Todes
werden durch seinen Tod am Kreuz gesprengt (Mt 27,52). Nach Kol
2,17 ist der »Schuldschein«, der unsere Schuld gegenüber Gott auf-
führte, an das Kreuz geheftet und mithin aufgehoben (→ TLL 1,
Schuld/Vergebung, 337–347). Nach Kol 1,20 werden Erde und Himmel miteinander versöhnt. Somit thront der am Kreuz »Erniedrigte«
jetzt als »der Erhöhte« in der neuen Welt Gottes, wie ihn ein früher
Hymnus besingt, den Paulus in Phil 2,6–11 überliefert. Dieser Erhöhung entspricht (in anderer Begrifflichkeit) die Auferstehung, von
der Paulus in seiner gesamten Theologie und Verkündung ausgeht:
»Ist Christus nicht auferstanden, dann ist unsere Predigt vergeblich,
dann ist auch unser Glaube vergeblich« (1 Kor 15,14).
    Aus alledem folgt für die Glaubenden nach seinem Tod: Jesus aus
Nazareth ist nicht nur einer der wichtigen Propheten und vielleicht
noch etwas mehr, sondern er ist etwas ganz anderes. Die ersten
Christen versuchten, ihn mit hebräischen und griechischen Hoheits-
titeln ihrer Zeit zu bezeichnen: er ist der »Gesalbte« Gottes, d.h.
der »Messias« (aus dem Hebräischen) bzw. der »Christus« (aus dem
Griechischen); als solcher ist er der »König« der Welt sowie des Kos-

mos, denn nur Könige werden am Anfang zum Zeichen ihrer Würde gesalbt (→ TLL 1, Jesus Christus, 167–186).

Verhält es sich so mit Kreuz und Auferstehung, dann stehen folgende Schlussfolgerungen fest: Ohne die Auferstehung hätte weder Predigt noch Unterricht von Jesus Christus angefangen; ohne die Auferstehung wäre kein einziges Wort des Neuen Testaments geschrieben worden; schon die Evangelien erzählen von Leben, Sterben und Tod Jesu am Kreuz aufgrund der befreienden Botschaft und Gewissheit von seiner Auferstehung und insofern im Licht seiner Auferstehung.

Diese zentrale Bedeutung der Auferstehung ist eine spezifische Entdeckung der ersten Christen, die ihnen in Begegnungen mit dem Auferstandenen geschenkt wurde. Sie ist nicht einfach aus dem AT oder dem Judentum zur Zeit Jesu ableitbar, auch wenn der gläubige Jude im täglichen Gebet (Achtzehnbittengebet) Gott mit den Worten preist: »Gott, der die Toten erweckt.« Hier ist vielmehr eine deutliche Wandlung zu beobachten.

Zunächst, besonders in bestimmten *Psalmen*, wurde der Bereich des Todes in düsteren Formulierungen beschrieben, die nichts von Auferstehung ahnen lassen (Ps 6,6; 30,10; 88,11; 115,17; Jes 38,18 f.). Nach *Hiob* 10,21 ist der Tod das »Land der Finsternis« ohne Rückkehr und ohne Gotteslob. Allerdings ist die Front, gegen die hier abgegrenzt wird, vermutlich der blühende Totenkult in Ägypten mit seinem Traum vom Weiterleben. Für andere, vermutlich spätere Psalmdichter, war diese Gefahr nicht mehr akut. So konnten erste Ansatzpunkte für den Gedanken der Auferstehung von ihnen entwickelt werden, z.B. in den Klagepsalmen, die davon sprechen, dass schon mitten im Leben in Angst und Ausweglosigkeit der Tod erfahren werden kann, aus dem Gott befreit: »Du hast meine Seele aus dem Totenreich heraufgebracht und mich zum Leben zurückgerufen« (Ps 30,4; vgl. auch Ps 73; → VIII. Psalmen).

Diese Überwindung der Macht des Todes wird bei *Ezechiel* in seiner Vision vom Totenfeld sogar als Hoffnung für das ganze Volk formuliert (Ez 37). Dabei handelt es sich zwar durchaus um Erfahrungen und Hoffnungen, die zunächst diesseits der Grenze des klinischen Todes liegen, aber aus den darin ausgesprochenen wunderbar neuen Begegnungen mit dem, der das gesamte Leben und den Kosmos in seinen Händen hält, erwächst doch allmählich eine Gewissheit, die über das Leben vor dem klinischen Tod hinausgeht und die alles umfassende Güte Gottes in den Blick bekommt (Ps 63,4): »Deine Güte ist besser als Leben.«

In dieser Richtung wird die Grenze des Todes auch in Jes 53 überschritten. Hier wird von dem ermordeten Propheten, dem »Gottesknecht«, gesagt: Er wird Nachkommen sehen, seine Tage werden lange dauern, er wird durch seine Hand Gottes Willen gelingen lassen, »schauen und satt werden an seiner Erkenntnis«(Jes 53,11). Bei dieser neuen Perspektive ist indes deutlich festzuhalten, dass keinerlei konkretere Vorstellung vom Leben nach dem Tod zu Grunde liegt oder gar entfaltet wird, sondern allein die Gewissheit besteht, dass Gott in umfassender Weise im Sinn seiner Gerechtigkeit wirken wird. Aufgrund dieser Überlieferungen gehört schließlich zur Zeit Jesu der Glaube an den »Gott, der die Toten erweckt«, zum Grundbestand des jüdischen Bekenntnisses, während diejenigen Juden, die die Auferstehung ablehnen (Sadduzäer), zu einer Randgruppe geworden sind. Dieser Glaube ist im Kern getragen vom umfassenden Glauben an den Schöpfer.

An diese Ansatzpunkte der Auferstehungshoffnung in der Überlieferung knüpft Paulus 1 Kor 15,3 ff. an:

> Denn als erstes habe ich euch weitergegeben,
> was ich auch empfangen habe:
> dass Christus gestorben ist
> für unsere Sünden nach den Schriften
> und dass er begraben worden ist nach den Schriften
> und dass er auferstanden ist am dritten Tage
> und dass er gesehen ist von den Zwölfen.

So sind erste Ansatzpunkte zum Verständnis der Auferstehung Jesu tatsächlich schon im AT zu finden. Daher stellt sich nochmals die Frage: Ist also in seiner Auferstehung im Grunde nichts anderes passiert als bei dem Propheten bzw. »Gottesknecht« in Jes 53 ? – Keineswegs! Vielmehr verhalten sich beide Vorgänge aus der Sicht des NT zueinander wie Verheißung und Erfüllung (→ TLL 1, Auferstehung/Ostern, 21–30; → TLL 1, Prophetie, 271–276).

2.2 Mk 15,21–41 par: Kreuzigung Jesu. Wir konzentrieren uns hier auf den Bereich der letzten Worte Jesu am Kreuz, weil sie die gesamte Passion in besonders markanter Weise abschließen und somit – je nach Intention des Evangelisten verschieden – vom Schluss her deuten (→ TLL 1, Kreuz/Kreuzigung Jesu, 202–217). Markus deutet die Passion speziell von Ps 22 her (→ VIII.4 Psalmen) und zitiert daher als Verzweiflungsschrei des Gekreuzigten: »Mein Gott, mein Gott, warum hast du mich verlassen?« (Mk 15,34 nach Ps 22,2). Dieser Ps geht zwar im Schlussteil in einen Lobpreis über (»Dich will ich preisen in der großen Gemeinde«: V.26 ff.), aber hier in der Todesstunde Jesu wird davon nichts angedeutet oder gar zitiert. Dennoch stirbt er, wie ein Hauptschüler (9. Klasse) es in einer verdichteten Form notierte (nicht ohne Anhaltspunkte in der eigenen Erfahrung):

> Jesus
> ans Kreuz genagelt
> ausgetrickst
> ausgegrenzt
> ausgestoßen
> ausgezogen
> verrufen
> verraten
> verzweifelt
> verlassen von Gott.

So wird bei Mk ganz deutlich: Jesus bringt das Heil in erster Linie als Leidender, nicht als Wundertäter oder gar als König. Diese Linie zieht sich bei ihm durch das ganze Evangelium (3,6 erster Todesbeschluss, vgl. weiter 8,31; 9,12–12,31; 10,33 ff.). Aus diesem Grund wurde es zu Recht als »Passionsgeschichte mit ausführlicher Einleitung« bezeichnet (*M. Kähler;* → TLL 1, Leiden, 218–225). An den Beginn der Passion, also noch vor die Verhaftung, stellt Mk bewusst die Einsetzung des Abendmahls (14,22–25) mit den entscheidenden Worten: »Das ist mein Blut des Bundes, das vergossen wird für viele« (14,24). Hiermit wird die Bedeutung von Jesu Tod als stellvertretende Sühne unterstrichen (vgl. 10,45; 14,34). Auf diesem Hintergrund kann gerade das Verständnis des Kreuzes bei Mk mit seiner Radikalität von Verlassenheit und Leiden diejenigen ansprechen, die extreme Leidenserfahrungen mitbringen, aber auch diejenigen, die leidenschaftlich gegen Menschenverachtung und Leiden kämpfen, und nicht selten treffen sich beide Richtungen in derselben Person.

Matthäus übernimmt weitgehend die Vorlage des Mk, fügt aber an drei Stellen eigene Akzente hinzu. So betont er, dass die Kreuzigung Jesu nur vollzogen werden kann, weil Gott es zulässt und Jesus darauf verzichtet, Scharen von Engeln zu Hilfe zu rufen (26, 53 ff.). Er leidet und stirbt hier also trotz seiner Souveränität als Herr (griech.: *Kyrios*). Ferner ergänzt der Evangelist eine Erzählung vom Erdbeben und Aufbrechen der Gräber beim Tod, die im Bekenntnis des Hauptmanns gipfelt: »Wahrhaftig, dieser ist Gottes Sohn gewesen!« (27, 54). Schließlich baut er die Szenen vom Tod des Judas (27, 3–10) und von der Bewachung des Grabes (27,62–66) ein, die zusammen mit dem Blutwort der Amnestieszene den Gegensatz zum Judentum besonders herausstellen und verschärfen.

Die massiv antijüdische Tendenz bei Mt ist unverkennbar. Sie entstand in einer Situation, als die entsprechende Gemeinde sich von Judentum und Synagoge stärker abzugrenzen versuchte (vgl. ähnliche Tendenzen beim Evangelisten Joh). Sie trug aber darüber hinaus später zu grausamen Judenverfolgungen von Christen bei und wurde in der Hetzpropaganda der Faschisten noch in den dreißiger Jahren des 20. Jh. als wirksame Polemik gegen Menschen jüdischer Herkunft eingesetzt (vgl. das NS-Propagandablatt »Stürmer«!). In dieser Linie wurde das Kreuz als Zeichen des Antisemitismus missbraucht und die Juden wurden im Anschluss an Mt 27,24ff. pauschal zu Gottesmördern gestempelt. Es liegt auf der Hand, dass diese entsetzliche Verzerrung – nicht allein, aber auch – zu Planung, Bau und Realisierung eines groß angelegten Vernichtungslagers wie Auschwitz-Birkenau beigetragen hat. RU darf das nie verschweigen. Er muss dazu erziehen, auch die Passionsdarstellung kritisch zu lesen und zu interpretieren – selbstkritisch und ideologiekritisch –, damit Auschwitz nie mehr wiederkehrt, soweit es an ihm liegt.

In der Passionsdarstellung des *Lukas* stirbt Jesus nicht mit dem Schrei der Verlassenheit wie bei Mk und Mt, sondern voll Vertrauen: »Vater, in deine Hände befehle ich meinen Geist« (23,4 in Anlehnung an Ps 31,6). Vorher hatte Jesus seinen Vater um Vergebung für die Handlanger am Kreuz gebeten (23,34) und einem seiner Mitgekreuzigten das Paradies zugesprochen – eine Szene, die getragen ist von Einverständnis und Versöhnung. »Hier wird die Passion Jesu zum vorbildlichen Geschehen und Verhalten eines Gerechten, der unschuldig leidet und stirbt. Das Bekenntnis des Hauptmanns unter dem Kreuz macht das vollends deutlich: Wahrlich, dieser Mensch war gerecht.«[3] Dagegen tritt hier die Bedeutung des Kreuzes für Stellvertretung und Sühne ganz zurück.

Das spezielle theologische Anliegen des Lk besteht darin, Jesus als endzeitlichen, messianischen König auf dem Thron Davids darzustellen. Von hier aus ist es zu verstehen, dass er Jesus ausdrücklich als »König der Juden« bezeichnet (23,2ff. in der Szene vor Pilatus; 23,38 in der Inschrift am Kreuz) und dass er ihn auf dem Weg nach Emmaus die Notwendigkeit des Leidens für den Messias betonen

3 *R. Lachmann*, Die Passion Jesu in religionsdidaktischer Sicht, in: *M. Wermke (Hg.)*, aaO., 46–58, bes. 49f.

lässt (24,26.46). In diesem Rahmen sind Sterben und Tod Stadien auf dem Weg zur messianischen Herrlichkeit.

2.3 Mk 16,1–8 par: Auferstehung Jesu
   (1) Mk 16,1–8: Der Markusschluss. Die älteste Gestalt dieser Überlieferung finden wir in der Erzählung vom leeren Grab Mk 16,1–8. Sie bildet den ursprünglichen Schluss des Mk und wurde höchstwahrscheinlich erst durch den Evangelisten selbst mit der Passionstradition verbunden, gleichzeitig auch redaktionell überarbeitet. Ihr Zentrum hat sie in der Begegnung mit einem jungen Mann, der durch sein weißes Gewand und seine Botschaft als Engel ausgewiesen wird. Den Kern seiner Aussage bilden die Worte: »Er wurde erweckt.« Auf diesen Kern hin und von ihm her ist die gesamte Erzählung gestaltet. Sie versucht also, die Auferweckungsbotschaft mit Hilfe der Engelsgestalt sowie mit Hilfe eines Ortswechsels (»Er ist nicht hier«: Mk 16,6) zu veranschaulichen. Dabei ist die feste Zusage »Er ist erweckt« identisch mit der eigentlichen Osterverkündung damals wie heute. Sie ist somit aus keinem sachgemäßen, biblisch verantworteten Unterricht zu streichen.

Besondere Interpretation erfordert allerdings die *Bedeutung des Engels und des Ortswechsels*, auch »Entrückung« genannt. Diese Motive sollen offensichtlich die Leibhaftigkeit, die Ganzheit der Auferstehung gegenüber einer Reduktion auf die Seele unterstreichen, und sie versuchen das – wie sollte es anders sein – im Rahmen der geschichtlichen Voraussetzungen ihrer Zeit und Umwelt. Der Neutestamentler *Paul Hoffmann* formuliert: »Das tradierte und festgehaltene Bekenntnis zur Auferweckung Jesu wird in einem neuen Milieu mit Hilfe der diesem eigenen Vorstellungskategorien gesehen und zur Darstellung gebracht … Den Einfluss dieser Vorstellung auf die urchristliche Osterdarstellung bestätigt die weitere Ausgestaltung der Ostererzählungen bis hin zur lukanischen Himmelfahrtsgeschichte.«[4] Die Reaktion der Frauen Mk 16,8 (Furcht, Zittern, Entsetzen, Schweigen) dokumentiert indes, »dass auch die Ereignisse am geöffneten Grab Unverständnis und Unglauben der Jüngerschaft nicht überwinden können … So wenig wie die Wunder Jesu wahres Wesen, seine Gottessohnwürde, zugänglich machen und zum Glauben führen, so wenig kann dies durch das leere Grab geschehen. Wie diese ist es nur ›Zeichen‹, kein ›Beweis‹. Den Glauben

---

4 *P. Hoffmann*, Art. Auferstehung Jesu Christi. II/1. Neues Testament, in: TRE, Bd. IV, Berlin/New York 1979, 478–513, bes. 499.

begründet allein der auferstandene Sohn Gottes, der dem Unglauben zu Hilfe kommt (vgl. 9,24).«[5] (→ TLL 1, Offenbarung, 255–261; → TLL 1, Wunder, 386–391.)

Wir nun leben mit unseren Schülerinnen und Schülern in den geistesgeschichtlichen Voraussetzungen und Milieus unserer Zeit. Unbesehen übernehmen, nachsprechen und glauben können wir die damaligen religiösen Motive ebenso wenig wie die damaligen philosophischen, moralischen, pädagogischen und politischen. Was ist also zu tun in einem theologisch und didaktisch verantworteten Lernprozess heute?

Wir haben einerseits die Aufgabe, die älteste Gestalt der Überlieferung im Rahmen ihrer Zeit zu interpretieren, andererseits müssen wir auf die Suche nach angemessenen Darstellungsmitteln unserer Zeit gehen, die den Kern der Osterbotschaft heute treffen können. Das ist ein höchst kreativer Prozess, der sehr viel Freude bereiten kann, da er aufs Engste mit dem Zentrum des Evangeliums zusammenhängt, also mit der frohen Botschaft von Jesus Christus. *Drei Punkte* sind dabei im Auge zu behalten:

– Auch das treffendste Motiv zur Verdeutlichung der zentralen Botschaft des christlichen Glaubens ist nicht für jede beliebige Situation geeignet, für jeden einzelnen Menschen erst recht nicht. Folglich kommt es darauf an, eine *Vielzahl verschiedener Möglichkeiten* zu erkunden, zu entdecken, zu erproben und zu sammeln, um das didaktische Repertoire in Vielfalt zu erweitern. Die Reduktion auf ein einziges Motiv kann dagegen schon erste Zugänge zur Auferstehung im Ansatz verbauen

– Die *Ganzheit der Auferstehung*, ihre Leiblichkeit hängt nicht daran, dass Haut und Knochen ihren Standort wechseln. Vielmehr kommt es darauf an, dass der Mensch als Ganzer Geschöpf Gottes ist und somit als Ganzer von Gott aufgeweckt wird, als Ganzer aufsteht, als Ganzer ein umfassend neues Leben beginnt, das auch seine Leiblichkeit erneuert, so dass er in verwandelter neuer Gestalt lebt

– Auch unsere kreativsten Entdeckungen und Ergebnisse in diesem Zusammenhang sind nicht ein für alle Mal gültig. Sie bleiben *Versuche mit den uns gegebenen Mitteln* in unserer Zeit in und für Gruppen unserer Zeit. Insofern geht es uns ähnlich wie Menschen in den ersten Gemeinden. In dieser Situation ist Resignation am allerwenigsten angebracht. Vielmehr ist eine kreative Didaktik aus der Kraft der Auferstehung die Chance der Stunde.

---

5 *P. Hoffmann*, aaO., 500.

Das bedeutet: Wir erweitern unser Repertoire von Motiven zur Darstellung von Auferweckung bzw. Auferstehung und lassen uns damit auf weitere kreative Lernprozesse in Unterrichtsvorbereitung und -verlauf ein in der festen Zuversicht auf neue Horizonte für unser Wahrnehmen, Glauben, Hoffen und Handeln, mit anderen Worten: für unser Leben als Ganzes.

(2) Ostererzählungen der übrigen Evangelien. Gegenüber Mk stellen die Ostererzählungen des Mt (28,1–10), Lk (24,1–10) und Joh (20,1–18) ein späteres Stadium der Überlieferung dar, in dem die Tradition vom leeren Grab gegen Angriffe verteidigt wird. Alle drei Evangelien verbinden hiermit Erscheinungserzählungen, durch die zum einen die christliche Interpretation des leeren Grabes (vgl. bes. Lk 24,22–24) und zum anderen die Legitimation und Aussendung der Jünger bestätigt werden soll.

Matthäus ordnet das Ostergeschehen in das Thema »Ablösung Israels durch die Kirche aus den Heiden« ein und richtet die Rolle der Frauen bzw. Jünger auf die neue Jüngerschaft aus, die universal konzipiert wird (ein Hinweis auf Petrus fehlt!). Die Schlussszene in Galiläa entspricht der Gesamtperspektive des Mt: Aussendung und Ausbreitung in alle Welt. Gleichwohl ist das Erscheinungsmotiv recht zurückhaltend dargestellt, denn obwohl Zweifel auftaucht, wird auf massive Demonstrationen verzichtet. Das Wort des Auferstandenen genügt. Ihm entsprechen innerhalb der Nachfolge Aufbruch, Ausbreitung, Taufpraxis und Lehre mit universalem Horizont. »Der Auferstandene selbst erschließt also in seiner österlichen Erscheinung den weltumfassenden Anspruch und die bleibende Gültigkeit des Weges Jesu. Dies anzuerkennen und zu realisieren, bedeutet für Matthäus konkret, an den Auferstandenen zu glauben.«[6]

Lukas bindet die Ostertradition im Rahmen seiner Konzeption eindeutig an Jerusalem. Diese Stadt ist nach seinem Entwurf vom Weg Jesu einerseits schon früh (9,51) Ziel seines Aufbruchs, andererseits später ein Ort tiefster Enttäuschung, der von zwei Jüngern in Richtung auf Emmaus verlassen wird (24,13 ff.), am Ende aber doch Ausgangspunkt der christlichen Botschaft bis an die Grenzen der Erde ist (V.47). Die Einsicht in die umfassende heilsgeschichtliche Bedeutung Jesu ist freilich nicht von vornherein selbstverständlich. Sie wird erst in der Begegnung mit den Emmausjüngern allmählich erschlossen, gegenüber resignativen Erfahrungen verteidigt und führt schließlich zu einem neuen Aufbruch (V.25–35). Weil dieser

---

6 *P. Hoffmann,* aaO., 503.

Prozess auch in unterschiedlichen Zusammenhängen immer wieder faszinierend ist, lohnt es sich, ihn genauer wahrzunehmen.

Zunächst ist festzustellen, dass Lk 24,13–35 zum Sondergut des Lk gehört. Wir finden den Text also nur bei ihm, und er hat ihn vermutlich auch zu einem besonders großen Teil selbst gestaltet. Unter theologischen Gesichtspunkten erweisen sich drei Elemente der Erzählung als Ergebnisse seiner gestaltenden Arbeit:

- Erstens der gesamte Dialog in den V.17–27 (eventuell auch die V.14.15a.32), denn in diesen Passagen kommt das Interesse am Leiden Jesu zum Zuge, welches in den prophetischen Schriften in Verbindung mit der Verheißung des Messias bereits angekündigt ist und sich nun erfüllt
- zweitens V.13, denn dort wirkt sich das lukanische Grundmotiv von der Nähe der Erscheinungen zu Jerusalem bestimmend aus bei der Zeitangabe »an demselben Tage« und bei der Entfernungsangabe »60 Stadien von Jerusalem«
- drittens die V.33–35, die von der Rückkehr nach Jerusalem berichten und die Übereinstimmung mit dem dortigen Jüngerkreis betonen, denn auch hier wirkt das Motiv von V.13 nach.

Dagegen reicht die gestaltende Arbeit des Lk vermutlich nicht mehr in die Abendmahlsszene hinein (V.28–32). Eher ist anzunehmen, dass er die V.17–27 in eine Vorlage eingearbeitet hat, die aus einer recht allgemein gehaltenen kurzen Bemerkung über den Weg der beiden Jünger nach Emmaus (V.13–16) und der Erzählung von den Ereignissen in Emmaus selbst bestand (V.26–32).

Die lukanischen Motive sind zu verstehen auf dem Hintergrund der Erfahrung, dass der gekreuzigte Messias nicht in der erwarteten Zeit wiederkam (Parusieverzögerung). Die hiermit verbundene Enttäuschung musste aber überwunden werden. Denn falls keine überzeugende Deutung aus dem Glauben heraus gelang, verließen mehr und mehr Christen die Gemeinden – ganz ähnlich wie jene zwei auf dem Weg nach Emmaus die Stadt der Kreuzigung hinter sich lassen.

Gerade ihnen begegnet nun der lebendige Christus, gerade ihnen legt er die Schrift aus, gerade ihnen ruft er zu: »O ihr Unverständigen und Trägen im Herzen! Warum denkt ihr nicht an all das, was die Propheten geredet haben? Musste nicht der Christus dies leiden und dann in seine Herrlichkeit eingehen?« (V.25f.) Das sind die entscheidenden Worte des Messias im gesamten Text. An keiner anderen Stelle redet er so provozierend und eindringlich. Von seiner entscheidenden Tat wird aber erst in V.31 erzählt: »Da wurden ihnen die Augen aufgetan und sie erkannten ihn; er aber entschwand ihren Blicken.«

Das späte Erkennen steht in einem didaktisch äußerst fruchtbaren Kontrast zum Nichterkennen in V.16, der im Unterricht eine Reihe von Fragen provoziert:
– Warum erkannten sie ihn erst so spät?
– Wieso waren ihre Augen vorher gehalten?
– Was ist das für eine Art von Erkennen?
– Hätte man das auf beides nehmen können?
– Wieso haut er gleich wieder ab?

Beim Klären dieser Fragen sind fünf Orientierungspunkte wichtig:
– Sie erkannten den Auferstandenen so lange nicht, wie sie eine Erwartung, ein Bild vom siegreichen Erlöser Israels im Kopf hatten und nicht die Verheißungen vom leidenden Gottesknecht, m.a.W. ihr Erwartungshorizont war auf ihn noch gar nicht eingestellt, er musste ihnen in einem tieferen Sinn ein Fremder bleiben (vgl. V.18)
– Sie erkannten den Auferstandenen so lange nicht, wie sie mit den Augen des dreidimensionalen Sehens schauten. Diese Dimensionen übersteigt er aber bei Weitem und ist somit dreidimensional gar nicht zu erfassen (folglich auch nicht auf Video). M.a.W. ihr Wahrnehmungsvermögen war auf seine neue Realität noch gar nicht eingestellt
– Aufgehen konnten ihnen die Augen erst, als sie in der Gegenwart des Fremden, jetzt besser: in der unerwarteten Gegenwart des Auferstandenen abends zusammensaßen, er das Brot nahm, es brach und ihnen gab (V.30f.). In diesem Augenblick passiert es (→ TLL 1, Abendmahl, 13–20)
– Diese Augen sind aber jetzt Augen des Glaubens, die in der Gemeinschaft des Dankens und Brotbrechens plötzlich von den mitgebrachten Erwartungen und Sehgewohnheiten befreit sind und nun mehr bzw. anders wahrnehmen können als die Augen des dreidimensionalen Sehens in den Köpfen von Menschen, die auf einen siegreichen Israelbefreier fixiert sind
– Die Augen des Glaubens sind kein Besitz, der sich festhalten ließe. Sie sind völlig freie und unverdiente Geschenke in unerwarteten Augenblicken, zum Besitzen völlig ungeeignet. Daher heißt es: »Und er entschwand vor ihnen«(V.31).

Lk will hiermit sagen: Leiden, Sterben und Abschied werden als Beginn der Endzeit vom Auferstandenen selbst legitimiert. Sie sind

Klaus Petzold

Teil eines Heilsplans, von dem bereits die Propheten geredet haben. Sie werden somit nicht in Kürze rückgängig gemacht durch imposante Machttaten oder abgelöst durch die herrliche Errichtung eines umfassenden Gottesreichs auf Erden. Es sind vielmehr legitime Kennzeichen der Endzeit, deren Endpunkt wir nicht setzen, deren Distanz von ihm wir aber durchzustehen haben in der Nachfolge des Auferstandenen, der nach seinem Leiden »in seine Herrlichkeit eingegangen« ist (V.26).

Uns bleibt unterdessen in religionspädagogischen Lernprozessen das zu tun, was die ersten Jünger nach der Auferstehung getan haben: »Und sie erzählten ihnen, was auf dem Weg geschehen war und wie er von ihnen erkannt wurde, als er das Brot brach« (V.35). Weitererzählen – ein entscheidendes Signal! Denn was wäre geworden, wenn sie in Jerusalem nichts erzählt hätten, eventuell gar nicht erst dorthin gegangen wären? Vielleicht hätte nie jemand etwas von ihrer Begegnung erfahren, oder sie hätten womöglich Geheimniskrämerei mit ihren besonderen Erfahrungen in Emmaus getrieben, weitab vom Zentrum der ersten Christen und isoliert. Vielleicht hätten sie auch bloß das wiederholt, was gewichtige Autoritäten wie Simon Petrus schon *vor* ihnen bezeugt hatten.

So aber brachen sie – nach den Worten des Lk – unverzüglich noch an demselben Abend auf und legten denselben Weg zurück, den sie kurz zuvor schon einmal gegangen waren, um in Jerusalem zu erzählen. Eine nicht geringe körperliche Anstrengung! Am Ziel angekommen, hörten sie zunächst das Zeugnis der dort versammelten Gemeinde (»Der Herr ist wahrhaftig auferstanden und Simon erschienen«: V.34) und stellten ihr eigenes Zeugnis dann offiziell daneben. Auf diese Weise gerieten sie weder in die Isolation, noch verblieben sie auf der Ebene der bloßen Imitation. Entscheidende Gefahren bei der Bewegung von alten und neuen Erfahrungen hatten sie überwunden und dadurch die Bahn frei gemacht für neue Erzählungen vom lebendigen Christus, die die alten aufnehmen und einbeziehen.

Unter literarischen Gesichtspunkten bezeichnen wir einen derartigen Vorgang als Umgestalten. Er hat den Sinn, Einzelzüge und Tendenzen im Text klarer hervortreten zu lassen. Die Umgestaltung kann eine Weiterführung, eine Ausgestaltung oder eine Kürzung sein. Seit einem derart mutigen und kreativen Verhalten der ersten Zeugen wird das Evangelium also nicht nur weitergegeben, wie man Ziegelsteine in einer Kette weitergibt, sondern es wird gleichzeitig gestaltet von neuen Erfahrungen mit dem Auferstandenen her, also von Ostern her. Darauf ist es in der Tat von vornherein angelegt in seiner dialogischen Spannung von alten und neuen Erfahrungen mit dem lebendigen Gott.

Betrachten wir die hermeneutische Struktur der Erzählung, so lässt sich Folgendes feststellen: Hier sind vier aufeinander aufbauende Elemente miteinander verschränkt:

– Überkommene Überlieferung vom Auferstandenen wird als Vorlage aufgenommen (24,13–16 und 28–32)
– Diese Überlieferung wird durch eine neue Begegnung mit dem Auferstandenen erweitert und in diesem Sinn umgestaltet (V.17–27)
– Die neue Begegnung befreit die Betroffenen von Resignation, schenkt ihnen Hoffnung und ermutigt sie (V.31–33)
– Sie erzählen von ihrer neuen Begegnung weiter und verbinden ihr Zeugnis gleichzeitig mit dem älteren des anerkannten Simon Petrus (V.33–35).

Alle vier Elemente durchzieht die gemeinsame Intention, das von Gott herkommende Heilsgeschehen zum Ausdruck zu bringen und darin gleichzeitig eine *für uns* entscheidende Geschichte zu erzählen, die unter uns weiterwirkt, indem sie uns anspricht und wir sie in Gebrauch nehmen.

Diese Intention ist von der Gewissheit getragen, dass nach Ostern der Geist Jesu Christi mit allen neuen Selbsterweisen Gottes in Schöpfung und Geschichte untrennbar verbunden ist und dass es im Blick auf ihn nicht einfach um das Reproduzieren der historisch bedeutsamen Person Jesus aus Nazareth geht, sondern um einen vielfältigen, noch heute anhaltenden Erschließungsprozess Gottes selbst, dessen Mitte und Mittler er selbst als der Menschgewordene, Auferstandene und Verkündigte ist (→ TLL 1, Heiliger Geist, 124–131).

3. Didaktisch

3.1 Vorbemerkung. In Religionslehrbüchern ist über Auferstehung lange geschwiegen worden. Passion, Sterben, Tod – ja, diese Themen können auch eine gewisse Nähe zu eigenen Erfahrungen bzw. zu menschlichen Grunderfahrungen haben. Aber Auferstehung, zumal Auferstehung Jesu Christi? – *Ingo Baldermann* räumt von vornherein ein, dass wir es hier »mit einem besonders schwer vermittelbaren Glaubensinhalt« zu tun haben, wenngleich er ein »Kern und Angelpunkt des Glaubens« ist. Umso mehr ist es zu begrüßen, dass er 1999 ein neues Arbeitsbuch zum Thema veröffentlicht hat – das beste, das ich bisher kenne: »*Auferstehung sehen lernen*«.

Schon dieser Obertitel ist faszinierend, denn er verbindet Bibel, Wahrnehmung und Lernprozess aufs Engste miteinander und provoziert dadurch einen fruchtbaren Fragehorizont: Gibt es bei der Auferstehung doch etwas zu sehen? Und wenn nicht etwas, dann ist vielleicht doch ein Lernprozess des Sehens möglich? Eine Art Schule des Sehens, in der sich nach und nach Entdeckungen ereignen können? Entdeckungen, die aufdecken können, was bisher durch Unterricht in Schule und Gemeinde verdeckt war, verschüttet, zugedeckt?

In der Tat: »Entdeckendes Lernen« heißt es im Untertitel, eine unübersehbare Erinnerung an reformpädagogische Ansätze, an *F. Copei, H. Gaudig, O. Eberhard* u. a. damals, an *H. Meyer, A. Flitner, P. Fauser* u. a. heute. Diese didaktische Leitkategorie wird indes nicht auf Töne, Farben oder soziale Rollenspiele bezogen, sondern auf das zunächst Sprödeste, was wir im Unterricht haben, auf Texte, auf ganz besondere freilich: auf »Hoffnungstexte«, genauer Hoffnungstexte der Bibel. Und somit wächst die begründete Hoffnung, dass mit einem kreativen didaktischen Ansatz beim Thema Auferstehung doch noch neue Prozesse des Wahrnehmens, Gestaltens und Lernens in Gang kommen können.

Allerdings gibt es *drei didaktische Fallgruben*, die nach menschlichem Ermessen zum Scheitern führen, weil sie das Thema völlig auf sich selbst reduzieren:
- die Abtrennung vom AT
- die Abtrennung von der Passion Jesu und
- die Abtrennung von menschlichen Erfahrungen mit Sterben und Tod.

In Wahrheit können diese Themenfelder nur in enger Beziehung zueinander und in Verknüpfung miteinander theologisch und didaktisch fruchtbar werden. Sterben und Tod ohne Auferstehung kann leicht zu Schwarzseherei, Nekrophilie und Resignation führen. Auferstehung Jesu Christi ohne AT gerät leicht zu einer leeren Idee. Passion ohne AT endet in Judenhass.

Aus diesem Grunde wird es im vorliegenden Kapitel vermieden, die didaktischen Konkretionen den Exegesen einzelner Texte zuzuordnen, so dass man sie bei Bedarf wieder zusammensuchen müsste. Vielmehr wird ein didaktischer roter Faden angeboten, der an bestimmten Knotenpunkten (Stationen) Hinweise auf Unterrichtsmöglichkeiten und vertiefende Materialien enthält, aber nirgends die Verbindung zum Gesamtzusammenhang abreißen lässt.

3.2 Ansatz bei den Erfahrungen von Schülerinnen und Schülern. Ulrich Gräbig, Hauptschullehrer, Fachberater und Leiter einer religionspädagogischen Arbeitsgemeinschaft im südlichen Niedersachsen, beginnt 1999 seinen Bericht über eine Unterrichtseinheit »Sterben – Tod – Auferstehung« mit den Sätzen: »Die Reaktionen auf die Ankündigung des Themas zeigen eine interessante Bandbreite. Sie reicht von erschreckter Abwehr – entsprechend der Jugend- und Fitnessfixierung unserer Gesellschaft –, lüsternem Interesse, vorsichtiger Verdrängung (»Können wir nicht lieber …«), Betroffenheit angesichts eigener Berührungen mit dem Tod über existenziell fragendes Interesse bis hin zu offener Zustimmung. Gleichgültigkeit ist vergleichsweise selten anzutreffen.«[7]

Im Einzelnen werden sehr unterschiedliche Berührungspunkte mit dem Tod in der 10. Klasse benannt: eigene Familie, Eltern des Freundes, Verkehrsopfer, Selbstmord, Beerdigung, Leichen, eigene Ängste, Todesmeldungen in den Medien, Horrorfilm, Krimi. Verschiedene Umgangsstile kommen in den Blick: Tod als eigener eklig-gruseliger Stimulus, als Provokation gegen Erwachsene, als Chiffre für Sinnlosigkeit, Leere und Frust. »Manche sehen sich in ihrem negativen Selbstbild, in ihren Frustrationen als erledigt, als tot an, haben vielleicht sogar – pubertäre – Suizidgedanken. Viele kennen die z.T. effekthascherisch aufgemachten Erfahrungsberichte ehemals klinisch toter Menschen und wollen ähnlich Konkretes, Sicherheiten.«

Die Verdrängung des Todes aus dem Leben weckt ein Verlangen nach Information und Orientierung für eigenes Denken und Verhalten. Wie ist das, wenn man nicht inszeniert, sondern »in echt« stirbt? Wie begegne ich Todkranken, Trauernden? Wie verhalte ich mich bei einer Beerdigung? Wie gehe ich überhaupt mit eigener Trauer um, wie zeige ich sie – wenn überhaupt? Es ist in meinem Leben so viel eindeutig geregelt und klar zu denken, dann bitte auch das Sterben und das »Danach«! »Wieder andere bringen bestechende Vorstellungen vom jenseitigen Leben ein, finden die Auferstehungshoffnung der Christen unglaublich«. Und: »Erschreckend viele sind mit (pseudo-)christlichen Vorstellungen von lieblosem Endgericht und drohender Höllenqual belastet.«[8]

7　*U. Gräbig*, Sterben – Tod – Auferstehung, in: *S. Macht (Hg.)*, Sterben, Tod und Auferstehung (Arbeitshilfen Sekundarstufe I 4), Loccum 1999, 40 f., bes. 40.
8　Ebd.

Die Situationsbeschreibung ist einerseits keine zufällige Einzelbe-
schreibung, sondern sie findet Entsprechungen in breiter angelegten
empirischen Erhebungen. Andererseits ist sie natürlich nicht auf
jede Klasse übertragbar (auch nicht auf jede 10. Klasse). Ihr Wert
liegt darin, den gegenwärtigen Horizont anzudeuten, der in einer
Hauptschulklasse bzw. Klasse der *Sek I* zum Thema »Sterben und
Tod« präsent sein kann. Der nächste Schritt muss sein, die spezielle
Situation in der jeweils eigenen Klasse bzw. Gruppe genauer zu ermitteln. Dabei sind offene Ansätze entscheidend:
– freies Unterrichtsgespräch, ausgehend von einem Stichwort an
  der Tafel oder einer CD
– freie Assoziation zu einem oder mehreren Fotos[9] oder zu einer CD
– Schreibgespräch auf einem großen Bogen Papier/Tonpapier in
  Gruppen zu 6 bis 8
– Todesanzeigen von Jugendlichen als Impuls[10]
– Symbol (z. B. umgekehrtes Kreuz) als Gesprächsanlass
– Vorlage mit Schreibimpulsen[11].
Auf jeden Fall ist ein straffes oder gar autoritäres Vorgehen ungeeignet, den Einstieg in das sensible Thema zu eröffnen. Zeit ist
nötig, ggf. deutliches »Umschalten«, falls Sport oder Test gerade
vorangegangen sind. Ein forsches, informationsorientiertes Vorgehen dagegen verbaut alles, insbesondere wenn es Kernstücke christlicher Überlieferung frontal an den Anfang stellt. Nicht zufällig formuliert *Ulrich Gräbig* sehr behutsam: »Manche lassen eigene Fragen,
Ängste zum (eigenen) Sterben und Tod zu, an sich heran, aus sich
heraus, fragen nach Vorstellungen, Hoffnungen, machen sie sich.«
Gleichwohl sind Ziele benennbar. U. Gräbig formuliert: »Ich
möchte, dass meine Schüler/innen
– Raum, Mut und Möglichkeiten finden können, eigene Erfahrungen und Gedanken zu Sterben, Tod und dem ›Danach‹ zuzulas-
  sen, auszudrücken und zu bereden (wenn sie das wollen) bzw. sich
  durch die Erfahrungen, Gedanken und Verhaltensweisen anderer
  dazu anregen und ermutigen lassen
– nicht nur theologisch ›fertige Konzepte‹ lernen, sondern sich auch
  mit den rudimentären ›Alltagskonzepten‹ sog. ›normaler

---

9 *S. Macht*, aaO., 63; *K. Petzold (Hg.)*, Werkstatt Religionspädagogik, Bd. 2, Leipzig 1998, 228.
10 Vgl. *U. Gräbig*, aaO., 41 u. 43.
11 Vgl. *S. Macht*, aaO., 54 u. 70.

Menschen‹ befassen, indem sie z. B. Todesanzeigen oder Grabge-
staltungen reflektieren
– Sterben, Tod und das ›Danach‹ auch sachlich (medizinisch) ›fassen‹ können, gerade weil so manches bei diesem Thema ›unfass-
  lich‹ scheint, ist und zum Teil ja auch bleiben muss.«[12]

3.3 Ansatz bei biblischen Erfahrungen im AT

(1) Zweites Buch des Jesaja. Ein Prophet hat es selbst erlebt: geschlagen, bespuckt, umgebracht; trotzdem wieder aufgerichtet. Diese prophetische Erfahrung ist nicht einfach die eigene Erfahrung; gleichwohl
kann sie auf dem Weg einer vorsichtigen Annäherung, die sich um
Verstehen bemüht, kreativ nachgestaltet werden. Dazu können Orffin-
strumente mit ihrem Kontrast von tiefen und hohen, dumpfen und hellen, harten und weichen Klängen dienen, u. U. in Verbindung mit einem Lied. Evtl. ist auf der Basis der folgenden biblischen Texte auch
eine Gestaltung von Sprechtexten im Wechsel von Gruppe und Einzel-
sprechern möglich (»Sprechmotette«) oder sogar eine Kombination
beider Formen. Für den Aufbau bieten sich die folgenden Elemente an:
– Deportierte Israeliten im Exil in Babylon: müde, resigniert, ohne
  Hoffnung. Kanon (2 Stimmen): »Sammle meine Tränen«[13]
– Mitten im Exil: die Stimme eines Hoffnungspropheten, der den
  Blick auf die Heimkehr nach Jerusalem lenkt
– Seine Botschaft ist zu unbequem, zu mühsam, zu deutlich gegen
  die herrschenden Verhältnisse. Er wird geschlagen, bespuckt. Da-
  von berichtet sein »Lied« Jes 50,4–9, in der Mitte des Textes – im
  Kern – getragen von der Zusage, die im hebräischen Gottesnamen
  JHWH enthalten ist: Ich bin da, ich bin bei dir! (Gott ist nahe und
  hilft: 50,7; diese ursprüngliche Bedeutung ist in der deutschen
  Übersetzung »Herr« nicht mehr ohne weiteres erkennbar)
– Danach hören wir nichts mehr von ihm. Er ist gewaltsam zum
  Schweigen gebracht, umgebracht
– Aber durch seinen Tod sind einige zur Besinnung gekommen. Im
  Rückblick gehen ihnen die Augen auf und sie formulieren einen
  »Nachruf« (Jes 53). Intention: Er ist ums Leben gekommen, aber er
  wurde nicht »zuschanden«; sein Tod hat ihn nicht einfach ausge-
  löscht; er hat Nachfolger, die Gottes Vorhaben weitertragen (V.10),
  und er selbst wird »das Licht schauen und die Fülle haben« (V.10).
  Wer hier auf ein fertiges Lied (mit CD) zurückgreifen möchte,

---

12 *U. Gräbig*, aaO., 40f.
13 *S. Macht*, aaO., 97.

wählt vielleicht von *Siegfried Macht* »In die Erde legen wir den Toten
bang«, das im B-Teil einen Kanon für drei Stimmen enthält[14].

(2) Psalm 22. (→ VIII.4 Psalmen) Seitdem ein Jude vor unserer
Gruppe in der Gedenkstätte Auschwitz versicherte, dass er zusammen mit anderen Häftlingen diesen Psalm 1944 in der Nähe der
Gaskammern von Birkenau gebetet hat, komme ich im Unterricht
an dieser Erfahrung nicht mehr vorbei. Sie ist ein Schlüssel zu seinem Verständnis geworden und steht seither immer am Anfang der
Arbeit mit diesem Psalm. Schülerinnen und Schüler haben den entsprechenden Bericht bisher betroffen aufgenommen, weil sie merk-
ten: Hier wird der Psalm mitten in Todeserfahrungen des Lebens gebraucht, hier ist er echt, nicht frommes Zitat, verstaubter Buchstabe.
Allerdings wandten Einzelne auch ein, wie man denn in Auschwitz
Gott rühmen und preisen könne (Ps 22,23 ff.); das sei doch wohl erst
hinterher denkbar gewesen, also nach der Befreiung (27. 1. 1945).
Aufgrund meiner eigenen Begegnung mit dem ehemaligen Häftling
konnte ich ihnen aber deutlich machen, dass er tatsächlich aus dem
Jahr 1944 berichtet hat – »unglaublich« für die einen, Anlass zum tieferen Nachdenken für die anderen.

Grundsätzlich sind derartige Einwände verständlich und berechtigt. Sie zu verdrängen oder gar zu verbieten, ist bei einem autoritären
Ansatz zwar möglich, im Rahmen einer dialogischen Didaktik aber
nicht legitim. In ihnen kommen eigene Erfahrungen oder Thesen zum
Vorschein, die im Religionsunterricht Raum und Zeit brauchen. Um
sie einzurichten und dabei unterschiedliche Positionen in der Klasse/
Gruppe zu berücksichtigen, bietet sich eine arbeitsteilige Gruppen-
arbeit (evtl. auch Einzelarbeit) mit vier verschiedenen Aufgaben an:
– Schreibt/schreibe einen Gegenpsalm (linke Seite Ps 22, rechte
  Seite der eigene)!
– Schreibt/schreibe eigene Zustimmung und/oder Zweifel an den
  Rand des Ps (Arbeitsblatt!)!
– Versucht/versuche Gedanken zum Ps aus der Sicht eines Häftlings
  in Auschwitz 1944 zu schreiben (besonders zu V.16–19)!
– Die ersten Worte aus dem Ps sind die letzten Worte des sterben-
  den Jesus am Kreuz: »Mein Gott, mein Gott, warum hast du mich
  verlassen?« – Was bedeutet diese Information für euch/für dich?
Zusatz: Alle Versuche in den Gruppen oder von Einzelnen sollen am
Ende gezeigt (Pinnwand) oder vorgetragen werden, auch wenn sie
noch nicht ganz fertig sind: Wir werden darüber sprechen.

---

14 *S. Macht,* aaO., 92.; im Original heißt es allerdings »*die Toten*«.

Als Ergänzung zu den Ergebnissen der dritten Aufgabe hat sich auch der entsprechende Ps von *Ernesto Cardenal* bewährt, den er aufgrund seiner KZ- Erfahrungen unter dem Diktator Somoza in Nicaragua geschrieben hat[15]. Aber auch ohne KZ-Thematik kann der Ps zu den Tiefpunkten menschlicher Erfahrung eine Nähe bekommen: Trennung, Krankheit, Verlust, Einsamkeit, Todesangst, Verleumdung, Scheitern – gleichzeitig zu Geborgenheit, Vertrauen, Zuversicht und Lobpreis, wie Ingo Baldermann eindrücklich zeigt[16].

3.4 Ansatz beim Kreuz. Auf dem Hintergrund der oben dargestellten Deutungsversuche der Passion Jesu im NT möchte ich an dieser Stelle von einer kreativen Neuinterpretation berichten, der ich vor zehn Jahren mit Jugendlichen in Krakau/Nowa Huta begegnet bin.

Unsere Gruppe war einige Tage in der Gedenkstätte Auschwitz gewesen[17] und wollte nun die Pater-Kolbe-Kapelle im Gemeindezentrum »Die Arche« besuchen. Wir traten in einen weiten niedrigen Raum im Erdgeschoss einer großen modernen Kirche, ohne Fenster, kaum beleuchtet, ohne Bänke, aber viel Holz, einige Kerzen, vereinzelt Menschen im Gebet, stehend oder kniend. Und da: Da steht er! Übergroß, schmal, in der Häftlingskleidung (mattblau und weiß gestreift), die er damals auf dem Appellplatz trug, als er an die Stelle des zum Tode Verurteilten trat, für ihn in den Todesbunker ging (Block 11), für ihn hungerte, für ihn fror, für ihn durchhielt, bis eine Phenolspritze ihn tötete, für ihn starb – damit er am Leben blieb und wieder zu seiner Familie, zu seinen Kindern konnte. Selten ist mir die Lebenskraft des stellvertretenden Leidens so deutlich geworden wie hier[18]. Ich legte die mitgebrachten Blumen zu den anderen an seiner Seite und blieb stehen. Nach einer geraumen Zeit verließ ich die Kapelle und ging in den hellen, ausgedehnten Kirchenraum, der sich darüber befindet. Und da ragt er von der Seite mitten in das Licht des Kirchenraumes auf: der Gekreuzigte, ungewöhnlich hoch und lebendig, für uns geboren, für uns gewandert, für uns geliebt,

---

15 *E. Cardenal*, Zerschneide den Stacheldraht. Südamerikanische Psalmen, Wuppertal 1969; auch in *F. Krotz*, ... für uns gestorben? (WdL 5), Neukirchen-Vluyn 1987, 143; hier auch auf 145f. der Ps 22 von *Zephanja Kameeta*.

16 Vgl. *I. Baldermann*, aaO., 52–56.

17 *D. Obermayr*, Auschwitz, in: *K. Petzold (Hg.)*, Werkstatt Religionspädagogik, Bd. 1, 215–237.

18 Vgl. Foto, in: *K. Petzold (Hg.)*, Werkstatt Religionspädagogik, Bd. 4, Leipzig 2001, 171; dazu von *S. Macht* (aaO., 104) den kurzen Text *»Tausende«*.

für uns geschlagen, für uns gekreuzigt, für uns gestorben. Ich stehe
vor dem, von dem auch *Maksymilian Kolbe* lebte[19].

Ich bin überzeugt, dass auf die beiden skizzierten Darstellungen
aus der zweiten Hälfte des 20. Jh. zutrifft, was *Rainer Lachmann* von
kreativen Neuinterpretationen der Passion erwartet: »Von aktuellen
wie traditionellen Deutungsmustern ist dabei gleichermaßen zu verlangen, dass sie das ›Für uns gekreuzigt‹ der Passion Jesu erfahrungs-
mäßig bewahrheiten und lebensförderlich erschlossen weiterver-
mitteln.«[20] Unter diesem Anspruch sind demnach auch die oben
dargestellten Deutungsversuche der Passion Jesu im NT auf existenzielle und didaktische Erschließungsmöglichkeiten hin zu befragen,
die zum Brückenschlag über den garstigen Graben zwischen Jesu
Tod damals und den Lebenswelten von Jugendlichen heute geeignet
sein könnten. Ebenso sind unter diesem Ausspruch aber auch eigene kreative Interpretationen von Schülerinnen und Schülern zu
wagen, bei denen wir und sie die spezifischen eigenen Erfahrungen
in den Dialog mit der Botschaft vom Kreuz einbringen. Materialien
und Formen sind dabei so vielfältig wie Gottes Schöpfung und unser
Leben selbst:
- *Blumenkreuz:* Blumen, Zweige, Blüten, Moos, evtl. auch Rinde,
  Steine. Intentionen: Mittelpunkt für Andacht, Gedenken, Aktion,
  Gemeinschaft, Gebet
- *Themakreuz:* Fotos, Texte, Gegenstände, Symbole, Bilder, Materia-
  lien zu einem bestimmten Themenbereich, z.B. arbeitslose Ju-
  gendliche
- *Plastikkreuz:* Verschiedene Plastiksorten und Verbundmaterialien.
  Intention: Darstellung von Produkten, die Leben bei ihrer Her-
  stellung, Lagerung und Entsorgung bedrohen können (eine spe-
  zielle Art von Themakreuz)
- *Textkreuz:* Biblische Texte von Worten und Taten Jesu, die seine
  Gegner veranlassten, ihn ans Kreuz zu bringen (Verwerfung in
  Nazareth; Reinigung des Tempels; der Pharisäer und Zöllner im
  Tempel; die Heilung der gekrümmten Frau u.a.); ggf. verbunden
  mit Texten aus Ps 22 und Jes 53; evtl. ergänzt durch zeitgenössi-
  sche Texte von Menschen, die im Sinn Jesu lebten und deswegen
  »beseitigt« wurden
- *Trauerkreuz:* Ein einfaches Holzkreuz aus zwei Brettern/Balken
  wird mit schwarzem Tuch/Krepppapier umwickelt. Intention:

19 Vgl. Foto in: *K. Petzold*, aaO., 170.
20 *R. Lachmann*, aaO., 50f.

Ähnlich wie beim Blumenkreuz, aber inhaltlich und atmosphärisch mit anderem Schwerpunkt

– *Schreibkreuz:* Auf ein Holzkreuz werden Zeilen aus Ps 22 und/oder Jes 53 geschrieben oder entsprechende eigene weitergeschriebene Texte/Gedichte/Liedstrophen.

Die besonderen Lernchancen der gestaltenden Arbeit mit Kreuzen bestehen in Folgendem: Die Beteiligten

– können sich sehr gut auf einen gemeinsamen Gegenstand konzentrieren, der gleichzeitig das Thema selbst repräsentiert; können hervorragend zusammenarbeiten, keiner muss ausgeschlossen werden
– können verschiedene Sinne, Fähigkeiten, Begabungen einbringen und ganzheitlich arbeiten
– können kreativ werden, solange das Ergebnis nicht vorab sehr genau festgelegt und somit vorgegeben wird
– können an einer Aufgabe arbeiten, die im RU nicht alle Tage vorkommt.

Im Interesse von Binnendifferenzierung innerhalb einer Klasse/Gruppe können manche der Kreuzformen auch kombiniert werden (z. B. Textkreuz und Blumenkreuz), um die Lernchancen zu steigern.

Die übergreifenden Ziele dieser Arbeit zum Thema »Kreuz Jesu« bestehen darin, dass die Schülerinnen und Schüler

– Grundkenntnisse über Leiden, Sterben und Tod Jesu erwerben, das Kreuz Jesu in Verbindung mit seinem Leben sehen und als Konsequenz seines Wirkens verstehen
– das Kreuz Jesu in Verbindung mit Überlieferungen des AT (z. B. Jes 53; Ps 22) bringen und sowohl Zusammenhang als auch Unterschied zum Ausdruck bringen können
– über die Bedeutung des Kreuzes Jesu als Todes- und Lebenssymbol nachdenken (z. B. in Verbindung mit Friedhof, Todesanzeigen, Passionsmusik, Passionsliedern, Malerei, Kreuzen[21]
– das Kreuz Jesu auf dem Hintergrund eigener Erfahrungen selbstständig kreativ gestalten können.

3.5 Ansatz bei der Auferstehung. Die Sache mit dem Kruzifix in der »Arche« von Krakau/Nowa Huta war mit dem oben unter *3.4* Berichteten nicht zu Ende. Wie sollte sie auch, da der Gekreuzigte doch nicht tot ist, sondern in Wahrheit lebendig. Jedenfalls konnte

21 *F. Krotz*, aaO., 139 u. 144.

ich nicht lange an meinem Platz stehen bleiben, sondern musste seine Gestalt von verschiedenen Seiten sehen.

Unten bei den Füßen konnte ich die große Zehe umfassen. Oben auf der Empore konnte ich ihm aus der Nähe ins Gesicht sehen. Hinten vom Altar aus wirkte er fast wie eine schwebende Gestalt inmitten großer Weite von Luft und Licht. Und dann dieser Rücken! Nichts Gebeugtes, nichts Zusammengesunkenes, sondern im Gegenteil: Wie ein Bogen war das ganze Rückgrat nach vorn und oben gespannt und zog den gesamten Körper mit sich, die Arme, Beine, Füße und sogar den Kopf; weit war das Kinn vorgeschoben und die Stirn nach hinten gelegt, als stiege er auf von der Erde. Und doch blieb er auch hier, ausgespannt zwischen Himmel und Erde[22].

Als ich später aus der Kirche wieder nach draußen ging, traf ich in der Nähe auf ein großes Blumenkreuz, gelegt aus unzähligen Rosen zum Gedenken an einen jungen Polen, der nach seinem Besuch eines Gottesdienstes bei einer Demonstration gegen das totalitäre Sowjetregime umgekommen war. So ist der Glaube an den gekreuzigten und dennoch Leben schaffenden Gott nicht zum Versickern in einem geschützten Innenraum da, sondern zum Weiterwirken auf Straßen und Plätzen, in Werkstätten und Produktionshallen, Seminaren und Büros, Klassen und Gruppen, Stuben, Kammern und Küchen in der Weite der Ökumene. »Aufstand gegen den Tod – das ist die Forderung, die christliche Basisgruppen in aller Welt aus der Osterbotschaft für sich ableiten. Im biblischen Begriff der Auferstehung ist das Element des Aufstandes enthalten. Der Aufstand der Basisgruppen richtete sich gegen die selbstverständliche Ausbeutung der Armen, gegen das Krebsgeschwür der Rüstung, insbesondere gegen den Atomtod. Er wendet sich heute vor allem gegen die versklavende Macht des Geldes, die von den technisch hochentwickelten Gesellschaften als die selbstverständliche Kehrseite ihres Wohlstandes gedankenlos hingenommen wird.«[23]

Wo Schüler/innen am Anfang der *Sek I* davon etwas verstanden haben, kann es vorkommen, dass sie ein Kreuz mit einer angelehnten Leiter malen und erklären: »Da steigt Jesus wieder runter und hilft uns beim Aufstand gegen den Tod.« Später singen sie vielleicht von *Siegfried Macht* (nach der Melodie des Spirituals »*Gimme that old*

---

22 *K. Petzold (Hg.),* aaO.
23 *I. Baldermann,* aaO., 124.

time religion«) »Jesus stand auf« oder »Wache auf, der du schläfst« oder »Ins Grab versinkt das Weizenkorn, bevor es wächst wie neugeborn«[24].

In der 8./9. Klasse wird es möglich, sie mitzunehmen auf den Weg nach Emmaus, wo sie neue Dimensionen des Wahrnehmens und Sehens entdecken können[25]. Am besten ist das freilich im Rahmen einer Wochenendfreizeit möglich, wo Raum und Ruhe ist – u. U. auch ein Andachtsraum oder eine Kapelle vorhanden sind –, um wirklich Neues zu erfahren in Rollenspielen, Malübungen, gemeinsamem Singen, vielleicht sogar in Andacht, Meditation und Mahlgemeinschaft.

Die besten Erfahrungen in diesem Bereich habe ich bei der gemeinsamen Gestaltung einer Osterfreizeit gesammelt, die am Gründonnerstag begann und nach vielfältigen kreativen Prozessen am Ostersonntag mit dem Mittagessen endete. Das ist natürlich nicht der normale schulische Alltag, aber an bestimmten Punkten kommen wir eben nur weiter, wenn wir deutliche Alternativen zum Normalprogramm realisieren (auch was den eigenen Terminkalender betrifft). Das Thema Kreuz und Auferstehung gehört dazu.

Am Schluss der Osterfreizeit stand »Auferstehung« von *Marie Luise Kaschnitz*[26]:

> Manchmal stehen wir auf
> Mitten am Tage.
> Mit unserem lebendigen Haar.
> Mit unserer atmenden Haut.
> Nur das Gewohnte ist um uns …
> Die Weckuhren hören nicht auf zu ticken.
> Ihre Leuchtzeiger löschen nicht aus.
> Und dennoch leicht
> Und dennoch unverwundbar
> Geordnet in geheimnisvolle Ordnung
> Vorweggenommen in ein Haus aus Licht.

---

24 *S. Macht*, aaO., 102, 105, 110.
25 Vgl. dazu oben 371–375.
26 *M. L. Kaschnitz*, Dein Schweigen – meine Stimme, Hamburg 1962, 13.

Literaturhinweise

I. Baldermann, Auferstehung sehen lernen. Entdeckendes Lernen an biblischen Hoffnungstexten (WdL 10), Neukirchen-Vluyn 1999.

P. Hoffmann, Art. Auferstehung Jesu Christi. II/1. Neues Testament, in: TRE, Bd. IV, Berlin/New York 1979, 478–513.

F. Krotz, ... für uns gestorben? Zugänge zur Geschichte von der Passion Jesu (WdL 5), Neukirchen-Vluyn 1987.

S. Macht (Hg.), Sterben, Tod und Auferstehung (Arbeitshilfen Sekundarstufe I 4), Loccum 1999.

K.-W. Niebuhr (Hg.), Grundinformationen Neues Testament. Eine bibelkundlich-theologische Einführung, Göttingen 2000.

K. Petzold (Hg.), Werkstatt Religionspädagogik, Bd. 1, Leipzig 1998, Bd. 4, Leipzig 2001.

M. Wermke (Hg.), Tod und Auferstehung Jesu Christi. Theologische und religionspädagogische Annäherungen (Arbeitshilfen Gymnasium 8), Loccum [2]1999.

XVIII. Das Johannesevangelium

Frauke Büchner

1. Kurzinformation

»Im Anfang war das Wort, … und das Licht scheint in der Finsternis«, das sind auffällige Einleitungsworte für ein Buch über Jesus Christus; sie klingen wie der Beginn einer Welt(entstehungs)geschichte und rücken die nachfolgenden Berichte aus dem Leben Jesu in einen kosmologischen Zusammenhang. Den großen Block der Passionsgeschichte und manche Einzeltexte hat das Joh mit den Synoptikern gemeinsam[1], doch vieles unterscheidet sich erheblich.

Johannes der Täufer kommt umfassender zu Wort; er tauft Jesus nicht, führt ihm aber die ersten Jünger zu. Deren Namen und Rangordnung sind anders als in den synoptischen Evangelien; neben Petrus spielt ein Lieblingsjünger Johannes, von dem das Evangelium vermutlich seinen Namen erhalten hat, eine besondere Rolle. Die Schilderung des Gerichtsprozesses um Jesus hat eine eigene Dynamik; da führen der Römer Pilatus und der Jude Jesus eine philosophische Diskussion um die Wahrheits- und Vollmachtsfrage; die Jerusalemer Priesterschaft streitet mit dem römischen Präfekten wegen der Kreuz-Inschrift. Nicht nur Jüngerinnen und Jünger sind bei der Kreuzigung dabei, sondern auch die Mutter Jesu und eine Tante (→ TLL 1, Kreuz/Kreuzigung Jesu, 207 f.).

Ein Gliederungsmodell des Evangeliums findet sich in 1,11–12.
- Er kam in sein Eigentum: Joh 1–6
- Die Seinen nahmen ihn nicht auf: Joh 7–12
- Die ihn aber aufnahmen, denen gab er Macht, Gottes Kinder zu werden: Joh 13–17
- Danach fügt sich der Passionsbericht an mit den Erzählungen vom Auferstandenen: Joh 18–21.

---

1 Vgl. dazu *R. Pesch (Hg.)*, Synoptisches Arbeitsbuch zu den Evangelien 5/Johannes, Zürich u.a. 1981.

Neben diesem konzeptionellen Sinngeflecht halten Wegbeschrei-
bungen, wiederkehrende Ortsnamen und Abschiedsreden die Ein-
zelberichte beisammen. Jesus erscheint als Wanderprediger, umgeben von der Atmosphäre der Tradition, der Orte und der Probleme
des Landes Israel.

Im Kontrast zur Dichte der Szenerie stehen abstrakte Begriffe, die
immer wiederkehren: Licht, Leben, Wahrheit, Gerechtigkeit, Herrlichkeit, Wort, Liebe, Leid und Welt. Durch Leitverben wie erkennen, bewahren, glauben, sehen und bleiben werden die Lesenden
hineingezogen in die spirituelle Dynamik dieser Schrift.

Die Vorrede 1,1 ff. ist hermeneutischer Schlüssel für das gesamte
Evangelium: Es geht darum, das Geheimnis des Wortes in den Wör-
tern, die Gottesgeschichte in den Jesusgeschichten zu entdecken und
dadurch an deren Segnungen teilzuhaben.

Die Nähe zu den (echten) Paulusbriefen fällt auf. Hier wie dort
dominiert die gnostisch-dualistische Redeweise von Licht und Finsternis, von Leben und Tod; auch Paulus argumentiert begrifflich
und setzt auf die Überzeugungskraft der Sprache. Der Prolog des
Joh erinnert an die paulinischen Briefanfänge; die Geschichten mit
dem Flair des Landes Israel lassen an die Nachrichten der Paulusbriefe aus der Jerusalemer Gemeinde denken, die Abschiedsreden
Jesu an die Ermahnungen des fernen – oft bedrohten – Apostels.
Wenn Paulus und der Verfasser des Joh von dem Menschen aus
Nazareth berichten, haben sie dessen himmlische Herkunft und
letztliche Erhöhung im Blick. Es geht ihnen um die Heilsbedeutung
Jesu, nicht um seine Biographie.

Der Verfasser des Joh ist unbekannt, die Datierung umstritten.
Manche Ausleger sehen es wegen der formalen und theologischen
Verwandtschaft in zeitlicher Nähe zu den Paulusbriefen; dann wäre
es schon vor 70 n. Chr. verfasst und verbreitet worden. Die besondere literarische Form des Joh könnte dann beschrieben werden als
ein Werk zwischen Gemeindebrief und theologisch-biografischer
Erzählung – als ein Evangelium im Vorstadium[2]. Trotz guter
Gründe für eine frühe Datierung bleibt die Mehrheit der Kommentatoren bei der Annahme, das Joh sei erst am Anfang des zweiten
christlichen Jh. entstanden[3].

2 Derzeit wird diese Hypothese von *K. Berger*, Im Anfang war Johannes, Stuttgart
  1997, vertreten.
3 Z.B. *U. Schnelle*, Das Evangelium nach Johannes (ThHK 4), Leipzig 1998, 6 ff.
  und *U. Wilckens*, Das Evangelium nach Johannes (NTD 4), Göttingen 1999, 11 f.

Die Datierungsfrage ist für die hermeneutische Perspektive interessant, weil jede Hypothese mit ihren literarischen, sozial- und theologiegeschichtlichen Mutmaßungen auch eine eigene Wertschätzung des Werkes begründet. So werden auch die judenfeindlichen Äußerungen des Werkes – je nach vermutetem zeitgeschichtlichem Kontext (vor oder nach der endgültigen Trennung der christlichen Gemeinden von den Synagogen) – anders interpretiert, entweder als innerjüdischer Streit, der sich an Sachfragen orientiert, oder als Abgrenzungsgefecht einer manifesten Christengemeinde, in dem die Inhalte hinter der pauschalen Polemik zurücktreten.

2. Didaktisch

Durch die fast ausschließliche Fixierung auf die synoptischen Evangelien geht dem RU eine Quelle verloren, welche die *Jesusgeschichte in der Art eines kosmischen Dramas* entfaltet und zu vielfältigen kreativen Gestaltungen anregen könnte.

Das Joh wäre zurzeit als *Ganzschrift* eine interessante Unterrichtslektüre für ältere Schülerinnen und Schüler, weil seine gnostisch-spirituellen Formulierungen dem Interesse an symbolhaft religiöser Sprache und Esoterik entgegenkämen. Die christliche Religionspädagogik könnte an und mit dem Joh zeigen, wie spirituelle Bedürfnisse und Christologie, kosmologische Sehnsüchte und Schöpfungsglaube zusammenpassen. Der johannäische Synkretismus könnte Wegzeichen bieten für eine integrative, zeit- und jugendgemäße Theologie.

Obwohl die *»Johannespassion«* vor Ostern in vielen Städten musikalisch interpretiert wird, nimmt der RU die Chance der Anknüpfung an diese kulturellen Veranstaltungen selten wahr. Vermutlich ist die Scheu vor den offenen *Antijudaismen* der Texte Grund der Zurückhaltung. Aber durch das Verschweigen der heiklen Passagen des NT im Unterricht und die gleichzeitige musikalische Präsentation im offiziellen gesellschaftlichen Kontext bleiben diese Stellen offen für unreflektierte Gefühle und gefährliche gedankliche Weiterführungen. Zu den Pflichten des RU gehört aber die kritische und begleitende Auseinandersetzung auch mit den problematischen christlichen Traditionen.

In den *Lehrplänen und Schulbüchern* werden meist nur drei Einzelgeschichten aus dem Joh zur unterrichtlichen Behandlung empfoh-

len, vermutlich auch nur deswegen, weil sie im synoptischen Textbestand fehlen: 2,1–11: die Hochzeit zu Kana; 8,1–11: die Rettung
der Ehebrecherin; 10,1–21: die Bildrede von der Tür und dem guten
Hirten. Diese Texte sollen im Folgenden exegetisch vorgestellt und
dann hermeneutisch-systematisch sowie didaktisch reflektiert werden. Wenn nichts anderes vermerkt ist, bezieht sich die Textausle-
gung auf die Lutherübersetzung.

3. Joh 2,1–11: Die Hochzeit zu Kana

Das Joh beginnt mit einem Hymnus, welcher Gott, Welt und Jesus
Christus einander zuordnet. Danach wird die Rangordnung zwischen dem Täufer und Jesus klargestellt. Ein dritter Abschnitt berichtet von der Berufung der ersten fünf Jünger. All dies wirkt noch
vorworthaft. Die erste regelrechte Erzählung lässt Jesus auf einer
Hochzeitsfeier erscheinen.

3.1 Einzelexegese. Die Zeitangabe »*am dritten Tag*« ergibt ein interes-
santes Bild vom Beginn der öffentlichen Wirksamkeit Jesu: Am ersten Tag war er »jenseits des Jordans« bei Johannes dem Täufer
(1,29), am zweiten Tag berief er dort seine ersten Jünger (1,35) und
am dritten Tag feierte er in Galiläa (2,1 ff.). In der nächsten Erzählung (2,13 ff.) kommt das Dreitagemotiv wiederum vor; dort sagt Jesus, in drei Tagen werde er den Tempel neu errichten (2,19), eine
Rede, die seine Jünger im Nachhinein auf Tod und Auferweckung
ihres Meisters beziehen (2,22). Eine »Hochzeit am dritten Tag«
könnte von daher auch symbolhaft verstanden werden wie eine Vor-
ahnung auf den Auferstehungstag, wie der Vorgeschmack des Gottesreiches.
   Das Fest findet in dem galiläischen Dörfchen *Kana* statt, etwa
13 Kilometer von Nazareth entfernt. Jesus ist mit seinen *Jüngern* zu
Gast, weil *seine Mutter* zur Hochzeitsgesellschaft gehört (V.1 f.). Bereits vor dem Ende des Festes geht *der Wein* aus (V.3). Jesu Mutter
fühlt sich dafür verantwortlich und versucht ihren Sohn in diese Zuständigkeit hineinzuziehen. Doch dieser verweigert sich. Auf drei
Ebenen grenzt er seinen Wirkungsbereich von dem seiner Mutter
ab: auf der gesellschaftlich-sozialen durch die Anrede »*Frau*«, auf der
funktionalen: »*Was geht's dich an, was ich tue?*« und auf der geschichtlichen: »*Meine Stunde ist noch nicht gekommen*« (V.4).

Die Anrede »Frau« wählt Jesus auch für die Samariterin (4,21), für Maria aus Magdala (20,15) und nochmals für seine Mutter in seiner letzten Lebensstunde, als er ihr seinen Lieblingsjünger anvertraut (19,26). Es scheint kein abfälliges Wort zu sein, zeigt eher eine bestimmte Zuständigkeit, welche die so benannten Personen »als Frauen« in ihrem gesellschaftlichen (und gemeindlichen) Kontext haben und wahrnehmen sollen.

Mit der Frage: »Was geht's dich an, was ich tue?« grenzte Elisa sich als Prophet seines Gottes von den Ansprüchen fremder Könige ab (2 Kön 3,13). Durch das Zitat dieses Satzes in der Jesusrede bekommt die Situation in Kana eine prophetische, geschichtlich bedeutsame Dimension.

Der Hinweis auf die rechte Stunde kommt im Johannesevangelium häufiger vor: Als die Jünger ihren Meister drängen, zum Laubhüttenfest mit ihnen nach Jerusalem zu reisen, weist er sie mit dem Hinweis zurück, seine Zeit sei noch nicht da (7,6). Als er im Tempel lehrt, wagen seine Gegner nicht, Hand an ihn zu legen, weil die Stunde dafür noch nicht gekommen sei (7,30; 8,20). Nach dem Einzug Jesu in die Stadt Jerusalem ist es dann offenbar an der Zeit, »dass der Menschensohn verherrlicht werde« (12,23). – Die pointierte Rede von der rechten Stunde bezeichnet im jüdisch-aramäischen Sprachgebrauch der Jesuszeit zunächst die Geburts- oder Todesstunde eines Menschen, aber auch den Anbruch des Gottesreiches und die Ankunft des Messias (vgl. 5,25.28; 16,21).

Indem das Joh Jesus als denjenigen darstellt, der die rechte Stunde weiß, qualifiziert es ihn als Messias. Die Mutter versteht, »was die Stunde geschlagen hat«, lässt ihr Drängen sein und gibt die Regie an den – ihr jetzt entwachsenen – Sohn ab: *»Was er euch sagt, das tut«* (V.5). Maria taucht – im Erzählduktus des Joh – danach erst wieder bei der Kreuzigung ihres Sohnes auf und übernimmt in diesem Augenblick wieder die Verantwortung (19,25–27). Dies bildet einen der großen Spannungsbögen im Joh.

Dass bei der Hochzeit in Kana *Diener* anzutreffen sind, muss nicht auf einen vermögenden Gastgeber weisen, sondern kann im Sinne dörflicher Nachbarschaftshilfe verstanden werden. Innerhalb der literarischen Struktur der Erzählung haben die Bediensteten die Funktion der unbefangenen und handfesten Zeugen innerhalb eines verwunderlichen Geschehens.

Die Erzählung wendet sich nun den weiteren Vorbedingungen des Kommenden zu, den *sechs steinernen Wasserkrügen,* die *dort* – vermutlich am Eingang des Haupthauses – stehen. Sie fassen *zwei oder drei Maß,* das sind etwa vierzig Liter (V.6). Das Wasser dient – so wird es den nichtjüdischen Leserinnen und Lesern erklärt – der rituellen *Reinigung.* Diese Krüge sind bereits leer geschöpft und werden jetzt auf Anweisung Jesu *bis obenhin* (V.7) mit Wasser gefüllt. Wie die Diener, denen die Aufgabe zu dieser Tageszeit sicher ungewöhnlich ist, erwarten die Leserinnen und Leser nun eine Überraschung, aber zunächst geht alles sehr normal zu: Als kluger Gast respektiert Jesus die Hierarchien der Bediensteten und gebietet den Dienern, dem *Speisemeister* eine Kostprobe zu bringen (V.8). Dieser ist irritiert, weil er nicht ahnt, woher das Getränk, das er ohne Zweifel als Wein erkennt, stammt. Die Diener, die wissen, dass sie Wasser geschöpft haben, sehen alles mit an und hören, wie der Speisemeister einen gut gelaunten Witz macht: *Jedermann gibt zuerst den guten Wein ..., aber du ...* (V.9). Damit bestätigt der »Fachmann« die Qualität des *ersten Zeichens* Jesu (V.10). Es lässt hineinblicken in einen sonst verborgenen Raum: Es *offenbart seine Herrlichkeit.* Auf das Zeichen hin *glaubten die Jünger an ihn.* Ihr Glaube ist ein Nachglanz jener Herrlichkeit (V.11).

Das Wort »Wunder« fällt nicht. Vielmehr steht das Substantiv »sämeion« im griechischen Text und meint einen (selbst)redenden Hinweis. Luthers Übersetzung »Zeichen« ist auch für den heutigen Sprachgebrauch zutreffend.

Der Satz von der geoffenbarten Herrlichkeit erinnert an Ex 33,12–23, an den Wunsch Moses, die Herrlichkeit Gottes sehen zu dürfen. Mose bekommt als Antwort gesagt, das Angesicht Gottes könne er nicht sehen, weil kein Mensch dies überleben würde. Aber Gott stellt ihn in eine Felsspalte, hält seine Hand schützend darüber, während er vorübergeht. So kann Mose Gott hinterherschauen.

3.2 Religionsgeschichtliche und hermeneutische Überlegungen. Die Erzählung scheint in den Zusammenhang hellenistischer Weingeschichten zu gehören, welche die Erschaffung großer gemeinschaftlicher Freude durch köstlichen Wein zum Thema haben. Auch von Gott Dionysos wird erzählt, er habe Wasser in Wein verwandelt und dadurch sich, den anderen Göttern und sogar den Menschen zu überschwänglichen Festen verholfen. Seinen Verwandlungskünsten wurden allgemein drei Krüge zugetraut, so dass in den dionysischen Tempeln am Vorabend des Weinfestes drei Krüge zur wundersamen Bereitung von Wein bereitgestellt wurden. Es ist anzunehmen, dass der Verfasser des Joh diese hellenistischen Geschichten und Bräuche kannte und dass die Zahl der Krüge in Joh 2,6 nicht zufällig zweimal drei beträgt. Das Weinzeichen Jesu wird nicht anders als das des Dionysos dargestellt, aber noch reichhaltiger als dieses.

Jesus versagt die Köstlichkeit des Weines niemandem, aber nur von den zuvor berufenen Jüngern wird gesagt, sie glaubten nun dem, der dies zeichenhaft möglich machte. Es sind Viele, die von der Fülle des Weines trinken, aber Wenige, die darin das Zeichen der Herrlichkeit sehen. Dieser kleinen Schar sollen die Leserinnen und Leser des Joh sich anschließen; darum wurde die Geschichte erzählt.

3.3 Didaktische Perspektiven. Unterrichtliche *Nacherzählungen* dieser Perikope sollten die Lebensfreude des Textes verstärken, ohne sich im ablenkenden Detail zu verlieren. So ist es unnötig, sich beim Beschreiben jüdischer Reinheitsvorschriften aufzuhalten, denn das Händewaschen vor dem Essen gehört ja auch in nichtjüdischen Gesellschaften zu den guten Sitten[4]. Aber die Umständlichkeit, mit welcher das Fehlen von Wein bemerkt, der neue Wein geschaffen und geprüft wird, das Ringen um die Kompetenzen und den richtigen Augenblick, all das gehört zur literarischen Besonderheit der Erzählung und sollte nicht verkürzt werden.

Beim *Nachspielen* der Erzählung muss keine der Rollen unbesetzt bleiben. Auch der Jesuspart überfordert die Spielenden nicht. Es gibt zwei Hauptrollen, eine weibliche und eine männliche; es ist reizvoll, die letztere nicht gleich christologisch zu interpretieren, sondern zunächst einmal als Sohn-Rolle zu spielen: Der erwachsene Sohn wird von seiner Mutter in der Öffentlichkeit zu einer besonderen Handlung genötigt. Er verweigert sich zuerst und tut dann doch, was auch sie wollte, aber nun als eigene Tat. Solche Autonomiekämpfe sind Jugendlichen auf familiärer Ebene nicht fremd.

Bei der Reflexion im *Unterrichtsgespräch* können folgende Erschließungsfragen helfen: Was meint einer, wenn er eine Erzählung mit der Einleitung »Am dritten Tage …« beginnen lässt? Wieso hat »die Mutter« hier keinen Namen? Was mag eine Mutter fühlen, deren Sohn so zu ihr spricht, wie Jesus es tut? Was mögen die Diener gedacht haben, als der Speisemeister das geschöpfte Getränk kostete? Wie mag einem Bräutigam zumute sein, auf dessen Hochzeit so etwas geschieht? Was hat eigentlich den Glauben der Jünger hervorgebracht? Wie wird es bei ihnen mit dem Glauben weitergehen? Das

---

4 Ausschmückungen führen an dieser Stelle immer wieder zu abwegigen Gedanken. So wird von schmutzigen Füßen erzählt, die angeblich in den Krügen gewaschen wurden. Das soll der Erhöhung des sich anschließenden Verwandlungswunders dienen. Aber Jüdinnen und Juden wuschen sich nicht »in« solchen großen Wasserkrügen, sondern schöpften mit besonderen Kannen eine kleine Wassermenge und begossen damit über einem separaten Auffangbecken ihre Hände und Füße. Bis heute ist das in ähnlicher Weise üblich.

sind Fragen, die sowohl auf der Ebene der textlichen Begebenheiten
zu beantworten sind als auch (gleichzeitig) im Horizont der eigenen
Lebensweisheit und Theologie. Solche Fragen stellen es den Befragten frei, wie weit sie sich in die – vom Verfasser des Evangeliums in-
tendierte – Glaubensbewegung hineinbegeben. So kann ein aktiver
Lernweg entstehen, der dem Duktus des Bibeltextes entspricht,
denn am Schluss der Erzählung heißt es nicht: »Und ihr Glaube
wurde von Jesus groß gemacht.« Vielmehr ist da zu lesen: »Und *die
Jünger glaubten* an ihn.«

Interessant für Lerngruppen, die Übung im *Vergleichen von Texten*
haben, ist die Gegenüberstellung der Weingeschichte mit der Brot-
erzählung Joh 6,1–15[5].

4. *Joh 8,1–11: Die Rettung der Ehebrecherin*

Diese Perikope gehört zum alten Bestand der Jesusschriften. Sie
wurde aber erst im 3. Jh. offiziell ins Joh aufgenommen und blieb
strittig. Man befürchtete, die Erzählung könne Frauen zum schlechten Lebenswandel ermuntern[6]. Ihre jetzige Position zwischen einer
Christologie-Debatte (7,40 ff.) und dem großen Wort vom Licht der
Welt (8,12 ff.) lenkt die Aufmerksamkeit stärker auf die christologische Vollmachtsfrage, als es der isolierte Text tun würde.

4.1 Einzelexegese. Da geht es zunächst einfach um den jüdischen Lehrer, der *frühmorgens* vom *Ölberg* (8,1) herab zum *Tempel* kommt, um zu
unterrichten. Die auszulegende Schriftstelle hat er offenbar bereits –
im Stehen, wie das üblich ist – verlesen und legt sie nun – auf dem
Lehrstuhl *sitzend* - aus (V.2). *Schriftgelehrte und Pharisäer* unterbrechen
den Unterricht und bringen *eine Frau,* die *auf frischer Tat beim Ehebruch
ergriffen* wurde (V.3–4). Sie verweisen auf die *Mose-Tradition* (wohl
Dtn 22,22). Aber *Jesus bückt sich und schreibt mit dem Finger auf die Erde*
(V.6b).

In Dtn 22,22 ist bei Ehebruch die Tötung beider Delinquenten geboten. Für Leserinnen und Leser, welche die Jesusreden zur Ehe aus

---

5 Bei *J. Quadflieg* ist dazu eine Synopse zu finden: Die Bibel für den Unterricht.
Neues Testament, Düsseldorf 1998, 70 f.

6 Auch *M. Luther*, Evangelien-Auslegung, Bd. 4, *hrsg. v. E. Mühlhaupt*, Göttingen
1954, und *R. Bultmann*, Das Evangelium des Johannes (KEK), Göttingen 1962,
bearbeiten diesen Text in ihren Johanneskommentaren nicht.

dem Mt kennen (z. B. Mt 5,27–28.31–32; 19,3–9), wird es nun spannend. Denn sie wissen von der Strenge, mit welcher der Lehrer aus
Nazareth für die Verbindlichkeit einer Ehe redet. Sie wissen aber
auch, dass Jesus am Schutz der Frauen gelegen ist. Wie wird er entscheiden, wenn eine Frau als (Mit-)Schuldige in einer Ehebruch-
affäre dasteht? Notiert er – wie in römischen Gerichtsverhandlun-
gen üblich – das Urteil zunächst für sich, um es dann öffentlich zu
verlesen? Schreibt er den Namen der Schuldigen auf die Erde, wie es
der Prophet Jeremia einst von Gott forderte (Jer 17,13)? Oder zeichnet er den Namen der Frau ins Buch des Lebens auf, wie Gott dies
am Jom Kippur, dem großen Versöhnungstag, mit den Namen der
von aller Schuld Freigesprochenen tut? Die Erzählung gibt der Interpretation keine Richtung vor.

Die Schriftgelehrten und Pharisäer dringen darauf, dass Jesus
endlich etwas sagt. Er spricht, aber sein Satz überlässt den Anklä-
gern und Fragern die Entscheidung: *Wer ohne Sünde ist, der werfe den
ersten Stein* (V.7b, vgl. Röm 2,1). Jesus bückt sich und schreibt erneut
auf die Erde (V.8). Die Leute gehen weg, die *Ältesten* zuerst (V.9). Sie
haben entschieden.

Im Talmud (Sanhedrin 6,4) gibt es eine Regel, die zum Jesus-Spruch passt:
Ein Verbrechen, für das die Tora den Tod durch Steinigung vorsieht, kann
nur vor Gericht kommen, wenn die Tat von mindestens zwei unbescholte-
nen Zeugen beobachtet wurde. Diese beiden Zeugen haben die Steinigung
eigenhändig vorzunehmen. Das wissen die Ankläger, bevor sie die Tat anzeigen. Diese Regel war zur Lebenszeit Jesu noch nicht schriftlich fixiert,
aber bereits in der Diskussion. Im Einflussbereich des rabbinischen Judentums hat dies die Anwendung der Todesstrafe weitgehend verhindert.

Vom Weggehen der Leute berichtet die Erzählung ohne Polemik
oder Schadenfreude. Dass die Ältesten zuerst den Ort des Geschehens verlassen, deutet den theologischen und juristischen Konsens
an. Jesus bleibt mit der Frau allein zurück. Sie steht zwar immer
noch »*in der Mitte*«, aber es gibt keine umstehenden Ankläger mehr.
Jesus lässt die Frau das erkennen und formulieren. Dann spricht er
sein Urteil: Auch er »*verdamme sie nicht*«. Dies ist kein Freispruch,
aber bedeutet die Aufhebung der Strafe: Lebensrettung. Der Ehebruch wird nicht in Zweifel gezogen oder verharmlost. »*Geh und sün-
dige hinfort nicht mehr*«, trägt Jesus der Frau auf; die gleichen Worte be-
kam der geheilte Lahme (5,14) zu hören. Das ist nichts Geringeres,
als ein neues und anderes Leben zu beginnen.

4.2 Wirkungsgeschichtliche und hermeneutische Überlegungen. Die Erzählung deutet eine intensive Beziehung zwischen der geretteten Frau und ihrem Retter an. Dies und die insgesamt einladende Intention des Joh, in dessen Kontext die Geschichte eingefügt wurde, legen den Gedanken nahe, *die Frau* nach ihrer Rettung in der Schar der Jüngerinnen Jesu zu vermuten. Dass es sich dabei um Maria Magdalena handeln könnte, wie es manche Kunstbilder und Jesusfilme nahe legen, geht weder aus Joh 8,1–11 noch aus synoptischen Berichten über die Frau aus Magdala hervor. Wer sich dennoch die narrative Freiheit nehmen will, die beiden Personen zu einer zusammenzufügen, muss wissen, dass damit die Zahl der benannten Frauen in der Jesusgruppe verringert wird.

In manchen Auslegungen werden die an Rechtsfragen interessierten Gesprächspartner zu *Gegnern Jesu.* Der Satz V.6a[7] legt dies nahe, falls er ohne das Gegengewicht von V.9 wiedergegeben wird. Die »Ältesten« gehen am Ende ja weder rachsüchtig weg, noch sind sie als die Blamierten dargestellt. Sie haben das Argument Jesu als toragemäß verstanden und tun das, was der Erzähler von seinen Leserinnen und Lesern erhofft[8].

Zu warnen ist vor der *anthropologischen Verallgemeinerung.* Die Geschichte hat nicht die Fehlbarkeit aller Menschen zum Thema. Vielmehr steht die Frau allein da[9]; ihre Sünde ist speziell; die Fragen der Pharisäer und Schriftgelehrten beziehen sich ganz auf den Tatbestand des Ehebruchs. Jesus zeigt der Frau ihre Chance, das eigene Leben zu ändern.

4.3 Psychologische und didaktische Erwägungen. Ein didaktischer Zugang zum Text ist über das genaue Hinschauen in dessen Einzelzüge und Dynamik eher möglich als über systematisierende Betrachtungen. Dennoch ist von einer Behandlung der Erzählung im Unterricht der GS abzuraten, denn Joh 8,1–11 ist eine Dilemma-Geschichte; erst

---

7 *J. Becker*, Das Evangelium nach Johannes (ÖTBK 4,1), Gütersloh/Würzburg 1979/1989, 283 hält den Vers für einen späteren Einschub.
8 An dieser Stelle ist eine judenfeindliche Tendenz nicht im Text selbst zu lesen, sondern entsteht erst bei einer unachtsamen Auslegung.
9 Das ist erstaunlich, denn eigentlich gehören zum Ehebruch zwei. Der Liebhaber müsste wegen seines Übergriffs in den Besitz des Ehemanns verurteilt werden. Der Text gibt auf der Sachebene keinen Anhaltspunkt zur Lösung der Frage, warum die Frau allein zur Rechenschaft gezogen wird. Aber auf der narrativ-szenischen Ebene ergibt sich durch die isolierte Position der Frau der Eindruck tiefer Vertrautheit zwischen ihr und Jesus.

mit Schülerinnen und Schülern der neunten und zehnten Jahrgangsstufe lassen sich einige Facetten des Textes erschließen. Doch auch hier gilt, dass nicht die Sichtweisen der Lehrenden entscheidend sind, sondern die Lebenserfahrung und Urteilsfähigkeit der Lernenden.

Der Handlungsablauf der biblischen Erzählung ist spannend und verständlich. Daher ist es nicht nötig, sie in einer – immer schon interpretierenden – Nacherzählung darzubieten. Um die emotionalen und dramatischen Züge des Textes zu erfassen, bieten sich Methoden zur *Verlangsamung des Lesens* oder *bibliodramatische Übungen* an.

Ein Beispiel zur Verlangsamung sei genannt: Über einen Overhead-Projektor wird der auf Folie kopierte Text nur versweise sichtbar gemacht. So kann nach jedem Absatz überlegt werden, was das Gelesene im Einzelnen für die am Geschehen beteiligten Personen bedeutet und wie es weitergehen könnte. Der offene Schluss der Geschichte gibt dann Anlass zur Frage nach dem zukünftigen Leben der Frau.

Ein schulpraktischer bibliodramatischer Zugang ist folgendermaßen möglich: Die Schülerinnen und Schüler wählen nach dem ersten Hören des gesamten Textes ein auffallendes Wort, eine bemerkenswerte Redewendung oder einen besonders wichtigen Satz aus und stellen das Textstück – mit einer Körperbewegung verbunden – den anderen vor. In Kleingruppen wird dann aus den gewählten und gestisch-mimisch interpretierten Elementen eine neue Geschichte zusammengesetzt. Dabei sollte jeder und jede die zuvor gewählte Textpassage und die Geste selbst einbringen. Nach dieser Übung ergibt sich für das zweite Hören des Gesamttextes meist eine neue Sicht, über die gesprochen werden kann.

Von einem *Rollenspiel* ist bei dieser Erzählung aus drei Gründen abzuraten. Erstens wird die Beziehung zwischen Jesus und der Frau im Verlauf der Geschichte so eng, dass das Spielen emotional überanstrengen und zum Ausbrechen in Albernheit verleiten kann. Zweitens könnte diese Jesusrolle die Spielerin oder den Spieler religiös überfordern. Und drittens verleiten die Rollen der Pharisäer, Schriftgelehrten und Ältesten zur Persiflage oder zur Stilisierung des Bösen, was weder pädagogisch noch religionsdidaktisch wertvoll wäre.

5. *Joh 10,1–18: Die Bildrede von der Tür und dem guten Hirten*

Der komplizierte Text braucht eine Gliederung.
- V.1–5.6: Bildrede vom guten Hirten (in der dritten Person, mit dem Resümee: Die Jünger verstehen sie nicht)
- V.7–10: Entfaltung der Bildrede vom Türmotiv her (in der ersten Person)
- V.11–15.16: Entfaltung der Bildrede vom Hirtenmotiv her (in der ersten Person, mit der Übertragung auf die Gemeindesituation)
- V.17–18: Allgemeiner christologisch-theologischer Bezugsrahmen (in der ersten Person).

Die Komposition aus Gleichnisrede und verschiedenen Interpretationen ist weder literarisch noch perspektivisch einheitlich, ergibt aber in ihrer jetzigen Gestalt interessante – auch emotionale – Zugänge zu christologischen Fragen.

5.1 Einzelexegese. Das *Hirtenmotiv* erinnert an die anderen verlässlichen Hirtengestalten der Bibel: Mose (Jes 63,11), Aaron (Ps 77,21) und David (Ps 23; 78,70; Hes 34,23 f.). Frühjüdische Schriften nennen auch den Messias einen guten Hirten: »Mächtig von Tat und stark in der Furcht Gottes hütet er des Herrn Herde treu und recht und lässt nicht zu, dass eines von ihnen auf ihrer Weide strauchelt. Gerade leitet er sie alle, und unter ihnen ist kein Übermut, dass Gewalttat unter ihnen verübt würde.« (Psalmen Salomos 17,10 f.)

So ist die Rede V.1–5, welche in der dritten Person vom Hirten spricht und dies messianisch meint, durchaus als Rede des Juden Jesus vorstellbar.

Thema ist die Erkennbarkeit des rechten Hirten. Dieser kann mit *Dieben und Räubern* verwechselt werden; doch sie kommen nicht durch den vom Türhüter betreuten Eingang, sondern schleichen sich auf anderen Wegen ein (V.1 f.; vgl. Hes 34,1–8). Der gute Hirte weiß *die Namen* seiner Tiere, und sie *kennen* seine Stimme. Die Vertrautheit ist Kriterium zwischen recht und falsch (V.3 f.).

Dass der *Türhüter* eine so bedeutende Rolle spielt, fällt auf. Vielleicht ist hier an die Mesusa zu denken, die als »Türhüterin« an den Türpfosten jüdischer Wohnungen angebracht ist, ein kleines Kästchen mit einem handgeschriebenen Text: Dtn 6,4; 11,13; Num 15,37. Wer daran vorbei ins Haus geht, erinnert sich an Gott, den Ewigen und Einzigen, und an seine Tora. Wer sich auf anderen Wegen ins Haus schleicht, dem fehlt die Erinnerung an die Gebote, die das Zusammenleben der Menschen regeln; er kann mit schlimmen Absichten hineinkommen.

V.6 benennt die Form der Jesus-Rede kommentierend mit dem griechischen Begriff »paroimia« (die Präposition »para« heißt: neben, entlang; und das Verb »oi(o)mai« bedeutet: meinen, denken). *Luther* wählt hier zur Übersetzung das Wort »*Gleichnis*« (→ XV. Gleichnisse). Im Joh kommt der griechische Begriff außer in 10,6 noch zweimal vor, 16,25 und 16,29. Interessanterweise übersetzt *Luther* dort anders, lässt Jesus »*in Bildern*« sprechen, solange dieser noch »in der Welt« ist und lässt ihn dann »frei heraus sprechen«, als er bereits auf dem Weg »zum Vater« ist.

Das Unverständnis der Jünger (10,6) ist – wie das der Leserinnen und Leser – angesichts so verhüllter Botschaften normal. Daher schließen sich die folgenden Erläuterungen sinnvoll an. Doch auch sie sagen nicht »frei heraus«, was die vorangegangene Bildrede meint, sondern führen durch unterschiedliches Ausformen je eines Aspektes weiter ins Rätsel bzw. in die Theo-Logie, in die vorläufige Rede von Gott hinein:

Die Verse 7–10 greifen das *Türmotiv* auf. Als Ich-bin-Wort aus dem Mund Jesu lässt es Fragen offen: Wenn er als Tür vorzustellen ist, wer ist dann der *Hirte*, der *Türhüter*, der *Fremde*? Wohin führt *der Weg durch das Tor*? Die einzelnen Text-Aspekte lassen sich nicht rational zuordnend begreifen. Die Rede erinnert eher an ein Traumbild, in dem sich eine Person in mehreren Figuren und an unterschiedlichen Orten befinden kann, ohne dass dies als unlogisch empfunden wird.

Es wird gesagt, wer durch das Tor gehe, werde *gerettet* (V.9a).[10] Weiterhin ist zu erfahren, dass ein freies *Aus- und Eingehen* möglich sei und diejenigen, die das tun, *eine gute Weide* fänden (V.9b). Auch dies bleibt vom Bild umhüllt, erinnert an Geborgenheitserfahrungen und weckt die Sehnsucht, mit dabei zu sein. Die Erwähnung der lebensbedrohenden Absichten des *Diebes* fügt das Gefühl der Schutzbedürftigkeit hinzu. Insgesamt ist dies eine emotional sehr ansprechende Weiterführung unter neuer Perspektive, aber keine rationale Erklärung der ersten Bildrede.

Die Verse 11–15 entfalten in einer ähnlichen Weise das *Hirtenmotiv*. Das *Ich-bin*-Wort fügt sich mit dem Hirtenmotiv leichter zusam-

---

10 Die Lutherübersetzung ist an dieser Stelle für heutige Leserinnen und Leser wenig hilfreich, denn wer weiß noch, dass das alte Adjektiv »*selig*« auch das »Gerettetsein bei Gott« beschrieb?

men als mit dem Türmotiv. Aber den Satz vom »*guten Hirten, der sein Leben für die Schafe lässt*«, versteht nur, wer die Jesusgeschichte bis zur Kreuzigung schon kennt und sich in diese Geschichte einbezogen fühlt (→ TLL 1, Kreuz/Kreuzigung Jesu, 207 f.).

In der ersten Bildrede stehen dem Türhüter Diebe, Räuber und ein Fremder als Kontrastfiguren entgegen (V.1.5); im zweiten Bild hat der Hirte zwei Gegenspieler, den *Mietling* (Lohnarbeiter), *der die Schafe* im Ernstfall *verlässt* und den *Wolf*, der sie *zerstreut* (V.12 f.). Wie beim Türhüterbild ist das gegenseitige *Kennen* Kriterium guter Hüter- bzw. Hirtenschaft. Das ist zunächst auf der weisheitlichen Ebene gesprochen (V.12f), dann auch theologisch gesagt (V.15 f.): Der *Vater kennt* den guten Hirten und dieser *kennt* ihn. Durch die Wiederholung des Satzes vom *Hirten, der sein Leben für die Schafe lässt*, in der Ich-Form erhält das Bildwort den Beiklang einer Abschiedsrede Jesu.

Die Hirten-Passage (V.11–15) bewegt sich auf der Grenze zwischen sehr persönlicher Bildrede und metaphorischer Theologie. Hier geht es nicht mehr wie im ersten und zweiten Teil um das Wecken von Erinnerung und Sehnsucht, sondern um das verinnerlichende Verstehen dessen, wie Gottes Vaterschaft, Jesu Hüterrolle, sein Leiden und die Bewahrung der Menschen zusammengehören.

V.16 wechselt zum Thema *Gemeinde* über: Auch *Schafe anderer Ställe* gehören dazu, eine Äußerung, die jede Zeit anders verstehen wird. Damals bezogen die Worte sich auf die Heidenchristen, die neben den Judenchristen nun auch in die Gemeinden aufgenommen und akzeptiert werden sollten. Der letzte Satz von der *einen Herde* und dem *einen Hirten* beschwört die Einheit gegen die drohende Spaltung in Gruppen verschiedener Herkunft oder Lehrmeinung – ein Problem und ein Anspruch, welche die Christenheit bis heute beschäftigen.

Mit V.17 f. wird die Gleichnis-Ebene verlassen. Es folgen lehrhaft verbindliche Christologie-Sätze – als Jesusrede stilisiert. Dass diese Passage später angefügt wurde, ist deutlich zu merken.

5.2 Systematische und hermeneutische Überlegungen. Der Text besteht aus drei Bildreden und drei christologischen Sätzen verschiedener Zeiten. Eine Interpretation sollte nicht versuchen, beides ineinander zu verschränken oder von V.17 f. her »frei heraus« zu sagen versuchen, was die Bildreden ohne Bild bedeuten könnten. Dies verbietet sich zum einen von Joh 16,25 und 29 her; denn es ist nicht an der Zeit, in der dritten Person – deskriptiv und unverhüllt – von Jesus Christus und Gott zu reden. Zum anderen muss gefragt werden, warum Jesus überhaupt in Gleichnissen sprach und warum auch die frühen christlichen Gemeinden und Evangelisten sich der verbergenden Sprachform bedienten. Offenbar kann nicht anders gesprochen werden, weil das Gesagte transzendent ist und nur stimmt, wenn die Hörenden es ihrerseits mit allen Sinnen in ihr Leben aufnehmen. Der Prozess der Aneignung ist das Ziel, nicht die kognitive Entdeckung einer entfernten Wahrheit. Die »Ich-bin-Sätze« sind Einladungen, keine Erklärungen.

5.3 Didaktisches. Die drei Bildreden 10,1–18 sollten ohne ihren szenischen *Kontext* (9,40f. und 10,19–21) behandelt werden, denn dieser würde nur die ohnehin weit verbreitete kirchliche Pharisäer-Schelte verstärken. Durch den Transport des Widerspruchs von innen (Was Jesus meint, ist schwer zu verstehen) nach außen (Seine Feinde missverstehen ihn böswillig) ginge der Perikope zudem ihre Anstößigkeit verloren.

Als *Gesamttext* ist 10,1–18 nur textanalytisch geübten Lerngruppen zuzumuten. Da aber jede der drei Bildreden das gesamte Evangelium enthält, können sie auch unabhängig voneinander im Unterricht behandelt werden. Dabei bietet es sich an, *einzelne Bild-Elemente* emotional auszuloten. Denkbar sind folgende Erschließungsfragen: Wie fühlt es sich für denjenigen im Haus an, wenn einer durchs Fenster einsteigt, statt durch die Tür zu kommen? Wie kommt es, dass Tiere gehorchen, wenn sie bei ihrem Namen gerufen werden? Wie ist es, durch eine Tür aus und ein zu gehen?

Das etwas abstraktere Motiv des »guten Hirten« ist Kindern oder Jugendlichen vermutlich bekannt; möglicherweise bringen sie es aber nicht mit Jesus in Verbindung. Dass kirchliche Amtsträger Hirten genannt werden, wissen sicherlich nur einige. So ist es nötig, diese Bildwörter aufzuschlüsseln und ihren emotionalen Konnotationen auf die Spur zu kommen.

Die Furcht vor »dem Wolf« wird Kindern und Jugendlichen vertraut sein, selbst wenn ihnen der biologische Verstand sagt, dass Wölfe eher im Rudel als allein auftreten.

Die Hirten-Gleichnisse werden aus der Sicht des Hirten erzählt. Darum sollte das Verstehen auch von dieser Seite ausgehen: Was könnte Jesus gemeint haben, wenn er sich selbst einen guten Hirten nennt?

Das Portal mancher Kirchen ist nach dem johannäischen Tor-Motiv gestaltet. Dort kann beim bewussten Hindurchschreiten die Gefühlswelt des Textes ergriffen werden.

Viele *Bilder in der kirchlichen Kunst* nehmen das Hirten-Motiv auf, exemplarisch sei hier auf den Farbholzschnitt »Der Gute Hirt« von *Thomas Zacharias*[11] hingewiesen. Ohne den biblischen Text kann das Bild zunächst als »Wirklichkeitsraum« betrachtet werden, dann noch einmal nach der Bibel-Lektüre als Interpretation des Textes.

LITERATURHINWEISE

I. Baldermann, Johannäische Didaktik, in: *ders.*, Einführung in die Bibel, Göttingen (1988) [4]1993, 228 ff.

K. Berger, Im Anfang war Johannes. Datierung und Theologie des vierten Evangeliums, Stuttgart 1997.

R. Habermann, Das Evangelium nach Johannes. Orte der Frauen, in: *L.Schottroff/M.-T. Wacker (Hg.)*, Kompendium feministischer Bibelauslegung, Gütersloh 1998, 527 ff.

C. Westermann, Das Johannesevangelium aus der Sicht des Alten Testamentes, Stuttgart 1994.

---

11 In: *G. Lange*, Farbholzschnitte zur Bibel von Thomas Zacharias. Interpretationen und Unterrichtspraxis mit bildnerischer Kunst, München 1973, 33 ff. (Farbbild im Anhang).

XIX. Apostelgeschichte

Johannes Lähnemann

1. Kurzinformation

Werde ich von jungen Menschen gefragt: »Wo kann ich Spannendes im NT lesen?«, empfehle ich die Apostelgeschichte (Apg)! Abwechslungsreich ist sie in Erzählform und Atmosphäre, mit Visionärem und Dramatischem, mit den herausragenden Persönlichkeiten Petrus und Paulus, mit ihren durchdacht gestalteten und genau auf die Situation zielenden Reden. Dabei hält sie die große Linie durch: »Ihr werdet die Kraft des heiligen Geistes empfangen … und werdet meine Zeugen sein in Jerusalem und in ganz Judäa und Samarien und bis an das Ende der Erde« (1,8). Den Verfasser nennen wir gemäß der Tradition der Alten Kirche Lukas – auch wenn das Werk ursprünglich anonym überliefert und wohl kaum vom Paulusbegleiter Lukas geschrieben wurde (Er rechnet z.B. Paulus entgegen dessen eigener dezidierter Meinung nicht unter die Apostel).

Lk hatte in diesem Werk stärkere Gestaltungsmöglichkeiten als in seinem Evangelium, in dem er – mit Mk, der Logienquelle und dem Sondergut – in viel größerem Umfang geprägtes Material zu verarbeiten hatte. Dennoch ist die Apg nicht etwa zu einem Roman geworden, der sich mehr oder weniger bewusst über die geschichtlichen Tatsachen hinweg setzt, sondern sie stellt im Kontext antiker Geschichtsschreibung (die immer schon ein bestimmtes Publikum und eine bestimmte Absicht im Blick hatte) ein ernst zu nehmendes Geschichtswerk dar[1]. Der Verfasser war Heidenchrist, hatte aber eine große Nähe zum Judenchristentum. Erfüllt ist er besonders davon, das Wunder sichtbar zu machen, wie das Evangelium immer weitere Kreise zieht und schließlich bis nach Rom gelangt, in die Hauptstadt des Reiches (dessen Vertreter er fast durchgängig in positivem Licht erscheinen lässt). Auf die Anfangszeit der Kirche blickt

---

1 Hierzu *J. Roloff*, Ein Buch, das aus dem Rahmen fällt, in: Bibel und Kirche 55/2000, H. 2 (Themaheft Apostelgeschichte), 62–67, 64 f.

er schon als eine in gewisser Weise »klassische«, ideale Zeit zurück, aus der Beispielhaftes für die Kirche zu lernen ist. Er benutzt dabei (besonders in der 2. Hälfte des Werkes) ernst zu nehmende geschichtliche Quellen (so z. B. ein Stationen- und Wegeverzeichnis aus dem Kreise der Paulusmitarbeiter in Kapitel 16–18). Zeitlich ist das Werk etwa um 90 anzusetzen, örtlich kämen Rom oder Antiochia in Frage[2].

Folgender Aufriss des Werkes legt sich nahe[3]:

Prolog: Die Weisung des Auferstandenen 1,1–16
Teil I: Die Anfangszeit in Jerusalem 2,1–5,42
Teil II: Das erste Stadium der Ausbreitung der Kirche 6,1–9,31
Teil III: Antiochia und die Anfänge des Heidenchristentums 9,32–15,35
Teil IV: Die Mission des Paulus in Kleinasien und Griechenland
          15,36–19,20
Teil V: Paulus als Zeuge des Evangeliums in Jerusalem und Rom
          19,21–28,31.

2. Apg 2,1–13: Das Pfingstereignis

2.1 Exegetisch. Die Geschichte von der Ausgießung des Heiligen Geistes am Pfingstfest hat eine Schlüsselstellung – für die Apg, aber darüber hinaus für die Kirche insgesamt: Sie beschreibt ihren »Geburtstag«. So wie Jesus bei seiner Taufe durch Johannes als Geistträger schlechthin vorgestellt wird, erfahren hier seine Anhängerinnen und Anhänger, dass Gottes Kraft im Heiligen Geist über sie kommt, wie Jesus es ihnen vor seiner Himmelfahrt versprochen hat (Apg 1,8). Der Dynamik des Geschehens entsprechend ist die Erzählung dynamisch gestaltet: Gleich nach der kurzen Eröffnung entsteht plötzlich Wind und Sturm vom Himmel her, schon im AT Begleiter des Erscheinens Gottes (1 Kön 19,11; Ps 50,3)[4], ebenso wie das Feuer (Ex 19,18). Sogleich sind die Jünger vom Heiligen Geist erfüllt – d. h. »von einem von Gott ausgehenden übernatürlichen Machtstrom durchdrungen« und sind in der Lage, in anderen Sprachen zu reden, eine vom Geist gewirkte Redefähigkeit, die, »ebenfalls durch das Wirken des Geistes, für die Zuhörer verständlich wird ... als prophetisches Gotteslob (V.11.18 ...)«[5]. Damit erscheint

---

2 *J. Roloff,* Ein Buch, das aus dem Rahmen fällt, 64.
3 Nach *J. Roloff,* Die Apostelgeschichte (NTD 5); Göttingen 1981, 13 f.
4 *J. Roloff,* aaO., 41.
5 *J. Roloff,* aaO., 42.

die Pfingstgeschichte als Gegengeschichte gegen die Geschichte von der Sprachverwirrung beim Turmbau zu Babel (→ TLL 1, Heiliger Geist/Pfingsten).

Es folgt ein abrupter Szenenwechsel: »Die Wände des ›Hauses‹, in dem die Jünger versammelt sind, lösen sich gleichsam auf, und ganz Jerusalem wird nunmehr zum Schauplatz der Handlung.«[6] Dabei kümmert es Lk nicht, dass die Übergänge von Ort und Zeit nicht immer logisch erscheinen. Das Geschehen und seine Wirkung stehen im Mittelpunkt seines Interesses: Die Menge läuft zusammen, irritiert und voller Staunen darüber, dass jeder die Jünger in seiner Sprache reden hört – sie, die doch alle aus Galiläa stammen! Die lange Völkerliste steigert noch die Dramatik. So wenig systematisch aufgebaut sie erscheint: Es werden durchweg Gebiete mit einer starken jüdischen Bevölkerung genannt; dass auch Judäa selbst genannt wird, kann darauf schließen lassen, dass die Liste in Syrien entstand und von dort aus gleichsam der Horizont der jüdischen Welt ausgeleuchtet wird[7]. Aus dem ratlosen Staunen der Menge kristallisieren sich zwei Haltungen heraus: einmal das Nachfragen derer, die offen sind für die Botschaft des Ereignisses, sodann der Spott der Übrigen: »Sie sind voll süßen Weines.«

Nun tritt Petrus auf und hält seine programmatische Pfingstrede. Er widerlegt den Spott, verweist auf die Verheißung des Geistes beim Propheten Joel und entfaltet das Geschick Jesu als von Gott bestimmten Heilsplan. Damit wird diese Geschichte zur Ouvertüre des Gesamtwerkes der Apg, in der das wirkungsmächtige Kommen des Heiligen Geistes und die weltweite Dimension der (in den Traditionen Israels verwurzelten) Heilsbotschaft von Jesus aufklingt, und zwar von Jerusalem als zentralem Ausgangspunkt aus.

2.2 Systematisch. Die Pfingstgeschichte ist die Ausgangsgeschichte für die christliche Rede vom Heiligen Geist (→ TLL 1, Heiliger Geist/Pfingsten). Es ist der Geist, den Jesus seinen Jüngern versprochen hat, als die Kraft Gottes, die zu ihnen kommt und bei ihnen bleibt. Es ist der Geist, der eine neue Gemeinschaft stiftet. Die Jünger werden mit dem Heiligen Geist als der Kraft Gottes erfüllt, der die Menschen verbindet. Was die Jünger von Jesus zu erzählen haben, wird auf einmal von Menschen aus ganz verschiedenen Weltregionen verstanden. Die Jünger lernen: Die Gnade des Herrn Jesus

6 *J. Roloff*, aaO., 43.
7 *J. Roloff*, aaO., 45.

Christus und die Liebe Gottes gelten weltweit, sie sprengen die Grenzen der Sprache. Und der Heilige Geist kann Christen zu einer beispielhaften Gemeinschaft werden lassen[8].

Wir wissen, dass die Realität der Welt und auch die Realität der christlichen Kirchen oft alles andere als erfüllt von diesem Geist ist. Umso wichtiger ist es, sich immer wieder die entgrenzende und in die Verantwortung führende Pfingstbotschaft zu vergegenwärtigen. Konzentriert ausgedrückt ist das in dem Bekenntnis der United Church of Christ (USA) von 1958:

> »... Seinen Heiligen Geist verleiht er (erg.: Gott) uns, jenen Geist,
> der die Kirche Jesu Christi schafft und erneuert.
> Er vereint die Menschen aller Zeiten,
> aller Sprachen und Rassen in seinem Bund.
> Er ruft uns in seine Kirche, damit wir die Kosten der Nachfolge tragen
> und ihre Freuden erfahren.
> Er macht uns zu seinen Mitarbeitern im Dienst an den Menschen.
> Er läßt uns der ganzen Welt seine Botschaft verkünden.
> Er läßt uns widerstehen den bösen Mächten.
> Er läßt uns teilhaben an Christi Taufe und läßt uns essen an seinem Tisch.
> Er verbindet uns mit seinem Leiden und Sieg.
> Er verspricht allen, die ihm vertrauen,
> Vergebung der Sünden und Gnade im Überfluß.
> Er gibt Mut im Kampf um Gerechtigkeit und Frieden.
> Er zeigt seine Gegenwart in Anfechtung und Freude.
> Er läßt uns leben unter seiner Herrschaft, die kein Ende hat.
> Ihm sei Lob, Ehre und Anerkennung!«[9]

2.3 Didaktisch. Apg 2 ist die zentrale Geschichte, wenn es um Pfingsten, den Beginn der Kirche und den Heiligen Geist geht. Damit spielt sie für das Kirchenjahr, für die Auffassung von dem, was Kirche ist, und für das christliche Bekenntnis eine wesentliche Rolle. Alle drei Elemente kommen dementsprechend zumeist bereits in den Grundschullehrplänen vor. Dem steht entgegen, dass Erhebungen zeigen, wie auch Ältere mit dem Stichwort »Heiliger Geist« wenig anzufangen wissen (→ TLL 1, Heiliger Geist/Pfingsten, 132) und dass Pfingsten (zusammen mit Himmelfahrt (→ TLL 1, Himmelfahrt) im Bewusstsein auch der christlichen Gemeinden viel

---

8 Hierzu *J. Lähnemann*, Dreieinigkeit. Glauben wir Christen an drei Götter? in: Weltkonferenz der Religionen für den Frieden WCRP/Deutschland. Informationen 52/1999, 4–14, 8 f.

9 *J. Lähnemann*, aaO., 14.

weniger verankert ist als Ostern oder erst recht Weihnachten. Die Pfingstgeschichte kann hier helfen, konkret werden zu lassen, was die Rede vom Heiligen Geist bedeutet und was der Sinn des Festes ist, weil sie Grunderfahrungen lebendig werden lässt, die Christen zu allen Zeiten machen können: »Menschen verlieren ihre Angst, können frei reden, haben Mut zum ersten Schritt, können sich verständlich machen, werden verstanden, sprengen vorhandene Grenzen, lassen sich verändern, staunen, freuen sich, werden aufeinander zu bewegt und gehen aufeinander zu, öffnen sich füreinander, gehen aus sich heraus, bilden eine neue Gemeinschaft, verlassen erstarrte Einstellungen, lernen sich selbst neu verstehen.«[10]

Im Unterricht wird es darauf ankommen, diese Grunderfahrungen erlebbar, nachvollziehbar zu machen und gleichzeitig damit auch Wissen über den Anfang der Kirche und Verständnis für die Erfahrung des Heiligen Geistes zu vermitteln. Dabei sind symboldidaktische Lernwege angezeigt – entweder direkt aus der Pfingstgeschichte gewonnen[11] oder in Symbollernen (etwa zu »Wind« oder »Feuer«) eingebettet[12]. Wichtig ist in jedem Fall die Begegnung mit der Pfingstgeschichte selbst – in textnaher Lehrererzählung oder im direkten Kennenlernen des biblischen Textes –, wobei ergänzend auch die Perspektive eines Beobachters von außen eingenommen werden kann[13].

Im Kontext gibt es eine Reihe guter Bild-, Text- und besonders auch Liedmöglichkeiten (wie: »Am hellen Tag kam Jesu Geist«, »Komm, heilger Geist, mit deiner Kraft«), die in die neueren Unterrichtswerke Eingang gefunden haben und zu kreativem Gestalten einladen[14].

In der *Sek I* wird die Beziehung zur Geschichte des frühen Christentums eine besondere Rolle spielen. Es lässt sich auch der differenzierte Zusammenhang mit dem jüdischen Schawuot-Fest ansprechen: »Juden gedenken der Gabe der Gebote, Christen gedenken der Gabe des Heiligen Geistes« (→ TLL 1, Heiliger Geist/Pfingsten, 133).

10 Wegzeichen Religion 4. Lehrerhandbuch, *hg. v. Religionspädagogischen Zentrum Heilsbronn*, Frankfurt/M. 1998, 71.
11 So z.B. in der älteren Ausgabe von Wegzeichen 4, Frankfurt/M. 1980, 53ff.
12 So in der Neuausgabe von Wegzeichen 4, Frankfurt/M. 1997, 58f. mit dem Pfingstbild von *Salvador Dali* und dem poetischen Text »In Bewegung sein« von *Dietrich Steinwede*.
13 Hierzu *J. Lähnemann*, Markt in Jerusalem, in: Vom Turm zur Taube. Pfingsten hier und anderswo, Hamburg: Evangelisches Missionswerk 1998, 8.
14 Wie Wegzeichen 4, Lehrerhandbuch, 71ff.

3. Apg 2,42–47: Das Leben in der Urgemeinde

3.1 Exegetisch. Der zweite ausgewählte Text ist ein kurzer Abschnitt, der in besonderer Konzentration das Leben in der Urgemeinde charakterisiert. Angesichts der Gütergemeinschaft hat man hier von einem »urchristlichen Kommunismus« gesprochen, ohne dass freilich eine sozialistische Gesellschaftsanalyse vorausgesetzt oder mit einer kollektiven Wirtschaftsführung (wie etwa bei den Essenern) gerechnet werden kann. Die Schilderung erscheint sehr idealistisch. Lk überspringt aber Probleme, die mit der Besitzverteilung auftauchen, nicht (s. Apg 5,1–11; 6,1). Gleichwohl will er sowohl an die idealen Anfänge erinnern als auch ein Leitbild geben, an dem sich die Kirche immer zu orientieren hat. Er unterstreicht das durch zwei weitere Summarien, die Ähnliches beinhalten wie dieser Text (4,32–35; 5,11–16). *Roloff* geht davon aus, dass V.42–43 mit seiner knappen Aufzählung ein Lk vorliegendes Traditionsstück ist, das in V.44–47 wiederholend entfaltet wird[15].

Fünf Merkmale für das Leben in der Urgemeinde werden genannt: die Lehre der Apostel, die Gemeinschaft, das Brotbrechen (als *pars pro toto* für das Abendmahl), das Gebet und die Wundertaten der Apostel.

(1) Zur *Lehre der Apostel* gehören die Worte Jesu und Erzählungen von seinen Taten, besonders die Deutung seines Geschicks als endzeitliche Heilsoffenbarung, die in der Schrift angekündigt ist – wie es bereits in der Petruspredigt deutlich wurde.

(2) Zur *Gemeinschaft* war die Gemeinde durch Jesu Werk und Gabe zusammengeschlossen. Ihre Gütergemeinschaft war kein planvolles System, sondern der freiwillige Einsatz des Besitzes angesichts der Bedürfnisse in der Gemeinde, sicher auch inspiriert durch Jesu Besitzverzicht, seine Kritik am Reichtum und seine Warnung vor dem Sorgen (Mt 6,11.25ff.) – und im Blick auf die Erwartung des baldigen Wiederkommens Christi[16]. Wenn Lk in 2,44–45 diese Gemeinschaft im Sinne einer totalen Gütergemeinschaft deutet, dann hat er damit einen Idealzustand vor Augen, wie er in der antiken Philosophie häufig für einen heilen Urzustand der Menschheit gehalten wurde[17]: Dies sieht er im Urbild der Gemeinde, das er hier zeichnet, realisiert.

15 *J. Roloff,* Apostelgeschichte, 65 f.
16 *J. Roloff,* aaO., 90 f.
17 *J. Roloff,* aaO., 89.

(3) Die Gemeinschaft wird sodann konkret im »*Brotbrechen*«: »Wörtlich ist damit der mit dem Tischsegen verbundene Gestus verstanden, mit dem der Hausvater die Mahlzeit eröffnet.«[18] In dieser Mahlgemeinschaft klingen noch die Gemeinschaftsmahle des irdischen Jesus nach. In der besonderen Mahlhandlung Jesu in der letzten Nacht wurde die Beauftragung gesehen, diese Mahlgemeinschaft fortzuführen bis zum Wiederkommen Jesu.

(4) In V.46 wird deutlich, dass die Urgemeinde das Abendmahl als Fest- und Freudenmahlzeit feierte, verbunden mit dem Gotteslob. Zentrales Merkmal war dabei die Nähe Gottes, wie sie sich im *Herrengebet* Lk 6,2–4 mit der kindlichen Abba-Anrede Gottes ausdrückt.

(5) Das letzte Kennzeichen sind die *Wundertaten*, zu denen die Apostel bevollmächtigt sind und die in besonderem Maß das Staunen der Umwelt hervorrufen. Dass hier eine wirkliche geschichtliche Erinnerung über diese Erweise des Heiligen Geistes in der Urgemeinde vorliegt, wird schon aus den Paulusbriefen deutlich (vgl. Gal 3,5; 2 Kor 12,12).

Insgesamt werden von Lukas in diesem Abschnitt die Merkmale der »idealen Gemeinde« vorgestellt, in denen sich die Präsenz Christi durch den Heiligen Geist zeigt.

3.2 Systematisch. Lk 2,42–47 ist ein komprimierter Text, der gleichsam eine »Scharnierfunktion« hat: Er fasst die Folgen des Pfingstereignisses zusammen, und er zeigt die Kennzeichen auf, auf die sich die Kirche immer wieder zu besinnen hat. So wie die Gemeinde hier lebt, ist sie realisiertes Evangelium: die Kraft des Heilswirkens Jesu ist in ihr präsent. In ihrem Erfülltsein vom Geist Gottes und in ihrer Verwirklichung der Liebesgemeinschaft kann sie »Salz der Erde« und »Licht der Welt« (Mt 5,13 f.) sein. Dass diese Lebensform nicht selbstverständlich ist, auch für die Gemeinde, und dass sie in Schwierigkeiten und Verfolgungen hineinführen kann, zeigt die Apg in den folgenden Kapiteln an vielen Beispielen.

Wie viel an kritischen Maßstäben hier enthalten ist, verdeutlicht ein Text von *Martin Luther King*, in dem er sich für seine Bürgerrechtsbewegung bewusst auf die Anfänge der Kirche bezieht: »Es gab eine Zeit, in der die Kirche eine große Macht besaß: Das war, als sich die ersten Christen glücklich priesen, für wert befunden worden zu sein, zu leiden für das, woran sie glaubten. In jenen Ta-

18 *J. Roloff*, aaO., 66.

gen war die Kirche nicht lediglich ein Thermometer, das die Ideen und Leitbilder der öffentlichen Meinung registrierte, sondern ein Thermostat, der die Sitten der Gesellschaft wandelte.«[19]

Als beispielgebende Gemeinschaft wirkt die Gemeinde in ihr Umfeld hinein, strahlt sie aus und wächst durch Menschen, die neu zu ihr hinfinden.

3.3 Didaktisch. Für den Unterricht hat der Text seine Relevanz darin, dass er zeigt, wie das Pfingstereignis sich in das Leben der Gemeinde hinein umsetzt: Die Nähe Gottes, die Gegenwart Christi und das Wirken des Geistes werden darin sichtbar, wie die Gemeinde beisammen ist, wie sie Füreinander-Dasein realisiert und wie das zentral in Gottesdienst und Gebet zum Ausdruck kommt. Für den Grundschulbereich wäre es wichtig, das in durchdachter Gestaltung mit Text – Lied – Bild – Bewegung erlebbar werden zu lassen. Das Lehrerhandbuch zu »Wegzeichen 4« bietet einen Vorschlag hierzu, ausgehend von einem einfachen Text, der »Gemeinschaft erleben« sichtbar macht:

>»Gottes Geist, guter Geist, was ist das?
>Das ist Freundlich sein. Geduldig sein. Wahrhaftig sein.
>Gütig sein. Sich freuen können. Anderen verzeihen. Frieden halten.
>Sich selbst beherrschen. Den Mitmenschen helfen. Einander lieben.
>Kein Platz für Prahlerei. Kein Platz für Neid. Kein Platz für Zorn und Hass.
>So wie bei Jesu(s)«[20]

Schülerinnen und Schüler können das »Füreinander Dasein« in der Symbolik der den Text umgebenden Hände und im Vergleich mit einer kindgerechten Wiedergabe des Textes Lk 2,42–47 (auf der gleichen Seite des Schulbuches) herausfinden. Dieser Text könnte aber auch das Grundgerüst zu einer Lehrererzählung bilden, in der eine Zusammenkunft der Urgemeinde – evtl. aus der Perspektive eines neu hinzugekommenen Gastes – geschildert wird. Zur Vertiefung wird eine symbolische Gestaltung zum »Wind«-Lied von *Wolfgang Longardt* angeregt[21]. Die gottesdienstliche Dimension des Erfülltseins vom Geist Gottes kommt gut in einem Kanon wie »Lasst uns miteinander singen, spielen, loben den Herrn« zur Geltung.

Im Blick auf höhere Altersstufen ist Apg 2,42–47 ein Text, der neben einer schulischen Begegnung mit dem frühen Christentum

---

19 *M. L. King*, Warum wir nicht warten können, Frankfurt/M. 1965, 88f.
20 Wegzeichen Religion 4. Lehrerhandbuch, 74, sowie Schülerbuch, 60.
21 Wegzeichen Religion 4. Lehrerhandbuch, 81f.

seinen spezifischen Ort im Konfirmandenunterricht haben kann, wenn es um das Kennenlernen von zentralen Merkmalen des Gemeindelebens geht: Gottesdienste als Orte der Verknüpfung von Verkündigung, Gotteslob, Gemeinschaft und sozialer Verantwortung. Jugendgottesdienste wie auch Schulgottesdienste können unter dieser Perspektive konkret mit Jugendlichen geplant, vorbereitet und gestaltet werden – vielleicht bewusst in kritischer Auseinandersetzung mit vorhandenen Gottesdienstangeboten. Aber auch die direkte Beschäftigung mit der Arbeit eines Kirchenvorstandes im Blick auf die Gemeinde-/Gemeinschaftsaufgaben, das Gemeindebudget und das »Teilen miteinander« ließe die Auseinandersetzung um die im Text entfalteten Gemeinde-Merkmale lebendig werden.

4. Apg 9,1–22 (23): Bekehrung und Berufung des Paulus

4.1 Exegetisch. Nach den beiden exemplarischen Texten aus der Anfangszeit der Urgemeinde in Jerusalem geht es jetzt um eine Erzählung, die das erste Stadium der Ausbreitung der Kirche zu einem gewissen Abschluss bringt und gleichzeitig die Voraussetzung zur weltweiten Mission bildet (→ XX. Paulusbriefe). Wie trotz Feindschaft und Verfolgung das Evangelium immer weitere Kreise zieht – weder der Hohe Rat in Jerusalem, der die Apostel festnehmen lässt, noch die Steinigung des Stephanus (Apg 7) richten dagegen etwas aus –, wird in Apg 9 besonders sichtbar: Der entschlossenste Verfolger der frühen Gemeinde wird von Jesus in seinen Dienst genommen! Nach dem Gewinn des Kämmerers aus Äthiopien für den Glauben (Apg 8), mit dem die Grenzen des Wirkens in Palästina bereits überschritten werden, erreicht das Evangelium damit eine entscheidende neue Dimension.

Roloff kennzeichnet die Bekehrung des Saulus/Paulus (es handelt sich um den gleichen Namen in aramäischer bzw. griechisch-lateinischer Fassung) als »das am besten bezeugte (erg.: Ereignis) in der Geschichte des Urchristentums«[22]: Zwei weitere Male wird es in der Apg geschildert (im Rahmen der Paulusreden 22,4–16; 26,9–18); dazu kommen die Selbstaussagen des Paulus in Gal 1,11–16; Phil 3,6ff.; 1 Kor 15,8ff. Auch 1 Kor 9,1 (»Habe ich nicht unseren Herrn Jesus gesehen?«) und 2 Kor 4,6 (»Gott hat einen hellen Schein in unsere Herzen gegeben«) spiegeln dieses Ereignis.

---

22 *J. Roloff,* Apostelgeschichte, 144.

Gemeinsam ist den Hinweisen und Darstellungen: die Plötzlichkeit, das Überwältigende, das Licht, in dem Christus selbst Paulus begegnet, die Wandlung vom Verfolger zum Verkündiger der Christusbotschaft – eine Erfahrung, die Paulus als unverdiente Gottesgnade und als Verpflichtung erlebt und gedeutet hat. Paulus selbst zitiert dazu die staunende Feststellung der Christen in Judäa: »Der uns einstmals verfolgte, verkündigt jetzt den Glauben, den er einstmals unterdrückt hat!« (Gal 1,23; im Wortlaut ähnlich in Apg 9,21).

Lk greift in Apg 9 eine volkstümliche Erzählung auf[23], in der der Bekehrungsaspekt in den Vordergrund rückt, während er in Apg 22 und 26 frei variiert und seine eigene Perspektive (Paulus wird Werkzeug in Gottes Heilsplan, der das Evangelium in die Welt und schließlich bis nach Rom gelangen lässt) stärker durchscheinen lässt. Die Erzählung Apg 9,1–22(23) hat drei Teile: V.1–9;10–(17)19a; (18)19b–22(23), wobei sich Anfangs- und Schlussteil spiegelbildlich entsprechen[24]:

– Drohung, Mord durch Paulus, Kampf gegen den Christusglauben, Vollmacht zur Verfolgung in den Synagogen, die Christusvision, die Paulus stoppt, Erblindung, Askese/Fasten
– Wieder-sehen, Speise zu sich nehmen, Predigt von Jesus als dem Sohn Gottes in den Synagogen, Verwirrung bei den Juden in Damaskus, Todesbeschluss gegen ihn.

Der Wechsel vom Verfolger zum Verkündiger wird dadurch besonders eindrücklich.

Durch die Parallelvision, die Ananias erhält, wird die Spannung in der Erzählung erhöht, wobei in V.15f. gleich ein Zukunftsausblick eingefügt wird, mit der Intention: »Der ehemalige große Verfolger wird zum großen Leidenszeugen, und dies im Namen dessen, den er einst verfolgt hat.«[25]

Auf Lk selbst führt *Dietzfelbinger* die Taufnotiz zurück, dazu die Rede vom Erfülltwerden mit dem Geist (V.17f.). Hier kommt das lukanische Paulusbild zum Vorschein: »Paulus, der Exponent des Judentums, der Repräsentant des Glaubens der Väter, wird Christ; aber damit wirft er den überkommenen Glauben nicht über Bord, sondern erweist das Christentum als die wahre und eigentliche Fort-

---

23 Ebd.
24 *J. Roloff*, aaO., 145.
25 *C. Dietzfelbinger*, Die Berufung des Paulus als Ursprung seiner Theologie (WMANT 58), Neukirchen-Vluyn 1985, 78.

setzung und Vergegenwärtigung dessen, was das Judentum in seinem Kern ist.«[26]

Als historischer Grundbestand der Darstellung Apg 9 lässt sich herausstellen:

– der Charakter des Damaskusgeschehens als eines Geschehens, das Paulus völlig umwandelt
– Damaskus als Ort, in dem oder in dessen Nähe Paulus seine Vision empfing
– eine wie immer geartete Beteiligung des Ananias
– das Haus des Judas in der geraden Gasse[27].

Diese knappen Daten, die aber doch bereits die Dynamik erkennen lassen, die von diesem Geschehen ausgeht, sind über die erzählerische Ausgestaltung und die Reflexion der Bedeutung des Geschehens hin entfaltet worden zu einer Zentralgeschichte, die der Vergewisserung der (lukanischen) Gemeinde dienen soll. Lk will ihr zeigen: Weil »Christus, der erhöhte Herr, die Macht hat, auch die scheinbar unüberwindlichen Gegner der Gemeinde in seinen Dienst zu nehmen, darum ist diese Gemeinde, die ihm zugehört, unüberwindlich«[28].

4.2 Systematisch. Wie beim Pfingstereignis und beim Leben in der Urgemeinde werden auch in der Erzählung von Bekehrung und Berufung des Paulus Grunderfahrungen der frühen Christenheit zum Ausdruck gebracht, die sie auf ihrem Weg leiten, stützen und ermutigen können. Dem auferstandenen Christus begegnet zu sein, bedeutet für Paulus:

– gestoppt zu werden auf dem Kurs gegen Christus
– elementar zu erfahren, dass der hingerichtete Jesus lebt
– zu erleben, wie in seiner Gegenwart und im Licht Gottes kein Mensch bestehen kann
– geblendet und hilflos, d. h. ganz auf die Gnade angewiesen zu sein
– aus der Blindheit für Gott erweckt und sehend werden
– sich Christus zu übergeben in der Taufe
– in seinen Dienst gerufen und genommen zu werden, eben diesen Christus als das Heil Gottes verkündigen zu müssen
– in diesem Dienst den anderen Aposteln bis hin zum Leiden gleichgestellt zu sein[29].

---

26 Ebd.
27 Nach *C. Dietzfelbinger,* aaO., 80.
28 *J. Roloff,* Apostelgeschichte, 146.
29 *J. Eckart,* Wie die Kirche entstanden ist. Unterrichtsentwurf, Heilsbronn 1987, 40.

Die Erzählung macht damit das Doppelte sichtbar:

(1) wie Gott sich diesen Paulus – mit seinem Verwurzeltsein im jüdischen Glauben, im Eifer für das Gesetz – als Werkzeug wählt, um das Evangelium in die ganze damals bekannte Welt hineinzutragen; wie Paulus ausersehen ist, zum Zeugen in den verschiedensten Situationen (»vor Heiden und Königen und Kindern Israels« – Apg 9,15) zu werden,

(2) wie Gott durch Christus auch härteste Feindschaft, Verfolgung und Hass umkehren kann in brennenden Eifer für seinen Heilsplan, für die Botschaft von der Gnade, Hilfe und Erlösung durch Jesus.

4.3 Didaktisch. Als Grundlage für die unterrichtliche Behandlung der Bekehrung und Berufung des Paulus ist es gut zu vertreten, die Erzählung in Apg 9 als Leitfaden zu wählen, da in ihr die Schlüsselstellung des Ereignisses für den Weg des Evangeliums besonders sichtbar wird. Dabei erscheint es im Kontext des NT und auch theologisch sachgemäß, in der Deutung des Gesamtgeschehens die paulinischen Selbstzeugnisse als primären, die späteren lukanischen Entfaltungen als weiteren Interpretationsrahmen für die mit dem Ereignis verbundene inhaltliche Aussage einzubeziehen. Dass in der »Berufung des Paulus« bereits der »Ursprung seiner Theologie« angelegt ist[30], kann in die Darbietung des Erzählzusammenhanges einfließen.

Zwei Schwerpunkte sind für die Erschließung des Bekehrungs- und Berufungsereignisses von besonderer Relevanz:

(1) dass die Schülerinnen und Schüler Paulus kennen lernen – als römischen Bürger aus Tarsus und jungen, für die Überlieferungen seiner Väter eifernden pharisäischen Schriftgelehrten, der gerade mit diesem Hintergrund nach seiner Bekehrung zur entscheidenden Gestalt für die Ausbreitung des Evangeliums in das römische Weltreich hinein wird,

(2) dass sie den Schritt der Wandlung, die Paulus durchmacht und den er selbst wie auch die Apostelgeschichte als staunenswertes Werk Gottes herausstellt, in seiner inhaltlichen Bedeutung mit- und nachvollziehen können.

Apg 9,1–22(23) bietet dazu in dem geschilderten engeren und weiteren Kontext viele Anregungen zu lebendiger unterrichtlicher Gestaltung: Ihre Perspektivenvielfalt und ihre Dramatik laden ein, sie erzählerisch, szenisch, dialogisch zu entfalten.

30 So der Titel der Untersuchung von *C. Dietzfelbinger.*

Es ist durchaus angemessen, wenn im Grundschulbereich – zumeist im 4. Schuljahr – der Zyklus der Apg (von Himmelfahrt/Pfingsten bis zum missionarischen Wirken des Paulus) den Rahmen bildet, während die Geschichte in einer höheren Altersstufe – etwa im 7. Schuljahr – als Auftakt zu einer ausführlicheren Paulus-Einheit erschlossen werden kann[31]. Entsprechende Abschnitte in den Schulbüchern, den Lehrerhandbüchern sowie ausgeführte Unterrichtsentwürfe stehen zur Verfügung, wobei die älteren Unterrichtshilfen den biblischen Zusammenhang z.T. ausführlicher und konkreter darbieten[32].

Geschichtliche Darstellungen der Paulus-Zeit und -Orte können die Erzählungen ebenso beleben[33]. Geachtet werden muss bei der Schilderung der Bekehrung und Berufung des Paulus besonders darauf, dass seine Hinwendung zu Christus nicht eine Abwertung des Judentums bedeutet, auch wenn sie eine Abkehr vom Gesetz als Heilsweg einschließt (s. hierzu die bleibende Liebe des Apostels zu seinem Volk und die Achtung seiner Erwählung, wie sie im Röm 9–11 klar zum Ausdruck kommt; → XX. Paulusbriefe).

Abschließend sollen *Ziele einer erprobten Teileinheit* zum Thema für ein 4. Schuljahr genannt werden, die als möglicher Leitfaden für den Unterricht dienen können:

Gesamtziel: Die Schülerinnen und Schüler sollen erkennen, wie Paulus, der für die Traditionen seines Volkes eifernde Pharisäer und Verfolger der Christen, auf dem Weg nach Damaskus von Christus gerufen, in den Dienst des Evangeliums gestellt und zum Zeugen für die Gemeinde wird.

Teilziele: Sie sollen
– wissen, dass Damaskus ein wichtiger Ort für den Weg des Evangeliums in die Welt geworden ist
– Paulus kennen lernen und einen Einblick in seine Prägung als frommer und für die Überlieferungen seiner Väter eifernder Jude erhalten

---

31 S. hierzu z.B. die bayerischen Lehrpläne für Evangelischen Religionsunterricht: Grundschullehrplan, München 2000, 231 f.; Hauptschullehrplan, München 1997, 184 f. und Realschullehrplan, München 1993, 179.

32 S. Wegzeichen 4, Ausgabe 1980, 62 ff.; Ausgabe 1998, 61; *G. Eckart*, aaO., 31 ff.; 39 ff.; Wege ins Leben. Religion H. 7. Frankfurt/M. 1986, 55 ff.; Da sein. Wege ins Leben, 7. Schuljahr, Frankfurt/M. 2001, 110 f. und das entsprechende Lehrerhandbuch, Frankfurt/M. 2001.

33 S. z.B. *Peter Bamms* Schilderung der Ereignisse am Stadttor von Damaskus am Ende der »Geraden Gasse«, in: *ders.*, Frühe Stätten der Christenheit, München 1955, 265 f.

- die Angst der Gemeinde in Damaskus vor dem Eifer und der Verfolgung des Paulus verstehen
- den »umwerfenden« Charakter der Christusvision des Paulus
  nachempfinden können
- den Wandel bei Paulus und bei Ananias nachvollziehen können
- den Neuanfang des Paulus als Christ in seiner Bedeutung verstehen und beschreiben können.

5. Ausblick

Aus der Vielfalt der Apg konnte hier nur ein kleiner Ausschnitt
näher betrachtet werden. Doch zeigt sich schon in ihm die ganze
Lebendigkeit, die Lk in die Darstellung der Anfänge der Kirche und
die Ausbreitung des Evangeliums hineingelegt hat. Er zieht seine Leserinnen und Leser in die Spannung, in das Staunen und in die Be-
geisterung hinein, die den Rückblick nicht bei einer Wahrnehmung
der Fakten stehen lassen, sondern als Lehrstück und kritische Anfrage an die gegenwärtige Gestalt der Kirche zur Geltung bringen.
Renate Jacobi, Margit Krippner und *Gertrud Miederer* greifen das auf,
wenn sie ihr Kapitel zur Apg im Lehrerhandbuch zu »Wegzeichen 4«
(1998) unter die Überschrift »Mit dem Evangelium leben« stellen
und allen erschlossenen Geschichten das Leitmotiv »Sich vom guten
Geist Gottes bewegen lassen« mitgeben[34]. Das trifft auf den Anfang
der Apg mit Himmelfahrt und Pfingsten zu, auf das heilvolle Wirken von Petrus und Johannes (Apg 3) und ihr mutiges Auftreten vor
dem Hohen Rat (»Man muss Gott mehr gehorchen als den Menschen«: Apg 5,29), auf das Wirken der Diakone, die den ersten So-
zialdienst in der Gemeinde versehen (Apg 6), auf Stephanus als den
ersten Märtyrer, der noch für seine Mörder betet (Apg 7,60), auf die
brüderliche Verständigung über die Heidenmission beim »Apostelkonzil« (Apg 15), auf die weiten, gefahrvollen Wege, die Paulus zu-
rücklegt, sein Gotteslob im Gefängnis von Philippi (16,25), seine
Rede auf dem Areopag in Athen (17,22 ff.), sein Christuszeugnis in
den Metropolen Korinth und Ephesus, in Jerusalem, Cäsarea und
schließlich in Rom.
    Der inspirierte Atem des ganzen Werkes provoziert zu didakti-
scher und methodischer Fantasie und dazu, die Linien immer wieder auch bis in die Gegenwart auszuziehen, wie es etwa in Wegzei-

---

34 Wegzeichen Religion 4. Lehrerhandbuch, 71 f.

chen Religion 4 und im Lehrerhandbuch dazu unter dem Motto »Miteinander im Glauben leben«[35] und am Beispiel der von ihrem Glauben geprägten Menschenrechtlerin und Nobelpreisträgerin *Rigobertu Menchu* sowie dem Lebensschicksal eines bolivianischen Kindes unternommen wird[36].

Für das *Gesamtverständnis des biblischen Zusammenhanges* und besonders der Glaubensentwicklung in der Zeit des NT ist es schließlich hilfreich, wenn im Zusammenhang mit den Erzählungen aus der Apg Paulus auch als Briefschreiber, Theologe und Seelsorger in den Blick kommt. Damit sind zwar hohe Ansprüche an verantwortete Elementarisierung verbunden; dem »Evangeliums«-Charakter der neutestamentlichen Verkündigung kann damit aber auch in besonderem Maße Rechnung getragen werden. Das Beispiel etwa der konkreten Auslegung von »Glaube, Liebe und Hoffnung« in die Situation des entlaufenen Sklaven Onesimus hinein (im Brief an Philemon)[37] oder die Bedeutung des Bildes vom Leib Christi mit den verschiedenen, gleich zu achtenden Gaben in der Gemeinde (1 Kor 12) zeigen Paulus als unkonventionellen, fantasiereichen Seelsorger, dessen Leitbilder unüberholt aktuell sind – wie seine Verkündigung der aller menschlichen Leistung vorauslaufenden Liebe und rechtfertigenden Gnade Gottes. Hier berührt sich das, was elementar zur Apg zu sagen ist, mit dem, was elementar über Paulus zu erschließen ist.

LITERATURHINWEISE

Bibel und Kirche 55, 2000, Heft 2: Themaheft Apostelgeschichte.
Da sein. Wege ins Leben, 7. Schuljahr. Lehrerhandbuch, Frankfurt/M. 2001.
G. Eckart, Wie die Kirche entstanden ist. Pfingsten – der Apostel Paulus. Unterrichtsentwurf 4. Schuljahr, Heilsbronn 1987.
J. Roloff, Die Apostelgeschichte (NTD 5), Göttingen 1981.
Wegzeichen 4. Lehrerhandbuch, Frankfurt/M. 1998.

35 Wegzeichen 4, 1998, 65.
36 Lehrerhandbuch Wegzeichen Religion 4, 78 ff.
37 S. hierzu Da sein. Wege ins Leben, 7. Schuljahr, 76 ff.

XX. Paulusbriefe

Martin Rothgangel

1. Kurzinformation

»Keine andere Gestalt des Urchristentums steht so wie Paulus im hellen Licht, aber auch im Zwielicht der Geschichte.«[1] Mit diesen Worten beginnt das lange Zeit wegweisende Paulusbuch von *G. Bornkamm.* In der Tat erfolgt Kritik an Paulus aus verschiedensten Seiten. Er gilt – oftmals im Kontrast zu Jesus – als zweiter Gründer des Christentums, als entscheidender Faktor für die Trennung vom Judentum, als Frauenfeind[2] – und auch sein persönliches Auftreten entspricht nicht dem eines klassischen Vorbildes: Seine mündliche Rede sei schwach (2 Kor 10,10), er ist von Krankheit und Leiden gezeichnet (2 Kor 12,7), und selbst spätere Legendenbildung kommt nicht umhin, ihn als klein von Gestalt, mit kahlem Kopf, zusammengewachsenen Augenbrauen, leicht hervortretender Nase und krummen Beinen zu beschreiben[3].

Seine Bedeutung wird aber bereits daran deutlich, dass von den 27 Schriften des NT fast die Hälfte, nämlich 13, den Namen des Paulus tragen. Zwar besteht in der neutestamentlichen Forschung ein weitgehender Konsens darüber, dass davon sehr wahrscheinlich nur sieben Briefe authentisch sind (1 Thess, 1 Kor, 2 Kor, Gal, Röm, Phil, Phlm), aber auch die sog. Deuteropaulinen (Kol, Eph, 2 Thess, 1 Tim, 2 Tim, Tit) sind ein Hinweis auf Autorität und Wirkung des Apostels.

Obwohl die Apg kaum, wie altkirchliche Tradition berichtet, vom Paulusbegleiter Lukas geschrieben wurde, scheint es bei einem kritischen Gebrauch berechtigt zu sein, sie neben den »ech-

---

1 *G. Bornkamm,* Paulus, Stuttgart u. a. 1969, 11.
2 Vgl. dazu *E. Lohse,* Paulus. Eine Biographie, München 1996, 282 ff.
3 Allerdings wird dort auch gesagt, dass er von edler Haltung und voller Freundlichkeit gewesen sei, bald wie ein Mensch, bald hatte er das Angesicht eines Engels (Taten des Paulus und der Thekla Kap. 2 f.; vgl. *E. Hennecke/W. Schneemelcher,* Neutestamentliche Apokryphen II, Tübingen 1964, 243).

ten« Paulusbriefen als eine weitere Quelle für die paulinische Biografie sowie als Rahmen für eine *Chronologie des Urchristentums* heranzuziehen.

Exkurs: Chronologie des Urchristentums. Dank der so genannten *Gallio-Inschrift* besitzt die neutestamentliche Forschung einen chronologischen Fixpunkt, von dem aus sich unter Einbeziehung der Apostelgeschichte eine Datierung vornehmen lässt: die Statthalterschaft *Gallios* in der Provinz Achaia vom Frühjahr 51 bis Frühjahr 52. So ist es wahrscheinlich, dass Paulus im Sommer 51 aufgrund der Anklage vor Gallio Korinth verlassen musste (vgl. Apg 18,18).

(1.) *Relative Chronologie rückwärts (von der Gallio-Inschrift aus).* Da Paulus nach Apg 18,11 bereits eineinhalb Jahre in Korinth verweilte, ist er vermutlich im Herbst 49 nach Korinth gelangt. Dieses Resultat ergänzt sich ideal mit der wahrscheinlichsten Datierung des Claudius-Edikts, das nach Orosius in das Jahr 49 fällt (vgl. Apg 18,2). Da man für die vorhergehende sog. Zweite Missionsreise des Paulus (Apg 15,40–18,22) ebenso ungefähr einhalb Jahre ansetzen muss, scheint der wahrscheinlichste Termin für den Apostelkonvent das Frühjahr 48 zu sein. Ein besonderes Problem stellt die Erste Missionsreise dar, doch dürften die zweifelsohne vorhandenen Spannungen zum Selbstbericht des Paulus (Gal 1f.) nicht zwingend gegen ihre Historizität und zeitliche Ansetzung vor dem Konvent sprechen. Nach antiker Zählweise (angefangene Jahre werden als volle Jahre mitgerechnet) muss man mit ungefähr 15 Jahren zwischen dem Konvent und der paulinischen Berufung rechnen. Die Berufung des Paulus ist demnach wohl 33 n. Chr. anzusetzen, wobei man natürlich gerade aufgrund der antiken Zählweise mit gewissen Schwankungen rechnen muss. Geht man davon aus, dass die Kreuzigung Jesu wahrscheinlich im Jahr 30 stattgefunden hat, so ist für die Entfaltung der in Apg 1–8 berichteten Ereignisse eine ausreichende Zeitspanne vorhanden.

(2.) *Relative Chronologie vorwärts.* Obwohl die Reise von Korinth aus (Apg 18,18–23) nur mit Schwierigkeiten zu rekonstruieren ist, scheint Paulus tatsächlich nach Antiochia zurückgekehrt zu sein, um eventuell die Kollekte für Jerusalem vorzubereiten. Es folgte die Reise durch Kleinasien nach Ephesus, wo Paulus wahrscheinlich vom Sommer 52 bis Frühjahr 55 (vgl. Apg 19,8–10.22; 20,31) verweilte. Die darauf folgende Kollektenreise durch Makedonien und Achaja fällt schließlich in das Jahr 55. Daraufhin hat Paulus im Winter 55/56 seinen letzten Aufenthalt in Korinth verbracht, um schließlich 56 n. Chr. die Kollekte nach Jerusalem zu überbringen. Nach seiner Verhaftung in Jerusalem war Paulus zunächst zwei Jahre von 56 bis 58 n. Chr. in Cäsarea gefangen (Apg 24,27). Nach dem Amtswechsel von Felix und Festus wurde Paulus nach Rom überführt und wohl nach zweijähriger römischer Gefangenschaft 60 n. Chr. getötet (vgl. Apg 28,30).

Auch für die vorchristliche Zeit des Paulus bietet die Apg zusätzliche Informationen. Mit der gebotenen Vorsicht ist ihr zu entnehmen, dass Paulus aus Tarsus in Kilikien stammt (Apg 21,39; 22,3), dass er ein Schüler des Rabbi *Gamaliel* gewesen sei (Apg 22,3) und den Beruf des Zeltmachers gelernt habe (Apg 18,3). Paulus selbst sagt in seinen Briefen von sich, dass er jüdischer Herkunft (2 Kor 11,22; Phil 3,5) und Pharisäer war, »untadelig« nach der Gesetzesgerechtigkeit (Phil 3,6). Sein Umgang mit dem AT weist Paulus als einen Schriftgelehrten aus, wobei zur damaligen Ausbildung nicht nur das theoretische Studium, sondern auch eine praktische Tätigkeit gehörte. Paulus selbst berichtet auch von seiner Verfolgung der ersten Christen (Gal 1,13; Phil 3,6; 1 Kor 15,9) und von seiner Lebenswende durch eine Offenbarung des Sohnes Gottes (Gal 1,15), die eine Umwertung aller Werte nach sich zog (Phil 3,7). Allerdings geht gerade mit seiner Berufung auch die »geflügelte«, aber irrige Redewendung »vom Saulus zum Paulus« einher. Keineswegs ist es nämlich so, dass Saul(us) infolge seiner Lebenswende seinen jüdischen Namen abgelegt und sich nun Paulus genannt hätte. »Saulus alias Paulus« (vgl. Apg 13,9) ist vielmehr ein Hinweis darauf, dass der Jude Saul auch das römische Reichsbürgerrecht besaß (vgl. Apg 16,37; 22,28). Zudem war es für Juden durchaus üblich, »sich in der fremden Umgebung, in der sie lebten, oft einen zweiten Namen [beizulegen], der ihrem ursprünglichen Namen möglichst ähnlich klang, aber für Außenstehende sogleich verständlich war«[4].

Bedenkt man die Schwierigkeiten antiker Reisen (vgl. 2 Kor 11,25–27), dann nötigen die Missionsreisen des Paulus großen Respekt ab[5]. Seine praktische Missionstätigkeit sowie ihre theoretische Reflexion kann als eine entscheidende Wegbereitung des Christentums in die hellenistische Welt angesehen werden (s.u. Gal 2,1–10). Seine ambivalente Wirkungsgeschichte wird jedoch vermutlich weiterhin Bestand haben: Phasen, in denen Paulus heftigst angegriffen oder regelrecht totgeschwiegen wird. Aber auch Zeiten, in denen von der Lektüre des Römerbriefs entscheidende Impulse für die Geschichte des Christentums ausgehen: Für die Alte Kirche sei stellvertretend *Augustin* genannt, für das ausgehende Mittelalter *M. Luther* (s.u. Röm 1,17) und für das 20. Jh. *K. Barth.*

---

4 *E. Lohse*, Paulus, München 1996, 19.
5 Vgl. dazu *F. Hahn*, Leben und Reisen zur Zeit des Paulus, in: ru 30/2000, 85–89.

2. Röm 1,17: Gerechtigkeit aus Glauben

Das Verstehen eines Textes wird u.a. durch seine Wirkungsgeschichte bedingt. Gerade in dieser Hinsicht ist Röm 1,17 eine der folgenreichsten paulinischen Textstellen. Im exegetischen Ringen um diesen Vers und der darin enthaltenen Formulierung »Gerechtigkeit Gottes« kam *M. Luther* zu seiner reformatorischen Erkenntnis: »Denn darin [im Evangelium] wird offenbart die Gerechtigkeit, die vor Gott gilt, welche kommt aus Glauben in Glauben; wie denn geschrieben steht (Hab 2,4): ›Der Gerechte wird aus Glauben leben‹.« Diese Übersetzung von Röm 1,17 enthält bereits Luthers reformatorisches Verständnis: Die im griechischen Urtext enthaltene Genitivverbindung »Gerechtigkeit Gottes« übersetzt er mit »Gerechtigkeit, die vor Gott gilt«.

Warum und in welcher Hinsicht entzündet sich aber bis in jüngste Zeit hinein gerade um das Verständnis von »Gerechtigkeit Gottes« eine kontroverse neutestamentliche Diskussion und wird angesichts der Gemeinsamen Erklärung zur Rechtfertigungslehre zum Teil erbittert um jene gestritten? Umgekehrt wird schon seit einiger Zeit kritisch angemerkt, ob die mittelalterliche Frage eines Mönchs »Wie kriege ich einen gnädigen Gott?« gegenwärtig überhaupt noch relevant ist. Welche Gegenwartsbedeutung kann die Rechtfertigungslehre für Schüler besitzen, die grundsätzlich die Existenz Gottes in Frage stellen?

2.1 Exegetisch: Kontext und Problemstellung. Mit dem Römerbrief, den Paulus wohl 55/56 n.Chr. in Korinth geschrieben hat, will er seinen Besuch in der römischen Gemeinde vorbereiten. Diese Gemeinde wurde nicht von ihm gegründet, und er kennt sie nicht persönlich. Einiges spricht dafür, dass Paulus mit dem Röm eine Apologie seines Evangeliums (*P. Stuhlmacher*) geschrieben hat. Vermutlich hatte er von befreundeten Gemeindemitgliedern aus Rom erfahren, dass auch in römischen Hausgemeinden sein Evangelium umstritten war. Im Unterschied zu den anderen paulinischen Briefen gibt jedoch der Röm weit weniger einen konkreten Anlass zu erkennen, er ist der ausführlichste Paulusbrief und grundsätzlicher gehalten. Nachdem Paulus im Zusammenhang des Briefeingangs (Röm 1,8–17) zunächst sein Anliegen, nach Rom zu kommen, formuliert und begründet, folgt in Röm 1,16f. eine grundsätzliche Charakterisierung des Evangeliums, die das Thema für die gesamten folgenden Ausführungen in Röm 1,18–11,36 darstellt[6]. Dabei gibt Paulus in Röm 1,17 den Grund an, warum das Evangelium eine Kraft Gottes ist zum Heil für jeden, der glaubt (Röm 1,16).

6 Vgl. z.B. *U. Wilckens*, Der Brief an die Römer (EKK VI/1), Zürich u.a. 1978, 77.

Interpretation. Als grundlegendes Element dieser »dichten« Formulierung von Röm 1,17 bedarf das Verständnis von »*Gerechtigkeit Gottes*« einer besonderen Aufmerksamkeit.

(1) Gerechtigkeit Gottes: *alttestamentlich-jüdischer Hintergrund.* Mit »Gerechtigkeit Gottes« gebraucht Paulus eine im AT und zeitgenössischem Judentum (z. B. Qumrantexte) geläufige Formulierung. Ein weitgehender Konsenspunkt in der exegetischen Diskussion um das Verständnis von Gerechtigkeit Gottes bei Paulus besteht darin, dass diese Formulierung von ihrer alttestamentlich-jüdischen Tradition her zu verstehen ist. Dieser Sachverhalt ist insofern von großer Bedeutung, als damit »Gerechtigkeit Gottes« nicht mit dem römischen Recht und »der justitia zu verwechseln ist, die mit verbundenen Augen streng nach einer über den Parteien stehenden objektiven Norm jedem an Lohn und Strafe zuteilt, was er verdient hat. Vielmehr meint das at. Reden von der ›Gerechtigkeit Jahwes‹ das der Gemeinschaft, die zwischen ihm und seinem Volke besteht, gemäße göttliche Verhalten.«[7] »Gerechtigkeit« in diesem Sinne meint also nicht einen objektiven Maßstab, nach dem man gerichtet wird. Vielmehr liegt der Akzent auf der Gemeinschaftstreue Gottes im Bund mit Israel: »Erweist Gott sich seinem Volk als gerecht, so bedeutet das, dass er Treue hält gegenüber dem Bund, den er mit Israel geschlossen hat.«[8]

(2) Gerechtigkeit Gottes: *Macht und Gabe.* Aus den vorangehenden Überlegungen wird bereits deutlich, dass Gerechtigkeit Gottes auch bei Paulus nicht im Sinne einer Strafgerechtigkeit zu verstehen ist. Gegen dieses Verständnis der Gerechtigkeit Gottes in Röm 1,17 hatte sich *M. Luther* zu Recht gewendet. Ähnlich wie M. Luther verstehen auch *R. Bultmann* u. a. die Gerechtigkeit Gottes als Gottes Gabe, als Gerechtigkeit, durch die Gott vergibt (*Genitivus auctoris*). In der Tat lassen sich entsprechende paulinische Belege anführen, in denen die Gerechtigkeit Gottes so zu verstehen ist (vgl. Röm 3,21 f.; 3,36; Phil 3,9).

Allerdings spricht u. a. das Verständnis von »Gerechtigkeit Gottes« als *Genitivus subjectivus* an anderen Stellen im Röm dafür (z. B. Röm 3,5.25), dass auch die Gerechtigkeit Gottes in Röm 1,17 als ein *Genitivus subjectivus* zu verstehen ist. Damit ist jedoch keine Eigenschaft Gottes im Sinne der von *M. Luther* abgelehnten Strafgerechtigkeit gemeint. Vielmehr ist unter Gerechtigkeit Gottes in Röm 1,17 ein machtvolles Heilshandeln Gottes zu verstehen: Gottes Urteil ist ein Geschehen und sein Handeln besitzt Machtcharakter (*E. Käsemann*).

---

7 *W. Zimmerli*, Grundriß der alttestamentlichen Theologie, Stuttgart ⁵1985, 124.
8 *E. Lohse*, aaO., 199.

Mit Gerechtigkeit Gottes ist demnach das gerecht erklärende und insofern neuschaffende Heilshandeln Gottes gemeint (vgl. Röm 4,17).

Mit guten Gründen warnen allerdings nicht wenige Exegeten davor, falsche Alternativen aufzubauen und betonen etwa mit Verweis
auf Röm 3,25 f., dass Paulus beide Aspekte im Blick hat: Macht und
Gabe sind für Paulus keine Gegensätze: Gottes Gerechtigkeit kann
als Gottes machtvolle Bundestreue verstanden werden und als eine
Gabe, die den Glaubenden zuteil wird. Diesem Verständnis der paulinischen Rechtfertigungslehre entspricht auch seine Christologie:
»Durch die Gabe des Christusleibes werden wir nach 1 Kor 10,16 zugleich dem Herrschaftsbereich des Christusleibes eingegliedert.«[9]

(3) *Glaube versus Werke des Gesetzes.* Glaube bei Paulus meint die im
Gehorsam ergehende Antwort auf die gegenwärtig ergehende Heilsbotschaft (*R. Bultmann*). Die Gerechtigkeit Gottes kann einzig und
allein im Glauben empfangen werden, der nach Röm 1,17a »*Ursprung*
und *Prinzip* [des] neuen Lebens ist (›aus Glauben *zum* Glauben‹)«[10].
Wie sehr dabei Paulus an der Schriftgemäßheit seiner Ausführungen gelegen ist, lässt sich an seinem Schriftzitat aus Hab 2,4 ersehen,
das er wie bereits im Gal 3,11 auch in Röm 1,17b anführt: »Der Gerechte aber wird aus Glauben leben.« In Röm 3,21 ff. wird die The-
menangabe von Röm 1,16 f. grundlegend ausgeführt: »Jetzt aber ist
ohne Gesetz Gerechtigkeit Gottes offenbart …, Gerechtigkeit aber
durch Glauben an Jesus Christus für alle Glaubenden.« Hier wird
im Unterschied zu Röm 1,16 f. das Gegenüber von »Werke des Gesetzes« und »Glaube« deutlich. Damit treten auch die Gemeinsamkeiten und Unterschiede zwischen Paulus und der Gemeinde von
Qumran hervor: Auch sie vertritt ein Verständnis der Gerechtigkeit
Gottes, die sich aus Barmherzigkeit, aus Gnade dem Menschen zuwendet. Aus der Rechtfertigung aus Gnaden folgt jedoch die Verpflichtung, das ganze Gesetz zu beachten. Im Gegensatz zu Paulus
kommt daher der Glaube, der die Gerechtigkeit Gottes empfängt,
nicht in den Blick. Paulus verbindet jedoch die Gerechtigkeit Gottes
auf das Engste mit dem Glauben und seinem Inhalt, nämlich Tod
und Auferweckung Christi. Allein der Glaube ist der Heilsweg, das
Gesetz hat sich für Paulus in dieser Hinsicht als ineffektiv erwiesen.

(4) Rechtfertigungslehre als »*Nebenkrater*« *paulinischer Theologie?*
Geht man davon aus, dass das Gesetz nach Dtn 21,23 (»Verflucht ist

9 *E. Käsemann*, An die Römer (HNT 8a), Tübingen 1973, 25.
10 *M. Theobald*, Römerbrief, 1. Bd., Kapitel 1–11 (SKK. NT 6/1), Stuttgart 1992,
    46.

der, der am Holz hängt«) ein wahrscheinlicher Grund für die frühere
Verfolgertätigkeit von Paulus war – Paulus erachtete es wohl als
Gotteslästerung, dass ein Gekreuzigter als Messias bezeichnet wird –
dann ergibt sich die folgenreiche Konsequenz, dass bereits die Berufung des Paulus zu seiner Gesetzkritik führte[11]. Es ist davon auszugehen, dass der pharisäisch gebildete Paulus, der konsequent nach
dem Gesetz lebte, über Gesetz und Gerechtigkeit gerade infolge seiner Lebenswende nachdachte. Aus diesem Grund ist auch die paulinische Rechtfertigungslehre keineswegs ein »Nebenkrater« seiner
Theologie (*A. Schweitzer*). Dagegen spricht auch nicht, dass im frühesten uns erhaltenen Paulusbrief an die Thessalonicher (49 n.Chr.)
die Rechtfertigungslehre nicht und im 1 Kor kaum thematisiert ist
(vgl. aber 1 Kor 1,30). Diese Thematik stand mit der Gemeinde aus
Thessalonich nicht zur Diskussion, und es ist nicht zu erwarten, dass
selbst zentrale theologische Sachverhalte in allen Briefen ausgesprochen werden. Dass die Rechtfertigungslehre im Zentrum der paulinischen Überlegungen steht und »die von ihm vollzogene sachge-
rechte Auslegung der Christologie darstellt«[12], das wird nicht nur an
ihrer Zentralstellung im Römerbrief (Röm 1,16 f.!), sondern auch an
ihrem Vorkommen in 2 Kor 5, Phil 3 sowie im Galaterbrief deutlich.

2.2 Systematisch: Stichpunkte zur Rechtfertigungslehre (→ TLL 1, Rechtfertigung)
- Paulus hat Jesu Botschaft von der Gottesherrschaft (z.B. Lk
  18,9–14; Mt 18,3) mit der Rechtfertigungslehre sachgemäß interpretiert
- Die Rechtfertigungslehre war vor dem Kirchenvater *Augustin* weitgehend aus dem Blick und vor dem Reformator *Luther* problematisch (Strafgerechtigkeit!) in den Blick geraten
- Grundlegend auch für die gegenwärtige Beurteilung der Rechtfertigungslehre sind die drei »allein« reformatorischer Rechtfertigungslehre: allein Christus (solus Christus), allein aus Gnade
  (sola gratia) und allein aus Glauben (sola fide)
- *Luthers* Frage nach einem gnädigen Gott kann nicht direkt bei heutigen Menschen vorausgesetzt werden. Die »Sache« der Rechtfertigungslehre kann aber z.B. im Anschluss an *P. Tillich* als vorbehaltlose Annahme bzw. Bejahung des Menschen interpretiert werden.

11 *Chr. Dietzfelbinger*, Die Berufung des Paulus als Ursprung seiner Theologie
(WMANT 58), Neukirchen-Vluyn 1985.
12 *E. Lohse*, aaO., 212.

Die Gemeinsame Erklärung zur Rechtfertigung (GER). Die Rechtfertigungslehre ist aus reformatorischer Sicht der Hauptartikel, mit dem die Kirche steht und fällt. Sie war der Kristallisationspunkt des Glaubenskonfliktes, der schließlich zur konfessionellen Spaltung führte. Auf dem Trienter Konzil der römisch-katholischen Kirche sowie in den lutherischen Bekenntnisschriften kam es zu gegenseitigen Lehrverurteilungen, die kirchentrennend und bis heute nicht widerrufen sind. Eine bewegte Vorgeschichte führte aber 1997 zu der Gemeinsamen Erklärung zur Rechtfertigungslehre, die am 31. 10. 1999 in Augsburg offiziell vom Lutherischen Weltbund und dem Vatikan unterzeichnet wurde. In diesem heftig umstrittenen Dokument wurde ein gemeinsames Verständnis der Rechtfertigung formuliert: »Es ist unser gemeinsamer Glaube, dass die Rechtfertigung das Werk des dreieinigen Gottes ist. … Gemeinsam bekennen wir: Allein aus Gnade im Glauben an die Heilstat Christi, nicht aufgrund unseres Verdienstes, werden wir von Gott angenommen und empfangen den Heiligen Geist, der unsere Herzen erneuert und uns befähigt und aufruft zu guten Werken.« (GER 15) Es handelt sich dabei um einen differenzierten Konsens: Die grundlegenden Übereinstimmungen in Grundwahrheiten der Rechtfertigungslehre tragen die Unterschiede, die keinen Grund für Lehrverurteilungen darstellen. Unterschiede werden nicht mehr als Gegensätze, sondern als vereinbare unterschiedliche Entfaltungen verstanden (GER 14).

Ein Vorwurf gegen die GER lautet, dass einige lutherische Formeln (z.B. »Sünder und Gerechter zugleich«, »allein durch Glauben«) zwar thematisiert, aber gegen ihre reformatorische Bedeutung römisch-katholisch interpretiert würden. Diese Grundtendenz ließe sich auch daran erkennen, dass die Rechtfertigungslehre nicht als *das* Kriterium, sondern – durch die römische Glaubenskongregation veranlasst – nur als *ein* unverzichtbares Kriterium bestimmt wurde, »das die gesamte Lehre und Praxis der Kirche unablässig auf Christus hin orientieren will« (GER 18). Pointiert stellt E. *Jüngel* fest, dass Kriterien ohnehin unverzichtbar seien, so dass durch die nachträglich bemühte Einsetzung des unbestimmten Artikels »ein« insgesamt eine Relativierung dieses reformatorischen Zentralartikels vorliege[13].

Die Zukunft wird zeigen, ob die GER wirklich zu einer Verbesserung des Zusammenlebens von evangelischen sowie katholischen Christen beiträgt und eine »tragfähige Grundlage« für weitere Klärungen darstellt (GER 43) oder ob ihre Kritiker Recht behalten werden, die glauben, dass die römisch-katholische Kirche z.B. in den für sie wesentlichen kirchlichen Amts- und Sakramentsfragen nicht zu ähnlichen Schritten bereit ist.

---

13 E. *Jüngel*: Um Gottes willen – Klarheit! Kritische Bemerkungen zur Verharmlosung der kriteriologischen Funktion des Rechtfertigungsartikels – aus Anlaß einer ökumenischen »Gemeinsamen Erklärung zur Rechtfertigungslehre«, in: ZThK 94/1997, 394–406.

2.3 Didaktisch. Es wäre ausgesprochen fragwürdig, wenn die Rechtfertigungslehre in der »dicht gedrängten« Formulierung von Röm 1,17 Schülern und Schülerinnen unvermittelt vorgesetzt würde. Ein solcher Religionsunterricht wäre von vornherein zum Scheitern verurteilt. Aber auch eine über die Biographie von *Martin Luther* vermittelte Behandlung von Röm 1,17 muss in ihren Grenzen gesehen werden. Selbstverständlich kann in der *Sek I* beim Thema Reformation auf dem Hintergrund entsprechender religiöser Missstände (Ablasspraxis, Höllenangst, Christus als Weltenrichter usw.) Luthers Frage nach einem gnädigen Gott verständlich gemacht und für Schüler deutlich werden, warum für Luther ein und derselbe Bibelvers (Röm 1,17) zunächst eine so bittere und später eine so befreiende Wirkung ausübte. Auf diesem Wege kann sogar eine implizite Thematisierung der Rechtfertigungslehre im Grundschulalter erfolgen (→ TLL 1, Rechtfertigung, 288 f.).

Entscheidend ist jedoch, dass die Relevanz der Rechtfertigungslehre gerade im Blick auf die eigenen existenziellen Fragen und Erfahrungen der Schüler herausgestellt werden kann. Mit guten Gründen wird in diesem Zusammenhang die Aktualität der Rechtfertigungslehre hinsichtlich der Identitätsproblematik Jugendlicher sowie hinsichtlich des Bedürfnisses eines jeden Menschen nach Bestätigung, Annahme und Anerkennung betont. Mit *R. Lachmann* kommen hier v. a. folgende *vier Lernziele* in Betracht

- Den Schülern und Schülerinnen soll bewusst werden, »dass jeder Mensch auf Anerkennung angewiesen ist«
- »Die Schüler sollen die in unserer Konsum- und Leistungsgesellschaft herrschenden Anerkennungsprinzipien kritisch bedenken«
- Die Schülerinnen und Schüler sollen anhand der paulinischen Gegenüberstellung von Glaube und Werken »das christliche Angebot der vorleistungslosen Anerkennung und Annahme durch Gott wahrnehmen«
- Die Schülerinnen und Schüler sollen »an konkreten Fällen aus ihrer Erfahrungswelt die christliche Rechtfertigungssicht auf ihre lebenspraktische Bedeutung hin bedenken, befragen und probeweise ›durchspielen‹«[14].

---

14 *R. Lachmann*, Grundsymbole christlichen Glaubens. Eine Annäherung (Biblisch-theologische Schwerpunkte 7), Göttingen 1992, 103–105. Beim dritten Lernziel nennt Lachmann nicht die paulinische Rechtfertigungslehre, sondern entsprechende Gleichnisse Jesu (Mt 20,1–16; Lk 18,9–14; Lk 15,11–32).

Gute praktische Erfahrungen wurden auch gesammelt, als die Rechtfertigungslehre ausgehend vom Problem der Notengebung im RU erörtert wurde. Die abstrakte Größe »Leistungsgesellschaft« wird am Lernort Schule und den entsprechenden Erfahrungen der Schüler mit Noten- und Leistungsdruck konkret. Gerade im Kontext der Rechtfertigungslehre legt sich ein schulkritischer Akzent sowie ein Unterricht über Unterricht (*Meta-Unterricht*) nahe. Die Rechtfertigungslehre kann ausgehend vom Phänomen des sog. »Einserpfarrers« erläutert werden; gemeint sind Religionslehrer, die aus theologischen Gründen ganz bewusst im RU nur sehr gute Noten verteilen. Die ersten Rückmeldungen der Schüler (»Das wollen wir auch!«) lassen sich in ein vertieftes Nachdenken überführen: Warum geben manche Religionslehrer trotzdem nicht nur gute Noten? Würden die Schüler wirklich einen Unterricht ohne Notendruck genauso ernst und »wertvoll« ansehen wie andere Unterrichtsfächer? Wie sehr sind die Schüler bereits selbst vom Leistungsdenken geprägt und machen ihr Selbstwertgefühl davon abhängig? Wie geht man mit der eigenen Unvollkommenheit und Fragmentarität um?

Selbstverständlich lässt sich auch auf ganz anderen Wegen ein erfahrungsbezogener Zugang zur paulinischen Rechtfertigungslehre gewinnen. Im Kontext der anregenden Unterrichtsvorschläge von *K. König*[15] wird z.B. auf das Lied »Paradies« hingewiesen, das sich auf der CD »Opium fürs Volk« von den »Toten Hosen« befindet, eine der gegenwärtig beliebtesten deutschsprachigen Gruppen. Protestierend (»Ich will nicht ins Paradies, wenn der Weg dorthin so schwierig ist«) setzt sich das Lied mit einer Sichtweise auseinander, der zufolge der Weg ins Paradies durch frommes und angepasstes Verhalten verdient wird.

Was an dieser Stelle nicht weiter ausgeführt werden kann: Ganz entscheidend ist es, dass die Rechtfertigungslehre nicht nur punktuell in einigen Unterrichtseinheiten behandelt wird, sondern *im Sinne eines Unterrichtsprinzips* den Bildungsprozess vor belastenden Vollkommenheitsforderungen befreit. Es kann sich für Schülerinnen und Schüler als befreiend erweisen, wenn sie für die Fragmentarität einer jeden menschlichen Lebensgeschichte sensibilisiert werden und das Ideal einer an Vollkommenheit ausgerichteten Identität zu hinterfragen lernen.

---

15 *K. König*, Von wem werde ich anerkannt?, in: ru 30/2000, 104–106.

3. Röm 9–11: Gottes Treue zu Israel

An Paulus scheiden sich nicht selten die Geister. Dies kann beispielhaft an seinem Verhältnis zu Israel gezeigt werden. Manche sehen in ihm einen Apostaten, der von seinem jüdischen Volk abgefallen ist, oder sehen in seiner Theologie wesentliche Wurzeln christlicher Judenfeindschaft. Solche Positionen mögen angesichts von Textpassagen wie Phil 3,7–11 und 1 Thess 2,14–16 auf den ersten Blick nicht überraschen. Allerdings finden sich umgekehrt selbst auf jüdischer Seite Stimmen, die Paulus in das Judentum »heimholen«, also seine jüdische Verankerung betonen[16]. Auch Christen haben auf der Suche nach einem angemessenen christlich-jüdischen Verhältnismodell v. a. einen paulinischen Textabschnitt wiederentdeckt: Röm 9–11. Dieser biblische Text hat nach dem Völkermord an den Juden weitgehend die Richtung des Umdenkens der christlichen Kirchen geprägt (II. Vatikanisches Konzil; Rheinischer Landessynodalbeschluss, 1980; EKD-Studien »Christen und Juden« I/ II/ III, 1975/1991/2000). Ungeachtet anderslautender Stimmen zum Judentum im NT, aber auch bei Paulus selbst, sprechen in der Tat gewichtige Argumente dafür, dass gegenwärtig die lange Zeit verdrängten Kapitel Röm 9–11 in den Vordergrund treten:

- Keine andere Stelle im NT erörtert die Problematik so ausführlich und durchdacht, dass viele Juden nicht an Jesus als den Messias glauben
- In späteren Schriften des NT finden sich entweder eine z. T. scharfe Polemik (Mt 23; Joh 8) oder die Bedeutung dieses Themas ist gar in Vergessenheit (1 Petr) geraten
- Die Rechtfertigungslehre wird in Röm 9–11 keineswegs ausgeblendet, vielmehr wird sie mit der Treue Gottes zu seinem bleibend erwählten Volk Israel in Beziehung gesetzt
- Paulus gelangt in Röm 11 an das Ziel seiner Überlegungen und adressiert diese besonders an Heidenchristen. So entspricht es dem Anliegen des Apostels, wenn die heute fast nur heidenchristlich geprägte Kirche ihr Verhältnis zum Judentum vor allem aus Röm 11 gewinnt.

3.1 Exegetisch: Kontext und Problemstellung[17]. Gelegentlich wurde behauptet, dass Röm 9–11 ein Fremdkörper im Gedankengang des

---

16 Vgl. *G. Langenhorst*, »Alte Juden, wie er«. Wie jüdische Dichter Paulus heimholen, in: ru 30/2000, 98–100.

17 Grundsätzlich ist festzustellen, dass mit Röm 9–11 zweifellos einer der schwierigsten Textabschnitte der Paulusexegese vorliegt, zu dem sehr kontroverse Auslegungen vorliegen. Die folgenden Ausführungen konzentrieren sich auf grundlegende Strukturen von Röm 9–11. Vgl. zum Folgenden *M. Rothgangel*, Antisemitismus als religionspädagogische Herausforderung. Eine Studie unter besonderer Berücksichtigung von Röm 9–11 (Lernprozeß Christen Juden 8), Freiburg ²1997, wo die nachstehenden Ausführungen eingehender begründet werden.

Römerbriefs sei. Demgegenüber ist jedoch festzustellen, dass in
Röm 1,16 (»den Juden zuerst«) und Röm 3,1–8 (»Was haben denn
die Juden für einen Vorzug«), aber insbesondere auch in Röm
8,28–30 die Problemstellung von Röm 9–11 bereits implizit enthalten ist. Wenn Paulus die christliche Heilsgewissheit in Röm 8,28–30
mit der sog. »Goldenen Kette« (erwählen – berufen – retten – verherrlichen) begründet, dann stellt sich für Paulus hinsichtlich des
»erwählten« und »berufenen« Volkes Israel die Frage, warum gegenwärtig Israel dem »rettenden« Glauben an Christus in der Mehrheit
ablehnend gegenübersteht. Schließlich ist nach Röm 1–9 für jeden
Menschen der Glaube an Christus der einzige Weg zur Rettung. Genau diese Problemstellung spiegelt sich in Röm 9,6b wider: Nicht
alle aus (dem erwählten Gottesvolk) Israel sind (Glieder der endzeitlichen Heilsgemeinde) Israel.

Auch die Röm 9–11 einleitenden Verse 9,1–5 geben jene Spannung zu erkennen: Der paulinischen Klage um seine nicht an Christus glaubenden jüdischen Mitbrüder (Röm 9,3) schließt sich die
Aufzählung der göttlichen Gaben an, die Israels Sonderstellung in
der Völkerwelt begründen und als Gottes erwähltes Volk auszeichnen (Röm 9,4–5a).

Damit ist das Thema von Röm 9–11 grundgelegt: Angesichts der
ambivalenten gegenwärtigen Situation, in der zahlreiche Menschen
aus der Völkerwelt an das Evangelium als Kraft zur Rettung glauben, das erwählte Gottesvolk Israel aber weitgehend gegenüber der
christlichen Botschaft verschlossen ist, steht Gottes Treue zu seinem
auserwählten Volk Israel zur Diskussion (vgl. Röm 9,6a).

Interpretation. Paulus reflektiert die für ihn spannungsvolle und
schmerzliche gegenwärtige Situation in drei Argumentationsgängen,
wobei er wiederholt zu Beginn der einzelnen Argumentationsgänge
seine persönliche Verbundenheit zum Ausdruck bringt:

– Zunächst steht mit Röm 9,6–29 ein Rückblick auf die Erwählungsgeschichte Israels und damit die Vergangenheitsperspektive
  im Vordergrund
– Im zweiten Gedankengang (Röm 9,30–10,21) dominiert nicht
  mehr das Erwählungshandeln Gottes sowie die Vergangenheitsperspektive die Argumentation, vielmehr sind die paulinischen
  Ausführungen von der Gegenwartsperspektive und der im Glauben an Jesus Christus begründeten Gerechtigkeit Gottes bestimmt. In diesem Zusammenhang stellt Paulus fest, dass Christus das Ende des Gesetzes in seiner Funktion als Heilsweg ist
  (Röm 10,4)

– Der dritte Argumentationsgang (Röm 11,1–27) beantwortet die
Frage, warum das »erwählte« und »berufene« Gottesvolk Israel
dem Glauben an Jesus Christus als Heilsweg weitgehend verschlossen gegenübersteht.

Besondere Beachtung findet im Kontext dieses dritten Argumen-
tationsganges das sog. *Ölbaumgleichnis* (Röm 11,17–24). Dies geschieht aus guten Gründen. Wie bereits in Röm 11,13 spricht Paulus
auch im Ölbaumgleichnis betont Heidenchristen an und vor allem
beinhaltet es auf bildliche Weise wesentliche Grundgedanken von
Röm 9–11.

In Röm 11,17f. ist die Rede von einem »edlen« und einem »wilden« Ölbaum.
Mit dem »wilden« Ölbaum sind die Nicht-Juden gemeint, mit dem »edlen«
Ölbaum das Gottesvolk Israel. Drei Gesichtspunkte sind im Ölbaumgleich-
nis von zentraler Bedeutung:
– Die Wurzel des edlen Ölbaums bezieht sich auf die Erzväter Israels
  (Abraham, Isaak, Jakob) und das Gottesvolk Israel. Damit wird die ge-
  meinsame Wurzel von Juden und Christen sowie die Verwurzelung des
  Christentums im Judentum zum Ausdruck gebracht
– Das Ölbaumgleichnis spricht aber auch von einen »Bruch« und benennt
  damit Unterschiede: Vom edlen Ölbaum wurden Zweige ausgebrochen.
  Bei diesen denkt Paulus an die Juden, die nicht glauben, dass Jesus der
  Messias ist. Unter die verbliebenen Zweige des edlen Ölbaums wurden
  jetzt Zweige des wilden Ölbaums eingepflanzt. Der gegenwärtige »Un-
  glaube« von Juden kommt also letztlich den Nicht-Juden zugute, die an
  Jesus Christus glauben. Auf diese Weise haben sie Anteil gewonnen an
  der Wurzel des edlen Ölbaums. Paulus mahnt in diesem Zusammenhang
  ausdrücklich die Heidenchristen, sich nicht gegenüber den ausgebrochenen, edlen Zweigen zu »rühmen«: »Nicht du trägst die Wurzel, sondern
  die Wurzel trägt dich« (vgl. Röm 11,18)
– Schließlich äußert Paulus seine Gewissheit, dass diese ausgebrochenen
  »edlen« Zweige wieder in den »edlen« Ölbaum eingepfropft werden. Damit bringt er zum Ausdruck, dass Christen und Juden durch eine gemeinsame Zukunftshoffnung verbunden sind
– Letzteres unterstreicht auch das abschließende Mysterium (Röm
  11,25–27) in apokalyptischer Terminologie: Wenn die Vollzahl der Heiden in die Gottesherrschaft eingegangen ist, dann wird »ganz Israel«
  sicherlich gerettet werden. Die angeführten Schriftbelege lassen darauf
  schließen, dass Paulus an ein endzeitliches Ereignis denkt, das der Christus bei seiner Wiederkunft (Parusie) selbst vollzieht. Paulus beschließt
  Röm 9–11 mit einer Zusammenfassung seiner Argumentation (11,28–32)
  sowie einem hymnischen Abschluss über die unerforschlichen Wege Gottes (11,33–36).

3.2 Systematisch. Unter Absehung der vielfältigen systematisch-theologischen Relevanz von Röm 9–11 (z.B. Erwählungslehre, Heilsgeschichte, Rechtfertigungslehre, Theodizee) folgt hier eine Konzentration auf die gegenwärtig viel diskutierte Frage nach einem angemessenen Verhältnismodell zwischen Israel und Kirche. Diesbezüglich hat *B. Klappert* eine nicht unumstrittene, aber doch hilfreiche Unterscheidung zwischen »negativen« und »positiven« Verhältnismodellen vorgenommen[18]. Zu den »negativen« Verhältnismodellen zwischen Israel und Kirche zählt B. Klappert z.B. das Substitutionsmodell (die Kirche ersetzt Israel als Gottesvolk) oder auch das Illustrationsmodell (Israel dient als Negativfolie der Kirche). Solche »negativen« Verhältnismodelle werden jedoch nicht der in Röm 9–11 ausdrücklich festgestellten bleibenden Erwählung Israels gerecht. Auf Seiten der »positiven« Verhältnismodelle verdient vor allem das christologisch-eschatologische Partizipationsmodell Aufmerksamkeit. Es besagt, dass die Menschen aus der Völkerwelt durch Jesus Christus an der Erwählungsgeschichte Israels partizipieren. In der Tat erweist sich dieses Modell etwa aufgrund von Röm 11,25f. (Motiv der Völkerwallfahrt zum Zion) als wohl begründet. Dennoch sollte man sich vor einer »Überzeichnung« dieses Modells hüten, da auch nach Röm 9–11 die Geschichte Israels nicht einfach in einer »bruchlosen« Kontinuität verläuft (vgl. z.B. Röm 11,17f.).

Überblickt man die Gesamtstruktur von Röm 9–11, dann lässt sich sagen, dass positive paulinische Aussagen seine von der Rechtfertigungslehre bestimmten »israelkritischen« Aussagen (Röm 9,30–10,21) rahmen. Dieser Sachverhalt ist an sich bedeutsam, da Paulus mit Röm 9–11 nicht einfach seine gerade in Röm 1–8 eingehend dargelegte Rechtfertigungslehre ausblendet, sondern ausdrücklich auch im Kontext von Röm 9–11 thematisiert. Röm 9–11 in seiner Gesamtheit spiegelt das Ja und Nein des Paulus zu seinen jüdischen Mitbrüdern wider, wobei letztlich das Ja zu seinen »ungläubigen« jüdischen Mitbrüdern das Übergewicht behält. Im Ölbaumgleichnis liegt wie in Röm 9–11 insgesamt eine Struktur vor, in der die Unterschiede vom Gemeinsamen »umgriffen« werden. Damit ist ein Weg eröffnet, das Verhältnis von Christentum und Judentum neu zu bestimmen:

---

18 Vgl. *B. Klappert*, Israel und die Kirche. Erwägungen zur Israellehre Karl Barths (TEH 207), München 1980, 11–37.

> *Gemeinsame* Zukunftshoffnung für Christen und Juden
>
> *Unterschiede* in der Rechtfertigungslehre und Christologie
>
> *Gemeinsame* Wurzel/Verwurzelung des Christentums im Judentum

Mit Röm 9–11 wird deutlich, dass christliche Identität ohne Berücksichtigung ihrer jüdischen Wurzeln defizitär ist. Deshalb ist für Christen die Begegnung mit dem Judentum wichtig. Wenn die jüdische Wurzel nicht berücksichtigt wird, führt dies zu einer verkürzten Sichtweise christlicher Identität. Allerdings ist zu bedenken, dass mit Röm 9–11 eine Verhältnisbestimmung aus christlicher Perspektive erfolgt. Aus diesem Grund kann man nicht erwarten, dass Juden ohne weiteres dieser Sichtweise zustimmen. Jedoch können Juden wahrnehmen, dass Christen ein neues Verhältnis zum Judentum suchen, in dem Unterschiede nicht zu Gegensätzen werden, sondern grundlegende Gemeinsamkeiten bestehende Unterschiede »umgreifen«.

3.3 Didaktisch. Faktisch zeigen die kirchlichen Verlautbarungen, dass sich gerade ausgehend von Röm 9–11 entscheidende Lernprozesse hinsichtlich des christlich-jüdischen Verhältnisses vollzogen haben. Was aber sind die Gründe dafür? Warum besitzt dieser Text offensichtlich ein didaktisches Potenzial?

Verschiedenste Schulbuch- und Lehrplananalysen zur Behandlung des Judentums im RU führen zum Ergebnis, dass ungeachtet beachtlicher Reformprozesse folgende Themen immer wieder unsachgemäß oder tendenziös dargestellt werden: Passionsgeschichte, »Gesetz« (Tora), »*die*« Pharisäer, »*Altes*« Testament und jüdische Geschichte[19]. Dabei ist oftmals folgendes »Strickmuster« zu beobachten: Werden z.B. »*die*« Pharisäer religionskundlich im Kontext jüdischer Gruppierungen zur Zeit Jesu behandelt, dann werden sie durchaus sachgemäß erörtert. Sobald jedoch »*die*« Pharisäer im Zusammenhang des Wirkens Jesu thematisiert werden, lässt sich die Tendenz greifen, dass sie als dunkle Negativfolie dienen, auf dem Jesu Wirken umso heller erstrahlen kann. Eine solche »Schwarz-Weiß-Malerei« ist eingängig und demgemäß ein nahe liegendes di-

---

19 Aus den zahlreichen verschiedenen Analysen sei exemplarisch genannt *P. Fiedler*, Das Judentum im katholischen Religionsunterricht (Lernprozeß Christen Juden 1), Düsseldorf 1980.

daktisches Unterrichtsmittel. Solche antithetischen Gegenüberstel-
lungen sind jedoch eine entscheidende Wurzel zur Ausbildung anti-
jüdischer und antisemitischer Vorurteile.

Der tiefere Grund dieser Probleme liegt in einer unzureichenden
christlich-jüdischen Verhältnisbestimmung. Direkt oder indirekt
zeigt es sich, dass im RU das Verhältnis von Christen und Juden
nicht angemessenen reflektiert wird – »angemessen« meint, dass
christliche Identität nicht verschwiegen, aber gleichfalls nicht auf
Kosten des Judentums profiliert wird. Folgendes *Richtziel* lässt sich
formulieren: Schülerinnen und Schüler sollen eine jüdisch-christliche Verhältnisbestimmung erfahren, die von der Verwurzelung des
Christentums im Judentum, von der in der Christologie begründeten Verschiedenheit sowie von der Christen und Juden gemeinsamen Zukunftshoffnung geprägt ist.

Aber nicht nur in diesem grundsätzlichen Sinne ist Röm 9–11 didaktisch relevant. Darüber hinaus verdient speziell das Ölbaumgleichnis als Unterrichtsthema behandelt zu werden. Zum einen
bringt es exemplarisch Grundgedanken von Röm 9–11 zum Ausdruck, zum anderen ist es gerade auch in symboldidaktischer Hinsicht ein attraktiver und relevanter Text für Schüler. Bereits in der
4. Klasse scheint eine anfängliche auf dem Wurzelmotiv gründende
Verhältnisbestimmung möglich zu sein, da Kinder weniger auf kognitive, vielmehr auf intuitive Weise diese dreigliedrige, dialektische
Struktur zu erfassen vermögen. In jedem Fall ist auch nach struktur-
genetischen Überlegungen eine Behandlung dieses dreigliedrigen
Verhältnismodells sowie des Ölbaumgleichnisses in der 7. und
8. Klasse möglich.

Ein spezifisches didaktisches Potenzial von Röm 9–11 besteht
ebenso darin, dass man nicht den problematischen Weg beschreiten
muss, direkt gegen Vorurteile unterrichten zu müssen. Ausgehend
von Diskontinuitätserfahrungen bei Schülerinnen und Schülern
kann der Blick auf die kontinuierlichen Momente gelenkt werden:
die Verwurzelung des Christentum im Judentum sowie die gemeinsame eschatologische Hoffnung für Christen und Juden. Die Bedeutung der Verwurzelung kann durch biografische Erfahrungen
(Worin bin ich verwurzelt? Was gibt meinem Leben Halt?) herausgestellt werden. In der bleibenden Bedeutung der eigenen lebens-
geschichtlichen Wurzeln wird die fortbestehende Bedeutung für die
heidenchristlich geprägte Kirche erfahrbar: Die Wurzeln »nähren«
die Äste. Die Verwurzelung des Christentums im Judentum kann
an verschiedenen Aspekten belegt werden: Jesus als Jude, Paulus als

Jude, das »Erste« Testament oder etwa das Verhältnis von christ-
lichem Wort und jüdischem Synagogengottesdienst. Auch im Blick
auf die gemeinsame eschatologische Zukunftshoffnung kann der
Baum als Hoffnungssymbol erörtert werden. Nicht zu vergessen ist
aber, dass im Ölbaumgleichnis letztlich menschliche Erfahrung
transzendiert wird, wenn Paulus seine feste Gewissheit äußert, dass
die »edlen« Zweige sicherlich wieder in den »edlen« Ölbaum eingepflanzt werden. Mit dieser Kontrasterfahrung liegt gleichsam ein un-
aufgebbares Bild für die Treue Gottes vor, die alle menschlichen Erfahrungen überschreitet.

4. Röm 13,8–10 (Gal 5,13–14): Liebe als Erfüllung des Gesetzes

Gerne wird dem Judentum eine Gesetzlichkeit unterstellt, der Jesus und im
Anschluss daran auch Paulus das Liebesgebot entgegengesetzt hätten. Das
Gebot der Nächstenliebe findet sich aber bereits im sog. AT (Lev 19,18),
und zur Zeit des Urchristentums besaß das Liebesgebot auch im Judentum
eine hervorgehobene Stellung. Dementsprechend ist im RU darauf zu achten, dass das Liebesgebot nicht in einem exklusiven Sinne für das Christentum im Unterschied zum Judentum beansprucht wird.

4.1 Exegetisch: Kontext und Problemstellung. Röm 13,8–10 steht im parä-
netischen Teil (Gemeindeermahnung) des Römerbriefes (12,1–15,13),
der auf den dogmatisch-theologischen Teil (1,18–11,36) folgt. Einer
der wesentlichen Vorwürfe von Paulusgegnern dürfte gewesen sein,
dass jener eine Gesetzeslosigkeit lehre. Gegen diesen wohl auch in
der römischen Gemeinde bekannten Einwand bezieht Paulus Stellung: Er vertritt keine Gesetzeslosigkeit. Vielmehr ist die Liebe die
Erfüllung des Gesetzes. Mit dieser These ist Röm 13,8–10 »Ziel und
Höhepunkt der allgemeinen Paränese in Röm 12–13«[20].

Interpretation. Paulus schreibt zunächst in V.8, dass man niemandem
etwas schuldig[21] ist außer dem einen: einander zu lieben. Die Liebe
bleibt »eine unendliche Aufgabe« (*Käsemann*). Paulus sieht diesen
Gedanken darin gestützt, dass die Nächstenliebe die Erfüllung des
Gesetzes ist. Er begründet dies in V.9 dadurch, dass er aus der sog.
zweiten Tafel des Dekalogs zitiert (Du sollst nicht ehebrechen, mor-

---

20 *U. Wilckens*, aaO., 71.
21 Mit dem Begriff »schuldig« (13,8) knüpft Paulus an V.7 an (»So gebet nun jedermann, was ihr schuldig seid: Steuern, dem die Steuer gebührt …«).

den, stehlen, begehren)[22] und schreibt, dass dies alles in dem einen Wort von Lev 19,18 zusammengefasst ist: Du sollst deinen Nächsten lieben wie dich selbst. An dem Zusatz in V.9 – und welches andere Gebot es auch sonst geben mag – wird deutlich, dass Paulus die vier Dekaloggebote als eine beispielhafte Auswahl zitiert und er wie in Gal 5,14 die ganze Tora im Blick hat, allerdings, und das zeigt auch die Konzentration auf das Liebesgebot, nicht mehr die Tora im quantitativen Sinn als Sammlung von 613 Einzelgeboten (248 Gebote und 365 Verbote). Paulus »wollte die Tora im Licht des von ihr selbst gebotenen Schlüssels lesen: ›Du sollst deinen Nächsten lieben wie dich selbst‹. … Im Liebesgebot (Lev 19,18) bekommen alle einzelnen Weisungen erst ›Sinn und Kopf‹«[23]. Bevor Paulus in Röm 13,10b noch einmal abschließend betont, dass die Liebe die Erfüllung des Gesetzes ist, stellt er in V.10a fest, dass die Liebe dem Nächsten nichts Böses tut. »Indem die Tora Ehebruch, Mord, Diebstahl, Begierde und alles übrige Böse untersagt, ruft sie zur Liebe als dem Tun, in dem alles Böse nicht nur vermieden, sondern überwunden wird (12,21).«[24]

Als letzte Frage ist noch zu klären, wen Paulus als »Nächsten« im Blick hat. Auch an dieser Stelle wäre es verfehlt, vorschnell einen Gegensatz zum Judentum zu konstruieren. In Lev 19,18 ist der Nächste der Mitisraelit, in Lev 19,34 wird aber das Liebesgebot ausdrücklich auf in Israel lebende Fremde bezogen. Dies wird allerdings in der griechischen Übersetzung, der Septuaginta, wieder eingeschränkt. Und auch Paulus scheint (wie Johannes) im Nächsten primär »den der eigenen Gruppe zugehörigen Nachbarn, also den Mitchristen«[25] zu sehen.

4.2 Systematisch. Ähnlich wie Paulus muss sich auch *M. Luther* mit dem Vorwurf auseinander setzen, dass durch die Betonung des allein rechtfertigenden Glaubens die Werke eines Menschen keine Rolle mehr spielen würden und dieser nun beliebig machen könne, was er will (»Libertinismus«). In der Tat rechtfertigt nach reformatorischer Sichtweise allein der Glaube und haben in diesem Zusammenhang die Werke des Gesetzes eine negative Bedeutung: als Versuch der Selbstrechtfertigung des Menschen vor Gott. Gegen den

---

22 Bemerkenswerterweise findet sich kein urchristlicher Text, in dem der ganze Dekalog zitiert wird.
23 *M. Theobald,* aaO., 102.
24 *U. Wilckens,* aaO., 71.
25 *M. Theobald,* aaO., 105.

Vorwurf des Libertinismus wird jedoch festgestellt: Zwar rechtfertigt allein der Glaube, aber der Glaube bleibt niemals allein. Der Rechtfertigungsglaube bleibt also niemals ohne Liebe (vgl. Gal 5,6; 1 Kor 13,2), der Glaube bringt notwendig auch gute Früchte mit sich (CA XX). Dabei wird oftmals das Bild des guten Baumes verwendet, der seiner Natur gemäß gute Früchte bringt (vgl. Mt 7,16–20).

Indem der Mensch im Vertrauen auf die Gnade und Liebe Gottes lebt, ist er befreit von der egoistischen Sorge um sein persönliches Heil. Gerade so ist der von Gott angenommene Mensch auch befreit, sich dem Nächsten zuzuwenden[26]. In diesem Sinne heißt es bei Paulus: Christus hat euch befreit, deshalb lebt jetzt in Freiheit (Gal 6). Systematisch-theologisch ausgedrückt: Der Zuspruch Gottes (*Indikativ*) geht dem Anspruch Gottes (*Imperativ*) voraus.

Umstritten ist jedoch, welche bleibende Bedeutung das Gesetz für Christen noch besitzt, insbesondere ob das Gesetz auch für Christen eine wegweisende Funktion inne hat (sog. *tertius usus legis*). Manche lutherische Theologen verweisen darauf, dass das »Du sollst« des Gesetzes der Spontaneität der Liebe widerspricht, und betonen die Freiheit der Christen vom Gesetz. Andere machen jedoch geltend, dass sich auch Jesus (vgl. z. B. Mt 5,21 ff.) und Paulus (vgl. z. B. Röm 13,8–10) etwa auf den Dekalog beziehen und damit Gottes Gebote für Christen keineswegs bedeutungslos sind.

In welchem Verhältnis steht aber nun das Liebesgebot zu den anderen Geboten? Vertreter einer Situationsethik gehen so weit, zu behaupten, dass allein die Liebe unbedingt geboten ist. Je nach Situation kann es nämlich sehr unterschiedlich sein, was die Liebe in dem besonderen Fall von einem fordert. Dem wird jedoch entgegengehalten, dass die Liebe konkrete Anhaltspunkte benötigt und der Auslegung durch andere Gebote bedarf, da unter Liebe ganz Unterschiedliches verstanden wird. Vertretern einer Situationsethik ist jedoch zumindest dahingehend Recht zu geben, dass die Liebe nicht einfach ein Gebot neben anderen ist, sondern das eine Gebot in allen Geboten[27].

---

26 Treffend dazu *M. Luther* in »Von der Freiheit eines Christenmenschen«: »Siehe also müssen Gottes Güter fließen aus einem in den anderen und [all]gemein werden, dass ein jeder sich seines Nächsten also annehme, als wäre er es selbst. Aus Christo fließen sie in uns, der sich unser hat angenommen …, aus uns sollen sie fließen in die, die ihrer bedürfen. – Aus dem allem folgt, dass ein Christenmensch nicht lebt in ihm selbst, sondern in Christo und seinem Nächsten, in Christo durch den Glauben, im Nächsten durch die Liebe.« (WA 7, 37 f.)

27 Mit *W. Joest*, Dogmatik, Bd. 2, Der Weg Gottes mit dem Menschen, Göttingen 1986, 497 f.

4.3 Didaktisch. Grundsätzlich verdienen im didaktischen Kontext auch humanwissenschaftliche Untersuchungen zur (Nächsten-)Liebe Beachtung. Bekannt ist *S. Freuds* Kritik, dass das biblische Gebot der Nächstenliebe typisch für das unpsychologische Vorgehen des Kultur-Über-Ichs sei[28]. Ausgewogener sind die Überlegungen *E. Fromms*, der die Gegenüberstellung von Nächsten- und Selbstliebe sowie die Abwertung der Selbstliebe in Frage zu stellen vermag und anstatt dessen eine Unterscheidung zwischen Selbstliebe und Selbstsucht (entspricht Liebesunfähigkeit) vornimmt[29]. Generell kann man sagen, dass auch unter dem Eindruck moderner Narzissmustheorien sich im theologischen Kontext ein Einstellungswandel hinsichtlich der Selbstliebe vollzogen hat und die Bedeutung des »wie dich selbst« im Gebot der Nächstenliebe deutlicher erkannt wird. Auch kognitionspsychologische Befunde können vor einer »blauäugigen« religionspädagogischen Vorgehensweise warnen: Es ist ernst zu nehmen, dass nach *L. Kohlbergs* entwicklungspsychologischer Theorie zum moralischen Urteil erst auf der Stufe 3 ein Denken möglich ist, das von dem Sprichwort (»Was du nicht willst, das man dir tu, das füg' auch keinem andern zu!«) geprägt ist (vgl. Goldene Regel Mt 7,12).

Das Thema der (Nächsten-)Liebe wird auf verschiedenste Weise im RU behandelt. In der GS etwa mit biblischen Jesusgeschichten (z.B. Lk 10,25–37; Lk 13,10–17) und kirchengeschichtlichen Vorbildern (z.B. Elisabeth von Thüringen; Mutter Theresa), in der Sek I z.B. anhand christlicher Organisationen wie der Diakonie und Caritas, aber auch im Blick auf Freundschaft und Sexualität. Welchen besonderen Beitrag vermag an dieser Stelle Röm 13,8–10 zu leisten?

Dieser Text ist m.E. weniger für die GS geeignet. Hier verdienen anschaulich-konkrete Erzählungen (s.o.) sowie spezielle Wahrnehmungsübungen (z.B. Einander wahrnehmen – Einander helfen)[30] den Vorzug. Allerdings kann im Kontext der Behandlung des Dekalogs bereits die lebensschützende Intention der Gebote herausge-

28 Vgl. dazu *H. van de Spijker*, Narzisstische Kompetenz – Selbstliebe – Nächstenliebe. Sigmund Freuds Herausforderung der Theologie und Pastoral, Freiburg u.a. 1993.

29 *E. Fromm,* Die Kunst des Liebens, Stuttgart 1980, 69 ff.

30 Vgl. dazu Arbeitshilfe Religion. Grundschule 3. Schuljahr. Zum Lehrplan für Evangelische Religionslehre, *hg. v. A. Krauttner/E. Schmidt-Lange*, Stuttgart 1997, 182–205.

stellt werden[31]. Das spezifische Potenzial dieses Textes entfaltet sich in der Sek I. Dieser Text ist ein Korrektiv gegen ein »didaktisches Strickmuster«, nach dem das Liebesgebot auf dem Hintergrund einer starren jüdischen Gesetzlichkeit hell erstrahlt. Vielmehr kann mit Röm 13,8–10 – unter Berücksichtigung der Vorrangstellung des Liebesgebotes – die positive Beziehung zwischen dem Liebesgebot und den anderen Geboten Gottes herausgearbeitet und zur Diskussion gestellt werden. Das Problembewusstsein kann mit Geschichten und Zitaten aus der jüdischen Tradition und der Frage nach deren Gemeinsamkeiten und Unterschieden mit Röm 13,8–10 weiter vertieft werden[32].

5. *1 Kor 13: Hohelied der Liebe*

Dieses mit »Hohelied der Liebe« etwas missverständlich bezeichnete Kapitel – es handelt sich um kein Lied, sondern um kunstvoll stilisierte Prosa – enthält den vielzitierten Schlussvers: Nun aber bleiben Glaube, Hoffnung, Liebe, diese drei, die größte von ihnen aber ist die Liebe (V.13). Die Trias Glaube, Liebe und Hoffnung findet sich bereits im frühesten uns überlieferten Paulusbrief (1 Thess 1,3; 5,8). Selbst in seinem kürzesten Brief, dem Philemonbrief, verwendet Paulus das Motiv der Liebe als ein wesentliches Argument. Ist es bezeichnend für die Wirkungsgeschichte konfessioneller Auseinandersetzungen, dass z.B. in der Neutestamentlichen Theologie von *R. Bultmann* ausführlich vom Glauben, aber fast nicht von der Liebe gesprochen wird?

5.1 Exegetisch: Kontext und Problemstellung. 1 Kor richtet sich an eine junge christliche Gemeinde, die in einer antiken Hafenstadt mit den ihr eigenen Problemen lebt. Die korinthische Gemeinde muss sich mit verschiedensten Schwierigkeiten auseinander setzen (z.B. Spaltungen in der Gemeinde; sexuelle Vergehen; gottesdienstliche Unordnung; »Alles ist erlaubt«). Davon informiert schreibt Paulus einen Brief, mit dem er die Christen von Korinth auf den Boden der Tatsachen und der Nüchternheit der Liebe zurückzuholen sucht (»Alles ist erlaubt,

---

31 Vgl. dazu die Anregungen von *E. Buck*, Bewegter Religionsunterricht. Theoretische Grundlagen und 45 kreative Unterrichtsentwürfe für die Grundschule, Göttingen 1997, 135.

32 Hier sei nur ein Beispiel genannt aus *A. Lohrbächer (Hg.)*, Was Christen vom Judentum lernen können. Modelle und Materialien für den Unterricht, Freiburg 1994, 174: »Was dir verhaßt ist, tue auch deinem Nächsten nicht an. Das ist die ganze Tora. Alles weitere ist Kommentar dazu« (*Hillel*).

aber es ist nicht alles hilfreich«). 1 Kor 13 befindet sich im Kontext von 1 Kor 12–14, in dem Paulus sich kritisch mit korinthischen Vorstellungen von den Charismen (Gnadengaben) auseinander setzt.

Interpretation. 1 Kor 13 ist ein in sich geschlossener und kunstvoll gestalteter Abschnitt, der sich in drei Teile untergliedert. In V.1–3 spricht Paulus von der Nichtigkeit der Charismen ohne die Liebe, positiv formuliert: von der Überordnung der Liebe im Vergleich zur Glossolalie[33], der Prophetengabe, des (wunderwirksamen) Glaubens, des Almosengebens und der Martyriumsbereitschaft. »Dabei ist deutlich, dass die Liebe nicht nur als ein Charisma unter anderen Gnadengaben verstanden ist, sondern als die vom Geist Gottes bewirkte Grundhaltung, ohne die weder die staunenswerten Geistesgaben noch die höchsten sittlichen Leistungen einen heilsamen Dienst zum Aufbau der Gemeinde leisten können.«[34]

Vom Wesen und Wirken der Liebe handeln schließlich V.4–7. Mit insgesamt fünfzehn Verben wird näher bestimmt, was die Liebe tut (sieben Verben) bzw. nicht tut (acht Verben). So schreibt Paulus z.B. in positiver Hinsicht von der Liebe, dass sie langmütig und gütig ist, in negativer Hinsicht, dass die Liebe nicht eifert und prahlt (V.4).

In V.8–13 erörtert Paulus die Unvergänglichkeit der Liebe. Paulus spricht in diesem Abschnitt von vergänglichen (z.B. Prophetengabe, Zungenrede, Erkenntnis) und unvergänglichen Charismen (Glaube, Liebe, Hoffnung) und stellt die Liebe wie gesagt als die größte unter den drei Letztgenannten heraus (V.13). Auch hier wie in dem ganzen Abschnitt ist bemerkenswert, wie wenig die paulinische Redeweise von Liebe mit einer »romantisierenden Liebelei« zu verwechseln ist. Vielmehr dient die Liebe dem Paulus als ein kritisches Prinzip gegen das übersteigerte Vollkommenheitsbewusstsein der Korinther und ihrer unreflektierten Hochschätzung der Geistesgaben[35].

Grundsätzlich ist zu beachten, dass Paulus entsprechend der Septuaginta (der griechischen Übersetzung des AT) für Liebe das in der griechischen Profanliteratur ungebräuchliche Wort *agape* wählt und nicht etwa *philia* (Freundschaft) oder *eros*. Das spezifische Verständnis von Liebe wird daran deutlich, dass verschiedene Bestimmungen der Liebe in V. 4–7 an anderer Stelle von Gott oder Christus

---

33 Hier führt sicherlich ein Seitenblick auf die korinthische Gemeinde dazu, dass er die dort so hoch geschätzte Glossolalie kritisch an erster Stelle setzt.
34 *F. Lang*, Die Briefe an die Korinther (NTD 7), Göttingen 1986, 183.
35 Vgl. *W. Schrage*, Der erste Brief an die Korinther (EKK VII/3), Zürich u.a. 1999, 319f.

ausgesagt werden (vgl. z.B. Phil 2,4). Dieser enge Zusammenhang ist nicht zufällig. Schließlich ist die Basis für das paulinische Verständnis von Liebe »der Taterweis der Liebe Gottes durch die Sendung seines Sohnes zum Heil der Menschen«[36].

5.2 Systematisch. Die paulinischen Ausführungen von 1 Kor 13 sind in verschiedenster Hinsicht von systematisch-theologischer Relevanz (z.B. Frage nach christlichen Kardinaltugenden; Verhältnis von Glaube und Liebe, s. dazu Röm 13,8–10). Auch aus didaktischen Gründen soll allein der kontrovers diskutierte Sachverhalt aufgegriffen werden, in welchem Verhältnis *Agape* und *Eros* zueinander stehen bzw. göttliche und menschliche Liebe. Bereits Kirchenvater Augustin (354–430) unterscheidet zwischen der irdischen Selbst-Liebe (*amor sui*) und der göttlichen Liebe, die das eigene Selbst zurückstellt (*amor dei*). Allerdings anerkennt man in vorreformatorischer Tradition »vermittelnde« Formen der Liebe: So besitzt die Freundschaft (*amor amicitiae*) »eine Vermittlungsqualität, die das ›eudämonistische‹ Streben nach ewiger Seligkeit mit der Interesselosigkeit reiner Liebe verbindet«[37].

Auf dualistische Weise setzt *A. Nygren* in seinem Klassiker »Eros und Agape« (1930; 1937) beide gegeneinander: Einerseits ist da der hellenistische Eros-Gedanke als menschliche Eigenliebe, die durch den Wert und die Qualität des Gegenstandes motiviert ist; andererseits der urchristliche Agape-Gedanke, der durch den gnadenvollen Weg Gottes zum Menschen bestimmt ist: eine selbstlose Hingabe, spontan und wertschaffend. Dieser strikten Antithese wurde von vielen widersprochen, für *D. Sölle* ist »die radikale Entgegensetzung von Eros und Agape« sogar »eine der peinlichsten und katastrophalsten Züge im Christentum«[38].

Auch *E. Brunner* unterscheidet zwar zwischen einem griechisch-modernen Eros-Gedanken (Aufstreben der Menschenseele zum göttlich Schönen) und einem neutestamentlich-christlichen Liebesgedanken (grundlose Herablassung Gottes zum sündigen Menschen). Er bejaht aber den Eros insofern, als er zur Schöpfung Gottes gehört. Problematische Züge nehme der Eros erst an, wenn durch die Emanzipation aus der Gottgebundenheit die Liebe vom Eros getrennt wird. In diesem Sinne fordert Brunner hinsichtlich der Freundschaft

---

36 *F. Lang*, aaO., 189.
37 *H. Ringeling*, Art. Liebe (Dogmatisch), in: TRE XXI, 170–177, bes. 175.
38 *D. Sölle*, in: *W. Jens*, Assoziationen, Bd. 2, Stuttgart 1979, 62.

und geschlechtlichen Liebe eine verantwortungsbewusste und gemeinschaftsbezogene Gestaltung und Integration des Erotischen[39].

Noch einen ganzen Schritt weiter in der Überwindung des Gegensatzes von Eros und Agape geht *E. Jüngel*, wenn er implizit Agape und Eros so aufeinander bezieht: »Liebe ohne irgendeine Weise der Selbstbezogenheit wäre … eine maßlose Abstraktion, gleichsam eine Verfälschung der Liebe von oben. Umgekehrt wäre Liebe ohne immer noch größere Selbstlosigkeit im Selbstbezug … die genau entgegengesetzte Abstraktion, sozusagen eine Fälschung von unten. Droht im ersten Fall eine moralische Kastration des Wesens der Liebe …, so entsteht im zweiten Fall die Gefahr einer gleichsam sexuellen Vergewaltigung des Wesens der Liebe.«[40]

5.3 Didaktisch. Auch wenn man eine elementarisierende Behandlung von 1 Kor 13 in der *GS* nicht von vornherein ausschließen sollte, legt sich eine Thematisierung vor allem in der *Sek I* nahe. Das Vorverständnis von Jugendlichen zeigt hinsichtlich Liebe oftmals ein breites und buntes Spektrum verschiedenster Assoziationen, das auch, aber keineswegs nur vom Thema der Sexualität geprägt ist. Dementsprechend können die durch verschiedenste Handlungswörter geprägten Verse 1 Kor 15, 4–7 zum Ausgangspunkt einer »Meditation für zahlreiche Alltagserfahrungen werden … Jeder Aussagesatz läßt sich mit zahlreichen Worten der Alltagssprache oder durch das Gegenteil beschreiben«[41]. Als Beispiel führt *R. Ott* an: »›Die Liebe ist langmütig‹ – ins Gegenteil gewendet: Ich halte es nicht lange mit Menschen aus; ich will stets wissen, warum etwas geschieht; ich bin rasch abgesättigt und gehe weiter zum nächsten«[42].

Ein weiterer Weg der Thematisierung von 1 Kor 13 besteht in seiner Verfremdung durch »moderne Versionen« von *D. Sölle, H. Wohlgemuth, E. Zeller, J. Zink* und *C. Banana*[43].

39 Vgl. *E. Brunner*, Ein offenes Wort. Vorträge und Aufsätze 1917–1962, *hg. v. R. Wehrli*, Zürich 1981, 308–325; *ders.*, Eros und Liebe. Vom Sinn und Geheimnis unserer Existenz, Hamburg ²1952.

40 *E. Jüngel*, Gott als Geheimnis der Welt. Zur Begründung der Theologie des Gekreuzigten im Streit zwischen Theismus und Atheismus, Tübingen ³1978, 436f. Anm. 15.

41 *R. Ott*, Dialogische Bibeldidaktik. Korrelative Auslegung der Korintherbriefe in der Kolleg-/Studienstufe, Frankfurt u.a.1990, 324.

42 *R.Ott*, aaO., 324 Anm. 40.

43 Vgl. dazu *S. Berg/H. K. Berg* (Hg.), Wer den Nächsten sieht, sieht Gott. Das Grundgebot der Liebe (Biblische Texte verfremdet 3), München/Stuttgart 1986, 82–94.

Es würde jedoch m.E. zu kurz greifen, wenn 1 Kor 13 nur als ein Thema neben anderen im RU behandelt würde. Darüber hinaus wäre es wesentlich, wenn ein christlich fundiertes Verständnis von Liebe durchaus im Sinne von Pädagogen wie *J. H. Pestalozzi, J. Korczak* oder *M. Montessori* gleichsam als ein pädagogisches Prinzip wirksam würde. Gerade von reformpädagogischen Ansätzen ließe sich lernen, dass es sich keineswegs um ein utopisches, den konkreten Unterricht nicht befruchtendes Prinzip handelt. Vielmehr beginnt Liebe bereits dann wesentlich den RU zu bestimmen, wenn Lehrer ihre Schüler nicht als bloße Adressaten einer zu vermittelnden christlichen Botschaft behandeln, sondern als Subjekte des RU ernst nehmen[44].

6. Gal 2,1–10: Der Apostelkonvent

In Gal 2,1–10 berichtet Paulus von jenem bedeutenden Ereignis in Jerusalem, das in der Regel als »Apostelkonvent« bzw. »Apostelkonzil« bezeichnet wird. Oftmals wird bei der Behandlung des Apostelkonvents im RU Apg 15 als Parallelstelle herangezogen (→ XIX. Apostelgeschichte). Und nicht selten bestimmt der imposante lukanische Bericht die Darstellung des Apostelkonvents. Ein bibelkundlicher Vergleich zeigt jedoch, dass nur in Apg 15,1–4.12b wirkliche Berührungspunkte zur paulinischen Darstellung des Apostelkonvents (Gal 2,1–10) vorliegen[45]:
– Folgende *Gemeinsamkeiten* bestehen zwischen *Gal 2,1–10* und *Apg 15,1–33*: *(1)* Auftreten der »Falschbrüder« in Antiochia (Gal 2,4; Apg 15,1); *(2)* Beschneidungsforderung (Gal 2,3 f.; Apg 15,1); *(3)* Einspruch des Paulus (Gal 2,5; Apg 15,2); *(4)* Reise von Paulus und Barnabas nach Jerusalem (Gal 2,1; Apg 15,2–4); *(5)* Verteidigung des Paulus mit Hinweis auf sein Apostolat bzw. seine Missionserfolge (Gal 2,7.9a; Apg 15,12b)
– Diesen, sich auf Apg 15,1–5.12b konzentrierenden Gemeinsamkeiten stehen u.a. folgende *Differenzen* gegenüber, die nur zum Teil aus der unterschiedlichen Abfassungssituation erklärt werden können: *(1)* Unterschiedliche Begründungen der Jerusalemreise (Apg 15,2 gg. Gal 2); *(2)*

44 Dies äußert sich z.B. darin, dass Schülerinnen und Schüler bei der Themenauswahl mitbestimmen dürfen, dass sie Unterrichtsphasen erleben, in denen sie entsprechend ihrer Bedürfnisse und Voraussetzungen selbst über Lernwege und -tempo entscheiden dürfen und dass über den Unterricht kritisch-konstruktiv nachgedacht wird (»Meta-Unterricht«).
45 Vgl. *M. Rothgangel*, Apg 15 als Darstellung des Jerusalemer Apostelkonvents? Eine »einleitungswissenschaftliche Reminiszenz«, in: *J. Frühwald-König/F. Prostmeier/R. Zwick (Hg.)*, »Steht nicht geschrieben?« Studien zur Bibel und ihrer Wirkungsgeschichte (FS *Schmuttermayer*), Regensburg 2001, 125–134.

Die Mitnahme des Titus wird nur in Gal 2,1 berichtet; *(3)* Unterschiedliche Verhandlungspartner (Apg 15 nennt z.B. Johannes nicht; gg.
Gal 2,9); *(4)* Lukas verschweigt die Kollekte in Apg 15 (gg. Gal 2,10; vgl.
aber Apg 24,17!); *(5)* Das paulinische Evangelium wird nur in Gal 2,2 als
Verhandlungsgegenstand erwähnt; *(6)* Im völligen Widerspruch zu Paulus (vgl. Gal 2,6; auch 1 Kor 8,10!) wird in Apg 15 das Dekret als Ergebnis
des Konvents geschildert
– Bemerkenswerte *Parallelen* bestehen jedoch zwischen *Gal 2,11–14 und
  Apg 15,5–12a.13–33* (10,1–11,18): *(1)* Als Jerusalemer Verhandlungspartner
  werden nur Petrus und Jakobus erwähnt (Gal 2,11 ff.; Apg 15,7 ff.13 ff.);
  demgegenüber war beim Jerusalemer Abkommen auch der Zebedaide anwesend (Gal 2,9); *(2)* Der Streit in Antiochia entbrannte an der Frage
  nach der Tischgemeinschaft mit Heiden (Gal 2,12); das Aposteldekret ist
  die Antwort auf dieses Problem (Apg 15,20 ff.); *(3)* Petrus wird zuerst als
  Judenmissionar gezeichnet (Gal 2,1–10), während er später auch als Hei-
  denmissionar auftritt (Gal 2,12.14; Apg 15,7 ff.; *(4)* Zur Diskussion steht,
  inwieweit Heiden auf das Gesetz verpflichtet werden sollen (Gal 2,14.16;
  Apg 15,5bß.10.19.28).
Demnach ist Apg 15 ein Bericht, in dem Lukas den Jerusalemer Apostelkonvent und den Antiochia-Zwischenfall zu einem Ereignis verbunden hat, wobei sich Apg 15 abgesehen vom Anlass des Apostelkonvents (Apg 15,1–4) im
Wesentlichen auf den Antiochia-Zwischenfall bezieht. Aus diesem Grund ist
Gal 2,1–10 die entscheidende Quelle für den Apostelkonvent. Allerdings ist
zu bedenken, dass Paulus die zurückliegenden Ereignisse durch seine
»Brille« betrachtet, bei der es durchaus sein kann, dass sie – in Anbetracht
der starken Angriffe gegen seine Person wenig verwunderlich – etwas »be-
schlagen« ist.

6.1 Exegetisch: Kontext und Problemstellung. Bereits die fehlende Dank-
sagung zu Beginn des Galaterbriefes weist darauf hin, dass Paulus in
einem heftigen Konflikt mit der von ihm gegründeten Gemeinde
steht[46]. Der entscheidende Grund dafür sind von außen in die Gemeinde kommende Gegner (vermutlich judaisierende Judenchristen), die ein anderes Evangelium verkünden (1,6 f.; 5,10), die Beschneidung (5,2; 6,12 f.) sowie die Beachtung bestimmter Zeiten
(4,10) fordern und die Gemeinde gegen Paulus aufhetzen (5,12). In

---

46 Umstritten ist, ob die Galater in der römischen Provinz Galatia zu verorten
   sind (»Provinzhypothese«) oder in der anders gelegenen Landschaft Galatien
   (»Landschaftshypothese«). Auch die Datierung des Galaterbriefes ist schwierig:
   Obwohl verschiedentlich für eine zeitliche Ansetzung des Galaterbriefes vor
   der Korintherkorrespondenz plädiert wird, scheint doch die thematische Nähe
   zum Römerbrief für eine Abfassung nach der Korintherkorrespondenz um
   55 n. Chr. zu sprechen.

diesem apologetischen Kontext ist auch die paulinische Darstellung des Apostelkonvents (2,1–10) zu verstehen. Sie befindet sich im Kontext eines Abschnittes, in dem Paulus angefangen von seiner früheren Verfolgertätigkeit verschiedene Stationen seines Lebensweges darlegt (1,13–2,14). Auf Schritt und Tritt kann man dabei die paulinische Intention verfolgen, den göttlichen Ursprung seines Evangeliums und seine Unabhängigkeit von den Autoritäten der Urgemeinde herauszustellen.

Interpretation. Die Erwähnung des Barnabas in Gal 2,1 liefert zwei indirekte Hinweise: Zum einen scheint der Ausgangspunkt der Reise tatsächlich Antiochia gewesen zu sein (vgl. Apg 15,1 ff.), zum anderen war Barnabas beim Konvent offenbar eine dem Paulus gleichrangige Figur (vgl. Gal 2,9). So war Paulus wohl nicht als ein selbstständiger Missionar, sondern als Delegierter der antiochenischen Gemeinde beim Konvent vertreten. Nach den Notizen zur Reise (V.1–2a) schreibt Paulus den Galatern, wie er sein Evangelium erfolgreich vorlegte und der aus Antiochia mitgereiste Titus sich nicht beschneiden lassen musste (V.2b-3).

Obwohl die Ausgangslage des Apostelkonvents äußerst brisant war – dies zeigt auch das Auftreten der sog. Falschbrüder in V.4 f. –, ist die Einheit der Christen nicht zerbrochen! Paulus berichtet abschließend von der Übereinkunft mit den Angesehenen und dem Resultat dieser Gespräche (V.6–10). Paulus und Barnabas auf der einen und die »Säulen« Jakobus, Petrus und Johannes auf der anderen Seite vereinbarten *Gemeinschaft* (V.9). Die Gemeinschaft wurde aufrechterhalten, da ungeachtet der je unterschiedlichen Ausprägung beide Parteien eine gemeinsame Teilhabe an dem einen Evangelium besitzen. Das gesetzesfreie *paulinische Evangelium* war also keineswegs illegitim, sondern wurde ausdrücklich anerkannt (V.7). Damit war auch die Entscheidung darüber gefallen, dass die *Beschneidung* keine notwendige Forderung für die Eingliederung in das endzeitliche Volk Gottes darstellt. Mit dem paulinischen Evangelium wurde zugleich die *Apostolatsgnade* des Paulus für die Heiden anerkannt (V.9). Mit dem gleichberechtigten Wirken gegenüber Petrus verband sich eine *Aufteilung der Aufgaben*. Paulus und Barnabas sollten sich hauptsächlich den Heiden zuwenden, während sich die Jerusalemer Gemeinde weiterhin zu den Juden gesandt wusste (V.9). Somit war eine praktikable Lösung angestrebt worden, die auch in der Zukunft die Gemeinschaft ermöglichen sollte. Auch die *Kollekte* (V.10) ist nicht im Sinne einer Auflage, sondern als einmalige Dankesgabe

der Heidenchristen und als sichtbarer Ausdruck der Zusammengehörigkeit von Heiden- und Judenchristen zu verstehen, wobei zugleich die besondere heilsgeschichtliche Stellung Israels Anerkennung fand.

Die Bedeutung des Apostelkonvents für die nun folgende Entwicklung kann kaum überschätzt werden: »Die Gefahr, dass die Urgemeinde sich zur jüdischen Sekte verkrustete und das hellenistische
Christentum sich in einen Haufen geschichtsloser Mysterienvereine
auflöste, war in Jerusalem abgewehrt.«[47]

6.2 Systematisch. Das »gesetzesfreie« paulinische Evangelium, das bereits im Kontext von Röm 1,17 ausführlicher erörtert wurde, steht
auch hier zur Diskussion. Bemerkenswert sind die ekklesiologischen
Konsequenzen: Es wird Gemeinschaft beschlossen aufgrund der
Teilhabe an dem einen Evangelium. Mit guten Gründen erkennt
man darin einen wichtigen Impuls für den gegenwärtigen ökumenischen Dialog. Der Apostelkonvent dokumentiert den unbedingten
Willen zur »Einheit in der Verschiedenheit«, der darin anschlie-
ßende Antiochia-Zwischenfall, dass um diese Einheit stets neu ge-
rungen werden muss.

6.3 Didaktisch. Die Gegenwartsbedeutung des Apostelkonvents
kann Schülerinnen und Schülern an der Überlegung deutlich werden, dass sie ohne dieses Ereignis sehr wahrscheinlich keine Christen wären. Sie können am Apostelkonvent lernen, dass das später
dominierende Heidenchristentum zunächst eher als eine »Ausnah-
meerscheinung« im Blick war (s. zur Verwurzelung des Christentums im Judentum die Ausführungen zu Röm 9–11) und dass das
Christentum schon in den frühen Anfängen um die »Einheit in der
Verschiedenheit« ringen musste. In methodischer Hinsicht kann der
Apostelkonvent je nach Altersstufe und didaktischer Intention entweder in Form einer Erzählung[48] oder durch einen Textvergleich mit
Apg 15 eingeführt werden.

Daran anschließend können Schüler der *Sek I* dazu angeregt werden, sich mit gegenwärtigen ökumenischen Bestrebungen auseinander zu setzen (z. B. GER) oder angesichts der Formel »Einheit in der
Verschiedenheit« auch über eine angemessene Gestalt des Religions-

47 *G. Bornkamm*, Paulus, 63.
48 *K. Rommel*, Der zornige Apostel. Paulus und die Galater. Geschichten des Glau-
    bens neu erzählt, Stuttgart 1988, 27–33.

unterrichtes an öffentlichen Schulen nachzudenken (konfessionell; konfessionell-kooperativ; ökumenisch; allgemeiner RU).

LITERATURHINWEISE

E. Lohse, Paulus. Eine Biographie, München 1996.
P. Stuhlmacher, Der Brief an die Römer (NTD 6), Göttingen/Zürich 1989.
Themaheft »Mensch Paulus«, ru 30/2000, 81–108.

XXI. ANHANG

(RAINER LACHMANN)

1. Abkürzungsverzeichnis

1.1 Biblische Bücher (nach den Loccumer Richtlinien)

Altes Testament

Gen	Genesis (1. Mose = Das 1. Buch Mose)*	Jdt	Das Buch Judit [griechisch]
Ex	Exodus (2. Mose = Das 2. Buch Mose)	Est	Das Buch Ester [mit griechischen Zusätzen]
Lev	Levitikus (3. Mose = Das 3. Buch Mose)	1 Makk	Das 1. Buch der Makkabäer [griechisch]
Num	Numeri (4. Mose = Das 4. Buch Mose)	2 Makk	Das 2. Buch der Makkabäer [griechisch]
Dtn	Deuteronomium (5. Mose = Das 5. Buch Mose)	Ijob	Das Buch Ijob (Hiob = Das Buch Hiob)
Jos	Das Buch Josua	Ps	Die Psalmen
Ri	Das Buch der Richter	Spr	Das Buch der Sprichwörter (= Die Sprüche Salomos)
Rut	Das Buch Rut		
1 Sam	Das 1. Buch Samuel		
2 Sam	Das 2. Buch Samuel	Koh	Das Buch Kohelet (Pred = Der Prediger Salomo)
1 Kön	Das 1. Buch der Könige		
2 Kön	Das 2. Buch der Könige	Hld	Das Hohelied (= Das Hohelied Salomos)
1 Chr	Das 1. Buch der Chronik		
2 Chr	Das 2. Buch der Chronik	Weish	Das Buch der Weisheit (= Die Weisheit Salomos) [griechisch]
Esra	Das Buch Esra		
Neh	Das Buch Nehemia		
Tob	Das Buch Tobit (= Das Buch Tobias) [griechisch]	Sir	Das Buch Jesus Sirach [griechisch]

---

* In der Tradition der Lutherbibel werden die in runden Klammern angegebenen Bezeichnungen und Abkürzungen gebraucht.

Jes	Das Buch Jesaja	Joh	Das Evangelium nach
Jer	Das Buch Jeremia		Johannes
Klgl	Die Klagelieder des Jeremia	Apg	Die Apostelgeschichte
Bar	Das Buch Baruch [grie-	Röm	Der Brief an die Römer
	chisch]	1 Kor	Der 1. Brief an die
Ez	Das Buch Ezechiel (Hes =		Korinther
	Das Buch Hesekiel)	2 Kor	Der 2. Brief an die
Dan	Das Buch Daniel [mit grie-		Korinther
	chischen Zusätzen]	Gal	Der Brief an die Galater
Hos	Das Buch Hosea	Eph	Der Brief an die Epheser
Joël	Das Buch Joël	Phil	Der Brief an die Philipper
Am	Das Buch Amos	Kol	Der Brief an die Kolosser
Obd	Das Buch Obadja	1 Thess	Der 1. Brief an die
Jona	Das Buch Jona		Thessalonicher
Mi	Das Buch Micha	2 Thess	Der 2. Brief an die
Nah	Das Buch Nahum		Thessalonicher
Hab	Das Buch Habakuk	1 Tim	Der 1. Brief an Timotheus
Zef	Das Buch Zefanja	2 Tim	Der 2. Brief an Timotheus
Hag	Das Buch Haggai	Tit	Der Brief an Titus
Sach	Das Buch Sacharja	Phlm	Der Brief an Philemon
Mal	Das Buch Maleachi	Hebr	Der Brief an die Hebräer
		Jak	Der Brief des Jakobus
		1 Petr	Der 1. Brief des Petrus
Neues Testament		2 Petr	Der 2. Brief des Petrus
		1 Joh	Der 1. Brief des Johannes
Mt	Das Evangelium nach	2 Joh	Der 2. Brief des Johannes
	Matt(h)äus	3 Joh	Der 3. Brief des Johannes
Mk	Das Evangelium nach	Jud	Der Brief des Judas
	Markus	Offb	Die Offenbarung des
Lk	Das Evangelium nach		Johannes
	Lukas		

1.2 *Biblische Kommentarreihen*

(Zu Bibelausgaben, Bibelkundlichen Werken, Bibellexika vgl. *G. Adam/R. Lach-mann (Hg.),* Religionspädagogisches Kompendium, Göttingen ⁵1997, 469f.)

ATD	Das Alte Testament Deutsch, Göttingen 1949ff.	HThK	Herders theologischer Kommentar zum Neuen Testament, Freiburg i.Br.
BK AT	Biblischer Kommentar, Altes Testament, Neukir-chen-Vluyn 1955ff.	HNT	Handbuch zum Neuen Testament, Tübingen 1907ff.
EKK	Evangelisch-katholischer Kommentar zum Neuen Testament, Zürich u.a./ Neukirchen-Vluyn 1975ff.	KEK	Kritisch-exegetischer Kommentar über das Neue Testament, Göttingen 1832ff.

449

| NTD | Das Neue Testament Deutsch, Göttingen 1932 ff. |
| ÖTK | Ökumenischer Taschen-buchkommentar zum Neuen Testament, Gü-tersloh/Würzburg 1979 ff. |

SKK.NT	Stuttgarter kleiner Kom-mentar. Neues Testa-ment, Stuttgart 1984 ff.
ThHK	Theologischer Hand-kommentar zum Neuen Testament, Berlin/ Leipzig
ZBK	Zürcher Bibelkommen-tare, Zürich u. a. 1960 ff.

1.3 Zeitschriften/Reihen

ARP	Arbeiten zur Religions-pädagogik, Göttingen 1982 ff.
AThANT	Abhandlungen zur Theologie des Alten und Neuen Testaments, Zürich u. a. 1944 ff.
BThSt	Biblisch-theologische Studien, Neukirchen-Vluyn 1977 ff.
CRP	Christenlehre-Religions-unterricht-Praktisch, Leipzig 1996 ff.
DtPfrBl	Deutsches Pfarrerblatt, Stuttgart u. a. 1897 ff.
EvErz	Der Evangelische Er-zieher, Frankfurt a.M. 1949 ff.
FRLANT	Forschungen zur Reli-gion und Literatur des Alten und Neuen Testaments, Göttingen 1903 ff.
HRU	Handbücherei für den Religionsunterricht, Gü-tersloh 1965 ff.
HUTh	Hermeneutische Unter-suchungen zur Theolo-gie, Tübingen 1962 ff.
KatBl	Katechetische Blätter, München 1875 ff.
PF	Pädagogische Forschun-gen, Heidelberg 1957 ff.

RGG	Religion in Geschichte und Gegenwart, Tübin-gen ³1956 ff., ⁴1998 ff.
rhs	Religionsunterricht an höheren Schulen, Düsseldorf 1958 ff.
RKZ	Reformierte Kirchen-zeitung, Freudenberg u. a. 1851 ff.
RPE	Religionspädagogische Projektentwicklung in Baden und Württemberg
ru	ru. Zeitschrift für die Praxis des Religionsun-terrichts, Stuttgart/Mün-chen 1971 ff.
SBS	Stuttgarter Bibelstudien, Stuttgart 1965 ff.
StNT	Studien zum Neuen Testament, Gütersloh 1969 ff.
StTh	Studien zur Theologie, Würzburg 1987 ff.
TEH	Theologische Existenz heute, München 1946 ff.
TLL	Theologie für Lehrerin-nen und Lehrer, Göttin-gen 1999 ff.
TRE	Theologische Realenzyk-lopädie, Berlin ³1976 ff.
TRT	Taschenlexikon Religion und Theologie, Göttin-gen 1970 ff.

WA	M. Luthers Werke: Weimarer Ausgabe 1883 ff.	WUNT	Wissenschaftliche Untersuchungen zum Neuen Testament, Tübingen 1950 ff.
WdL	Wege des Lernens, Neukirchen-Vluyn		
WMANT	Wissenschaftliche Monographien zum Alten und Neuen Testament, Neukirchen-Vluyn 1960 ff.	ZPT	Zeitschrift für Pädagogik und Theologie. Der Evangelische Erzieher, Frankfurt a.M. 1998 ff.
		ZThK	Zeitschrift für Theologie und Kirche, Tübingen 1891 ff.

1.4 Sonstiges

Art.	Artikel	NT	Neues Testament
AT	Altes Testament	OS	Orientierungsstufe
Bd.	Band/Bände	par	Parallele/Parallelen (= parallele Texte der synoptischen Evangelien Mk, Mt, Lk)
CA	Confessio Augustana		
EG	Evangelisches Gesangbuch		
GER	Gemeinsame Erklärung zur Rechtfertigungslehre	RU	Religionsunterricht
		Sek	Sekundarstufe
GS	Grundschule	sog.	sogenannt
Hg.	Herausgeber	UE	Unterrichtseinheit
HS	Hauptschule	V.	Vers/Verse
Jh.	Jahrhundert		

2. Bibelstellenregister

Altes Testament

Gen		2,7	40
1–11	29–49	2,9	38, 41
1–2,4	31, 33–37, 41	2,15	39
1	46, 87	2,17	38
1,2	30	2,18–25	62
1,6 ff.	46, 87	2,19	40
1,26 ff.	36, 39, 62	2,21–25	40
2	41, 62	3	31, 38–41, 43
2,1–4	37 f.	3,3–7	41
2,4–3,24	41	3,5	28, 38
2,4–11,9	30	3,8–12	41
2,4–25	30–33	3,9	42

3. Namenregister

4. Sachregister

Dies Register ist nach inhaltlichen Gesichtspunkten erarbeitet worden.
Darum erscheint nicht in jedem Falle der im Sachregister verwendete Begriff explizit im laufenden Text.

5. Autorenverzeichnis

Adam Dr. Dr. h.c., Gottfried; geb. 1939 – Professor für Religionspädagogik an der Evangelisch-Theologischen Fakultät der Universität Wien.
Rooseveltplatz 10, A-1090 Wien.
Der Unterricht der Kirche. Studien zur Konfirmandenarbeit (Göttinger Theologische Arbeiten 15), Göttingen (1980) [3]1984.
Glaube und Bildung. Beiträge zur Religionspädagogik I (StTh 6), Würzburg (1992) [2]1994.
Religiöse Bildung und Lebensgeschichte. Beiträge zur Religionspädagogik II (StTh 10), Würzburg (1994) [2]1999.
Bildungsverantwortung wahrnehmen. Beiträge zur Religionspädagogik III (StTh 15), Würzburg 1999.
Theologische Schlüsselbegriffe. Biblisch-systematisch-didaktisch (TLL 1; mit *Rainer Lachmann* u. *Werner H. Ritter*), Göttingen 1999.

Baldermann Dr., Ingo; geb. 1929 – emer. Professor für Evangelische Theologie und ihre Didaktik an der Universität Gesamthochschule Siegen.
Laaspher Str. 26, 57072 Siegen.
Ich werde nicht sterben, sondern leben. Psalmen als Gebrauchstexte (WdL 7), Neukirchen-Vluyn [3]1999.
Gottes Reich – Hoffnung für Kinder. Entdeckungen mit Kindern an den Evangelien (WdL 8), Neukirchen-Vluyn [3]1996.
Einführung in die biblische Didaktik, Darmstadt 1996.
Auferstehung sehen lernen. Entdeckendes Lernen an biblischen Hoffnungstexten (WdL 10), Neukirchen-Vluyn 1999.

Berg Dr., Horst Klaus; geb. 1933 – von 1973–1998 Professor für Evangelische Theologie und Religionspädagogik an der Pädagogischen Hochschule in Weingarten/Württ.
Am Bläsiberg 25, 88250 Weingarten.
Handbuch des biblischen Unterrichts. Stuttgart/München. Bd. 1: Ein Wort wie Feuer. Wege lebendiger Bibelauslegung, [3]1999; Bd. 2: Grundriss der Bibeldidaktik, [2]2000; Bd. 3: Altes Testament unterrichten. Neunundzwanzig Unterrichtsentwürfe, 1999.
Freiarbeit im Religionsunterricht, Stuttgart/München [2]1999.
(mit *Ulrike Weber*) Freiarbeit Religion, Bd. 1–4, Stuttgart/München 1987 ff.

Büchner Dr., Frauke; geb. 1943 – Dozentin für Religionspädagogik im Pädagogisch-Theologischen Institut der Kirchenprovinz Sachsen.
Klostergarten 6, 38871 Drübeck.
Der Jude Jesus und die Christen. Studienbuch Religionsunterricht 3, Göttingen 1994.
Versöhnung lernen. Religion 9/10, Stuttgart u. a. 1997.

Perspektiven Religion. Arbeitsbuch für die Sekundarstufe II, Göttingen 2000.

Feldmeier Dr., Reinhard; geb. 1952 – Professor an der Universität Bayreuth, Lehrstuhl für Biblische Theologie mit Forschungsschwerpunkt »Antikes Judentum und hellenistische Religionsgeschichte«.
Meistersingerstraße 18, 95445 Bayreuth.
Die Krisis des Gottessohnes. Die Gethsemaneerzählung als Schlüssel der Markuspassion (WUNT 2,21), Tübingen 1986.
Die Christen als Fremde. Die Metapher der Fremde in der antiken Welt, im Urchristentum und im 1. Petrusbrief (WUNT 64), Tübingen 1992.
Der Allmächtige (mit *Werner H. Ritter, Wolfgang Schoberth* u. *Günter Altner*; Biblisch-theologische Schwerpunkte 13), Göttingen 1997.

Grill, Ingrid; geb. 1952 – Akademische Oberrätin an der Evangelisch-Theologischen Fakultät der Universität München, Praktische Theologie/Religionspädagogik.
Schellingstraße 3, 80799 München.
Das Judentum. Zugänge, Herausforderungen, Gespräche. Studienbuch Religionsunterricht I, Göttingen 1992.
Aber meine Augen werden ihn schauen … Hiob für den Religionsunterricht der 11. Jgst., 2 Bde., Gymnasialpädagogische Materialstelle Erlangen 1994.

Kittel Dr., Gisela; geb. 1940 – Professorin an der Universität Bielefeld, Lehrstuhl für Evangelische Theologie und ihre Didaktik (Schwerpunkt: Altes und Neues Testament).
Universitätsstr. 25, 33615 Bielefeld.
Der Name über alle Namen I. Biblische Theologie/AT (Biblisch-theologische Schwerpunkte 2), Göttingen ²1993.
Der Name über alle Namen II. Biblische Theologie/NT (Biblisch-theologische Schwerpunkte 3), Göttingen ²1996.
Befreit aus dem Rachen des Todes. Tod und Todesüberwindung im Alten und Neuen Testament (Biblisch-theologische Schwerpunkte 17), Göttingen 1999.

Lachmann Dr., Rainer; geb. 1940 – Professor an der Universität Bamberg, Lehrstuhl für Evangelische Theologie mit Schwerpunkt Religionspädagogik und Didaktik des Religionsunterrichts.
Hetzerstr. 3, 96049 Bamberg.
Ethische Kriterien im Religionsunterricht, Gütersloh 1980.
Grundsymbole christlichen Glaubens. Eine Annäherung (Biblisch-theologische Schwerpunkte 7), Göttingen 1992.
Religionsunterricht in der Weimarer Republik. Zwischen liberaler und deutscher Religionspädagogik (StTh 12), Würzburg 1996.

Theologische Schlüsselbegriffe. Biblisch-systematisch-didaktisch (TLL 1; mit *Gottfried Adam* u. *Werner H. Ritter*), Göttingen 1999.
Religionspädagogische Spuren. Konzepte und Konkretionen für einen zukunftsfähigen Religionsunterricht, Göttingen 2000.

Lähnemann Dr., Johannes; geb. 1941 – Professor an der Universität Erlangen-Nürnberg, Lehrstuhl für Religionspädagogik und Didaktik des Evangelischen Religionsunterrichts.
Viatisstr. 125, 90480 Nürnberg.
Der Kolosserbrief – Komposition, Situation und Argumentation (StNT 3), Gütersloh 1971.
Studienbuch »Jesus Christus« (mit *Ulrike Hahlbohm*), Frankfurt a.M./Aarau ³1989.
Weltreligionen im Unterricht. Teil I: Fernöstliche Religionen, Göttingen ²1994. Teil II: Islam, Göttingen ²1996.
Evangelische Religionspädagogik in interreligiöser Perspektive, Göttingen 1998.

Müller Dr., Peter; geb. 1950 – Professor für Evangelische Theologie und Religionspädagogik an der Pädagogischen Hochschule in Karlsruhe.
Bismarckstraße 10, 76133 Karlsruhe.
In der Mitte der Gemeinde. Kinder im Neuen Testament, Neukirchen-Vluyn 1992.
»Verstehst du auch, was du liest?« Lesen und Verstehen im Neuen Testament, Darmstadt 1994.
Mit Markus erzählen. Das Markusevangelium im Religionsunterricht, Stuttgart 1999.

Petzold Dr., Klaus; geb. 1937 – Professor für Religionspädagogik an der Theologischen Fakultät der Universität Jena.
Fürstengraben 1, 07743 Jena.
Die Grundlagen der Erziehungslehre im Spätmittelalter und bei Luther (PF 42), Heidelberg 1969.
Theorie und Praxis der Kreativität im Religionsunterricht. Kreative Zugänge zur Bibel in Hauptschulen, Frankfurt a.M. u.a. 1989.
Werkstatt Religionspädagogik. Kreative Lernprozesse in Schule und Gemeinde. Bd. 1 u. 2/3 u. 4, Leipzig 1998/2001.

Reents Dr., Christine, geb. Kaestner; geb. 1934 – von 1988–1999 Professorin für Praktische Theologie an der Kirchlichen Hochschule Wuppertal.
Mühlenteichstr. 48, 26316 Varel.
Erziehung zum kritisch-produktiven Denken im Religionsunterricht der Grund- und Orientierungsstufe. Bd. 1 u. 2, Gütersloh 1974.
Die Bibel als Schul- und Hausbuch für Kinder. Werkanalyse und Wirkungsgeschichte einer frühen Schul- und Kinderbibel im evangelischen Raum. Jo-

hann Hübner, Zweymahl zwey und funffzig auserlesene Biblische Historien, der Jugend zum Besten abgefasset ... Leipzig 1714 bis Schwelm 1902, Göttingen 1984.
Religionspädagogik im Gespräch. Eine subjektiv-selbstkritische Rückschau, in: *Rainer Lachmann/Horst F. Rupp (Hg.)*, Lebensweg und religiöse Erziehung, Bd. 3, Weinheim 2000, 305–326.

Ritter Dr., Werner H.; geb. 1949 – Professor an der Universität Bayreuth, Lehrstuhl für Evangelische Theologie mit Schwerpunkt Religionspädagogik und Didaktik des Religionsunterrichts.
Steinwaldstraße 2, 95448 Bayreuth.
Religion in nachchristlicher Zeit, Frankfurt a.M. 1982.
Glaube und Erfahrung im religionspädagogischen Kontext (Arbeiten zur Religionspädagogik 4), Göttingen 1989.
Der Allmächtige (mit *Reinhard Feldmeier, Wolfgang Schoberth* u. *Günter Altner*; Biblisch-theologische Schwerpunkte 13), Göttingen 1997.
Theologische Schlüsselbegriffe. Biblisch-systematisch-didaktisch (TLL 1; mit *Rainer Lachmann* u. *Gottfried Adam*), Göttingen 1999.

Rothgangel Dr., Martin; geb. 1962 – Professor für Evangelische Theologie und Religionspädagogik an der Pädagogischen Hochschule Weingarten.
Im Kalkofen 41, 88273 Blitzenreuthe.
Was Erwachsene glauben. Umfrage und Analyse (StTh 13), Würzburg 1996.
Antisemitismus als religionspädagogische Herausforderung. Eine Studie unter besonderer Berücksichtigung von Röm 9–11, Freiburg u.a. ²1997.
Naturwissenschaft und Theologie. Ein umstrittenes Verhältnis im Horizont religionspädagogischer Überlegungen (ARP 16), Göttingen 1999.

Szagun Dr., Anna-Katharina; geb. 1940 – Professorin für Religionspädagogik an der Theologischen Fakultät der Universität Rostock.
Schröderplatz 3/4, 18057 Rostock.
Menschen mit Behinderungen, in: *Gottfried Adam/Friedrich Schweitzer (Hg.)*, Ethisch erziehen in der Schule, Göttingen 1996, 131–147.
Religionspädagogik in den neuen Bundesländern, in: Religionspädagogische Beiträge 42/1999, 85–110.
Zugänge zur Gottesfrage. Anspruch-Wirklichkeit-Möglichkeiten, in: Schulfach Religion 19/2000, Nr. 1-2, 103–166.